企业重组
税收理论与实务

TAX TREATMENT FOR CORPORATE RESTRUCTURING: THOERY AND PRACTICE

陈斌才◎著

立信会计出版社
LIXIN ACCOUNTING PUBLISHING HOUSE

图书在版编目(CIP)数据

企业重组税收理论与实务 / 陈斌才著. —上海：立信会计出版社，2021.3

ISBN 978-7-5429-6785-5

Ⅰ.①企… Ⅱ.①陈… Ⅲ.①企业重组—税收管理—研究—中国 Ⅳ.①F812.423

中国版本图书馆 CIP 数据核字(2021)第 049695 号

策划编辑　张巧玲

责任编辑　张临林　张巧玲

企业重组税收理论与实务

QIYE CHONGZU SHUISHOU LILUN YU SHIWU

出版发行	立信会计出版社		
地　址	上海市中山西路 2230 号	邮政编码	200235
电　话	(021)64411389	传　真	(021)64411325
网　址	www.lixinaph.com	电子邮箱	lixinaph2019@126.com
网上书店	http://lixin.jd.com		http://lxkjcbs.tmall.com
经　销	各地新华书店		

印　刷	河北鑫兆源印刷有限公司		
开　本	787 毫米×1092 毫米	1/16	
印　张	28.5	插　页	1
字　数	658 千字		
版　次	2021 年 3 月第 1 版		
印　次	2021 年 3 月第 1 次		
书　号	ISBN 978-7-5429-6785-5/F		
定　价	89.00 元		

前　言

企业重组是优化社会资源配置的重要手段，也是企业整合资源、拓展市场、降低成本、调整产业方向的主要方式。企业重组的特点是发生频率低，数年未必有一次重组业务；交易金额大，动辄数亿元、数十亿元的交易额；重组方式多，包括债务重组、股权收购、资产收购、企业合并、企业分立、资产划转等；业务构成复杂，涉及管理学、法学、会计学、税收学等众多学科。企业重组往往涉及企业法律结构或经济结构的重大调整，对企业影响深远。

企业重组业务的税务处理，涉及增值税、土地增值税、企业所得税、个人所得税、契税、印花税等诸多税种。企业重组的税收负担，既包括重组过程中的税收负担，也包括因重组导致企业未来税收负担的变化。企业重组的税收问题，是重组时不得不考虑的一个重大问题，有时甚至成为影响重组成败的关键因素。由于企业重组业务的复杂性以及有关企业重组税收政策和会计政策的相对不完善，重组当事人在处理企业重组的税收问题和会计问题时，面临诸多困惑。写作此书的目的，旨在帮助企业财务人员、税务人员以及社会中介机构等从业人员克服在解决企业重组税收问题和会计问题时面临的诸多困难。

本书从企业重组的概念、分类入手，分析了企业重组的动因、程序、重组对价的确定、重组的后续管理以及重组过程中面临的当期纳税、分期纳税、递延纳税、税负转嫁、重复征税、双重不征税、免税等税收待遇，介绍了企业重组中的重组当事人、重组对价、支付方式、公允价值、计税基础、重组主导方、重组日等相关术语以及企业重组所得税处理应当遵循的原则。按照企业重组方式和重组主体的不同，分别就企业法律形式改变、债务重组、股权收购、资产收购、企业合并、企业分立、资产划转、分步重组、非居民企业重组、企业清算等有关企业重组业务中涉及的会计处理以及企业所得税、增值税、土地增值税、个人所得税、契税、印花税问题做了深入探讨。

本书针对不同的企业重组方式，从税法、民商法两方面阐述了各重组方式的定义、分类，比较了各重组方式与其他重组方式的异同。全面分析了各重组方式下会计处理的政策依据、核算方法、核算内容以及重难点业务的会计处理。全面阐述了企业重组中企业所得税的立法意图、立法原则、法条规定、立法中存在的问题以及解决问题的方法，剖析了各重组方式下重难点业务的企业所得税处理方法、税会差异的形成原因以及纳税调整方法，详尽介绍了各重组方式下企业所得税的纳税申报方法，并从纳税筹划的角度分析了如何合理安排企业重组业务才能使企业价值最大化。

企业重组业务涉税问题处理的核心是问题的定性、法律适用以及处理意见的提出。涉税问题定性的依据除税法外，还包括民商法、交易习惯、行业惯例等。涉税问题的处理，税法有明确规定的按照税法规定处理，税法无明确规定而又不得不处理的，应当依据税法原理提出合乎逻辑的处理意见。本书在涉税问题的定性和处理上，不局限于对税收法条的解释和运用，更多是以税收法条为基础，依据税法原理，从合法、合理、合规多维度提出能够使重组各方当事人和税务机关接受的定性结论、处理意见。本书除了分析如何依据税法规定处理涉税问题外，还主张在解决具体涉税问题时，应当充分考虑税务机关对问题的看法和征收管理口径。为了便于读者加深对税收政策的理解和运用，本书配备了大量的示例来诠释税收政策，并在每章配有一个综合性案例来说明如何灵活运用税收政策解决复杂的税收问题。

虽然本人在写作过程中力求论述严谨，但因企业重组业务的复杂性，重组业务相关的会计政策、税收政策的不完善以及自身认识的局限性，本书难免存在不足之处，恳请广大读者批评指正。如有错误之处或修改建议，请发电子邮件至 chenbincai1965@126.com。

陈斌才

二〇二一年二月十八日

目　录

第一章
企业重组业务税务处理概述

第一节　企业重组概述

一、企业重组的概念

（一）企业重组的定义

企业重组是一项系统工程，涉及管理学、法学、会计学、税收学等众多学科，不同学科的研究目标、研究对象和研究方法不同，对企业重组的理解和定义也就不完全相同。企业重组的税务处理，涉及增值税、土地增值税、企业所得税、契税、印花税等几乎所有的税种，不同税种对企业重组的税务处理，其内涵、外延的界定也不完全相同。

企业重组涉及的税收主要是企业所得税，按照《财政部　国家税务总局关于企业重组业务企业所得税处理若干问题的通知》（财税〔2009〕59号）的表述，企业重组，是指企业在日常经营活动以外发生的法律结构或经济结构重大改变的交易，包括企业法律形式改变、债务重组、股权收购、资产收购、合并、分立等。

财税〔2009〕59号及配套文件只是定义了企业重组，并没有解释企业重组的构成要素，如对企业的法律结构和经济结构就没有给出一个清晰而明确的定义。一般认为，企业的法律结构包括企业的组织形式（公司制企业、合伙企业、个人独资企业）、组织结构（股东大会、董事会、经营管理机构）等，企业的经济结构包括产业结构、产品结构、资本结构等，但这些只是法律结构和经济结构的大致范围而非定义。

（二）企业重组的特征

企业重组业务具有以下特征：①交易性。企业重组是一项导致企业法律结构或经济结构重大改变的交易，涉及两个或者两个以上交易主体。②非经常性。企业重组是在企业日常经营活动以外发生的，发生的频率低，但是涉及的金额大。③重大性。企业重组涉及企业法律结构或经济结构的调整，对企业的生产经营影响深远。④多样性。企业重组除法律形式改变、债务重组、股权收购、资产收购、合并、分立外，还包括资产划转、资产置换等多种方式。⑤复杂性。企业重组涉及资产、负债、劳动力等生产要素的调整，涉及流转税、所得税、财产税等诸多税种，涉税处理十分复杂。

（三）企业重组概念辨析

税法中的企业重组与企业资本运营中的企业并购、资产重组是既相互联系，又有所区别的三个概念。

企业并购指企业的兼并和收购，是企业资本运作和资本运营的主要形式。企业并购包括兼并、收购和合并三个方面的内容。①兼并。兼并是指两家或更多的独立企业、公司合并组成一家企业，通常由一家占优势的公司吸收合并一家或更多的公司。②收购。收购是指一家企业用现金、股票或者债券等支付方式购买另一家企业的股票或者资产，以获得该企业控制权的行为。收购与兼并的主要区别是，兼并使目标企业和并购企业融为一体，目标企业的法人主体资格取消，而收购通常保留目标企业的法人地位。③合并。合并是指两个或两个以上的企业互相合并成为一个新的企业，合并包括吸收合并和新设合并。吸收合并是合并方存续，被合并方解散；新设合并由合并后的新企业代替原企业，合并各方均解散。兼并和吸收合并类似，但是和新设合并不同。兼并是兼并方存续，而新设合并是合并各方均解散。

资产重组是指企业资产的拥有者、控制者与企业外部的经济主体对企业资产的分布状态进行重新组合、调整、配置的过程，或对设在企业资产上的权利进行重新配置的过程。以我国上市公司的资产重组为例，通常分为五大类：①收购兼并。收购兼并是指上市公司收购其他企业股权或资产、兼并其他企业，或采取定向扩股合并其他企业。②股权收购。股权收购是指上市公司通过一级市场、二级市场直接收购目标公司股权，或通过收购目标公司控股股东的股权间接收购目标公司股权。③资产剥离。资产剥离是指上市公司将其本身的一部分资产出售给其他公司而由此获得收益的行为。④资产置换。资产置换是指上市公司控股股东以其优质资产或现金置换上市公司的存量呆滞资产，或以其主营业务资产置换上市公司非主营业务资产等行为。⑤其他资产重组。其他资产重组包括国有股回购、债务重组、托管、公司分拆、租赁等。

税法中的企业重组与企业资本运营活动中的企业并购、资产重组，针对的都是企业经济结构的调整，都属于企业的非经常性活动，但是三者的内涵、外延既有重叠，又有区别。企业并购侧重于股权、公司控制权的转移；资产重组侧重于资产关系的变化，资产重组后，企业所占有的资产形态和数量通常会发生变化；而税法中的企业重组，除产权、资产关系的变化外，还包括债务重组、法律形式改变等非产权要素的变化。税法中的股权收购和资产收购，属于企业并购和资产重组。但是资产重组的范围，通常要比税法中企业重组的范围大，如股权回购、租赁等，并不包括在税法规定的企业重组之中。

二、企业重组的类型

（一）企业重组的分类

不同学科的研究目标和研究对象不同，对企业重组的分类也就不完全相同。财税〔2009〕59号文将企业重组业务的税务处理分为企业法律形式改变、债务重组、股权收购、资产收购、合并、分立六大类。

1. 企业法律形式改变

企业法律形式改变是指企业注册名称、住所以及企业组织形式等的简单改变，如有限责任公司变更为合伙企业，股份有限公司变更为有限责任公司等。

从民商法的角度看，企业法律形式的改变可能会导致相关法律主体权利义务关系发生变化。例如,合伙企业的普通合伙人对合伙企业的债务承担无限责任,而有限责任公司的股东对公司债务承担有限责任;如果有限责任公司变更为合伙企业,投资人就从负有限责任变更为负无限责任。从税收的角度看,企业法律形式的变化可能会导致企业涉税事项发生重大变化。例如,有限责任公司变更为股份有限公司,无清算环节的所得税;但是有限责任公司变更为合伙企业,需要缴纳清算环节的所得税。

2. 债务重组

债务重组是指在债务人发生财务困难的情况下,债权人按照其与债务人达成的书面协议或者法院裁定书,就其与债务人的债务作出让步的事项。如果债权人对债务人没有作出让步,不属于税法中的债务重组。

从企业持续经营的角度看,如果债权人对债务人作出让步,债务人的生产经营得以延续;如果债权人拒绝对债务人作出让步,债务人可能会破产,债权人的损失可能会更大。从税收的角度看,债务重组,债务人取得了债务重组收益,将产生相关的所得税纳税义务;债权人发生的债务重组损失,将影响债权人所得税事项的变化。

3. 股权收购

股权收购是指一家企业(以下称为收购企业)购买另一家企业(以下称为被收购企业)的股权,以实现对被收购企业控制的交易。收购企业支付对价的形式包括股权支付、非股权支付或两者的组合。

股权收购属于产权交易,收购的最终标的是目标公司股权所对应的资产、技术、劳动力等一揽子生产要素。股权收购的目的是通过收购目标公司股权控制目标公司,其优点是决策程序简单,税收负担轻,收购成本低,没有资产收购可能存在的资产转移受限、特许经营资格转移受限等限制性因素。股权收购的缺点是收购方有可能承担目标公司的潜在负债,对于并购而言,这可能是导致并购后整合失败的主要因素。

4. 资产收购

资产收购是指一家企业(以下称为受让企业)购买另一家企业(以下称为转让企业)实质经营性资产的交易。受让企业支付对价的形式包括股权支付、非股权支付或两者的组合。

资产收购属于资产交易,收购的标的是目标公司资产的集合、资产组、营业或者业务。资产收购的目的是优化企业的资产配置,其优点是收购方只接受目标公司的资产,目标公司的负债由目标公司自行承担,无潜在债务。资产收购的缺点是资产过户手续繁杂,而且有些资产所有权的转移以及与之相关的特许经营权的转移可能受国家相关法律的限制;另外,资产收购税收负担重,收购成本高。

5. 合并

合并是指一家或多家企业(以下称为被合并企业)将其全部资产和负债转让给另一家现存或新设企业(以下称为合并企业),被合并企业股东换取合并企业的股权或非股权支付,实现两个或两个以上企业的依法合并。

合并涉及合并方、被合并方以及被合并方股东等多个交易主体,属于产权交易。合并的目的是合并方取得被合并方的资产、业务以及劳动力等生产要素,其优点是合并方全面承继了被合并方的生产要素，与合并相关的税收负担轻。缺点是合并后被合并方的商誉将不复存在，合并方有可能承担被合并方的潜在负债，资产的过户手续繁杂，合并后的整合成本高。

6. 分立

分立是指一家企业（以下称为被分立企业）将部分或全部资产分离转让给现存或新设的企业（以下称为分立企业），被分立企业股东换取分立企业的股权或非股权支付，实现企业的依法分立。

分立涉及分立方、被分立方以及被分立方股东等多个交易主体，属于产权交易。分立的目的或者是为了使生产的专业化分工更细，或者是由于股东间的意见分歧等原因而分家。分立的优点是可以对分立出去的业务做的更深、更细，企业决策统一高效，税收负担比较轻。缺点是分立后的企业要对分立前的债务承担连带责任，资产的过户手续繁杂，如果是新设分立，还会损失被分立方的商誉。

最后需要说明的是，以上六种重组方式均属于单一重组，但实务中的企业重组多属于两种或两种以上方式的组合重组，如先企业分立后股权收购，先债务重组后企业分立再股权收购等。另外，在企业重组实务中，除财税〔2009〕59号文规定的六种重组方式外，还包括其他类型的重组，如资产划转、资产置换等。

（二）企业重组方式的选择

企业重组方式对企业重组的税收等一系列问题将产生重大影响。企业重组方式的选择，应当考虑的因素包括重组的目的、重组的风险、重组的成本、重组中的税收负担等。

1. 企业重组的目的

企业重组的目的是确定企业重组方式的决定性因素。企业重组，有些以减轻债务为主要目的，有些以获取资产为主要目的，有些以获取资产、人员、技术等生产要素为主要目的，也有一些以减轻税收负担为主要目的。以减轻债务为主要目的企业重组，应当选择债务重组；以获取资产为主要目的企业重组，应当选择资产收购；以获取资产、人员、技术等生产要素为主要目的的企业重组，应当选择股权收购、企业合并或企业分立。

即使在同一重组方式下，重组各方也会根据重组目的选择具体的重组方式。如企业合并，如果合并方以获取被合并方的资产、人员等基础生产要素为主要目的，可能会选择正向并购，由合并方直接兼并被合并方。如果合并方以获取被合并方的商誉或经营资质为主要目的，可能会选择反向并购，由被合并方兼并合并方，被合并方以定向增发股票的方式给合并方的股东支付合并对价，合并方股东以获取被合并方股权的方式控制被合并方。

2. 企业重组的风险

企业重组的风险是指企业重组过程中重组事项、重组成本的不确定性以及重组后企业整合、盈利能力的不确定性，重组风险是影响企业重组的重要因素。企业重组风险既因重组方式的不同而不同，也因重组进程的不同而不同。与企业重组方式相关的风险包括资产收购中资产转移受限的风险，股权收购、企业合并中可能存在的潜在债务，企业分立中可能存在的连带责任等。与企业重组进程相关的风险包括重组尽职调查可能存在的疏漏、重组谈判中可能存在的失败以及重组后的企业整合风险等。

企业重组方式的选择，总的原则是趋利避害，尽可能回避不同重组方式所可能产生的风险。企业重组方式的选择包括以下四个方面：一是股权收购过程中如果收购方作出收购决策时不可控因素较小，可以由收购方直接收购目标公司股权；如果不可控因素较大，应当通过设立收购公司的方式，以收购公司为主体进行收购，隔离风险。二是如果拟收购资产所有权的转移受限，或目标公司存在潜在债务的可能性较小，应当选择股权收购；否则，应当选择资产收购。三是如果目标公司的管理团队、人员素质等非资产要素的不确定性较大，或重组后的整合风险比较大，应当选择资产收购；否则，应当选择股权收购、企业合并或企业分立。四是如果目标公司的盈利水平比较稳定，应当选择股权收购；否则，应当选择资产收购。

3. 企业重组的成本

重组成本是企业重组中不可忽视的一个重要因素，可分为狭义的重组成本和广义的重组成本。狭义的重组成本包括重组前的尽职调查等决策性成本，重组过程中的资产转移、股权过户等运营性成本和税收成本，重组完成后的企业整合成本等。广义的重组成本除包括狭义重组成本的元素外，还包括因企业重组而放弃的潜在收益等，如因企业重组而不得不放弃其他投资机会所可能带来的收益。影响企业重组成本的因素很多，其中重组方式是影响企业重组成本的一个重要因素，不同的重组方式会产生不同的重组成本。

企业重组，在其他因素不变的情况下，应当比较不同重组方式对重组成本的影响，选择重组成本最低的重组方式。在不同的重组方式中，资产收购的优点是重组后的整合成本比较低，缺点是由于存在资产的转移，重组的运营成本比较高，税收负担比较重。股权收购的优点是无资产的转移，重组的运营成本比较低，税收负担比较轻；缺点是重组后的整合成本比较高。企业合并、企业分立的优点是税收负担轻，原机构、人员等生产要素也都得以延续；缺点是这两种重组方式都存在资产的转移，重组中的运营成本和重组后的整合成本比较高。

4. 企业重组中的税收负担

企业重组的税收负担是重组成本的重要组成部分，企业重组的税收负担既包括重组过程中负担的税收，也包括重组完成后重组各方税收负担的变化；重组中负担的税收和重组后税收负担的变化，既包括企业所得税，也包括增值税、土地增值税、契税、个人所得税等。由于企业重组中不同重组方式下可能存在的双重征税、双重不征税以及税负转嫁等因素的影响，选择不同的重组方式，将产生不同的税收负担。这个问题我们将在本章第二节专题讨论。

最后需要说明的是，企业重组方式的选择，受重组目的、重组风险、重组成本、重组税收负担等多重因素的影响。重组方式的选择，需要对影响企业重组的所有因素综合分析，比较不同重组方式的利弊得失，综合判断，选择最优的重组方式。切不可顾此失彼，过分强调某种因素而忽略了其他因素对重组方式的影响，给企业重组的成功实施及重组后的企业整合留下隐患。

三、企业重组的动因

企业重组的动因，有宏观层面的，也有微观和技术层面的。有基于企业发展战略的重组，有基于市场需求的重组，有基于财务目的的重组，也有纯粹基于税收目的构架的重组等其他原因形成的重组。

（一）基于企业发展战略的重组

基于企业发展战略的重组，属于宏观层面的重组。企业发展到一定阶段，受市场容量、发展空间、专业化分工等因素的影响，基于整合资源、拓展市场的需要，或需扩张，或需收缩。企业重组以其低成本、高效率的特点，为企业战略结构的调整提供了便捷、可靠的工具。

企业以重组方式进行扩张的典型方式是企业合并。企业的扩张方式有三种：一是横向扩张，是指企业在原有生产经营领域实现业务能力的扩展。二是纵向扩张，是指企业进入与自身业务密切共生的上游或下游产业领域。三是多元化经营，是指企业通过进入新的业务领域扩大自身规模。

企业以重组方式进行收缩的典型方式是企业分立。企业的收缩方式有三种：一是退出，是指企业通过撤资、减资、注销等方式，退出原有生产经营领域。二是剥离，是指企业通过资产转让、股权转让等方式，剥离掉一部分原有业务。三是分立，是指企业通过分立等方式，细化、强化原有业务。

（二）基于市场需求的重组

基于市场需求的重组，属于微观层面的重组。受市场需求饱和、同业竞争加剧、生产成本上升、技术进步等因素的影响，企业的生产成本逐年增加，营销成本急剧上升，企业间的重复研发也层出不穷，这就从客观上要求企业通过兼并重组降低生产经营成本，促进社会资源的有效配置。

企业通过合并、股权收购、资产收购等扩张型重组，将企业间的市场竞争行为转化为企业内部的管理行为，将企业间通过商业谈判解决的外部行为转化为企业内部的经营决策行为，提高了经营效率，降低了运营成本，化解了市场风险。通过分立、股权转让、资产转让等收缩型重组，剥离不良资产，顺应了社会专业化分工的发展趋势，使企业的主业更加突出，社会资源的配置更加有效。

（三）基于财务目的的重组

企业以获取财务收益为主要目的的重组，属于技术层面的重组。同是以获取财务收益为目的的重组，投资型企业和非投资型企业重组的方式也有所不同。对于投资型企业而言，财务投资是其主营业务，重组应当服从于企业的发展战略，适应企业面临的市场需求。而对于非投资型企业而言，财务投资更多的是利用闲置资金获取一定的收益，以降低企业的资金成本，提高资金的使用效率。

【例 1-1】 2015 年 7 月 10 日，B 公司首次举牌 W 公司，B 公司通过二级市场买入 W 公司约 5%的股份。其后，B 公司及其一致行动人对 W 公司多次举牌，至 2016 年 7 月 5 日，B 公司及其一致行动人合计持有 W 公司 24.972%的股份。2016 年 6 月 26 日，B 公司旗下两家公司联合向 W 公司董事会提出召开临时股东大会、审议罢免全体董事的议案。

B 公司收购 W 公司股权，最初自称属于财务投资。但是在 B 公司提出罢免 W 公司全体董事的议案后，该项股权收购实际上演变成了控股收购。当然，也许 B 公司最初的收购意图就是以控股为目的，属于战略型重组。B 公司以保险为主业，W 公司以房地产开发为主业，两家公司的主业不同，该项收购不属于经营型重组。另外，企业并购，随着并购进程的深入，其目的本身也可能发生变化，如由财务投资演变为控股收购。

(四) 基于税收目的架构的重组

企业以降低税收负担为主要目的的重组，属于技术层面的重组。税收成本是企业运营成本的重要组成部分，是企业制定战略规划和市场计划不得不考虑的一个重要因素。企业税收负担的轻重，受国家税收制度、企业组织架构、业务安排以及财务核算等多重因素的影响。由于企业组织架构的调整是企业重组的重要内容之一，这就为企业利用重组避税提供了理论依据和便利条件。

【例 1-2】 2008 年，A 房地产开发公司设立了全资子公司 B 房地产开发公司，B 公司以 5 亿元的价格取得了一项土地使用权。2016 年，该项土地使用权的公允价值为 25 亿元。C 房地产开发公司拟受让该项土地使用权，现有两种交易方式可供选择：一是 B 公司将土地使用权直接转让给 C 公司，二是 A 公司将持有 B 公司的股权转让给 C 公司，C 公司成为 B 公司的股东，C 公司通过持有 B 公司的股权间接拥有该项土地使用权。

该项业务，如果采用第一种交易方式，由 B 公司将土地使用权直接转让给 C 公司，B 公司应当按照转让不动产缴纳增值税、土地增值税、企业所得税、印花税，C 公司应当缴纳契税和印花税，交易双方的税收负担都很重。如果采用第二种交易方式，由 A 公司将 B 公司的股权转让给 C 公司，A 公司无增值税和土地增值税，如果按照股权收购选择特殊性税务处理，企业所得税可以实现递延纳税，C 公司无契税。按照第二种交易方式，A 公司规避了增值税、土地增值税，递延了企业所得税，C 公司规避了契税。交易双方都减轻了税收负担，节约了资金成本。

四、企业重组的程序

企业重组的程序取决于重组的方式，重组方式不同，重组程序也不同，如股权收购和资产收购，在重组程序上存在较大的差异。即使重组方式相同，如股权收购，上市公司和非上市公司的程序也不完全相同。我们以非上市公司的并购为例，其程序主要由并购决策的制定、并购目标的选择、并购前的尽职调查、并购方案的制定、并购方案的实施、并购后的整合六个环节组成。

(一) 并购决策的制定

并购决策是企业并购的首要环节，是指企业决定要不要并购，以何种方式并购，希望通过并购达到什么目的。如前所述，企业重组有基于扩大市场份额、排挤竞争对手的战略型重组，有基于提高利润率、分散投资的经营型重组，有以获取短期收益为目的的财务型重组，也有以节税为目的的避税型重组。并购重组目的的确定是企业并购重组的首要环节，并购重组的目的既要符合企业的发展战略和市场需求，也要符合国家的方针、政策，并购重组的后续工作都应当紧紧围绕并购目的进行。

(二) 并购目标的选择

并购目标的选择是指企业在并购重组过程中如何选择并购对象。并购目标的选择要与企业重组的动因一致，并购重组的动因不同，选择并购对象的标准不同。一般而言，战略型并购和经营型并购，要考虑目标企业的地理位置、企业规模、企业性质、市场布局、产品类型和战略目标；财务型并购要考虑目标企业的短期盈利能力、估值高低和市场的投资偏好；而避税型并购更多考虑的是目标企业的组织架构、股东构成等是否符合税法规定的免税或递延纳税条件。

（三）并购前的尽职调查

尽职调查是指从财务、市场、经营、环保、法律、信息技术、税务和人力资源等方面对目标公司进行调查。尽职调查一般通过聘请投资银行、专业并购咨询公司、会计师事务所、律师事务所等专业机构进行。尽职调查包括了解公司名称、公司章程、经营范围等目标公司基本情况，对目标公司的产业结构、产业增长、同业竞争对手以及有关情况进行产业战略分析，对目标公司的财务报表、资产、负债、或有负债、股东权益等进行财务资料分析，对目标公司的资格、反垄断、员工、保险等进行法律调查，对目标公司的组织、人力资源和劳资关系进行调查分析。

（四）并购方案的制定

企业应当通过制定并购方案对企业并购重组各环节的工作事先规划。并购方案的制定是收购方在对目标公司尽职调查的基础上，在中介机构的指导和参与下完成的。并购方案包括并购战略的表述；目标公司基本情况的描述；股权收购、资产收购、企业合并等并购方式的选择；并购对价的确定方法；自有资金、股权融资、债权融资等并购资金来源的选择；股权支付、非股权支付等并购对价支付方式的选择；资产的交割方式和时间；违约责任；并购后企业的整合；公司管理架构的调整及员工安排；并购后企业的发展战略及前景分析等。

（五）并购方案的实施

并购方案拟订之后，并购就进入实施阶段。并购实施阶段是公司并购程序中的核心阶段，是并购能否成功的关键所在。并购方案的实施包括：与目标公司谈判，确定交易方式、交易价格和支付方式；签订转让协议，就收购价格、支付方式、收购协议的生效条件和时间、并购各方的权利和义务、风险控制、违约责任等事项进行约定。报批和信息披露，股权转让涉及国有股的，要由目标公司向国有资产管理部门和省级人民政府提出转让股份申请，获批后再向国资委提交报告；办理股权交割等相关法律手续，包括产权交接、财务交接、管理权的移交，变更登记、按约定条款进行注资或偿债、发布并购公告等。

（六）并购后的整合

并购将给企业带来多方面的变革，并购后应当对并购企业和被并购企业进行全方位的整合。并购后的整合包括：分析战略延伸的可行性，提出产业整合模式的战略整合；剥离不良资产，优化和调整资产结构、营运流程、组织结构的业务经营整合；对被并购方的财务制度体系、会计核算体系统一管理和监督的财务整合；对被并购方的管理制度、生产要素和组织结构进行调整的管理制度和组织结构的整合；稳定人才队伍、建立优胜劣汰用人机制的人力资源整合；使并购双方不同类型的企业文化相互吸收的文化整合等。

五、企业重组对价的确定①

重组对价是指在企业重组过程中，资产的收购方因获取收购资产给予资产转让方的代

① 石建勋，郝凤霞.企业并购与资产重组理论、案例与实务操作[M].北京：清华大学出版社，2017.

价。对价的特征是等价有偿，如果是单方面支付或无偿支付，不属于对价，如支付赔偿款。重组对价的确定是企业重组能否成功的关键因素，也是确认、计算重组税收的基本要素。企业重组的方式不同，影响重组对价的因素以及对价的确认方法也不同，在此我们以企业并购为例进行阐述。

（一）影响重组对价的因素

企业重组过程中，影响重组对价的因素主要包括三个方面：一是资产的现时价值及获利能力；二是重组过程中各参与方的地位及并购资产的稀缺程度；三是重组后各方税收负担的变化。目前在重组实践中，从税收角度研究重组对价的尚不多见。

1. 资产的现时价值及获利能力

资产的现时价值及获利能力是确定重组对价的决定性因素。企业并购中资产的价值评估不能简单地以各单项资产公允价值的合计数减去负债来计算，因为企业并购中获得的资产价值在于它能够给并购方带来未来的报酬，是企业所处经营环境中各种主客观因素共同作用的结果。企业并购活动中，目标企业资产的评估价值应等于并购前该企业的独立价值与并购后预计带来的收益之和。目标企业资产的价值主要取决于三个方面：一是目标企业资产的现时重置成本；二是资产的效用，即满足收购者某种需要的使用价值；三是资产的预期获利能力和在市场上的稀缺程度。资产的成本越高，需求效用越大，获利能力越强，企业价值就越高；反之，企业价值越低。

2. 重组参与方的地位及资产的稀缺程度

在并购资产价值一定的情况下，影响重组对价的因素主要是重组过程中各参与方的地位、资产的稀缺程度以及信息获取程度等。①并购双方在并购中所处的地位。如果并购方处于经营优势，被并购方处于经营劣势，对并购方压低并购价格有利；反之，对被并购方有利。②并购双方对同一投资机会成本的比较。如果并购方有更好的投资机会，除非并购价格非常低，否则它会转向别的投资。③产权市场的供求状况。如果被并购方资产有众多的购买者，并购价格将被抬高；反之，并购价格必然会下降。④信息的对称性。如果并购方获得的信息充分，有利于并购方准确定价；否则，收购成本可能会比较高。⑤其他附加条件。并购过程中，通常会涉及被并购企业的职工去留问题以及职工的福利问题等，这些附加条件也会对并购价格产生影响。

3. 重组后各方税收负担的变化

重组过程中以及重组完成后，重组各方税收负担的变化也是影响重组对价的一个重要因素。例如，企业并购过程中，如果被并购方的税收负担转嫁给了并购方，并购方在确定并购对价时，就会要求将该部分转嫁的税负从并购对价中减除，并购对价就要降低。税收对重组对价的影响，我们将放在本章第二节专题讨论。

（二）资产价值的评估方法

资产价值评估的理论依据主要包括两个方面：一是根据企业资产价值的大小进行评估；二是根据企业的盈利水平进行评估。根据企业资产价值评估的具体方法有账面价值法、清算价值法、市场价值法和重置成本法等；根据企业盈利水平进行评估的方法有现金流量贴现法和以收益为基础的市盈率法。以企业资产的价值为依据进行评估，往往忽视了企业管理水平、职工素质、经营效率、资本市场运作等重要的无形因素对企业价值的影响；以企业的盈利水平为依据进行评估，以投资为出发点，着眼于未来收益，满足了资产重组中的“资产整体效应最优化”的要求，所以成为国际上普遍采用的方法。

企业资产价值评估最常用的方法有三种，即成本法、市场法和收益法，不同的评估方法在操作上有重叠与相似的地方。

1. 成本法

成本法是指以目标公司资产的现时重置成本扣减各项价值损耗来确定企业价值的方法，其基本思想是重建或重置被评估对象。

成本法的基本计算公式如下：

目标企业的价值＝重置成本－累积应计损耗

＝重置成本－有形损耗－无形损耗(功能性损耗＋经济性损耗)

或：　目标企业价值＝重置成本×成新率

重置成本又称现行成本，是指按照当前市场条件，重新取得同样一项资产所需支付的现金或现金等价物金额。采用重置成本计量时，资产按照现在购买相同或者相似资产所需支付的现金或者现金等价物的金额计量。负债按照现在偿付该项债务所需支付的现金或现金等价物的金额计量。

累积应计损耗包括有形损耗和无形损耗。①有形损耗。有形损耗是指资产由于使用或其他原因而导致的自然损耗，如固定资产折旧、无形资产摊销等。②无形损耗。无形损耗是指资产由于技术进步等原因而形成的价值贬损，无形损耗包括功能性损耗和经济性损耗。功能性损耗是指随着新技术的推广和运用，使企业原有资产与社会上现在普遍推广和运用的资产相比较，技术上明显落后、性能降低，其价值也就相应减少；经济性损耗是指设备外部因素引起的设备价值的降低，如设备所生产的产品滞销、原材料价格上升、竞争加剧等，其最终表现为设备的利用率下降、收益额减少。

成本法的优点是充分考虑了资产的损耗，有利于企业资产的保值，在不易计算资产未来收益或难以取得市场参照物条件下可以广泛使用。缺点是工作量较大，而且当资产的获取成本与其价值的关系难以确定时，成本法的偏差也会比较大。在持续经营的情况下，成本法无法体现组织资本的价值，因为企业的总价值要超过各单项资产价值之和。

2. 市场法

市场法也称市场价格比较法或者现行市价法，是指在市场上找出一个或几个与被评估的目标企业相似的参照企业，分析比较被评估企业及合适的价值乘数，在此基础上，通过修正调整企业的市场价值，最后确定目标企业价值的方法。市场法的基本原理是市场替代原则，即投资者对相同用途的替代企业应该支付相同的价格，所以类似的企业应该具有类似的价格。

市场法的思路可以用如下公式表示：

$$V_1/X_1 = V_2/X_2$$

即：

$$V_1 = X_1 \times (V_2/X_2)$$

式中：V_1 为被评估企业价值；V_2 为可比企业价值；X_1 为被评估企业与企业价值相关的可

比指标；X_2 为可比企业与企业价值相关的可比指标。V/X 通常又被称为价值乘数。其比较常见的选取值为价格/收益倍数比率(市盈率)、价格/账面值比率(市净率)和价格/销售收入比率。

市场法的优点是其评估的参数与指标来自市场，容易被各方接受，它克服了现金流折现法存在的对输入参数的过度依赖。从投资的角度来看，它提供了整个市场目前对公司价值的评估信息，包括整体市场、行业和行业内单个公司的估值信息等。缺点是它虽然提供了目前市场对价值的评估信息，但并没有提供目前价值评估的合理程度，即目前市场的估值是否合理。如果市场本身高估，得出的价值是否合理就无法判断。

3. 收益法

收益法是通过计算企业未来预期的收益并折算成现值来评估被并购企业资产价值的方法。收益法的理论基础在于：企业的价值是其资产所能获得的未来收益的现值，其折现率体现了投资企业获得收益的风险回报率。运用收益法评估时，企业价值的高低主要取决于企业收益的界定、对企业收益进行合理预测和选择合适的折现率这三个基本因素。

收益现值法的基本理论公式可以表述为：

$$\text{资产的重估价值} = \text{该资产预期各年收益折成现值之和}$$

收益法通常被认为更适合于企业并购中的资产评估，因为并购方之所以对目标企业进行并购，正是预期能获得收益，而且这种收益带有不确定性，蕴含风险。收益法为量化企业的未来收益提供了很好的途径。收益法的优点是适用面广，既可以用来评估上市公司，也可以用来评估非上市公司，而不必选择可比公司。收益法的缺点是，它对现金流的增长率、增长期和现金流的预期折现率依赖过大，特别是折现率的估值具有很大的不确定性，这三项指标的微小变化都会导致评估值的巨大变化。

由于存在不同的资产评估方法，在并购谈判时，就会出现不同方法的冲突，以及对不同方法的选择。选择的评估方法不同，评估的结果肯定不同。一般而言，当收购方针对的是一个破产的企业或企业的部分资产时，应当采用重置成本法；当收购方针对的是一个重资产、企业组织资本价值比较低的企业时，应当采用市场法；当收购方针对的是一个继续运营企业的产权时，应当采用预期收益净现值法。

(三) 重组对价的达成方法

资产评估结果只是为企业重组对价的确定提供了谈判的基础，重组对价的确定除受资产评估结果的影响外，还受并购双方的地位、资产的稀缺程度、信息获取程度以及重组对价达成方法等因素的影响。不同的定价方法将决定不同的并购最终成交价格，所以对不同定价方法的选择，也是并购双方需要考虑的重要问题。需要强调的是，定价方法的选择是针对并购双方而言的，并购的参与者通过特定的定价方法进行双边或者多边的博弈，最终确定并购价格。

具体来说，并购价格的达成方法主要有三种：①要约收购定价。要约收购定价是指收购者直接向目标公司董事会发出收购要约，向目标公司的股东进行招标的收购行为。要约收购适用于对上市公司的收购行为，其报价一般高于目标公司的股票市价。②讨价还价定价。讨价还价定价是指在并购过程中，并购双方轮流出价、就价格进行协商谈判，最后达成双方都能接受的均衡价格。讨价还价机制是中国并购实践中应用最为广泛的一种定价机制。③拍卖定价。当市场出现多个并购者时，就会出现并购者相互之间的竞争。对于被并购方来说，只要选择出价最高的并购方的报价即可。

定价方法的选择要依据不同情况确定。当只有一个并购方时，并购双方可以选择要约定价或者讨价还价定价的方式；当有多个并购方时，并购双方可以采用讨价还价定价或拍卖定价方式。总之，企业并购中资产的定价，应当依据民商法中有关合同的相关规定，在相互平等的基础上，由交易各方友好协商确定。

（四）重组对价的支付方式

企业重组，确定了重组方式和重组对价后，就应当确定重组对价的支付方式。无论是何种类型的企业重组，重组对价的支付方式通常包括股权支付、非股权支付或两者的组合。股权支付，是指以本企业或控股企业的股权支付重组对价；非股权支付，是指以现金、非货币性资产等方式支付重组对价。确定重组对价的支付方式，通常要考虑重组目的、支付能力以及税收等因素的影响。

1. 重组目的对对价支付方式的影响

重组目的不同，对价的支付方式不同。以股权收购为例，对于收购方而言，如果愿意稀释本公司股权，通常会选择股权支付方式；如果不愿意稀释本公司股权，通常会选择非股权支付方式。反之，对于被收购方而言，如果有参股收购方的意愿，通常会接受股权支付；如果无参股收购方的意愿，通常会接受非股权支付。

2. 支付能力对对价支付方式的影响

支付能力不同，对价的支付方式不同。无论是何种方式的企业重组，对于收购方而言，如果现金储备充足，有现金支付能力，通常选择现金支付方式；如果现金储备不足，无现金支付能力，通常选择非现金支付方式。反之，对于被收购方而言，如果需要现金，通常选择接受现金支付，否则会选择接受非现金支付。

3. 税收负担对对价支付方式的影响

重组对价的支付方式影响企业重组的税收负担。企业重组的所得税待遇有一般性税务处理和特殊性税务处理。一般性税务处理在重组当期纳税，特殊性税务处理可以递延纳税，而且特殊性税务处理还可能存在税负转嫁的问题。重组对价的支付方式不同，企业重组的税收待遇和税收负担不同。这个问题我们将在本章第二节中专题讨论。

【例 1-3】 A公司自B公司手中收购甲公司股权，股权的公允价值10 000万元。A公司通过定向增发，以公允价值8 000万元的本公司股票和2 000万元现金支付收购对价。这里A公司是以股权和非股权组合方式支付收购对价，其中本公司股票属于股权支付，现金属于非股权支付。

第二节　企业重组的税收处理

一、企业重组涉及的税收

企业重组中的大多数重组方式是资产、负债、劳动力等一揽子生产要素的组合交易，其中涉及的税收主要是企业所得税。此外，企业重组还可能涉及增值税、土地增值税、个人所得税、印花税、契税等我国现行开征的几乎所有税种。

二、企业重组的税收待遇

税收待遇，是指纳税人应享有的税收权利和应承担的纳税义务。企业重组的方式不同，涉及的税种不同，选择的税收政策不同，税收待遇就有可能不同。企业重组的税收待遇，主要有当期纳税、分期纳税、递延纳税、税负转嫁、重复征税、双重不征税、不征税和免税等。

（一）当期纳税

当期纳税，是指企业重组的当事人在重组当期即按照税法规定履行纳税义务，缴纳与重组相关的各项税收。

【例1-4】 A公司自B公司手中收购甲公司股权，B公司持有甲公司股权的公允价值10 000万元，计税基础6 000万元。A公司通过定向增发，以公允价值10 000万元的本公司股票给B公司支付收购对价。该项股权收购业务，如果适用一般性税务处理规定进行企业所得税处理，B公司在股权收购当期即确认转让甲公司股权的所得4 000万元(10 000－6 000)，A公司取得的甲公司股权，以公允价值10 000万元作为计税基础。

（二）分期纳税

分期纳税，是指企业重组的当事人将本应在重组当期缴纳的税收，按照税法规定在一定期限内分期缴纳。

【例1-5】 A公司收购B公司的非货币性资产，该非货币性资产的公允价值10 000万元，计税基础6 000万元。A公司通过定向增发，以公允价值10 000万元的本公司股票给B公司支付收购对价。该项业务对于B公司而言，相当于将其非货币性资产投入A公司，取得A公司的股权。B公司确认的非货币性资产投资所得4 000万元(10 000－6 000)，可以按照税法规定分5年均匀纳税，每年确认应纳税所得额800万元(4 000/5)。

分期纳税，主要是解决纳税人无现金缴税而产生的支付能力不足的问题。如果考虑资金的时间价值，分期纳税相当于少缴税，事实上属于一项税收优惠。

【例1-6】 纳税人如果将100元的税款递延至5年后缴纳，按照10%的折现率折现，现值为62元；递延至10年后缴纳，按照10%的折现率折现，现值为39元；递延至30年后缴纳，按照10%的折现率折现，现值为6元。纳税时间越晚，税收负担越轻。

（三）递延纳税

递延纳税，是指企业重组的当事人将本应在重组当期缴纳的税收，递延至将来某一时期缴纳。

【例1-7】 A公司自B公司手中收购甲公司股权，B公司持有甲公司股权的公允价值10 000万元，计税基础6 000万元。A公司通过定向增发，以公允价值10 000万元的本公司股票给B公司支付收购对价。重组完成后，B公司以12 000万元的价格转让A公司股权。

该项股权收购业务，如果适用一般性税务处理规定进行企业所得税处理，B公司在股权收购当期应确认转让甲公司股权的所得4 000万元(10 000－6 000)；取得A公司股权，以公允价值10 000万元作为计税基础。重组完成后B公司转让A公司股权，应确认股权转让所得2 000万元(12 000－10 000)。B公司在重组当期和重组以后，累计确认的应纳税所得额为6 000万元(4 000＋2 000)。

该项股权收购业务，如果选择特殊性税务处理规定进行企业所得税处理，B公司在股权收购当期不确认转让甲公司股权的所得；取得A公司股权，以原持有甲公司股权的计税基础6 000万元作为计税基础。重组完成后B公司转让A公司股权，应当确认的股权转让所得为6 000万元(12 000－6 000)。

该项股权收购业务，无论是适用一般性税务处理规定还是选择特殊性税务处理规定进行企业所得税处理，B公司累计确认的应纳税所得额都是6 000万元。但是适用一般性税务处理规定，在重组当期确认应税所得4 000万元，重组后确认应税所得2 000万元。选择特殊性税务处理规定，在重组当期不确认应税所得，重组后确认应税所得6 000万元。通过特殊重组，B公司将本应在重组当期确认的应税所得2 000万元，递延至将来转让A公司股权时确认。

递延纳税，主要是通过资产计税基础的替换(以下简称税基替换)实现的。所谓税基替换，是指纳税人将一项资产的计税基础替换到另一项资产上，如[例1-7]中B公司以放弃甲公司股权的计税基础作为取得A公司股权的计税基础。

递延纳税和分期纳税的主要区别是，分期纳税有明确的纳税期限(如分5年纳税)，而递延纳税没有明确的纳税期限，纳税时间视未来的具体情况而定(如在将来转让股权时完税)。如果考虑到资金的时间价值，递延纳税与分期纳税的作用相同，纳税人享受了资金的时间价值，相当于享受了一项税收优惠。

(四) 税负转嫁

税负转嫁，是指企业重组的一方当事人将其应当缴纳的税收，转嫁给其他当事人承担。

【例1-8】 A公司吸收合并B公司，B公司被合并资产的公允价值10 000万元，计税基础6 000万元。A公司通过定向增发，以公允价值10 000万元的本公司股票给B公司的股东支付合并对价。合并完成后，A公司以12 000万元的价格转让合并中取得B公司的资产。

该项企业合并业务，如果适用一般性税务处理规定进行企业所得税处理，B公司在合并当期应当确认清算所得4 000万元(10 000－6 000)；A公司取得B公司的资产，以公允价值10 000万元作为计税基础。重组完成后，A公司转让合并中取得B公司的资产，应当确认资产转让所得2 000万元(12 000－10 000)。

该项企业合并业务，如果选择特殊性税务处理规定进行企业所得税处理，B公司在合并当期不确认清算所得；A公司取得B公司的资产，以该资产的原计税基础6 000万元作为计税基础。重组完成后，A公司转让合并中取得B公司的资产，应当确认资产转让所得6 000万元(12 000－6 000)。

该项企业合并业务，适用一般性税务处理规定进行所得税处理，B公司在重组当期确认清算所得 4 000 万元，A 公司在重组后确认资产转让所得 2 000 万元。但是选择特殊性税务处理规定进行所得税处理，B 公司在重组当期不确认清算所得，A 公司在重组后确认资产转让所得 6 000 万元。通过特殊重组，B 公司将其在重组当期应当确认的清算所得 4 000 万元转嫁给 A 公司，由 A 公司在重组后确认。

税负转嫁，主要是通过资产计税基础的转移（以下简称税基转移）实现的。所谓税基转移，是指将一个纳税人某项资产的计税基础，随同该资产的转让转移给另外一个纳税人，如[例 1-8]中将 B 公司资产的计税基础转移给 A 公司。

税基替换和税基转移的主要区别是，税基替换纳税人不变，资产发生变化，如[例 1-7]中 B 公司取得 A 公司股权，以放弃甲公司股权的计税基础作为取得 A 公司股权的计税基础。而税基转移是纳税人发生变化，资产不变，如[例 1-8]中 B 公司将其资产并入 A 公司，资产的计税基础也随同资产的转移并入 A 公司并保持不变。

（五）重复征税

重复征税，是指在企业重组过程中，对纳税人的同一项所得课征两次或两次以上的税收。

【例 1-9】 A 公司自 B 公司手中收购甲公司股权，B 公司持有甲公司股权的公允价值 10 000 万元，计税基础 6 000 万元。A 公司通过定向增发，以公允价值 10 000 万元的本公司股票给 B 公司支付收购对价。重组完成后，B 公司以 12 000 万元的价格转让 A 公司股权，A 公司以 13 000 万元的价格转让甲公司股权。

该项股权收购业务，如果适用一般性税务处理规定进行企业所得税处理，B 公司在股权收购当期确认转让甲公司股权的所得 4 000 万元（10 000 − 6 000），取得 A 公司股权，以公允价值 10 000 万元作为计税基础；重组后 B 公司转让 A 公司股权，确认股权转让所得 2 000 万元（12 000 − 10 000）。重组中 A 公司取得甲公司的股权，以公允价值 10 000 万元作为计税基础；重组后 A 公司转让甲公司股权，确认股权转让所得 3 000 万元（13 000 − 10 000）。A 公司和 B 公司在股权收购当期和收购以后，累计确认的应税所得为 9 000 万元（4 000 + 2 000 + 3 000）。

该项股权收购业务，如果选择特殊性税务处理规定进行企业所得税处理，B 公司在股权收购当期不确认转让甲公司股权的所得，取得 A 公司股权，以原持有甲公司股权的计税基础 6 000 万元作为计税基础；重组后 B 公司转让 A 公司股权，确认股权转让所得 6 000 万元（12 000 − 6 000）。重组中 A 公司取得甲公司的股权，以该项股权的原计税基础 6 000 万元作为计税基础；重组后 A 公司转让甲公司股权，确认股权转让所得 7 000 万元（13 000 − 6 000）。A 公司和 B 公司在股权收购当期和收购以后，累计确认的应税所得为 13 000 万元（0 + 6 000 + 7 000）。

该项股权收购业务，如果适用一般性税务处理规定进行企业所得税处理，A 公司和 B 公司在股权收购当期和收购以后，累计确认的应税所得为 9 000 万元。如果选择特殊性税务处理规定进行企业所得税处理，A 公司和 B 公司在股权收购当期和收购以后，累计确认的应税所得为 13 000 万元。选择特殊性税务处理规定比适用一般性税务处理规定，应税所得增加 4 000 万元。

股权收购，如果选择特殊性税务处理规定进行企业所得税处理，当目标公司股权的公允价值高于计税基础时，应纳税所得额总额增加，就会存在重复纳税的问题。这是因为在一项业务中，理论上，税基替换和税基转移只能二选一，不能既替换税基又转移税基。如果既替换税基又转移税基，当目标公司股权的公允价值高于计税基础时，目标公司股权的计税基础无税递减（未确认税收损失但税基减少），计税基础不延续，就会出现重复纳税的问题。

（六）双重不征税

双重不征税，是指在企业重组过程中，对纳税人的一项交易重组各方均不确认应税所得，均无纳税义务。

【例 1-10】 A 公司自 B 公司手中收购甲公司股权，B 公司持有甲公司股权的公允价值 6 000 万元，计税基础 10 000 万元。A 公司通过定向增发，以公允价值 6 000 万元的本公司股票给 B 公司支付收购对价。重组完成后，B 公司以 12 000 万元的价格转让 A 公司股权，A 公司以 13 000 万元的价格转让甲公司股权。

该项股权收购业务，如果适用一般性税务处理规定进行企业所得税处理，B 公司在股权收购当期确认转让甲公司股权的所得 −4 000 万元（6 000 − 10 000）；取得 A 公司股权，以公允价值 6 000 万元作为计税基础。重组后 B 公司转让 A 公司股权，确认股权转让所得 6 000 万元（12 000 − 6 000）。重组中 A 公司取得甲公司股权，以公允价值 6 000 万元作为计税基础；重组后 A 公司转让甲公司股权，确认股权转让所得 7 000 万元（13 000 − 6 000）。A 公司和 B 公司在股权收购当期和收购以后，累计确认的应税所得为 9 000 万元（−4 000 + 6 000 + 7 000）。

该项股权收购业务，如果选择特殊性税务处理规定进行企业所得税处理，B 公司在股权收购当期不确认转让甲公司股权的所得，取得 A 公司股权，以原持有甲公司股权的计税基础 10 000 万元作为计税基础；重组后 B 公司转让 A 公司股权，确认股权转让所得 2 000 万元（12 000 − 10 000）。重组中 A 公司取得甲公司的股权，以该项股权的原计税基础 10 000 万元作为计税基础；重组后 A 公司转让甲公司股权，确认股权转让所得 3 000 万元（13 000 − 10 000）。A 公司和 B 公司在股权收购当期和收购以后，累计确认的应税所得为 5 000 万元（0 + 2 000 + 3 000）。

该项股权收购业务，如果适用一般性税务处理规定进行企业所得税处理，A 公司和 B 公司在股权收购当期和收购以后，累计确认的应税所得为 9 000 万元。如果选择特殊性税务处理规定进行企业所得税处理，A 公司和 B 公司在股权收购当期和收购以后，累计确认的应税所得为 5 000 万元。选择特殊性税务处理规定比适用一般性税务处理规定，应税所得额减少 4 000 万元。

股权收购，如果选择特殊性税务处理规定进行企业所得税处理，当目标公司股权的公允价值低于计税基础时，应纳税所得额总额减少，就会出现双重不征税的问题。这是因为在一项业务中，理论上，税基替换和税基转移只能二选一，不能既替换税基又转移税基。如果既替换税基又转移税基，当目标公司股权的公允价值低于计税基础时，目标公司股权的计税基础无税递增（未确认应税所得但税基增加），计税基础不延续，就会出现双重不征税的问题。

（七）不征税

不征税，是指重组当事人的行为不在某税种的征税范围内，按照税法规定不应当征税。

【例 1-11】 A 公司吸收合并 B 公司，B 公司将其资产、负债、劳动力一并转移给 A 公司。按照国家税务总局公告 2011 年第 13 号以及财税〔2016〕36 号文件的规定，企业合并中资产、负债、劳动力一并转移的，涉及的资产转让不在增值税征税范围内，不缴纳增值税。

（八）免税

免税，是指重组当事人的行为在某税种的征税范围内，但按照税法规定可以免予纳税。

【例 1-12】 A 公司吸收合并 B 公司，B 公司将其资产、负债、劳动力一并转移给 A 公司。按照财税〔2018〕17 号文件的规定，A 公司承继 B 公司的土地、房屋权属，免征契税。

不征税和免税的区别，主要是：①不征税是指纳税人的行为不在某税种的征税范围内，不应当征税。而免税是指纳税人的行为在某税种的征税范围内，应当征税，只是国家基于某种政策意图，对这部分本来应当征税的行为免予征税。②理论上，不征税不需要税收文件明确不征税范围，只要纳税人的行为不在某税种的征税范围内，就不应当征税。而免税需要税收文件明确免税范围。③理论上，如果是不征税，资产的计税基础不能递增。如果是免税，资产的计税基础可以递增。

【例 1-13】 A 公司收购 B 公司的资产，被收购资产的公允价值 10 000 万元，计税基础 6 000 万元。如果税法规定对 B 公司不征税，A 公司取得的收购资产，计税基础为 6 000 万元。如果税法规定对 B 公司免税，A 公司取得的收购资产，计税基础为 10 000 万元。

三、企业重组税收的相关术语

（一）重组方式

重组方式，是指企业重组的业务实质和法律形式。财税〔2009〕59 号文将企业重组业务的所得税处理分为法律形式改变、债务重组、股权收购、资产收购、企业合并、企业分立六大类。企业重组的方式不同，相应的税务处理规则和税务处理结果也不相同。

（二）重组当事人

重组当事人，是指企业重组中的各参与方。企业重组的方式不同，重组当事人不同。如，债务重组的当事人是债务人和债权人，资产收购的当事人是收购方和被收购方。企业重组中的每一方当事人，都有可能成为重组业务的纳税主体。确认重组当事人的目的，是通过确认重组当事人确认重组业务的纳税主体。

（三）重组对价

重组对价，是指在企业重组过程中，资产的受让方因获取资产给予资产转让方的代价，对价的特征是等价有偿。企业重组的方式不同，选择的税收政策不同，重组对价的确定就有可能不同。对于资产的转让方而言，重组对价是确定转让资产收入的依据。对于资产的受让方而言，重组对价是确定受让资产计税基础的依据。

【例 1-14】 A 公司吸收合并 B 公司，B 公司被合并资产的公允价值 10 000 万元，计税基础 6 000 万元。A 公司通过定向增发，以公允价值 10 000 万元的本公司股票给 B 公司的股东支付合并对价。重组完成后，A 公司转让合并中取得 B 公司的资产，取得资产转让收入 12 000 万元。

如前所述，该项企业合并业务，适用一般性税务处理规定进行所得税处理，B 公司在重组当期确认清算所得 4 000 万元，A 公司在重组后确认资产转让所得 2 000 万元。但是选择特殊性税务处理规定进行所得税处理，B 公司在重组当期不确认清算所得，A 公司在重组后确认资产转让所得 6 000 万元。通过特殊重组，B 公司将其应确认的清算所得 4 000 万元转嫁给 A 公司，由 A 公司在重组后确认。

该项企业合并业务，对于合并方 A 公司而言，在确定合并对价时，如果该项合并适用一般性税务处理规定进行所得税处理，A 公司能够接受的合并对价为 B 公司资产的公允价值 10 000 万元。如果该项合并选择特殊性税务处理规定进行所得税处理，由于存在税负转嫁因素，合并后 A 公司的税收负担增加，所以 A 公司能够接受的合并对价，理论上应当是以 B 公司资产的公允价值，减去 A 公司将来因税负转嫁多缴的税按照一定的折现率（通常是市场利率）和预计期限折算的现值后的余额。

就本例而言，假设该项股权收购选择特殊性税务处理规定进行所得税处理，A 公司预计将在取得甲公司股权后的第 5 年转让甲公司股权，A 公司因税负转嫁多产生的应纳税所得额为 4 000万元，多缴的企业所得税额为 1 000 万元（4 000×25%）。如果按照 10%的年折现率折现，复利现值系数为 0.620 9，5 年后 1 000 万元所得税额的现值为 620.9 万元（1 000× 0.620 9），这样 A 公司收购甲公司股权时能够接受的收购对价为 9 379.1 万元（10 000 − 620.9）。

（四）支付方式

重组对价的支付方式，包括股权支付、非股权支付或两者的组合。股权支付包括以本公司股权或控股公司股权支付重组对价。企业重组的当事人如果选择特殊性税务处理规定以享受特殊重组的递延纳税待遇，重组对价中的股权支付额就应当符合税法规定的比例，否则不能选择特殊性税务处理规定进行企业所得税处理。

【例 1-15】 A 公司吸收合并 B 公司，B 公司被合并资产的公允价值 10 000 万元，计税基础 6 000 万元。A 公司给 B 公司的股东应支付的合并对价为 10 000 万元，合并对价部分拟通过定向增发，以本公司股票支付，部分拟以现金支付。

该项企业合并业务，重组各方如果选择特殊性税务处理规定进行企业所得税处理，按照财税〔2009〕59 号文的规定，股权支付额不能小于交易总额的 85%（即 8 500 万元），否则该项合并业务不能适用特殊特殊性税务处理规定进行企业所得税处理。

（五）公允价值

公允价值，是指按照市场价格确定的资产或负债的价值。资产公允价值的确定方法主要有市场法、收益法和成本法。企业重组对价，即企业重组的交易价格，通常是以净资产公允价值为基础确认。但重组对价又不完全等同于公允价值，重组对价是在净资产公允价值的基础上，综合考虑其他因素确定的，是多重因素综合作用的结果。

【例1-16】 A公司拟收购B公司的资产，被收购资产按照市场法评估的公允价值为10 000万元。该部分资产对于A公司而言，属于可收购可不收购的资产，但是对于B公司而言，欲急于出售该资产以套现用于其他投资项目。经双方讨价还价，最终该部分资产以9 500万元的价格成交。该项资产收购业务，收购价格是以收购资产的公允价值为基础，综合考虑快速变现等因素确定的。

（六）计税基础

计税基础包括资产的计税基础和负债的计税基础。资产的计税基础是指企业收回资产账面价值过程中，计算应纳税所得额时按照税法规定可以自应税经济利益中抵扣的金额。负债的计税基础是指负债的账面价值减去未来期间计算应纳税所得额时按照税法规定可予抵扣的金额。资产、负债的账面价值和计税基础如果存在差异，所得税申报时应当对税会差异进行调整。税负转嫁、双重纳税、双重不纳税等税收待遇，都是通过资产计税基础的递延实现的。

【例1-17】 A公司取得一项固定资产，原值800万元。该项固定资产，会计核算的预计使用年限8年，税法规定的最低折旧年限10年。假定使用4年后，A公司将该项固定资产连同其他资产整体转让给B公司，转让价格500万元。

A公司的该项固定资产，假设不考虑残值，转让时会计核算累计已计提折旧400万元（800/8×4），资产的账面净值为400万元（800－400）。转让时税前累计已扣除折旧320万元（800/10×4），资产的计税基础为480万元（800－320）。转让资产时，资产的账面价值和计税基础存在80万元的差异，A公司转让资产当期所得税申报时，应当调整减少应纳税所得额80万元（400－480）。

（七）重组主导方

企业重组，税法要求同一重组业务的当事各方应采取一致性税务处理原则，即统一按一般性或特殊性税务处理，这就要求有一个重组当事人协调重组各方的立场。重组主导方，就是指在企业重组过程中，协调重组各方税收立场的重组当事人。

按照国家税务总局公告2015年第48号的规定，重组当事各方适用特殊性税务处理，应当按照如下规定确定重组主导方：①债务重组，主导方为债务人。②股权收购，主导方为股权转让方，涉及两个或两个以上股权转让方，由转让被收购企业股权比例最大的一方作为主导方（转让股权比例相同的可协商确定主导方）。③资产收购，主导方为资产转让方。④合并，主导方为被合并企业，涉及同一控制下多家被合并企业的，以净资产最多的一方为主导方。⑤分立，主导方为被分立企业。

尽管企业重组的方式不同，重组主导方的确定方法不同。但作为重组主导方，其共同特点是：在企业重组过程中，最有可能在重组当期缴纳税款的当事人，如债务重组中的债务人，股权收购中的股权转让方，资产收购中的资产转让方。

（八）重组日

重组日，是指完成企业重组的日期。确定重组日的目的是确定重组所得的纳税年度。企业重组产生的应税所得，在重组日所属企业所得税纳税年度申报缴纳。

按照国家税务总局公告2015年第48号的规定，企业重组日的确定，按以下规定处理：①债务重组，以债务重组合同（协议）或法院裁定书生效日为重组日。②股权收购，以转让合同（协议）生效且完成股权变更手续日为重组日。关联企业之间发生股权收购，转让合同（协议）生效后12个月内尚未完成股权变更手续的，应以转让合同（协议）生效日为重组日。③资产收购，以转让合同（协议）生效且当事各方已进行会计处理的日期为重组日。④合并，以合并合同（协议）生效、当事各方已进行会计处理且完成工商新设登记或变更登记日为重组日。按规定不需要办理工商新设或变更登记的合并，以合并合同（协议）生效且当事各方已进行会计处理的日期为重组日。⑤分立，以分立合同（协议）生效、当事各方已进行会计处理且完成工商新设登记或变更登记日为重组日。

【例1-18】 A公司自B公司手中收购甲公司股权，收购自2016年9月开始谈判，至2018年10月签订收购协议并完成股权变更登记。B公司持有甲公司股权的公允价值10 000万元，计税基础6 000万元。该项股权收购业务，如果适用一般性税务处理规定进行企业所得税处理，B公司确认的股权转让所得4 000万元（10 000－6 000），应当在重组日所属年度（2018年）申报缴纳企业所得税。

四、企业重组的企业所得税处理

企业重组的企业所得税处理，分为适用一般性税务处理规定的企业重组和适用特殊性税务处理规定的企业重组。

（一）一般重组的企业所得税处理

企业重组适用一般性税务处理规定进行企业所得税处理，基本原则是：①重组各方在重组过程中转让的资产，其公允价值与计税基础的差额，在重组当期确认为应税所得。②重组各方在重组过程中受让的资产，以公允价值为计税基础。③企业的各项税收权益终结。

企业重组中的税收权益，主要指未弥补完亏损和未享受完税收优惠的处理。税收权益的处理分为税收权益延续和税收权益终结两种处理方式。税收权益延续，指重组后未弥补完的亏损可以继续弥补，未享受完的税收优惠可以继续享受。税收权益终结，指重组后未弥补完的亏损不能继续弥补，未享受完的税收优惠不能继续享受。

（二）特殊重组的企业所得税处理

企业重组适用特殊性税务处理规定进行企业所得税处理，基本原则是：①重组各方在重组过程中转让的资产，其公允价值与计税基础的差额，在重组当期不确认应税所得。②重组各方在重组过程中受让的资产，以该项资产的原计税基础作为计税基础。③企业的各项税收权益延续。

【例1-19】 A公司吸收合并B公司，B公司被合并资产的公允价值10 000万元，计税基础6 000万元。A公司通过定向增发，以公允价值10 000万元的本公司股票给B公司的股东甲公司支付合并对价。

该项企业合并业务，如果适用一般性税务处理规定进行企业所得税处理，B公司在合并当期应当确认清算所得4 000万元（10 000－6 000）；A公司取得B公司的资产，以公允价值

10 000 万元作为计税基础。B 公司如果有未弥补完的亏损，不能由合并后的 A 公司继续弥补；B 公司如果有未享受完的税收优惠，不能由合并后的 A 公司继续享受。

该项企业合并业务，如果选择特殊性税务处理规定进行企业所得税处理，B 公司在合并当期不确认清算所得；A 公司取得 B 公司的资产，以该资产的原计税基础 6 000 万元作为计税基础。B 公司如果有未弥补完的亏损，合并后可以由 A 公司按照税法规定继续弥补。B 公司如果有未享受完的税收优惠，合并后可以由 A 公司按照税法规定继续享受。

需要说明的是，适用特殊性税务处理规定的企业重组，如果重组对价中既有股权支付，也有非股权支付，对交易中股权支付暂不确认有关资产的转让所得或损失，其非股权支付仍应在交易当期确认相应的资产转让所得或损失，并调整相应资产的计税基础。

$$\text{非股权支付对应的资产转让所得或损失}=\left(\text{被转让资产的公允价值}-\text{被转让资产的计税基础}\right)\times\left(\text{非股权支付金额}\div\text{被转让资产的公允价值}\right)$$

【例 1-20】 A 公司将其资产转让给 B 公司，资产的公允价值 10 000 万元，计税基础 6 000 万元。B 公司给 A 公司支付的收购对价总额为 10 000 万元，其中发行 500 万股普通股（面值 1 元/股，公允价值 19 元/股）支付 9 500 万元，现金支付 500 万元。

该项资产收购业务，A 公司转让的资产，与非股权支付（现金）对应的转让资产，应当确认资产转让所得 200 万元[（10 000－6 000）×500/10 000]；与股权支付对应的转让资产，不确认资产转让所得。B 公司受让的资产，以该资产的原计税基础加 A 公司确认的应税所得作为计税基础，计税基础为 6 200 万元（6 000＋200）。

（三）特殊重组的所得税处理原则

企业重组适用特殊性税务处理规定，应当遵循三项基本原则：①经营延续。经营延续，是指重组前后企业的生产经营内容不能发生实质性变化。坚持经营延续原则，主要是鼓励企业通过重组实现社会资源的有效配置。经营延续主要是通过设定资产收购比例或股权收购比例实现的。②权益延续。权益延续，是指重组后，资产的转让方要存在于受让方之中。权益延续，资产的所有权未发生实质性转移，不应当确认应税所得。权益延续主要是通过股权支付实现的。③反避税。反避税，主要是避免纳税人滥用企业重组的特殊政策，享受重组所得的递延纳税。反避税，主要是通过限制重组企业的股东在一定时期内转让重组企业股权等手段实现的。

【例 1-21】 A 公司自 B 公司手中收购甲公司股权，B 公司持有甲公司股权的公允价值 10 000 万元，计税基础 6 000 万元。A 公司通过定向增发，以公允价值 10 000 万元的本公司股票给 B 公司支付收购对价。

该项股权收购业务，A 公司以本公司股权给 B 公司支付收购对价，B 公司通过持有 A 公司的股权而间接拥有原持有甲公司的股权，资产（原持有甲公司股权）的所有权没有发生实质性转移，符合权益延续原则，按照税法规定，可以适用特殊性税务处理规定进行所得税处理。

（四）适用特殊性税务处理的条件

按照财税〔2009〕59 号文第五条的规定，企业重组适用特殊性税务处理，应当同时符合以下五项条件：①具有合理的商业目的，且不以减少、免除或者推迟缴纳税款为主要目的。②被收购、合并或分立部分的资产或股权比例符合本通知规定的比例。③企业重组后的连续12个月内不改变重组资产原来的实质性经营活动。④重组交易对价中涉及股权支付金额符合本通知规定比例。⑤企业重组中取得股权支付的原主要股东，在重组后连续12个月内，不得转让所取得的股权。

【例1-22】 A公司的股东为甲公司，A公司有一部分资产拟转让给B公司。如果A公司将该部分资产直接转让给B公司，A公司应当缴纳增值税、土地增值税、企业所得税和印花税，B公司应当缴纳契税和印花税。如果企业做如下安排：先从A公司中分立出一个C公司（C公司的股东为甲公司），再由甲公司将C公司的股权转让给B公司，B公司通过持有C公司的股权而间接拥有了C公司的资产。

企业做如此安排，就将一项资产转让业务转化成了企业分立+股权收购的组合重组。在企业分立和股权收购两个环节，A公司不缴纳增值税，暂不缴纳土地增值税，如果适用特殊性税务处理规定进行企业所得税处理，企业所得税可以递延纳税；B公司免缴契税。但是由于企业的类似业务安排是以获取税收利益为主要目的，所以不能适用特殊性税务处理规定进行企业所得税处理。

五、企业重组的企业所得税管理

企业重组业务的企业所得税管理，主要包括企业重组所得税应纳税额的申报，企业重组当期事项的管理以及企业重组后续事项的管理（如重组后资产税会差异的调整）。

（一）纳税申报

企业重组适用一般性税务处理规定进行企业所得税处理，纳税申报遵循企业所得税申报的一般规定。在此我们主要讨论企业重组适用特殊性税务处理规定时的所得税申报。

1. 特殊重组企业所得税申报资料的设计原则

特殊重组企业所得税申报资料的设计，主要遵循了以下四项基本原则：一是体现企业重组业务的真实性、合法性和合理性；二是证明企业重组符合税法规定的特殊性税务处理条件；三是重组资产、负债公允价值、计税基础的确认以及应纳税所得额的计算；四是递延所得的确认、税会差异的调整等重组后续事项的管理。

2. 特殊重组企业所得税申报资料的构成

企业重组业务选择特殊性税务处理，除企业发生其他法律形式简单改变情形外，重组各方应在该重组业务完成当年，办理企业所得税年度申报时，分别向各自主管税务机关报送《企业重组所得税特殊性税务处理报告表及附表》和申报资料。重组主导方申报后，其他当事方向其主管税务机关办理纳税申报时，还应附送重组主导方经主管税务机关受理的《企业重组所得税特殊性税务处理报告表及附表》（复印件）。

（1）企业重组所得税特殊性税务处理报告表及附表。报告表主要反映重组企业的基本信息，重组类型，适用特殊性税务处理的条件，主管税务机关的受理意见，纳税人的声明等。附表主要反映重组当事人的基本信息，不同重组方式下选择特殊性税务处理的条件，重组资产公允价值、计税基础的确认，重组所得的计算等。

（2）企业重组所得税特殊性税务处理申报资料一览表。该表主要反映不同重组方式下所得税选择特殊性税务处理申报资料的报送主体，报送资料的名称以及内容，具体包括：重组业务的情况说明，有关合同、协议，有关部门的批准文件，资产评估报告，经营延续、权益延续的承诺书，资产税会差异的专项说明等。

3. 特殊重组企业所得税申报的注意事项

企业重组选择特殊性税务处理规定进行所得税处理，纳税申报时应当特别注意企业重组是否符合税法规定的适用特殊性税务处理的条件，核心是企业重组是否具有合理的商业目的。申报时，重组当事人应当从以下几个方面逐条说明企业重组具有合理的商业目的：一是重组交易的方式，二是重组交易的实质结果，三是重组各方涉及的税务状况变化，四是重组各方涉及的财务状况变化，五是非居民企业参与重组活动的情况。

（二）重组当期事项的管理

企业重组当期事项的管理，主要包括重组事项的权限管理和重组备查资料的管理。

1. 重组事项的权限管理

财税〔2009〕59 号文规定，企业重组选择适用特殊性税务处理，应当在年度纳税申报时向主管税务机关书面备案，否则不得进行特殊性税务处理。国家税务总局公告 2010 年第 4 号进一步明确，重组各方需要税务机关确认的，可以选择由重组主导方向主管税务机关提出申请，层报省税务机关给予确认。但是国家税务总局公告 2015 年第 48 号取消了企业重组的备案规定，将此调整为由纳税人准备相关资料备查。

2. 重组备查资料的管理

国家税务总局公告 2010 年第 4 号规定，企业重组无论是适用一般性税务处理规定还是选择特殊性税务处理规定，都应当按照不同的重组方式，依照税法规定准备相关资料以备税务机关检查。但是国家税务总局公告 2015 年第 48 号将此调整为，债务重组、股权收购、资产收购、企业合并、企业分立适用特殊性税务处理规定的，所得税申报时应当按照税法规定向税务机关报送企业重组所得税特殊性税务处理申报资料。

（三）重组后续事项的管理

企业重组后续事项的管理，主要包括企业重组完成后税收权益的承继和税会差异的调整。

1. 税收权益的承继

企业重组适用一般性税务处理规定，税收权益终结。重组前未享受完的税收优惠不能继续享受，重组前未弥补完的亏损不能继续弥补。企业重组适用特殊性税务处理规定，税收权益延续。重组前未享受完的税收优惠按照税法规定继续享受，重组前未弥补完的亏损按照税法规定继续弥补。这个问题我们将在后续章节专题讨论。

2. 资产税会差异的调整

企业重组适用特殊性税务处理规定，资产的账面价值和计税基础可能形成税会差异，该差异应当在重组完成后进行调整。如果资产的账面价值高于计税基础，重组完成后企业所得税申报时，应当调整增加应纳税所得额。如果资产的账面价值低于计税基础，重组完成后企业所得税申报时，应当调整减少应纳税所得额。

【例 1-23】 A 公司自 B 公司手中收购甲公司股权，B 公司持有甲公司股权的公允价值

10 000 万元，计税基础 6 000 万元。A 公司通过定向增发，以公允价值 10 000 万元的本公司股票给 B 公司支付收购对价。重组完成后，B 公司以 12 000 万元的价格转让 A 公司股权。

该项股权收购对于 B 公司而言，在股权收购当期，会计处理应当确认股权转让收益 4 000 万元（10 000 − 6 000），取得 A 公司股权的入账价值为 10 000 万元。如果选择特殊性税务处理，股权收购当期不确认甲公司股权的转让所得，取得 A 公司股权的计税基础为 6 000 万元。重组当期所得税申报时，应当调整减少应纳税所得额 4 000 万元（0 − 4 000）。重组完成后转让 A 公司股权，会计处理应当确认股权转让收益 2 000 万元（12 000 − 10 000），所得税处理确认股权转让所得 6 000 万元（12 000 − 6 000），转让 A 公司股权当期所得税申报时，应当调整增加应纳税所得额 4 000 万元（6 000 − 2 000）。

第三节　企业重组的税收安排

一、企业重组的税收利益

企业重组的税收利益，是指在企业重组过程中，重组各方当事人通过对重组事项的安排，所能获得的税收权益。

企业在重组过程中获得的税收利益，既包括战略层面的——如何使企业价值最大化或股东财富最大化；也包括战术层面的——如何尽可能地少缴税，以降低税收负担；或如何尽可能地递延纳税，以享受资金的时间价值。既包括重组各方在重组过程中所能获得的所得税权益，也包括所能获得的流转税、财产行为税权益。

企业重组的当事人在企业重组过程中谋取税收利益，一般是通过对重组主体、重组方式、重组流程、交易对价、税收政策选择等重组要素进行合理的安排，以纳税筹划的方式实现。在企业重组过程中，重组当事人采用的纳税筹划方式既包括谋求递延纳税、转嫁税负、双重不纳税、不征税、免税以及享受优惠税率等，也包括如何避免当期纳税、重复纳税以及防范其他重组当事人转嫁税负。

在绝大部分情况下，重组各方当事人税收权益的获取是一个税收利益再分配的过程，重组各方获取的税收利益是此消彼长的关系。通常一方获取的利益是以另一方损失的利益为代价，如税负转嫁，在减轻一方当事人税收负担的同时，增加了另一方当事人的税收负担。税收权益的获取，双盈的情况有，但比较少见。

【例 1-24】 A 公司生产的产品，有高新技术产品，也有非高新技术产品，高新技术产品收入占总收入的比例为 40%。A 公司因高新技术产品收入占总收入的比例达不到 60%，不能被整体认定为高新技术企业，不能享受高新技术企业 15%的所得税优惠税率。但是如果从 A 公司中分立出一个 B 公司，将高新技术产品分离给 B 公司生产。对于 B 公司而言，其高新技术产品收入占总收入的比例为 100%，可以被认定为高新技术企业，享受高新技术企业 15%的所得税优惠税率。

二、企业重组的涉税因素

影响企业重组税收的因素主要有重组意图、重组主体、关联关系、重组方式、重组对价、税收政策等。

（一）重组意图

企业的重组意图有战略层面的，如意图通过企业分立，使分立公司上市。也有战术层面的，如先以资产新设一个公司，再转让新设公司股权，将资产转让转化为股权转让，以降低税收负担。通常战略层面的企业重组，不是以降低税收负担为首要目的，而是以企业价值最大化作为重组的基本目标。而战术层面的企业重组，税收负担的降低是企业重组时需要重点考量的因素。

【例 1-25】 A 公司拟吸收合并 B 公司，A 公司应当给 B 公司的股东甲公司支付合并对价。如果 A 公司全部以现金给甲公司支付合并对价，该企业合并只能适用一般性税务处理规定，重组各方当事人应当在合并当期确认应税所得，缴纳企业所得税。如果 A 公司先以现金设立乙公司，再以乙公司的股权给甲公司支付合并对价，该企业合并可以适用特殊性税务处理规定，重组各方当事人就可以实现企业所得税的递延纳税。该企业合并，A 公司新设乙公司的业务安排，以适用特殊重组、降低税收负担为主要目的。如果税务机关认为该业务安排不具有合理商业目的，将面临比较大的涉税风险。

（二）重组主体

重组主体，是指在企业重组过程中，以谁为主体来参与重组。重组主体安排的不同——如将收购方安排在境内还是境外，所处的经济环境就不同，适用的法律法规也不同，相应的税收负担自然不同。重组当事人在安排重组业务的诸要素时，应当根据企业的重组意图——战略重组还是战术重组，综合考虑融资安排、资金调度、税收负担等因素，合理安排重组主体。

【例 1-26】 中国境内 A 公司拟从美国 B 公司手中收购泰国 C 公司股权。如果以 A 公司作为收购主体直接收购 C 公司股权，A 公司成为 C 公司的股东，C 公司将实现的利润分配给 A 公司，由于中国企业所得税税率高于泰国，A 公司取得的利润在中国境内须缴纳企业所得税。如果 A 公司先在中国香港设立 D 公司，然后以 D 公司作为收购主体收购 C 公司股权，使得 D 公司成为 C 公司的股东。C 公司将实现的利润分配给 D 公司，按照中国香港法律，D 公司来源于中国香港之外的利润，在中国香港无须缴纳企业所得税。只要 D 公司不将利润分配给 A 公司，A 公司无须在中国境内缴纳企业所得税。

（三）关联关系

关联关系，是指参与企业重组的各方当事人之间是否存在关联关系。非关联方之间的交易，一般认为该交易是公允交易，因为非关联交易如果不公允，就不可能达成交易，除非有证据证明该交易不公允，或嵌套了其他的交易。但是关联方之间的交易，有可能是不公允交易，关联企业之间经常利用关联交易转移利润，规避税收。

【例 1-27】 A 公司是 B 公司的控股公司，A 公司盈利，B 公司亏损，A 公司有应收 B 公司的款项。如果B公司的亏损在5年内不能弥补，超出亏损弥补期就不能弥补，以后年度的企业所得税负担就要增加。如果A公司以债务重组的方式豁免B公司的债务，B公司有债务重组收益，A公司有债务重组损失。B公司以债务重组收益弥补亏损，A公司的债务重组损失在税前扣除。如此操作，就将A公司的利润转移给了B公司，弥补了B公司无法在税前弥补的亏损。

（四）重组方式

重组方式，是指在企业重组过程中，重组当事人选择以何种方式进行重组。企业重组的方式包括债务重组、股权收购、资产收购、企业合并、企业分立等。企业重组的方式不同，涉及的税种不同，税收负担就有可能不同。重组当事人应当综合考虑各种重组方式涉及所有税种的税收负担，选择整体税收负担最轻、涉税风险最小的重组方式。

【例1-28】 A公司的主要资产是一项土地使用权，B公司拟受让A公司的土地使用权，现有以下两种交易方式可供选择：一是B公司直接收购A公司的资产，二是B公司从A公司股东手中收购A公司股权，通过持有A公司股权间接拥有该项资产。

如果B公司直接收购A公司的资产，A公司应当缴纳增值税、土地增值税、企业所得税和印花税，B公司应当缴纳契税和印花税。如果B公司从A公司股东手中收购A公司股权，A公司的股东应当缴纳企业所得税和印花税，无增值税和土地增值税。B公司应当缴纳印花税，无契税。股权收购的税收负担低于资产收购的税收负担。

（五）重组对价

重组对价，是指在企业重组过程中，资产的受让方因获取资产给予资产转让方的代价，重组对价的高低往往是企业重组能否成功的关键因素。影响重组对价的因素主要有：资产价值的高低，资产的稀缺程度，资产的评估方法，企业重组选择的税收政策，重组各方的议价能力、交易意图、对重组成功的期望值等。

【例1-29】 A公司将其持有的甲公司股权转让给B公司，采用收益现值法评估，甲公司股权的公允价值8 141万元；采用市场法评估，甲公司股权的公允价值7 632万元。采用不同的评估方法，股权公允价值的差额为509万元（8 141 − 7 632）。对于A公司来说，采用现值法评估有利；对于B公司来说，采用市场法评估有利。

（六）税收政策

税收政策，是指在企业重组过程中，重组各方选择的税收政策对企业重组的影响。如前所述，企业重组选择不同的税收政策，将有递延纳税、重复纳税、双重不纳税、不征税、免税等不同的税收待遇。而不同的税收待遇，又会影响重组对价的确定，进而成为影响重组能否成功的关键因素。企业重组过程中税收政策的选择，总的原则是趋利避害，尽可能选择最有利于己方的税收政策。

三、企业重组的税收安排

在企业重组过程中，重组各方当事人对重组涉税事项的安排，总的原则是减轻税收负担，降低涉税风险。具体实施步骤包括：①确定重组意图。战略型重组，税收应当服从企业整体战略的需要。战术型重组，降低税收负担就成为企业重组的主要目的。②选择重组方式。应当考虑能够实现重组意图的所有重组方式，比较不同重组方式下的税收负担，选择税收负担最轻、涉税风险最低的重组方式。③确定重组对价。应当根据重组各方的关系（是否为关联方），考虑影响重组对价的所有因素，测试不同定价方式下的重组价格，选择最有利于己方的定价方案。④选择税收政策。应当根据企业的具体情况，尽可能选择能够实现递延纳税、双重不纳税的税收政策，尽可能避免重复纳税，尽可能将己方税收负担转嫁给其他重组当事人的同时，防范其他重组当事人将税收负担转嫁给自己。

四、企业重组的涉税风险

企业重组中，重组当事人应当充分考虑重组业务的涉税风险。重组业务的涉税风险包括政策性风险、执法性风险、决策性风险和执行性风险。

（一）政策性风险

企业重组中的政策性风险，是指由于国家税收政策的不明晰或不完善造成的涉税风险，如在认定重组方式和对价支付方式方面存在的风险，在税收政策适用方面存在的风险等。

【例 1-30】 A 公司以其持有的甲公司股权与 B 公司的整体资产置换，该项业务属于资产收购还是股权收购，税法无明确的规定。如果将 A 公司认定为收购方，B 公司认定为被收购方，该项业务属于资产收购，A 公司以子公司股权支付收购对价，可以适用特殊性税务处理。如果将 B 公司认定为收购方，A 公司认定为被收购方，该项业务属于股权收购，B 公司以资产支付收购对价，不能适用特殊性税务处理。

（二）执法性风险

企业重组中的执法性风险，是指由于税务机关或税务人员与纳税人在政策理解上存在偏差，给纳税人带来的不确定性风险，如对资产评估方式存在争议而产生的风险。

【例 1-31】 A 公司将持有的甲公司股权转让给其母公司 B 公司，A 公司与 B 公司定价时采用的资产评估方法是成本法，资产的评估价值为 4 742 万元。税务机关用收益现值法评估的资产价值为 5 146 万元，用市场法评估的资产价值为 6 564 万元。税务机关认为 A 公司应当采用收益现值法和市场法评估价值的算术平均数 5 855 万元[(5 146 + 6 564)/2]作为股权转让价格，据此计算股权转让所得应当缴纳的企业所得税。

（三）决策性风险

企业重组中的决策性风险，是指企业决策机构（通常为董事会）在决策重组事项时，由于决策失误造成的风险，如由于股权架构设计、利润分配方案存在问题而产生的风险。

【例 1-32】 A 公司持有甲公司 99%的股权，甲公司董事会提出的年度利润方案分配，未经股东大会表决通过就予以执行。按照该利润分配方案，A 公司可分得利润 29 800 万元。在甲公司实际发放利润之前，A 公司将甲公司的股权转让给了 B 公司。A 公司认为其在计算股权转让所得时，应当扣除股息所得 29 800 万元。主管税务机关认为甲公司的利润分配方案未经股东大会通过，甲公司没有分配利润，A 公司在计算股权转让所得时，不得扣除股息所得。

（四）执行性风险

企业重组中的执行性风险，是指企业办事人员在具体处理重组事宜时，由于执行中存在问题造成的风险。如在签订企业重组协议时，由于合同条款存在歧义造成的风险。

【例1-33】 A公司将其资产转让给B公司，合同约定转让总价款5 000万元，但合同未注明总价款是含税价还是不含税价。A公司认为是不含税价，税款应当另行收取。B公司认为是含税价，税款包含在合同价款之中，合同双方由此产生涉税争议。

第四节　企业重组案例分析——股权置换的所得税处理

股权置换作为股权收购的一种特殊形态，其所得税处理较为复杂。现以某上市公司上市前其控股公司的一次股权置换案例为研究对象，着重就股权置换的所得税处理方法、税收政策存在的问题以及完善建议等方面进行详细探究。

案例所涉基本业务情况如下：A公司于20×7年9月12日正式IPO，9日发布的招股说明书及说明书附录中提到，公司改制设立之后，主要发起人A集团于20×4年11月以其持有的A公司4.8%的股份作为交易对价，受让B投资管理合伙企业（有限合伙，以下简称B合伙企业）持有的B公司67%的股权。该项业务，A集团认为属于非货币性资产投资，将所持A公司股份公允价值与计税基础之间的差额，按照国家税务总局公告2015年第33号的规定，分五年申报缴纳了企业所得税。A集团的主管税务机关也出具证明，认为A集团的所得税处理正确，没有问题。A公司上市前，其律师事务所出具律师函，认为A集团以其持有的A公司股份换股收购B公司的股权不存在偷逃税等法律瑕疵。

一、股权置换的概念及性质

（一）股权置换的概念及特点

股权置换是指两个或两个以上投资主体以其持有的第三方股权相交换（如本例中A集团以其持有的A公司股份、B合伙企业以其持有的B公司股权相交换），以实现其特定投资目的。

股权置换最显著的特点是股权的买（取得股权）和卖（处置股权）是在一项行为中实现的，纳税人在处置一项股权的同时取得另一项股权，既要确认原有股权的处置收益，也要确认取得股权的计税基础。

（二）股权置换的所得税属性

任何一项业务的税务处理，都可以分为三步：一是业务的定性。业务定性的结果不同，税务处理结果不同。二是法律适用。一项业务，即使定性相同，但如果适用的法律依据不同，税务处理结果也会不同。三是处理意见。一项业务，即使定性相同，处理的法律依据相同，不同的人也会提出不同的处理意见。

就前述案例来说，该项业务的定性有三种可能：一是将该项业务定性为非货币性资产投资，二是将该项业务定性为非货币性资产交换，三是将该项业务定性为股权收购。如上所述，业务的定性不同，最终所得税处理的结果很可能会不同。

按照国家税务总局公告2015年第33号的规定，非货币性资产投资要求投资方在投资过程中要取得被投资方的股权，否则就不是非货币性资产投资。就本案来说，A集团将其持有A公司的股份投入B合伙企业，如果取得的是B合伙企业的合伙份额而不是其持有的B公司股权，属于非货币性资产投资。但事实上A集团取得的不是B合伙企业的份额而是其持有的B公司股权，所以该项业务在所得税上不属于非货币性资产投资，不能按照非货币性资产投资进行所得税处理。故前述案例中A集团的所得税处理错误，其主管税务机关以及律师事务所的观点也不正确。

从本项交易的业务属性看，本项交易的定性有两种可能：一是将该项交易定性为非货币性资产交换（A集团以其持有的A公司股份、B合伙企业以其持有的B公司股权相交换），应当按照非货币性资产交换的相关规定进行所得税处理。二是将该项交易定性为股权收购（A集团收购B合伙企业持有的B公司股权，A集团以其持有的A公司股份支付收购对价），应当按照股权收购的相关规定进行所得税处理。

二、股权置换的所得税处理

（一）按照非货币性资产交换进行所得税处理

前述案例中的股权置换，如果定性为非货币性资产交换，交易双方都应当按照《企业所得税法实施条例》第二十五条的规定进行所得税处理。交易双方换出的股权，其公允价值与计税基础之间的差额，应当确认为应税所得，在股权置换当期申报纳税。换入的股权，应当以公允价值作为计税基础。

本案中，股权置换的一方是合伙企业。按照我国税法规定，合伙企业本身不是所得税纳税主体，合伙企业不需要缴纳任何所得税。合伙企业的所得税由其合伙人缴纳，如果合伙人是企业，缴纳企业所得税；如果合伙人是个人，缴纳个人所得税。另外，合伙企业的所得税实行先分后税制，合伙企业实现的利润先划分给各合伙人，无论合伙企业是否给合伙人实际分配利润，合伙人都要依法缴纳所得税。

为简化分析，我们假定本案中A集团持有A公司4.8%的股份，公允价值1 000万元，计税基础600万元。B合伙企业持有B公司67%的股权，公允价值1 000万元，计税基础700万元。B合伙企业有一个法人合伙人（持有合伙企业60%的合伙份额）和一个自然人合伙人（持有合伙企业40%的合伙份额）。本项交易如果按照非货币性资产交换进行所得税处理，A集团与B合伙企业的所得税处理如表1-1所示。

表1-1　股权置换的所得税处理　　单位：万元

A集团		B合伙企业	
A公司股权转让收入	1 000	B公司股权转让收入	1 000
A公司股权计税基础	600	B公司股权计税基础	700
A公司股权转让所得	1 000 − 600 = 400	B公司股权转让所得	1 000 − 700 = 300
B公司股权计税基础	1 000	A公司股权计税基础	1 000

B合伙企业在股权置换中确认的股权转让所得，应当按照合伙比例划分给各合伙人，其中法人合伙人自合伙企业取得的所得，并入法人合伙人的应纳税所得额，缴纳企业所得税。自然人合伙人自合伙企业取得的所得，按照个体工商户的生产经营所得，适用五级超额累进税率缴纳个人所得税。各合伙人的所得税处理如表1-2所示。

表1-2　股权置换合伙企业合伙人的所得税处理　单位：万元

法人合伙人(60%)		自然人合伙人(40%)	
应纳税所得额	300×60%＝180	应纳税所得额	300×40%＝120
适用税率	25%	适用税率	35%
		速算扣除数	0.675
应纳企业所得税额	180×25%＝45	应纳个人所得税额	120×35%－0.675＝41.325

说明：个人所得税按照修法前的适用税率和速算扣除数计算，下同。

（二）按照股权收购进行所得税处理

本案中的股权置换，如果定性为股权收购，按照财税〔2009〕59号文的规定，其所得税处理分为一般性税务处理和特殊性税务处理两种方法。其中适用一般性税务处理的股权收购，交易双方的所得税处理与非货币性资产交换的所得税处理相同，在此不再赘述。以下我们仅分析本案如果适用特殊性税务处理规定，交易双方的所得税处理。

1. 股权收购适用特殊性税务处理的条件

按照财税〔2009〕59号文第五条以及财税〔2014〕109号文第一条的规定，股权收购适用特殊性税务处理，应当同时符合以下五项条件：一是收购具有合理的商业目的，且不以减少、免除或者推迟缴纳税款为主要目的。二是被收购股权占目标公司总股本的比例在50%以上。三是企业重组后的连续12个月内不改变重组资产原来的实质性经营活动。四是收购对价中股权支付额占交易总额的比例在85%以上。五是企业重组中取得股权支付的原主要股东，在重组后的连续12个月内，不得转让所取得的股权。

2. 股权收购适用特殊性税务处理的判定

本案中的股权置换，如果定性为股权收购，能否适用特殊性税务处理，我们仅就被收购股权占目标公司总股本的比例是否在50%以上、收购对价中股权支付额占交易总额的比例是否在85%以上这两个条件进行分析。另外，就本案而言，是将A集团确认为收购方、B合伙企业确认为被收购方，还是将B合伙企业确认为收购方、A集团确认为被收购方，将导致不同的所得税待遇。具体分析如表1-3所示。

表1-3　股权收购适用特殊性税务处理的判定

收购方	被收购方	收购标的	收购股权比例	股权支付比例	能否适用特殊重组
A集团	B合伙企业	B公司股权	67%	100%	能
B合伙企业	A集团	A公司股份	4.8%	100%	否

说明：如果将B合伙企业确认为收购方，A集团确认为被收购方，所收购股份占目标公司（A公司）总股本的比例为4.8%，小于50%，不能适用特殊重组。

通过以上分析可以看出，本项交易如果按照股权收购进行所得税处理，将交易双方（A集团、B合伙企业）中的哪一方确认为收购方、哪一方确认为被收购方，将导致不同的所得税待遇。但是在财税〔2009〕59号文及配套文件中并没有规定在该种情形下，如何确认股权的收购方和被收购方。

3. 股权收购适用特殊性税务处理的征税规定

按照财税〔2009〕59号文的规定，股权收购如果适用特殊性税务处理，且收购对价全部以股权支付，转让股权的一方转让出去的股权，其公允价值与计税基础之间的差额，不确认股权转让所得。受让股权的一方取得的股权，不能以公允价值作为计税基础，只能以该项股权的原计税基础作为计税基础。

本案例中，股权置换的交易方有一方是合伙企业。股权收购中的当事人如果是合伙企业，在适用特殊性税务处理的股权收购中，能否穿透合伙企业，让其合伙人享受特殊重组的所得税待遇，财税〔2009〕59号文及配套文件没有具体规定。只是在国家税务总局公告2015年第48号中提到，股权收购中的转让方如果是自然人，自然人股东在股权收购中应当按照个人所得税的相关规定进行税务处理。

4. 股权收购适用特殊性税务处理应税所得的确认

本案中的股权置换，如果我们将A集团确认为股权的收购方，将B合伙企业确认为被收购方，将B公司确认为目标公司，且假定该项股权收购符合特殊重组的所有条件。按照财税〔2009〕59号文的规定，A集团据以支付收购对价的A公司股份，不确认股份的转让所得；取得的B公司股权，以该项股权的原计税基础作为计税基础。但是在该种情形下，B合伙企业如何进行所得税处理，财税〔2009〕59号文及配套文件无具体规定。基于以上条件及政策规定，该项业务如果按照股权收购适用特殊性税务处理，A集团的所得税处理如表1-4所示。

表1-4　股权收购适用特殊重组A集团的所得税处理　单位：万元

A公司股权转让收入	0
A公司股权计税基础	600
A公司股权转让所得	0
B公司股权计税基础	700

本案中的股权置换，如果按照股权收购选择特殊性税务处理，B合伙企业的合伙人如何进行所得税处理，财税〔2009〕59号文及配套文件也没有具体规定。实务中有两种观点：一种观点认为应当穿透合伙企业，让其合伙人享受特殊重组的税收待遇；一种观点认为不能穿透合伙企业，其合伙人不能享受特殊重组的税收待遇。我们持第一种观点（原因后述），认为合伙企业的法人合伙人可以享受特殊重组的税收待遇，但个人合伙人要按照个人所得税法的相关规定缴纳个人所得税。如果按照以上观点对该项业务进行所得税处理，B合伙企业的合伙人所得税处理如表1-5所示。

表 1-5　　股权收购适用特殊重组合伙企业合伙人的所得税处理　　单位：万元

法人合伙人(60%)		自然人合伙人(40%)	
应税所得	0	应税所得	300×40%=120
适用税率	25%	适用税率	35%
		速算扣除数	0.675
应纳企业所得税额	0	应纳个人所得税额	120×35%－0.675=41.325
取得A公司股权的计税基础：700+120=820			

三、股权收购所得税政策存在的问题暨完善建议

以前述案例为研究对象，我们对股权收购所得税政策存在的问题做如下分析，并根据存在的问题提出相应的完善政策的建议。

(一) 关于重复征税的问题及政策建议

我们仍然以前述案例为研究对象进行分析，为简化起见，在此我们假设被收购方B也是集团公司。基本案情修正为：A集团公司收购B集团公司持有的B公司67%的股权，股权的公允价值1 000万元，计税基础700万元。A集团公司以持有A公司4.8%的股份给B集团公司支付收购对价，股份的公允价值1 000万元，计税基础600万元。我们假设股权收购完成的12个月后，A集团公司以1 200万元的价格转让B公司股权，B集团公司以1 300万元的价格转让A公司股份。按照现行政策规定，该项业务选择一般重组和特殊重组所得税处理如表1-6所示。

表 1-6　　股权收购适用一般重组和特殊重组税收负担的比较　　单位：万元

	期间	一般重组应税所得	特殊重组应税所得	特殊重组税负比较
收购方(A集团公司)	重组当期	1 000－600=400	0	0－400=－400
	12个月后	1 200－1 000=200	1 200－700=500	500－200=300
被收购方(B集团公司)	重组当期	1 000－700=300	0	0－300=－300
	12个月后	1 300－1 000=300	1 300－700=600	600－300=300
应税所得合计		1 200	1 100	1 100－1 200=－100

说明：选择一般重组，A集团公司取得B公司的股权、B集团公司取得A公司的股份，均以公允价值(1 000万元)为计税基础；选择特殊重组，A集团公司取得B公司的股权，以该股权的原计税基础(700万元)为计税基础；B集团公司取得A公司的股份，以B公司股权的计税基础(700万元)为计税基础。

根据以上分析可以看出，收购方、被收购方在重组当期和重组以后，累计确认的应纳税所得额，选择一般重组为1 200万元，选择特殊重组为1 100万元，特殊重组与一般重组比较，累计确认的应纳税所得额减少了100万元。从企业重组所得税的立法精神看，特殊重组的实质是递延纳税，即将本应在重组当期缴纳的所得税递延到以后期间缴纳。如果不考虑资金的时间价值，选择特殊重组和选择一般重组，重组双方累计确认的应纳税所得额应该是相同的。本案例出现这种情况，是和所得税的立法精神相悖的。

之所以出现这种问题，究其原因，主要是因为在特殊重组下，按照现行政策规定，A 集团公司转让的 A 公司股份（计税基础 600 万元）未确认应税所得，而取得 B 公司的股权，是以该股权的原计税基础（700 万元）作为计税基础。根据所得税计税基础应税递增的原理，如果 A 集团公司转让的 A 公司股份不确认应税所得，则取得 B 公司的股权，应该以转让 A 公司股份的计税基础（600 万元）作为计税基础（税基替换）。而按照现行政策规定进行所得税处理，A 集团公司取得 B 公司股权的计税基础得到了免税递增（700 万元），所以出现了双重不纳税的问题。需要说明的是，本例中，如果 A 公司股份的计税基础大于 B 公司股权的计税基础，按照现行政策规定选择特殊性税务处理，就会出现重复纳税的问题。有鉴于此，我们建议对现行政策进行调整，规定股权置换，如果按照股权收购选择特殊性税务处理，收购方取得目标公司的股权，应该以支付对价的子公司股权的计税基础作为计税基础。如此处理，可以避免股权置换中出现的双重征税或双重不征税的问题。

（二）关于合伙企业的征税问题及政策建议

企业重组的当事人包括重组企业以及重组企业的股东，企业重组的所得税处理，既包括重组企业的所得税处理，也包括重组企业股东的所得税处理。财税〔2009〕59 号文规定的企业重组的所得税处理，其设定的潜在条件是重组的当事人都是企业。但事实上，作为企业重组当事人之一的重组企业股东，有可能是企业，也有可能是合伙企业、契约式私募基金、个人独资企业以及自然人等。在重组企业的股东是合伙企业的情况下，合伙企业的合伙人如何进行所得税处理，财税〔2009〕59 号文及配套文件并无具体规定。

前述的股权置换案例，如果按照股权收购选择特殊性税务处理，对于合伙企业的合伙人来说，如果将合伙企业视为一个透明体，穿透合伙企业，其法人合伙人可以享受特殊重组的税收待遇（递延纳税）。如果将合伙企业作为一个纳税实体，不允许穿透合伙企业，则其法人合伙人不能享受特殊重组的税收待遇。从目前我国的税法规定看，我们并没有将合伙企业作为一个纳税实体，而所有的税收政策，最终都应当有一个承载的主体。既然合伙企业不是一个纳税实体，相应的税收政策理所当然地应当由其合伙人承受。不过从征管实践看，如果合伙企业存在多层嵌套，要穿透多层合伙企业确定合伙人也并非易事。所以我们建议，如果重组企业的股东是合伙企业，在穿透合伙企业能够确定合伙人的情况下，应当允许穿透合伙企业，由其合伙人享受相应的税收待遇。但是从征管的可行性方面考虑，在税收上也可以对穿透多层嵌套的合伙企业做一个层数限制，比如限定在两层以内。

（三）关于特殊重组条件设定存在的问题及政策建议

企业重组的所得税处理分为一般性税务处理和特殊性税务处理两种类型。一般重组各方当事人在重组当期纳税，特殊重组则是递延纳税。特殊重组是国家运用税收工具对企业重组行为的扶持，也可以理解为一项税收优惠。企业重组的所得税处理，默认的是一般重组，只有在符合特殊重组条件的情况下，才允许选择特殊重组。但是就财税〔2009〕59 号文及配套文件的规定来看，对特殊重组条件的设定并不完整，在实务操作上存在一定的问题。

以前述股权置换为例，如果按照适用特殊性税务处理规定的股权收购进行所得税处理，条件之一是所收购股权占目标公司总股本的比例在 50% 以上。而要确定股权收购比例，首先要确定股权的收购方和被收购方。如前所述，本案例如果将A集团公司确认为收购方、B合伙企业确认为被收购方，所收购股权占目标公司（B公司）总股本的比例为67%（大于50%），符合特殊重组条件。但是如果将B合伙企业确认为收购方、A集团公司确认为被收购方，所收购股权占目标公司（A公司）总股本的比例只有4.8%（小于50%），不符合特殊重组条件。但是在财税〔2009〕59号文及配套文件中，并没有规定在该种情形下，如何确认股权的收购方和被收购方。我们建议，应当在企业重组所得税处理的文件中明确规定，股权置换的所得税处理，应当以企业的重组协议为依据，结合民商法的相关规定，根据重组行为的要约方、被要约方，以及重组协议中的甲方、乙方来确定股权的收购方和被收购方。

（四）关于企业所得税和个人所得税的协调问题及政策建议

如前所述，企业重组的当事人既包括重组企业，也包括重组企业的股东。重组企业的股东可能是企业，也可能是合伙企业或者自然人。如果重组企业的股东是企业，涉及企业所得税问题；如果重组企业的股东是自然人，就会涉及个人所得税问题。另外，如果重组企业的股东是合伙企业，而合伙企业的合伙人是自然人，也会涉及个人所得税问题。但是就现行企业重组的所得税处理规定看，企业重组中重组企业的法人股东（含法人合伙人）和自然人股东（含自然人合伙人）的所得税待遇不同，部分业务（如股权计税基础的确定）还存在企业所得税和个人所得税如何衔接的问题。

以前述股权置换为例，如果按照适用特殊性税务处理规定的股权收购进行所得税处理，合伙企业的法人合伙人可以享受递延纳税的所得税待遇，但其自然人合伙人则要在重组当期纳税，法人合伙人和自然人合伙人的税收待遇不同，这既有悖税收的公平原则，也不利于鼓励企业进行重组，不利于社会资源的有效配置。所以我们建议，企业重组如果选择特殊性税务处理，应当允许重组企业的自然人股东（包括自然人合伙人）享受与法人股东相同的递延纳税待遇。

此外，前述股权置换案例，如果选择特殊性税务处理，合伙企业的法人合伙人递延纳税，而自然人合伙人在重组当期纳税，由于重组中收购方据以支付对价的股权，重组后在合伙企业名下，这就存在如何确认该项股权计税基础的问题。根据所得税计税基础应税递增的原理，法人合伙人递延纳税的部分，计税基础不能递增；而自然人合伙人当期纳税的部分，计税基础应当递增（如表1-5所述，合伙企业取得A公司股权的计税基础为700＋120＝820），这又引申出同一股权能否同时依据企业所得税和个人所得税的相关规定确认计税基础的问题，这需要我们在理论层面和政策层面都要有所创新。

主要参考文献：

[1] 石建勋，郝凤霞主编.企业并购与资产重组理论、案例与实务操作[M].北京：清华大学出版社，2017.
[2] 刘世锦，杨建龙.企业重组中的多元化战略问题[EB].国研网，1998.
[3] 郭滨辉.有限合伙私募股权基金所得税穿透问题研究[J].会计之友，2019(4).
[4] 张海鹏.浅析股权收购所得税处理政策[J].经济论坛，2010(3).
[5] 刘远.资本经营中的股权收购与资产收购[J].经济问题，2002(2).
[6] 陈斌才，王自荣.股权置换所得税政策存在的问题及政策建议[J].财务与会计，2019(18).

第二章
债务重组业务的所得税处理

第一节　债务重组概述

一、债务重组的定义

（一）企业会计准则中的定义

《企业会计准则第 12 号——债务重组》颁布于 2006 年（以下称原准则），修订于 2019 年（以下称《债务重组准则》或新准则），本章有关债务重组的会计处理，除特别说明者外，均按照新准则的规定进行讲解。按照《债务重组准则》第二条的规定，债务重组，是指在不改变交易对手方的情况下，经债权人和债务人协定或法院裁定，就清偿债务的时间、金额或方式等重新达成协议的交易。

债务重组主要涉及债权人与债务人两方当事人，有些债务重组还会涉及债务担保人等第三方当事人。债权人在债务重组过程中通常会作出让步，发生债务重组损失。债务人在债务重组过程中通常会获取利益，实现债务重组收益。债务担保人等第三方当事人在债务重组过程中可能会获取收益，也可能会发生损失，也可能其行为和自身的损益无关。本章主要介绍债务人、债权人的会计处理和税务处理。

原债务重组准则对债务重组的定义是“债务人在发生财务困难的情况下，债权人按照其与债务人达成的协议或者法院的裁定作出让步的事项。”原准则以“债务人发生财务困难”、债权人“作出让步”为标准，将债务重组准则限定在较小的适用范围之内。由于重组债权和重组债务的计量原则与金融工具准则是一致的，因此将重组债权和重组债务区别于其他金融工具加以定义不具有实际意义，故新准则修改了债务重组定义，删除了“债务人发生财务困难”、债权人“作出让步”这两项标准。尽管如此，大部分债务重组，债权人实质上要对债务人作出让步。

（二）企业所得税法中的定义

《财政部　国家税务总局关于企业重组业务企业所得税处理若干问题的通知》（财税〔2009〕59 号）第一条第二项规定，债务重组，是指在债务人发生财务困难的情况下，债权人按照其与债务人达成的书面协议或者法院裁定书，就其与债务人的债务作出让步的事项。

税法对债务重组的定义与原准则基本相同，都强调“债务人发生财务困难”“债权人作出让步”，如果债权人没有作出让步，不能按照债务重组进行所得税处理。但是税法对债务重组的定义与新准则不同，新准则并没有强调债权人在债务重组过程中必须对债务人作出让步。另外,会计准则只是强调债权人与债务人要达成协议,而税法强调的是债权人与债务人要达成书面协议。这主要是因为税法协调的是国家与纳税人之间的利益,为了保障纳税人的合法权益,必须在征税的证据方面提出更高的要求。

二、债务重组的类型

(一) 企业会计准则的分类

《债务重组准则》第三条规定,债务重组一般包括下列方式,或下列一种以上方式的组合:①债务人以资产清偿债务;②债务人将债务转为权益工具;③除本条第一项和第二项以外,采用调整债务本金、改变债务利息、变更还款期限等方式修改债权和债务的其他条款,形成重组债权和重组债务。

债务人以资产清偿债务,是指债务人转让其资产给债权人以清偿债务的债务重组方式。债务人用于清偿债务的资产包括现金资产和非现金资产,主要有:现金、存货、金融资产、固定资产、无形资产等。

债务人将债务转为权益工具,是指债务人将债务转为权益工具,同时,债权人将债权转为股权或其他金融资产的债务重组方式。

修改债权和债务的其他条款,形成重组债权和重组债务,是指修改债务本金、利息以及还款期限,重新形成重组债权、重组债务。

一种以上重组方式的组合,是指以一种以上方式组合重组,如债务的一部分以资产清偿,一部分转为权益工具,另一部分则修改其他债务条件等。

(二) 企业所得税法的分类

企业所得税法实施前,国家税务总局第6号令规定的债务重组类型与原准则基本相同,将债务重组分为五大类:以低于债务计税成本的现金清偿债务;以非现金资产清偿债务;债务转换为资本;修改其他债务条件;以上述两种或者两种以上方式组合进行的混合重组。

企业所得税法实施后,财税〔2009〕59号文规定的债务重组只包括以资产清偿债务、债权转股权两种方式,未包括修改其他债务条件和组合重组。但是在税收实务中,修改其他债务条件和组合重组这两种债务重组方式是客观存在的。如果出现这两种债务重组方式,应当如何进行税务处理,目前税法没有具体规定。笔者的观点是在不违反税法原则的前提下,比照会计准则的规定进行相应的税务处理。

三、债务重组的业务流程

债务重组包括债务人和债权人直接进行的债务重组,债务人和债权人通过律师事务所等第三方机构进行的债务重组,债务人和债权人通过人民法院进行的债务重组等多种重组方式。债务重组的方式不同,重组的业务流程会有所不同。本章仅介绍债务人和债权人直接进行债务重组的业务流程。

债务重组的业务流程受重组规模大小、重组方式繁简以及重组参与方多少等因素的影响。一般而言,债务重组的业务流程包括债务重组的前期准备、确定债务重组方案、实施债务重组、债务重组的后续管理四个阶段。

债务重组的前期准备主要是债务人和债权人根据债务性质、债务成因、债务数额、债务期限、债务催收和清欠情况、债务人的财务状况和偿债能力等因素，对拟重组债务的数额、偿还方式、偿还期限等进行意向性谈判。债务重组的前期准备是债务重组的基础性工作。

确定债务重组方案是债务人和债权人在前期准备工作的基础上，确定债权人让步的债务数额和债务人需清偿的债务数额，确定债务是以现金清偿、非现金资产清偿、债权转股权、修改债务条件还是组合清偿。并以此为基础，由重组双方当事人签订债务重组协议，明确债务重组的程序、实施步骤、违约责任、仲裁方式以及重组双方当事人享有的权利和承担的义务。

实施债务重组是债务人和债权人依据债务重组协议逐步落实债务重组方案的过程。债务重组方案的实施包括债务的清偿，争议的解决，重组双方对清偿债务进行的会计处理、税务处理和法务处理等。

债务重组的后续管理主要是完善重组过程中的有关授权、审批、登记、备案、通知、资产过户、公告等手续，解决债务重组过程中产生的纠纷和遗留问题。

四、债务重组的相关术语

（一）负债

企业所得税法及配套文件对负债没有定义，《企业会计准则——基本准则》对负债的定义是："负债是指企业过去的交易或者事项形成的、预期会导致经济利益流出企业的现时义务"。

（二）债务的账面价值

债务没有备抵项目，债务的账面价值与账面余额通常相等。债务的账面余额是指记载于企业会计账簿的，由过去的交易或经济事项形成的、预期会导致企业经济利益流出的债务金额。

（三）债务的计税基础

负债的计税基础，是指负债的账面价值减去未来期间计算应纳税所得额时按照税法规定可予抵扣的金额。负债的账面价值与计税基础通常相等，如果不一致，所得税申报时须对税会差异进行调整。

（四）债权的账面价值

债权的账面价值是指债权的账面余额减去坏账准备金后的差额。债权的账面余额是指记载于企业会计账簿的债权金额。坏账准备金是指企业计入当期损益的、用于核销其无法收回应收款的准备金。

（五）债权的计税基础

债权的计税基础，是指企业收回债权账面价值过程中，计算应纳税所得额时按照税法规定可以自应税所得中抵扣的金额。债权的账面价值与计税基础如果不一致，所得税申报时须对税会差异进行调整。

（六）债务重组收益

债务重组收益是指债务人会计核算时，由于债权人对债务人作出让步而计入其利润总额的经济利益。债务重组损失是指债权人会计核算时，由于其对债务人作出让步而减少其利润总额的经济损失。

（七）债务重组所得

债务重组所得是指债务人所得税处理时，由于债权人对债务人作出让步而计入其应纳税所得额的收益。债务重组损失是指债权人所得税处理时，由于其对债务人作出让步而在企业所得税税前扣除的损失。

（八）税会差异

债务重组中的税会差异，就债务人而言，是指其会计处理确认的债务重组收益与所得税处理确认的债务重组所得之间的差额。就债权人而言，是指其会计处理确认的债务重组损失与所得税处理可在税前扣除的债务损失之间的差额。

五、债务重组涉及的税收

债务重组的方式不同，涉及的税收不同。债务重组如果选择以现金清偿债务、债权转股权、修改债务条件，一般只涉及企业所得税。债务人在债务重组过程中确认的债务重组收益，计入应纳税所得额，申报缴纳企业所得税。债权人在债务重组过程中确认的债务重组损失，按照税法规定在企业所得税税前扣除。

债务重组如果选择以非现金资产清偿债务，债务人用以清偿债务的非现金资产，涉及增值税、企业所得税。债务人如果以国有土地使用权或地上建筑物清偿债务，还涉及土地增值税。债权人取得的非现金资产，涉及增值税进项税额抵扣，企业所得税计税基础的确认。债权人取得的非现金资产如果是土地、房屋权属，还涉及契税。债务人和债权人签订的债务重组协议，如果在印花税征税范围内，重组双方还涉及印花税。

本章主要讨论债务重组中的企业所得税处理，债务重组过程中涉及的增值税、土地增值税、契税、印花税等其他税种，将在第八章企业重组业务的其他税处理中专题讨论。

六、案例分析特别说明

为简化分析、突出重点，本章中涉及的示例及案例分析，除有特别说明外，一般不考虑增值税、土地增值税、城市维护建设税、教育费附加、印花税、交易费用等相关税费对企业所得税的影响，也不考虑示例及案例中未提及的因素对企业所得税的影响。

第二节　债务重组的会计处理[①]

一、债务重组会计处理概述

（一）债务重组会计处理的依据

债务重组既包括债务人持续经营条件下的债务重组，也包括债务人处于清算、改组等

① 财政部会计司编写组.企业会计准则讲解 2010[M].北京：人民出版社，2010.

非持续经营条件下的债务重组。债务重组会计处理的依据是《企业会计准则第 12 号——债务重组》(以下简称《债务重组准则》)。《债务重组准则》主要规范持续经营条件下债务重组的确认、计量及其会计处理。

(二) 债务重组会计处理的内容

债务重组的会计处理包括债务重组的确认、计量以及账务处理。新债务重组准则尽管未强调债务重组以债权人对债务人作出让步为前提条件,但是在债务重组过程中,绝大部分情况下,债权人对债务人会作出让步。债务人因债权人对其让步而取得的经济利益,通过营业外收入计入其利润总额。债权人因其对债务人作出让步而发生的经济损失,通过营业外支出冲减其利润总额。

二、以现金清偿债务的会计处理

以现金清偿债务,债务人应当将重组债务的账面价值与实际支付现金之间的差额确认为债务重组利得,计入营业外收入。

债权人应当将重组债权的账面余额与收到现金之间的差额,确认为债务重组损失,计入营业外支出。债权人已对债权计提减值准备的,应当先冲减减值准备,冲减后有余额的,确认为债务重组损失。债权人未对债权计提减值准备的,应直接将该差额确认为债务重组损失。

【例 2-1】 甲公司欠乙公司应收账款 50 000 元,由于资金困难,到期不能支付。经协商,乙公司同意甲公司支付 30 000 元,余额不再偿还,甲公司随即支付了 30 000 元款项。假定乙公司对该项应收账款计提了 2 000 元坏账准备。

(一) 债务人甲公司的会计处理

本项业务,债务人应当将应付债务与现金清偿额之间的差额确认为债务重组收益。

债务重组收益:50 000 − 30 000 = 20 000(元)

会计分录:

借:应付账款——乙公司	50 000	
贷:银行存款		30 000
营业外收入——债务重组收益		20 000

(二) 债权人乙公司的会计处理

本项业务,债权人应当将应收债权账面价值与实收款项之间的差额确认为债务重组损失。

债务重组损失:(50 000 − 2 000) − 30 000 = 18 000(元)

会计分录:

借:银行存款	30 000	
坏账准备	2 000	
营业外支出——债务重组损失	18 000	
贷:应收账款——甲公司		50 000

三、以非现金资产清偿债务的会计处理

（一）债务人的会计处理

新准则规定，以资产清偿债务方式进行债务重组的，债务人应当在相关资产和所清偿债务符合终止确认条件时予以终止确认，所清偿债务账面价值与转让资产账面价值之间的差额计入当期损益。

原准则将债务人以资产清偿债务的债务重组拆分为资产处置和债务重组两项交易，并分别确认资产处置损益和债务重组损益。新准则进行了简化处理，并未将交易拆分为两项，而是直接将所清偿债务的账面价值与转让资产账面价值之间的差额计入当期损益。

非现金资产的账面价值，一般为非现金资产的账面余额扣除其资产减值准备后的金额。未计提减值准备的非现金资产，其账面价值就是账面余额。

（二）债权人的会计处理

新准则规定，以资产清偿债务方式进行债务重组的，债权人初始确认受让的金融资产以外的资产时，应当按照下列原则以成本计量：

存货的成本，包括放弃债权的公允价值和使该资产达到当前位置和状态所发生的可直接归属于该资产的税金、运输费、装卸费、保险费等其他成本。

对联营企业或合营企业投资的成本，包括放弃债权的公允价值和可直接归属于该资产的税金等其他成本。

投资性房地产的成本，包括放弃债权的公允价值和可直接归属于该资产的税金等其他成本。

固定资产的成本，包括放弃债权的公允价值和使该资产达到预定可使用状态前所发生的可直接归属于该资产的税金、运输费、装卸费、安装费、专业人员服务费等其他成本。

生物资产的成本，包括放弃债权的公允价值和可直接归属于该资产的税金、运输费、保险费等其他成本。

无形资产的成本，包括放弃债权的公允价值和可直接归属于使该资产达到预定用途所发生的税金等其他成本。

债务重组损失是指债权人放弃债权的公允价值与账面价值之间的差额，债务重组损失计入债权人的当期损益。债权的账面价值是指债权的账面余额减去减值准备后的金额。

需要说明的是，依据其他会计准则的规定，资产的初始计量金额按照支付的对价确定。原债务重组准则规定，通过债务重组方式取得的资产，按照资产的公允价值初始计量。其他会计准则和原债务重组准则对资产初始计量的规定不一致，故新准则规定通过资产重组方式取得的资产按照支付的对价（重组债权的公允价值）确定其初始计量金额，但新准则并未规定重组债权的公允价值如何确认。

【例 2-2】 20×9 年 5 月 10 日，乙公司销售一批材料给甲公司，甲公司开具了一张面值 150 万元的商业汇票。10 月 10 日，甲公司发生财务困难，无力偿付货款，经双方协商，乙公司同意甲公司以存货一批抵偿货款，该批存货的公允价值 120 万元，账面价值 90 万元，增值税税率 13%。甲公司给乙公司开具增值税专用发票一张，价款 120 万元，增值税税额 15.6

万元。假设乙公司对该项应收票据计提了 1 万元的坏账准备，债务重组时应收票据的公允价值 135 万元。

（一）债务人甲公司的会计处理

本项业务，债务人应当将应付债务与存货账面价值、增值税销项税额之间的差额确认为债务重组收益。

应付债务的账面价值：150 万元

存货的公允价值：120 万元

存货的账面价值：90 万元

增值税销项税额：120×13%＝15.6（万元）

债务重组收益：150－90－15.6＝44.4（万元）

会计分录：

借：应付票据——乙公司	1 500 000	
贷：库存商品		900 000
应交税费——应交增值税（销项税额）		156 000
营业外收入——债务重组收益		444 000

（二）债权人乙公司的会计处理

本项业务，债权人应当以应收债权的公允价值减去增值税进项税额作为存货的入账价值，将应收债权账面价值与应收债权公允价值的差额确认为债务重组损失。

应收债权账面价值：150－1＝149（万元）

应收债权公允价值：135 万元

增值税进项税额：15.6 万元

存货入账价值：135－15.6＝119.4（万元）

债务重组损失：149－135＝14（万元）

会计分录：

借：库存商品	1 194 000	
应交税费——应交增值税（进项税额）	156 000	
坏账准备	10 000	
营业外支出——债务重组损失	140 000	
贷：应收票据——甲公司		1 500 000

以非货币性资产抵偿债务，按照原准则的规定进行会计处理，债权人取得的非货币性资产以公允价值初始计量。但是在新准则下，债权人取得的非货币性资产以债权的公允价值初始计量，如果债权人债权的账面价值与公允价值相等，无债务重组损失。

四、将债务转为权益工具的会计处理

（一）债务人的会计处理

将债务转为权益工具方式进行债务重组的，债务人应当在所清偿债务符合终止确认条件时予以终止确认。债务人初始确认权益工具时应当按照权益工具的公允价值计量，权益工具的公允价值不能可靠计量的，应当按照所清偿债务的公允价值计量。所清偿债务账面价值与权益工具确认金额之间的差额，应当计入当期损益。

以债转股方式进行债务重组的，新旧准则债务人的会计处理未发生原则性变化，均是按照权益工具的公允价值对权益工具进行初始计量，清偿债务的账面价值与权益工具公允价值之间的差额计入当期损益。但新准则多了当权益工具公允价值不能可靠计量时的处理规定，即当权益工具公允价值不能可靠计量时，应当按照所清偿债务的公允价值对权益工具进行初始计量。

（二）债权人的会计处理

将债务转为权益工具方式进行债务重组导致债权人将债权转为对联营企业或合营企业的权益性投资的，债权人应当按照放弃债权的公允价值和可直接归属于该资产的税金等其他成本计量其初始投资成本。放弃债权的公允价值与账面价值之间的差额，应当计入当期损益。

按对被投资单位的影响程度，权益工具一般可以分为三类：对子公司的投资，对联营企业或合营企业的投资，对被投资单位不具有控制、共同控制或重大影响的投资（“三无”投资）。对于取得的对联营企业、合营企业投资，原准则规定按取得投资的公允价值作为初始投资成本，与长期股权投资准则不协调，因此新准则规定按支付的对价（放弃债权的公允价值）确定初始投资成本。

【例 2-3】 20×7 年 3 月 10 日，乙公司销售一批材料给甲公司，价值 100 万元，甲公司开具了一张面值 100 万元的商业汇票。8 月 10 日，甲公司发生财务困难，无力偿付货款，经双方协议，乙公司同意甲公司增发 10 万股普通股抵偿该项债务。假设甲公司普通股面值 1 元/股，公允价值 9 元/股。乙公司应收票据的公允价值 95 万元，应收票据已计提 2 万元的坏账准备。

（一）债务人甲公司的会计处理

本项业务，债务人应当按照普通股面值确认股本，将普通股面值与公允价值之间的差额确认为资本公积，将应付债务与普通股公允价值之间的差额确认为债务重组收益。

股本：10 万股×1 元/股 = 10（万元）

资本公积：10 万股×9 元/股 − 10 万元 = 80（万元）

债务重组收益：100 − 90 = 10（万元）

会计分录：

借：应付票据——乙公司	1 000 000	
贷：股本		100 000
资本公积		800 000
营业外收入——债务重组收益		100 000

（二）债权人乙公司的会计处理

本项业务，债权人应当按照债权的公允价值确认长期股权投资，将应收债权账面价值与公允价值之间的差额确认为债务重组损失。

应收债权的账面价值：100 − 2 = 98（万元）

应收债权的公允价值：95 万元

长期股权投资的入账价值：95 万元

债务重组损失：98 − 95 = 3(万元)

会计分录：

借：长期股权投资	950 000	
坏账准备	20 000	
营业外支出——债务重组损失	30 000	
贷：应收票据——甲公司		1 000 000

五、以修改其他条款方式进行债务重组的会计处理

（一）债务人的会计处理

采用修改其他条款方式进行债务重组的，债务人应当按照《企业会计准则第 22 号——金融工具确认和计量》和《企业会计准则第 37 号——金融工具列报》的规定，确认和计量重组债务。

《企业会计准则第 22 号——金融工具确认和计量》第二十六条规定，金融负债的现时义务全部或部分已解除时，才能终止确认该金融负债或其一部分。第二十七条规定，企业（债务人）与债权人之间签订协议，以承担新金融负债方式替换现存金融负债，且新金融负债与现存金融负债的合同条款实质上不同的，应当终止确认现存金融负债，并同时确认新金融负债。企业对现存金融负债全部或部分的合同条款作出实质性修改的，应当终止确认现存金融负债或其一部分，同时将修改条款后的金融负债确认为一项新金融负债。第二十八条规定，金融负债全部或部分终止确认的，企业应当将终止确认部分的账面价值与支付的对价（包括转出的非现金资产或承担的新金融负债）之间的差额，计入当期损益。

原准则和新准则相比，原准则针对修改债务条件和或有应付金额的情况作了规定。由于新准则规定重组后债务的处理适用金融工具准则，因此删除了修改债务条件和或有应付金额的处理规定。

（二）债权人的会计处理

采用修改其他条款方式进行债务重组的，债权人应当按照《企业会计准则第 22 号——金融工具确认和计量》的规定，确认和计量重组债权。

《企业会计准则第 22 号——金融工具确认和计量》第二十五条规定，金融资产满足下列条件之一时，应当终止确认：①收取该金融资产现金流量的合同权利终止；②该金融资产已转移，且符合《企业会计准则第 23 号——金融资产转移》规定的金融资产终止确认条件。终止确认，是指将金融资产或金融负债从企业的账户和资产负债表内予以转销。第三十条规定，企业初始确认金融资产或金融负债，应当按照公允价值计量。

原准则和新准则相比，原准则针对修改债务条件和或有应收金额的情况作了规定。由于新准则规定重组后债权的处理适用金融工具准则，因此删除了修改债务条件和或有应收金额的处理规定。

【例 2-4】 甲公司从乙公司购入材料，给乙公司开出一张面值 100 万元、2 个月期、到期日为 20×7 年 7 月 31 日的票据。由于财务困难，甲公司无法在到期日兑付票据。经与乙公司协商，双方达成如下协议：将票据的期限延期到 9 月 30 日，并将债务本金由 100 万元减至 90 万元。

（一）债务人甲公司的会计处理

本项业务，债务人应当将重组债务的账面价值大于重组后债务入账价值的差额确认为债务重组利得，计入营业外收入。

重组债务的账面价值：100 万元

重组后债务的入账价值：90 万元

债务重组收益：100 − 90 = 10（万元）

会计分录：

借：应付票据——乙公司	1 000 000	
贷：应付票据——乙公司		900 000
营业外收入——债务重组收益		100 000

（二）债权人乙公司的会计处理

本项业务，债权人应当将修改债务条件后债权的公允价值作为重组后债权的账面价值，重组债权的账面价值与重组后债权账面价值之间的差额确认为债务重组损失，计入营业外支出。

重组债权的账面价值：100 万元

重组后债权的账面价值：90 万元

债务重组损失：100 − 90 = 10（万元）

会计分录：

借：应收票据——甲公司	900 000	
营业外支出——债务重组损失	100 000	
贷：应收票据——甲公司		1 000 000

六、以组合方式债务重组的会计处理

（一）债务人的会计处理

以多项资产清偿债务或者组合方式进行债务重组的，债务人应当按照《债务重组准则》第十一条（将债务转为权益工具方式进行债务重组）和第十二条（修改其他条款方式进行债务重组）的规定确认和计量权益工具和重组债务，所清偿债务的账面价值与转让资产的账面价值以及权益工具和重组债务的确认金额之和的差额，应当计入当期损益。

新准则规定，以多项资产清偿债务或者组合方式进行债务重组的，首先，按照金融工具准则确认重组后债务和权益工具的公允价值，然后再将所清偿债务的账面价值与转让资产的账面价值以及权益工具和重组债务的确认金额之间的差额，进入当期损益。用公式表示就是：债务重组损益 = 债务账面价值 − 重组后债务金额 − 权益工具公允价值（债转股）− 转让的各项资产账面价值。

（二）债权人的会计处理

以多项资产清偿债务或者组合方式进行债务重组的，债权人应当首先按照《企业会计准则第22号——金融工具确认和计量》的规定确认和计量受让的金融资产和重组债权，然后按照受让的金融资产以外的各项资产的公允价值比例，对放弃债权的公允价值扣除受让金融资产和重组债权确认金额后的净额进行分配，并以此为基础按照债务重组准则第六条（以资产清偿债务方式进行债务重组）的规定分别确定各项资产的成本。放弃债权的公允价值与账面价值之间的差额，应当计入当期损益。

新准则规定，对于以多项资产清偿债务或者组合方式进行债务重组的，首先，按金融工具准则确认受让的金融资产（不含长期股权投资）和重组债权；其次，将放弃债权的公允价值扣除受让金融资产和重组债权后的净额，按照受让的金融资产以外的各项资产的公允价值比例进行分配，据以确定各项资产的成本；最后，放弃债权的公允价值与账面价值之间的差额计入当期损益。

【例2-5】 乙公司持有甲公司票据面值为200万元。由于甲公司陷入财务困境，无力兑付到期票据，经双方协商，乙公司同意甲公司支付现金50万元，另以公允价值120万元、账面价值100万元的一项无形资产抵偿债务。甲公司给乙公司开具增值税专用发票一张，价款120万元，税额7.2万元。同时，乙公司将甲公司未清偿债务余额调减为14万元。债务重组时，乙公司持有甲公司票据的公允价值190万元。

（一）债务人甲公司的会计处理

本项业务，债务人应当将修改其他债务条件后债务的公允价值作为重组后债务的入账价值。所清偿债务的账面价值与重组债务的确认金额、支付的现金、转让资产的账面价值及相关税费之和的差额，作为债务重组利得，计入营业外收入。

重组债务的账面价值：200万元

以现金偿付债务：50万元

抵偿债务无形资产的账面价值：100万元

抵偿债务无形资产增值税销项税额：7.2万元

修改债务条件后债务的账面价值：14万元

债务重组收益：200－50－100－7.2－14＝28.8（万元）

会计分录：

借：应付票据——乙公司	2 000 000	
贷：银行存款		500 000
无形资产		1 000 000
应交税费——应交增值税（销项税额）		72 000
应付票据——乙公司		140 000
营业外收入——债务重组收益		288 000

（二）债权人乙公司的会计处理

本项业务，债权人应当将修改其他债务条件后债权的公允价值作为重组后债权的入账价值。对放弃债权的公允价值扣除重组债权确认金额、现金及增值税进项税额后的净额作为受让无形资产的入账价值。放弃债权的公允价值与账面价值之间的差额，作为债务重组损失，计入营业外支出。

重组债权的账面价值：200 万元

重组债权的公允价值：190 万元

修改债务条件后债权的账面价值：14 万元

收到抵偿债务的现金：50 万元

取得无形资产抵扣增值税进项税额：7.2 万元

取得无形资产的入账价值：190 − 14 − 50 − 7.2 = 118.8（万元）

债务重组损失：200 − 190 = 10（万元）

会计分录：

借：应收票据——甲公司	140 000	
银行存款	500 000	
无形资产	1 188 000	
应交税费——应交增值税（进项税额）	72 000	
营业外支出——债务重组损失	100 000	
贷：应收票据——甲公司		2 000 000

第三节　债务重组的所得税处理

一、债务重组所得税处理概述

（一）债务重组的所得税事项

债务重组的当事人主要是债权人和债务人。债务重组的方式包括以资产清偿债务，债权转股权，修改债务条件以及组合重组。债务重组的所得税处理，按照重组条件的不同，分为适用一般性税务处理的债务重组和适用特殊性税务处理的债务重组。债务重组的方式不同，债务人与债权人选择的所得税待遇不同，重组双方涉及的所得税事项不同。

债务重组过程中，重组双方当事人的所得税事项，对债务人而言主要是确认债务重组所得，对债权人而言主要是确认债务重组损失。但是如果以非货币性资产抵偿债务，债务人还要确认非货币性资产转让收益，债权人还要确认非货币性资产的计税基础。债务重组过程中，由于会计处理和所得税处理的原则、方法均不同，债务人和债权人还有可能存在税会差异的调整问题。

（二）债务重组的所得税处理原则

债务重组的主要目的是解决债务人的财务困难，使得债务人能够持续经营。从有利于债务重组的角度看，债务重组业务的所得税处理，应当遵循以下五项原则。

合理性原则。债务重组所得税处理的前提条件是债务人发生财务困难，债权人对债务人作出让步。在债务人发生财务困难的情况下，如果债权人对债务人作出让步，债务人可能起死回生。如果债权人拒绝对债务人作出让步,债务人可能破产,债权人的损失可能更大。

完整性原则。债务重组的方式包括以资产清偿债务、将债务转为资本、修改其他债务条件以及以上方式的组合。债务重组业务的所得税处理规定,应当涵盖债务重组的所有方式,应当针对不同的债务重组方式规定不同的所得税处理方法。

明晰性原则。债务重组所得的确认,受债务计税基础、清偿债务非货币性资产公允价值等因素的影响。税法应当准确定义债务计税基础、非货币性资产公允价值等税收要素的内涵、外延,明确债务计税基础、非货币性资产公允价值的确认方法。

反避税原则。纳税人有可能利用关联企业之间的债务重组转移利润,谋取不当税收利益。如在债务人亏损而债权人盈利的情况下,重组双方当事人可能会利用债务重组将债权人的利润转移给债务人,一方面降低债权人的税收负担,另一方面保证债务人的亏损能够得以弥补。债务重组的所得税处理,应当考虑反避税因素。

简便性原则。从税务管理的角度看,债务重组的所得税管理,应当遵循有利于纳税人的原则,既要简便易行,又要便于征管。

(三) 债务重组的所得税处理方法

债务重组业务的所得税处理有一般重组和特殊重组两种方法。债务重组原则上应当按照一般重组进行所得税处理,债务人在债务重组当期确认债务重组所得,债权人在债务重组当期确认债务重组损失。特定情形下,国家为了体现某种政策意图,如为了鼓励企业债权转股权,允许债务重组按照特殊重组进行所得税处理,债务人在债务重组当期不确认应税所得,债权人的债务重组损失递延至将来转让债务人股权时扣除。但是债务重组适用特殊性税务处理,应当符合税法规定的条件。

(四) 债务重组的所得税处理内容

在债务重组过程中,如果债权人对债务人作出让步,属于债务重组。债务重组的所得税处理包括债务重组的确认、债务重组所得的计算以及所得税申报。债务人因债权人对其让步而取得的经济利益,所得税申报时增加应纳税所得额。债权人因其对债务人作出让步而损失的经济利益,所得税申报时减少应纳税所得额。

(五) 债务重组所得税处理的税会差异

债务重组中的税会差异主要包括两项内容:一是由于重组债务(或重组债权)计税基础与账面价值不一致形成的税会差异;二是由于会计处理一次性确认债务重组收益(或债务重组损失)而所得税处理选择递延纳税(或递延扣除)、分期纳税形成的税会差异。债务人和债权人在债务重组过程中形成的税会差异应当按照税法规定作纳税调整。

【例 2-6】 20×5 年,甲公司应收乙公司货款 100 万元。20×6 年,甲公司为该项应收款计提坏账准备 10 万元。20×7 年,由于乙公司财务困难,甲公司同意乙公司以现金 60 万元清偿债务,余款免除。

本例中,甲公司 20×6 年计提的坏账准备 10 万元,按照税法规定不能在企业所得税税前扣除,计提当年所得税申报时应当调整增加应纳税所得额 10 万元。20×7 年债务重组时,该项应收款的账面价值 90 万元(100-10),计税基础 100 万元。会计处理确认的债务重组损失 30 万元(90 − 60),所得税处理确认的债务重组损失 40 万元(100 − 60),重组当年所得税申报时应当调整减少应纳税所得额 10 万元(40 − 30)。

(六) 债务重组所得税处理的相关术语

1. 债务账面价值

债务账面价值,是指债务人记载于企业账簿的应付债权人的债务金额。如 A 公司购入 B 公司设备,应付设备价款 2 000 万元,该应付设备价款就是债务的账面价值。

2. 债务计税基础

债务计税基础,是指负债的账面价值减去未来期间计算应纳税所得额时按照税法规定可予抵扣的金额。除有特殊规定外,债务的计税基础与账面价值相等。

3. 债权账面价值

债权账面价值,是指债权人债权原值减去减值准备后的余额。如 A 公司应收 B 公司货款 2 000 万元,该应收款计提坏账准备 500 万元,债权的账面价值 1 500 万元。

4. 债权计税基础

债权计税基础,是指债权人收回债权账面价值过程中,计算应纳税所得额时按照税法规定可以自应税经济利益中抵扣的金额。除有特殊规定外,债权的计税基础与债权原值相等。

5. 资产原值

资产原值,是指资产持有人持有资产的原始价值,除有特殊规定外,资产原值一般根据取得资产时的历史成本确认。如 A 公司购入一项固定资产支付价款 800 万元,该固定资产的原值为 800 万元。

6. 资产减值准备

资产减值准备,是指资产因发生减值而计提的准备金,资产减值准备一般根据资产的账面价值与可收回金额的差额确认。如某项固定资产原值 50 万元,可收回金额 20 万元,应计提减值准备为 30 万元。

7. 资产账面价值

资产账面价值,是指资产原值减去已折耗金额及减值准备后的余额。如 A 公司的某项固定资产,原值 120 万元,计提折旧 30 万元,计提资产减值准备 20 万元,该固定资产的账面价值为 70 万元。

8. 资产公允价值

税法中资产的公允价值是指按照市场价格确定的资产价值。如 A 公司将其一条生产线在正常市场条件下转让给 B 公司,取得转让价款 6 000 万元,则该条生产线的公允价值为 6 000 万元。

9. 资产计税基础

资产计税基础,是指可以在企业所得税税前扣除的资产成本。资产计税基础一般按照资产的历史成本确认,已发生折耗的资产,计税基础为原值减已在税前扣除的折耗金额。如固定资产原值 300 万元,已税前扣除折旧 100 万元,计税基础为 200 万元。

10. 资产税会差异

资产税会差异,是指由于会计处理与所得税处理方法不同造成的资产账面价值与计税基础之间的差异。如A公司的某项固定资产，原值500万元，计提资产减值准备100万元，计提减值准备后资产的账面价值为400万元，但计税基础仍为500万元，形成100万元的税会差异。

二、以现金清偿债务的所得税处理

（一）债务人的所得税处理

以现金清偿债务，债务人应当将重组债务的计税基础与实际支付现金之间的差额确认为债务重组所得。如果债务的计税基础与账面价值存在税会差异，则税收确认的债务重组所得与会计确认的债务重组收益也存在税会差异，重组当期所得税申报时应当对该差异作纳税调整。

（二）债权人的所得税处理

债权人应当将重组债权的计税基础与收到现金之间的差额，确认为债务重组损失。债权人已对债权计提减值准备的，债权的计税基础与账面价值存在差异，债务重组时因冲减减值准备而增加的利润总额，不属于企业所得税应税所得，所得税申报时应当调整减少应纳税所得额。

【例2-7】 甲公司欠乙公司货款50 000元，由于资金困难，到期不能支付。经协商，乙公司同意甲公司支付30 000元，余款不再偿还，甲公司随即支付了30 000元货款。假设甲公司债务的账面价值与计税基础相等，乙公司对该项应收账款计提了2 000元坏账准备。

本项业务，债务人以30 000元款项清偿50 000元债务，债权人对债务人作出了让步，属于债务重组，应当按照债务重组进行所得税处理。

（一）债务人甲公司的所得税处理

债务人应当将债务计税基础与现金清偿额之间的差额确认为债务重组所得。

债务的账面价值：50 000元

债务的计税基础：50 000元

支付的抵债现金：30 000元

税收确认的债务重组所得：50 000 − 30 000 = 20 000（元）

会计确认的债务重组收益：50 000 − 30 000 = 20 000（元）

本例中，债务人所得税处理确认的债务重组所得和会计处理确认的债务重组收益无差异，无须作纳税调整。

（二）债权人乙公司的所得税处理

债权人应当将债权计税基础与实收款项之间的差额确认为债务重组损失。债权人会计处理因冲减坏账准备而增加的利润总额，不属于企业所得税应税所得，应当调整减少应纳税所得额。

债权的计税基础：50 000元

债权的账面余额：50 000元

计提坏账准备：2 000元

债权的账面价值：50 000 − 2 000 = 48 000（元）

收到的抵债现金：30 000 元

税收确认的债务重组损失：50 000 − 30 000 = 20 000(元)

会计确认的债务重组损失：48 000 − 30 000 = 18 000(元)

债务重组损失的税会差异：20 000 − 18 000 = 2 000(元)

本例中，债权人所得税处理确认的债务重组损失 20 000 元，会计处理确认的债务重组损失 18 000 元，债务重组损失的税会差异 2 000 元。该税会差异是债权人因冲减坏账准备而形成的，债权人当初计提坏账准备时调整增加应纳税所得额 2 000 元，重组当期冲减坏账准备时调整减少应纳税所得额 2 000 元。

三、以非货币性资产清偿债务的所得税处理

（一）债务人的所得税处理

债务人以非货币性资产清偿债务，应当分解为转让相关非货币性资产、按非货币性资产公允价值清偿债务两项业务，确认相关资产的所得或损失。转让非货币性资产，是指将非货币性资产公允价值与计税基础之间的差额，确认为资产转让所得。按非货币性资产公允价值清偿债务，是指将债务计税基础与非货币性资产公允价值、相关税费之间的差额，确认为债务重组所得。

以非货币性资产偿债，债务人的税会差异包括：①用于偿债的非货币性资产，如果会计处理计提了资产减值准备，债务重组时因冲减资产减值准备而增加的利润总额，不属于企业所得税应税所得，应当调整减少应纳税所得额。②如果债务的计税基础与账面价值存在税会差异，则所得税确认的债务重组所得与会计确认的债务重组收益也存在税会差异，重组当期应当对该差异作纳税调整。③以非货币性资产偿债，会计处理不再确认资产转让收益，但所得税处理应当确认资产转让所得，由此形成税会差异。该差异不影响应税所得总额，但影响应税所得的构成。

（二）债权人的所得税处理

以非货币性资产清偿债务，债权人应当对受让的非货币性资产以其公允价值作为计税基础，重组债权的计税基础与受让的非货币性资产公允价值、增值税进项税额之间的差额，确认为债务重组损失。

以非货币性资产偿债，债权人的税会差异包括：①债权人会计处理对重组债权计提了资产减值准备的，债权的计税基础与账面价值存在差异，债务重组时因冲减资产减值准备而增加的利润总额，不属于企业所得税应税所得，应当调整减少应纳税所得额。②以非货币性资产偿债，所得税处理以非货币性资产的公允价值确认其计税基础，会计处理以放弃债权的公允价值确认非货币性资产的入账价值，由此形成的税会差异，在重组后对非货币性资产后续计量时(如计提折旧)进行调整。③以非货币性资产偿债，所得税处理以放弃债权的计税基础与非货币性资产公允价值的差额确认债务重组损失，会计处理以放弃债权的公允价值与债权账面价值的差额确认债务重组损失，由此形成的税会差异，在重组当期所得税申报时进行调整。

【例 2-8】 20×9 年 5 月 10 日，乙公司销售一批材料给甲公司，甲公司开具了一张面值

150 万元的承兑汇票。10 月 10 日，甲公司发生财务困难，无力偿付货款，经双方协商，乙公司同意甲公司以存货一批抵偿货款，该批存货的公允价值 120 万元，账面价值 90 万元，增值税税率 13%。甲公司给乙公司开具增值税专用发票一张，价款 120 万元，增值税税额 15.6 万元。假设：①甲公司债务的计税基础与账面余额相等，乙公司债权的计税基础与账面余额相等。②乙公司对该项应收票据计提了 1 万元的坏账准备，债务重组时应收票据的公允价值 135 万元。

（一）债务人的所得税处理

本项业务，债务人以公允价值 120 万元的存货抵偿 150 万元债务，债权人对债务人作出了让步，应当按照债务重组进行所得税处理。债务人所得税处理应当将债务计税基础与存货公允价值、增值税销项税额之间的差额确认为债务重组所得，将存货公允价值与存货计税基础之间的差额确认为资产转让所得。但债务人会计处理直接将债务账面价值与存货账面价值、增值税销项税额之间的差额确认为债务重组收益，不再确认资产转让收益，债务重组收益的确认存在税会差异。该差异不影响应税所得总额，但影响应税所得额的构成——营业利润减少，资本利得增加。债务人甲公司的所得税处理：

债务的账面价值：150 万元

债务的计税基础：150 万元

抵债存货的公允价值：120 万元

抵债存货的账面价值：90 万元

增值税销项税额：15.6 万元

税收确认的存货处置所得：120 − 90 = 30（万元）

税收确认的债务重组所得：150 − 120 − 15.6 = 14.4（万元）

会计确认的债务重组收益：150 − 90 − 15.6 = 44.4（万元）

本例中，债务人所得税处理确认的应税所得总额和会计处理确认的债务重组收益总额相等，都是 44.4 万元，但构成不同。所得税处理确认的应税所得由存货处置所得 30 万元和债务重组所得 14.4 万元两部分构成，会计处理只需确认债务重组收益 44.4 万元。

（二）债权人的所得税处理

本项业务，债权人的所得税处理：①所得税处理将债权计税基础与抵债存货公允价值、增值税进项税额之间的差额确认为债务重组损失，但会计处理将债权公允价值与债权账面价值的差额确认为债务重组损失，债务重组损失的确认存在税会差异，该差异在重组当期所得税申报时调整。②债权人取得的抵债存货，所得税处理以存货的公允价值作为计税基础，但会计处理以放弃债权的公允价值作为取得存货的入账价值，存货的计税基础与账面价值存在税会差异，该差异在将来处置存货时作纳税调整。债权人乙公司的所得税处理：

债权的计税基础：150 万元

债权的账面余额：150 万元

债权计提的减值准备：1 万元

债权的账面价值：150 − 1 = 149（万元）

债权的公允价值：135 万元

取得存货的公允价值：120 万元

取得存货的计税基础：120 万元

增值税进项税额：15.6 万元

取得存货的入账价值：135－15.6＝119.4（万元）

税收确认的债务重组损失：150－120－15.6＝14.4（万元）

会计确认的债务重组损失：149－135＝14（万元）

债务重组损失的税会差异：14－14.4＝－0.4（万元）

本例中，债权人取得的抵债存货，计税基础 120 万元，入账价值 119.4 万元，存在税会差异，该差异是由于税收和会计对资产初始计量的标准不同所形成的，在将来处置存货时作纳税调整。税收处理确认的债务重组损失 14.4 万元，会计确认的债务重组损失 14 万元，存在税会差异，该差异是由于重组债权的计税基础和账面价值不同所形成的，在重组当期所得税申报时作纳税调整。

（三）债务重组的备查资料

《国家税务总局关于企业重组业务企业所得税征收管理若干问题的公告》（国家税务总局公告 2015 年第 48 号）规定，以非货币资产清偿债务的，应当保留当事各方签订的清偿债务的协议或合同，以及非货币资产公允价格确认的合法证据等资料，以备税务机关检查。

四、以债权转股权的所得税处理

以债权转股权，所得税处理可以选择一般性税务处理，也可以选择特殊性税务处理。如果选择一般性税务处理，债务人的债务重组所得计入重组当期的应纳税所得额，债权人的债务重组损失在重组当期的税前扣除。如果选择特殊性税务处理，债务人的债务重组所得递延纳税，债权人的债务重组损失递延扣除。

（一）一般性税务处理

债权转股权选择一般性税务处理，应当分解为债务清偿和股权投资两项业务，确认有关债务清偿所得或损失。

1. 债务人的所得税处理

债务人应当将抵债股权的公允价值低于债务计税基础的差额，确认为债务重组所得。如果债务的计税基础与账面价值存在税会差异，则所得税处理确认的债务重组所得与会计处理确认的债务重组收益也存在税会差异，重组当期应当对该差异作纳税调整。

2. 债权人的所得税处理

债权人应当将抵债股权的公允价值低于债权计税基础的差额，确认为债务重组损失。如果债权人对重组债权计提了资产减值准备，债权的计税基础与账面价值存在差异，债务重组时因冲减资产减值准备而增加的利润总额，不属于企业所得税应税所得，应当调整减少应纳税所得额。

【例 2-9】 20×7 年 3 月 10 日，乙公司销售一批材料给甲公司，价值 100 万元，甲公司开具了一张面值 100 万元的商业汇票。8 月 10 日，甲公司发生财务困难，无力偿付货款，经双方协议，乙公司同意甲公司增发10万股普通股抵偿债务。假设甲公司债务的计税基础100万元，抵债普通股的面值1元/股，公允价值9元/股。乙公司应收票据的计税基础100万元，公允价值95万元，已计提坏账准备2万元。

（一）债务人的所得税处理

本项业务，债务人以公允价值90万元的普通股抵偿100万元债务，债权人对债务人作出了让步，应当按照债务重组进行所得税处理。如果选择一般性税务处理，债务人所得税处理应当将股权公允价值低于债务计税基础的差额确认为债务重组所得，会计处理应当将股权公允价值低于债务账面价值的差额确认为债务重组收益，如果债务的计税基础与账面价值无差异，债务重组收益也无税会差异。债务人甲公司的所得税处理：

债务的计税基础：100万元

债务的账面价值：100万元

发行股权的公允价值：90万元

税收确认的债务重组所得：100－90＝10（万元）

会计确认的债务重组收益：100－90＝10（万元）

本例中，由于债务人债务的计税基础与账面价值无差异，故所得税处理确认的债务重组所得和会计处理确认的债务重组收益也无差异，均为10万元，无须作纳税调整。

（二）债权人的所得税处理

本项业务，债权人取得的抵债股权，所得税处理以股权的公允价值作为股权的计税基础，会计处理以债权的公允价值作为股权的入账价值，税会存在差异，该差异在将来处置股权时作纳税调整。债权人所得税处理以债权的计税基础减股权的公允价值确认债务重组损失，会计处理以债权的账面价值减债权的公允价值作为债务重组损失，税会存在差异，该差异在重组当期作纳税调整。债权人乙公司的所得税处理：

债权的计税基础：100万元

债权的账面余额：100万元

债权计提减值准备：2万元

债权的账面价值：100－2＝98（万元）

债权的公允价值：95万元

取得股权的计税基础：90万元

取得股权的入账价值：95万元

税收确认的债务重组损失：100－90＝10（万元）

会计确认的债务重组损失：98－95＝3（万元）

债务重组损失的税会差异：3－10＝－7（万元）

本例中，债权人取得抵债股权的计税基础90万元，入账价值95万元，存在税会差异，该差异是由于税收和会计对资产初始计量标准不同所形成的，在将来处置股权时作纳税调整。债权人所得税处理确认的债务重组损失10万元，会计处理确认的债务重组损失3万元，存在税会差异，该差异是由于税收和会计对债务重组损失计算方法不同所形成的，在重组当期所得税申报时调整减少应纳税所得额。

（二）特殊性税务处理

债权转股权选择特殊性税务处理，对债务清偿和股权投资两项业务暂不确认有关债务清偿所得或损失，股权的计税基础按照原债权的计税基础确定。

1. 债务人的所得税处理

债权转股权选择特殊性税务处理，债务人所得税处理不确认债务重组所得，但会计处理确认债务重组收益，存在税会差异，重组当期应当调整减少应纳税所得额。但是该差异何时调整增加应纳税所得额，税法无具体规定。如果该差异未来不调整增加应纳税所得额，将造成该笔税款的永久流失，对纳税人而言，其效果类似于免税。

2. 债权人的所得税处理

债权转股权选择特殊性税务处理，债权人所得税处理不确认债务重组损失，但会计处理确认债务重组损失，存在税会差异，重组当期应当调整增加应纳税所得额。债权人取得的抵债股权，所得税处理以放弃债权的计税基础作为取得股权的计税基础，但会计处理按照放弃债权的公允价值对抵债股权初始计量，股权的计税基础与账面价值存在税会差异，该差异在将来转让股权，确认股权转让所得时作纳税调整。

【例 2-10】 20×7 年 3 月 10 日，乙公司销售一批材料给甲公司，价值 100 万元，甲公司开具了一张面值 100 万元的商业汇票。8 月 10 日，甲公司发生财务困难，无力偿付货款，经双方协议，乙公司同意甲公司增发 10 万股普通股抵偿该项债务。假设甲公司债务的计税基础 100 万元，抵债普通股的面值 1 元/股，公允价值 9 元/股。乙公司应收票据的计税基础 100 万元，公允价值 95 万元，已计提坏账准备 2 万元。

（一）债务人的所得税处理

本项业务，债务人以公允价值 90 万元的普通股抵偿 100 万元债务，债权人对债务人作出了让步，应当按照债务重组进行所得税处理。如果选择特殊性税务处理，债务人所得税处理不确认债务重组所得，但会计处理确认债务重组收益，存在税会差异，重组当期所得税申报时应当调整减少应纳税所得额。债务人甲公司的所得税处理：

债务的计税基础：100 万元

债务的账面价值：100 万元

发行股权的公允价值：90 万元

税收确认的债务重组所得：0 万元

会计确认的债务重组收益：100 − 90 = 10（万元）

债务重组所得的税会差异：0 − 10 = − 10（万元）

本例中，债务人所得税处理由于选择特殊性税务处理不确认债务重组所得，会计处理确认债务重组收益 10 万元，重组当期所得税申报时应当调整减少应纳税所得额 10 万元。

（二）债权人的所得税处理

本项业务，债权人所得税处理不确认债务重组损失，但会计处理确认债务重组损失，存在税会差异，重组当期所得税申报时应当调整增加应纳税所得额。债权人取得的抵债股权，所得税处理以原债权的计税基础作为抵债股权的计税基础，会计处理以原债权的公允价值作为抵债股权的入账价值，税会存在差异，该差异在将来处置抵债股权时进行调整。

债权人乙公司的所得税处理：

债权的计税基础：100 万元

债权的账面余额：100 万元

债权计提减值准备：2 万元

债权的账面价值：100－2＝98(万元)

债权的公允价值：95 万元

取得抵债股权的计税基础：100 万元

取得抵债股权的入账价值：95 万元

税收确认的债务重组损失：0 万元

会计确认的债务重组损失：98－95＝3(万元)

债务重组损失的税会差异：3－0＝3(万元)

本例中，债权人取得抵债股权的计税基础 100 万元，入账价值 95 万元，存在税会差异，该差异主要是由于税收和会计对资产初始计量标准不同所形成的，在将来处置股权时作纳税调整。债权人所得税处理由于选择特殊重组不确认债务重组损失，会计处理确认债务重组损失 3 万元，存在税会差异，该差异在重组当期所得税申报时调整增加应纳税所得额。

(三) 特殊重组的备查资料

国家税务总局公告 2015 第 48 号规定，发生债权转股权业务，债务人对债务清偿业务暂不确认所得或损失，债权人对股权投资的计税基础以原债权的计税基础确定，应当准备以下资料：①当事方的债务重组的总体情况说明，情况说明中应包括债务重组的商业目的；②双方所签订的债转股合同或协议；③企业所转换的股权公允价格证明；④工商部门及有关部门核准相关企业股权变更事项证明材料；⑤税务机关要求提供的其他资料证明。

五、以修改其他债务条件清偿债务的所得税处理

财税〔2009〕59 号文及配套文件对以修改其他债务条件清偿债务的所得税处理没有具体规定。从税法对债务重组的定义以及所得税处理的原则来看，以修改其他债务条件清偿债务，如果债权人对债务人作出了让步，应当按照债务重组进行所得税处理，处理程序和方法可以参照《债务重组会计准则》的相关规定。

(一) 债务人的所得税处理

以修改其他债务条件进行债务重组，债务人应当以修改债务条件后债务的公允价值作为修改债务条件后债务的计税基础。将重组债务的计税基础大于重组后债务计税基础的差额确认为债务重组所得。如果债务的计税基础与账面价值存在税会差异，则税收确认的债务重组所得与会计确认的债务重组收益也存在税会差异，重组当期应当对该差异作纳税调整。

(二) 债权人的所得税处理

以修改其他债务条件进行债务重组，债权人应当以修改其他债务条件后债权的公允价值作为重组后债权的计税基础，重组债权的计税基础与重组后债权计税基础之间的差额确认为债务重组损失。如果债权人对重组债权计提了资产减值准备，债务重组时因冲减资产

减值准备而增加的利润总额，不属于企业所得税应税所得，应当调整减少应纳税所得额。

【例 2-11】 甲公司向乙公司购入材料，给乙公司开出一张面值 100 万元、2 个月期、到期日为 20×7 年 7 月 31 日的票据。由于财务困难，甲公司无法在到期日兑付票据。经与乙公司协商，双方达成如下协议：将票据的期限延期到 9 月 30 日，并将债务本金由 100 万元减至 90 万元。假设甲公司应付票据的账面余额和账面价值相等，乙公司应收票据的账面余额与账面价值相等。

（一）债务人的所得税处理

本项业务，债权人同意将债务金额由 100 万元减至 90 万元，并将票据到期日延长 2 个月，债权人对债务人作出了让步，应当按照债务重组进行所得税处理。债务人所得税处理以重组后债务的公允价值作为计税基础，会计处理以重组后债务的公允价值作为入账价值。债务人所得税处理将重组债务的计税基础大于重组后债务计税基础的差额确认为债务重组所得，会计处理将重组债务的账面价值与重组后债务账面价值的差额确认为债务重组收益。债务人甲公司的所得税处理：

重组债务的计税基础：100 万元

重组债务的账面价值：100 万元

重组后债务的计税基础：90 万元

重组后债务的账面价值：90 万元

税收确认的债务重组所得：100 − 90 = 10（万元）

会计确认的债务重组收益：100 − 90 = 10（万元）

本例中，由于债务人所得税处理以修改债务条件后债务的公允价值确认债务的计税基础，会计处理以修改债务条件后债务的公允价值确认债务的入账价值，无税会差异，无须做纳税调整。

（二）债权人的所得税处理

本项业务，债权人所得税处理以修改债务条件后债权的公允价值作为重组后债权的计税基础，将重组债权的计税基础与重组后债权计税基础之间的差额确认为债务重组损失。债权人会计处理以重组后债权的公允价值作为重组后债权的入账价值，将重组债权的账面价值与重组后债权账面价值之间的差额确认为债务重组损失。债权人乙公司的所得税处理：

重组债权的计税基础：100 万元

重组债权的账面价值：100 万元

重组后债权的计税基础：90 万元

重组后债权的账面价值：90 万元

税收确认的债务重组损失：100 − 90 = 10（万元）

会计确认的债务重组收益：100 − 90 = 10（万元）

本例中，由于债权人修改债务条件前债务的计税基础与账面价值相同，修改债务条件后债务的计税基础与入账价值相同，所以税收确认的债务重组损失和会计确认的债务重组损失相同，无税会差异，无须做纳税调整。

六、以组合方式偿债的所得税处理

财税〔2009〕59 号文及配套文件对以组合方式偿债的所得税处理没有具体规定。从税法对债务重组的定义以及所得税处理原则来看，以组合方式偿债，如果债权人对债务人作出了让步，应当按照债务重组进行所得税处理，处理程序和方法可以参照《债务重组会计准则》的相关规定。

（一）债务人的所得税处理

以现金、非货币性资产、债务转为资本、修改其他债务条件等方式组合清偿债务的，债务人应当以支付的现金、转让的非货币性资产公允价值、债权人享有股份的公允价值、修改其他债务条件后债务的公允价值冲减重组债务的计税基础，余额作为债务重组所得。非货币性资产公允价值与计税基础的差额，确认为资产转让所得。

以组合方式偿债，债务人用于偿债的非货币性资产，如果会计处理计提了资产减值准备，债务重组时因冲减资产减值准备而增加的利润总额，不属于企业所得税应税所得，应当调整减少应纳税所得额。同时，如果债务的计税基础与账面价值存在税会差异，则税收确认的债务重组所得与会计确认的债务重组收益也存在税会差异，重组当期应当对该差异作纳税调整。

（二）债权人的所得税处理

以现金、非现金资产、债务转为资本、修改其他债务条件等方式组合清偿债务，债权人应当以收到的现金、受让非现金资产的公允价值、因放弃债权而享有股权的公允价值冲减重组债权的计税基础，差额与将来应收金额进行比较，据此计算债务重组损失。如果债权人对重组债权计提了资产减值准备，债务重组时因冲减资产减值准备而增加的利润总额，不属于企业所得税应税所得，应当调整减少应纳税所得额。

【例 2-12】 乙公司持有甲公司票据面值为 200 万元。由于甲公司陷入财务困境，无力兑付到期票据，经双方协商，乙公司同意甲公司支付现金 50 万元，另以公允价值 120 万元、账面价值 100 万元的一项无形资产抵偿债务。甲公司给乙公司开具增值税专用发票一张，价款 120 万元，税额 7.2 万元。同时，乙公司将甲公司未清偿债务余额调减为 14 万元。假设债务重组时，甲公司应付票据账面价值与计税基础相同，乙公司应收票据的账面价值与计税基础相同，应收票据的公允价值 190 万元。

本项业务，债务人的债务金额为 200 万元。债权人同意债务人以 50 万元现金、公允价值 120 万元的无形资产偿债，同时将未清偿债务余额调减为 14 万元，债权人对债务人作出了让步，属于债务重组，应当按照债务重组进行所得税处理。

（一）债务人的所得税处理

债务人应当以支付的现金、转让无形资产的公允价值及增值税销项税额、修改其他债务条件后债务的公允价值冲减重组债务的计税基础，将余额确认为债务重组所得。债务人甲公司的所得税处理：

重组债务的计税基础：200 万元

以现金偿付债务：50 万元

抵偿债务无形资产的公允价值：120 万元

抵偿债务无形资产的计税基础：100 万元

抵偿债务无形资产增值税销项税额：7.2 万元

无形资产的处置收益：120－100＝20（万元）

修改债务条件后债务的计税基础：14 万元

债务重组所得：200－50－120－7.2－14＝8.8（万元）

本例中，债务人以无形资产抵债，所得税将其分解为转让无形资产和以无形资产抵债两项业务处理，会计按照以无形资产抵债一项业务处理（详解见例 2-5），所得税处理确认的应税所得总额和会计处理确认的债务重组收益总额相同，但构成不同。

（二）债权人的所得税处理

本项业务，债权人应当以收到的现金、受让无形资产的公允价值及增值税进项税额、修改其他债务条件后债权的公允价值冲减重组债权的计税基础，将余额确认为债务重组损失。债权人乙公司的所得税处理：

重组债权的计税基础：200 万元

收到抵偿债务的现金：50 万元

取得无形资产的公允价值：120 万元

取得无形资产抵扣增值税进项税额：7.2 万元

修改债务条件后债权的计税基础：14 万元

债务重组损失：200－50－120－7.2－14＝8.8（万元）

本例中，由于所得税处理和会计处理确认债务重组损失的方法不同（详解见例 2-5），由此形成债务重组损失的税会差异，在重组当期作纳税调整。由于所得税处理确认无形资产的计税基础和会计处理确认无形资产账面价值的标准不同（详解见例 2-5），由此形成的税会差异，在重组后对无形资产后续计量或处置无形资产时作纳税调整。

七、债务重组的所得税申报

（一）适用一般性税务处理的所得税申报

1. 债务重组所得税的一般申报

债务重组适用一般性税务处理，债务人的债务重组所得先在《一般企业收入明细表》（A101010）第 19 行“债务重组利得”栏申报，然后转入《企业所得税年度纳税申报表（A 类）》（A100000）第 11 行“营业外收入”。债权人的债务重组损失先在《一般企业成本支出明细表》（A102010）第 19 行“债务重组损失”栏申报，然后转入《企业所得税年度纳税申报表（A 类）》（A100000）第 12 行“营业外支出”。

2. 债务重组税会差异的申报

债务重组适用一般性税务处理，如果债务人会计核算确认的债务重组收益与所得税处理确认的债务重组所得存在差异，或债权人会计核算确认的债务重组损失与所得税处理确认的债务重组损失存在差异，该税会差异先在《企业重组及递延纳税事项纳税调整明细表》（A105100）第 1 行“债务重组”栏填报，然后将纳税调整金额转入《纳税调整项目明细表》

(A105000)第37行“企业重组及递延纳税事项”,最后转入《企业所得税年度纳税申报表(A类)》(A100000)第15行“纳税调整增加额”或第16行“纳税调整减少额”。

【例2-13】 20×5年,甲公司应收乙公司货款100万元。20×6年,甲公司为该项应收款计提坏账准备10万元。20×7年,由于乙公司财务困难,甲公司同意乙公司以现金60万元清偿债务,余款免除。

本例中,20×7年债务重组时,甲公司该项应收款的账面价值90万元(100－10),计税基础100万元。会计处理确认的债务重组损失30万元(90－60),所得税处理确认的债务重组损失40万元(100－60),重组当年所得税申报时,在《企业重组及递延纳税事项纳税调整明细表》(A105100)第1行第1列“账载金额”填报－30万元,第1行第2列“税收金额”填报－40万元,第1行第3列“纳税调整金额”填报－10万元。

(二) 适用特殊性税务处理的所得税申报

1. 特殊性税务处理的申报路径

债务重组适用特殊性税务处理所得税的申报路径分两种情况:一是会计核算确认的债务重组所得或债务重组损失的申报,二是由于特殊重组形成的税会差异的申报。第一种情况的所得税申报与一般性税务处理相同,在此我们主要讨论由于特殊重组形成的税会差异的申报。

由于特殊重组形成的税会差异,先在《企业重组所得税特殊性税务处理报告表(债务重组)》(国家税务总局公告2015年第48号附件1－1)申报,然后在《企业重组及递延纳税事项纳税调整明细表》(A105100)第1行“债务重组”填报,然后将纳税调整金额转入《纳税调整项目明细表》(A105000)第37行“企业重组及递延纳税事项”,最后转入《企业所得税年度纳税申报表(A类)》(A100000)第15行“纳税调整增加额”或第16行“纳税调整减少额”。

2. 特殊性税务处理的申报内容

债务重组适用特殊性税务处理,按照国家税务总局公告2015年第48号的规定,债务重组所得在《企业重组所得税特殊性税务处理报告表(债务重组)》(以下简称报告表)中专项申报。报告表将债务重组所得分为除债转股方式外的债务重组所得和债转股方式的债务重组所得两部分进行申报。

1) 除债转股方式外的债务重组所得

除债转股方式外的债务重组所得,以债务人重组业务涉及的债务计税基础,减去债务人用于偿付债务的资产公允价值确认。

债务人重组业务涉及的债务计税基础,包括应付账款计税基础,其他应付款计税基础,借款计税基础,其他债务计税基础。

债务人用于偿付债务的资产公允价值,包括现金、银行存款、非货币资产、其他。

除债转股方式外的债务重组所得,如果债务重组所得额占该企业当年应纳税所得额50%以上,可以在5个纳税年度的期间内,均匀计入各年度的应纳税所得额。

【例2-14】 20×8年,甲公司欠乙公司货款800万元,由于资金困难,到期不能支付。经协商,乙公司同意甲公司支付300万元,余款不再偿还,甲公司随即支付了300万元货款,会计处理将债务重组所得500万元记入了营业外收入。甲公司当年企业所得税应纳税所得额为650万元。

该项业务，甲公司的债务重组所得占当年应纳税所得额的比例为76.92%(500/650)，债务重组所得可以分5年计入应纳税所得额，每年计入的应纳税所得额为100万元(500/5)。甲公司20×8年企业所得税申报时，调整减少应纳税所得额400万元(100×4)，以后4年企业所得税申报时，每年调整增加应纳税所得额100万元，累计调增400万元。

2）债转股方式的债务重组所得

债转股方式的债务重组所得，以重组业务涉及的债务计税基础，减去债转股股权的公允价值确认。债务人所得税申报时，债务重组所得不确认为重组当期的应纳税所得额，而是递延至以后年度确认。但具体何时确认，税法尚无明确规定。

【例2-15】 乙公司销售一批材料给甲公司，价值100万元，甲公司开具了一张面值100万元的商业汇票。后甲公司发生财务困难，无力偿付货款，经双方协议，乙公司同意甲公司增发10万股普通股抵偿该项债务。假设甲公司债务的计税基础100万元，抵债普通股的面值10万元，公允价值90万元。乙公司应收票据的计税基础100万元，已计提坏账准备2万元。

本项业务，如果选择特殊性税务处理，甲公司在重组当期所得税处理不确认债务重组所得，但会计处理确认债务重组收益10万元(100－90)，形成税会差异10万元，重组当期所得税申报时应当调整减少应纳税所得额10万元。乙公司所得税处理不确认债务重组损失，但会计处理确认债务重组损失8万元[(100－2)－90]，形成税会差异8万元，重组当期所得税申报时应当调整增加应纳税所得额8万元。

3. 特殊性税务处理的申报资料

债务重组适用特殊性税务处理的，按照国家税务总局公告2015年第48号的规定，企业所得税申报应当附送以下资料。

(1) 债务重组的总体情况说明，包括债务重组方案、基本情况、债务重组所产生的应纳税所得额，并逐条说明债务重组的商业目的。以非货币资产清偿债务的，还应包括企业当年应纳税所得额情况。

(2) 清偿债务或债权转股权的合同(协议)或法院裁定书，需有权部门(包括内部和外部)批准的，应提供批准文件。

(3) 债权转股权的，提供相关股权评估报告或其他公允价值证明；以非货币资产清偿债务的，提供相关资产评估报告或其他公允价值证明。

(4) 重组当事各方一致选择特殊性税务处理并加盖当事各方公章的证明资料。

(5) 债权转股权的，还应提供工商管理部门等有权机关登记的相关企业股权变更事项的证明材料，以及债权人12个月内不转让所取得股权的承诺书。

(6) 重组前连续12个月内有无与该重组相关的其他股权、资产交易，与该重组是否构成分步交易、是否作为一项企业重组业务进行处理情况的说明。

(7) 按会计准则规定当期应确认资产(股权)转让损益的，应提供按税法规定核算的资产(股权)计税基础与按会计准则规定核算的相关资产(股权)账面价值的暂时性差异专项说明。

4. 特殊性税务处理的追溯调整

财税〔2009〕59 号文第五条第五项规定,“企业重组中取得股权支付的原主要股东,在重组后连续 12 个月内,不得转让所取得的股权”。国家税务总局公告 2010 年第 4 号第二十条规定,“《通知》第五条第(五)项规定的原主要股东,是指原持有转让企业或被收购企业 20%以上股权的股东”。据此,债务重组后,持有债务人股份 20%以上的股东,如果在重组后连续 12 个月内转让了债务人的股权,该项重组不能适用特殊性税务处理。已经适用特殊性税务处理递延纳税的,应当补缴递延的税款。

(三) 债务重组所得税申报中的税会差异

1. 债务账面价值与计税基础的差异

负债的账面价值是指记载于企业会计账簿的债务金额。负债的计税基础是指负债的账面价值减去未来期间计算应纳税所得额时按照税法规定可予抵扣的金额。一般情况下,负债的账面价值与计税基础一致,如果不一致,形成税会差异,企业所得税申报时应当对税会差异进行调整。

【例 2-16】 甲房地产开发公司期末预估开发项目的建筑安装工程费 1 000 万元,其会计处理借记开发成本 1 000 万元,贷记应付账款 1 000 万元。该项预估成本由于未取得施工方开具的工程发票,未在甲公司的企业所得税税前扣除。后甲公司清算,债权人同意甲公司偿还 600 万元应付款,余款免除。

本例中,债务人甲公司应付账款的账面价值为 1 000 万元,但是与应付款对应的开发成本并未在企业所得税税前扣除,故应付账款的计税基础为 0。甲公司清算时,会计处理确认的债务重组收益为 400 万元(1 000 − 600),但所得税处理确认的债务重组收益为 − 600 万元(0 − 600),所得税申报时应当调整减少应纳税所得额 1 000 万元[400 − (− 600)]。

2. 债权账面价值与计税基础的差异

债权的账面价值是指债权的账面余额减去债权减值准备后的金额。债权的计税基础是指可以在企业所得税税前扣除的债权成本。债权如果计提了减值准备,其账面价值与计税基础一般会形成税会差异,企业所得税申报时应当对税会差异进行调整。

【例 2-17】 乙公司应收甲公司货款 100 万元,后甲公司发生财务困难,无力偿付货款,经双方协议,乙公司同意甲公司增发 10 万股普通股抵偿该项债务。假设抵债普通股的面值 10 万元,公允价值 90 万元。乙公司应收票据的计税基础 100 万元,已计提坏账准备 2 万元。

本项业务,债务重组时,乙公司债权的账面价值 98 万元(100 − 2),计税基础 100 万元。如果选择一般性税务处理,乙公司会计处理确认债务重组损失 8 万元[(100 − 2) − 90],所得税处理确认债务重组损失 10 万元(100 − 90),重组当期所得税申报时,应当调整减少应纳税所得额 2 万元(8 − 10)。

3. 债务重组所得分期纳税形成的税会差异

企业的债务重组收益会计处理记入营业外收入,并入利润总额。但是企业债务重组所得额占当年应纳税所得额50%以上的,债务重组所得可以分5年均匀纳税,由此形成税会差异,企业所得税申报时应当对该税会差异进行纳税调整。示例参见[例2-14]。

4. 债务重组所得递延纳税形成的税会差异

企业的债务重组收益会计处理记入营业外收入,并入利润总额。但是将债务转为资本的,形成的债务重组所得可以递延至以后年度申报纳税,由此形成税会差异,企业所得税申报时应当对该税会差异进行纳税调整。示例参见[例2-15]。

(四) 特殊性税务处理所得税申报表结构分析

国家税务总局公告2015年第48号所附的《企业重组所得税特殊性税务处理报告表(债务重组)》在报表设计上存在如下问题。

1. "除债转股方式外的债务重组"存在的问题

财税〔2009〕59号文第六条第一项规定,"企业债务重组确认的应纳税所得额占该企业当年应纳税所得额50%以上,可以在5个纳税年度的期间内,均匀计入各年度的应纳税所得额"。这里的债务重组所得,应当是指债务重组所得总额,包括了债转股形成的债务重组所得。但是报告表将债转股所得排除在分期纳税范围之外。

2. "债转股方式的债务重组"存在的问题

财税〔2009〕59号文第六条第二项规定,"企业发生债权转股权业务,对债务清偿和股权投资两项业务暂不确认有关债务清偿所得或损失,股权投资的计税基础以原债权的计税基础确定"。本条规定只规定了债转股所得可以递延纳税,但是并未规定递延到何时纳税,这个问题在报告表中也未体现出来,如果无限期递延,这部分税款实质上是漏征了。

3. "修改债务条件和组合重组"存在的问题

财税〔2009〕59号文只规定了以非货币性资产清偿债务和债权转股权两种重组方式,未规定修改债务条件和组合重组这两种债务重组方式,这个问题在报告表中也未体现出来。如果企业的债务重组方式为修改债务条件,建议放到"除债转股方式外的债务重组"中申报。如果企业的债务重组方式有组合重组,建议将其分拆,分别在"除债转股方式外的债务重组"和"债转股方式的债务重组"中申报。

八、债务重组的所得税管理

债务重组的所得税管理,主要包括债务重组日的确定,债务重组所得的分期纳税,债务重组的申报管理,债务重组的后续管理等事项。

(一) 债务重组日的确定

债务重组日是指确认债务重组所得的日期。国家税务总局公告2015年第48号规定,债务重组,以债务重组合同(协议)或法院裁定书生效日为重组日。除适用特殊性税务处理规定的债务重组外,债务人的债务重组所得在债务重组日所属年度计入应纳税所得额,债权人的债务重组损失在债务重组日所属年度的企业所得税税前扣除。

(二) 债务重组的所得税管理

债务重组的所得税管理是指债务重组当期有关所得税事项的管理,原则是债务重组必须具备真实性、准确性、合规性。

债务重组的真实性要求当事人既要保证债权、债务的真实性，也要保证债务重组业务的真实性。这就要求纳税人既要保存与债权、债务形成相关的各种资料，如购销合同、销货发票等；也要保存与债务重组有关的各种资料，如债务重组协议、法院判决书等。

债务重组的准确性要求重组当事人正确计算债务重组所得（或损失）。债务重组所得（或损失）的正确计算取决于债务（或债权）计税基础的确认是否准确，债务（或债权）计税基础与账面价值是否存在税会差异，债务（或债权）是否计提过减值准备，抵债资产是否计提过减值准备，抵债资产公允价值的确认是否正确，债务重组时各项税会差异的调整是否正确等。

债务重组的合规性主要指重组当事人重组业务的所得税管理是否符合税法规定的程序，是否按照税法规定保存了相关涉税资料。尤其是债权人的债务重组损失在企业所得税税前扣除，应当符合《国家税务总局关于发布〈企业资产损失所得税税前扣除管理办法〉的公告》（国家税务总局公告 2011 年第 25 号）等文件规定的相关程序。

（三）债务重组所得税的后续管理

债务重组的后续管理指重组当事人在债务重组过程中，其会计处理与所得税处理形成的时间性差异，有无在重组后按照税法规定作纳税调整。如，债务人分期纳税形成的税会差异有无在以后 5 个纳税年度作纳税调整；债权人取得的抵债股权，计税基础与账面价值的差异有无在将来处置股权时作纳税调整等。

九、债务重组所得税处理的注意事项

（一）关于债务重组的认定

债务重组必须是债权人对债务人作出让步，如果债权人对债务人作出了让步，属于债务重组，可以依据财税〔2009〕59 号文进行所得税处理，符合税法规定条件的，可以分期纳税或递延纳税。但是如果债权人对债务人没有作出让步，不属于债务重组，只是普通的以物抵债，不能按照财税〔2009〕59 号文分期纳税或递延纳税，只能在重组当期纳税。

（二）关于债务重组的范围

债务重组的方式包括以资产清偿债务、将债务转为资本、修改其他债务条件以及以上三种方式的组合。财税〔2009〕59 号文对债务重组业务的所得税处理，只包括了以资产清偿债务、将债务转为资本两种重组方式，没有涉及修改其他债务条件以及组合重组的所得税处理。但是修改其他债务条件以及组合重组是客观存在的，在没有具体政策规定的情况下，单纯按照税法原理对这两种重组方式进行所得税处理，存在一定的征管风险。

（三）关于债务重组的分期纳税

分期纳税是指债务人的债务重组所得有明确的纳税期限，如分 5 年纳税。分期纳税和递延纳税的主要区别是分期纳税有明确的纳税期限，递延纳税没有明确的纳税期限。财税〔2009〕59 号文规定，债务重组所得占当年应纳税所得额 50%以上，可以分 5 年纳税，这有利于纳税人充分利用资金的时间价值，降低资金成本。

（四）关于债务重组的递延纳税

递延纳税是指债务重组所得没有明确的纳税期限，何时纳税要视具体情况而定。为了鼓励企业进行债务重组，财税〔2009〕59号文允许以债转股方式进行债务重组的，债务人的债务重组所得可以递延纳税，债权人的债务重组损失应当递延扣除。但是财税〔2009〕59号文没有规定债务人的债务重组所得何时完税，这给债务人的税收筹划留下了很大的空间。另外，债权人的债务重组损失递延扣除，也不利于鼓励纳税人通过债务重组解决债务问题。

（五）关于债务重组所得的确认

债务重组所得或损失，是债务或债权的计税基础与债务偿还额之间的差额。如果债务或债权的计税基础与账面价值存在差异，如对债权计提了减值准备，应当对税会差异作纳税调整；如果以非货币性资产清偿债务，还应当确认非货币性资产的公允价值。采用不同的评估方法确认非货币性资产的公允价值，对债务重组所得的确认影响重大。

第四节　债务重组的税收安排

一、影响债务重组的因素

企业因为经营管理不善，或受外部各种不利因素影响，致使盈利能力下降或经营发生亏损，资金周转不畅，出现暂时资金紧缺，难以按期偿还债务，在这种情况下，就需要对债务进行重组。企业在进行债务重组时，需要综合考虑债务重组的目的、重组时机、重组方式、税收负担以及对企业声誉的影响等因素对债务重组的影响。

二、债务重组时机的选择

影响企业税收负担的因素主要是税率、税收优惠以及弥补亏损，债务重组也是通过这三个因素对税收产生影响。在债务重组过程中，债务人取得债务重组收益，债权人发生债务重组损失。从债务人的角度看，在债务重组时机的选择上，一是选择在税收优惠期内（如减免税期内）进行债务重组，将债务重组收益体现在优惠期内，以享受税法规定的税收优惠。二是选择在亏损期内进行债务重组，用债务重组收益弥补亏损，避免亏损超出弥补期无法弥补，增加企业将来的税收负担。

由于债权人和债务人的税收利益是互斥的，债务人的收益以债权人的损失为代价。所以从债权人的角度看，在债务重组时机的选择上和债务人相反，一是应当避免在税收优惠期内（如减免税期内）进行债务重组，因为将债务重组损失体现在税收优惠期内，债务重组损失起不到抵税的作用，相当于浪费掉了一部分税收成本。二是应当选择在盈利期内进行债务重组，用债务重组损失抵顶企业的利润总额，以降低企业的税收负担。但债务重组的时间最终如何确定，很大程度上取决于债权人和债务人的议价能力。

三、债务重组方式的选择

债务重组方式包括以现金偿还债务、以非货币性资产偿还债务、债务转为资本、修改债务条件以及以上两种或两种以上方式的组合。债务重组的方式不同，产生的税收负担不同。如，以现金偿还债务、债务转为资本，只存在企业所得税问题，无流转税问题。但是以非货币性资产清偿债务，不仅涉及企业所得税，还涉及流转税。

企业以何种方式进行债务重组，要依据企业的现金流、资产状况、税务状况等因素综合考虑。从债务人的角度看，在有一定现金支付能力的情况下，可以考虑以现金偿还债务。如果无现金偿还能力但是有非货币性资产，或者有留抵的增值税进项税额，或者企业所得税有未弥补的亏损，可以用非货币性资产偿还债务。如果企业的原有股东愿意稀释股权，可以将债务转为资本。

从债权人的角度看，其对债务重组方式的理性选择应当是：通常情况下，应当选择让债务人以现金偿还债务。如果债权人需要债务人的非货币性资产，如存货、设备、技术等，也可以选择让债务人以非货币性资产偿还债务。如果债权人相对看好债务人的发展前景，可以选择将债权转为对债务人的投资。如果以上几种方式都不具备可行性，可以选择修改债务条件，如减少债务本金、延长还款期限等。

最后需要说明的是，由于税法对组合重组的税务处理尚无具体规定，所以在选择重组方式时，从规避涉税风险的角度看，应当尽可能避免采用组合重组的方式。如果不得不采用组合重组，可以选择将组合重组分解为若干个单项重组，以规避可能存在的涉税风险。

四、债务重组税收待遇的选择

债务重组的税收待遇分为一般性税务处理和特殊性税务处理。大部分债务重组方式只能适用一般性税务处理，但是债务转为资本可以适用特殊性税务处理。债务转为资本适用特殊性税务处理，债权人在债务重组当期不确认债务重组损失，债权人取得的股权，以放弃债权的计税基础作为计税基础。如此规定，实际上是将债权人的债务重组损失包含在股权的计税基础之内，递延至将来处置股权时扣除。

债务转为资本适用特殊性税务处理，债务人在债务重组当期不确认债务重组所得。与债权人所得税处理不同的是，债权人的债务重组损失递延扣除，有明确的扣除时间，即在将来处置抵债股权时扣除。但债务人的债务重组所得在何时递延纳税，税法并无明确规定，这部分所得对应的税款实际上是漏征了。从债务人的角度看，债转股选择特殊性税务处理，相当于是一项减免税优惠，在安排债务重组业务时应当尽可能选择特殊性税务处理。

五、关联企业间的债务重组

关联企业间的债务重组和独立企业间的债务重组不同。独立企业间的债务重组，债务人有债务重组收益，债权人有债务重组损失。而关联企业间的债务重组，从企业控制人的角度看，在债务重组过程中，债务人的债务重组收益和债权人的债务重组损失是相互抵销的，企业集团的利润总额既没有增加，也没有减少。但是关联企业间的债务重组，对企业集团整体税收负担的影响是不同的，企业可以利用债务重组降低企业集团的整体税收负担。如，在债务人亏损的情况下，通过真实合法的债务重组，把债权人的利润转移给债务人，以弥补债务人的亏损。

第五节　债务重组案例分析——关联企业债务重组的税务处理

债务重组是企业重组的方式之一，债务重组的实质是债权人将其经济利益让渡给债务人。在债务重组过程中，债务人取得债务重组收益，债权人发生债务重组损失。关联企业间的债务重组，在解决债务人财务困难的同时，往往成为关联企业转移利润和规避税收的工具。债务重组业务的认定，很大程度上取决于重组当事人的认定和重组意图的判定。本节以某上市公司的债务重组案例为研究对象，剖析关联企业间债务重组业务的认定以及相应的税务处理。

一、关联企业债务重组案例介绍

（一）交易内容

A公司（上市公司）主要从事远洋干散货专业化运输。为了缓解财务困难，减轻公司资金风险和偿债压力，2016年9月26日，A公司与B公司、C公司签订了《关于转让及承接15艘船舶资产、相关债务及人员事宜的框架协议》（以下简称《框架协议》），A公司将15艘船舶建造合同下的权利和义务以及与上述船舶有关的债务及人员转让给联合受让人——B公司和C公司，其中：C公司受让43 000万元债务，其余全部资产和债务以及人员由B公司受让。

（二）定价依据

本次交易以某资产评估公司的评估报告所确认的目标资产和相关债务于基准日的评估值为定价参考依据。根据资产评估报告，拟转让的15艘船舶账面价值333 000万元，与之相关的负债330 000万元，净资产3 000万元。评估后上述15艘船舶公允价值223 000万元，评估后的负债总额330 000万元，上述资产和负债评估后的净额－107 000万元。经各方协商同意，B公司、C公司和A公司就本次交易均无须向彼此支付对价款，本次交易价款为零。

（三）关联关系

Z公司持有B公司和C公司100%的股份，同时持有A公司30%的股份，是A公司的控股股东，故B公司和C公司是A公司的关联企业，相互之间存在关联关系，基于上述关系，此次出售资产及债务构成关联交易。

（四）交易意图

本次交易的资产和负债评估后的净额为－107 000万元，鉴于A公司财务困难，无需向受让方支付上述款项，此次关联交易以0元价格成交，利益流向上市公司，因此，A公司董事会认为，“本次交易有利于上市公司，是公司实际控制人和控股股东支持上市公司生存、经营与发展的实质性措施，有利于减轻公司负担，缓解公司的财务困难，帮助上市公司维持生存并逐步走出困境，维护中小投资者利益”。

(五) 人员安排

根据A公司与B公司、C公司签订的《框架协议》,A公司和B公司同意按照下述原则处理与相关人员的关系:根据“自愿协商、择优选择”原则,由B公司予以接收与目标资产有关的相关人员,相关人员的名单由A公司和B公司共同协商确定。在相关人员名单确定后,A公司解除与相关人员的劳动合同关系,同时由B公司与相关人员建立新的劳动合同关系。

(六) 税务处理

关于该项交易的税务处理,有两种观点:一种观点认为,该项交易属于债务重组,B公司、C公司豁免了A公司的债务,应当按照债务重组进行所得税处理。另一种观点认为,该项交易中A公司与B公司、C公司不存在债权债务关系,不能按照债务重组进行所得税处理。该项交易属于承债式资产收购,B公司、C公司以承继A公司债务的方式收购A公司的资产——15艘运营船舶,应当按照资产收购进行所得税处理。

二、债务重组业务的税务处理规定

(一) 债务的形成

企业所得税法及配套文件对负债没有定义,《企业会计准则——基本准则》对负债的定义是:“负债是指企业过去的交易或者事项形成的、预期会导致经济利益流出企业的现时义务”。负债具有如下特征:①负债是企业承担的现时义务。②负债预期会导致经济利益流出企业。③负债是由过去的交易或事项形成的。

企业债务的形成渠道主要包括:①因购买资产或接受劳务而形成的负债。如A给B销售商品,形成A与B的债权债务关系。②因债权人转让债权而形成的负债。如A将应收C的债权转让给B,消灭A与C的债权债务关系,建立B与C的债权债务关系。③因债务人转让债务而形成的负债。如A将应付C的债务转让给B,消灭A与C的债权债务关系,建立B与C的债权债务关系。

需要说明的是,债权人转让债权,因债权的受让方预期有经济利益的流入,债权受让方应当给转让方支付对价。债务人转让债务,因债务的受让方预期有经济利益的流出,债务的转让方应当给受让方支付对价。在经济生活中,债权人转让债权的交易常见,但债务人转让债务的交易比较少见。债权人和债务人债权债务关系的消灭,通常以债务人给债权人给付对价为前提条件。

(二) 债务重组的认定

《财政部 国家税务总局关于企业重组业务企业所得税处理若干问题的通知》(财税〔2009〕59号)规定,债务重组,是指在债务人发生财务困难的情况下,债权人按照其与债务人达成的书面协议或者法院裁定书,就其与债务人的债务作出让步的事项。企业所得税法中的债务重组,强调“债务人发生财务困难”“债权人作出让步”,如果债权人没有作出让步,不能按照债务重组进行企业所得税处理(以下简称所得税处理)。债务重组的方式主要有:以资产清偿债务,将债务转为资本,修改债务条件,以上两种或两种以上方式的组合。

(三) 债务重组的所得税处理

本文前述案例,仅涉及债务人以非货币性资产清偿债务、债权人直接豁免债务两种债务重组方式。按照财税〔2009〕59 号文的规定，债务人以非货币性资产清偿债务，应当分解为按照公允价值转让非货币性资产、按非货币性资产公允价值清偿债务两项业务，确认相关资产的所得或损失。债权人应当对受让的非货币性资产以其公允价值作为计税基础，重组债权的计税基础与受让的非货币性资产公允价值、增值税进项税额之间的差额，确认为债务重组损失。

财税〔2009〕59 号文对债权人直接豁免债务人债务的所得税处理，没有具体规定。债权人直接豁免债务人的债务，也可以理解为债务人给债权人支付了对价，只不过对价金额为0。从债务重组所得税处理的原则看，债权人直接豁免债务人的债务，债权人对债务人作出了让步，债务人应当按照豁免债务金额确认债务重组所得，债权人应当按照放弃债权金额确认债务重组损失。

（四）债务重组的增值税处理

在债务重组过程中，如果债务人以单纯的非货币性资产（不含负债和劳动力，下同）给债权人抵偿债务，债务人应当确认抵债资产的增值税销项税额并给债权人开具增值税专用发票，债权人取得债务人开具的增值税专用发票后抵扣增值税进项税额。但是债务人以资产、负债、劳动力组合清偿债务的，按照《国家税务总局关于纳税人资产重组有关增值税问题的公告》（国家税务总局公告 2011 年第 13 号）的规定，该行为不在增值税征税范围内，债务人不计算增值税销项税额，不能给债权人开具增值税专用发票，债权人无增值税进项税额可抵。

然而，债务人以资产、负债、劳动力组合清偿债务，尽管债权人在债务重组环节无增值税进项税额可抵，但债权人在债务重组后运营该抵债资产时取得的收入，仍然要计算增值税销项税额。这就造成债权人在债务重组后有增值税销项税额但无进项税额可抵，导致增值税销项税额和进项税额的不配比，产生增值税税负转嫁的问题——债务人将其本应在债务重组环节缴纳的增值税转嫁给债权人，由债权人在债务重组后运营该抵债资产时缴纳。

三、关联企业债务重组案例分析

根据债务重组的相关税收规定，结合债务重组的定义以及债务的形成原因，我们对前述关联企业债务重组案例的税务处理作如下分析。

（一）关于交易性质的判定

一项交易的税务处理，首先取决于对交易的准确定性，其次是在定性的基础上正确适用法律法规，最后是根据定性结果和适用的法律法规提出合乎逻辑的处理意见，其中对交易的准确定性是交易事项税务处理的关键。本文前述案例是在交易各方的实际控制人 Z 公司的统一安排下进行的，交易的一方是 B 公司和 C 公司，另一方是 A 公司。但是因为 B 公司和 C 公司是两个独立的法人，所以从法律关系上看，Z 公司对该项交易的安排实质上是由两个独立的子交易组成：一个是 A 公司和 B 公司之间的交易，另一个是 A 公司和 C 公司之间的交易。但是无论对该项交易如何定性，都应当遵守两项基本原则：一是交易定性应当充分考虑交易的意图，二是对两个子交易的定性口径应当一致。

(二) A公司与B公司交易的税务处理

1. 交易性质的认定

本文前述案例，A公司将其资产、负债和劳动力一并让渡给B公司，该项交易在定性上有两个选项：一是将交易定性为资产收购，即B公司收购A公司的资产，以承担A公司债务的方式支付交易对价（承债式收购）。二是将交易定性为债务重组，即A公司将其债务转让给B公司，然后以低于债务成本的资产清偿债务。如前所述，交易的定性应当充分考虑交易的意图。就本项交易而言，如果B公司以取得A公司的资产为主要交易目的，应当将交易定性为承债式资产收购。但是如果B公司以减轻A公司的债务为主要交易目的，应当将交易定性为债务重组。

A公司（上市公司）在其资产转让公告中宣称，“A公司董事会认为，本次交易有利于上市公司，是公司实际控制人和控股股东支持上市公司生存、经营与发展的实质性措施，有利于减轻公司负担，缓解公司的财务困难，帮助上市公司维持生存并逐步走出困境，维护中小投资者利益。”由此可见，该项交易是在交易各方的实际控制人Z公司的统一安排下，以缓解A公司的财务困难为主要交易目的，应当将交易定性为债务重组。该项交易也可以理解为，A公司将其债务转让给B公司，形成B公司与A公司之间的债权债务关系，然后A公司以低于债务成本的资产清偿债务。

2. A公司的税务处理

该项交易如果按照债务重组进行税务处理，A公司的涉税事项包括：①增值税处理。由于A公司是以其资产、负债、劳动力一并给B公司清偿债务，按照国家税务总局公告2011年第13号的规定，该项交易不在增值税征税范围内，不缴纳增值税，不能给B公司开具增值税专用发票。②企业所得税处理。A公司以非货币性资产抵偿债务，按照财税〔2009〕59号文的规定，其所得税处理应当分解为两部分：一是将抵债资产公允价值低于计税基础的部分－110 000万元（223 000－333 000），确认为资产转让损失，在重组当期的所得税税前扣除。二是将抵债资产公允价值低于债务计税基础的部分107 000万元（330 000－223 000），确认为债务重组收益，计入重组当期的应税所得。A公司在该项交易中累计确认的应纳税所得额为－3 000万元（－110 000＋107 000）。

3. B公司的税务处理

该项交易如果按照债务重组进行税务处理，B公司的涉税事项包括：①增值税处理。A公司以其资产、负债、劳动力一并给B公司抵偿债务，按照国家税务总局公告2011年第13号的规定，该行为不在增值税征税范围内，A公司无须计算增值税销项税额，也不能给B公司开具增值税专用发票，B公司无增值税进项税额可抵。但是如前所述，该项业务对于B公司而言，存在增值税税负转嫁的问题，A公司将其本应在债务重组当期缴纳的增值税转嫁给B公司，由B公司在债务重组后运营该抵债资产时缴纳。②企业所得税处理。B公司受让A公司的债务后，形成B公司对A公司的债权，该项债权的计税基础应当以受让A公司债务的计税基础330 000万元确定。A公司以其资产给B公司抵债，B公司取得的抵债资产，应当以该资产的公允价值223 000万元作为计税基础。B公司应将A公司债权的计税基础与取得抵债资产计税基础之间的差额107 000万元（330 000－223 000），确认为债务重组损失,在债务重组当期所得税税前扣除。

(三) A 公司与 C 公司交易的税务处理

1. 交易性质的认定

本文前述案例,A 公司与 C 公司之间的交易,和 A 公司与 B 公司之间的交易不同。A 公司与 B 公司之间的交易有对价,B 公司承继 A 公司的债务,A 公司以其资产抵偿债务。但 A 公司与 C 公司之间的交易无对价,C 公司承继了 A 公司的债务,A 公司不需要对 C 公司支付任何对价。A 公司和 C 公司之间的交易,定性时应当将其分解为两步:第一步,A 公司将其债务转让给 C 公司,形成 C 公司与 A 公司的债权债务关系,A 公司应当给 C 公司支付对价。第二步,C 公司豁免 A 公司的债务,A 公司、C 公司的债权债务关系消灭。因为该项交易 C 公司对 A 公司作出了让步,交易的实质是债务重组,应当按照债务重组进行税务处理。由于该项交易是债务的直接豁免,无资产转移,所以只涉及企业所得税,不涉及增值税。

2. 交易的税务处理

该项交易如果按照债务重组进行所得税处理,依据财税〔2009〕59 号文的规定,C 公司豁免 A 公司的债务 43 000 万元,A 公司应当将豁免债务金额确认为债务重组所得,C 公司应当将豁免债务金额确认为债务重组损失。由于交易各方安排该项交易的意图是解决 A 公司的财务困难,不是以不缴、少缴或推迟缴纳税款为交易目的,所以该项交易具有合理商业目的。C 公司的债务重组损失如果符合税法规定的税前扣除条件,可以在债务重组当期的税前扣除。

(四) 债务重组与资产收购税务处理的比较

本文前述案例,A 公司和 C 公司之间的交易,定性时只有债务重组一个选项。但 A 公司和 B 公司之间的交易,定性时有债务重组和资产收购两个选项。按照债务重组还是资产收购进行税务处理,交易双方的税收待遇明显不同。

1. 债务重组与资产收购的增值税比较

A 公司与 B 公司之间的交易,A 公司将其资产、负债、劳动力一并转移给 B 公司。按照国家税务总局公告 2011 年第 13 号的规定,资产、负债、劳动力一并转移的,不在增值税征税范围内,A 公司无须计算增值税销项税额,也不能给 B 公司开具增值税专用发票,B 公司无增值税进项税额可抵。因此,A 公司与 B 公司之间的交易,无论将其定性为债务重组还是资产收购,交易双方的增值税待遇相同,无差别。

2. 债务重组与资产收购的所得税比较

A 公司和 B 公司之间的交易,将其定性为债务重组还是资产收购,交易双方的所得税待遇明显不同。

1) A 公司所得税处理的比较

如果将 A 公司和 B 公司之间的交易定性为承债式资产收购,由于交易对价中无股权支付,按照财税〔2009〕59 号文的规定,只能适用一般性税务处理。A 公司在重组当期,应当将债务计税基础与抵债资产计税基础之间的差额 -3 000 万元(330 000 - 333 000),确认为资产转让损失。如果将该项交易定性为债务重组,如前所述,A 公司在重组当期应当确认的债

务重组所得也是 -3 000 万元。所以,该项交易无论将其定性为资产收购还是债务重组,A 公司确认的应税所得金额相同,都是 -3 000 万元,但是所得的性质不同,定性为资产收购确认的所得属于资产转让所得,定性为债务重组确认的所得属于债务重组所得。

2) B 公司所得税处理的比较

如果将 A 公司和 B 公司之间的交易定性为承债式资产收购,按照财税〔2009〕59 号文的规定,只能适用一般性税务处理,B 公司取得 A 公司的资产,应当以公允价值 223 000 万元作为计税基础。但是,财税〔2009〕59 号文关于企业重组的所得税处理,隐含的前提条件是企业重组应当以资产的公允价值交易,但本案的资产收购不是以资产公允价值而是以承担债务的金额交易。所以,B 公司受让的资产如果以公允价值作为计税基础,承担债务金额高于资产公允价值的差额 107 000 万元(330 000 - 223 000)将面临两难的税务处理:如果将其作为资产损失计入当期损益,该项业务就不再是资产收购而是债务重组了;如果将其计入资产成本,不仅不符合财税〔2009〕59 号文一般重组按照公允价值确认计税基础的规定,而且还会造成资产损失扣除时间的递延和纳税义务发生时间的提前。之所以出现这种情况,主要是因为财税〔2009〕59 号文未考虑到企业重组不一定以公允价格交易。所以,将该项交易定性为资产收购还是债务重组,B 公司的所得税待遇明显不同。在 B 公司盈利的情况下,将交易定性为债务重组有利,B 公司可以利用债务重组损失冲减利润。在 B 公司亏损的情况下,将交易定性为资产收购有利,B 公司可以利用损失的递延扣除延长亏损弥补期限。

四、债务重组的涉税风险

通过对本文前述案例的分析,我们认为关联企业间债务重组的税务处理,应当注意以下几个问题。

(一) 关于交易主体的认定问题

一项业务的税务处理,首先是对交易主体的认定。交易主体认定的不同,交易的性质不同,相应的税务处理也会不同。以本案为例,有观点认为,本案中 A 公司的债权人不是 B 公司和 C 公司,而是 A 公司的原债权人。因为对 A 公司作出让步的不是债权人,所以该项业务不属于债务重组,不能按照债务重组进行税务处理。但是,如果将该项业务认定为 A 公司将其债务转让给了 B 公司和 C 公司,A 公司与 B 公司、C 公司建立了新的债权债务关系,则 B 公司、C 公司对 A 公司的让步,就属于债权人对债务人的让步,该项业务就属于债务重组,就应当按照债务重组进行相应的税务处理。

(二) 关于交易性质的判定问题

一项交易的税务处理是否正确,很大程度上取决于交易的定性是否准确。交易定性的结果不同,税务处理结果一定不同。以本案为例,A 公司与 B 公司之间的交易,是按照债务重组还是资产收购进行所得税处理,对 B 公司的影响明显不同。如果按照债务重组进行所得税处理,B 公司的债务重组损失在重组当期的税前扣除。如果按照资产收购进行所得税处理,B 公司的债务重组损失计入受让资产的成本,在将来对资产后续计量或处置资产时扣除。而对交易的定性要充分考虑交易的意图,如本案,正是考虑到交易的意图是解决 A 公司的财务困难，所以将交易定性为债务重组。

（三）关联企业间债务重组的涉税风险问题

非关联方之间的债务重组，重组的目的主要是债权人为了解决债务人的财务困难，避免因债务人破产而给债权人带来更大的经济损失。但关联方之间的债务重组，重组目的有可能是债权人为了解决债务人的财务困难，也有可能是债权人为了保住债务人的上市公司地位，还有可能是债务人和债权人以避税为目的架构的重组，如在债务人有亏损而债权人有利润的情况下，通过债务重组把债权人的利润转移给债务人，以规避债权人的税收和弥补债务人的亏损。关联方之间以避税为目的的债务重组，存在比较大的涉税风险。

（四）关于债务重组的增值税处理问题

债务重组，如果债务人以单纯的非货币性资产抵偿债务，债务人应当计算增值税销项税额，可以给债权人开具增值税专用发票，债权人有增值税进项税额可抵。但债务重组，如果债务人是以资产、负债、劳动力组合清偿债务，不在增值税征税范围内，债务人不计算增值税销项税额，不能给债权人开具增值税专用发票，债权人无增值税进项税额可抵，如本案中A公司以其资产、负债、劳动力给B公司抵债的情形。但是该种情形下增值税的不征税，存在税负转嫁问题，这在重组实务中应当引起重组当事人的足够重视。

综上所述，债务重组的实质是债权人给债务人经济利益的让渡，关联企业间的债务重组，在解决债务人财务困难的同时，有可能成为企业避税的工具。债务重组的认定，很大程度上取决于交易意图的判定。只有债权人对债务人作出让步，才属于债务重组。只有将业务判定为债务重组，才能按照债务重组的规定进行税务处理。

主要参考文献：

[1] 财政部会计司编写组.企业会计准则讲解2010[M].北京：人民出版社，2010.
[2] 盖地.企业税务筹划理论与实务[M].大连：东北财经大学出版社，2012.
[3] 应益华.企业债务重组所得税问题研究[J].财会月刊，2009(12).
[4] 倪侃侃.债务重组准则的主要变化及执行中需要关注的问题.网络文章.税屋.
[5] 余雷.债务承担、债务履行承担和由第三人履行的比较分析[J].经济与法，2012(10).
[6] 贾科.债务转让与第三人履行的法律辨析[J].铁路采购与物流，2007(4).
[7] 陈斌才，王晓，姜新录. 关联企业债务重组税务处理案例分析[J].注册税务师，2020(5).
[8] 财政部. 企业会计准则第12号——债务重组.2019.
[9] 国家税务总局.企业债务重组业务所得税处理办法.2003.
[10] 财政部 国家税务总局.关于企业重组业务企业所得税处理若干问题的通知.2009.

第三章
股权收购业务的所得税处理

第一节　股权收购概述

一、股权的相关知识[①]

（一）股东的含义

股东是组成公司并在其中享有股东权利的人。凡是基于对公司的投资或者基于其他合法原因而持有公司资本一定份额并享有股东权利的主体均是公司股东。

公司的股东有法人股东和自然人股东。在实务中，还有显名股东和隐名股东之分。显名股东是记载于公司股东名册的股东；隐名股东是公司的实际出资人，但登记在公司股东名册中的是其代理人。

公司的股东包括：①参与公司设立或者认购公司首次发行股份或出资的原始股东。②公司成立后的继受股东。③公司成立后因公司增资而加入的新股东。

（二）股权的含义

股权是股东享有的权利，股权法律关系实质上是股东基于其地位而与公司之间形成的法律关系。不同类型公司的股东，如有限责任公司的股东和股份有限公司的股东，或者同一公司不同类型的股东，如股份有限公司的普通股股东与优先股股东，其股权的内容及其表现形式有所差异。股权的内容不同，其价值构成不同。

（三）股权的法律关系

股权的法律关系包括：①股权的主体。股权的主体即股权的享有者，股权的享有者只能是股东。②股权的内容。股权的内容具有综合性。股权既有财产权的一面，如股利分配请求权、剩余财产分配请求权等。股权也有非财产权的一面，如表决权、对公司的建议权、质询权和诉讼权等。③股权的客体。股权是股东对公司所行使的权利，即以公司为作用对象。因此，股权的客体就是公司本身。

（四）股份的分类

公司有股份有限公司和有限责任公司两种组织形态，其中股份有限公司的股权称为股份。股份是股份有限公司股东持有的、公司资本的基本构成单位，也是划分股东权利义务的基本构成单位，股份的表现形式是股票。

---

① 赵旭东：《公司法学》高等教育出版社，2015。

股份包括：①普通股和特别股。特别股有分配公司盈余的特别股；分配公司剩余财产的特别股；行使表决权的特别股；可赎回的特别股；发起人股。②记名股与无记名股。③额面股与无额面股。④其他特殊类型的股份（票）。如国家股、法人股、社会公众股和外资股；流通股与非流通股；A 股、B 股、H 股、N 股、S 股等。

股份的形式不同，权利义务不同，价值构成也不同，如普通股有投票权，但无股利的优先分配权；优先股无投票权，但有股利的优先分配权。因此，不同形式的股份，其价值构成与转让价格自然也就有所不同。

（五）股权的取得

股权产生于股东的直接投资行为。从产生方式上看，股权既可以是原始创设，也可以继受取得。在原始创设中，股权是因股东认缴出资或股份的直接投资行为产生的。在继受取得中，股权一般是通过受让、继承等原因取得原股东的出资或股份而形成的，是以他人的已有出资或股份为前提条件的。无论通过何种方式取得股权，在取得过程中，都必须按照公司法规定的程序进行。任何人都不能背离公司法的规定，自行创设、取得或授予他人股权。股权的取得方式不同，其成本构成不同。

（六）股权的转让

股权的转让包括有限责任公司股权的转让和股份有限公司股份的转让。股份的转让，是指股份有限公司的股东依照一定的程序将自己的股份让与受让人、由受让人取得股份成为公司的股东。

股权的转让方式有：①直接转让，指公司的原股东将其持有的公司股权面对面直接转让给新股东。②间接转让，指公司的原股东将其持有的公司股权通过二级市场转让给新股东。③其他方式转让，如通过企业重组等方式转让公司股权。股权的转让方式不同，涉及的财税处理不同。

一般情况下，股权的转让是将股权所对应的财产权和非财产权等所有权能概况转让。但是在实务中，也有就股权的部分权能单独转让的行为，如仅转让股利分配请求权，或仅转让剩余财产分配请求权等。还有将股权的各项权能分解转让，最终达到概况转让股权的股权转让行为。

二、股权收购的定义

（一）股权收购的定义

《财政部　国家税务总局关于企业重组业务企业所得税处理若干问题的通知》（财税〔2009〕59 号）对股权收购的定义是，股权收购是指一家企业（以下称为收购企业）购买另一家企业（以下称为被收购企业）的股权，以实现对被收购企业控制的交易。收购企业支付对价的形式包括股权支付、非股权支付或两者的组合。

（二）股权收购的特征

股权收购业务具有如下特征：①股权收购的主体是目标公司的股东，是目标公司的原股东将其持有的公司股权让渡给新股东。②股权收购的客体是目标公司的股权，股权对应的是目标公司的资产、技术、劳动力等一揽子生产要素。③股权的价值不完全来源于资产，还包括企业文化等非物质价值的构成。④股权收购的目的是收购方通过收购目标公司股权控制目标公司。⑤股权收购，收购方有可能承担目标公司的潜在负债，风险较大。⑥股权收购仅涉及所得税和印花税，不涉及其他税，税收负担轻。

(三) 股权收购的相关术语

1. 收购方

收购方是指在股权收购过程中，意图通过持有目标公司股权对目标公司实施控制的重组当事人，如 A 公司拟从 B 公司手中收购甲公司股权，A 公司为股权的收购方。

2. 被收购方

被收购方是指在股权收购过程中，转让持有目标公司股权的重组当事人。一项股权收购业务，可能有多个被收购方，如 A 公司拟从 B 公司、C 公司、D 公司手中收购甲公司股权，B 公司、C 公司、D 公司均为股权的被收购方。

3. 目标公司

目标公司是指在股权收购过程中，拥有股权所对应权益的公司，如 A 公司拟从 B 公司手中收购甲公司股权，甲公司为目标公司。

在股权收购业务中，收购方、被收购方是交易主体，目标公司是交易标的。股权交易价格的高低，主要取决于目标公司价值的大小。

三、股权收购的类型

股权收购按照不同的标准分类，有不同的分类方法。

(一) 按照收购方式的不同，分为直接收购和间接收购

直接收购是指收购方直接从被收购方手中收购目标公司股权，如 A 公司直接从 B 公司手中收购甲公司股权。

间接收购是指收购方通过二级市场收购目标公司股权，如 A 公司通过二级市场收购甲公司股权。

股权的收购方式不同，其所得税待遇不同，如个人在一级市场买卖股权应当缴纳个人所得税，但通过二级市场买卖股票，免征个人所得税。

(二) 按照对价支付方式的不同，分为现金收购和非现金收购

现金收购是指收购方以现金给转让方支付收购对价，如 A 公司从 B 公司手中收购甲公司股权，A 公司以现金给 B 公司支付收购对价。

非现金收购是指收购方以非现金方式给被收购方支付收购对价，如 A 公司从 B 公司手中收购甲公司股权，A 公司通过定向增发，以本公司股票给 B 公司支付收购对价。

股权对价的支付方式不同，所得税待遇不同，如股权收购适用特殊性税务处理，股权支付额占交易总额的比例不能低于 85%。

(三) 按照收购方和被收购方关系的不同，分为关联方收购和非关联方收购

关联方收购是指收购方从关联方手中收购目标公司股权，如 A 公司从其子公司 B 公司手中收购甲公司股权。

非关联方收购是指收购方从非关联方手中收购目标公司股权，如 A 公司从非关联方 B

公司手中收购甲公司股权。

关联方收购和非关联方收购，所得税待遇不同。关联方之间的股权收购构成关联交易，关联交易应当符合独立交易原则，否则税务机关有权按照税法规定对关联交易实施特别纳税调整。

（四）按照收购目的的不同，分为正向收购和反向收购

正向收购是指收购方以控制目标公司为目的的股权收购，如A公司从B公司手中收购甲公司的股权，交易目的是A公司通过持有甲公司股权控制甲公司。

反向收购是指形式上的被收购方以控制形式上的收购方为目的实施的股权收购。例如，A公司从B公司手中收购甲公司股权，A公司通过定向增发以本公司股票给B公司支付收购对价，交易的目的是B公司通过持有A公司股权对A公司实施控制，而不是A公司对甲公司实施控制。

股权收购还有其他形式的分类，在此不再赘述。

四、股权收购业务的认定

一项业务，只有将其界定为股权收购，才能按照股权收购的相关规定进行相应的财税处理。因此，我们有必要厘清股权收购与股权投资、股权收购与股权转让、股权收购与控股合并、股权收购与资产收购等概念间的关系。

（一）股权收购与股权投资

股权收购是指对存量股权进行交易，如A公司收购B公司持有的甲公司股权，交易前甲公司股权原已存在，由B公司持有。

股权投资属于创设股权，如A公司以其非货币性资产对甲公司投资，取得甲公司股权，该甲公司股权是从无到有创设的股权。

股权收购属于企业重组，可以按照财税〔2009〕59号文选择特殊性税务处理——递延纳税。股权投资不属于企业重组，不能按照财税〔2009〕59号文选择特殊性税务处理。但企业以非货币性资产投资形成的资产转让所得，投资方可以选择分5年纳税。

【例3-1】 B公司在二级市场大量购买W公司的股权，拟对W公司实施控制。W公司董事会为了应对B公司的恶意收购，拟引进S公司作为第一大股东，W公司董事会提出的引进方案是向S公司定向增发股票，收购S公司拥有的若干土地使用权。

本项业务，从W公司的角度看，交易意图是反收购，实现方式是通过定向增发购买资产。从S公司的角度看，交易意图是成为W公司的大股东，控制W公司，实现方式是非货币性资产投资。本项业务是创设股权，不是存量股权的交易，对于S公司而言，应当按照非货性资产投资进行所得税处理，不能按照股权收购进行所得税处理。

（二）股权收购与股权转让

股权收购是指收购方通过收购目标公司股权，以控制目标公司为目的实施的交易。如A公司收购B公司持有的甲公司股权，目的是通过持有甲公司股权对甲公司实施控制。

股权转让是指受让方通过受让目标公司股权，以获取财务收益为目的安排的交易。如A公司受让B公司持有的甲公司股权，目的是通过甲公司股权价值的变动获取财务收益。

股权收购属于企业重组，可以按照财税〔2009〕59号文选择特殊性税务处理——递延纳税。但股权转让不属于企业重组，不能按照59号文选择特殊性税务处理。一项交易行为是股权收购还是股权转让，应当依据其交易意图认定。

【例3-2】 2015年7月10日，B公司首次举牌W公司，B公司通过二级市场买入W公司约5%的股份。其后，B公司及其一致行动人对W公司多次举牌，至2016年7月5日，B公司及其一致行动人合计持有W公司24.972%的股份。2016年6月26日，B公司旗下两家公司联合向W公司董事会提出召开临时股东大会、审议罢免全体董事的议案。

B公司收购W公司股权，最初自称属于财务投资。但是B公司提出罢免W公司全体董事的议案后，该项股权收购实际上演变成了控股收购。当然，也许B公司最初的收购意图就是以控股为目的，自称的财务投资只是其说辞。本项业务，从所得税的角度看，如果将其定性为财务投资，应当按照股权转让进行所得税处理。如果将其定性为控股收购，可以按照股权收购进行所得税处理。

（三）股权收购与控股合并

股权收购是企业所得税的概念，指收购方通过收购目标公司股权，以控制目标公司为目的实施的交易。例如，A公司收购B公司持有的甲公司股权，目的是通过持有甲公司股权对甲公司实施控制。

控股合并是会计准则的概念，指合并方（或购买方）在企业合并中取得对被合并方（或被购买方）的控制权，这种控制是通过合并方持有被合并方的股权实现的。

A公司收购B公司持有甲公司60%的股权，收购后A公司能够控制甲公司的生产经营决策。该项业务在企业所得税中属于股权收购，在企业会计准则中属于控股合并，但不属于企业所得税的企业合并。

（四）股权收购与资产收购

股权收购是在股东层面进行的，交易主体是目标公司的原股东和新股东，交易标的是目标公司的股权。例如，A公司受让B公司持有的甲公司股权，交易的主体是A公司和B公司，交易标的是甲公司的股权。

资产收购是在公司层面进行的，交易主体是资产的收购方和持有方，交易标的是目标公司的资产。例如，A公司受让B公司的经营性资产，交易的主体是A公司和B公司，交易标的是B公司的经营性资产。

【例3-3】 S公司拟对J公司（上市公司）进行重组，借壳上市。重组的步骤之一是S公司自J公司控股股东手中收购J公司的股票，S公司以其分公司资产给J公司控股股东支付收购对价。

该项交易，如果将S公司认定为交易的主导方，该项交易属于股权收购，即S公司从J公司控股股东手中收购J公司的股票，以非货币性资产——分公司的资产支付收购对价。但是，如果将J公司控股股东认定为交易的主导方，该项交易属于资产收购，即J公司控股股东从S公司手中收购其分公司的资产，以持有J公司股权支付收购对价。如果将该项交易定性为股权收购，应当按照股权收购的相关规定进行所得税处理。如果将该项交易定性为资产收购,应当按照资产收购的相关规定进行所得税处理。

交易的定性,主要是依据交易的意图判断。本项交易,S公司拟以收购J公司股权的方式借壳上市,J公司控股股东也同意出让J公司股权,以保留J公司上市公司的地位。因此,该项交易应当将S公司认定为交易主体,将该项交易认定为股权收购,按照股权收购进行相应的所得税处理。

股权收购和资产收购除交易主体不同、交易标的不同外,还有以下区别:①风险不同。股权收购,收购方有可能承担目标公司的潜在负债,交易风险高。资产收购,收购方不承担目标公司的潜在负债,交易风险低。②税收负担不同。股权收购仅涉及所得税和印花税,税收负担轻。资产收购有可能涉及增值税、土地增值税、企业所得税、契税、印花税等,税收负担重。

【例3-4】 2013年,Z公司(上市公司)收购了荷兰B公司(油田企业)的股权。2015年,荷兰税务当局对B公司进行税务审计时,认为B公司少缴了6亿欧元的税款,要求B公司补税。该笔税款产生于Z公司收购B公司股权之前,但税务审计在Z公司收购B公司股权之后。如果B公司缴纳了该笔税款,其净资产价值降低,Z公司持有B公司股权的价值也随之降低。为此,Z公司股票市值在一周之内损失了30%。

五、股权收购的业务流程①

股权收购须经过交易准备、买方尽职调查(第一阶段)、买方尽职调查(第二阶段)、交易谈判协议签署、交易交割等流程。股权收购流程的各个环节环环相扣,是实现股权收购顺利完成的关键所在。

(一) 交易准备阶段

交易准备阶段包括确定股权收购标的,对目标公司股权或者业务进行重组,通过目标公司官网、媒体公开信息、政府主管部门登记信息等渠道收集目标公司股权信息,交易各方签署保密协议,签署股权收购意向书等。

(二) 买方尽职调查(第一阶段)

买方尽职调查(第一阶段)包括聘请财务顾问、律师、会计师等中介机构,通过电话会议、信息摘要进行初步尽职调查,分析并妥善留存卖方流程通知和机密信息、备忘录,竞标卖方股权转让等。

(三) 买方尽职调查(第二阶段)

买方尽职调查(第二阶段)包括管理层报告,商务尽职调查、法律尽职调查、财务尽职调查等实地尽职调查,中介机构出示尽职调查报告和风险提示,收购的可行性论证,起草买卖协议等。

(四) 交易谈判协议签署

交易谈判协议签署包括商谈估值,商谈对价,商谈买卖协议、信息披露文件、股东协议、要约协议、不可撤销保证协议等最终文件,签署协议,在媒体上发表声明,要约收购等。

---

① 郑文娟.论股权收购流程需关注的关键风险点[J].中国总会计师,2011(9).

（五）交易交割

交易交割包括政府审批，股东审批，完成股东变更在内的工商、税务变更登记，股权转让后期的对接，交割完成，品牌资源整合、财产资源整合、文化资源整合、人力资源整合等。

六、股权收购涉及的税收

股权收购涉及的税收：法人转让股权，应当缴纳企业所得税；自然人转让股权，应当缴纳个人所得税；在二级市场买卖上市公司股份，转让方应当缴纳增值税；因股权收购签订的股权转让合同，买卖双方应当缴纳印花税。

股权收购涉及的增值税、个人所得税、印花税等除企业所得税外的其他税收，我们将在第八章企业重组业务的其他税收处理中专题讨论。

七、案例分析特别说明

为简化分析、突出重点，本章中涉及的示例及案例分析，除有特别说明外，一般不考虑增值税、城市维护建设税、教育费附加、印花税、交易费用等相关税费对企业所得税的影响，也不考虑示例及案例中未提及的因素对企业所得税的影响。

第二节　股权收购的会计处理[①]

一、股权收购会计处理概述

（一）股权收购的会计处理依据

企业会计准则中的股权投资，包括长期股权投资、交易性金融资产、可供出售的金融资产。企业会计准则中与企业所得税股权收购相关的投资，主要是长期股权投资。长期股权投资，依据《企业会计准则第 2 号——长期股权投资》进行会计处理。

长期股权投资，是指投资方对被投资单位实施控制、重大影响的权益性投资，以及对其合营企业的权益性投资。①控制。控制是指投资方拥有对被投资方的权力，通过参与被投资方的相关活动而享有可变回报，并且有能力运用对被投资方的权力影响其回报金额。投资方能够对被投资单位实施控制的，被投资单位为其子公司。②重大影响。重大影响是指投资方对被投资单位的财务和经营政策有参与决策的权力，但并不能够控制或者与其他方一起共同控制这些政策的制定。投资方能够对被投资单位施加重大影响的，被投资单位为其联营企业。③合营企业，是指合营方仅对合营安排的净资产享有权利的合营安排。合营安排，是指一项由两个或两个以上的参与方共同控制的安排。

企业所得税中的股权收购，收购方收购股权的目的在于控制目标公司。所以，企业所

① 财政部会计司编写组.企业会计准则讲解 2010[M].北京：人民出版社，2010.

得税中的股权收购，对应企业会计准则中投资方对被投资单位实施控制的权益性投资。

（二）股权收购的会计核算方法

企业所得税中的股权收购，对应的会计核算对象是长期股权投资。长期股权投资在持有期间，根据投资企业对被投资单位的影响程度以及是否存在活跃市场、公允价值能否可靠取得等情况，分别采用成本法及权益法进行核算。采用成本法核算，长期股权投资按照取得成本计量，不作动态调整。采用权益法核算，长期股权投资要根据被投资企业损益的实现进行相应的调整。

（三）股权收购的会计核算内容

股权收购包括股权的收购方（受让方）和被收购方（转让方）两个交易主体，相应的，股权收购的会计处理也就包括股权收购方的会计处理和被收购方的会计处理两个方面。除有特殊规定外，股权收购会计处理的原则是，股权的转让方转让的目标公司股权，应当确认股权转让收益（或损失），股权的受让方受让的目标公司股权，应当进行资产的确认和初始计量。

二、长期股权投资的初始投资成本

（一）企业合并以外其他方式取得的长期股权投资

长期股权投资可以通过不同的方式取得，除企业合并形成的长期股权投资外，其他方式取得的长期股权投资，应当按照以下要求确定初始投资成本。

1. 以支付现金取得的长期股权投资

以支付现金取得的长期股权投资，应当按照实际支付的购买价款作为初始投资成本。初始投资成本包括与取得长期股权投资直接相关的费用、税金及其他必要支出。

【例 3-5】 甲公司于20×6年3月1日自公开市场买入乙公司30%的股份，实际支付价款16 000万元。另外，在购买过程中支付手续费等相关费用400万元。甲公司取得该部分股权后能够对乙公司的生产经营决策施加重大影响。

本例中，甲公司应当按照实际支付的购买价款作为取得长期股权投资的成本：

初始投资成本：16 000（购买价款）+400（相关税费）=16 400（万元）

账务处理：

借：长期股权投资——乙公司	164 000 000	
贷：银行存款		164 000 000

2. 以发行权益性证券取得的长期股权投资

以发行权益性证券取得的长期股权投资，应当按照发行权益性证券的公允价值作为初始投资成本，与权益性交易相关的交易费用应当从权益中扣减。

【例 3-6】 20×6年3月，A公司通过增发6 000万股本公司普通股（每股面值1元）取得B公司20%的股权，按照增发前后的平均股价计算，该6 000万股股份的公允价值为10 400万元。为增发该部分股份，A公司向证券承销机构等支付了400万元的佣金和手续费。假定A公司取得该部分股权后能够对B公司的生产经营决策施加重大影响。

本例中，A公司应当以所发行股份的公允价值作为取得长期股权投资的成本。账务处理：

借：长期股权投资——B公司　　104 000 000
　贷：股本　　60 000 000
　　资本公积——资本溢价　　44 000 000

发行权益性证券过程中支付的佣金和手续费，应当冲减权益性证券的溢价发行收入。账务处理：

借：资本公积——资本溢价　　4 000 000
　贷：银行存款　　4 000 000

3. 通过非货币性资产交换取得的长期股权投资

通过非货币性资产交换取得的长期股权投资，非货币性资产交换同时满足下列条件的，应当以公允价值为基础计量：①该项交换具有商业实质。②换入资产或换出资产的公允价值能够可靠地计量。

以公允价值为基础计量的非货币性资产交换，对于换入资产，应当以换出资产的公允价值和应支付的相关税费作为换入资产的成本进行初始计量；对于换出资产，应当在终止确认时，将换出资产的公允价值与其账面价值之间的差额计入当期损益。

【例3-7】 A公司持有甲公司股权，公允价值20 000万元，账面价值15 000万元。B公司持有乙公司股权，公允价值20 000万元，账面价值12 000万元。A公司以其持有的甲公司股权、B公司以其持有的乙公司股权交换。

该项业务，交易双方股权的交换具有商业实质，且换入、换出资产的公允价值能够可靠计量，换入资产应当以换出资产的公允价值计量，换出资产公允价值与账面价值的差额应当确认为当期损益。

A公司的账务处理：

借：长期股权投资——乙公司　　200 000 000
　贷：长期股权投资——甲公司　　150 000 000
　　投资收益　　50 000 000

B公司的账务处理：

借：长期股权投资——甲公司　　200 000 000
　贷：长期股权投资——乙公司　　120 000 000
　　投资收益　　80 000 000

（二）企业合并形成的长期股权投资

企业合并形成的长期股权投资，应当区分企业合并的类型，分为同一控制下控股合并与非同一控制下控股合并确定其初始投资成本。

1. 同一控制下控股合并形成的长期股权投资

同一控制下的控股合并，合并方以支付现金、转让非现金资产或承担债务方式作为合并对价的，应当在合并日按照被合并方所有者权益在最终控制方合并财务报表中的账面价值的份额作为长期股权投资的初始投资成本。长期股权投资初始投资成本与支付的现金、转让的非现金资产以及所承担债务账面价值之间的差额，应当调整资本公积；资本公积不足冲减的，调整留存收益。

合并方以发行权益性证券作为合并对价的，应当在合并日按照被合并方所有者权益在最终控制方合并财务报表中的账面价值的份额作为长期股权投资的初始投资成本。按照发行股份的面值总额作为股本，长期股权投资初始投资成本与所发行股份面值总额之间的差额，应当调整资本公积；资本公积不足冲减的，调整留存收益。

【例3-8】 20×6年6月30日，P公司向同一集团内S公司的原股东定向增发1 000万股普通股（每股面值1元，市价8.68元），取得S公司100%的股权，并于当日起能够对S公司实施控制。合并后S公司仍维持其独立法人资格继续经营。两公司在企业合并前采用的会计政策相同。合并日，S公司所有者权益在集团合并财务报表中账面价值的份额为4 404万元。

本例中，S公司在合并后维持其独立法人资格继续经营，合并日P公司应当确认对S公司的长期股权投资，其成本为合并日S公司所有者权益在集团合并财务报表中账面价值的份额。账务处理为：

借：长期股权投资——S公司	44 040 000	
贷：股本		10 000 000
资本公积——资本溢价		34 040 000

2. 非同一控制下控股合并形成的长期股权投资

非同一控制下的控股合并，购买方应当按照确定的企业合并成本作为长期股权投资的初始投资成本。企业合并成本包括购买方付出的资产、发生或承担的负债、发行的权益性证券的公允价值之和。购买方为企业合并发生的审计、法律服务、评估咨询等中介费用以及其他相关管理费用，应当于发生时计入当期损益；购买方作为合并对价发行的权益性证券或债务性证券的交易费用，应当计入权益性证券或债务性证券的初始确认金额。

【例3-9】 A公司于20×6年3月31日取得B公司70%的股权，取得该部分股权后能够控制B公司的生产经营决策。为核实B公司的资产价值，A公司聘请资产评估机构对B公司的资产进行评估，支付评估费用200万元。合并中，A公司作为合并对价支付的有关资产在购买日的账面价值与公允价值如表3-1所示。本例中假定合并前A公司与B公司不存在任何关联方关系。

表3-1 **20×6年3月31日** 单位：元

项目	账面价值	公允价值
土地使用权（自用）	40 000 000	64 000 000
专利技术	16 000 000	20 000 000
银行存款	16 000 000	16 000 000
合计	72 000 000	100 000 000

说明：A公司用作合并对价的土地使用权和专利技术原价为64 000 000元，到企业合并发生时已累计摊销8 000 000元。

本例中，因A公司与B公司在合并前不存在任何关联方关系，应作为非同一控制下的企业合并处理。A公司对于合并形成的对B公司的长期股权投资，应当进行的账务处理为：

借：长期股权投资——B公司　　100 000 000
　　管理费用　　2 000 000
　　累计摊销　　8 000 000
　　贷：无形资产　　64 000 000
　　　　银行存款　　18 000 000
　　　　营业外收入　　28 000 000

（三）初始投资成本中包含的已宣告但尚未发放的现金股利或利润的处理

企业无论是以何种方式取得长期股权投资，取得投资时，对于支付的对价中包含的应享有被投资单位已经宣告但尚未发放的现金股利或利润应确认为应收项目，不构成取得长期股权投资的初始投资成本。

【例3-10】 甲公司于20×6年3月1日受让乙公司30%的股份，实际支付价款16 400万元。假定甲公司取得该项投资时，乙公司已经宣告但尚未发放现金股利，甲公司按其持股比例计算确定可分得60万元。则甲公司在确认该长期股权投资时，应将包含的现金股利部分单独核算。

借：长期股权投资　　163 400 000
　　应收股利　　600 000
　　贷：银行存款　　164 000 000

三、长期股权投资的后续计量

长期股权投资在持有期间，根据投资企业对被投资单位的影响程度及是否存在活跃市场、公允价值能否可靠取得等情况，分别采用成本法及权益法进行核算。

（一）长期股权投资的成本法

投资方能够对被投资单位实施控制的长期股权投资应当采用成本法核算。采用成本法核算的长期股权投资应当按照初始投资成本计价，追加或收回投资应当调整长期股权投资的成本。被投资单位宣告分派的现金股利或利润，应当确认为当期投资收益。

【例3-11】 甲公司于20×7年1月取得对乙公司80%的股权，成本为1 200万元。20×8年2月，甲公司又以300万元取得乙公司15%的股权。20×8年3月，乙公司宣告分派现金股利，甲公司按其持股比例可分得20万元。

本例中，甲公司初次购入乙公司80%的股权后，即可对乙公司实施控制，所以该长期股权投资应当采用成本法核算。甲公司的会计处理为：

初始投资时：

借：长期股权投资——乙公司　　12 000 000
　　贷：银行存款　　12 000 000

追加投资时：

借：长期股权投资——乙公司　　3 000 000
　　贷：银行存款　　3 000 000

乙公司宣告分派股利时：

借：应收股利——乙公司　　200 000
　　贷：投资收益　　200 000

（二）长期股权投资的权益法

投资方对联营企业和合营企业的长期股权投资，采用权益法核算。

1. 初始投资成本的调整

长期股权投资的初始投资成本大于投资时应享有被投资单位可辨认净资产公允价值份额的，不调整长期股权投资的初始投资成本；长期股权投资的初始投资成本小于投资时应享有被投资单位可辨认净资产公允价值份额的，其差额应当计入当期损益，同时调整长期股权投资的成本。

【例 3-12】 A公司于20×5年1月取得B公司30%的股权，支付价款6 000万元。取得投资时被投资单位净资产账面价值15 000万元（假定被投资单位各项可辨认资产、负债公允价值与账面价值相同）。

A公司取得B公司股权后，能够对B公司施加重大影响，对该投资采用权益法核算。取得投资时，A公司应当进行如下账务处理：

借：长期股权投资——成本　　60 000 000
　　贷：银行存款　　60 000 000

长期股权投资的初始投资成本6 000万元大于取得投资时应享有被投资单位可辨认净资产公允价值的份额4 500万元（15 000×30%），该差额1 500万元（6 000－4 500）不调整长期股权投资的账面价值。

假定本例中取得投资时被投资单位可辨认净资产的公允价值为24 000万元，A公司按持股比例30%计算确定应享有7 200万元，则初始投资成本6 000万元与应享有被投资单位可辨认净资产公允价值份额7 200万元之间的差额1 200万元（7 200－6 000），应当计入取得投资当期的营业外收入。有关账务处理为：

借：长期股权投资——成本　　72 000 000
　　贷：银行存款　　60 000 000
　　　　营业外收入　　12 000 000

2. 投资损益的确认

投资方取得长期股权投资后，应当按照应享有或应分担的被投资单位实现的净损益和其他综合收益的份额，分别确认投资收益和其他综合收益，同时调整长期股权投资的账面价值；投资方按照被投资单位宣告分派的利润或现金股利计算应享有的部分，相应减少长期股权投资的账面价值；投资方对于被投资单位除净损益、其他综合收益和利润分配以外所有者权益的其他变动，应当调整长期股权投资的账面价值并计入所有者权益。

【例 3-13】 甲公司对乙公司的投资占乙公司股本的30%，甲公司采用权益法核算长期股权投资。乙公司于20×7年3月公布年报，20×6年实现税后净利润2 000万元。20×7年6月15日，乙公司宣告以现金形式派发20×6年的股利500万元。

甲公司根据乙公司实现的利润和对乙公司的投资比例，计算应享有乙公司实现净损益的份额：2 000（被投资单位实现净利润）×30%（投资比例）= 600（万元）。

账务处理：

借：长期股权投资——损益调整　　6 000 000

　贷：投资收益　　6 000 000

乙公司宣告派发现金股利后，甲公司应收的现金股利为：500×30% = 150（万元）。

账务处理：

借：应收股利　　1 500 000

　贷：长期股权投资——损益调整　　1 500 000

本例中，假定乙公司于20×7年3月公布年报，20×6年实现税后净利润 -2 000万元。20×7年6月15日，乙公司宣告20×6年不分配利润。

甲公司根据乙公司实现的利润和对乙公司的投资比例，计算应享有乙公司实现净损益的份额：-2 000（被投资单位实现净利润）×30%（投资比例）= -600（万元）。

账务处理：

借：投资收益　　6 000 000

　贷：长期股权投资——损益调整　　6 000 000

（三）长期股权投资的减值

投资方应当关注长期股权投资的账面价值是否大于享有被投资单位所有者权益账面价值的份额等类似情况。出现类似情况时，投资方应当按照《企业会计准则第8号——资产减值》对长期股权投资进行减值测试，可收回金额低于长期股权投资账面价值的，应当计提减值准备。

【例 3-14】 甲公司对乙公司的投资成本为16 400万元，20×6年12月31日，经测试，其可收回金额为15 900万元。

资产减值损失：16 400 - 15 900 = 500（万元）。

借：资产减值损失——长期投资减值损失　　5 000 000

　贷：长期投资减值准备　　5 000 000

四、长期股权投资的处置

处置长期股权投资，其账面价值与实际取得价款之间的差额，应当计入当期损益。采用权益法核算的长期股权投资，在处置该项投资时，采用与被投资单位直接处置相关资产或负债相同的基础，按相应比例对原计入其他综合收益的部分进行会计处理。

【例 3-15】 甲公司对乙公司的投资成本为 16 400 万元，投资期间甲公司计提长期投资减值准备 500 万元，按照权益法核算确认的投资收益为 100 万元，投资期间乙公司未分配股利。20×7 年 10 月 25 日，甲公司转让以上股权，取得转让收入 16 800 万元。

甲公司的会计处理：

转让投资时：

借：银行存款　　168 000 000

　　长期投资减值准备　　5 000 000

　　贷：长期股权投资——成本　　164 000 000

　　　　　　　　　　——损益调整　　1 000 000

　　　　投资收益　　8 000 000

第三节　股权收购的所得税处理

一、股权收购所得税处理概述

（一）股权收购的所得税处理原则

股权收购是企业重组的方式之一，企业重组所得税处理的原则也是股权收购所得税处理应当遵循的原则。财税〔2009〕59 号文及配套文件对企业重组所得税处理的原则没有明文规定，如果对 59 号文作学理概括，股权收购的所得税处理原则包括合理商业目的原则、实质重于形式原则、权益延续原则、经营延续原则。

（二）股权收购的所得税处理方法

股权收购的所得税处理，分为一般性税务处理和特殊性税务处理。原则上，当股权收购适用一般性税务处理时，重组各方在重组过程中转让的股权或资产，应当在重组当期确认应税所得；重组各方在重组过程中取得的股权或资产，以公允价值作为计税基础。当股权收购适用特殊性税务处理时，重组各方在重组过程中转让的股权或资产，重组当期不确认应税所得；重组各方在重组过程中取得的股权或资产，以该股权或资产的原计税基础作为计税基础。

（三）股权收购的所得税处理内容

股权收购是在股东层面进行的交易，股权收购的交易主体是收购方和被收购方。股权收购的所得税处理包括收购方的所得税处理和被收购方的所得税处理。股权收购的所得税处理主要包括：①当事人转让的股权或资产，是否确认股权或资产转让所得。②当事人取得的股权或资产，如何确认股权或资产的计税基础。

股权收购是目标公司股东之间的交易，一般不涉及目标公司的所得税待遇。但如果目标公司的所得税待遇与股权性质相关，如某些针对外商投资企业的税收优惠，如果因为股权收购而使外商投资企业变更为内资企业，则目标公司的所得税待遇也会随之发生变化。

（四）股权收购所得税处理的相关术语

1. 股权原值

股权原值是指股权持有人持有股权的原始价值，股权原值一般根据股权的历史成本确认。例如，A 公司收购 B 公司持有的甲公司股权，支付收购价款 10 000 万元，则 A 公司取得甲公司股权的原值为 10 000 万元。

2. 股权减值准备

股权减值准备是指股权因发生减值而计提的准备金，股权减值准备根据股权的账面价值与可收回金额的差额确认。例如，A 公司持有甲公司股权，账面价值 10 000 万元。后由于甲公司经营出现重大问题，导致甲公司股权的可收回金额为 8 000 万元，A 公司为此计提股权减值准备 2 000 万元。

3. 股权账面价值

股权账面价值是会计核算中账面记载的股权价值，股权账面价值是股权账面余额减去减值准备后的净额。例如，A 公司持有的甲公司股权，原值 10 000 万元，计提减值准备2 000 万元，则甲公司股权的账面价值为 8 000 万元。

4. 股权公允价值

股权公允价值是指按照市场价格确定的股权价值。例如，A 公司在二级市场将其持有的甲公司股权转让给 B 公司，取得转让价款 6 000 万元，则甲公司股权的公允价值为 6 000 万元。

5. 股权计税基础

股权计税基础是指可以在企业所得税税前扣除的股权成本，一般按照历史成本确认。例如，A 公司收购 B 公司持有的甲公司股权，支付收购价款 10 000 万元，则 A 公司取得甲公司股权的计税基础为 10 000 万元。

6. 股权收购对价

股权收购对价是指股权收购方为取得目标公司股权给予被收购方的代价，对价的支付方式有股权支付、非股权支付以及承债等其他方式的支付。例如，A 公司收购 B 公司持有的甲公司股权，收购价款 10 000 万元可以用现金支付，也可以通过定向增发用本公司的股权支付。

7. 股权税会差异

股权税会差异是指由于会计处理与所得税处理不同形成的股权账面价值与计税基础的差异。例如，A 公司持有的甲公司股权，原值 10 000 万元，计提减值准备 2 000 万元，计提减值准备后股权的账面价值为 8 000 万元，但计税基础仍为 10 000 万元，形成 2 000 万元的税会差异。

二、股权收购的所得税处理规定

按照财税〔2009〕59 号文的规定，股权收购的所得税处理，分为一般性税务处理和特殊性税务处理。

（一）适用一般性税务处理的股权收购

按照财税〔2009〕59 号文第四条第三项的规定，股权收购适用一般性税务处理，①被收购方应当将持有目标公司股权的公允价值与计税基础之间的差额确认为股权转让所得或损失。②收购方取得目标公司的股权,应当以公允价值作为计税基础。③目标公司的相关所得税事项原则上保持不变。

目标公司的相关所得税事项原则上保持不变,主要是指目标公司未弥补完的亏损继续弥补,未享受完的税收优惠继续享受。但是如果因为股权收购,导致目标公司的性质发生变化,如非居民将其持有的外商投资企业股权转让给居民,导致外商投资企业变更登记为内资企业的,与外商投资企业相关的税收优惠,不能继续享受。

【例 3-16】 A 公司自 B 公司手中收购甲公司股权,B 公司持有甲公司股权的公允价值 10 000 万元,计税基础 6 000 万元。A 公司通过定向增发,以公允价值 10 000 万元的本公司股票给 B 公司支付收购对价。

该项股权收购业务,如果适用一般性税务处理规定进行所得税处理,B 公司在股权收购当期确认转让甲公司股权的所得 4 000 万元(10 000 − 6 000),A 公司取得甲公司股权,以公允价值 10 000 万元作为计税基础。

(二) 适用特殊性税务处理的股权收购

按照财税〔2009〕59 号文第六条第三项的规定,适用特殊性税务处理规定的股权收购,原则上,①收购方取得目标公司的股权,以被收购方持有目标公司股权的原计税基础作为计税基础。②被收购方取得的收购对价——收购方股权,以原持有目标公司股权的计税基础作为计税基础。③收购方、被收购方的原有各项资产和负债的计税基础和其他相关所得税事项保持不变。

【例 3-17】 A 公司自 B 公司手中收购甲公司股权,B 公司持有甲公司股权的公允价值 10 000 万元,计税基础 6 000 万元。A 公司通过定向增发,以公允价值 10 000 万元的本公司股票给 B 公司支付收购对价。

该项股权收购业务,如果适用特殊性税务处理规定进行所得税处理,B 公司在股权收购当期不确认转让甲公司股权的所得,B 公司取得 A 公司股权,以原持有甲公司股权的计税基础 6 000 万元作为计税基础。A 公司取得的甲公司股权,以该股权的原计税基础 6 000 万元作为计税基础。

需要注意的是,股权收购适用特殊性税务处理,如果收购对价中既有股权支付,也有非股权支付,与股权支付相对应的股权转让,暂不确认股权转让所得或损失,但与非股权支付相对应的股权转让,仍应确认相应的股权转让所得或损失,并调整相应资产的计税基础。

$$\begin{matrix}\text{非股权支付对应的}\\\text{股权转让所得或损失}\end{matrix}=\left(\begin{matrix}\text{被转让股权}\\\text{的公允价值}\end{matrix}-\begin{matrix}\text{被转让股权的}\\\text{计税基础}\end{matrix}\right)\times\left(\begin{matrix}\text{非股权}\\\text{支付金额}\end{matrix}\div\begin{matrix}\text{被转让股权的}\\\text{公允价值}\end{matrix}\right)$$

【例 3-18】 A 公司将其持有的甲公司股权转让给 B 公司,股权公允价值 10 000 万元,计税基础 6 000 万元。B 公司给 A 公司支付收购对价 10 000 万元,其中发行 500 万股普通股(面值 1 元/股,公允价值 19 元/股)支付 9 500 万元,现金支付 500 万元。

该项股权收购业务,如果适用特殊性税务处理,A 公司转让的甲公司股权,与非股权支付(现金)相对应的部分,应当确认股权转让所得 200 万元[(10 000 − 6 000)×500/10 000];与股权支付相对应的部分，不确认股权转让所得。B公司受让的甲公司股权，以该项股权的原计税基础加A公司确认的股权转让所得作为计税基础，计税基础为6 200万元(6 000+200)。

(三) 股权收购适用特殊性税务处理的条件

按照财税〔2009〕59号文第五条的规定，股权收购适用特殊性税务处理，必须同时符合以下条件：一是收购要具有合理的商业目的，且不以减少、免除或者推迟缴纳税款为主要目的；二是被收购股权占目标公司总股本的比例在75%以上(财税〔2014〕109号文将收购比例调整为50%)；三是企业重组后的连续12个月内不改变重组资产原来的实质性经营活动；四是收购对价中股权支付额占交易总额的比例在85%以上；五是企业重组中取得股权支付的原主要股东，在重组后的连续12个月内，不得转让所取得的股权。

【例3-19】 A公司自B公司、C公司、D公司手中收购甲公司股权，B公司、C公司、D公司持有甲公司股权的比例分别为50%、30%、20%。该项股权收购，由于A公司收购的股权占甲公司总股本的比例为100%，所以该项股权收购如果符合特殊重组的其他条件，各方当事人可以选择特殊性税务处理。

需要注意的是，一项股权收购业务只有一个收购方，但是可能有若干个被收购方。如果一项股权收购业务存在若干个被收购方，在判断该项股权收购业务能否适用特殊性税务处理时，被收购股权占目标公司总股本的比例要按照若干个被收购方转让股权的比例加总计算。

三、股权收购所得税处理的政策分析

(一) 以非货币性资产支付对价的所得税处理

财税〔2009〕59号文只是规定了股权收购适用一般性税务处理，被收购方转让的股权应当确认股权转让所得，收购方取得的股权应当以公允价值作为计税基础。但是财税〔2009〕59号文并没有规定收购方如果以非货币性资产支付收购对价，据以支付对价的非货币性资产是否确认资产转让所得。也没有规定被收购方取得的对价如果是非货币性资产(如收购方的股权)，如何确认非货币性资产的计税基础。

理论上，股权收购如果适用一般性税务处理，其所得税处理应当遵循所得税处理的一般规定。收购方如果以非货币性资产支付收购对价，据以支付对价的非货币性资产，由于所有权已发生转移，其公允价值与计税基础之间的差额，应当确认为资产转让所得。被收购方取得的收购对价如果是非货币性资产，应当以公允价值作为计税基础。

【例3-20】 A公司自B公司手中收购甲公司股权，B公司持有甲公司股权的公允价值10 000万元，计税基础6 000万元。A公司以持有乙公司股权给B公司支付收购对价，该乙公司股权公允价值10 000万元，计税基础7 000万元。

该项股权收购业务，如果适用一般性税务处理，B公司在股权收购当期确认转让甲公司股权的所得4 000万元(10 000－6 000)，取得乙公司股权，以公允价值10 000万元作为计税基础。A公司取得甲公司股权，以公允价值10 000万元作为计税基础，据以支付对价的乙公司股权，应当确认股权转让所得3 000万元(10 000－7 000)。

与股权收购的一般性税务处理规定相同,财税〔2009〕59 号文只规定了股权收购适用特殊性税务处理,收购方取得目标公司的股权,以被收购方持有目标公司股权的原计税基础作为计税基础。被收购方取得的收购对价如果是收购方的股权或收购方控股公司的股权,以原持有目标公司股权的计税基础作为计税基础。但是财税〔2009〕59 号文并没有规定收购方如果以持有控股公司的股权支付收购对价,据以支付对价的控股公司股权,其公允价值与计税基础之间的差额,是否确认股权转让所得。这个问题,我们放在股权收购的重复征税问题中一并分析。

(二)股权收购特殊性税务处理的实质

股权收购适用一般性税务处理,其所得税处理遵循所得税处理的一般原则,股权的转让方在重组当期确认应税所得,股权的受让方以受让股权的公允价值作为计税基础。股权收购适用特殊性税务处理,其实质是递延纳税,即允许纳税人将本应在重组当期缴纳的税收递延至将来,在将来某一时点(如股权转让方转让收购方股权时)完税。递延纳税,如果考虑到资金的时间价值,相当于少缴税,客观上属于一项税收优惠。

(三)股权收购特殊性税务处理中的重复纳税

如前所述,企业重组适用特殊性税务处理,其实质是递延纳税。如果不考虑资金的时间价值,适用一般性税务处理和适用特殊性税务处理,重组各方当事人在重组当期和重组以后,累计确认的应纳税所得额理论上应该是相等的。但是按照财税〔2009〕59 号文的规定,股权收购适用一般性税务处理和适用特殊性税务处理,重组各方当事人在重组当期和重组以后,累计确认的应纳税所得额不相等。当目标公司股权的公允价值高于计税基础时,适用特殊性税务处理确认的应税所得大于适用一般性税务处理确认的应税所得,存在重复征税问题。当目标公司股权的公允价值低于计税基础时,适用特殊性税务处理确认的应税所得小于适用一般性税务处理确认的应税所得,存在双重不征税问题。

【例 3-21】 A 公司向 B 公司收购其持有的甲公司股权,B 公司持有甲公司股权的公允价值 10 000 万元,计税基础 6 000 万元。A 公司通过定向增发,以公允价值 10 000 万元的本公司股票给 B 公司支付收购对价。重组完成后,B 公司以 12 000 万元的价格转让 A 公司股权,A 公司以 13 000 万元的价格转让甲公司股权。该项股权收购业务适用一般性税务处理和适用特殊性税务处理,税收负担比较如表 3-2 所示。

表 3-2　股权收购适用一般重组和特殊重组税收负担的比较　单位:万元

重组当事人	期间	一般重组应税所得	特殊重组应税所得	税负比较
收购方(A 公司)	收购当期	0	0	0
	收购以后	13 000 - 10 000 = 3 000	13 000 - 6 000 = 7 000	7 000 - 3 000 = 4 000
被收购方(B 公司)	收购当期	10 000 - 6 000 = 4 000	0	0 - 4 000 = -4 000
	收购以后	12 000 - 10 000 = 2 000	12 000 - 6 000 = 6 000	6 000 - 2 000 = 4 000
应税所得合计		9 000	13 000	13 000 - 9 000 = 4 000

说明:选择一般重组,A 公司取得甲公司股权、B 公司取得 A 公司股权,均以公允价值(10 000 万元)作为计税基础。选择特殊重组,A 公司取得甲公司股权,以该股权的原计税基础(6 000 万元)作为计税基础;B 公司取得 A 公司股权,以原持有甲公司股权的计税基础(6 000 万元)作为计税基础。

从表 3-2 可以看出，股权收购适用特殊性税务处理，对于被收购方 B 公司而言，存在递延纳税的问题——将本应在重组当期确认的应税所得 4 000 万元，递延至重组后确认；对于收购方 A 公司而言，存在重复纳税的问题。当目标公司股权的公允价值高于计税基础时，适用一般性税务处理，A 公司和 B 公司在股权收购当期和收购以后，累计确认的应税所得为 9 000 万元。适用特殊性税务处理，A 公司和 B 公司在股权收购当期和收购以后，累计确认的应税所得为 13 000 万元。适用特殊性税务处理应税所得增加 4 000 万元，存在重复征税的问题。

但是，如果 A 公司向 B 公司收购甲公司股权时，B 公司持有甲公司股权的公允价值 6 000 万元，计税基础 10 000 万元。A 公司通过定向增发，以公允价值 6 000 万元的本公司股票给 B 公司支付收购对价。重组完成数年后，B 公司以 12 000 万元的价格转让 A 公司股权，A 公司以 13 000 万元的价格转让甲公司股权。该项股权收购业务适用一般性税务处理和适用特殊性税务处理，税收负担比较如表 3-3 所示。

表 3-3　　股权收购适用一般重组和特殊重组税收负担的比较　　单位：万元

重组当事人	期间	一般重组应税所得	特殊重组应税所得	税负比较
收购方（A 公司）	收购当期	0	0	0
	收购以后	13 000－6 000＝7 000	13 000－10 000＝3 000	3 000－7 000＝－4 000
被收购方（B 公司）	收购当期	6 000－10 000＝－4 000	0	0－（－4 000）＝4 000
	收购以后	12 000－6 000＝6 000	12 000－10 000＝2 000	2 000－6 000＝－4 000
应税所得合计		9 000	5 000	5 000－9 000＝－4 000

说明：选择一般重组，A 公司取得甲公司股权、B 公司取得 A 公司股权，均以公允价值（6 000 万元）作为计税基础。选择特殊重组，A 公司取得甲公司股权，以该股权的原计税基础（10 000 万元）作为计税基础；B 公司取得 A 公司股权，以原持有甲公司股权的计税基础（10 000 万元）作为计税基础。

从表 3-3 可以看出，上述股权收购业务，当目标公司股权的公允价值低于计税基础时，适用一般性税务处理，A 公司和 B 公司在股权收购当期和收购以后，累计确认的应税所得为 9 000 万元。适用特殊性税务处理，A 公司和 B 公司在股权收购当期和收购以后，累计确认的应税所得为 5 000 万元。适用特殊性税务处理应税所得减少 4 000 万元，存在双重不征税的问题。

（四）以控股公司股权支付收购对价的特殊性税务处理

如前所述，财税〔2009〕59 号文只规定了股权收购适用特殊性税务处理，收购方取得目标公司的股权和被收购方取得作为收购对价的非货币性资产（如收购方股权），如何确认计税基础。但是财税〔2009〕59 号文并没有规定收购方如果以持有控股公司的股权支付收购对价，据以支付对价的控股公司股权，其公允价值与计税基础之间的差额，是否确认股权转让所得。而且按照财税〔2009〕59 号文的规定，股权收购适用特殊性税务处理，以控股公司股权支付收购对价，同样存在双重征税和双重不征税的问题。

【例 3-22】 A 集团公司收购 B 集团公司持有的 B 公司 67%的股权，股权的公允价值 1 000 万元，计税基础 700 万元。A 集团公司以持有 A 公司 4.8%的股份给 B 集团公司支付收购对价，股份的公允价值 1 000 万元，计税基础 600 万元。假设股权收购完成的 12 个月后，A 集团公司以 1 200 万元的价格转让 B 公司股权，B 集团公司以 1 300 万元的价格转让 A 公司股份。按照财税〔2009〕59 号文的规定，该股权收购选择一般重组和特殊重组所得税处理，税收负担比较如表 3-4 所示。

表 3-4　　股权收购适用一般重组和特殊重组税收负担的比较　　单位：万元

重组当事人	期间	一般重组应税所得	特殊重组应税所得	税负比较
收购方（A 集团）	重组当期	1 000 − 600 = 400	0	0 − 400 = − 400
	12 个月后	1 200 − 1 000 = 200	1 200 − 700 = 500	500 − 200 = 300
被收购方（B 集团）	重组当期	1 000 − 700 = 300	0	0 − 300 = − 300
	12 个月后	1 300 − 1 000 = 300	1 300 − 700 = 600	600 − 300 = 300
应税所得合计		1 200	1 100	1 100 − 1 200 = − 100

说明：选择一般重组，A 集团取得 B 公司的股权、B 集团取得 A 公司的股份，均以公允价值（1 000 万元）作为计税基础。选择特殊重组，A 集团取得 B 公司的股权，以该股权的原计税基础（700 万元）作为计税基础；B 集团取得 A 公司的股份，以原持有 B 公司股权的计税基础（700 万元）作为计税基础。

根据以上分析可以看出，收购方、被收购方在重组当期和重组以后，累计确认的应纳税所得额，选择一般重组为 1 200 万元，选择特殊重组为 1 100 万元，特殊重组与一般重组比较，累计确认的应纳税所得额减少了 100 万元。如前所述，特殊重组的实质是递延纳税，即重组当事人将本应在重组当期缴纳的所得税递延到以后期间缴纳。如果不考虑资金的时间价值，选择特殊重组和选择一般重组，重组双方累计确认的应纳税所得额应当是相同的。本案例出现的这种情况，和所得税立法精神相悖。

之所以出现这种问题，究其原因，主要是因为在特殊重组下，按照现行政策规定，A 集团公司转让的 A 公司股份（计税基础 600 万元）未确认应税所得，而取得 B 公司的股权，是以该股权的原计税基础（700 万元）作为计税基础。根据所得税计税基础应税递增的原理，如果 A 集团公司转让的 A 公司股份不确认应税所得，则取得 B 公司的股权，应该以转让 A 公司股份的计税基础（600 万元）作为计税基础（税基替换）。而按照现行政策规定进行所得税处理，A 集团公司取得 B 公司股权的计税基础得到了免税递增（700 万元），所以出现了双重不纳税的问题。当然，本例中，如果 A 公司股份的计税基础大于 B 公司股权的计税基础，按照现行政策规定选择特殊性税务处理，就会出现重复纳税的问题。这些问题的解决，有赖于税法的进一步完善。

四、股权收购税会差异的调整

（一）股权收购税会差异的形成原因

企业所得税中的股权收购，收购方以控制目标公司为主要目的。股权收购的会计处理，主要遵循《企业会计准则第 2 号——长期股权投资》的相关规定。而股权收购的所得税处理，遵循的是《企业所得税法》中有关企业重组的相关规定。由于股权收购的会计处理和所得税处理遵循不同的处理规则，所以就产生了税会差异的调整问题。

股权收购中的税会差异，主要是长期股权投资初始计量形成的税会差异、长期股权投资采用权益法核算形成的税会差异、计提长期股权投资减值准备形成的税会差异以及股权收购适用特殊性税务处理形成的税会差异。

（二）长期股权投资初始计量形成的税会差异

企业取得长期股权投资，会计核算股权的初始计量是根据不同的取得方式采用不同的计量规则，如通过发行权益性证券取得的长期股权投资、同一控制下控股合并形成的长期股权投资、非同一控制下控股合并形成的长期股权投资，其计量规则不同。但企业无论以何种方式取得股权，所得税处理均是以取得股权所发生的历史成本作为股权的计税基础，由此形成长期股权投资初始计量的税会差异。

【例 3-23】 A 公司于 20×5 年 1 月以受让方式取得 B 公司 30%的股权，支付价款 6 000 万元。A 公司取得 B 公司股权时，B 公司可辨认净资产的公允价值 24 000 万元，A 公司按持股比例计算应享有 B 公司可辨认净资产 7 200 万元。

本例中，A 公司取得 B 公司股权，会计处理确认的股权初始投资成本 7 200 万元，营业外收入 1 200 万元。但所得税处理确认的股权计税基础 6 000 万元（历史成本），不确认应税所得，由此形成股权初始计量的税会差异。A 公司在取得股权当期所得税申报时，调整减少应纳税所得额 1 200 万元，将来处置股权时，调整增加应纳税所得额 1 200 万元。

（三）长期股权投资采用权益法核算形成的税会差异

长期股权投资采用权益法核算形成的税会差异包括：①被投资方实现利润（或发生亏损），投资方按照持股比例计算应享有的利润（或应承担的亏损），会计处理确认为投资收益（或损失），同时调整增加（或减少）长期股权投资的账面价值。但所得税处理不确认投资所得，也不调整长期股权投资的计税基础，由此形成股权持有期间的税会差异。②投资方将来处置长期股权投资时，由于长期股权投资的账面价值与计税基础不一致，形成会计核算确认的股权处置损益与所得税处理确认的股权处置所得不一致，形成股权处置时的税会差异。

【例 3-24】 甲公司对乙公司的初始投资成本 8 000 万元，占乙公司股本的 30%，甲公司采用权益法核算长期股权投资。20×6 年，乙公司实现税后净利润 2 000 万元。20×7 年 6 月 15 日，甲公司转让乙公司股权，取得股权转让收入 9 500 万元。

本例中，20×6 年，甲公司根据乙公司实现的利润和投资比例，计算应享有乙公司实现净损益的份额为 600 万元（2 000×30%），会计处理调整增加长期股权投资账面价值 600 万元，确认投资收益 600 万元，调整后长期股权投资的账面价值 8 600 万元（8 000＋600）；但所得税处理不确认股权投资所得，长期股权投资的计税基础也不变，仍为 8 000 万元。甲公司 20×6 年所得税申报时，按照权益法核算确认的投资收益不属于企业所得税应税所得，应当调整减少应纳税所得额 600 万元。

20×7 年 6 月，甲公司转让乙公司股权时，会计核算确认的股权转让收益为 900 万元（9 500－8 600），所得税处理确认的股权转让所得为 1 500 万元（9 500－8 000），20×7 年所得税申报时，应当调整增加应纳税所得额 600 万元（1 500－900）。

(四) 长期股权投资减值准备形成的税会差异

长期股权投资减值准备形成的税会差异包括：①计提减值准备形成的税会差异。被投资方股权发生减值，投资方会计处理应当计提减值准备，并将此计入当期损益，减少利润总额。但投资方计提的减值准备不能在企业所得税税前扣除，计提年度企业所得税申报时应当调整增加应纳税所得额。②冲减减值准备形成的税会差异。投资方转让已计提减值准备的股权，会计处理应当冲减已计提的股权减值准备，增加利润总额，但因冲减减值准备而增加的利润不征收企业所得税，转让年度企业所得税申报时应当调整减少应纳税所得额。

【例 3-25】 甲公司对乙公司的股权投资成本为 16 400 万元，20×6 年 12 月 31 日，经测试，该股权可收回金额为 15 900 万元，计提长期股权投资减值准备 500 万元(16 400－15 900)。20×8 年 8 月 31 日，甲公司转让乙公司股权，取得股权转让收入 18 500 万元。

本例中，20×6 年，甲公司计提长期股权投资减值准备 500 万元，利润总额减少 500 万元，但该减值准备不能在企业所得税税前扣除，计提年度所得税申报时，应当调整增加应纳税所得额 500 万元。20×7 年，甲公司转让乙公司股权，会计处理冲减股权投资减值准备 500 万元，利润总额增加 500 万元，但增加的该部分利润不属于企业所得税应税所得，转让年度所得税申报时应当调整减少应纳税所得额 500 万元。

(五) 股权收购选择特殊性税务处理形成的税会差异

股权收购选择特殊性税务处理，如果收购对价全部以股权支付，股权转让方会计核算按照股权的公允价值和账面价值计算股权转让损益，所得税处理不计算股权转让所得，由此形成税会差异。股权受让方会计处理通常按照受让股权的公允价值初始计量，所得税处理以受让股权的原计税基础作为计税基础，由此形成税会差异。

【例 3-26】 A 公司自 B 公司手中收购甲公司股权，B 公司持有甲公司股权的公允价值 10 000 万元，甲公司股权的账面价值和计税基础相同，均为 6 000 万元。A 公司通过定向增发，以公允价值 10 000 万元的本公司股票给 B 公司支付收购对价。

本项股权收购业务，如果适用特殊性税务处理，B 公司在股权收购当期，会计核算确认股权转让收益 4 000 万元(10 000－6 000)，所得税处理不确认股权转让所得，股权转让当期所得税申报时，调整减少应纳税所得额 4 000 万元。B 公司取得 A 公司股权，会计处理以公允价值 10 000 万元初始计量，所得税处理以原持有甲公司股权的计税基础 6 000 万元作为计税基础，由此形成的税会差异，在将来处置 A 公司股权时，调整增加应纳税所得额 4 000 万元。

A 公司取得甲公司股权，会计处理以公允价值 10 000 万元初始计量，所得税处理以该股权的原计税基础 6 000 万元作为计税基础，由此形成的税会差异，将来处置甲公司股权时，调整增加应纳税所得额 4 000 万元。

(六) 股权收购税会差异纳税调整的注意事项

股权收购涉及税会差异的调整应当注意两个问题：一是股权收购前形成的税会差异，如由于长期股权投资的初始计量形成的税会差异，由于长期股权投资采用权益法核算形成的税会差异，由于计提股权减值准备形成的税会差异，在股权收购当期确认股权转让所得时作纳税调整。二是股权收购过程中形成的税会差异，如由于股权收购选择特殊性税务处理形成的税会差异，在重组后处置股权时作纳税调整。

五、股权收购具体业务的所得税处理

（一）以现金支付收购对价的所得税处理

股权收购，如果收购方以现金支付收购对价，所得税处理只能适用一般性税务处理。收购方取得的目标公司股权，以公允价值作为计税基础。被收购方转让的目标公司股权，其公允价值与计税基础之间的差额，确认为股权转让所得。

股权收购过程中发生的相关费用如何进行所得税处理，财税〔2009〕59号文无具体规定。按照《企业所得税法实施条例》第五十六条的规定，收购方在股权收购过程中发生的相关费用，应当计入股权的历史成本，作为股权计税基础的组成部分。

【例3-27】 甲公司于20×6年3月1日自乙公司手中收购A公司60%的股份，以现金支付收购价款16 000万元以及收购过程中发生的手续费等相关费用400万元。乙公司持有的A公司股份，购买时支付价款10 000万元，持有期间计提股权减值准备2 000万元，乙公司对该项股权投资采用成本法核算。

本例中，由于股权收购对价全部以现金支付，所以该项股权收购只能适用一般性税务处理。甲公司应当按照实际支付的购买价款16 400万元（16 000＋400），作为取得长期股权投资的入账价值和计税基础。乙公司转让A公司的股权，会计核算确认股权转让收益8 000万元［16 000－（10 000－2 000）］，所得税处理确认股权转让所得6 000万元（16 000－10 000），股权转让当年所得税申报时，应当调整减少应纳税所得额2 000万元（6 000－8 000）。

（二）以收购方股权支付收购对价的所得税处理

股权收购，收购方通过定向增发以本公司股权支付收购对价，所得税处理应当适用一般性税务处理。如果符合特殊性税务处理条件，也可以选择特殊性税务处理。

股权收购以收购方股权支付收购对价，如果适用一般性税务处理：①收购方取得目标公司的股权，以公允价值作为计税基础。②被收购方转让的目标公司股权，其公允价值与计税基础之间的差额，确认为股权转让所得。③被收购方取得收购方的股权，以公允价值作为计税基础。

股权收购以收购方股权支付收购对价，如果选择特殊性税务处理，原则上：①收购方取得目标公司的股权，以该股权的原计税基础作为计税基础。②被收购方转让目标公司股权，不确认股权转让所得。③被收购方取得收购方的股权，以转让目标公司股权的计税基础作为计税基础。

然而，财税〔2009〕59号文并未规定在股权收购过程中，收购方以股权支付收购对价，发生的相关费用如何进行税务处理。按照《企业所得税法实施条例》第七十一条的规定，通过支付现金以外的方式取得的投资资产，以该资产的公允价值和支付的相关税费作为成本。据此，收购方以股权支付收购对价，股权收购过程中发生的相关费用，应当计入收购股权的计税基础。

【例 3-28】 20×6 年 3 月，A 公司通过增发 6 000 万股本公司普通股（每股面值 1 元）自 B 公司手中收购甲公司 80%的股权，按照增发前后的平均股价计算，该 6 000 万股股份的公允价值为 10 400 万元。为增发该部分股份，A 公司向证券承销机构等支付了 400 万元的佣金和手续费。B 公司持有甲公司股权的历史成本为 7 000 万元。

（一）适用一般性税务处理规定的所得税处理

本项交易如果适用一般性税务处理，A 公司会计处理应当以所发行股份的公允价值 10 400 万元作为取得长期股权投资的成本，发行权益性证券过程中支付的佣金和手续费，应当冲减权益性证券的溢价发行收入。A 公司所得税处理应当以所发行股份的公允价值 10 400 万元和支付的相关费用 400 万元作为收购甲公司股权的计税基础。A 公司取得甲公司股权的入账价值和计税基础存在税会差异 400 万元，该差异在将来处置甲公司股权时调整减少应纳税所得额。

B 公司转让的甲公司股权，会计处理确认股权转让收益 3 400 万元（10 400－7 000），所得税处理确认股权转让所得 3 400 万元（10 400－7 000），税会无差异，无须作纳税调整。B 公司取得 A 公司股权，会计处理以公允价值 10 400 万元初始计量，所得税处理以公允价值 10 400 万元作为计税基础，税会无差异，无须作纳税调整。

（二）适用特殊性税务处理规定的所得税处理

本项交易如果适用特殊性税务处理，A 公司会计处理应当以所发行股份的公允价值 10 400 万元作为取得长期股权投资的成本，发行权益性证券过程中支付的佣金和手续费，应当冲减权益性证券的溢价发行收入。A 公司所得税处理应当以甲公司股权的原计税基础 7 000 万元和支付的相关费用 400 万元作为取得甲公司股权的计税基础。A 公司取得甲公司股权的入账价值和计税基础存在税会差异 3 000 万元（10 400－7 000－400），该差异在将来处置甲公司股权时调整增加应纳税所得额。

B 公司转让的甲公司股权，会计处理确认股权转让收益 3 400 万元（10 400－7 000），所得税处理不确认股权转让所得，存在税会差异 3 400 万元，转让当年所得税申报时调整减少应纳税所得额 3 400 万元。B 公司取得 A 公司股权，会计处理以公允价值 10 400 万元初始计量，所得税处理以原持有甲公司股权的计税基础 7 000 万元作为计税基础，存在税会差异 3 400 万元（10 400－7 000），该差额在将来处置 A 公司股权时调整增加应纳税所得额 3 400 万元。

如前文所述，本项交易如果适用特殊性税务处理，由于被收购股权的公允价值高于计税基础，所以存在重复纳税的问题。

（三）以控股公司股权支付收购对价的所得税处理

股权收购，收购方以控股公司股权支付收购对价，所得税处理应当适用一般性税务处理。如果符合特殊性税务处理条件，也可以适用特殊性税务处理。

股权收购以控股公司股权支付收购对价，如果适用一般性税务处理：①收购方取得目标公司的股权，以公允价值作为计税基础。②收购方据以支付收购对价的控股公司股权，其公允价值与计税基础之间的差额，确认为股权转让所得。③被收购方转让的目标公司股权，其公允价值与计税基础之间的差额，确认为股权转让所得。④被收购方取得收购方控股公司的股权，以公允价值作为计税基础。

股权收购以控股公司股权支付收购对价，如果适用特殊性税务处理，原则上：①收购方取得目标公司的股权，以该股权的原计税基础作为计税基础。②被收购方转让的目标公司股权，其公允价值与计税基础之间的差额，不确认股权转让所得。③被收购方取得收购方控股公司的股权，以原持有目标公司股权的计税基础作为计税基础。

股权收购以控股公司股权支付收购对价，如果适用特殊性税务处理，收购方据以支付收购对价的控股公司股权，其公允价值与计税基础之间的差额是否确认股权转让所得，财税〔2009〕59 号文无具体规定。如前文所述，以控股公司股权支付收购对价的股权收购，按照财税〔2009〕59 号文的规定进行所得税处理，存在双重纳税和双重不纳税的问题。

股权收购以控股公司股权支付收购对价，具体的所得税处理方法见[例 3-22]。

(四) 同一控制下控股合并的所得税处理

同一控制下的控股合并，是指合并方通过向同一控制下的关联方收购目标公司股权以控制目标公司，合并后目标公司继续存在。同一控制下控股合并的所得税处理，符合特殊性税务处理条件的，可以选择特殊性税务处理；不符合特殊性税务处理条件的，适用一般性税务处理。

同一控制下的控股合并适用一般性税务处理：①合并方取得目标公司的股权，以公允价值作为计税基础。②合并方支付的合并对价如果是非货币性资产，应当确认非货币性资产转让所得。③被合并方转让的目标公司股权，确认股权转让所得。④被合并方取得的合并对价如果是非货币性资产，以公允价值作为计税基础。

同一控制下的控股合并选择特殊性税务处理，原则上：①合并方取得目标公司的股权，以该股权的原计税基础作为计税基础。②合并方支付的合并对价如果是非货币性资产，不确认非货币性资产转让所得。③被合并方转让的目标公司股权，不确认股权转让所得。④被合并方取得的合并对价如果是非货币性资产，以转让目标公司股权的计税基础作为计税基础。

同一控制下的控股合并，对于合并方和被合并方而言，无论是选择一般性税务处理还是特殊性税务处理，都有可能产生税会差异。如果存在税会差异，就应当对税会差异进行调整。

【例 3-29】 20×6 年 6 月 30 日，P 公司向同一集团内 S 公司的原股东 J 公司定向增发 1 000 万股普通股(每股面值 1 元，市价 8.68 元)，取得 S 公司 100%的股权，并于当日起能够对 S 公司实施控制。合并后 S 公司仍维持其独立法人资格继续经营。合并日，S 公司所有者权益在集团合并财务报表中账面价值的份额为 4 404 万元。J 公司持有 S 公司股权的原值 3 000 万元，计税基础 3 000 万元。

(一) 适用一般性税务处理规定的所得税处理

本项交易如果适用一般性税务处理，P 公司取得 S 公司股权，会计处理按照合并日 S 公司所有者权益在集团合并财务报表中账面价值的份额 4 404 万元初始计量，所得税处理以公允价值 8 680 万元作为计税基础。P 公司将来处置 S 公司股权，会计处理计算股权转让收益时，可扣除的股权成本为 4 404 万元，所得税处理计算股权转让所得时，可扣除的股权计税基础为 8 680 万元，处置股权当期所得税申报时，应当调整减少应纳税所得额 4 276 万元(8 680 − 4 404)。

本项交易如果适用一般性税务处理，J 公司转让 S 公司股权，会计处理不确认股权转让收益，所得税处理确认股权转让所得 5 680 万元(8 680 − 3 000)，股权转让当期所得税申报时调整增加应纳税所得额 5 680 万元。J 公司取得 P 公司股权，会计处理以转让 S 公司股权的原值 3 000 万元作为入账价值，所得税处理以公允价值 8 680 万元作为计税基础，形成税会差异 5 680 万元(8 680 − 3 000)，该差异在将来处置 P 公司股权时调整减少应纳税所得额 5 680 万元。

（二）适用特殊性税务处理规定的所得税处理

本项交易如果适用特殊性税务处理，P 公司取得 S 公司股权，会计处理按照合并日 S 公司所有者权益在集团合并财务报表中账面价值的份额 4 404 万元初始计量，所得税处理以该项股权的原计税基础 3 000 万元作为计税基础。P 公司将来处置 S 公司股权，会计处理计算股权转让收益时，可扣除的股权成本为 4 404 万元；所得税处理计算股权转让所得时，可扣除的股权计税基础为 3 000 万元。转让当期所得税申报时，应当调整增加应纳税所得额 1 404 万元(4 404 − 3 000)。

本项交易如果选择特殊性税务处理，J 公司转让 S 公司股权，会计处理不确认股权转让收益，所得税处理不确认股权转让所得，税会无差异，无需作纳税调整。J 公司取得 P 公司股权，会计处理以转让 S 公司股权的原值 3 000 万元作为入账价值，所得税处理以原持有 S 公司股权的计税基础 3 000 万元作为计税基础，税会无差异，无需作纳税调整。

（五）非同一控制下控股合并的所得税处理

非同一控制下的控股合并，是指合并方通过向非关联方收购目标公司股权控制目标公司，合并后目标公司继续存在。非同一控制下控股合并的所得税处理，如果符合特殊性税务处理条件，可以选择特殊性税务处理；不符合特殊性税务处理条件，适用一般性税务处理。非同一控制下控股合并的所得税处理与同一控制下控股合并的所得税处理基本相同，但是由于非同一控制下控股合并与同一控制下控股合并的会计处理不同，所以相应的税会差异不同。

【例 3-30】 A 公司于 20×6 年 3 月 31 日自 B 公司手中收购甲公司 70%的股权，取得该部分股权后能够控制甲公司的生产经营决策。收购日甲公司股权的公允价值 10 000 万元，A 公司以公允价值 10 000 万元的本公司股票支付收购对价，另发生评估等相关费用 200 万元。B 公司持有甲公司股权的账面价值与计税基础相同，都是 8 000 万元，持有甲公司股权期间计提长期股权投资减值准备 1 000 万元。本例中假定合并前 A 公司与 B 公司不存在任何关联方关系。

（一）适用一般性税务处理规定的所得税处理

本项交易如果适用一般性税务处理，A 公司取得甲公司股权，会计处理按照合并日甲公司股权的公允价值 10 000 万元初始计量，支付的评估等费用 200 万元计入当期损益。所得税处理以甲公司股权的公允价值 10 000 万元和支付的评估等费用 200 万元作为计税基础，收购当期所得税申报时，应当调整增加应纳税所得额 200 万元。A 公司将来处置甲公司股权，会计处理计算股权转让收益时，可扣除的股权成本为10 000万元，所得税处理计算股权转让所得时，可扣除的股权计税基础为10 200万元，处置股权当期所得税申报时，应当调整减少应纳税所得额200万元(10 200－10 000)。

本项交易如果适用一般性税务处理，B公司转让甲公司股权，会计处理确认股权转让收益3 000万元[10 000－(8 000－1 000)]，所得税处理确认股权转让所得2 000万元(10 000－8 000)，形成税会差异1 000万元(3 000－2 000)，转让股权当期所得税申报时，调整减少应纳税所得额1 000万元。B公司取得A公司股权，会计处理以A公司股权的公允价值10 000万元作为入账价值，所得税处理以A公司股权的公允价值10 000万元作为计税基础，税会无差异，无须作纳税调整。

(二) 适用特殊性税务处理规定的所得税处理

本项交易如果适用特殊性税务处理，A公司取得甲公司股权，会计处理按照合并日甲公司股权的公允价值10 000万元初始计量，支付的评估等费用200万元计入当期损益。所得税处理以甲公司股权的原计税基础8 000万元和支付的评估等费用200万元作为计税基础。收购当期所得税申报时，应当调整增加应纳税所得额200万元。A公司将来处置甲公司股权，会计处理计算股权转让收益时，可扣除的股权成本为10 000万元，所得税处理计算股权转让所得时，可扣除的股权计税基础为8 200万元，处置股权当期所得税申报时，应当调整增加应纳税所得额1 800万元(10 000－8 200)。

B公司转让甲公司股权，会计处理确认股权转让收益3 000万元[10 000－(8 000－1 000)]，所得税处理不确认股权转让所得，存在税会差异3 000万元，收购当期所得税申报时，调整减少应纳税所得额3 000万元。B公司取得A公司股权，会计处理以A公司股权的公允价值10 000万元作为入账价值，所得税处理以原持有甲公司股权的计税基础8 000万元作为计税基础，存在税会差异2 000万元，该差异在将来处置A公司股权时调整增加应纳税所得额2 000万元。

六、股权收购所得税纳税申报

(一) 适用一般性税务处理的所得税申报

1. 无税会差异的所得税申报

股权收购适用一般性税务处理，被收购方转让的目标公司股权，如果会计核算确认的股权转让收益与所得税处理确认的股权转让所得无差异，投资收益直接在《企业所得税年度纳税申报表(A类)》(A100000)第9行“投资收益”栏填报，无须进行纳税调整。

股权收购适用一般性税务处理，收购方取得目标公司股权只需确认股权的计税基础，该计税基础无须在申报表中单独反映。如果收购方以非货币性资产支付收购对价，据以支付对价的非货币性资产，应当按照税法规定申报非货币性资产转让所得。

2. 存在税会差异的所得税申报

股权收购适用一般性税务处理，被收购方转让的目标公司股权，如果会计核算确认的股权转让收益与所得税处理确认的股权转让所得存在差异，该税会差异先在《企业重组及递延纳税事项纳税调整明细表》(A105100)第4行“股权收购”栏填报，然后将纳税调整金额转入《纳税调整项目明细表》(A105000)第 37 行“企业重组及递延纳税事项”栏填报，最后转入《企业所得税年度纳税申报表(A 类)》(A100000)第 15 行“纳税调整增加额”或第 16 行“纳税调整减少额”。

【例 3-31】 甲公司于20×6年3月1日自乙公司手中收购A公司60%的股份，以现金支付收购价款16 000万元以及在收购过程中发生的手续费等相关费用400万元。乙公司持有A公司股份的购买价款为10 000万元，持有期间计提股权减值准备2 000万元，乙公司对该项股权投资采用成本法核算。

本例中，由于股权收购对价全部以现金支付，所以该项股权收购只能适用一般性税务处理。甲公司应当按照实际支付的购买价款16 400万元(16 000 + 400)，作为取得长期股权投资的入账价值和计税基础。乙公司转让A公司的股权，会计核算确认股权转让收益8 000万元[16 000 -(10 000 - 2 000)]，所得税处理确认股权转让所得6 000万元(16 000 - 10 000)，当年所得税申报时，在《企业重组及递延纳税事项纳税调整明细表》(A105100)第4行第1列“账载金额”填报8 000万元，第4行第2列“税收金额”填报6 000万元，第4行第3列“纳税调整金额”填报 - 2 000万元(6 000 - 8 000)。

(二) 适用特殊性税务处理的所得税申报

1. 特殊性税务处理的申报路径

股权收购适用特殊性税务处理，所得税的申报路径分两种情况：一是会计核算确认的股权转让收益或股权转让损失的申报，二是由于特殊重组形成的税会差异的申报。第一种情况同一般性税务处理，在此我们主要讨论由于特殊重组形成的税会差异的申报。

由于特殊重组形成的税会差异，先在《企业重组所得税特殊性税务处理报告表(股权收购)》(国家税务总局公告 2015 年第 48 号附件 1 - 2)申报，然后在《企业重组及递延纳税事项纳税调整明细表》(A105100)第 4 行“股权收购”栏填报，然后将纳税调整金额转入《纳税调整项目明细表》(A105000)第 37 行“企业重组及递延纳税事项”，最后转入《企业所得税年度纳税申报表(A 类)》(A100000)第 15 行“纳税调整增加额”或第 16 行“纳税调整减少额”。

2. 特殊性税务处理的申报内容

股权收购适用特殊性税务处理，按照国家税务总局公告 2015 年第 48 号的规定，股权收购的相关所得税事项在《企业重组所得税特殊性税务处理报告表(股权收购)》(以下简称报告表)中专项申报。报告表将适用特殊性税务处理的股权收购分为股权转让方的所得税申报和股权收购方的所得税申报。

1) 股权转让方的所得税申报

股权转让方的所得税申报主要包括两项内容：一是转让的目标公司股权，与非股权支付对应的部分，应当确认股权转让所得。二是取得的转让对价如果是非货币性资产，应当确认非货币性资产的计税基础，但是报告表并未说明非货币性资产的计税基础如何确认。

【例 3-32】 A公司将其持有的甲公司股权转让给B公司，股权的公允价值10 000万元，计税基础6 000万元。B公司给A公司支付的收购对价总额为10 000万元，其中发行500万股普通股(面值1元/股，公允价值19元/股)支付9 500万元，现金支付500万元。

该项股权收购业务，如果适用特殊性税务处理，A公司转让的甲公司股权，与非股权支付(现金)对应的部分，应当确认股权转让所得200万元[(10 000－6 000)×500/10 000]；与股权支付对应的部分，不确认股权转让所得；A公司取得的B公司股权，应当以与股权支付对应的甲公司股权的计税基础作为计税基础，计税基础为5 700万元(6 000×9 500/10 000)。B公司取得甲公司股权，以该股权的原计税基础加A公司确认的股权转让所得作为计税基础，计税基础为6 200万元(6 000＋200)。

需要说明的是，尽管财税〔2009〕59号文、国家税务总局公告2015年第48号未规定股权收购适用特殊性税务处理，在有非股权支付的情况下，被收购方取得的收购方股权如何确认计税基础，但是根据所得税计税基础应税递增和税基替换的原理(详见第一章)，被收购方取得的收购方股权，应当以与股权支付额对应的目标公司股权的计税基础作为计税基础。

2) 股权收购方的所得税申报

股权收购方的所得税申报主要包括两项内容：一是取得的目标公司股权，应当确认股权的计税基础，但是报告表并未说明存在非股权支付的情况下，如何确认目标公司股权的计税基础。二是如果以非货币性资产支付收购对价，据以支付对价的非货币性资产，其公允价值与计税基础的差额是否确认为资产转让所得，争议较大。

【例3-33】　A公司将其持有的甲公司股权转让给B公司，甲公司股权的公允价值10 000万元，计税基础6 000万元。B公司给A公司支付的收购对价总额为10 000万元，其中发行500万股普通股(面值1元/股，公允价值19元/股)支付9 500万元，以持有的一项土地使用权支付500万元，该土地使用权的计税基础为200万元。

该项股权收购业务，如果适用特殊性税务处理，A公司转让的甲公司股权，与非股权支付(土地使用权)对应的部分，应当确认股权转让所得200万元[(10 000－6 000)×500/10 000]；与股权支付对应的部分，不确认股权转让所得。A公司取得的B公司股权，应当以与股权支付相对应的甲公司股权的计税基础作为计税基础，计税基础为5 700万元(6 000×9 500/10 000)。

B公司取得甲公司股权，以该股权的原计税基础加A公司确认的股权转让所得作为计税基础，计税基础为6 200万元(6 000＋200)。B公司据以支付对价的土地使用权，其公允价值与计税基础之间的差额是否确认资产转让所得，争议较大。

需要说明的是，尽管财税〔2009〕59号文、国家税务总局公告2015年第48号未规定股权收购适用特殊性税务处理，在有非股权支付的情况下，收购方取得目标公司股权如何确认计税基础，但是根据所得税计税基础应税递增的原理，收购方取得目标公司股权，应当以目标公司股权的原计税基础加转让方确认的应税所得作为计税基础。

3. 特殊性税务处理的申报资料

股权收购适用特殊性税务处理，按照国家税务总局公告2015年第48号的规定，企业所得税申报应当附送以下资料。

(1) 股权收购业务总体情况说明，包括股权收购方案、基本情况，并逐条说明股权收购的商业目的。

(2) 股权收购、资产收购业务合同(协议),需有权部门(包括内部和外部)批准的,应提供批准文件。

(3) 相关股权评估报告或其他公允价值证明。

(4) 12个月内不改变重组资产原来的实质性经营活动、原主要股东不转让所取得股权的承诺书。

(5) 工商管理部门等有权机关登记的相关企业股权变更事项的证明材料。

(6) 重组当事各方一致选择特殊性税务处理并加盖当事各方公章的证明资料。

(7) 涉及非货币性资产支付的,应提供非货币性资产评估报告或其他公允价值证明。

(8) 重组前连续12个月内有无与该重组相关的其他股权、资产交易,与该重组是否构成分步交易、是否作为一项企业重组业务进行处理情况的说明。

(9) 按会计准则规定当期应确认资产(股权)转让损益的,应提供按税法规定核算的资产(股权)计税基础与按会计准则规定核算的相关资产(股权)账面价值的暂时性差异专项说明。

4. 特殊性税务处理的追溯调整

财税〔2009〕59号文第五条第五项规定,“企业重组中取得股权支付的原主要股东,在重组后连续12个月内,不得转让所取得的股权”。国家税务总局公告2010年第4号第二十条规定,“《通知》第五条第(五)项规定的原主要股东,是指原持有转让企业或被收购企业20%以上股权的股东”。据此,股权收购完成后,如果原持有目标公司20%以上股权的主要股东,在重组后连续12个月内转让了所持有收购企业的股权,该项重组不能适用特殊性税务处理。已经适用特殊性税务处理递延纳税的,应当补缴递延的税款。

【例3-34】 A公司将其持有甲公司50%的股权转让给B公司,股权公允价值10 000万元,计税基础6 000万元。B公司以本公司股权给A公司支付收购对价。该项股权收购业务,如果适用特殊性税务处理,A公司转让的甲公司股权,不确认股权转让所得。但是在股权收购完成后的12个月内,如果A公司转让了B公司的股权,该项股权收购不再适用特殊性税务处理,A公司应当追溯确认股权转让所得,同时A公司、B公司要按照公允价值各自调整取得股权的计税基础。

(三) 股权收购所得税申报中的税会差异

股权收购无论是选择一般性税务处理还是特殊性税务处理,所得税申报时都有可能存在税会差异的调整问题。股权收购的税会差异主要包括四个方面:一是会计核算确认的股权入账价值与税法确认的股权计税基础(历史成本)不同形成的税会差异;二是会计处理采用权益法核算对股权账面价值进行调整形成的税会差异;三是会计处理计提长期股权减值准备形成的税会差异;四是股权收购适用特殊性税务处理形成的税会差异。

七、股权收购的所得税管理

股权收购的所得税管理,主要包括股权收购日的确定,股权收购的申报管理,股权收购的资料管理,股权收购的后续管理。

（一）股权收购日的确定

股权收购日是指确认股权转让所得的日期，股权转让所得在股权收购日所在年度申报纳税。国家税务总局公告2015第48号规定，股权收购，以转让合同（协议）生效且完成股权变更手续日为重组日。关联企业之间发生股权收购，转让合同（协议）生效后12个月内尚未完成股权变更手续的，应以转让合同（协议）生效日为重组日。

（二）股权收购的资料管理

国家税务总局公告2010第4号第十二条规定，企业股权收购适用一般性税务处理的，应准备以下相关资料，以备税务机关检查：①当事各方所签订的股权收购业务合同或协议。②相关股权公允价值的合法证据。

国家税务总局公告2015第48号规定，企业股权收购适用特殊性税务处理的，企业所得税申报时应当报送与特殊性税务处理相关的资料。报送的具体资料见本章本节相关内容。

（三）股权收购所得税的后续管理

股权收购所得税的后续管理主要指在股权收购过程中，重组当事人的会计处理与所得税处理不同形成的税会时间性差异，有无在重组后按照税法规定作纳税调整。如，股权收购适用特殊性税务处理，股权转让方取得作为收购对价的受让方股权，会计处理以公允价值计量，所得税处理以转让出去的目标公司股权的计税基础作为取得受让方股权的计税基础，由此形成受让股权的税会差异。股权转让方在将来处置受让方股权时，有无对该股权计税基础与账面价值的差异作纳税调整。

八、股权收购所得税处理的注意事项

股权收购业务的所得税处理，应当注意以下几个问题。

（一）关于股权收购业务的认定

一项业务，只有将其认定为股权收购，才能按照股权收购的相关规定进行相应的所得税处理。与股权收购相近的概念有股权投资、股权转让、资产收购等。股权收购与股权投资、股权转让、资产收购的区别，详见本章第一节相关内容。

（二）关于股权收购交易主体的认定

股权收购涉及收购方和被收购方两方交易主体。股权收购交易主体确定的不同，适用的所得税政策就不同，产生的所得税待遇也不同。但是财税〔2009〕59号文及配套文件对于股权置换等特殊形式的股权收购，并未规定如何确认收购方和被收购方。

【例3-35】 A集团公司以其持有的A公司4.8%的股份，B集团公司以其持有的B公司67%的股权置换，如果将A集团公司确认为股权的收购方，B集团公司确认为股权的被收购方，所收购股权占目标公司（B公司）总股本的比例为67%（大于50%），符合特殊重组条件。但是如果将B集团公司确认为股权的收购方、A集团公司确认为股权的被收购方，所收购股权占目标公司（A公司）总股本的比例只有4.8%（小于50%），不符合特殊重组条件。

关于股权置换中收购方和被收购方的认定，建议在企业重组所得税处理的文件中明确规定，以企业重组协议为依据，结合民商法的相关规定，根据重组行为的要约方、被要约方，以及重组协议中的甲方、乙方来认定股权的收购方和被收购方。在政策未有明确规定前，重组实务中建议参照上述原则进行相应的所得税处理。

（三）关于企业重组方式的确定

企业的重组方式，有单一重组，如单一的债务重组，单一的股权收购；也有分步重组，如先企业分立后股权收购，先债转股后股权收购。企业的重组行为，将其认定为若干个独立的重组行为还是一项重组行为分步实施，适用的所得税政策不同，产生的所得税待遇也不同。

【例 3-36】 2016 年，A 公司自 B 公司手中收购甲公司 30%的股权；2017 年，A 公司又自 B 公司手中收购甲公司 40%的股权。该项业务，如果将其认定为两个独立的股权收购行为，因收购股权占目标公司总股本的比例均达不到 50%，均不能适用特殊性税务处理。但是如果将其认定为一项重组分步实施，则可以适用特殊性税务处理。

关于单一重组和分步重组的认定，财税〔2009〕59 号文及配套文件无具体规定。在征管实务中，建议根据交易的意图和业务安排来认定。如果企业重组在业务规划上是为了一个交易目的而统一安排、分步实施，应当将其认定为分步重组，按照分步重组进行所得税处理。否则，应当按照若干个独立的重组业务进行相应的税务处理。

（四）关于特殊性税务处理的认定

股权收购，只有符合税法规定的特殊性税务处理条件，才能适用特殊性税务处理。税法规定的特殊性税务处理条件，有些比较客观，如收购股权占目标公司总股本的比例不低于 50%；有些则高度主观，如交易是否具有合理的商业目的。在征管实务中，大部分特殊性税务处理条件的认定不能一概而论，只能具体问题具体分析。

【例 3-37】 A 公司的股东是甲公司，A 公司拟将其部分资产转让给乙公司。交易双方拟采取的交易方式是，先从 A 公司中分立出 B 公司，B 公司的股东是甲公司，然后甲公司将 B 公司的股权转让给乙公司。该项交易，如果认为其具有合理商业目的，重组当事人在企业分立和股权收购两个环节的所得税处理均可选择特殊性税务处理。如果认为其不具有合理商业目的，重组当事人在企业分立和股权收购两个环节的所得税处理均不能选择特殊性税务处理。

（五）关于重组对价的确定

股权收购，交易价格的确定往往取决于目标公司估值的高低。目标公司估值高，交易价格就高。目标公司估值低，交易价格就低。目标公司估值的高低很大程度上取决于估值方法的确定，估值方法不同，估值的结果就不同，相应的税务处理结果也会不同。

【例 3-38】 A 公司将其持有甲公司的股权转让给 B 公司，如果采用收益现值法评估，公允价值为 8 141 万元；采用市场法评估，公允价值为 7 632 万元。采用不同的评估方法，股权公允价值的差额为 509 万元（8 141 － 7 632）。对于 A 公司来说，采用收益法评估有利。对于 B 公司来说，采用市场法评估有利。

（六）关于股权计税基础的确定

股权收购，对于股权的转让方而言，持有目标公司股权计税基础的高低影响重组所得的计算；取得的收购对价如果是收购方的股权，还要确认收购方股权的计税基础，收购方股权计税基础的高低影响将来该股权转让所得的计算。对于股权的收购方而言，取得目标公司股权计税基础的高低，影响将来转让目标公司股权时转让所得的计算。

【例3-39】 A公司自B公司手中收购甲公司股权，B公司持有甲公司股权的公允价值10 000万元，计税基础6 000万元。A公司通过定向增发，以公允价值10 000万元的本公司股票给B公司支付收购对价。该项股权收购业务，适用一般性税务处理，A公司持有甲公司股权的计税基础为10 000万元；适用特殊性税务处理，A公司持有甲公司股权的计税基础为6 000万元。A公司持有甲公司股权计税基础的大小，影响其未来处置甲公司股权时股权转让所得的计算。

第四节　股权收购的税收安排

一、影响股权收购税收的因素

影响股权收购税收的因素主要包括股权收购交易目的的确定、交易主体的确定、交易价格的确定、税收待遇的选择、所得税的后续管理等。重组当事人期望降低股权收购过程中的涉税风险，就要在会议纪要、股权转让合同、资产评估报告、财务处理等方面充分反映上述要素的真实性、合法性、合理性。

二、股权收购交易目的的确定

具有合理商业目的股权收购，才能适用特殊性税务处理，实现递延纳税。然而，合理商业目的的判断具有高度的主观性。一项业务安排，在一个人看来具有合理商业目的，但在另一个人看来可能不具有合理商业目的。如果重组当事人在会议纪要等有关企业重组的文件中未能体现股权收购的合理性，将面临比较大的涉税风险。

三、股权收购交易主体的确定

如前所述，股权置换等特殊形态的股权收购，重组当事人身份（收购方、被收购方）确认的不同，产生的税收待遇不同。如果重组当事人拟将股权收购安排为特殊重组，享受递延纳税待遇，就要合理确定股权的收购方和被收购方，而股权收购方和被收购方的确定，应当通过企业重组的会议纪要、股权转让合同等资料体现出来。

四、股权收购交易价格的确定

股权收购交易价格的确定，影响股权转让方股权转让所得的计算和受让方股权计税基础的确认。重组当事人在确认股权交易价格时，应当充分考虑交易双方的关联关系、资产的估价方法、双重纳税、双重不纳税、递延纳税等因素对股权交易价格的影响。无论是股权的转让方还是受让方，都应当尽可能选择有利于己方的税收安排。

五、股权收购税收待遇的选择

股权收购适用一般性税务处理，应当在重组当期纳税；适用特殊性税务处理，可以递延纳税。但是股权收购适用特殊性税务处理，当目标公司股权的公允价值高于计税基础时，存在重复纳税的问题；当目标公司股权的公允价值低于计税基础时，存在双重不纳税的问题。重组当事人在决定股权收购是否选择特殊重组时，应当根据具体情况审慎选择。

六、股权收购所得税的后续管理

股权收购所得税的后续管理，包括股权收购过程中形成的税会差异是否按照税法规定进行了纳税调整；股权收购适用特殊性税务处理后，如果由于重组当事人转让股权等原因导致重组不再符合特殊性税务处理条件时，有无按照税法规定对重组税款作追溯调整。如果重组当事人怠于重组事项的后续管理，将面临比较大的涉税风险。

第五节　股权收购案例分析——对赌条款下股权收购的所得税处理

一、股权收购案例介绍

上市公司A（合同甲方）拟从B、C、D三家公司（合同乙方，以下统称BCD公司）手中收购E公司100%的股权。B、C、D三家公司持有E公司股权的比例分别为60%、20%、20%，A、B、D三家公司为关联企业，A公司是B公司、D公司的控股公司。

（一）收购方案

甲、乙双方协商的股权收购方案为：①甲方向乙方非公开发行股份，收购乙方持有E公司100%的股权。②拟收购股权经评估确认的公允价值为300 000万元，双方协商的交易价格为300 000万元。③甲方向乙方非公开发行股份20 000万股，发行价格15元/股（签订收购协议前20个交易日的平均价格），公允价值总额300 000万元。

（二）对赌条款

甲、乙双方签订的股权收购协议含有对赌条款，双方约定：①乙方保证在股权收购完成后的3年内，E公司每年的净利润分别达到15 000万元、22 000万元和28 000万元。②如果E公司的业绩达不到预计标准，由乙方以持有甲方股份向甲方补偿。补偿股份按年计算，期满后一次交割。③乙方向甲方补偿的股份，补偿给甲方后注销。④甲方给乙方非公开发行的股份，锁定期为3年。

（三）股份补偿

甲、乙双方在股权收购协议中约定的股份补偿方案为：①乙方各方补偿股份的数量按照其各自持有 E 公司股权的比例计算。②在逐年补偿的情况下，各年计算的补偿股份数量小于 0 时，按 0 取值，即已经补偿的股份不冲回。③乙方补偿甲方的股份数量，锁定期为 3 年。补偿期间，已经累计的锁定股份不得减少。④股份锁定期满后，甲方以总价 1 元的价格回购锁定股份并注销。股份补偿计算示例如表 3-5 至表 3-7 所示。

表 3-5　　合同预计利润和当年实现盈利　　单位：万元

时间	当年预测	累计预测	当年实现	累计实现
第一年	15 000	15 000	12 000	12 000
第二年	22 000	37 000	23 000	35 000
第三年	28 000	65 000	25 500	60 500

表 3-6　　乙方应补偿股份数量计算

利润单位：万元　股份单位：万股

时间	累计预测	累计实现	认购总数	累计应补偿	累计已补偿	本次应补偿
第一年	15 000	12 000		4 000	0	4 000
第二年	37 000	35 000	20 000	1 081	4 000	0
第三年	65 000	60 500		1 384	4 000	0

各年应补偿股份数量 =（截至本期累计预测 − 截至本期累计实现）× 认购总数/各年累计预测 − 已补偿

表 3-7　　各转让方应补偿股份计算　　单位：万股

时间	当年合计补偿	B 公司（60%）	C 公司（20%）	D 公司（20%）
第一年	4 000	2 400	800	800
第二年	0	0	0	0
第三年	0	0	0	0

（四）其他事项

本案例所得税处理的相关事项为：①乙方持有 E 公司股权的计税基础总额为 220 000 万元。②该项股权收购满足适用特殊性税务处理的所有条件，且重组各方一致同意选择特殊性税务处理。③对赌期限届满，E 公司业绩未达到股权收购协议约定的标准，乙方按照合同约定给甲方支付了对赌对价——A 公司股份 4 000 万股（公允价值 50 000 万元）。

二、对赌的概念及所得税属性①

（一）对赌的概念

对赌的英文名为 Valuation Adjustment Mechanism（简称 VAM），直译就是“估值调整机制”。对赌协议的实质是交易双方对未来不确定事件的一种约定，根据约定事件的出现与否，来安排交易双方的权利与义务。对赌按照交易主体，分为股东与股东间的对赌以及股

① 华亿昕．对赌协议之性质及效力分析[J]．福州大学学报，2015(1)．

东与公司间的对赌;按照对赌标的,分为财务绩效对赌(如目标公司能否实现预计利润)和非财务绩效对赌(如目标公司在规定时间内能否上市)。

本文的研究对象(前述案例)是一个含对赌条款的股权转让协议,属于E公司原股东(合同乙方)与新股东(合同甲方)之间的对赌,对赌的标的是E公司未来3年实现的利润。如果E公司在未来3年未完成合同约定的利润指标,乙方要按照合同约定给甲方支付对赌对价(部分返还交易对价——A公司股份)。

(二)对赌的法律属性

我国的《公司法》、原《合同法》以及《民法典》等民商法对对赌行为无具体的法律规范,法学界对对赌协议的性质也是众说纷纭,未形成一个统一的学说。但是相对主流的观点认为,对赌协议是一种射幸合同。射幸合同,是指"合同的法律效果在缔约时不确定,而且在缔约后完全因偶然的情事而决定的合同"。也就是说,对赌事项是一个或有事项,对赌协议是一个包含或有事项条款的协议。

(三)对赌的所得税属性

我国税法对对赌事项的所得税处理无具体规定,以本文研究对象为例,税收征管中对对赌事项的所得税处理有两种观点(相应的也有两种做法)。

第一种观点:一次交易说。持该种观点的人认为,股权转让和后续的对赌事项是一次交易,对赌是股权转让的延续。按照这种观点,股权的转让方支付的对赌对价,应当冲减股权转让收入;股权的受让方取得的对赌对价,应当调整股权的计税基础。

第二种观点:两次交易说。持该种观点的人认为,股权转让和后续的对赌事项是具有相互联系的两次交易,对赌应当按照捐赠处理。按照这种观点,股权的转让方支付的对赌对价,要视同销售确认收入;股权的受让方取得的对赌对价,要按照接受捐赠处理。

我们认可一次交易说,认为对赌是基于交易双方对交易信息的不对称(俗称买方没有卖方精)而做出的一个估价补偿机制,对赌是股权转让的有机组成部分。两次交易说割裂了股权转让和对赌行为之间的因果联系,将对赌作为一项独立交易行为按照捐赠进行所得税处理,理由很牵强。

(四)对赌的所得税事项

股权收购中的对赌,其所得税事项包括两项内容。

一是收入的确认。收入的确认是指股权转让收入是否实现。按照《国家税务总局关于贯彻落实企业所得税法若干税收问题的通知》(国税函〔2010〕79号)第三条的规定,企业转让股权,应于转让协议生效且完成股权变更手续时,确认收入的实现。有观点认为,对赌行为应当在对赌期限届满后确认收入,理由是对赌期限届满前收入是不确定的。我们认为这种观点理由不成立,因为对赌赌的是交易的计量——收入大小,而不是收入的确认——有无实现收入。

二是收入的计量。收入的计量是指交易双方如何计量股权转让收入和股权的计税基础。在含对赌条款的股权转让协议中,交易双方如何计量股权转让收入和股权的计税基础,现行税法无具体规定。依据税收原理分析,税法的确定性原则要求应税收入、计税基础等税收要素是确定的,税务处理一般不考虑或有事项对税收的影响。如果将来或有事项发生，再按照协议条款对原交易的税务处理进行调整。

以前述含对赌条款的股权收购协议为例，股权转让行为成立时，交易双方的所得税处理不考虑或有事项（目标公司能否完成预计利润）对税收的影响，股权的转让方按照合同约定的转让价格确认股权转让收入，股权的受让方按照合同约定的受让价格确认股权的计税基础。如果将来或有事项发生（目标公司未完成预计利润），股权的转让方按照支付的对赌对价调整股权转让收入，股权的受让方按照收到的对赌对价调整取得股权的计税基础。

三、含对赌条款股权收购的所得税处理

（一）股权收购的所得税处理规定

按照《财政部　国家税务总局关于企业重组业务企业所得税处理若干问题的通知》（财税〔2009〕59号）的规定，股权收购的所得税处理分为一般性税务处理和特殊性税务处理两种类型。其中适用一般性税务处理规定的股权收购，股权的转让方转让出去的股权，其公允价值与计税基础之间的差额，确认为股权转让所得。股权的受让方取得的股权，按照公允价值确认计税基础。适用特殊性税务处理规定的股权收购（本文仅讨论收购对价100%为股权支付的情形），股权的转让方转让出去的股权，其公允价值与计税基础之间的差额，不确认股权转让所得。股权的受让方取得的股权，以该股权的原计税基础作为计税基础。

（二）股权收购适用特殊性税务处理的条件

按照财税〔2009〕59号文第五条以及财税〔2014〕109号文第一条的规定，股权收购选择适用特殊性税务处理，必须同时符合以下五项条件：一是收购要具有合理的商业目的，且不以减少、免除或者推迟缴纳税款为主要目的；二是被收购股权占目标公司总股本的比例在50%以上；三是企业重组后的连续12个月内不改变重组资产原来的实质性经营活动；四是收购对价中股权支付额占交易总额的比例在85%以上；五是企业重组中取得股权支付的原主要股东，在重组后的连续12个月内，不得转让所取得的股权。

（三）股权收购当期交易双方的所得税处理

1. 适用一般性税务处理规定的股权收购

如前所述，含对赌条款的股权收购，股权收购当期对赌行为属于或有事项，交易双方的所得税处理均不考虑对赌对所得税的影响。前述股权收购案例如果适用一般性税务处理规定，股权的转让方BCD公司按照所转让E公司股权的公允价值确认股权转让收入，取得的转让对价——A公司股份，按照公允价值确认计税基础。股权的受让方A公司取得的E公司股权，按照公允价值确认计税基础。交易双方的所得税处理如表3-8所示。

表3-8　股权收购适用一般重组的所得税处理　单位：万元

转让方（BCD公司）		受让方（A公司）	
E股权转让收入	300 000（公允价值）	E股权计税基础	300 000（公允价值）
E股权计税基础	220 000		
E股权转让所得	300 000－220 000＝80 000		
A股权计税基础	300 000（公允价值）		

说明：为简化起见，我们将股权的转让方B、C、D三家公司视为一个整体进行分析，下同。

2. 适用特殊性税务处理规定的股权收购

选择特殊性税务处理的股权收购,对赌仍然属于或有事项,股权收购当期不考虑对赌对所得税的影响。前述股权收购案例如果选择特殊性税务处理,股权的转让方 BCD 公司转让出去的 E 公司股权,不确认股权的转让收入;取得的转让对价——A 公司股份,以转让出去 E 公司股权的计税基础作为计税基础(税基替换)。A 公司在股权收购中取得的 E 公司股权,以该项股权的原计税基础作为计税基础(税基转移)。交易双方的所得税处理如表 3-9 所示。

表 3-9　　股权收购适用特殊重组的所得税处理　　单位：万元

转让方(BCD 公司)		受让方(A 公司)	
E 股权转让收入	0	E 股权计税基础	220 000(E 股权原税基)
E 股权计税基础	220 000		
E 股权转让所得	0		
A 股权计税基础	220 000(E 股权税基)		

(四) 对赌实现后交易双方的所得税处理

1. 适用一般性税务处理规定的股权收购

前述股权收购案例,如果交易双方在股权收购当期按照一般性税务处理规定进行了所得税处理,对赌实现后,股权转让方 BCD 公司给受让方 A 公司支付的对赌对价——退还的 A 公司股份 4 000 万股,BCD 公司应当按照股权转让当期该部分股份的公允价值——50 000 万元,追溯调减转让 E 公司股权的收入,并相应调减持有 A 公司股份的计税基础。A 公司应当按照收取的对赌对价调减持有 E 公司股权的计税基础。对赌实现后交易双方的所得税处理如表 3-10 所示。

表 3-10　　股权收购适用一般重组对赌实现后的所得税处理　　单位：万元

转让方(BCD 公司)		受让方(A 公司)	
E 股权转让收入	300 000(原收入)－ 50 000(对赌对价)＝250 000	E 股权计税基础	300 000(原税基)－ 50 000(对赌对价)＝250 000
E 股权计税基础	220 000		
E 股权转让所得	80 000(原所得)－ 50 000(对赌对价)＝30 000		
A 股权计税基础	300 000(原税基)－ 50 000(对赌对价)＝250 000		

2. 适用特殊性税务处理规定的股权收购

前述股权收购案例,如果交易双方在股权收购当期选择特殊性税务处理规定进行了所得税处理,对赌实现后,股权的转让方 BCD 公司支付给受让方 A 公司的对赌对价——退还的 A 公司股份,由于在股权转让当期 BCD 公司并未确认 E 公司股权的转让收入,所以支付对赌对价后也不存在调整股权转让收入的问题。BCD 公司转让 E 公司股权取得的对价——A 公司股份，取得时以原持有 E 公司股权的计税基础作为计税基础（税基替换），由于 E 公司的股权是以当初取得股权时的历史成本作为计税基础，后续转让 E 公司股权时发生的对赌对价与 E 公司股权的计税基础无关，所以按照 E 公司股权计税基础确认的 A 公司股份的计税基础，总额不发生变化，但持有股份数量减少，单位计税基础上升。股权的受让方 A 公司取得 E 公司股权时，以该项股权的原计税基础作为计税基础（税基转移），由于对赌对价和 E 公司股权的计税基础无关，所以 A 公司收到对赌对价时无须调整 E 公司股权的计税基础。交易双方的所得税处理如表 3-11 所示。

表 3-11　　股权收购适用特殊重组的所得税处理　　单位：万元

转让方（BCD 公司）		受让方（A 公司）	
E 股权转让收入	0（不变）	E 股权计税基础	220 000（不变）
E 股权计税基础	220 000（不变）		
E 股权转让所得	0（不变）		
A 股权计税基础	220 000（不变）		

说明：BCD 公司持有 A 公司股份计税基础总额不变，数量减少，单位计税基础降低。

四、对赌事项所得税处理中的涉税风险

以前述股权收购案例为研究对象，含对赌条款的股权收购，其所得税处理存在以下几个方面的涉税风险，应当引起重组当事人的足够重视。

（一）关于对赌事项所得税处理方法的选择问题

含对赌条款的股权收购，交易双方如何进行所得税处理，目前税法无具体规定。如前所述，有观点认为，股权转让方支付的对赌对价，应当冲减股权转让收入；股权受让方取得的对赌对价，应当冲减受让股权的计税基础。但也有观点认为，股权转让方支付的对赌对价，应当按照捐赠视同销售处理；股权受让方取得的对赌对价，应当确认捐赠收入。这两种观点的差别之处在于，按照前一种观点，交易双方在对赌实现当期无须纳税，只需要调整原已确认的股权转让收入和计税基础；但按照后一种观点，交易双方在对赌实现当期要确认应税所得，缴纳企业所得税，这无疑会增加重组当事人的税收负担和资金成本。所以，重组当事人在安排含对赌条款的股权收购业务时，应当事先了解主管税务机关对对赌事项的所得税处理口径——对赌实现时是否对交易双方征税，要充分考虑税收因素对重组决策事项的影响。

（二）关于股权收购中的重复征税问题

适用特殊性税务处理规定的股权收购，在制度设计上存在重复征税的问题。以前述股权收购案例为例，A 公司自 BCD 公司手中收购 E 公司股权，该股权的计税基础为 22 亿元，公允价值为 30 亿元，A 公司以定向增发本公司股票的方式支付收购对价。假定股权收购完成的 12 个月后，BCD 公司以 32 亿元的价格转让 A 公司股份，A 公司以 35 亿元的价格转让 E 公司股权。该项股权收购业务选择一般性税务处理和特殊性税务处理，交易双方在股权收购当期及 12 个月后转让股权时，累计确认的应纳税所得额如表 3-12 所示。

表 3-12　　股权收购适用一般重组和特殊重组税收负担的比较　　单位：亿元

重组当事人	期间	一般重组应税所得	特殊重组应税所得	税负比较
收购方（A 公司）	收购当期	0	0	0－0＝0
	12 个月后	35－30＝5	35－22＝13	13－5＝8
转让方（BCD 公司）	收购当期	30－22＝8	0	0－8＝－8
	12 个月后	32－30＝2	32－22＝10	10－2＝8
应税所得合计		15	23	23－15＝8

说明：A 公司取得 E 公司股权和 BCD 公司取得 A 公司股份，一般重组均以公允价值 30 亿元为计税基础，特殊重组均以 E 公司股权的原计税基础 22 亿元作为计税基础。

根据表 3-12 可以看出，在股权收购当期和 12 个月后转让股权时，交易双方累计确认的应纳税所得额，选择一般重组为 15 亿元，选择特殊重组为 23 亿元，特殊重组与一般重组比较，累计确认的应纳税所得额增加了 8 亿元。之所以出现这种情况，主要是因为按照现行税收政策规定，选择特殊重组，A 公司取得 E 公司的股权，以该项股权的原计税基础 22 亿元作为计税基础；BCD 公司取得 A 公司的股份，以原持有 E 公司股权的计税基础 22 亿元作为计税基础。由于 BCD 公司取得 A 公司股份是以原持有 E 公司股权的计税基础作为计税基础，资产的计税基础是延续的，这会形成递延纳税，但是不会造成国家税款的整体减少。所以 A 公司取得 E 公司股权，应当以收购对价的公允价值 30 亿元作为计税基础。但是按照现行政策规定，A 公司取得 E 公司股权的计税基础为 22 亿元，减少了 8 亿元，故出现了重复纳税的问题。所以，重组当事人在安排股权收购业务时，应当尽可能避免税制设计中存在的重复纳税问题。

（三）关于股权收购中的关联交易问题

同一控制下的股权收购属于关联交易。在前述股权收购案例中，A 公司是 B 公司、D 公司的控股公司，A、B、D 三家公司为关联企业。A 公司自 B 公司、D 公司手中收购 E 公司股权，该项交易构成关联交易。按照《税收征收管理法》和《企业所得税法》的相关规定，关联交易应当符合独立交易原则。如果关联交易不符合独立交易原则且造成国家税款整体减少的，税务机关有权对关联交易进行特别纳税调整。但是在征管实践中，有些地方的税务机关基于完成本地区税收任务方面的考虑，发现关联交易不符合独立交易原则时，不管该关联交易是否造成了国家税款的整体减少，只要造成本地区税收收入减少的，就会对关联交易实施特别纳税调整。所以，关联企业间的股权收购，在确定股权交易价格时，要特别关注股权交易价格是否符合独立交易原则，尽可能避免税务机关针对关联交易实施的特别纳税调整。

主要参考文献：

[1] 财政部会计司编写组.企业会计准则讲解 2010[M].北京：人民出版社，2010.
[2] 赵旭东.公司法学[M].北京：高等教育出版社，2015.
[3] 郑文娟. 论股权收购流程需关注的关键风险点[J].中国总会计师，2011(9).
[4] 华亿昕.对赌协议之性质及效力分析[J].福州大学学报，2015(1).
[5] 张海鹏.浅析股权收购所得税处理政策[J].经济论坛，2010(3).
[6] 刘远.资本经营中的股权收购与资产收购[J].经济问题，2002(2).
[7] 陈斌才.案例分析对赌条款下股权收购的所得税处理[J].财务与会计，2019(22).
[8] 财政部.企业会计准则第 2 号——长期股权投资.2014.
[9] 财政部　国家税务总局.关于企业重组业务企业所得税处理若干问题的通知.2009.

第四章 资产收购业务的所得税处理

第一节 资产收购概述

一、资产的相关知识

(一) 资产

《企业所得税法实施条例》(以下简称《实施条例》)对资产进行了分类,但是没有对资产给出一个清晰而明确的定义。《实施条例》第五十六条对资产的分类是,资产包括固定资产、生物资产、无形资产、长期待摊费用、投资资产、存货等。

《企业会计准则——基本准则》(以下简称《基本准则》)从会计学的角度定义了资产。按照《基本准则》第二十条的规定,资产是指企业过去的交易或者事项形成的、由企业拥有或者控制的、预期会给企业带来经济利益的资源。资产具有如下特征:①资产应为企业拥有或者控制的资源。②资产预期会给企业带来经济利益。③资产是由过去的交易或者事项形成的。

(二) 资产组

《企业所得税法》及其《实施条例》中没有资产组的概念。《企业会计准则第 8 号——资产减值》(以下简称《资产减值准则》)定义了资产组。《资产减值准则》第三条规定,除有特别规定者外,资产包括单项资产和资产组。资产组,是指企业可以认定的最小资产组合,其产生的现金流入应当基本上独立于其他资产或者资产组产生的现金流入。

(三) 资产组组合

《企业所得税法》及其《实施条例》中没有资产组组合的概念。《资产减值准则》定义了资产组组合。按照《资产减值准则》第二十条的规定,资产组组合是指由若干个资产组组成的最小资产组组合,包括资产组或者资产组组合,以及按合理方法分摊的总部资产部分。

(四) 业务

《企业所得税法》及《实施条例》中没有业务的概念。《企业会计准则第 20 号——企业合并》(以下简称《企业合并准则》)定义了业务。按照《企业合并准则》第三条的规定,业务是指企业某些生产经营活动或者资产的组合,该组合的主要目的是为投资者提供回报或是用于降低成本及带来其他经济利益,一般具有投入、加工处理和产出能力,能够独立计算其成本费用支出或者所产生的收入。

二、资产收购的概念

（一）资产收购的定义

《财政部 国家税务总局关于企业重组业务企业所得税处理若干问题的通知》（财税〔2009〕59号，简称《通知》）对资产收购的定义是，资产收购是指一家企业（以下称为受让企业）购买另一家企业（以下称为转让企业）实质经营性资产的交易。受让企业支付对价的形式包括股权支付、非股权支付或两者的组合。

《国家税务总局关于发布〈企业重组业务企业所得税管理办法〉的公告》（国家税务总局公告2010年第4号）第五条规定，《通知》第一条第（四）项所称实质经营性资产，是指企业用于从事生产经营活动、与产生经营收入直接相关的资产，包括经营所用的各类资产、企业拥有的商业信息和技术、经营活动产生的应收款项、投资资产等。

国家税务总局公告2010年第4号对“实质经营性资产”的表述比较宽泛、笼统，不够明确，如资产收购中的资产是指单项资产、资产组、资产组组合还是构成业务的资产，无明确规定，致使资产收购的税务处理众说纷纭，不一而足。但在税收征管实务中，从有利于纳税人的原则出发，财税从业人员对资产收购中的资产一般都作了比较宽泛的理解，较为一致的看法是，“资产收购中的资产”既包括单项资产、资产组、资产组组合，也包括构成业务的资产。

（二）资产收购的特征

资产收购业务具有如下特征：①资产收购的主体是企业，是一个企业或者个人将其资产转让给另外一个企业。②资产收购的客体是转让方的资产，包括单项资产、资产组、资产组组合和构成业务的资产。③资产收购的目的是收购方通过收购目标公司资产优化资源配置，获取经济利益。④资产收购，收购方不承担转让方的潜在负债，风险较小。⑤资产收购，资产过户手续繁杂，而且有些资产所有权的转移以及与之相关的特许经营权的转移受国家相关法律法规的限制。⑥资产收购涉及流转税、所得税、财产行为税，税收负担重，收购成本高。

（三）资产收购的相关术语

1. 受让企业

受让企业，也称资产的收购方或受让方，是指在资产收购过程中，意图收购转让方资产的当事人。如A公司收购B公司的资产，A公司为资产的受让方或收购方。

2. 转让企业

转让企业，也称资产的被收购方或转让方，指在资产收购过程中，转让其资产给收购方的当事人。如A公司收购B公司的资产，B公司为资产的转让方或被收购方。

3. 资产

资产收购中的资产，既包括单项资产，也包括资产组、资产组组合和构成业务的资产。如果资产收购构成业务收购，其中还包括负债和劳动力的转让。

4. 净资产

资产收购中的净资产，是指收购资产减去收购负债后的余额。如A公司收购B公司的一项业务，其中资产价值800万元，负债价值200万元，净资产为600万元。

5. 收购对价

收购对价，是指收购方支付给被收购方的代价，包括支付的资产、承担的债务以及发行的权益性证券。如A公司收购B公司的资产，支付现金5 000万元，发行债券3 000万元，收购对价为8 000万元。

需要强调的是，含负债的资产收购，收购标的是净资产（资产+负债），企业会计准则也是按照净资产收购表述的。但是在确定收购资产的计税基础时，负债是收购对价的组成部分。也就是说，收购资产的计税基础，是支付资产和承担负债之和。

【例4-1】 A公司收购B公司的一项业务，资产价值800万元，收购方承担被收购方的负债200万元，以现金支付收购对价600万元。该项资产收购业务，交易标的为B公司的资产，对价为800万元，收购资产的成本（对价）为支付的现金和承担的债务之和。

三、资产收购的类型

财税〔2009〕59号文及配套文件仅规定了资产收购的所得税处理，分为一般性税务处理和特殊性税务处理，但是并未对资产收购在经济学意义上进行分类。结合会计准则对资产的分类看，资产收购按照资产类型的不同，分为单项资产的收购、资产组的收购、资产组组合的收购和业务的收购。

（一）单项资产的收购

单项资产的收购，是指收购的资产相互之间不能构成协同效应。如收购的资产尽管包括若干项固定资产、无形资产，但这些资产不能相互协作，不能构成加工生产能力。再如，一条生产集成电路的生产线和一项用于生产防护服的专有技术，属于两个单项资产。

（二）资产组的收购

资产组的收购，是指收购的资产可以构成一个企业基本的生产单元。如某企业的一幢办公楼、两个车间、一个锅炉房，如果能够独立于其他部门或者单位创造收入、产生现金流，可以将该办公楼、车间、锅炉房认定为一个资产组。

（三）资产组组合的收购

资产组组合的收购，是指收购的资产由若干个资产组构成，这些资产组可以构成协同效应。如某产品由两个部件构成，生产这两个部件需要两条生产线，如果一条生产线是一个资产组，这两条生产线就构成一个资产组组合。

（四）业务的收购

业务的收购，是指收购的标的包括转让方某些生产经营活动或资产负债的组合，该组合具有投入、加工处理和产出能力，能够独立计算其成本费用支出或者所产生的收入。如一个企业收购另一个企业某条具有独立生产能力的生产线以及相关的技术、人员。

四、资产收购业务的认定

一项业务，只有认定为资产收购，才能按照资产收购的相关规定进行相应的税务处理。因此，我们有必要厘清资产收购与非货币性资产投资、资产转让、股权收购、企业合并等概念间的关系。

（一）资产收购与非货性资产投资

资产收购是指一个企业收购另一个企业的资产，如A公司收购B公司的资产。非货币性资产投资是指一个企业将其资产投入另一个企业，取得被投资方的股权，如A公司将其资产投入B公司，取得B公司的股权。但资产收购与非货币性资产投资有时又是合二为一的，如A公司将其资产投入B公司，从A公司的角度看是非货币性资产投资，从B公司的角度看是资产收购——B公司收购A公司的资产，以本公司股权支付收购对价。

资产收购属于企业重组，可以按照财税〔2009〕59号文选择特殊性税务处理——递延纳税。而非货币性资产投资不属于企业重组，不能按照59号文选择特殊性税务处理。但企业以非货币性资产投资形成的资产转让所得，投资方可以选择分5年纳税。

【例4-2】 B公司在二级市场大量购买W公司的股票，拟对W公司实施控制。W公司董事会为了应对B公司的恶意收购，拟引进S公司作为公司第一大股东，B公司董事会提出的引进方案为向S公司定向增发股票，收购S公司拥有的若干项土地使用权。

本项业务，从W公司的角度看，交易意图是反收购，实现方式是通过定向增发购买S公司的资产，W公司可以按照资产收购进行所得税处理。从S公司的角度看，交易意图是成为W公司的控股股东，实现方式是以非货币性资产投资，S公司可以选择按照非货性投资进行所得税处理，非货币性资产转让所得可以分5年纳税。

（二）资产收购与资产转让

资产收购是指收购方收购转让方的资产，如A公司收购B公司的资产。资产转让是指受让方受让转让方的资产，如A公司受让B公司的资产。资产转让通常是指各单项资产的转让，而资产收购通常是指资产组、资产组组合或业务的收购。

资产收购属于企业重组，可以按照财税〔2009〕59号文选择特殊性税务处理——递延纳税。但资产转让不属于企业重组，不能按照59号文选择特殊性税务处理，资产转让只能在转让当期纳税。资产收购与资产转让的定性要依据交易资产的性质及数量认定。

【例4-3】 A公司将其一台设备或一幢楼房转让给B公司，该项交易属于资产转让，A公司应当在资产转让当期确认资产转让所得。但是如果A公司将其一条生产线以及与之相关的资产、技术、人员一并转让给B公司，该项业务可能构成资产收购，如果符合特殊性税务处理条件，可以选择特殊性税务处理——递延纳税。

（三）资产收购与股权收购

资产收购是在公司层面进行的，交易主体是资产的收购方和转让方，交易标的是转让方的资产。如A公司受让B公司的经营性资产，交易主体是A公司和B公司，交易标的是B公司的经营性资产。股权收购是在股东层面进行的，交易主体是目标公司的原股东和新股东，交易标的是目标公司的股权。如A公司受让B公司持有的甲公司股权，交易主体是A公司和B公司，交易标的是甲公司的股权。

资产收购和股权收购均属于企业重组，都可以按照财税〔2009〕59号文选择特殊性税务处理。但是资产收购和股权收购的交易主体不同，交易标的不同，适用特殊性税务处理的条件不同，确认应税所得的方法不同，产生的税收结果很可能不同。

【例 4-4】 S 公司拟对 J 公司(上市公司)进行重组,借壳上市。重组的步骤之一是 S 公司自 J 公司控股股东手中收购 J 公司的股票,S 公司以其分公司资产给 J 公司控股股东支付收购对价。

该项交易,如果将 S 公司认定为交易的主导方,该项交易属于股权收购,即 S 公司从 J 公司控股股东手中收购 J 公司的股票,以非货币性资产——分公司的资产支付收购对价。但是,如果将 J 公司控股股东认定为交易的主导方,该项交易属于资产收购,即 J 公司控股股东收购 S 公司分公司的资产,以持有 J 公司股权支付收购对价。如果将该项交易定性为资产收购,应当按照资产收购的相关规定进行所得税处理。如果将该项交易定性为股权收购,应当按照股权收购的相关规定进行所得税处理。

交易的定性,主要是依据交易的意图判断。本项交易,S 公司拟以收购 J 公司(上市公司)股权的方式借壳上市,J 公司控股股东也同意出让 J 公司股权,以保留 J 公司上市公司的地位。因此,该项交易应当将 S 公司认定为交易主体,将该项交易定性为股权收购,按照股权收购进行相应的所得税处理。

(四) 资产收购与企业合并

资产收购在公司层面进行,涉及资产收购方和转让方两方交易主体,交易标的是转让方的资产,资产收购不影响资产转让方的法人资格。企业合并既在公司层面进行,也在股东层面进行。企业合并包括合并方、被合并方、被合并方股东三方交易主体,交易标的是被合并方的资产、负债、劳动力等一揽子生产要素,合并后被合并方解散。

资产收购和企业合并均属于企业重组,都可以按照财税〔2009〕59 号文选择特殊性税务处理—递延纳税。但是资产收购和企业合并的交易主体不同,交易标的不同,适用特殊性税务处理的条件不同,确认应税所得的方法不同,产生的税收结果很可能也不同。

【例 4-5】 A 公司拟受让 B 公司的全部资产,现有两个方案可供选择:一是 A 公司直接向 B 公司购买资产,A 公司给 B 公司支付收购对价,受购完成后 B 公司存续,该项交易属于资产收购。二是 A 公司通过吸收合并 B 公司取得 B 公司的资产,A 公司给 B 公司的股东支付收购对价,合并后 B 公司解散,该项交易属于企业合并。

五、资产收购的业务流程

资产收购的业务流程和股权收购类似,两者的主要区别是资产收购无须变更工商登记。资产收购的业务流程可以分为三个阶段。

(一) 收购准备阶段

收购准备阶段的具体事项包括:制定公司发展规划;确定资产收购的目标企业;搜集信息,初步沟通,了解目标企业意向;谈判确定基本原则,签订意向协议;递交立项报告;上报公司决策部门。

(二) 并购执行阶段

并购执行阶段的具体事项包括:对拟收购资产的质量、功能、用途、价值进行评估;资产收购方与转让方确定资产成交价;上报项目建议书;并购协议书及附属文件签署;董事会决策程序。

（三）资产移交阶段

资产移交阶段的具体事项包括：支付收购价款；取得发票等资产收购凭证；办理资产交接手续；资产交割；登记管理的资产（如土地、房屋）变更登记；资产的登记和使用；资产的后续管理。

六、资产收购涉及的税收

资产收购涉及的税收包括：法人转让资产，应当缴纳增值税和企业所得税；自然人转让资产，应当缴纳增值税和个人所得税；转让国有土地使用权及其附着物，转让方应当缴纳土地增值税；受让土地、房屋权属，受让方应当缴纳契税；因转让不动产或者登记管理的动产而签订的产权转移书据，买卖双方应当缴纳印花税。

本章我们仅讨论资产收购中的企业所得税问题。资产收购中涉及的增值税、个人所得税、土地增值税、契税、印花税等除企业所得税外的其他税收，我们将在第八章企业重组业务的其他税收处理中专题讨论。

七、案例分析特别说明

为简化分析、突出重点，本章中涉及的示例及案例分析，除有特别说明外，一般不考虑增值税、土地增值税、城市维护建设税、教育费附加、契税、印花税、交易费用等相关税费对企业所得税的影响，也不考虑示例及案例中未提及的因素对企业所得税的影响。

第二节　资产收购的会计处理①

一、资产收购会计处理概述

（一）资产收购的会计处理依据

资产收购中的资产涉及存货、固定资产、无形资产、投资资产等，资产收购的会计处理无专门的会计准则加以规范。一般认为，未构成业务的资产收购，包括各单项资产、资产组或资产组组合的收购（以下将资产组和资产组组合统称为“资产组”），会计处理应当适用《企业会计准则第 4 号——固定资产》《企业会计准则第 6 号——无形资产》《企业会计准则第 7 号——非货币性资产交换》《企业会计准则第 14 号——收入》等各单项会计准则。

构成业务的资产收购，一般认为会计处理应当适用《企业会计准则第 20 号——企业合并》（以下简称《企业合并准则》），依据是《企业合并准则》第三条规定，业务合并比照本准则规定处理。本章关于构成业务的资产收购，会计处理依据《企业合并准则》进行分析。

① 财政部会计司编写组.企业会计准则讲解[M].北京：人民出版社，2010.

（二）资产收购的会计处理方法

企业合并分为同一控制下的企业合并和非同一控制下的企业合并。相应的，业务的合并也分为同一控制下的业务合并和非同一控制下的业务合并。为和《企业合并准则》的表述一致，在此章，我们将“企业合并”和“业务合并”两个概念等同使用。

同一控制下的企业合并通常是在同一企业集团内部进行的非自愿合并，属于参与各方之间所有者权益的结合，从最终控制方来看，交易的净资产并未发生实质性变化。因此，《企业合并准则》对此类合并采取权益结合法，即按照股权结合的方式，合并各方均按其净资产的账面价值合并，合并之后，各方的权益不会因合并而增加或减少。

非同一控制下的企业合并通常发生在非关联企业之间，合并各方不受同一方或相同多方控制，基本是企业的自愿行为，从最终实施控制方的角度看，实际上是合并方购买被合并方净资产的行为。因此，《企业合并准则》对此类合并采用购买法处理，即合并方的账户或合并报表以公允价值反映被合并方的可辨认净资产。

（三）资产收购的会计核算内容

资产收购包括资产的收购方（受让方）和被收购方（转让方）两个交易主体，相应的，资产收购的会计处理也就分为资产收购方的会计处理和资产转让方的会计处理两个方面。除有特殊规定外，资产收购的会计处理原则是，资产转让方转让的资产，应当确认资产转让收益（或损失）；资产受让方受让的资产，应当进行资产的确认和初始计量。资产收购，资产转让方不存在企业清算的问题。

（四）资产收购中业务的认定

《财政部关于印发〈企业会计准则解释第 13 号〉的通知》（财会〔2019〕21 号）规定，业务是指企业内部某些生产经营活动或资产的组合，该组合一般具有投入、加工处理过程和产出能力，能够独立计算其成本费用或所产生的收入。合并方在合并中取得的生产经营活动或资产的组合构成业务，通常应当具有下列三个要素：①投入。投入指原材料、人工、必要的生产技术等无形资产以及构成产出能力的机器设备等其他长期资产的投入。②加工处理过程。加工处理过程指具有一定的管理能力、运营过程，能够组织投入形成产出能力的系统、标准、协议、惯例或规则。③产出。产出包括为客户提供的产品或服务、为投资者或债权人提供的股利或利息等投资收益，以及企业日常活动产生的其他收益。

有关资产或资产、负债的组合是否构成一项业务，应结合所取得资产、负债的内在联系以及加工处理过程等进行综合判断。实务中出现的如一个企业对另一个企业某条具有独立生产能力的生产线的合并、一家保险公司对另一家保险公司寿险业务的合并等，一般构成业务合并。

（五）业务合并中的商誉问题

商誉是指能够给企业带来超额利润的经济资源，商誉的价值来源于企业良好的声誉、技术诀窍、管理经验、企业文化等。会计核算中的商誉，是指企业合并或业务合并时，合并方所支付的成本大于被合并方各项可辨认资产、负债等公允价值份额的差额。

资产收购，只有非同一控制下构成业务的资产收购，才有可能形成商誉。购买方对收购成本大于收购中取得的被购买方可辨认净资产公允价值份额的差额，确认为商誉。购买方对收购成本小于收购中取得的被购买方可辨认净资产公允价值份额的差额，计入当期损益。非同一控制下的业务合并，确认商誉，但是不确认负商誉。

二、未构成业务的资产收购

（一）以现金支付对价的资产收购

以现金支付对价的资产收购，如果收购的是固定资产，资产收购方以购买价款、相关税费、使固定资产达到预定可使用状态前所发生的可归属于该项资产的运输费、装卸费、安装费和专业人员服务费等费用初始计量。如果以一笔款项购入多项没有单独标价的固定资产，应当按照各项固定资产公允价值比例对总成本进行分配，分别确定各项固定资产的成本。如果以一笔款项购入的多项资产中还包括固定资产以外的其他资产，也应按照类似方法处理。资产转让方应当将资产处置收入扣除资产账面价值和相关税费后的余额计入当期损益。固定资产的账面价值是固定资产成本扣减累计折旧和累计减值准备后的金额。

以现金支付对价的资产收购，如果收购资产中包括了存货、无形资产、股权投资等其他非货币性资产，会计核算应当按照《企业会计准则第 1 号——存货》《企业会计准则第 6 号——无形资产》《企业会计准则第 2 号——长期股权投资》等准则的规定进行会计处理。

【例 4-6】 甲公司收购乙公司的一个资产组，假设该资产组包括 A、B、C 三台设备。甲公司支付的收购价款总额为 780 万元，增值税进项税额 101.4 万元（按税法规定可以抵扣），以上款项全部以银行存款支付。假定 A、B、C 设备都满足固定资产的定义及其确认条件，公允价值分别为 300 万元、350 万元和 130 万元。乙公司持有的以上三台设备，原值分别为 580 万元、620 万元、200 万元，已提折旧分别为 320 万元、360 万元、80 万元，其中 A 设备计提资产减值准备 40 万元。

（一）甲公司的会计处理

（1）应计入固定资产成本的金额为价款 780 万元，可抵扣增值税进项税额 101.4 万元不计入固定资产成本。

（2）确定 A、B、C 设备的价值分配比例。

A 设备价值的分配比例：300/780 = 38%

B 设备价值的分配比例：350/780 = 45%

C 设备价值的分配比例：130/780 = 17%

（3）确定 A、B、C 设备各自的成本。

A 设备成本：780 × 38% = 296（万元）

B 设备成本：780 × 45% = 351（万元）

C 设备成本：780 × 17% = 133（万元）

（4）购入固定资产的账务处理。

借：固定资产——A	2 960 000	
——B	3 510 000	
——C	1 330 000	
应交税费——应交增值税（进项税额）	1 014 000	
贷：银行存款		8 814 000

（二）乙公司的会计处理

（1）确定A、B、C设备的账面价值。

A设备的账面价值：580－320－40＝220（万元）

B设备的账面价值：620－360＝260（万元）

C设备的账面价值：200－80＝120（万元）

（2）确定A、B、C设备的收入分配比例。

A设备的收入分配比例：300/780＝38%

B设备的收入分配比例：350/780＝45%

C设备的收入分配比例：130/780＝17%

（3）确定A、B、C设备各自的收入。

A设备收入：780×38%＝296（万元）

B设备收入：780×45%＝351（万元）

C设备收入：780×17%＝133（万元）

（4）确定A、B、C设备各自的转让净损益。

A设备转让净损益：296－220＝76（万元）

B设备转让净损益：351－260＝91（万元）

C设备转让净损益：133－120＝13（万元）

（5）处置固定资产的账务处理。

固定资产转入清理：

借：固定资产清理——A	2 200 000	
——B	2 600 000	
——C	1 200 000	
累计折旧——A	3 200 000	
——B	3 600 000	
——C	800 000	
固定资产减值准备——A	400 000	
贷：固定资产——A		5 800 000
——B		6 200 000
——C		2 000 000

收取转让固定资产的价款：

借：银行存款	8 814 000	
贷：固定资产清理——A		2 960 000
——B		3 510 000
——C		1 330 000
应交税费——应交增值税（销项税额）		1 014 000

结转固定资产清理净损益：

借：固定资产清理——A　760 000
　　　　　　　　——B　910 000
　　　　　　　　——C　130 000
　贷：营业外收入　1 800 000

（二）以权益性证券支付对价的资产收购

资产收购时，如果收购方以权益性证券——通过定向增发以本公司的股权支付收购对价，对于收购方而言，相当于接受非货币性资产投资。如果收购的是固定资产，应当按照投资合同或协议约定的价值确定固定资产成本，但合同或协议约定价值不公允的除外。对于资产的转让方而言，相当于以非货币性资产对外投资，投出的非货币性资产，应当按照投资合同或协议约定的资产的公允价值和该资产账面价值的差额确认资产处置损益；取得购买方的股权，按照投资合同或协议约定的投出资产的公允价值和发生的相关税费确认股权投资成本。

以权益性证券支付对价的资产收购，如果收购资产中包括了存货、无形资产、股权投资等其他非货币性资产，会计核算应当按照《企业会计准则第 1 号——存货》《企业会计准则第 6 号——无形资产》《企业会计准则第 2 号——长期股权投资》等准则的规定进行会计处理。

【例 4-7】 甲公司收购乙公司的一组资产，该组资产包括 A、B 两台设备和 C 一项技术。投资协议约定的资产价值为：A 设备价款 800 万元，增值税税额 104 万元；B 设备价款 500 万元，增值税税额 65 万元；C 技术价款 300 万元，增值税税额 18 万元；以上三项资产价款总计 1 600 万元，增值税总额 187 万元，价税总计 1 787 万元。甲公司定向增发以本公司股票 1 000 万股给乙公司支付收购对价，股票面值总额 1 000 万元，公允价值总额 1 787 万元。乙公司持有的 A 设备原值 1 200 万元，已提折旧 600 万元；B 设备原值 900 万元，已提折旧 550 万元；C 技术原值 420 万元，已摊销额 250 万元。

（一）甲公司的会计处理

甲公司收购的设备和技术，按照投资协议约定的资产价值作为购入资产的初始成本，增值税进项税额申报抵扣。发行的股票，按照面值确认股本，股票面值与公允价值的差额计入资本公积。

借：固定资产——A　8 000 000
　　　　　　——B　5 000 000
　　无形资产——C　3 000 000
　　应交税费——应交增值税（进项税额）　1 870 000
　贷：股本——乙　10 000 000
　　　资本公积——资本溢价　7 870 000

（二）乙公司的会计处理

乙公司转让的设备和技术，按照投资协议约定的资产公允价值和该资产账面价值的差额确认资产转让损益，增值税销项税额申报纳税。取得的甲公司股权，以投资协议约定的资产公允价值和发生的相关税费作为股权的初始投资成本。

固定资产转入清理：

借：固定资产清理——A	6 000 000	
——B	3 500 000	
累计折旧——A	6 000 000	
——B	5 500 000	
贷：固定资产——A		12 000 000
——B		9 000 000

取得甲公司的股权：

借：长期股权投资——甲	17 870 000	
累计摊销——C	2 500 000	
贷：固定资产清理——A		8 000 000
——B		5 000 000
无形资产——C		4 200 000
应交税费——应交增值税(销项税额)		1 870 000
营业外收入		1 300 000

结转固定资产清理净损益：

借：固定资产清理——A	2 000 000	
——B	1 500 000	
贷：营业外收入		3 500 000

（三）以非货币性资产支付对价的资产收购

以非货币性资产支付对价的资产收购，按照《企业会计准则第7号——非货币性资产交换》进行会计处理。非货币性资产交换的会计处理分为以公允价值为基础计量和以账面价值为基础计量两种情形。由于资产收购一般以公允价值计量，所以我们在此主要讨论以公允价值为基础计量非货币性资产交换的会计处理。

非货币性资产交换同时满足下列条件的，应当以公允价值为基础计量：①该项交换具有商业实质。②换入资产或换出资产的公允价值能够可靠地计量。换入资产和换出资产的公允价值均能够可靠计量的，应当以换出资产的公允价值为基础计量，但有确凿证据表明换入资产的公允价值更加可靠的除外。

以公允价值为基础计量的非货币性资产交换，对于换入资产，应当以换出资产的公允价值和应支付的相关税费作为换入资产的成本进行初始计量；对于换出资产，应当在终止确认时，将换出资产的公允价值与其账面价值之间的差额计入当期损益。

有确凿证据表明换入资产的公允价值更加可靠的，对于换入资产，应当以换入资产的公允价值和应支付的相关税费作为换入资产的初始计量金额；对于换出资产，应当在终止确认时，将换入资产的公允价值与换出资产账面价值之间的差额计入当期损益。

以公允价值为基础计量的非货币性资产交换，同时换入或换出多项资产的，应当按照下列规定进行处理：①对于同时换入的多项资产，按照换入的金融资产以外的各项换入资产公允价值相对比例，将换出资产公允价值总额（涉及补价的，加上支付补价的公允价值或减去收到补价的公允价值）扣除换入金融资产公允价值后的净额进行分摊，以分摊至各项换入资产的金额，加上应支付的相关税费，作为各项换入资产的成本进行初始计量。②对于同时换出的多项资产，将各项换出资产的公允价值与其账面价值之间的差额，在各项换出资产终止确认时计入当期损益。

【例4-8】 20×8年5月，甲公司收购乙公司的一组资产——A、B、C三台设备，其中：A设备的账面原价150万元，累计折旧50万元，公允价值150万元；B设备的账面原价200万元，累计折旧90万元，公允价值160万元；C设备的账面原价300万元，累计折旧80万元，公允价值240万元。甲公司以持有丙公司的股权支付收购对价，股权账面价值320万元，公允价值678万元。假定甲公司和乙公司都没有为换出资产计提减值准备；整个交易过程中没有发生除增值税以外的其他相关税费；甲公司换入乙公司的三台设备均作为固定资产使用和管理；乙公司换入甲公司持有的丙公司股权作为长期股权投资管理，乙公司为甲公司开具了增值税专用发票，价款600万元，增值税额78万元，价税总额678万元，增值税税率13%。

（一）会计处理的定性分析

该项交易对于甲公司而言，为了拓展业务，需要乙公司的三项设备；对于乙公司而言，为了多元化经营，需要甲公司持有的丙公司股权。因此，该项涉及多项资产的非货币性资产交换具有商业实质；同时，各单项换入资产和换出资产的公允价值均能可靠计量，因此，甲公司、乙公司均应当以换出资产的公允价值为基础确定换入资产的总成本，确认换出资产产生的相关损益。最后，按照各单项换入资产的公允价值占换入资产公允价值总额的比例，确定各单项换入资产的成本。

（二）甲公司的会计处理

(1) 计算换入资产、换出资产的公允价值总额。

由于换入资产时取得的增值税进项税额可以抵减销项税额，也属于企业的一项资产，在以换出资产公允价值确定换入资产成本时，应当把可抵扣增值税进项税额从换出资产公允价值中扣除。

换出资产公允价值总额：678－78＝600（万元）

换入资产公允价值总额：150＋160＋240＝550（万元）

(2) 计算换入各项资产的公允价值占换入资产公允价值总额的比例。

A设备公允价值占换入资产公允价值总额的比例：150/550＝27%

B设备公允价值占换入资产公允价值总额的比例：160/550＝29%

C设备公允价值占换入资产公允价值总额的比例：240/550＝44%

(3) 计算换入各项资产的成本。

A设备的成本：600×27%＝162（万元）

B设备的成本：600×29%＝174（万元）

C设备的成本：600×44%＝264（万元）

(4) 计算换出股权应确认的损益。

股权转让收益：678－320＝358（万元）

(5) 账务处理。

借：固定资产——A设备	1 620 000	
——B设备	1 740 000	
——C设备	2 640 000	
应交税费——应交增值税(进项税额)	780 000	
贷：长期股权投资		3 200 000
投资收益		3 580 000

(三) 乙公司的会计处理

(1) 确认换入资产的成本。

换出资产公允价值总额：150 + 160 + 240 = 550(万元)

由于只有一项换入资产，所以无须计算各项资产的公允价值占换入资产公允价值总额的比例，直接以换出资产的公允价值和相关税费作为换入资产的成本。

(2) 计算换出资产应确认的损益。

换出资产的账面净值：

A设备的账面净值：150 − 50 = 100(万元)

B设备的账面净值：200 − 90 = 110(万元)

C设备的账面净值：300 − 80 = 220(万元)

换出资产账面净值总额：100 + 110 + 220 = 430(万元)

换出资产公允价值总额：150 + 160 + 240 = 550(万元)

资产转让收益：550 − 430 = 120(万元)

(3) 账务处理。

固定资产转入清理：

借：固定资产清理——A	1 000 000	
——B	1 100 000	
——C	2 200 000	
累计折旧——A	500 000	
——B	900 000	
——C	800 000	
贷：固定资产——A		1 500 000
——B		2 000 000
——C		3 000 000

取得甲公司的股权：

借：长期股权投资——甲	6 280 000	
贷：固定资产清理——A		1 500 000
——B		1 600 000
——C		2 400 000
应交税费——应交增值税(销项税额)		780 000

结转固定资产清理净损益：

借：固定资产清理——A　　500 000
　　　　　　　　——B　　500 000
　　　　　　　　——C　　200 000
　贷：营业外收入　　1 200 000

三、构成业务的资产收购

如前所述，构成业务的资产收购（业务收购或业务合并），会计处理适用《企业合并准则》。为了和《企业合并准则》的表述一致，本章我们将业务收购、业务合并、企业合并作为同一概念使用。

（一）同一控制下的业务合并（业务收购）

参与合并的企业在合并前后均受同一方或相同的多方最终控制且该控制并非暂时性的，为同一控制下的企业合并。同一控制下的企业合并，在合并日取得对其他参与合并企业控制权的一方为合并方，参与合并的其他企业为被合并方。

1. 合并方（收购方）的会计处理

合并方在企业合并中取得的资产和负债，应当按照合并日被合并方的账面价值计量。合并方取得的净资产账面价值与支付的合并对价账面价值（或发行股份面值总额）的差额，应当调整资本公积；资本公积不足冲减的，调整留存收益。

合并方为进行企业合并发生的各项直接相关费用，包括为进行企业合并而支付的审计费用、评估费用、法律服务费用等，应当于发生时计入当期损益。为企业合并发行的债券或承担其他债务支付的手续费、佣金等，应当计入所发行债券及其他债务的初始计量金额；企业合并中发行权益性证券发生的手续费、佣金等费用，应当抵减权益性证券溢价收入，溢价收入不足冲减的，冲减留存收益。

2. 被合并方（被收购方）的会计处理

《企业合并准则》规范的是企业合并业务中合并方的会计处理，没有规范被合并方的会计处理。被合并方在企业合并中如何进行会计处理，争议较大。理论上，同一控制下企业合并的会计处理，应当采用权益结合法。权益结合法的基本逻辑是，同一控制下的企业合并是企业权益的重新结合，合并前后合并各方的资产总额既不因合并而增加，也不因合并而减少。合并各方在合并过程中取得的资产，以该资产的原账面价值计量；转让的资产，不确认资产转让收益。

依据权益结合法的原理，同一控制下企业合并业务中被合并方的会计处理应当是：①被合并方转让给合并方的资产，不确认资产转让收益。②合并方以非货币性资产给被合并方支付合并对价，被合并方取得的非货币性资产，应当以该非货币性资产的原账面价值初始计量。换出资产账面价值与换入资产账面价值的差额，调整资本公积。③合并方通过定向增发以本公司股票给被合并方支付合并对价，被合并方取得的合并方股票，应当以合并资产的原账面价值初始计量。

【例 4-9】 A公司和B公司均是甲公司的子公司。A公司收购B公司的一条生产线

（构成业务），以持有乙公司的股权支付收购对价。B公司生产线的公允价值8 000万元，账面价值5 000万元。A公司持有乙公司股权的公允价值8 000万元，账面价值4 000万元。

该项业务属于同一控制下的业务合并（业务收购），交易双方应当采用权益结合法核算。A公司取得的生产线，应当以该生产线的原账面价值5 000万元初始计量。B公司取得的乙公司股权，也应当以乙公司股权的原账面价值4 000万元初始计量。合并前双方持有的资产总额为9 000万元，合并后双方持有的资产总额还是9 000万元，资产总额不因合并而增加或减少。

有观点认为，B公司取得的乙公司股权，应当以原拥有生产线的账面价值5 000万元初始计量。如此处理，合并前双方持有的资产总额为9 000万元，合并后双方持有的资产总额变为10 000万元，合并后资产总额增加，这有违权益结合法的原理。

【例4-10】 甲公司收购乙公司的一项业务（业务合并），该业务包括生产某产品的一条生产线与之相关的专有技术以及人员、负债。甲公司给乙公司定向增发1 000万股普通股（每股面值1元）支付收购对价，股份公允价值1 600万元。甲公司在该项业务合并中发生的资产评估等各项费用90万元，以银行存款支付。甲公司资本公积账户的余额为2 500万元。

甲公司和乙公司为同一集团内的两家子公司，业务合并前其共同的母公司为A公司，该项业务中参与合并的企业在合并前及合并后均为A公司最终控制，为同一控制下的业务合并。合并日该项业务所包含的资产、负债相关情况如表4-1所示。

表4-1　　**合并日合并资产、负债的相关情况**　　单位：万元

项目	账面价值	公允价值
资产：		
存货	120	180
固定资产	1 500	2 100
无形资产	200	600
资产总计	1 820	2 880
负债：		
短期借款	800	800
应付账款	700	700
负债合计	1 500	1 500
净资产合计	320	1 380

（一）甲公司的会计处理

（1）由于该项合并为同一控制下的业务合并，合并方在企业合并中取得的资产和负债，应当按照合并日被合并方的账面价值计量。

（2）合并方取得的净资产账面价值与发行股份面值总额的差额，应当调整资本公积。

（3）合并方为进行企业合并发生的各项直接相关费用，于发生时计入当期损益。

（4）合并方的会计处理：

合并方取得资产账面价值：1 820 万元

合并方取得负债账面价值：1 500 万元

合并方取得净资产账面价值：320 万元

发行股份面值：1 000×1＝1 000（万元）

资本公积：320－1 000＝－680（万元）

借：库存商品（存货）	1 200 000	
固定资产	15 000 000	
无形资产	2 000 000	
管理费用	900 000	
资本公积	6 800 000	
贷：短期借款		8 000 000
应付账款		7 000 000
银行存款		900 000
股本		10 000 000

（二）乙公司的会计处理

（1）该项合并为同一控制下的业务合并，被合并方在该项业务合并中取得合并方据以支付对价的股权，应当按照合并日被合并资产、负债的账面价值计量。

（2）被合并方被合并的资产、负债，其公允价值与账面价值的差额，不确认损益。

（3）被合并方的会计处理：

被合并资产账面价值：1 820 万元

被合并负债账面价值：1 500 万元

取得长期股权投资入账价值：1 820－1 500＝320（万元）

借：长期股权投资	3 200 000	
短期借款	8 000 000	
应付账款	7 000 000	
贷：库存商品（存货）		1 200 000
固定资产		15 000 000
无形资产		2 000 000

（二）非同一控制下的业务合并（业务收购）

参与合并的各方在合并前后不属于同一方或相同多方最终控制的，为非同一控制下的企业合并。非同一控制下的企业合并，在购买日取得对其他参与合并企业控制权的一方为购买方，参与合并的其他企业为被购买方。

1. 合并方（购买方）的会计处理

购买方应当区别下列情况计量合并成本：①一次交换交易实现的企业合并，合并成本为购买方在购买日为取得对被购买方的控制权而付出的资产、发生或承担的负债以及发行的权益性证券的公允价值。②通过多次交换交易分步实现的企业合并，合并成本为每一单项交易成本之和。③购买方为进行企业合并发生的各项直接相关费用也应当计入企业合并成本。

购买方在购买日应当对合并成本进行分配，确认所取得的被购买方各项可辨认资产、负债及或有负债。①购买方对合并成本大于合并中取得的被购买方可辨认净资产公允价值份额的差额，应当确认为商誉。②购买方对合并成本小于合并中取得的被购买方可辨认净资产公允价值份额的差额，应当进行复核，经复核后合并成本仍小于合并中取得的被购买方可辨认净资产公允价值份额的，其差额应当计入当期损益。③购买方在购买日对作为企业合并对价付出的资产、发生或承担的负债应当按照公允价值计量，公允价值与其账面价值的差额，计入当期损益。

被购买方可辨认净资产公允价值，是指合并中取得的被购买方可辨认资产的公允价值减去负债及或有负债公允价值后的余额。被购买方各项可辨认资产、负债，符合下列条件的，应当单独予以确认：①合并中取得的被购买方除无形资产以外的其他各项资产（不仅限于被购买方原已确认的资产），其所带来的未来经济利益预计能够流入企业且公允价值能够可靠计量的，应当按照公允价值确认。②合并中取得的无形资产，其公允价值能够可靠计量的，应当单独确认为无形资产并以公允价值计量。③合并中取得的被购买方除或有负债以外的其他各项负债，履行有关的义务很可能导致经济利益流出企业且公允价值能够可靠计量的，应当按照公允价值确认。

2. 被合并方（被购买方）的会计处理

如前所述，《企业合并准则》规范的是企业合并业务中合并方的会计处理，没有规范被合并方的会计处理。被合并方如何进行会计处理，争议较大。理论上，非同一控制下企业合并的会计处理应当采用购买法。购买法的基本逻辑是，合并方和被合并方在企业合并业务中涉及资产所有权的让渡，应当按照购买资产处理。合并各方在合并过程中受让的资产，以该资产的公允价值计量；转让的资产，应当确认资产转让收益。

依据购买法的原理，非同一控制下企业合并被合并方的会计处理应当是：①被合并方转让给合并方的资产，应当确认资产转让损益。②合并方以非货币性资产给被合并方支付合并对价，被合并方取得的非货币性资产，应当以换出资产的公允价值对换入资产初始计量。③合并方通过定向增发以本公司股票给被合并方支付合并对价，被合并方取得的合并方股票，应当以换出资产的公允价值初始计量。

需要强调的是，非同一控制下的企业合并可能存在商誉的确认问题。如果被合并方转让的资产中存在商誉，被合并方在计算资产处置收益时，应当以取得合并对价的公允价值作为资产处置收入，不能以转让资产的公允价值确认资产处置收入。因为取得的合并对价中包含了商誉的价值，但转让的资产中无法确认商誉的价值。

【例 4-11】 甲公司收购乙公司的一项业务（业务合并），该业务包括生产某产品的一条生产线、与之相关的专有技术以及人员、负债。甲公司给乙公司定向增发 1 000 万股普通股（每股面值 1 元）支付收购对价，股份公允价值 1 600 万元。甲公司在该项合并中发生的资产评估等各项费用 90 万元，以银行存款支付。

甲公司和乙公司在合并前以及合并后无任何关联关系，该合并为非同一控制下的业务合并。合并日各项可辨认资产、负债的相关情况如表 4-2 所示。

表 4-2　　合并日合并资产、负债的相关情况　　单位：万元

项目	账面价值	公允价值
资产：		
存货	120	180
固定资产	1 500	2 100
无形资产	200	600
资产总计	1 820	2 880
负债：		
短期借款	800	800
应付账款	700	700
负债合计	1 500	1 500
净资产合计	320	1 380

（一）甲公司的会计处理

（1）该项合并为非同一控制下的业务合并，合并成本为购买方在购买日为取得对被购买方的业务而付出的资产、发生或承担的负债以及发行的权益性证券的公允价值。

（2）购买方对合并成本大于合并中取得的被购买方可辨认净资产公允价值份额的差额，应当确认为商誉。

（3）甲公司的账务处理：

可辨认资产公允价值：2 880 万元

可辨认负债公允价值：1 500 万元

可辨认净资产公允价值：1 380 万元

合并成本：1 600 + 90 = 1 690（万元）

商誉：1 690 − 1 380 = 310（万元）

借：库存商品（存货）	1 800 000	
固定资产	21 000 000	
无形资产	6 000 000	
商誉	3 100 000	
贷：短期借款		8 000 000
应付账款		7 000 000
银行存款		900 000
股本		10 000 000
资本公积		6 000 000

（二）乙公司的会计处理

（1）该项合并为非同一控制下的业务合并，且合并资产中存在商誉，被合并方在该项业

务合并中取得合并方据以支付对价的股权，应当按照合并日该股权的公允价值初始计量。

(2) 被合并方被合并的资产、负债，应当确认资产、负债处置损益。计算资产、负债处置损益时，收入应当按照合并日取得的合并对价——合并方股权的公允价值确认，成本应当按照合并日处置资产、负债的账面价值确认。

(3) 被合并方的账务处理：

长期股权投资：1 600 万元

资产、负债转让收益：1 600 − 320 = 1 280(万元)

借：长期股权投资	16 000 000	
短期借款	8 000 000	
应付账款	7 000 000	
贷：库存商品(存货)		1 200 000
固定资产		15 000 000
无形资产		2 000 000
营业外收入		12 800 000

第三节　资产收购的所得税处理

一、资产收购所得税处理概述

(一) 资产收购的所得税处理原则

资产收购是企业重组的方式之一，企业重组所得税处理的原则也是资产收购所得税处理应当遵循的原则。财税〔2009〕59 号文及配套文件对企业重组所得税处理的原则没有明文规定，如果对财税〔2009〕59 号文作学理概括，资产收购的所得税处理原则包括合理商业目的原则、实质重于形式原则、权益延续原则、经营延续原则。

(二) 资产收购的所得税处理方法

资产收购的所得税处理，分为一般性税务处理和特殊性税务处理。原则上，资产收购适用一般性税务处理，重组各方在重组过程中转让的资产，应当在重组当期确认应税所得；重组各方在重组过程中取得的资产，以公允价值作为计税基础。资产收购适用特殊性税务处理，重组各方在重组过程中转让的资产，重组当期不确认应税所得；重组各方在重组过程中取得的资产，以该资产的原计税基础作为计税基础。

(三) 资产收购的所得税处理内容

资产收购是在公司层面进行的交易，资产收购的交易主体是收购方和被收购方。资产收购的所得税处理包括收购方的所得税处理和被收购方的所得税处理。资产收购的所得税处理主要包括：①当事人转让的资产，是否确认资产转让所得。②当事人取得的资产，如何确认资产的计税基础。③构成项目的资产收购，该项目未享受完的税收优惠，资产受让方能否继续享受。

（四）资产收购中业务的认定

《企业所得税法》及其《实施条例》、财税〔2009〕59 号文及配套文件都没有业务的概念，都没有提及业务收购及商誉的确认问题。业务是人、财、物的结合，构成业务的情况下，企业的价值就不完全是可辨认资产创造的，还存在大量的诸如技术诀窍、熟练员工等不可辨认资产创造的价值。资产收购包括构成业务的资产收购和未构成业务的资产收购，这是客观事实。资产收购的所得税处理，如果认可业务收购的存在，就存在商誉的确认问题；如果不认可业务收购的存在，或由于征管原因在资产收购中暂不考虑业务收购，就不存在商誉的确认问题。理论上，企业重组的所得税处理应当认可业务的存在，考虑商誉的确认问题。

（五）资产收购中商誉的确认

商誉是指能够给企业带来超额利润的经济资源，商誉的价值来源于企业的良好声誉、技术诀窍、管理经验、企业文化等。《企业所得法实施条例》第八十五条规定，外购商誉的支出，在企业整体转让或者清算时，准予扣除。但《实施条例》只规定了商誉如何在税前扣除，并未规定商誉的确认和计量问题，财税〔2009〕59 号也未提及商誉的确认和计量。从逻辑上讲，商誉的扣除以商誉的存在为前提条件，要扣除商誉就应当先确认和计量商誉。

在资产收购构成业务收购的情形下，所得税处理确认商誉，各项可辨认资产以其公允价值确认计税基础，收购成本大于可辨认资产公允价值的部分确认为商誉，可辨认资产的计税基础就低，投入使用后税前扣除的成本费用就小。资产收购不确认商誉，就要将收购成本分摊给各项可辨认资产，以此作为各项可辨认资产的计税基础，可辨认资产的计税基础就高，投入使用后税前扣除的成本费用就大。

资产收购的所得税处理是否确认商誉，有两种观点：一种观点认为，由于财税〔2009〕59 号文及配套文件并未提及商誉，所以资产收购不应当确认商誉。还有一种观点认为，商誉是客观存在的，商誉是企业价值的组成部分，企业重组如果不确认商誉，就会造成可辨认资产计税基础和税前可扣除成本费用的虚增，而且《企业所得税法》也是将商誉作为无形资产管理的，所以业务收购应当确认商誉。但目前在税收征管实务中，资产收购确认商誉的情况比较少见。

鉴于以上分析，我们认为，在资产收购构成业务收购的情况下，所得税处理应当确认商誉。在税法对商誉的确认和计量未有明确规定之前，企业重组中商誉的确认和计量，应当借鉴会计准则的相关规定。具体来讲，非同一控制下的资产收购如果构成业务收购且适用一般性税务处理，各单项资产和负债应当按照其公允价值确认计税基础，收购成本大于可辨认净资产公允价值份额的部分，确认为商誉。但是企业在税收实务中是否确认商誉，要充分考虑主管税务机关对这个问题的看法和征管习惯。

【例 4-12】 甲公司收购乙公司的一项业务（业务合并），该业务包括生产某产品的一条生产线、与之相关的专有技术以及人员、负债、销售渠道。该业务收购，涉及资产的公允价值总额为 18 000 万元，涉及负债的公允价值总额为 6 000 万元，净资产公允价值为 12 000 万元，甲公司以银行存款 15 000 万元支付收购对价。

该项业务收购，甲公司取得乙公司可辨认净资产的公允价值总额为 12 000 万元，支付的收购对价为 15 000 万元，支付收购对价高于净资产公允价值的部分 3 000 万元，应当确认为商誉。

（六）资产收购交易标的及对价的确认

资产收购可能是资产组或资产组组合的收购，也可能是业务的收购。业务收购与资产组的收购不同，业务收购往往伴随着负债及劳动力的转移。业务收购，收购的标的是业务，其中可以会计计量的是资产和负债。业务收购中收购方承继被收购方的负债，在收购环节是计算净资产（净资产＝资产－负债）的依据。但在确认收购资产计税基础时，收购方承继被收购方的负债属于交易对价的组成部分。

【例4-13】 甲公司收购乙公司的一项业务，该项业务包括一组资产、部分债务以及相应的劳动力。资产、负债的公允价值分别为50 000万元、30 000万元，净资产为20 000万元。甲公司以现金20 000万元支付收购对价。该项业务，甲公司取得的收购资产，计税基础为50 000万元，支付的现金20 000万元和承继的债务30 000万元，均属于资产收购的交易对价。

（七）资产收购所得税处理相关术语

1. 资产原值

资产原值是指资产持有人持有资产的原始价值，除有特殊规定外，资产原值一般根据取得资产时的历史成本确认。如A公司收购B公司的资产，支付收购价款8 000万元，资产的原值为8 000万元。

2. 资产减值准备

资产减值准备是指资产因发生减值而计提的准备金，资产减值准备一般根据资产的账面价值与可收回金额的差额确认。如某项固定资产账面价值50万元，可收回金额20万元，应计提减值准备30万元。

3. 资产账面价值

资产账面价值是指资产原值减去已折耗金额及减值准备后的余额。如A公司的某项固定资产，原值120万元，计提折旧30万元，计提资产减值准备20万元，该固定资产的账面价值为70万元。

4. 资产公允价值

税法中资产的公允价值是指按照市场价格确定的资产价值。如A公司将其一条生产线在正常市场条件下转让给B公司，取得转让价款6 000万元，则该条生产线的公允价值为6 000万元。

5. 资产计税基础

资产计税基础是指可以在企业所得税税前扣除的资产成本，资产计税基础一般按照资产的历史成本确认。已发生折耗的资产，计税基础为原值减已在税前扣除的折耗金额。如固定资产原值300万元，已税前扣除折旧100万元，计税基础为200万元。

6. 资产税会差异

资产税会差异是指由于会计处理与所得税处理原则不同造成的资产账面价值与计税基础之间的差异。如A公司的某项固定资产，原值500万元，计提资产减值准备100万元，计提减值准备后资产的账面价值为400万元，但计税基础仍为500万元，形成100万元的税会差异。

二、资产收购的所得税处理规定

按照财税〔2009〕59 号文的规定，资产收购的所得税处理分为一般性税务处理和特殊性税务处理。

（一）适用一般性税务处理的资产收购

按照财税〔2009〕59 号文第四条第三项的规定，资产收购适用一般性税务处理：①被收购方应当将收购资产的公允价值与计税基础之间的差额确认为资产转让所得或损失。②收购方取得被收购方的资产，应当以公允价值作为计税基础。③被收购方的相关所得税事项原则上保持不变。被收购方的相关所得税事项原则上保持不变，主要指被收购方未弥补的亏损继续弥补，未享受完的税收优惠继续享受。

【例 4-14】 A 公司收购 B 公司的资产，B 公司被收购资产的公允价值 9 000 万元，计税基础 6 000 万元。A 公司通过定向增发，以公允价值 9 000 万元的本公司股票给 B 公司支付收购对价。该项资产收购业务，如果适用一般性税务处理规定进行所得税处理，B 公司在资产收购当期确认资产转让所得 3 000 万元(9 000－6 000)，A 公司取得 B 公司的资产，以公允价值 9 000 万元作为计税基础。

（二）适用特殊性税务处理的资产收购

按照财税〔2009〕59 号文第六条第三项的规定，适用特殊性税务处理规定的资产收购，原则上：①收购方取得被收购方的资产，以被收购方该项资产的原有计税基础作为计税基础。②被收购方取得的收购对价——收购方的股权，以被收购资产的计税基础作为计税基础。③收购方、被收购方的原有各项资产和负债的计税基础和其他相关所得税事项保持不变。

【例 4-15】 A 公司收购 B 公司的资产，B 公司被收购资产的公允价值 9 000 万元，计税基础 6 000 万元。A 公司通过定向增发，以公允价值 9 000 万元的本公司股票给 B 公司支付收购对价。该项资产收购业务，如果适用特殊性税务处理规定进行所得税处理，B 公司在资产收购当期不确认资产转让所得，B 公司取得 A 公司股权，以被收购资产的计税基础 6 000 万元作为计税基础。A 公司取得 B 公司资产，以该资产的原计税基础 6 000 万元作为计税基础。

需要注意的是，适用特殊性税务处理规定的资产收购，如果收购对价中既有股权支付，也有非股权支付，交易对价中与股权支付相对应的转让资产，暂不确认资产的转让所得或损失。但交易对价中与非股权支付相对应的转让资产，仍应在交易当期确认相应的资产转让所得或损失，并调整相应资产的计税基础。

$$\begin{matrix}\text{非股权支付对应的}\\\text{资产转让所得或损失}\end{matrix}=\left(\begin{matrix}\text{被转让资产的}\\\text{公允价值}\end{matrix}-\begin{matrix}\text{被转让资产}\\\text{的计税基础}\end{matrix}\right)\times\left(\begin{matrix}\text{非股权}\\\text{支付金额}\end{matrix}\div\begin{matrix}\text{被转让资产}\\\text{的公允价值}\end{matrix}\right)$$

【例 4-16】 A 公司将其资产转让给 B 公司，资产的公允价值 10 000 万元，计税基础 6 000 万元。B 公司给 A 公司支付的收购对价总额为 10 000 万元，其中发行 500 万股普通股(面值 1 元/股，公允价值 19 元/股)支付 9 500 万元，现金支付 500 万元。

该项资产收购业务，如果适用特殊性税务处理，A 公司转让给 B 公司的资产，与非股权支付（现金）相对应的部分，应当确认资产转让所得 200 万元[（10 000－6 000）×500/10 000]；与股权支付额相对应的转让资产，不确认资产转让所得；A 公司取得 B 公司的股权，以与股权支付对应的转让资产的计税基础 5 700 万元（6 000×9 500/10 000）作为计税基础。B 公司受让的 A 公司资产，以该项资产的原计税基础加 A 公司确认的资产转让所得作为计税基础，计税基础为 6 200 万元（6 000＋200）。

（三）资产收购适用特殊性税务处理的条件

按照财税〔2009〕59 号文第五条的规定，资产收购适用特殊性税务处理，应当同时符合以下五项条件：一是收购要具有合理的商业目的，且不以减少、免除或者推迟缴纳税款为主要目的；二是被收购资产占被收购方总资产的比例在 75%以上（财税〔2014〕109 号文将收购比例调整为 50%）；三是企业重组后的连续 12 个月内不改变重组资产原来的实质性经营活动；四是收购对价中股权支付额占交易总额的比例在 85%以上；五是企业重组中取得股权支付的原主要股东，在重组后的连续 12 个月内，不得转让所取得的股权。

（四）资产收购中的所得税优惠

《企业所得税法实施条例》第八十九条规定，港口码头、机场、铁路、公路、城市公共交通、电力、水利等国家重点扶持的公共基础设施项目和公共污水处理、公共垃圾处理、沼气综合开发利用、节能减排技术改造、海水淡化等环境保护、节能节水项目，在减免税期限内转让的，受让方自受让之日起，可以在剩余期限内享受规定的减免税优惠；减免税期限届满后转让的，受让方不得就该项目重复享受减免税优惠。所以，资产收购如果构成项目收购，且该项目享受定期减免税优惠的，资产收购方可以在剩余减免税期限内，按照税法规定享受减免税优惠。

【例 4-17】 A 公司的一条高速公路 2016 年投入运营，2016—2021 年享受三免三减半的企业所得税优惠。2018 年，A 公司将该高速公路转让给 B 公司，B 公司受让该高速公路后，可以享受剩余期限的所得税优惠，2018 年免税，2019—2021 年减半缴纳企业所得税。

三、资产收购所得税处理政策分析

（一）以非货币性资产支付对价的所得税处理

财税〔2009〕59 号文关于资产收购的所得税处理，仅规定了资产收购适用一般性税务处理，被收购方转让的资产应当确认资产转让所得，收购方取得的资产应当以公允价值作为计税基础。但是财税〔2009〕59 号文并没有规定收购方如果以非货币性资产支付收购对价，据以支付对价的非货币性资产是否确认资产转让所得；也没有规定被收购方取得的对价如果是非货币性资产（如收购方的股权），如何确认非货币性资产的计税基础。

理论上，资产收购如果适用一般性税务处理，其所得税处理应当遵循所得税处理的一般规定。收购方如果以非货币性资产支付收购对价，据以支付对价的非货币性资产，由于所有权已发生转移，其公允价值与计税基础之间的差额，应当确认为资产转让所得。被收购方取得的收购对价如果是非货币性资产，应当以公允价值作为计税基础。

【例 4-18】 A 公司收购 B 公司的资产，B 公司资产的公允价值 9 000 万元，计税基础 6 000 万元。A 公司以持有甲公司股权给 B 公司支付收购对价，该股权公允价值 9 000 万元，计税基础 7 000 万元。该项资产收购业务，如果适用一般性税务处理规定进行所得税处理，B 公司在资产收购当期确认资产转让所得 3 000 万元(9 000 - 6 000)，取得甲公司的股权，以公允价值 9 000 万元作为计税基础。A 公司取得的 B 公司资产，以公允价值 9 000 万元作为计税基础，据以支付对价的甲公司股权，应当确认股权转让所得 2 000 万元(9 000 - 7 000)。

与资产收购的一般性税务处理规定相似，财税〔2009〕59 号文仅规定了资产收购适用特殊性税务处理，收购方取得被收购方的资产、负债，以该资产、负债的原计税基础作为计税基础。被收购方取得的收购对价如果是收购方的股权或收购方控股公司的股权，以原持有被收购资产的计税基础作为计税基础。但是财税〔2009〕59 号文并没有规定收购方如果以持有控股公司的股权支付收购对价，据以支付对价的控股公司股权，其公允价值与计税基础之间的差额，是否确认股权转让所得。这个问题，我们放在资产收购的重复征税问题中一并分析。

(二) 资产收购中资产的确认问题

资产收购中资产的确认问题，指的是收购方如何确认在资产收购中取得的资产归属于哪一类资产。资产的确认影响资产的后续计量，进而影响成本费用的确认。例如，一项资产，如果确认为固定资产，后续计量应当折旧；如果确认为无形资产，后续计量应当摊销。《企业所得税法》及《实施条例》只对资产进行了分类，无资产确认的相关规定。税收实务中，企业应当结合《固定资产准则》等具体会计准则中有关资产确认的规定，确认企业所得税中的资产。

【例 4-19】 A 公司购买张某个体经营连锁药店合计 10 家门店，收购对价 1 800 万元以现金支付。收购资产包括标的门店的店内所有设施设备、装修及附属、经营场所承租权、经营销售信息、经营权益以及存货。本例中，A 公司取得的装修及附属、经营场所承租权、经营销售信息、经营权益等就存在资产的确认问题。如，经营销售信息是否构成资产？如果构成资产，属于哪一类资产？

(三) 资产收购中资产计税基础的确定

一般情形下，资产收购不太可能是单项资产的收购，往往是资产组或业务的收购，一个资产组或业务中可能包含了多项资产。在资产收购总额一定的情况下，收购方如何确定资产组或业务中各单项资产的计税基础，财税〔2009〕59 号文及配套文件无具体规定。

结合《固定资产准则》等会计准则中有关资产成本确认的规定进行分析，在资产收购总额一定的情况下，如果不考虑商誉，各单项资产计税基础的确定分三种情形：①资产收购适用一般性税务处理，应当以各单项资产的公允价值为分配标准，将资产收购对价总额分配给各单项资产。②资产收购适用特殊性税务处理且对价全部以股权支付，应当以各单项资产的原计税基础作为受让资产的计税基础。③资产收购适用特殊性税务处理且存在非股权支付，应当以各单项资产的公允价值为分配标准，将资产转让方确认的应税所得在各单项资产间分配，然后以各单项资产的原计税基础加分配的资产转让所得，作为受让资产新的计税基础。

【例4-20】 甲公司收购了乙公司的一组资产，该资产组由A、B、C三项资产构成，各单项资产的公允价值分别为1 000万元、2 000万元、3 000万元，资产收购总额6 600万元，甲公司全部以银行存款支付收购对价。乙公司持有的A、B、C三项资产，各单项资产的计税基础分别为800万元、1 600万元、2 600万元。

该项资产收购业务，收购对价全部以银行存款支付，只能适用一般性税务处理。甲公司取得的收购资产，以资产收购总额6 600万元作为收购资产的计税基础总额。各单项资产的计税基础，按照各单项资产的公允价值占资产公允价值总额的比例计算确定。

A资产公允价值占公允价值总额的比例：1 000/6 000 = 17%

B资产公允价值占公允价值总额的比例：2 000/6 000 = 33%

C资产公允价值占公允价值总额的比例：3 000/6 000 = 50%

A资产的计税基础：6 600×17% = 1 122(万元)

B资产的计税基础：6 600×33% = 2 178(万元)

C资产的计税基础：6 600×50% = 3 300(万元)

【例4-21】 甲公司收购了乙公司的一组资产，该资产组由A、B、C三项资产构成，各单项资产的公允价值分别为1 000万元、2 000万元、3 000万元，资产收购总额6 600万元。甲公司通过定向增发，全部以本公司股票支付收购对价。乙公司持有的A、B、C三项资产，各单项资产的计税基础分别为800万元、1 600万元、2 600万元。

该项资产收购业务，由于收购对价全部以股权支付，如果该资产收购符合特殊性税务处理的其他条件，可以选择特殊性税务处理。甲公司取得的A、B、C三项资产，以该资产的原计税基础作为计税基础，各单项资产的计税基础分别为800万元、1 600万元、2 600万元。

【例4-22】 甲公司收购了乙公司的一组资产，该资产组由A、B、C三项资产构成，各单项资产的公允价值分别为1 000万元、2 000万元、3 000万元，资产收购总额6 600万元。甲公司以现金支付收购对价600万元，通过定向增发，以本公司股票支付收购对价6 000万元。乙公司持有的A、B、C三项资产，各单项资产的计税基础分别为800万元、1 600万元、2 600万元，计税基础总额5 000万元。

该项资产收购业务，股权支付额占交易总额的比例为91%(6 000/6 600)，大于85%。如果该项资产收购符合特殊性税务处理的其他条件，可以选择特殊性税务处理。但是与非股权支付相对应的转让资产，应当确认资产转让所得。乙公司应当确认的资产转让所得为145万元[(6 600－5 000)×600/6 600]。甲公司取得的资产，应当以各单项资产的公允价值作为分配标准，将乙公司确认的应税所得在各单项资产间分配，然后以各单项资产的原计税基础加分配的资产转让所得，作为受让资产新的计税基础。

A资产公允价值占公允价值总额的比例：1 000/6 000 = 17%

B资产公允价值占公允价值总额的比例：2 000/6 000 = 33%

C资产公允价值占公允价值总额的比例：3 000/6 000 = 50%

A资产分配的应税所得：145×17% = 25(万元)

B资产分配的应税所得：145×33%＝48(万元)

C资产分配的应税所得：145×50%＝72(万元)

A资产的计税基础：1 000＋25＝1 025(万元)

B资产的计税基础：2 000＋48＝2 048(万元)

C资产的计税基础：3 000＋72＝3 072(万元)

(四) 资产收购特殊性税务处理的实质

资产收购适用一般性税务处理规定，其所得税处理遵循所得税处理的一般原则，资产的转让方在重组当期确认应税所得，资产的受让方以受让资产的公允价值作为计税基础。资产收购适用特殊性税务处理规定，其实质是递延纳税，即允许纳税人将本应在重组当期缴纳的税收递延至将来，在将来某一时点(如资产转让方转让收购方股权时)完税。递延纳税，如果考虑到资金的时间价值，相当于少缴税，客观上属于一项税收优惠。

(五) 资产收购特殊性税务处理中的重复纳税

如前所述，企业重组适用特殊性税务处理，其实质是递延纳税。如果不考虑资金的时间价值，企业重组适用一般性税务处理和适用特殊性税务处理，重组各方当事人在重组当期和重组以后，累计确认的应纳税所得额理论上应该是相等的。但是按照财税〔2009〕59号文的规定，资产收购适用一般性税务处理和适用特殊性税务处理，重组各方当事人在重组当期和重组以后，累计确认的应纳税所得额不相等。当收购资产的公允价值高于计税基础时，适用特殊性税务处理规定确认的应税所得大于适用一般性税务处理规定确认的应税所得，存在重复征税的问题。当收购资产的公允价值低于计税基础时，适用特殊性税务处理规定确认的应税所得小于适用一般性税务处理规定确认的应税所得，存在双重不征税的问题。

【例4-23】 A公司向B公司收购其资产，B公司资产的公允价值10 000万元，计税基础6 000万元。A公司通过定向增发，以公允价值10 000万元的本公司股票给B公司支付收购对价。重组完成后，B公司以12 000万元的价格转让A公司股票，A公司以13 000万元的价格转让B公司资产。该项资产收购业务适用一般性税务处理和适用特殊性税务处理税收负担比较如表4-3所示。

表4-3　资产收购适用一般重组和特殊重组税收负担的比较　单位：万元

重组当事人	期间	一般重组应税所得	特殊重组应税所得	税负比较
收购方(A公司)	收购当期	0	0	0
	收购以后	13 000－10 000＝3 000	13 000－6 000＝7 000	7 000－3 000＝4 000
被收购方(B公司)	收购当期	10 000－6 000＝4 000	0	0－4 000＝－4 000
	收购以后	12 000－10 000＝2 000	12 000－6 000＝6 000	6 000－2 000＝4 000
应税所得合计		9 000	13 000	13 000－9 000＝4 000

说明：选择一般重组，A公司取得B公司资产、B公司取得A公司股权，均以公允价值(10 000万元)作为计税基础。选择特殊重组，A公司取得B公司资产，以该资产的原计税基础(6 000万元)作为计税基础；B公司取得A公司股权，以原持有收购资产的计税基础(6 000万元)作为计税基础。

从表 4-3 可以看出，对于被收购方 B 公司而言，资产收购适用特殊性税务处理，存在递延纳税的问题：将本应在重组当期确认的应税所得 4 000 万元，递延至重组后缴纳。对于收购方 A 公司而言，资产收购适用特殊性税务处理，存在重复纳税的问题：当收购资产的公允价值高于计税基础时，适用一般性税务处理，A 公司和 B 公司在资产收购当期和收购以后，累计确认的应税所得为 9 000 万元；适用特殊性税务处理，A 公司和 B 公司在资产收购当期和收购以后，累计确认的应税所得为 13 000 万元，适用特殊性税务处理应税所得增加 4 000 万元，存在重复纳税的问题。

但是，如果 A 公司向 B 公司收购资产时，B 公司资产的公允价值 6 000 万元，计税基础 10 000 万元。A 公司通过定向增发，以公允价值 6 000 万元的本公司股票给 B 公司支付收购对价。重组完成后，B 公司以 12 000 万元的价格转让 A 公司股权，A 公司以 13 000 万元的价格转让 B 公司资产。该项资产收购业务适用一般性税务处理和适用特殊性税务处理税收负担比较如表 4-4 所示。

表 4-4　　资产收购适用一般重组和特殊重组税收负担的比较　　单位：万元

重组当事人	期间	一般重组应税所得	特殊重组应税所得	税负比较
收购方（A 公司）	收购当期	0	0	0
	收购以后	13 000 − 6 000 = 7 000	13 000 − 10 000 = 3 000	3 000 − 7 000 = − 4 000
被收购方（B 公司）	收购当期	6 000 − 10 000 = − 4 000	0	0 − (− 4 000) = 4 000
	收购以后	12 000 − 6 000 = 6 000	12 000 − 10 000 = 2 000	2 000 − 6 000 = − 4 000
应税所得合计		9 000	5 000	5 000 − 9 000 = − 4 000

说明：选择一般重组，A 公司取得 B 公司资产、B 公司取得 A 公司股权，均以公允价值（6 000 万元）作为计税基础。选择特殊重组，A 公司取得 B 公司资产，以该资产的原计税基础（10 000 万元）作为计税基础；B 公司取得 A 公司股权，以原持有收购资产的计税基础（10 000 万元）作为计税基础。

从表 4-4 可以看出，上述资产收购业务，当收购资产的公允价值低于计税基础时，适用一般性税务处理，A 公司和 B 公司在资产收购当期和收购以后，累计确认的应税所得为 9 000 万元。适用特殊性税务处理，A 公司和 B 公司在资产收购当期和收购以后，累计确认的应税所得为 5 000 万元。适用特殊性税务处理应税所得减少 4 000 万元，存在双重不征税的问题。

（六）以控股公司股权支付收购对价的特殊性税务处理

如前所述，财税〔2009〕59 号文仅规定了资产收购适用特殊性税务处理，收购方取得的收购资产和被收购方取得作为收购对价的非货币性资产（如收购方股权），如何确认计税基础。但是财税〔2009〕59 号文并没有规定收购方如果以持有控股公司的股权支付收购对价，据以支付对价的控股公司股权，其公允价值与计税基础之间的差额，是否确认股权转让所得。

按照财税〔2009〕59 号文的规定，收购方以控股公司股权支付收购对价视为股权支付，如果选择特殊性税务处理，被收购方转让的资产中，与股权支付对应的部分不确认资产转让所得。理论上，企业重组中收购方、被收购方的所得税处理口径应当一致，收购方以持有控股公司的股权支付收购对价，既然被收购方不确认资产转让所得，那么收购方也不应当确认股权转让所得。另外，按照财税〔2009〕59号文对于以控股公司股权支付收购对价的资产收购适用特殊性税务处理，存在双重征税和双重不征税的问题。

【例4-24】 A集团公司收购B集团公司的资产，资产的公允价值1 000万元，计税基础700万元。A集团公司以持有A公司4.8%的股份给B集团公司支付收购对价，股份的公允价值1 000万元，计税基础600万元。资产收购完成后，A集团公司以1 200万元的价格转让收购所得B集团公司的原资产，B集团公司以1 300万元的价格转让A公司股份。按照财税〔2009〕59号文的规定，该项业务选择一般重组和特殊重组所得税处理税收负担比较如表4-5所示。

表4-5 资产收购适用一般重组和特殊重组税收负担的比较 单位：万元

重组当事人	期间	一般重组应税所得	特殊重组应税所得	税负比较
收购方（A集团）	收购当期	1 000 − 600 = 400	0	0 − 400 = −400
	收购以后	1 200 − 1 000 = 200	1 200 − 700 = 500	500 − 200 = 300
被收购方（B集团）	收购当期	1 000 − 700 = 300	0	0 − 300 = −300
	收购以后	1 300 − 1 000 = 300	1 300 − 700 = 600	600 − 300 = 300
应税所得合计		1 200	1 100	1 100 − 1 200 = −100

说明：选择一般重组，A集团公司取得B集团公司的资产、B集团公司取得A公司的股份，均以公允价值（1 000万元）作为计税基础。选择特殊重组，A集团公司取得B集团公司的资产，以该资产的原计税基础（700万元）作为计税基础；B集团公司取得A公司的股份，以B集团公司转让资产的计税基础（700万元）作为计税基础。

根据以上分析可以看出，收购方、被收购方在收购当期和收购以后，累计确认的应纳税所得额，选择一般重组为1 200万元，选择特殊重组为1 100万元，特殊重组与一般重组比较，累计确认的应纳税所得额减少了100万元。如前所述，特殊重组的实质是递延纳税，即重组当事人将本应在重组当期缴纳的所得税递延到以后期间缴纳。如果不考虑资金的时间价值，选择特殊重组和选择一般重组，重组双方累计确认的应纳税所得额应当是相等的。本例出现的这种情况，和所得税立法精神相悖。

之所以出现这种问题，究其原因，主要是因为在特殊重组下，按照现行政策规定，A集团公司转让的A公司股份（计税基础600万元）未确认应税所得，而取得B集团公司的资产，是以该资产的原计税基础（700万元）作为计税基础。根据所得税计税基础应税递增的原理，如果A集团公司转让的A公司股份不确认应税所得，则取得B集团公司的资产，应该以转让A公司股份的计税基础（600万元）作为计税基础（税基替换）。而按照现行政策规定进行所得税处理，A集团取得B集团公司资产的计税基础得到了免税递增（700万元），所以出现了双重不纳税的问题。当然，本例中，如果A公司股份的计税基础大于B集团公司资产的计税基础，按照现行政策规定选择特殊性税务处理，就会出现重复纳税的问题。这些问题的解决，要有赖于税法的进一步完善。

四、资产收购税会差异的调整

（一）资产收购税会差异的形成原因

资产收购的会计处理，依据所收购资产的不同，适用《固定资产准则》《无形资产准则》

《非货币性资产交换准则》等。而资产收购的所得税处理，遵循的是《企业所得税法》及配套文件有关企业重组的相关规定。由于资产收购的会计处理和所得税处理遵循不同的处理规则，所以就产生了税会差异的调整问题。

资产收购中的税会差异，包括存货的税会差异、固定资产的税会差异、无形资产的税会差异、投资资产的税会差异、收入确认的税会差异等。本章我们主要以固定资产和商誉为例，说明资产收购过程中固定资产及商誉税会差异的调整问题。

（二）固定资产初始计量形成的税会差异

企业取得固定资产，会计核算依据《固定资产准则》对固定资产初始计量，其中购买固定资产的价款超过正常信用条件延期支付，实质上具有融资性质的，固定资产的成本以购买价款的现值为基础确定。但固定资产的所得税处理以取得固定资产所发生的历史成本确认计税基础。由于固定资产的会计核算和所得税处理依据不同的计量规则对固定资产初始计量，由此形成固定资产初始计量的税会差异。

【例 4-25】 A 公司销售的某种设备，现销价格 1 600 万元，4 年期付款的赊销价格2 000 万元。B 公司以赊销方式购入一台设备，会计核算确认固定资产原值 1 600 万元、未确认融资费用 400 万元，但所得税处理按照历史成本确认的计税基础为 2 000 万元，由此形成 400 万元初始计量的税会差异。

（三）固定资产后续计量形成的税会差异

固定资产的后续计量主要是计提折旧和固定资产的大修理。影响固定资产折旧费的因素包括固定资产原值、折旧年限、折旧方法、减值准备、预计净残值等。由于会计准则和所得税法对固定资产原值、折旧年限、折旧方法、减值准备、预计净残值的规定不同，由此形成固定资产后续计量的税会差异。

【例 4-26】 A 公司的某项固定资产，原值 120 万元，会计核算采用直线法计提折旧，折旧年限 8 年，不考虑残值，年计提折旧额 15 万元（120/8）。所得税处理采用直线法扣除折旧，折旧年限 10 年，不考虑残值，年扣除折旧额 12 万元（120/10），前 8 年 A 公司所得税申报时年调整增加应纳税所得额 3 万元（15 − 12）。如果 A 公司在第 6 年初转让该项固定资产，转让时该固定资产的账面价值 45 万元（120 − 15×5），计税基础 60 万元（120 − 12×5），转让当期所得税申报时，调整减少应纳税所得额 15 万元（45 − 60）。

（四）计提固定资产减值准备形成的税会差异

固定资产如果发生减值，应当计提固定资产减值准备。企业计提的固定资产减值准备，会计处理计入当期损益，利润总额减少，但所得税处理不能在税前扣除，计提年度所得税申报时应当调整增加应纳税所得额。企业转让已计提减值准备的固定资产，会计处理应当冲减已计提的减值准备，利润总额增加，但因冲减减值准备而增加的利润不征收企业所得税，转让年度所得税申报时应当调整减少应纳税所得额。

【例 4-27】 甲公司的 A 设备，原值 800 万元。由于某种新型设备的出现，导致甲公司的 A 设备发生减值。经测试，该资产可收回金额为 600 万元，甲公司计提固定资产减值准备 200 万元（800 − 600）。本例中，甲公司计提固定资产减值准备当年，应当调整增加应纳税所得额200万元。将来处置该设备时，冲减已计提减值准备，应当调整减少应纳税所得额200万元。

（五）固定资产折旧方法形成的税会差异

《固定资产准则》规定，固定资产可选用的折旧方法包括年限平均法、工作量法、双倍余额递减法和年数总和法等。但《企业所得税法》规定的固定资产折旧方法为直线法，双倍余额递减法和年数总和法在企业所得税中属于税收优惠的范畴。由于会计核算和所得税处理适用的固定资产折旧方法不同，由此形成折旧方法的税会差异。

【例4-28】 甲公司的A设备，原值100万元，折旧年限5年，假定不考虑残值。会计核算按照双倍余额递减法计提折旧，年折旧率40%；所得税按照平均年限法计提折旧，年折旧率20%。第一年会计计提折旧40万元（100×40%），所得税可税前扣除折旧20万元（100×20%），当年所得税申报时，调整增加应纳税所得额20万元（40－20）。

（六）资产收购适用特殊性税务处理形成的税会差异

资产收购适用特殊性税务处理，如果收购对价全部以股权支付，资产转让方会计核算按照资产的公允价值和账面价值计算资产转让损益，所得税处理不计算资产转让所得，由此形成资产处置的税会差异。资产受让方会计处理按照受让资产的公允价值初始计量，所得税处理以受让资产的原计税基础作为计税基础，由此形成资产账面价值与计税基础的税会差异。

【例4-29】 A公司收购B公司的资产，B公司资产的公允价值10 000万元，账面价值6 000万元，计税基础6 000万元。A公司通过定向增发，以公允价值10 000万元的本公司股票给B公司支付收购对价。

本项资产收购业务，如果适用特殊性税务处理，B公司在资产收购当期，会计核算确认资产转让收益4 000万元（10 000－6 000），所得税处理不确认资产转让所得，资产转让当年所得税申报时，调整减少应纳税所得额4 000万元。B公司取得A公司股权，会计处理以公允价值10 000万元初始计量，所得税处理以转让资产的原计税基础6 000万元作为计税基础，由此形成的税会差异，在将来处置A公司股权时，调整增加应纳税所得额4 000万元。

A公司取得B公司的资产，会计处理以公允价值10 000万元初始计量，所得税处理以该资产的原计税基础6 000万元作为计税基础，由此形成的税会差异，在对资产后续计量或将来处置该资产时，累计调整增加应纳税所得额4 000万元。

（七）商誉的确认和计量形成的税会差异

企业合并的会计处理分同一控制下的企业合并和非同一控制下的企业合并，同一控制下的企业合并不确认商誉，非同一控制下的企业合并确认商誉。企业合并的所得税处理分一般性税务处理和特殊性税务处理，一般性税务处理受让的资产按照公允价值确认计税基础，存在商誉的确认问题；特殊性税务处理受让的资产以该资产的原计税基础作为计税基础，不存在商誉的确认问题。

构成业务的资产收购（业务合并）是否形成商誉，理论上有四种组合：①同一控制下的企业合并所得税选择一般性税务处理。该种情形，会计处理不确认商誉，所得税处理确认商誉，存在税会差异。②同一控制下的企业合并所得税选择特殊性税务处理。该种情形，会计处理和所得税处理均不确认商誉，无税会差异。③非同一控制下的企业合并所得税选择一般性税务处理。该种情形，会计处理和所得税处理均确认商誉，无税会差异。④非同一控制下的企业合并所得税选择特殊性税务处理。该种情形，会计处理确认商誉，所得税处理不确认商誉，存在税会差异。

企业因资产收购形成的商誉，在商誉持有期间如果发生减值，会计处理计提减值准备，但计提的减值准备在企业所得税前不得扣除，计提年度所得税申报时应当调整增加应纳税所得额。计提过减值准备的商誉，账面价值和计税基础存在差异，账面价值小于计税基础，未来处置商誉时，所得税申报应当调整减少应纳税所得额。

（八）确认合并收益形成的税会差异

非同一控制下的资产收购如果构成业务合并，收购企业取得的各项可辨认资产、负债，会计处理按照其公允价值初始计量，如果合并成本低于可辨认净资产公允价值，差额计入营业外收入。所得税处理资产的计税基础按照历史成本（此处为合并成本）确认，由此形成资产合并收益的税会差异。资产的税会差异在合并后对资产后续计量或处置资产时作纳税调整，计入营业外收入的合并收益，在合并当期作纳税调整。

【例 4-30】 A 公司合并 B 公司的一项业务，B 公司被合并资产的公允价值 25 000 万元，A 公司折价合并，给 B 公司支付合并对价 22 000 万元。该项企业合并业务，A 公司会计处理，取得合并资产的入账价值 25 000 万元，确认营业外收入 3 000 万元。A 公司所得税处理，取得合并资产的计税基础 22 000 万元，不确认应税所得。合并当期所得税申报时，调整减少应纳税所得额 3 000 万元。合并后对资产后续计量或处置资产时，累计调整增加应纳税所得额 3 000 万元。

（九）资产收购税会差异纳税调整的注意事项

资产收购涉及税会差异的纳税调整应当注意以下问题：一是资产收购前形成的税会差异，如由于固定资产的初始计量形成的税会差异，由于折旧年限形成的税会差异，由于折旧方法形成的税会差异，由于计提资产减值准备形成的税会差异，在资产收购当期确认资产转让所得时作纳税调整。二是资产收购过程中形成的税会差异，如由于资产收购选择特殊性税务处理形成的税会差异，由于确认商誉形成的税会差异，在重组后对资产后续计量或处置资产时作纳税调整。

五、资产收购具体业务的所得税处理

（一）以现金支付收购对价的所得税处理

资产收购，如果收购方以现金支付收购对价，所得税只能适用一般性税务处理。收购方取得被收购方的资产，以公允价值作为计税基础。被收购方转让的资产，其公允价值与计税基础之间的差额，确认为资产转让所得。

资产收购过程中发生的相关费用如何进行税务处理，财税〔2009〕59 号文无具体规定。财税〔2009〕59 号文关于资产计税基础的确定，强调的是公允价格、原计税基础、收购对价，而资产收购过程中发生的费用和这些概念均无关联性。结合《企业所得税法》及《实施条例》中有关资产计税基础确认的相关规定分析，收购方在资产达到预计可使用状态前发生的费用，应当作为收购资产计税基础的组成部分。被收购方发生的相关费用，应当冲减资产转让所得。

【例 4-31】 甲公司收购乙公司的一个资产组，该资产组包括 A、B、C 三台设备。甲公司支付的收购价款总额为 800 万元，增值税进项税额 104 万元，包装、运输等费用 80 万元，以上款项全部以银行存款支付。假定 A、B、C 设备的公允价值分别为 400 万元、300 万元和 100 万元，原值分别为 580 万元、620 万元、200 万元，已提折旧分别为 320 万元、360 万元、80 万元，其中 A 设备因会计折旧年限高于税法规定的折旧年限，有 50 万元折旧未在企业所得税税前扣除。

（一）甲公司的所得税处理

(1) 应计入固定资产原值和计税基础的金额为 880 万元(800+80)，可抵扣增值税进项税额 104 万元不计入固定资产原值和计税基础。

(2) 确定 A、B、C 设备的价值分配比例。

A 设备的价值分配比例：400/800=50%

B 设备的价值分配比例：300/800=37.5%

C 设备的价值分配比例：100/800=12.5%

(3) 确定 A、B、C 设备各自的计税基础。

A 设备的计税基础：880×50%=440(万元)

B 设备的计税基础：880×37.5%=330(万元)

C 设备的计税基础：880×12.5%=110(万元)

本例中，甲公司会计核算确认的固定资产原值和所得税处理确认的计税基础相同，税会无差异。

（二）乙公司的所得税处理

(1) 确定 A、B、C 设备的资产净值。

A 设备的资产净值：580−320=260(万元)

B 设备的资产净值：620−360=260(万元)

C 设备的资产净值：200−80=120(万元)

设备的资产净值总额：260+260+120=640(万元)

(2) 确定 A、B、C 设备的计税基础。

A 设备的计税基础：580−(320−50)=310(万元)

B 设备的计税基础：620−360=260(万元)

C 设备的计税基础：200−80=120(万元)

设备的计税基础总额：310+260+120=690(万元)

(3) 确定 A、B、C 设备会计核算的资产转让收益。

设备转让总收入：800 万元

设备净值合计：640 万元

设备转让收益：800−640=160(万元)

(4) 确定 A、B、C 设备所得税的资产转让所得。

设备转让总收入：800 万元

设备计税基础总额：690 万元

设备转让所得：800－690＝110(万元)

(5) 资产转让收益和资产转让所得的税会差异。

由于乙公司会计核算计提的折旧费未在企业所得税税前扣除，导致固定资产净值和计税基础存在差异，进而导致会计核算确认的资产转让收益和所得税的资产转让所得存在差异，该差异在资产转让当期所得税申报时，调整减少应纳税所得税 50 万元(110－160)。

(二) 以收购方股权支付收购对价的所得税处理

资产收购时，收购方通过定向增发以本公司股权支付收购对价，所得税处理应当适用一般性税务处理。如果符合特殊性税务处理条件，也可以适用特殊性税务处理。

资产收购以收购方股权支付收购对价，如果适用一般性税务处理：①收购方取得被收购方的资产，以公允价值作为计税基础。②被收购方转让的资产，其公允价值与计税基础之间的差额，确认为资产转让所得。③被收购方取得收购方的股权，以公允价值作为计税基础。

资产收购以收购方股权支付收购对价，如果适用特殊性税务处理，原则上：①收购方取得被收购方的资产，以该资产的原计税基础作为计税基础。②被收购方转让的资产，不确认资产转让所得。③被收购方取得收购方的股权，以被转让资产的计税基础作为计税基础。④如前文所述，资产收购适用特殊性税务处理，当收购资产的公允价值高于计税基础时，存在重复纳税的问题；当收购资产的公允价值低于计税基础时，存在双重不纳税的问题。

与现金收购相似，财税〔2009〕59 号文未规定在资产收购过程中发生的相关费用如何进行税务处理。结合《企业所得税法》及《实施条例》中有关资产计税基础确认的相关规定分析，收购方在资产达到预计可使用状态前发生的费用，应当作为收购资产计税基础的组成部分。被收购方发生的相关费用，应当冲减资产转让所得。

【例 4-32】 甲公司收购乙公司的一组资产，该组资产包括 A、B 两台设备和 C 一项技术。投资协议约定的资产价值为：A 设备价款 800 万元，增值税税额 104 万元；B 设备价款 500 万元，增值税税额 65 万元；C 技术价款 300 万元，增值税税额 18 万元；以上三项资产价款总计 1 600 万元，增值税总额 187 万元，价税总计 1 787 万元。甲公司定向增发，以本公司股票 1 000 万股给乙公司支付收购对价，股票面值总额 1 000 万元，公允价值总额 1 787 万元。乙公司持有的设备原值和计税基础相同，已计提折旧和税前扣除折旧相同。其中：A 设备原值 1 200 万元，折旧 600 万元；B 设备原值 900 万元，折旧 550 万元；C 技术原值 420 万元，摊销 250 万元。

本案例中的资产收购，由于收购对价全部以收购方的股权支付，如果该资产收购符合特殊性税务处理的其他条件，所得税处理可以适用一般性税务处理，也可以选择特殊性税务处理。

(一) 资产收购的一般性税务处理

1. 适用一般性税务处理甲公司的所得税处理

甲公司受让的 A、B、C 三项资产，所得税处理以公允价值 800 万元、500 万元、300 万元作为计税基础，会计处理也是以公允价值800万元、500万元、300万元作为入账价值，无税会差异。收购资产计税基础不包括可抵扣增值税进项税额。

2. 适用一般性税务处理乙公司的所得税处理

(1) 乙公司转让的资产，所得税处理确认资产转让所得。

三项资产可税前扣除净值：

A设备资产净值：1 200 − 600 = 600(万元)

B设备资产净值：900 − 550 = 350(万元)

C技术资产净值：420 − 250 = 170(万元)

三项资产净值合计：600 + 350 + 170 = 1 120(万元)

三项资产转让所得：1 600 − 1 120 = 480(万元)

乙公司转让的资产，所得税处理确认的资产转让所得与会计处理确认的资产转让收益相等，无税会差异。

(2) 乙公司取得甲公司的股权，所得税处理以所转让资产的公允价值和增值税销项税额1 787万元(1 600 + 187)作为计税基础，会计处理以所转让资产的公允价值和增值税销项税额1 787万元(1 600 + 187)作为资产的入账价值，无税会差异。

(二) 资产收购的特殊性税务处理

1. 适用特殊性税务处理甲公司的所得税处理

甲公司取得的A、B、C三项资产，所得税处理以该资产的原计税基础600万元、350万元、170万元作为计税基础，会计处理以该资产的公允价值800万元、500万元、300万元作为入账价值，存在税会差异，该差异在重组后对资产后续计量或处置资产时作纳税调整。资产计税基础不包括可抵扣增值税进项税额。

2. 适用特殊性税务处理乙公司的所得税处理

(1) 乙公司转让的资产，会计处理确认资产转让收益480万元(1 600 − 1 120)，所得税处理不确认资产转让所得，存在税会差异，该差异在重组当期调整减少应纳税所得额480万元。

(2) 乙公司取得甲公司的股权，会计处理以所转让资产的公允价值和增值税销项税额1 787万元(1 600 + 187)作为股权的入账价值，所得税处理以所转让资产的原计税基础和增值税销项税额1 307万元(1 120 + 187)作为计税基础，存在税会差异，该差异在将来处置甲公司股权时作纳税调整。

如前文所述，该项资产收购适用特殊性税务处理，由于被收购资产的公允价值高于计税基础，所以存在重复纳税的问题。

(三) 以控股公司股权支付收购对价的所得税处理

资产收购时，收购方以控股公司股权支付收购对价，所得税处理应当适用一般性税务处理。如果符合特殊性税务处理条件，也可以适用特殊性税务处理。

资产收购以控股公司股权支付收购对价，如果适用一般性税务处理，①收购方取得被收购方的资产，以公允价值作为计税基础。②收购方据以支付收购对价的控股公司股权，其公允价值与计税基础之间的差额，确认为股权转让所得。③被收购方转让的资产，其公允价值与计税基础之间的差额，确认为资产转让所得。④被收购方取得收购方控股公司的股权，以公允价值作为计税基础。

资产收购以控股公司股权支付收购对价，如果适用特殊性税务处理，原则上，①收购方取得被收购方的资产，以该资产的原计税基础作为计税基础。②被收购方转让的资产，其公允价值与计税基础之间的差额，不确认资产转让所得。③被收购方取得收购方控股公司的股权，以被转让资产的计税基础作为计税基础。

资产收购以控股公司股权支付收购对价，如果适用特殊性税务处理，收购方据以支付收购对价的控股公司股权，其公允价值与计税基础之间的差额是否确认股权转让所得，财税〔2009〕59 号文无具体规定。如前文所述，以控股公司股权支付收购对价的资产收购，按照财税〔2009〕59 号文的规定进行所得税处理，存在双重纳税和双重不纳税的问题。

【例 4-33】 20×8 年 5 月，甲公司收购乙公司的一组资产——A、B、C 三台设备，其中：A 设备的账面原价 150 万元，累计折旧 50 万元，公允价值 150 万元；B 设备的账面原价 200 万元，累计折旧 90 万元，公允价值 160 万元；C 设备的账面原价 300 万元，累计折旧 80 万元，公允价值 240 万元。甲公司以持有丙公司的股权支付收购对价，股权账面价值 320 万元，公允价值 621.5 万元。假定甲公司和乙公司都没有为换出资产计提减值准备，且换出资产账面价值与计税基础相同；整个交易过程中没有发生除增值税以外的其他相关税费；甲公司换入乙公司的三台设备均作为固定资产使用和管理；乙公司换入甲公司持有的丙公司股权作为长期股权投资管理，乙公司为甲公司开具了增值税专用发票，价款 550 万元，增值税税率 13%，税额 71.5 万元，价税总额 621.5 万元。

本案例中的资产收购，由于收购对价全部以收购方控股公司的股权支付，如果该资产收购符合特殊性税务处理的其他条件，所得税处理可以适用一般性税务处理，也可以选择特殊性税务处理。

（一）资产收购的一般性税务处理

1. 适用一般性税务处理甲公司的所得税处理

（1）甲公司受让的 A、B、C 三台设备，所得税处理以公允价值 150 万元、160 万元、240 万元作为计税基础，会计处理也是以公允价值 150 万元、160 万元、240 万元作为入账价值，无税会差异。收购资产计税基础不包括可抵扣增值税进项税额。

（2）甲公司据以支付对价的丙公司股权，所得税处理确认股权转让所得 301.5 万元（621.5 − 320），会计处理确认股权转让收益 301.5 万元（621.5 − 320），无税会差异。

2. 适用一般性税务处理乙公司的所得税处理

（1）乙公司转让的资产，所得税处理确认资产转让所得。

三项资产可税前扣除净值：

A 设备资产净值：150 − 50 = 100（万元）

B 设备资产净值：200 − 90 = 110（万元）

C 设备资产净值：300 − 80 = 220（万元）

三项资产净值合计：100 + 110 + 220 = 430（万元）

三项资产公允价值合计：150 + 160 + 240 = 550（万元）

三项资产转让所得：550－430＝120（万元）

乙公司转让的资产，所得税处理确认资产转让所得，会计处理确认资产转让收益，无税会差异。

（2）乙公司取得丙公司的股权，所得税处理以所转让资产的公允价值和增值税销项税额621.5万元（550＋71.5）作为计税基础。会计处理以所转让资产的公允价值和增值税销项税额621.5万元（550＋71.5）作为资产的入账价值，无税会差异。

（二）资产收购的特殊性税务处理

1. 适用特殊性税务处理甲公司的所得税处理

（1）甲公司取得的A、B、C三项资产，所得税处理以该资产的原计税基础100万元、110万元、220万元作为计税基础，会计处理以该资产的公允价值150万元、160万元、240万元作为入账价值，存在税会差异，该差异在重组后对重组资产后续计量或处置资产时作纳税调整。资产计税基础不包括可抵扣增值税进项税额。

（2）甲公司据以支付对价的丙公司股权，所得税处理不确认股权转让所得，会计处理确认股权转让收益301.5万元（621.5－320），存在税会差异。该差异在重组当期调整减少应纳税所得额301.5万元。

2. 适用特殊性税务处理乙公司的所得税处理

（1）乙公司转让的三项资产，会计处理确认资产转让收益120万元（550－430），所得税处理不确认资产转让所得，存在税会差异，该差异在重组当期调整减少应纳税所得额120万元。

（2）乙公司取得甲公司的股权，会计处理以所转让资产的公允价值和增值税销项税额621.5万元（550＋71.5）作为股权的入账价值，所得税处理以所转让资产的原计税基础和增值税销项税额的合计金额501.5万元（430＋71.5）作为计税基础，存在税会差异，该差异在将来处置甲公司股权时作纳税调整。

（四）同一控制下业务合并的所得税处理

同一控制下构成业务收购的资产收购（业务合并），所得税应当适用一般性税务处理。如果符合特殊性税务处理条件，也可以选择特殊性税务处理。理论上，业务合并选择一般性税务处理，所得税处理存在商誉的确认问题。但是因为同一控制下的业务合并会计处理不确认商誉，所以所得税实务中一般不确认商誉。

1. 同一控制下业务合并的一般性税务处理

（1）合并方的所得税处理

业务合并选择一般性税务处理，理论上，合并方所得税处理存在商誉的确认问题。①如果合并成本高于被合并净资产的公允价值，应当以各单项资产、负债的公允价值确认其计税基础，差额作为商誉处理。②如果合并成本低于被合并净资产的公允价值，应当将合并成本按照各单项资产的公允价值分配给各单项资产，以此确认各单项资产的计税基础。③如果合并方以非货币性资产支付收购对价，该非货币性资产的公允价值与计税基础之间的差额，应当确认为资产转让所得。

如前所述，税收实务中，如果税务机关认可业务合并的所得税处理不确认商誉（事实上实务中也不确认商誉），而且合并方也无意确认商誉，无论合并方的合并成本高于被合并净资产公允价值，还是低于被合并净资产公允价值，均应当将合并成本按照各单项资产的公允价值分配给各单项资产，以此确认各单项资产的计税基础。

（2）被合并方的所得税处理

业务合并选择一般性税务处理，被合并方转让的资产，其公允价值与计税基础之间的差额，确认为资产转让所得。被合并方取得的对价如果是非货币性资产，应当按照该非货币性资产的公允价值确认计税基础。

（3）一般性税务处理的税会差异

1）合并方的税会差异。

同一控制下的业务合并选择一般性税务处理，合并方的税会差异包括：①合并方取得的资产，会计处理以该资产的原账面价值初始计量，所得税处理以该资产的公允价值作为计税基础，形成税会差异，该差异在重组后对资产后续计量或处置资产时作纳税调整。②合并方如果以非货币性资产支付合并对价，据以支付对价的非货币性资产，会计处理不确认资产转让损益，所得税处理确认资产转让所得，形成税会差异，该差异在重组当期作纳税调整。③合并方会计处理不确认商誉，所得税处理如果确认商誉，形成税会差异，该差异在将来企业清算处置商誉时作纳税调整。

2）被合并方的税会差异。

同一控制下的业务合并选择一般性税务处理，被合并方的税会差异包括：①被合并方转让的资产，会计处理不确认资产转让损益，所得税处理确认资产转让所得，形成税会差异，该差异在重组当期作纳税调整。②被合并方取得的对价如果是非货币性资产，会计处理以该非货币性资产的原账面价值初始计量，所得税处理以该非货币性资产的公允价值作为计税基础，存在税会差异，该差异在重组后对资产后续计量或处置资产时作纳税调整。

【例4-34】 A公司和B公司均为甲公司的全资子公司，A公司合并B公司的一项业务。该业务所包含资产的公允价值25 000万元，账面价值20 000万元，计税基础20 000万元。A公司以本公司股票给B公司支付合并对价，股票公允价值25 000万元。该业务合并为同一控制下的业务合并，所得税选择一般性税务处理。

（一）被合并方B公司的所得税处理

被合并方B公司被合并的资产，会计处理不确认资产处置收益，所得税处理确认资产转让所得5 000万元（25 000－20 000），合并当期所得税申报时，调整增加应纳税所得额5 000万元。取得的合并对价——A公司股权，入账价值20 000万元，计税基础25 000万元，将来处置A公司股权所得税申报时，调整减少应纳税所得额5 000万元。

（二）合并方A公司的所得税处理

合并方A公司取得的合并资产，入账价值20 000万元，计税基础25 000万元。假设取得的资产为固定资产，合并后会计处理按照20 000万元计提折旧，税前扣除的折旧按照25 000万元计算，所得税申报时，累计调整减少应纳税所得额5 000万元。

【例4-35】 A公司和B公司均为甲公司的全资子公司，A公司合并B公司的一项业务。该项业务所包含资产的公允价值25 000万元，账面价值18 000万元，计税基础20 000

万元。A公司以本公司股票给B公司支付合并对价，股票公允价值25 000万元。该业务合并为同一控制下的业务合并，所得税选择一般性税务处理。

（一）被合并方B公司的所得税处理

被合并方B公司被合并的资产，会计处理不确认资产处置收益，所得税处理确认资产转让所得5 000万元（25 000－20 000），收购当期所得税申报时，调整增加应纳税所得额5 000万元。取得的合并对价——A公司股权，入账价值18 000万元，计税基础25 000万元，将来处置A公司股权时，调整减少应纳税所得额7 000万元。

B公司取得A公司股权形成的税会差异7 000万元（25 000－18 000），由两部分构成，一部分是合并前原有资产的税会差异2 000万元（20 000－18 000），还有一部分是合并时对资产初始计量形成的税会差异5 000万元（25 000－20 000）。

（二）合并方A公司的所得税处理

合并方A公司取得的合并资产，入账价值18 000万元，计税基础25 000万元。假设取得的资产为固定资产，合并后会计处理按照18 000万元计提折旧，税前扣除的折旧按照25 000万元计算，所得税申报时累计调减应纳税所得额7 000万元。

A公司取得B公司资产形成的税会差异7 000万元（25 000－18 000），由两部分构成，一部分是合并前资产的税会差异2 000万元（20 000－18 000），还有一部分是合并时对资产初始计量形成的税会差异5 000万元（25 000－20 000）。

2. 同一控制下业务合并的特殊性税务处理

（1）合并方的所得税处理

业务合并选择特殊性税务处理，合并方所得税处理无须考虑商誉的确认问题。①如果合并对价全部以股权支付，合并方取得被合并方的资产，以该资产的原计税基础作为计税基础。②如果合并对价既有股权支付也有非股权支付，合并方取得的合并资产，以该资产的原计税基础加被合并方确认的资产转让所得作为计税基础。③合并方以非货币性资产支付部分收购对价，该非货币性资产的公允价值与计税基础之间的差额是否确认资产转让所得，税法无明确规定，实务中争议较大。

业务合并，合并方以非货币性资产支付部分合并对价，如果所得税选择特殊性税务处理，被合并方转让的资产中，与非货币性资产对价对应的部分，应当确认资产转让所得。理论上，合并方、被合并方在企业重组中所得税处理的口径应当一致，既然被合并方转让的资产中与非货币性资产对应的部分确认资产转让所得，那么合并方据以支付对价的非货币性资产，其公允价值与计税基础之间的差额，也应当确认资产转让所得。

（2）被合并方的所得税处理

业务合并选择特殊性税务处理，被合并方的所得税处理为：①如果合并对价全部以股权支付，被合并方转让的资产，不确认资产转让所得；取得的合并方股权，以转让资产的计税基础作为计税基础。②如果合并对价既有股权支付也有非股权支付，被合并方转让的资产，与股权支付对应的部分不确认资产转让所得，但与非股权支付对应的部分应当确认资产转让所得；被合并方取得合并方的股权，应当以与股权支付对应的转让资产的计税基础作为计税基础。

(3) 特殊性税务处理的税会差异

1) 合并方的税会差异。

同一控制下的业务合并选择特殊性税务处理,合并方取得的合并资产,会计处理以该资产的原账面价值初始计量。所得税处理分两种情形:①如果合并对价全部以股权支付,合并资产以其原计税基础作为计税基础,如果合并前无税会差异,合并不产生新的税会差异;如果合并前存在税会差异,该差异在合并后对资产后续计量或处置资产时作纳税调整。②如果合并对价部分以股权支付,部分以非股权支付,合并资产以该资产的原计税基础加被合并方确认的资产转让所得作为计税基础。由此形成的税会差异,在合并后对资产后续计量或处置资产时作纳税调整。

2) 被合并方的税会差异。

同一控制下的业务合并选择特殊性税务处理,被合并方转让的资产,会计处理不确认资产转让收益。所得税处理分两种情况:①合并对价全部以股权支付,如果合并资产在合并前无税会差异,合并不产生新的税会差异;如果合并资产在合并前存在税会差异,该差异结转到合并对价——合并方股权上,在将来处置合并方股权时作纳税调整。②如果合并对价部分以股权支付,部分以非股权支付,与非股权支付对应的转让资产,确认资产转让所得;与股权支付对应的转让资产,不确认资产转让所得。由此形成的税会差异,在合并当期作纳税调整。

【例 4-36】 A公司和B公司均为甲公司的全资子公司,A公司合并B公司的一项业务。该项业务所包含资产的公允价值25 000万元,账面价值20 000万元,计税基础20 000万元。A公司以本公司股票给B公司支付合并对价,股票公允价值25 000万元。该业务合并为同一控制下的业务合并,所得税选择特殊性税务处理。

(一) 被合并方B公司的所得税处理

被合并方B公司被合并的资产,会计处理不确认资产处置收益,所得税处理不确认资产转让所得,无税会差异。取得的A公司股权,入账价值20 000万元,计税基础20 000万元,无税会差异。

(二) 合并方A公司的所得税处理

合并方A公司取得的资产,入账价值20 000万元,计税基础20 000万元。假设取得的资产为固定资产,合并后会计处理按照20 000万元计提折旧,税前扣除的折旧按照20 000万元计算,无税会差异。

【例 4-37】 A公司和B公司均为甲公司的全资子公司,A公司合并B公司的一项业务。该项业务所包含资产的公允价值25 000万元,账面价值18 000万元,计税基础20 000万元。A公司以本公司股票给B公司支付合并对价,股票公允价值25 000万元。该业务合并为同一控制下的业务合并,所得税选择特殊性税务处理。

(一) 被合并方B公司的所得税处理

被合并方B公司被合并的资产,会计处理不确认资产处置收益,所得税处理不确认资产转让所得,无税会差异。取得的A公司股权,入账价值18 000万元,计税基础20 000万元,将来处置股权时,调整减少应纳税所得额2 000万元。

B公司取得A公司股权形成的税会差异2 000万元(20 000－18 000),是被合并资产在合并前形成的税会差异结转到A公司股权上,业务合并过程中不产生新的税会差异。

(二)合并方A公司的所得税处理

合并方A公司取得的资产,入账价值18 000万元,计税基础20 000万元。假设取得的资产为固定资产,合并后会计处理按照18 000万元计提折旧,税前扣除的折旧按照20 000万元计算,所得税申报时累计调减应纳税所得额2 000万元。

A公司取得B公司资产形成的税会差异2 000万元(20 000－18 000),是该资产在合并前形成的税会差异,业务合并过程中不产生新的税会差异。

【例4-38】 A公司和B公司均为甲公司的全资子公司,A公司合并B公司的一项业务。该项业务所含资产的公允价值25 000万元,账面价值20 000万元,计税基础20 000万元。A公司以公允价值22 500万元的本公司股票和2 500万元现金给B公司支付合并对价。该业务合并为同一控制下的业务合并,所得税选择特殊性税务处理。

(一)被合并方B公司的所得税处理

被合并方B公司被合并的资产,会计处理不确认资产处置收益。所得税处理,与股权支付对应的部分,不确认资产转让所得;与非股权支付对应的部分,确认资产转让所得500万元[(25 000－20 000)×(2 500/25 000)],形成税会差异,该差异在合并当期调整增加应纳税所得额500万元。取得的A公司股权,入账价值20 000万元,计税基础20 500万元(20 000＋500),形成税会差异,该差异在将来处置A公司股权时调整减少应纳税所得额500万元。

(二)合并方A公司的所得税处理

合并方A公司取得的合并资产,入账价值20 000万元,计税基础20 500万元(20 000＋500)。假设取得的资产为固定资产,合并后会计处理按照20 000万元计提折旧,税前扣除的折旧按照20 500万元计算,所得税申报时累计调减应纳税所得额500万元。

3. 同一控制下业务合并相关费用的税务处理

(1)同一控制下业务合并相关费用的所得税处理

同一控制下的业务合并,合并方为业务合并发生的各项直接相关费用,所得税如何处理,财税〔2009〕59号文及配套文件无具体规定,或者说,财税〔2009〕59号文及配套文件没有考虑此类问题。《企业所得法实施条例》规定,资产计税基础的确定以历史成本为原则。据此,业务合并过程中合并方为进行业务合并发生的各项直接相关费用,所得税处理应当计入合并成本,作为合并资产计税基础或商誉的组成部分。

(2)同一控制下业务合并相关费用的税会差异

同一控制下业务合并相关费用的税会差异包括:①同一控制下的业务合并,合并方为进行业务合并发生的各项直接相关费用,会计处理于发生时计入当期损益,但所得税处理计入合并成本,由此形成税会差异。②业务合并中发行权益性证券发生的手续费、佣金等费用,会计处理抵减权益性证券溢价收入,溢价收入不足冲减的,冲减留存收益,但所得税处理计入合并成本,形成税会差异。

同一控制下业务合并相关费用的税会差异,凡是和可辨认资产计税基础相关的,在合并后对可辨认资产后续计量或处置资产时作纳税调整。凡是和商誉相关的，在企业清算或再次转让业务时作纳税调整。

【例 4-39】　甲公司合并乙公司的一项业务，该业务包括生产某产品的一条生产线、与之相关的专有技术以及人员、负债。甲公司给乙公司定向增发 1 000 万股普通股（每股面值 1 元）支付合并对价，股份公允价值 1 600 万元。甲公司在该项业务合并中发生的资产评估等各项费用 90 万元，以银行存款支付。假设业务合并时相关资产、负债的计税基础与账面价值相同。

甲公司和乙公司为同一集团内的两家子公司，业务合并前其共同的母公司为 A 公司，该项业务合并中参与合并的企业在合并前及合并后均为 A 公司最终控制，为同一控制下的业务合并。合并日合并资产、负债的相关情况如表 4-6 所示。

表 4-6　　合并日合并资产、负债的相关情况　　单位：万元

项目	账面价值	公允价值
资产：		
存货	120	180
固定资产	1 500	2 100
无形资产	200	600
资产总计	1 820	2 880
负债：		
短期借款	800	800
应付账款	700	700
负债合计	1 500	1 500
净资产合计	320	1 380

本例中的业务合并属于同一控制下的业务合并，合并对价全部以合并方的股权支付。该业务合并所得税应当适用一般性税务处理，如果符合特殊性税务处理的其他条件，也可以选择特殊性税务处理。由于本例中的合并对价高于被合并方净资产的公允价值，所以所得税处理存在商誉的确认问题。但是如果税务机关认可业务合并不确认商誉（事实上实务中也不确认商誉），且合并方也无意确认商誉，实务中可以不确认商誉。

（一）业务合并的一般性税务处理

1. 合并方甲公司的所得税处理

（1）资产的确认与初始计量

该业务合并选择一般性税务处理，合并方甲公司应当考虑商誉的确认问题。①甲公司取得的存货、固定资产、无形资产，以各单项资产的公允价值 180 万元、2 100 万元、600 万元作为计税基础。②甲公司的合并成本为发行股份的公允价值与相关费用的合计金额 1 690 万元（1 600 + 90），合并成本与合并净资产公允价值（1 380 万元）的差额 310 万元（1 690 − 1 380），应当确认为商誉。

在税收实务中，如果税务机关认可业务合并的所得税处理不确认商誉，且甲公司也无意确认商誉，甲公司的所得税处理与前述资产组收购的所得税处理相同，合并成本为发行股份的公允价值、承担债务以及发生相关费用的合计金额3 190万元（1 600+1 500+90），将合并成本按照各单项资产的公允价值在各单项资产间分配，以此作为各单项资产的计税基础。

（2）资产税会差异的形成与调整

该同一控制下的业务合并选择一般性税务处理，合并方甲公司的税会差异为：①取得的存货、固定资产、无形资产，会计处理以各单项资产的原账面价值120万元、1 500万元、200万元初始计量，所得税处理以各单项资产的公允价值180万元、2 100万元、600万元作为计税基础，形成税会差异，该差异在合并后对资产后续计量或处置资产时作纳税调整。②会计处理未确认商誉，所得税处理如果确认商誉，形成商誉的税会差异，该差异在甲公司清算或再次转让业务时作纳税调整。③在业务合并中发生的资产评估等各项费用90万元，会计处理计入当期损益，所得税处理计入合并成本最终并入商誉或各单项资产的计税基础，形成税会差异，其中费用的税会差异在合并当期作纳税调整，资产或商誉的税会差异，在合并后作纳税调整。

在税收实务中，如果税务机关认可业务合并的所得税处理不确认商誉，且甲公司所得税处理也无意确认商誉，以上②项商誉的税会差异将不复存在。但是如此处理，相当于将应并入商誉的合并成本摊入了各单项资产的计税基础，将造成各单项资产计税基础增加，合并后与资产相关的成本费用也随之增加。

2. 被合并方乙公司的所得税处理

（1）转让资产的所得税处理

该业务合并选择一般性税务处理，被合并方乙公司转让的资产，应当确认资产转让所得。资产转让收入按照合并对价——合并方股权的公允价值和合并方承担的负债之和确认，资产转让成本按照转让资产的计税基础确认。确认资产转让所得：

资产转让收入：1 600+（800+700）=3 100（万元）

资产转让成本：120+1 500+200=1 820（万元）

资产转让所得：3 100－1 820=1 280（万元）

同一控制下的业务合并选择一般性税务处理，乙公司转让的资产，会计处理不确认资产转让收益，所得税处理确认资产转让所得，形成税会差异，该差异在合并当期所得税申报时作纳税调整。

（2）取得收购对价的所得税处理

该同一控制下的业务合并选择一般性税务处理，乙公司取得甲公司的股权，所得税处理以该股权的公允价值作为计税基础，会计处理按照合并日被合并资产、负债的账面净值初始计量，形成税会差异，该差异在将来处置甲公司股权时作纳税调整。

（二）业务合并的特殊性税务处理

1. 合并方甲公司的所得税处理

（1）资产的确认与初始计量

该业务合并适用特殊性税务处理，合并方不考虑商誉的确认问题。①甲公司受让的存货、固定资产、无形资产，以各项资产的原计税基础 120 万元、1 500 万元、200 万元作为计税基础。②甲公司所得税处理不确认商誉。③甲公司在该项业务合并中发生的资产评估等各项费用 90 万元，应当按照各单项资产公允价值分配给各单项资产，作为各单项资产计税基础的组成部分。

(2) 资产税会差异的形成与调整

该同一控制下的业务合并选择特殊性税务处理，①甲公司取得的存货、固定资产、无形资产，会计处理以各单项资产的原账面价值 120 万元、1 500 万元、200 万元初始计量，所得税处理以各单项资产的原计税基础 120 万元、1 500 万元、200 万元作为计税基础，无税会差异。②会计处理不确认商誉，所得税处理不确认商誉，无税会差异。③甲公司在业务合并中发生的资产评估等各项费用 90 万元，会计处理计入当期损益，所得税处理计入收购资产的计税基础，形成税会差异，其中费用的税会差异在合并当期作纳税调整，资产的税会差异在合并后对该资产后续计量或处置资产时作纳税调整。

2. 被合并方乙公司的所得税处理

(1) 转让资产的所得税处理

由于该业务合并对价全部以股权支付且选择特殊性税务处理，乙公司转让的资产，会计处理不确认资产转让收益，所得税处理不确认资产转让所得，无税会差异。

(2) 取得合并对价的所得税处理

由于该业务合并是同一控制下的业务合并，乙公司取得甲公司的股权，会计处理按照合并日被合并资产、负债的账面净值 320 万元初始计量，所得税处理以转让资产、负债计税基础的差额 320 万元(1 820 − 1 500)作为计税基础，无税会差异。

(五) 非同一控制下业务合并的所得税处理

非同一控制下的业务合并与同一控制下的业务合并所得税处理基本相同，应当适用一般性税务处理。如果符合特殊性税务处理条件，也可以选择特殊性税务处理。非同一控制下的业务合并，所得税处理存在商誉的确认问题。但是由于非同一控制下的业务合并与同一控制下的业务合并会计处理不同，所以，这两种合并模式下税会差异的形成和调整有所不同。

1. 非同一控制下业务合并的一般性税务处理

(1) 合并方的所得税处理

业务合并选择一般性税务处理，合并企业应当考虑商誉的确认问题。①如果合并成本高于被合并净资产公允价值，应当以各单项资产的公允价值作为各单项资产的计税基础，差额作为商誉处理。②如果合并成本低于被合并净资产公允价值，应当将合并成本按照各单项资产公允价值分配给各单项资产，以此确认各单项资产的计税基础。③如果以非货币性资产支付合并对价，该非货币性资产的公允价值与计税基础之间的差额，确认为资产转让所得。

非同一控制下的业务合并，合并方会计处理有可能确认商誉。如果会计处理确认商誉而所得税处理不确认商誉，存在一定的涉税风险。实务中，如果税务机关认可业务合并的所得税处理不确认商誉，且合并方也无意确认商誉，无论合并成本高于被合并净资产公允价值，还是低于被合并净资产公允价值，均应将合并成本按照各单项资产的公允价值分配给各单项资产，以此确认各单项资产的计税基础。

（2）被合并方的所得税处理

业务合并选择一般性税务处理，被合并方转让的资产，其公允价值与计税基础之间的差额，确认为资产转让所得。被合并方取得的对价如果是非货币性资产，应当按照该非货币性资产的公允价值确认计税基础。

（3）一般性税务处理的税会差异

1）合并方的税会差异。

非同一控制下的业务合并适用一般性税务处理，合并方的税会差异包括：①如果合并成本大于被合并净资产公允价值，会计处理以各单项资产的公允价值对各单项资产初始计量，差额确认为商誉。所得税处理以各单项资产的公允价值确认各单项资产的计税基础，差额确认为商誉，无税会差异。但是如果所得税处理将合并成本分摊给各单项资产，以此确认各单项资产的计税基础，不确认商誉，存在税会差异。以上各单项资产的税会差异在合并后对资产后续计量或处置资产时作纳税调整，商誉的税会差异在企业清算或再次转让业务时作纳税调整。②如果合并成本小于被合并净资产公允价值，会计处理按照各单项资产的公允价值对各单项资产初始计量，差额确认为合并收益，记入营业外收入。所得税处理按照实际发生的合并成本确认合并资产的计税基础，不确认合并收益，存在税会差异。资产的税会差异合并后对资产后续计量或处置资产时作纳税调整，会计处理计入营业外收入的合并收益，在合并当期作纳税调整。

2）被合并方的税会差异。

非同一控制下的业务合并适用一般性税务处理，被合并方的税会差异包括：①被合并企业转让的资产，会计处理确认资产转让收益，所得税处理确认资产转让所得，如果被合并资产在合并前无税会差异，合并不产生新的税会差异。②被合并企业取得的合并对价如果是非货币性资产，会计处理以该非货币性资产的公允价值初始计量，所得税处理以该非货币性资产的公允价值确认计税基础，无税会差异。

【例 4-40】 A公司合并B公司的一项业务，合并前A公司和B公司无任何关联关系。该业务所包含资产的公允价值 25 000 万元，账面价值 20 000 万元，计税基础 20 000 万元。A公司以本公司股票给B公司支付合并对价，股票公允价值 25 000 万元。该合并为非同一控制下的业务合并，所得税选择一般性税务处理。

（一）被合并方B公司的所得税处理

被合并方B公司被合并的资产，会计处理确认资产处置收益 5 000 万元（25 000 − 20 000），所得税处理确认资产转让所得 5 000 万元（25 000 − 20 000），无税会差异。取得的A公司股权，入账价值 25 000 万元，计税基础 25 000 万元，无税会差异。

（二）合并方A公司的所得税处理

合并方A公司取得的合并资产，入账价值 25 000 万元，计税基础 25 000 万元，无税会差异。假设该业务合并取得的资产为固定资产，合并后会计处理按照 25 000 万元计提折旧，税前扣除的折旧按照 25 000 万元计算，无税会差异。

【例4-41】 A公司合并B公司的一项业务，合并前A公司和B公司无任何关联关系。该项业务所包含资产的公允价值25 000万元，账面价值18 000万元，计税基础20 000万元。A公司以本公司股票给B公司支付合并对价，股票公允价值25 000万元。该合并为非同一控制下的业务合并，所得税选择一般性税务处理。

(一) 被合并方B公司的所得税处理

被合并方B公司被合并的资产，会计处理确认资产处置收益7 000万元(25 000－18 000)，所得税处理确认资产转让所得5 000万元(25 000－20 000)，存在税会差异2 000万元(7 000－5 000)，合并当年所得税申报时，调整减少应纳税所得额2 000万元。取得的A公司股权，入账价值25 000万元，计税基础25 000万元，无税会差异。

B公司在合并业务中形成的税会差异2 000万元，是合并资产在业务合并前形成的税会差异，业务合并未产生新的税会差异。

(二) 合并方A公司的所得税处理

合并方A公司取得的合并资产，入账价值25 000万元，计税基础25 000万元，无税会差异。

2. 非同一控制下业务合并的特殊性税务处理

(1) 合并方的所得税处理

业务合并选择特殊性税务处理，合并方的所得税处理：①如果合并对价全部以股权支付，取得被合并方的资产，以该资产的原计税基础作为计税基础。②如果合并对价既有股权支付也有非股权支付，取得被合并方的资产，以该资产的原计税基础加被合并方确认的应税所得作为计税基础。③非同一控制下的业务合并适用特殊性税务处理，所得税处理不确认商誉。

(2) 被合并方的所得税处理

业务合并选择特殊性税务处理，被合并方的所得税处理：①如果合并对价全部以股权支付，转让的资产，不确认资产转让所得；取得的合并方股权，以转让资产的计税基础作为计税基础。②如果合并对价既有股权支付也有非股权支付，转让的资产，与股权支付对应的部分不确认资产转让所得，但与非股权支付对应的部分应当确认资产转让所得。取得合并方的股权，应当以转让资产中与股权支付对应部分的计税基础作为计税基础；取得的其他非货币性资产，应当以转让资产中与非股权支付对应部分的公允价值作为计税基础。

(3) 特殊性税务处理的税会差异

1) 合并方的税会差异。

非同一控制下的业务合并选择特殊性税务处理，合并方的税会差异包括：①如果合并成本大于被合并净资产公允价值，会计处理以各单项资产的公允价值初始计量，差额确认为商誉。所得税处理以各单项资产的原计税基础作为计税基础，不确认商誉，形成税会差异。资产的税会差异在合并后对资产后续计量或处置资产时作纳税调整，商誉的税会差异在企业清算或再次转让业务时作纳税调整。②如果合并成本小于被合并净资产公允价值，会计处理按照各单项资产公允价值初始计量，差额确认为合并收益，记入营业外收入。所得税处理以各单项资产的原计税基础作为计税基础，不确认合并收益，形成税会差异。资产的税会差异在合并后对资产后续计量或处置资产时作纳税调整，会计处理计入营业外收入的合并收益，在合并当期作纳税调整。

2）被合并方的税会差异。

非同一控制下的业务合并选择特殊性税务处理，被合并企业转让的资产，会计处理确认资产转让收益；取得的合并对价，以公允价值初始计量。所得税处理分两种情况：①如果合并对价全部以股权支付，转让的资产，不确认资产转让所得，取得的合并方股权，以原持有被合并资产的计税基础作为计税基础，存在税会差异。②如果合并对价部分以股权支付部分以非股权支付，与非股权支付对应的转让资产确认资产转让所得，与股权支付对应的转让资产不确认资产转让所得，存在税会差异。取得的合并方股权，以对应的被合并资产的计税基础作为计税基础；取得的其他非货币性资产，以对应的被合并资产的公允价值作为计税基础。转让资产形成的税会差异，在合并当期作纳税调整；取得资产的税会差异，在对资产后续计量或处置资产时作纳税调整。

3. 非同一控制下业务合并相关费用的税务处理

非同一控制下的业务合并，合并方为业务合并发生的各项直接相关费用，财税〔2009〕59号文及配套文件均未规定应当如何进行所得税处理。《企业所得法实施条例》规定，资产计税基础的确定以历史成本为原则。据此，业务合并过程中合并方为进行业务合并发生的各项直接相关费用，所得税处理计入合并成本，会计处理也是计入合并成本，无税会差异。

【例4-42】 A公司合并B公司的一项业务，A公司和B公司无任何关联关系。该项业务所包含资产的公允价值25 000万元，账面价值20 000万元，计税基础20 000万元。A公司以本公司股票给B公司支付合并对价，股票公允价值25 000万元。该合并为非同一控制下的业务合并，所得税选择特殊性税务处理。

（一）被合并方B公司的所得税处理

被合并方B公司被合并的资产，会计处理确认资产处置收益5 000万元(25 000－20 000)，所得税处理不确认资产转让所得，形成税会差异，该差异在合并当期调减应纳税所得额5 000万元。取得的A公司股权，入账价值25 000万元，计税基础20 000万元，形成税会差异，该差异在未来处置A公司股权时调增应纳税所得额5 000万元。

（二）合并方A公司的所得税处理

合并方A公司取得的合并资产，入账价值25 000万元，计税基础20 000万元，形成税会差异5 000万元(25 000－20 000)。假设取得的合并资产为固定资产，合并后会计处理按照25 000万元计提折旧，税前扣除的折旧按照20 000万元计算，所得税申报时，累计调增应纳税所得额5 000万元。

【例4-43】 A公司合并B公司的一项业务，A公司和B公司无任何关联关系。该项业务所包含资产的公允价值25 000万元，账面价值18 000万元，计税基础20 000万元。A公司以本公司股票给B公司支付合并对价，股票公允价值25 000万元。该合并为非同一控制下的业务合并，所得税选择特殊性税务处理。

（一）被合并方B公司的所得税处理

被合并方B公司被合并的资产，会计处理确认资产处置收益7 000万元(25 000－

18 000)，所得税处理不确认资产转让所得，形成税会差异，该差异在合并当期调整减少应纳税所得额 7 000 万元。取得的 A 公司股权，入账价值 25 000 万元，计税基础 20 000 万元，形成税会差异 5 000 万元(25 000 − 20 000)，将来处置 A 公司股权时，调整增加应纳税所得额 5 000 万元。

B 公司处置资产形成的税会差异 7 000 万元(25 000 − 18 000)，由两部分构成，一部分是合并前资产的税会差异 2 000 万元(20 000 − 18 000)，另一部分是合并时形成的税会差异 5 000 万元(25 000 − 20 000)。

(二) 合并方 A 公司的所得税处理

合并方 A 公司取得的合并资产，入账价值 25 000 万元，计税基础 20 000 万元。假设取得的资产为固定资产，合并后会计处理按照 25 000 万元计提折旧，税前扣除的折旧按照 20 000 万元计算，所得税申报时累计调增应纳税所得额 5 000 万元(25 000 − 20 000)。

A 公司取得 B 公司资产形成的税会差异 5 000 万元，是在业务合并过程中由于税收和会计处理方法的不同产生的税会差异。

【例 4-44】 A 公司合并 B 公司的一项业务，A 公司和 B 公司无任何关联关系。该项业务所包含资产的公允价值 25 000 万元，账面价值 20 000 万元，计税基础 20 000 万元。A 公司以公允价值 22 500 万元的本公司股票和 2 500 万元现金给 B 公司支付合并对价。该合并为非同一控制下的业务合并，所得税选择特殊性税务处理。

(一) 被合并方 B 公司的所得税处理

被合并方 B 公司被合并的资产，会计处理确认资产处置收益 5 000 万元(25 000 − 20 000)。所得税处理，与股权支付额对应的部分，不确认资产转让所得；与非股权支付额对应的部分，确认资产转让所得 500 万元[(25 000 − 20 000) × (2 500/25 000)]，形成税会差异，该差异在合并当期调整减少应纳税所得额 4 500 万元(5 000 − 500)。取得的 A 公司股权，入账价值 25 000 万元，计税基础 20 500 万元(20 000 + 500)，形成税会差异，该差异在将来处置 A 公司股权时调整增加应纳税所得额 4 500 万元(25 000 − 20 500)。

(二) 合并方 A 公司的所得税处理

合并方 A 公司取得的合并资产，入账价值 25 000 万元，计税基础 20 500 万元(20 000 + 500)。假设取得的资产为固定资产，合并后会计处理按照 25 000 万元计提折旧，税前扣除的折旧按照 20 500 万元计算，所得税申报时累计调增应纳税所得额 4 500 万元(25 000 − 20 500)。

【例 4-45】 甲公司收购乙公司的一项业务(业务合并)，该业务包括生产某产品的一条生产线、与之相关的专有技术以及劳动力、负债。甲公司给乙公司定向增发 1 000 万股普通股(每股面值 1 元)支付收购对价，股份公允价值 1 600 万元。甲公司在该项业务合并中发生的资产评估等各项费用 90 万元，以银行存款支付。假设相关资产、负债的计税基础与账面价值相同。

甲公司和乙公司在合并前以及合并后无任何关联关系，该合并为非同一控制下的业务合并。合并日各项可辨认资产、负债的相关情况如表 4-7 所示。

表 4-7　　合并日合并资产、负债的相关情况　　单位：万元

项目	账面价值	公允价值
资产：		
存货	120	180
固定资产	1 500	2 100
无形资产	200	600
资产总计	1 820	2 880
负债：		
短期借款	800	800
应付账款	700	700
负债合计	1 500	1 500
净资产合计	320	1 380

本例属于非同一控制下的业务合并，且合并对价全部以合并方的股权支付。该业务合并所得税处理应当适用一般性税务处理，如果符合特殊性税务处理的其他条件，也可以选择特殊性税务处理。由于本例中的合并成本高于被合并净资产的公允价值，所以存在商誉的确认问题。但是如果税务机关认可业务合并不确认商誉（实事上实务中不确认商誉），且合并方也无意确认商誉，实务中也可以不确认商誉。

（一）业务合并的一般性税务处理

1. 合并方甲公司的所得税处理

（1）资产的确认与初始计量

该业务合并适用一般性税务处理，合并方甲公司的所得税处理：①取得的存货、固定资产、无形资产，以各单项资产的公允价值 180 万元、2 100 万元、600 万元作为计税基础。②收购乙公司业务，合并成本为发行股份的公允价值与相关费用的合计金额 1 690 万元（1 600 + 90），合并净资产的公允价值为 1 380 万元，合并成本大于合并净资产公允价值的差额 310 万元（1 690 − 1 380），应当确认为商誉。

实务中，如果税务机关认可业务合并不确认商誉且甲公司也无意确认商誉，甲公司的所得税处理与前述资产组收购的所得税处理相同，收购总成本为发行股份的公允价值、承担债务以及发生相关费用的合计金额 3 190 万元（1 600 + 1 500 + 90），将收购总成本按照存货、固定资产、无形资产的公允价值在各单项资产间分配，以此作为各单项资产的计税基础。

（2）资产税会差异的形成与调整

该非同一控制下的业务合并适用一般性税务处理，合并方甲公司的税会差异：①取得的存货、固定资产、无形资产，会计处理以各单项资产的公允价值 180 万元、2 100 万元、600 万元初始计量，所得税处理以各单项资产的公允价值作为计税基础，无税会差异。②合并成本高于被合并净资产公允价值的差额 310 万元，会计处理确认为商誉，所得税处理确认为商誉，无税会差异。③业务合并中发生的资产评估等各项费用 90 万元，会计处理计入合并

成本,所得税处理计入合并成本,无税会差异。

实务中,如果税务机关认可业务合并的所得税处理不确认商誉且合并方也无意确认商誉,应当将合并成本按照各单项资产的公允价值在各单项资产间分配,以此作为各单项资产的计税基础,由此形成税会差异。其中资产的税会差异在对资产后续计量或处置资产时作纳税调整,商誉的税会差异在企业清算或再次转让业务时作纳税调整。

2. 被合并方乙公司的所得税处理

(1) 转让资产的所得税处理

该业务合并选择一般性税务处理,被合并方乙公司转让的资产,应当确认资产转让所得。资产转让收入按照合并对价——合并方股权的公允价值和合并方承担的负债之和确认,资产转让成本按照转让资产的计税基础确认。

确认资产转让所得:

资产转让收入:1 600 + (800 + 700) = 3 100(万元)

资产转让成本:120 + 1 500 + 200 = 1 820(万元)

资产转让所得:3 100 − 1 820 = 1 280(万元)

非同一控制下的业务合并选择一般性税务处理,乙公司转让的资产,会计处理确认资产转让收益,所得税处理确认资产转让所得,无税会差异。

(2) 取得收购对价的所得税处理

该非同一控制下的业务合并选择一般性税务处理,乙公司取得甲公司的股权,会计处理以该股权的公允价值作为换入股权的入账价值,所得税处理以该股权的公允价值作为换入股权的计税基础,无税会差异。

(二) 业务合并的特殊性税务处理

1. 合并方甲公司的所得税处理

(1) 资产的确认与初始计量

该业务合并选择特殊性税务处理,合并方甲公司的所得税处理:①受让的存货、固定资产、无形资产,以各项资产的原计税基础 120 万元、1 500 万元、200 万元作为计税基础。②所得税处理不确认商誉。③合并中发生的资产评估等各项费用 90 万元,按照各单项资产的公允价值分配给各单项资产,作为各单项资产计税基础的组成部分。

(2) 资产税会差异的形成与调整

该非同一控制下的业务合并选择特殊性税务处理,合并方甲公司的税会差异:①取得的存货、固定资产、无形资产,会计处理以各单项资产的公允价值 180 万元、2 100 万元、600 万元初始计量,所得税处理以各单项资产的原计税基础 120 万元、1 500 万元、200 万元作为计税基础,形成税会差异,该差异在合并后对资产后续计量或处置资产时作纳税调整。②合并成本高于被合并净资产公允价值的差额 310 万元,会计处理确认为商誉,所得税处理不确认商誉,形成税会差异,该差异在企业清算或再次转让业务时作纳税调整。③合并中发生的资产评估等各项费用 90 万元,会计处理作为合并成本并入商誉,所得税处理分配计入各单项资产的计税基础,不确认商誉,形成税会差异。其中各单项资产的税会差异在合并后对资产后续计量或处置资产时作纳税调整,商誉的税会差异在企业清算或再次转让业务时作纳税调整。

2. 被合并方乙公司的所得税处理

(1) 转让资产的所得税处理

该业务合并选择特殊性税务处理且对价全部以股权支付,乙公司转让的资产,会计处理确认资产转让收益,所得税处理不确认资产转让所得,形成税会差异,该差异在合并当期调整减少应纳税所得额。

(2) 取得收购对价的所得税处理

乙公司取得甲公司的股权,会计处理以该股权的公允价值初始计量,所得税处理以换出净资产的计税基础作为计税基础,形成税会差异,该差异在将来处置甲公司股权时作纳税调整。

六、资产收购所得税纳税申报

(一) 适用一般性税务处理的所得税申报

1. 无税会差异的所得税申报

资产收购适用一般性税务处理,被收购方转让的资产,如果会计核算确认的资产转让收益(或损失)与所得税处理确认的资产转让所得(或损失)无差异,资产转让收益在《一般企业收入明细表》(A101010)第 17 行“非流动资产处置利得”、第 18 号“非货币性资产交换利得”申报,资产转让损失在《一般企业成本支出明细表》(A102010)第 17 行“非流动资产处置损失”、第 18 号“非货币性资产交换损失”申报,然后并入《企业所得税年度纳税申报表(A类)》(A100000)第 11 行“营业外收入”或第 12 行“营业外支出”,无须进行纳税调整。

资产收购适用一般性税务处理,收购方受让被收购方的资产只需确认资产的计税基础,该计税基础无须在申报表中单独反映。如果收购方以非货币性资产支付收购对价,据以支付对价的非货币性资产应当确认资产转让收益(或损失),其所得税申报路径与上述资产转让方转让资产的所得税申报路径相同。

2. 存在税会差异的所得税申报

资产收购适用一般性税务处理,被收购方转让的资产,如果会计核算确认的资产转让收益(或损失)与所得税处理确认的资产转让所得(或损失)存在差异,该税会差异先在《企业重组及递延纳税事项纳税调整明细表》(A105100)第 6 行“资产收购”栏填报,然后将纳税调整金额转入《纳税调整项目明细表》(A105000)第 37 行“企业重组及递延纳税事项”栏填报,最后转入《企业所得税年度纳税申报表(A 类)》(A100000)第 15 行“纳税调整增加额”或第 16 行“纳税调整减少额”。

【例 4-46】 甲公司于 20×8 年 9 月 6 日收购了乙公司的一条生产线,收购价款 6 000 万元以银行存款支付。乙公司的该生产线固定资产原值 8 000 万元,会计计提折旧 3 000 万元,计提固定资产减值准备 500 万元。该生产线已在企业所得税税前扣除的折旧为 2 800 万元,固定资产减值准备未在税前扣除。

本例中,由于资产收购对价全部以现金支付,所以该项资产收购只能适用一般性税务处理。甲公司受让固定资产的入账价值 6 000 万元,计税基础 6 000 万元。乙公司转让的生产线，会计核算确认资产转让收益1 500万元[6 000－(8 000－3 000－500)]，所得税处理确认资产转让所得800万元[6 000－(8 000－2 800)]，收购当年所得税申报时，在《企业重组及递延纳税事项纳税调整明细表》(A105100)第6行第1列"账载金额"填报1 500万元，第6行第2列"税收金额"填报800万元，第6行第3列"纳税调整金额"填报－700(800－1 500)万元。然后将纳税调整金额转入《纳税调整项目明细表》(A105000)第37行"企业重组及递延纳税事项"，最后转入《企业所得税年度纳税申报表(A类)》(A100000)第16行"纳税调整减少额"。

(二) 适用特殊性税务处理的所得税申报

1. 特殊性税务处理的申报路径

资产收购适用特殊性税务处理，所得税的申报路径分两种情况：一是会计核算确认的资产转让收益或资产转让损失的申报，二是由于特殊重组形成的税会差异的申报。第一种情况同一般性税务处理，在此我们主要讨论由于特殊重组形成的税会差异的申报。

由于特殊重组形成的税会差异，先在《企业重组所得税特殊性税务处理报告表(资产收购)》(国家税务总局公告2015年第48号附件1—3)申报，然后在《企业重组及递延纳税事项纳税调整明细表》(A105100)第6行"资产收购"栏填报，再将纳税调整金额转入《纳税调整项目明细表》(A105000)第37行"企业重组及递延纳税事项"，最后转入《企业所得税年度纳税申报表(A类)》(A100000)第15行"纳税调整增加额"或第16行"纳税调整减少额"。

2. 特殊性税务处理的申报内容

资产收购适用特殊性税务处理，按照国家税务总局公告2015年第48号的规定，资产收购的相关所得税事项在《企业重组所得税特殊性税务处理报告表(资产收购)》(以下简称报告表)中专项申报。报告表将适用特殊性税务处理的资产收购分为资产转让方的所得税申报和资产收购方的所得税申报两部分进行。

1) 资产转让方的所得税申报

资产转让方的所得税申报主要包括两项内容：一是转让的资产，与非股权支付对应的部分，应当确认资产转让所得。二是取得的转让对价如果是非货币性资产，应当确认非货币性资产的计税基础，但是报告表并未说明非货币性资产的计税基础如何确认。

【例4-47】 A公司将其一条生产线转让给B公司，该生产线的公允价值10 000万元，计税基础6 000万元。B公司给A公司支付的收购对价总额为10 000万元，其中发行500万股普通股(面值1元/股，公允价值19元/股)支付9 500万元，现金支付500万元。

该项资产收购业务，如果适用特殊性税务处理，A公司转让的资产，与非股权支付(现金)对应的部分，确认资产转让所得200万元[(10 000－6 000)×500/10 000]；与股权支付对应的部分，不确认资产转让所得；A公司取得B公司的股权，以与股权支付对应的转让资产的计税基础作为计税基础，计5 700万元(6 000×9 500/10 000)。B公司取得的生产线，以该生产线的原计税基础加A公司确认的资产转让所得作为计税基础，计6 200万元(6 000＋200)。

需要说明的是，尽管财税〔2009〕59号文、国家税务总局公告2015年第48号均未规定资产收购适用特殊性税务处理，在有非股权支付的情况下，被收购方取得收购方的股权如何确认计税基础，但是根据所得税计税基础应税递增和税基替换的原理（详见本书第一章），被收购方取得的收购方股权，应当以与股权支付对应的转让资产的计税基础作为计税基础。

2）资产收购方的所得税申报

资产收购方的所得税申报主要包括两项内容：一是取得的收购资产，应当确认资产的计税基础，但是报告表并未说明存在非股权支付的情况下，如何确认收购资产的计税基础。二是如果以非货币性资产支付收购对价，据以支付对价的非货币性资产，其公允价值与计税基础的差额，应当确认为资产转让所得。

【例 4-48】 A 公司将其一条生产线转让给 B 公司，该生产线的公允价值 10 000 万元，计税基础 6 000 万元。B 公司给 A 公司支付的收购对价总额为 10 000 万元，其中发行 500 万股普通股（面值 1 元/股，公允价值 19 元/股）支付 9 500 万元，以持有的一项土地使用权支付 500 万元，该土地使用权的计税基础为 200 万元。

该项资产收购业务，如果适用特殊性税务处理，A 公司转让的生产线，与非股权支付（土地使用权）相对应的部分，应当确认资产转让所得 200 万元[(10 000 − 6 000) × 500/10 000]；与股权支付对应的部分，不确认资产转让所得。A 公司取得的 B 公司股权，应当以与股权支付对应的转让资产的计税基础作为计税基础，计税基础为 5 700 万元（6 000 × 9 500/10 000）。

B 公司取得 A 公司的生产线，以该生产线的原计税基础加 A 公司确认的资产转让所得作为计税基础，计 6 200 万元（6 000 + 200）。B 公司据以支付对价的土地使用权，其公允价值与计税基础之间的差额，应当确认资产转让所得 300 万元（500 − 200）。

同样需要说明的是，尽管财税〔2009〕59 号文、国家税务总局公告 2015 年第 48 号均未规定资产收购适用特殊性税务处理，在有非股权支付的情况下，收购方取得的收购资产如何确认计税基础，但是根据所得税计税基础应税递增的原理，收购方取得的收购资产，应当以该资产的原计税基础加转让方确认的资产转让所得作为计税基础。

3. 特殊性税务处理的申报资料

资产收购适用特殊性税务处理，按照国家税务总局公告 2015 年第 48 号的规定，企业所得税申报应当附送以下资料。

（1）资产收购业务总体情况说明，包括资产收购方案、基本情况，并逐条说明资产收购的商业目的。

（2）资产收购业务合同（协议），需有权部门（包括内部和外部）批准的，应提供批准文件。

（3）相关资产评估报告或其他公允价值证明。

（4）被收购资产原计税基础的证明。

（5）12 个月内不改变资产原来的实质性经营活动、原主要股东不转让所取得股权的承诺书。

（6）工商管理部门等有权机关登记的相关企业股权变更事项的证明材料。

（7）重组当事各方一致选择特殊性税务处理并加盖当事各方公章的证明资料。

(8) 涉及非货币性资产支付的,应提供非货币性资产评估报告或其他公允价值证明。

(9) 重组前连续 12 个月内有无与该重组相关的其他股权、资产交易,与该重组是否构成分步交易、是否作为一项企业重组业务进行处理情况的说明。

(10) 按会计准则规定当期应确认资产(股权)转让损益的,应提供按税法规定核算的资产(股权)计税基础与按会计准则规定核算的相关资产(股权)账面价值的暂时性差异专项说明。

4. 特殊性税务处理的追溯调整

财税〔2009〕59 号文第五条第五项规定,"企业重组中取得股权支付的原主要股东,在重组后连续 12 个月内,不得转让所取得的股权"。国家税务总局公告 2010 年第 4 号第二十条规定,"《通知》第五条第(五)项规定的原主要股东,是指原持有转让企业或被收购企业 20%以上股权的股东"。据此,资产收购完成后,如果原持有被收购企业 20%以上股权的股东,在重组后连续 12 个月内转让了所持有收购企业的股权,该项重组不能适用特殊性税务处理。已经适用特殊性税务处理递延纳税的,应当补缴递延的税款。

【例 4-49】 A 公司将其一条生产线转让给 B 公司,该生产线公允价值 10 000 万元,计税基础 6 000 万元。B 公司以本公司股权给 A 公司支付收购对价。该项资产收购业务,如果适用特殊性税务处理,A 公司转让的生产线,不确认资产转让所得。但是在资产收购完成后的 12 个月内,如果 A 公司转让了 B 公司的股权,该项资产收购不再适用特殊性税务处理,A 公司要追溯确认资产转让所得,同时 A 公司、B 公司要按照公允价值各自调整取得资产的计税基础。

(三) 资产收购所得税申报中的税会差异

资产收购无论是选择一般性税务处理还是特殊性税务处理,所得税申报时都有可能存在税会差异的调整问题。资产收购的税会差异主要包括五个方面:一是会计与税法由于确认资产的标准不同形成的税会差异(如确认商誉);二是会计核算确认的资产入账价值与税法确认的资产计税基础不同形成的税会差异(如融资租入固定资产);三是会计核算和税法对资产后续计量不同形成的税会差异(如计提折旧);四是会计处理计提资产减值准备形成的税会差异,五是资产收购适用特殊性税务处理形成的税会差异。

七、资产收购的所得税管理

资产收购的所得税管理,主要包括资产收购日的确定,资产收购的申报管理,资产收购的资料管理,资产收购的后续管理等事项。

(一) 资产收购日的确定

资产收购日是指确认资产转让所得的日期,资产转让所得在资产收购日所在年度申报纳税。国家税务总局公告 2015 第 48 号第三条规定,资产收购,以转让合同(协议)生效且当事各方已进行会计处理的日期为重组日。需要说明的是,国家税务总局公告 2010 第 4 号原规定的资产收购日是转让协议生效且完成资产实际交割的日期。

(二) 资产收购的资料管理

国家税务总局公告 2010 年第 4 号第十二条规定,企业资产收购适用一般性税务处理的，应准备以下相关资料，以备税务机关检查：①当事各方所签订的资产收购业务合同或协议；②相关资产公允价值的合法证据。

国家税务总局公告2015第48号规定，企业资产收购适用特殊性税务处理的，企业所得税申报时应当报送与特殊性税务处理相关的资料。报送的具体资料见本节第六点资产收购所得税纳税申报。

（三）资产收购所得税的后续管理

资产收购所得税的后续管理主要包括两项内容：一是构成项目的资产收购，如果有未享受完的税收优惠，是否在税法规定的期限内享受，有无超出税法规定期限享受税收优惠的问题。二是在资产收购过程中，重组当事人的会计处理与所得税处理不同形成的税会时间性差异，有无在重组后按照税法规定作纳税调整。如，资产收购适用特殊性税务处理，资产转让方取得作为收购对价的受让方股权，会计处理以公允价值计量，所得税处理以所转让资产的计税基础作为取得受让方股权的计税基础，由此形成的税会差异，资产转让方在将来处置该股权时，有无对该股权计税基础与账面价值的税会差异作纳税调整。

八、资产收购所得税处理的注意事项

资产收购业务的所得税处理，应当注意以下几个问题。

（一）关于资产收购业务的认定

一项业务，只有将其界定为资产收购，才能按照资产收购的相关规定进行相应的所得税处理。与资产收购相近的概念有股权收购、资产转让、非货币性资产投资、企业合并等。资产收购与股权收购、资产转让、非货币性资产投资、企业合并的区别，详见本章第一节资产收购业务的认定。

（二）关于资产收购交易主体的认定

资产收购和股权收购的交易主体、交易标的均不同。一项交易，交易主体、交易标的确认的不同，业务的定性就不同，适用的所得税政策就不同，相应的所得税待遇也不同。但是财税〔2009〕59号文及配套文件对于资产置换等特殊形式的重组交易，并未规定如何确认交易主体。

【例4-50】 A公司以其持有甲公司70%的股份与B公司的一条生产线置换，该生产线占B公司资产总额的比例为55%。该项业务，如果将A公司确认为收购方，B公司确认为被收购方，应当将业务定性为资产收购——A公司收购B公司的资产，以控股公司股权支付收购对价。由于收购资产占被收购方资产总额的比例为55%（大于50%），且收购对价全部以股权支付，所以该资产收购如果符合特殊重组的其他条件，可以选择特殊性税务处理。但是如果将B公司确认为收购方，A公司确认为被收购方，应当将该项业务定性为股权收购——B公司收购A公司持有的甲公司股权，以其非货币性资产（生产线）支付收购对价。由于收购对价全部以非股权支付，所以该项股权收购只能适用一般性税务处理。

对于该类业务的定性，建议在企业重组所得税处理的文件中明确规定，资产置换的所得税处理，应当以企业重组协议为依据，结合民商法的相关规定，根据重组行为的要约方、被要约方，以及重组协议中的甲方、乙方来判定交易的收购方和被收购方。在政策未有明确规定前，建议参照上述原则进行相应的所得税处理。

（三）关于企业重组方式的确定

企业的重组方式，有单一重组，如单一的股权收购，单一的资产收购。也有分步重组，如借壳上市，通常是先做资产置换，将壳公司的资产置换出来，再做股权收购，收购壳公司的股权。企业的重组行为，将其认定为若干个独立的重组行为还是一项重组分步实施，适用的所得税政策不同，相应的所得税待遇也不同。

【例 4-51】 A 公司的母公司是甲公司，B 公司拟通过收购 A 公司的股权借壳上市。A 公司从事农药生产，B 公司从事房地产开发。20×8 年，B 公司以持有若干子公司的股权与 A 公司的资产置换，再将置换出的 A 公司资产与甲公司持有 A 公司的股权置换，完成借壳上市。该项业务，将其认定为资产置换、股权收购两项独立的业务，还是认定为一项股权收购业务分两步实施，重组各方的所得税待遇不同。

对于单一重组和分步重组的认定，财税〔2009〕59 号文及配套文件无具体规定。在征管实务中，可以根据交易的意图和业务安排来认定。如果企业重组在业务规划上是为了一个交易目的而统一安排、分步实施，应当将其认定为分步重组，按照分步重组进行所得税处理。否则，应当按照若干个独立的重组业务进行相应的税务处理。

（四）关于业务收购及商誉的确认

资产收购可能构成业务收购，也可能不构成业务收购。构成业务的资产收购存在商誉的确认问题，未构成业务的资产收购不存在商誉的确认问题。构成业务的资产收购如果确认商誉，可辨认资产的计税基础就低，重组后的成本费用就小。如果不确认商誉，可辨认资产的计税基础就高，重组后的成本费用就大。

关于资产收购的所得税处理是否考虑业务收购以及是否确认商誉，财税〔2009〕59 号文及配套文件无具体规定。从税收筹划的角度看，不考虑业务收购、不确认商誉对收购企业更有利——所得税负担更轻。在税收实务中，关于构成业务的资产收购所得税处理是否确认商誉，要充分考虑主管税务机关对此类业务的所得税管理口径。如果确认商誉，可参照《企业会计准则》的相关规定进行处理。

（五）关于重组对价的确定

资产收购，交易价格的确定往往取决于拟收购资产估值的高低。拟收购资产估值高，交易价格就高；拟收购资产估值低，交易价格就低。拟收购资产估值的高低很大程度上取决于估值方法的确定，估值方法不同，估值的结果就不同，相应的税务处理结果也会不同。

（六）关于单项资产计税基础的确定

资产收购，往往是资产组或资产组组合的收购。资产收购对价总额，不一定是各单项资产公允价值的加总金额。资产收购通常是先确定资产收购总价款，再确定各单项资产的入账价值或计税基础。财税〔2009〕59 号文并未规定各单项资产计税基础的确认方法，但是各单项资产计税基础的确认结果不同，重组后资产的后续计量（折旧或摊销）就不同。各单项资产计税基础的确定，将通过资产的后续计量影响重组后成本费用的确定，进而影响重组后的税收负担。

（七）关于特殊性税务处理的认定

资产收购，只有符合税法规定的特殊性税务处理条件，才能适用特殊性税务处理。税法规定的特殊性税务处理条件，有些比较明晰，如收购资产占被收购企业资产总额的比例不低于50%。有些条件则比较模糊，如重组后不改变原有资产的经营活动。在税收实务中，大部分特殊性税务处理条件的认定不能一概而论，只能具体问题具体分析。

【例4-52】 A公司、B公司的主营业务都是啤酒制造。B公司收购A公司的资产后，如果利用A公司的土地进行房地产开发，不符合财税〔2009〕59号文规定的持续经营原则，不能适用特殊性税务处理。但是B公司收购A公司的资产后，如果利用该资产生产啤酒的上游产品或下游产品，如啤酒花，该项业务是否符合持续经营原则，财税〔2009〕59号文及配套文件并无具体规定。但是从鼓励企业重组的立法精神看，该种情况应当符合持续经营原则，可以适用特殊性税务处理。

（八）关于资产计税基础的确定

资产收购，对于资产的转让方而言，持有拟转让资产计税基础的高低影响重组所得的计算；取得的对价如果是收购方的股权，还要确认收购方股权的计税基础，收购方股权计税基础的高低影响将来该股权转让所得的计算。对于资产的收购方而言，取得收购资产计税基础的高低，影响重组后资产的后续计量以及转让资产时资产转让所得的计算。资产计税基础的确定，不仅影响重组当期的应税所得，也影响重组后的应税所得。

第四节　资产收购的税收安排

一、影响资产收购税收的因素

影响资产收购税收的因素主要包括资产收购交易目的的确定、资产收购交易方式的选择、资产收购交易价格的确定、资产收购资产的确认标准、收购资产计税基础的确定、资产收购税收待遇的选择、资产收购所得税的后续管理等。重组当事人要降低资产收购中的涉税风险，就应当在会议纪要、资产转让合同、资产评估报告、财务处理等方面充分反映上述要素的真实性、合法性、合理性。

二、资产收购交易目的的确定

资产收购，只有具有合理商业目的，才能适用特殊性税务处理，实现递延纳税。但合理商业目的的判断具有高度的主观性，一项业务安排，在一个人看来具有合理商业目的，在另一个人看来可能不具有合理商业目的。如果重组当事人在会议纪要等有关企业重组的文件中不能体现资产收购的合理性，就会面临比较高的涉税风险。

三、资产收购交易方式的选择

如前所述，资产置换等特殊形态的资产收购，重组当事人确定的不同，重组方式的确认就不同，产生的税收待遇就不同。如果重组当事人拟将企业重组业务安排为特殊重组，享受递延纳税待遇，就应当通过合理确定交易主体，将重组安排为可享受特殊重组待遇的重组方式（如股权收购或资产收购）。而重组交易主体的确定，应当通过企业的会议纪要、资产转让合同等资料体现出来。

四、资产收购交易价格的确定

资产收购交易价格的确定，影响资产转让方资产转让所得的计算和资产收购方资产计税基础的确定。重组当事人在确定资产交易价格时，应当充分考虑关联关系、资产的估价方法、双重纳税、双重不纳税、递延纳税等因素对资产交易价格的影响。无论是资产的转让方还是受让方，都应当尽可能选择有利于己方的税收安排。

五、资产收购资产的确认标准

资产收购如果构成业务收购，就有可能存在商誉的确认问题。从税收筹划的角度看，不确认商誉对企业有利，确认商誉对企业不利。因为确认商誉，意味着可辨认资产计税基础的降低，资产后续计量时的成本费用就要减少。只有在需要降低资产负债率、提高每股收购等特殊情况下，才有可能需要确认商誉。所以，企业在设计重组方案时，是否需要确认商誉，要视具体情况而定。

六、收购资产计税基础的确定

资产收购通常都是资产组或资产组组合的收购，在资产收购总额一定的情况下，收购方应当确认各单项资产的计税基础。以固定资产为例，由于不同类型的固定资产最短折旧年限不同，所以企业需要提高每股收益时，应当提高房屋建筑物类固定资产的占比；在需要成本费用抵减税负的情况下，应当提高机器设备类固定资产的占比。资产计税基础的确定，应当在税法允许的范围内合理安排。

七、资产收购税收待遇的选择

资产收购适用一般性税务处理当期纳税，选择特殊性税务处理递延纳税。但是资产收购选择特殊性税务处理，当拟收购资产公允价值高于计税基础时存在重复纳税的问题，当拟收购资产公允价值低于计税基础时存在双重不纳税的问题，所以重组当事人在确定资产收购是否选择特殊重组时，要视具体情况审慎决策。

八、资产收购所得税的后续管理

资产收购的后续管理包括资产收购过程中形成的税会差异是否按照税法规定进行了纳税调整；资产收购适用特殊性税务处理后，如果由于重组当事人转让股权等原因导致重组不再符合特殊性税务处理条件时,有无按照税法规定对重组税款作追溯调整。如果重组当事人怠于重组事项的后续管理,将面临比较大的涉税风险。

第五节 资产收购案例分析——收购个体连锁药店会计与税务处理

资产收购是企业重组的方式之一。资产收购有构成业务的资产收购和未构成业务的资产收购,收购的资产有可辨认资产和不可辨认资产,资产计量方式有公允价值计量和账面价值计量,资产收购的所得税处理有一般性税务处理和特殊性税务处理,十分复杂。本文以某上市公司收购个体连锁药店为例,剖析资产收购业务中可辨认资产以及商誉的确认和计量、资产公允价值的确认等涉税疑难问题。

一、资产收购案例介绍

(一) 交易事由

2017 年 10 月 15 日,张某(甲方)与 A 公司(乙方)签订资产收购协议,A 公司拟以不超过1 800 万元购买张某个体经营药店合计 10 家门店资产及其存货,其中不超过1 200 万元用于支付门店转让费及购买其附属资产(不含存货),不超过600 万元用于购买门店库存商品,所属实物资产及存货根据双方实际盘点结算。

(二) 定价依据

本次交易,门店转让费及附属资产(不含存货)的转让价格以张某转让给 A 公司的 10 家标的门店在 2017 年 11 月 1 日至 2018 年 10 月 31 日各门店正常、合规的含税销售总额为作价依据。本次交易价款按照该含税销售总额的 0.6 倍作价(即转让费 = 标的门店年含税销售总额×60%)。

甲方承诺该 10 家标的门店年含税销售总额为人民币 2 000 万元,按双方协商的定价原则核算,本次交易暂定转让价款总额为人民币 1 200 万元(2 000×60% = 1 200)。乙方以现金支付门店转让费、附属资产以及存货价款,支付总额 1 800 万元。如果门店实际销售额达不到甲方承诺的销售额,交易价款按照实际销售总额的 0.5 倍调整。

(三) 特别说明

本次交易,除标的门店商品根据双方另行签订的《商品购销合同》进行结算与支付外,乙方支付甲方的转让费包括标的门店的店内所有设施设备、装修及附属、经营场所承租权、经营销售信息等资产和经营权益的整体转让。

张某的 10 家连锁药店,均以租赁房产经营。张某与租赁房产的业主签署了 3 年或 3 年以上的租赁合同,明确了双方的权利和义务,其中合同约定的租金支付方式为按年支付。

乙方留用甲方现有员工,并与甲方员工签订劳动合同。

（四）补充资料

乙方收购甲方的资产，明细情况如表4-8所示。

表4-8 收购资产明细表 单位：万元

资产	公允价值	账面价值	交易对价
门店设备	550	460	—
装修作价	400	240	—
经营场所租赁权	50	0	—
小计	1 000	700	1 200
库存商品	600	350	600
总计	1 600	1 050	1 800

（五）税务处理

张某认为本次交易属于经营资产的整体转让，其行为不在增值税征税范围内，未申报缴纳增值税。张某按照转让财产申报缴纳了个人所得税，确认的财产转让所得额为750万元（1 800－1 050），缴纳个人所得税150万元（750×20%）。

A公司受让的资产，门店设备和装修按照固定资产管理，经营场所租赁权按照无形资产管理，A公司将交易对价1 200万元按照以上三项资产的公允价值进行分配，确认设备、装修、经营场所的入账价值分别为660万元、480万元、60万元。存货按照库存商品管理，以存货的公允价值600万元作为入账价值。

（六）税企争议

对于A公司的资产收购行为，税务机关认为该资产收购构成业务收购，应当按照业务收购确认商誉，相应调整减少可辨认资产的计税基础，调减固定资产折旧和无形资产摊销。但A公司认为其行为属于资产组的收购，不存在商誉的确认问题。

对于张某转让经营门店的行为，税务机关认为张某转让的经营门店及附属资产，由于只有资产和劳动力的转移，无负债的转移，应当缴纳增值税。但张某认为其行为属于企业重组中的资产转让，不在增值税征税范围内，不存在缴纳增值税的问题。

二、资产收购的财税处理

（一）资产的定义及构成

《企业所得税法实施条例》对资产进行了分类，但是没有对资产给出一个清晰而明确的定义。《企业会计准则——基本准则》对资产的定义是，资产是指企业过去的交易或者事项形成的、由企业拥有或者控制的、预期会给企业带来经济利益的资源。

《企业会计准则第8号——资产减值》《企业会计准则第20号——企业合并》《企业会计准则第4号——固定资产》《企业会计准则第6号——无形资产》等会计准则，将资产分为单项资产、资产组、资产组组合以及构成业务的资产。但是《企业所得税法》及《实施条例》中没有资产组、资产组组合以及业务的概念。

业务是指企业内部某些生产经营活动或资产的组合，该组合一般具有投入、加工处理过程和产出能力，能够独立计算其成本费用或所产生的收入。业务收购，可能会存在商誉的确认和计量问题。

（二）资产收购的定义

《财政部 国家税务总局关于企业重组业务企业所得税处理若干问题的通知》(财税〔2009〕59号)，以下简称《通知》规定，资产收购是指一家企业(以下称为受让企业)购买另一家企业(以下称为转让企业)实质经营性资产的交易。受让企业支付对价的形式包括股权支付、非股权支付或两者的组合。

《国家税务总局关于发布〈企业重组业务企业所得税管理办法〉的公告》(国家税务总局公告2010年第4号)第五条规定，《通知》第一条第(四)项所称实质经营性资产，是指企业用于从事生产经营活动、与产生经营收入直接相关的资产，包括经营所用各类资产、企业拥有的商业信息和技术、经营活动产生的应收款项、投资资产等。

国家税务总局公告2010年第4号对“实质经营性资产”的表述比较宽泛、笼统，不够明确，如资产收购中的资产指单项资产、资产组、资产组组合还是构成业务的资产，无明确规定，致使资产收购的税务处理众说纷纭，不一而足。但在征管实务中，从有利于纳税人的原则出发，对资产一般都做了比较宽泛的理解。一般认为，资产收购中的资产，既包括单项资产、资产组、资产组组合，也包括构成业务的资产。

（三）资产收购的会计处理

资产收购中的资产涉及存货、固定资产、无形资产等，资产收购的会计处理无专门的会计准则加以规范。一般认为，资产收购如果是单项资产、资产组或资产组组合的收购，会计处理应当适用《固定资产准则》《无形资产准则》等单项会计准则。资产收购如果构成业务收购，应当适用《企业合并准则》。

以现金购买资产为例，如果购买的是固定资产，购买方以购买价款、相关税费、使固定资产达到预定可使用状态前所发生的可归属于该项资产的费用对固定资产初始计量。以一笔款项购入多项没有单独标价的固定资产，应当按照各项固定资产公允价值比例对总成本进行分配，分别确定各项固定资产的成本。资产转让方应当将资产处置收入扣除资产账面价值和相关税费后的余额计入当期损益。

以现金购买资产时，如果构成非同一控制下的业务收购，按照《企业合并准则》的规定，会计核算应当按照企业合并进行处理。合并成本为购买方在购买日为取得被合并资产而支付的价款以及发生的各项直接相关费用。合并方在购买日应当对合并成本进行分配，按照各单项资产、负债的公允价值对各单项资产、负债初始计量。合并成本大于合并中取得的被购买方可辨认净资产公允价值份额的差额，确认为商誉。

（四）资产收购的企业所得税处理

资产收购的企业所得税处理分为一般性税务处理和特殊性税务处理，以现金支付全部收购对价的资产收购，只能适用一般性税务处理。按照财税〔2009〕59号文第四条第三项的规定，资产收购适用一般性税务处理，被收购方应当将收购资产的公允价值与计税基础之间的差额确认为资产转让所得或损失，收购方取得的被收购方资产，应当以公允价值作为计税基础。但是财税〔2009〕59 号文并未规定收购资产的公允价值是按照各单项资产的公允价值确认，还是将收购对价按照各单项资产的公允价值在各单项资产间分配确认。

资产收购包括构成业务的资产收购和未构成业务的资产收购，这是客观事实。资产收购的所得税处理，如果认可业务收购的存在，就存在商誉的确认问题；如果不认可业务收购的存在，或由于征管原因在资产收购中暂不考虑业务收购，就不存在商誉的确认问题。《企业所得法实施条例》第八十五条规定，外购商誉的支出，在企业整体转让或者清算时，准予扣除。但《实施条例》只规定了商誉如何在税前扣除，并未规定商誉的确认和计量问题，财税〔2009〕59 号文也未提及商誉的确认和计量。从逻辑上讲，商誉的扣除以商誉的存在为前提条件，要扣除商誉就应当先确认和计量商誉。

商誉是指能够给企业带来超额利润的经济资源，商誉的价值来源于企业良好的声誉、技术诀窍、管理经验、企业文化等。《企业合并准则》规定，非同一控制下的企业合并和业务合并，应当确认商誉。《企业所得法实施条例》尽管没有规定外购商誉的确认和计量问题，但是从原理上来讲，外购商誉只能产生于企业合并和业务合并。另外，如果将财税〔2009〕59 号文规定的资产公允价值理解为各单项资产公允价值，收购成本大于净资产公允价值份额的差额只有确认为商誉，资产收购的所得税处理才能够自圆其说，否则收购成本大于净资产公允价值份额的差额将无法处理。有观点认为，企业合并的所得税处理应当确认商誉，但业务合并（业务收购）的所得税处理不应当确认商誉。从反避税的角度看，如果企业合并确认商誉而业务合并不确认商誉，企业很可能会将一项业务合并架构成企业合并，从而规避确认商誉带来的费用递延扣除问题。

鉴于以上分析，我们认为，企业合并和业务合并的所得税处理应当确认商誉。在税法对商誉的确认和计量未有明确规定之前，企业重组中商誉的确认和计量，应当借鉴会计准则的相关规定。具体来讲，非同一控制下的资产收购如果构成业务收购且适用一般性税务处理，各单项资产和负债应当按照其公允价值计量，合并成本大于可辨认净资产公允价值份额的部分，确认为商誉。

（五）资产收购的个人所得税处理

财税〔2009〕59 号文是关于企业重组企业所得税处理的文件，财税〔2009〕59 号文并未提及企业重组中涉及的个人所得税如何处理。但是《国家税务总局关于企业重组业务企业所得税征收管理若干问题的公告》（国家税务总局公告 2015 年第 48 号）第一条规定，重组交易中，股权收购中的转让方、合并中被合并企业股东和分立中被分立企业股东，可以是自然人。当事各方中的自然人应按个人所得税的相关规定进行税务处理。

国家税务总局公告 2015 年第 48 号并未提及资产收购中如果资产的转让方是个人如何进行个人所得税处理（按相关规定个人转让股权和转让资产，个人所得税处理应无本质区别）。所以，资产收购中资产的转让方如果是个人，应当按照个人所得税的规定缴纳个人所得税。但是需要注意的是，这里的个人实际上存在两个主体，一个是作为投资人的“个人”，一个是作为经营者的“个人”，尽管这两个主体合二为一，但其所得税处理不同。如果以投资人为纳税主体，应当按照财产转让所得课税；如果以经营者为纳税主体，应当按照生产经营所得课税。资产收购应当以投资人为个人所得税纳税主体，按照财产转让所得课税。

（六）资产收购的增值税处理

《国家税务总局关于纳税人资产重组有关增值税问题的公告》（国家税务总局公告 2011 年第 13 号）规定，纳税人在资产重组过程中，通过合并、分立、出售、置换等方式，将全部或者部分实物资产以及与其相关联的债权、负债和劳动力一并转让给其他单位和个人，不属于增值税的征税范围，其中涉及的货物转让，不征收增值税。《财政部 国家税务总局关于全面推开营业税改征增值税试点的通知》（财税〔2016〕36 号）也有类似规定，只不过 36 号文针对的是无形资产和不动产。

国家税务总局公告 2011 年第 13 号和财税〔2016〕36 号文关于企业重组的增值税处理，强调的都是在企业重组过程中，“资产、负债、劳动力一并转让”，不征增值税。但是如果只有资产和劳动力的转让，无负债的转让，是否征收增值税无具体规定。依据增值税原理分析，增值税是对资产和劳务的转让征收的一种交易税，如果交易的客体不是资产和劳务，不在增值税征税范围内，不征增值税。企业重组过程中，资产和劳动力的合并转让，往往是业务的转让而不再是单纯的资产转让，业务的转让一定有资产和劳动力，但不一定有负债。所以，企业重组如果只有资产和劳动力的转让，无负债的转让，应当不在增值税范围内，不征收增值税。

三、资产收购案例分析

（一）案件定性

一项业务的财税处理，首先取决于对业务的准确定性，业务定性的结果不同，相应的财税处理一定不同。就本文前述案例而言，如果将该资产收购定性为不构成业务的资产组的收购，会计处理适用各单项会计准则，不确认商誉；所得税处理按照资产收购适用一般性税务处理，也不确认商誉。但是如果将该资产收购定性为构成业务的资产收购，会计处理适用《企业合并准则》，确认商誉；所得税处理按照资产收购适用一般性税务处理，也应当确认商誉。

本文前述案例，A 公司收购了张某连锁药店的所有门店设备、经营场所承租权、经营销售信息、库存商品等资产和经营权益，与药店的员工签署了劳动合同，利用药店的管理团队和人员继续从事药品销售。从构成业务收购的三要素看，该资产收购有投入——人工、门店设备、经营场所租赁权，有产出能力——管理运营团队、良好的经营习惯、相对稳定的客户群体，有产出——为客户提供服务、为投资者创造利润。所以，该资产收购构成业务收购，应当按照业务收购进行相应的会计处理和税务处理。

（二）案件的会计处理

本文前述案例，如果将该资产收购定性为业务收购，应当按照《企业合并准则》进行会计处理。A 公司受让的各单项资产，按照其公允价值确认和计量，收购对价高于各单项资产公允价值的差额，确认为商誉。其中各单项资产的确认，应当遵循《固定资产准则》《无形资产准则》等单项会计准则的相关规定；各单项资产公允价值的计量，应当遵循《企业合并准则应用指南》的规定。

A 公司收购的业务由门店设备、装修及附属、经营场所承租权、经营销售信息、药品以及经营权益等构成。①门店设备符合固定资产的确认条件，应当作为固定资产管理，按照公允价值 550 万元初始计量。②租入门店的装修不符合固定资产的确认条件，应当作为长期待摊费用管理，按照公允价值 400 万元初始计量。③药品符合存货的确认条件，应当作为库存商品管理，按照公允价值 600 万元初始计量。④经营场所租赁权可辨认，能够给企业带来经济利益的流入，有可计量的市场价格，符合无形资产的确认条件，应当作为无形资产管理，按照公允价值 50 万元初始计量。⑤经营销售信息和经营权益(各种证照的续办等)可辨认，能够给企业带来经济利益的流入，但是交易成本无法可靠计量，不符合资产的确认条件，不应当确认为可辨认资产。

A 公司支付的收购对价为 1 800 万元，取得的各项可辨认资产的公允价值为 1 600 万元，收购对价高于可辨认资产公允价值的 200 万元(1 800－1 600)，应当确认为商誉，其价值构成包括经营销售信息、经营权益、稳定的客户群体以及优越的地理位置等带来的超额收益。但是 A 公司实际的会计处理是将收购对价分摊给了各项可辨认资产，以此作为各项可辨认资产的初始计量金额。如此处理，相当于将商誉分摊给了各项可辨认资产，造成各项可辨认资产初始计量金额的增加，导致资产投入使用后固定资产折旧和无形资产摊销的增加，影响重组后企业的利润总额。

(三) 案件的企业所得税处理

本文前述案例，A 公司取得的各项资产，所得税处理也包括资产确认和计税基础计量两个方面。但是《企业所得税法》及《实施条例》只有资产计税基础计量的原则性规定——按照历史成本计量，无资产确认的具体规定。在企业所得税实务中，资产的确认一般都是沿用会计处理对资产的确认结果，本例中 A 公司取得各项可辨认资产的确认，所得税也应当沿用会计处理对资产的确认结果。

如果按照业务收购进行所得税处理，由于收购对价全部以现金支付，只能适用一般性税务处理。A 公司取得的各项可辨认资产，按照其公允价值确认计税基础，收购对价大于可辨认资产公允价值份额的差额，确认为商誉。A 公司有关资产的确认与计量，所得税处理与前述会计处理相同，在此不再赘述。但是 A 公司实际的所得税处理是将收购成本分摊给了各项可辨认资产，未确认商誉，导致各项可辨认资产计税基础和税前扣除费用的虚增，影响重组后应纳税所得额的计算。

(四) 案件的个人所得税处理

本文前述案例，张某将其个体连锁药店转让给 A 公司，个人所得税处理应当将该业务界定为投资人张某转让资产，对张某应当按照财产转让所得征收个人所得税。实务中张某也是按照财产转让所得申报缴纳了个人所得税，张某的个人所得税处理无问题。

(五) 案件的增值税处理

本文前述案例，张某将其个体连锁药店的资产转让给 A 公司，药店的管理团队和人员也由 A 公司续聘，该项业务属于资产、劳动力一并转让，其行为不在增值税征税范围内，不缴纳增值税。税务机关认为该项交易不含负债，应当征收增值税，这是税务机关在政策理解上存在的误区。

四、对企业重组所得税问题的思考

（一）关于企业重组的所得税立法

企业重组所得税处理的纲领性文件是财税〔2009〕59号文，但是59号文对企业重组所得税处理的相关规定比较概括，不够具体。加之文件起草较早，新的经济业态又层出不穷，所以59号文及配套文件在处理企业重组所得税问题时已凸显政策储备的不足。就本案例而言，在企业重组所得税政策适用上存在的问题主要有：政策制定者没有考虑构成业务的资产收购，没有与业务收购相关的资产组、资产组组合、商誉等概念，对资产公允价值的确认无具体规定等，这些问题有待在企业重组所得税政策立法层面进一步完善。

（二）关于企业重组的税收征管

企业重组的税务处理涉及税收、法律、会计等诸多领域，企业重组的税务管理，尤其是企业重组的所得税管理是税务管理中的难点问题，对税务人员的要求非常高。从税收征管实践看，企业重组在税务管理上存在的主要问题是机械执法，执法人员不是依据税法原理去理解和运用税收法规，对税收政策的理解和适用往往是望文生义、生搬硬套，使得税收政策的效用和立法意图相去甚远。本例中税务机关认为该资产收购由于无负债应当征收增值税，就属于这种情况。

（三）关于企业重组的税收安排

企业重组是综合性非常强的一类业务，企业重组的税务处理几乎涉及我国现行开征的所有税种。企业在安排重组业务时，应当统筹兼顾，通盘考虑。企业重组业务如果安排得当，可以在现行税法框架内最大程度地减轻企业的税收负担。如果安排不当或缺乏事先筹划，不仅会加重企业的税收负担，还会使企业面临比较大的涉税风险。就本案而言，A公司在确认资产时未考虑商誉问题，导致可辨认资产计税基础增加，重组后的成本费用上升，有可能面临补税并接受行政处罚的风险。

综上所述，资产收购有构成业务的资产收购和未构成业务的资产收购。构成业务的资产收购，收购方以各项可辨认资产的公允价值确认计税基础，收购对价高于可辨认资产公允价值份额的部分，应当确认为商誉。个人投资人转让资产应当缴纳个人所得税，但资产和劳动力一并转让的，不在增值税征税范围内，不缴纳增值税。

主要参考文献：

[1] 财政部会计司编写组.企业会计准则讲解2010[M].北京：人民出版社，2010.
[2] 郭小东.资产收购的税务与会计处理差异分析[J].财务与会计，2010(11).
[3] 付萌萌，李婷，鲍在山.合并商誉确认与计量的问题研究[J].财务与会计，2016(20).
[4] 陈斌才.收购个体连锁药店会计与税务处理案例分析[J].财会研究，2020(3).
[5] 财政部.企业会计准则第4号——固定资产.2006.
[6] 财政部.企业会计准则第7号——非货币性资产交换.2019.
[7] 财政部.企业会计准则第20号——企业合并.2006.
[8] 财政部 国家税务总局.关于企业重组业务企业所得税处理若干问题的通知.2009.

第五章 企业合并业务的所得税处理

第一节 企业合并概述

一、企业合并的定义

（一）企业会计准则中的定义

《企业会计准则第20号——企业合并》(以下简称《企业合并准则》)第二条、第三条规定,企业合并,是指将两个或者两个以上单独的企业合并形成一个报告主体的交易或事项。业务合并,比照企业合并进行会计处理。

企业合并的结果通常是一个企业取得了对一个或多个业务的控制权。构成企业合并至少包括两层含义:一是取得对另一个或多个企业(或业务)的控制权;二是所合并的企业必须构成业务。如果一个企业取得了对另一个或多个企业的控制权,而被购买方(或被合并方)并不构成业务,则该交易或事项不形成企业合并,不能按照《企业合并准则》的规定处理。

（二）企业所得税法中的定义

《财政部 国家税务总局关于企业重组业务企业所得税处理若干问题的通知》(财税〔2009〕59号)对企业合并的定义是,企业合并是指一家或多家企业(以下称为被合并企业)将其全部资产和负债转让给另一家现存或新设企业(以下称为合并企业),被合并企业股东换取合并企业的股权或非股权支付,实现两个或两个以上企业的依法合并。

需要注意的是,企业会计准则强调的企业合并是一个企业取得对另一个或多个企业业务的控制权,如果一个企业取得另一个企业的控制权,但被合并方并不构成业务,该交易或事项不属于企业会计准则规范的企业合并。而企业所得税法中的企业合并未强调业务的合并,未涉及企业合并的业务合并(以下简称业务合并)在企业所得税法中属于资产收购的范畴。

二、企业合并的类型

（一）企业会计准则的分类

《〈企业会计准则第20号——企业合并〉应用指南》(以下简称《企业合并准则应用指南》)将企业合并分为三类。

1. 控股合并

控股合并是指合并方(或购买方)在企业合并中取得对被合并方(或被购买方)的控制

权，被合并方（或被购买方）在合并后仍保持其独立的法人资格并继续经营，合并方（或购买方）确认企业合并形成的对被合并方（或被购买方）的投资。

2. 吸收合并

吸收合并是指合并方（或购买方）通过企业合并取得被合并方（或被购买方）的全部净资产，合并后注销被合并方（或被购买方）的法人资格，被合并方（或被购买方）原持有的资产、负债，在合并后成为合并方（或购买方）的资产、负债。

3. 新设合并

新设合并是指参与合并的各方在合并后法人资格均被注销，重新注册成立一家新的企业。

（二）企业所得税法的分类

财税〔2009〕59号文只定义了企业合并，未对企业合并进行分类。财税〔2009〕59号文强调“企业合并是指一家或多家企业（以下称为被合并企业）将其全部资产和负债转让给另一家现存或新设企业（以下称为合并企业）”，此处“被合并企业将全部资产和负债转让给另一家现存企业”，对应的是吸收合并。“被合并企业将全部资产和负债转让给另一家新设企业”，对应的是新设合并。企业所得税法中的企业合并不包括控股合并，控股合并在企业所得税法中属于股权收购的范畴。

【例5-1】 A公司受让B公司持有的甲公司60%的股权，受让后A公司成为甲公司的控股股东，可以控制甲公司的生产经营决策，甲公司仍保持独立的法人资格继续经营。该项交易构成企业会计准则中的控股合并，A公司为合并方，甲公司为被合并方。但是该项交易在企业所得税中不属于企业合并，属于股权收购。

【例5-2】 A公司吸收合并B公司，B公司将其资产、负债、人员并入A公司，合并后A公司存续，B公司解散，B公司的资产、负债、人员成为A公司的资产、负债、人员。该项交易无论是按照企业会计准则的规定还是企业所得税法的规定，均属于吸收合并，A公司为合并方，B公司为被合并方。

【例5-3】 A公司、B公司合并为C公司，C公司为合并新设的企业，A公司、B公司将其资产、负债、人员均并入C公司，合并后A公司、B公司均解散，取而代之的是C公司。该项交易无论是按照企业会计准则的规定还是企业所得税法的规定，均构成新设合并，C公司为合并方，A公司、B公司为被合并方。

三、企业合并的特征

企业所得税中的企业合并，具有如下特征：①企业合并是三方交易，涉及合并企业、被合并企业和被合并企业股东三个方面的交易主体。②企业合并的客体是被合并企业的资产、负债、劳动力等一揽子生产要素，该一揽子生产要素通常构成业务，属于扩张型企业重组。③企业合并的目的是通过合并，优化资源配置，降低交易成本，获取经济利益。④企业合并，被合并企业的债权、债务由合并企业承继，合并企业要承担被合并企业的潜在负债，财务风险高、法律风险高。⑤企业合并，资产过户手续繁杂，而且有些资产所有权的转移以及与之相关的特许经营权的转移可能受国家相关法律的限制。⑥企业合并涉及的流转税、所得税、财产行为税或不征，或免征，税收负担轻，重组成本低。

四、企业合并业务的认定

一项业务，只有将其界定为企业合并，才能按照企业合并的相关规定进行相应的税务处理。因此，我们有必要厘清企业合并与收回投资、资产收购、股权收购、业务合并等概念间的关系。

（一）企业合并与收回投资

企业合并是将两个或两个以上的企业合并为一个企业，如A公司吸收合并B公司，合并后A公司存续，B公司解散。收回投资是投资方终止对被投资方的投资，向被投资方收回投资资产，如A公司收回对B公司的投资，B公司解散。

企业合并和收回投资的主要区别是：①企业合并涉及合并企业、被合并企业、被合并企业股东三方当事人，收回投资涉及投资方和被投资方两方当事人。②企业合并，合并企业的资产、负债均要增加，如果合并对价以合并企业的股权支付，所有者权益也要增加。而收回投资，投资方收回资产时固定资产等增加，长期股权投资减少，但负债和所有者权益通常不变。③企业合并，合并企业承继被合并企业的债权、债务。收回投资，被投资方清算时要清理其债权、债务，被投资方的债权、债务与投资方无关。

企业合并属于企业重组，可以按照财税〔2009〕59号文选择特殊性税务处理。收回投资不属于企业重组，不能按照财税〔2009〕59号文选择特殊性税务处理。投资方收回投资，收回资产大于投资资产的部分，确认为投资所得，并入应纳税所得额缴纳企业所得税；收回资产小于投资资产的部分，确认为投资损失，在企业所得税税前扣除。

【例5-4】 甲公司有A公司、B公司两个子公司。①如果A公司吸收合并B公司，B公司将其资产、债权、债务、人员并入A公司，B公司解散，该业务属于企业合并。②如果甲公司解散B公司，B公司清理了债权、债务，甲公司收回的是B公司的剩余资产，该业务属于收回投资。但是也有观点认为，如果甲公司收回的资产构成业务，且甲公司承继了B公司的债权、债务，该业务也构成企业合并。

（二）企业合并与资产收购

企业合并是将两个或两个以上的企业合并为一个企业，如A公司吸收合并B公司，合并后A公司存续，B公司解散。资产收购是收购方收购被收购方的资产，如A公司收购B公司的一条生产线，收购后B公司存续。

企业合并包括合并企业、被合并企业、被合并企业股东三方交易主体，交易既在公司层面进行，也在股东层面进行。企业合并的交易标的是被合并企业的资产、负债、劳动力等一揽子生产要素，合并后被合并企业解散。资产收购涉及资产收购方和转让方两方交易主体，交易在公司层面进行，交易标的通常是资产转让方的资产，交易不影响资产转让方的法人资格，资产转让方存续。

企业合并和资产收购均属于企业重组，都可以按照财税〔2009〕59号文选择特殊性税务处理。但是企业合并和资产收购的交易主体不同，交易标的不同，适用特殊性税务处理的条件不同，确认应税所得的方法不同，产生的税收结果很可能不同。

【例 5-5】 A公司拟受让B公司的全部资产,现有两个方案可供选择:一是A公司直接购买B公司的资产,A公司给B公司支付收购对价,收购完成后B公司存续,该项交易属于资产收购。二是A公司通过吸收合并B公司取得B公司的资产,A公司给B公司的股东支付合并对价,合并后B公司解散,该项交易属于企业合并。

(三) 企业合并与控股合并

企业所得税中的企业合并,包括吸收合并和新设合并,合并后被合并企业解散,如A公司吸收合并B公司,B公司解散。控股合并是企业会计准则中的概念,合并后被合并企业仍存续,如A公司收购B公司60%的股权,收购后能够控制B公司,但B公司仍以独立法人资格从事生产经营。控股合并在企业所得税中不属于企业合并,属于股权收购。

企业合并和控股合并(股权收购)均属于企业重组,都可以按照财税〔2009〕59号文选择特殊性税务处理。但是企业合并和控股合并的交易主体不同,交易标的不同,适用特殊性税务处理的条件不同,确认应税所得的方法不同,产生的税收结果很可能不同。

【例 5-6】 G航空公司拟合并S航空公司,现有两个合并方案可供选择:①将S航空公司的资产、债权、债务、人员并入G航空公司,S航空公司解散,这属于吸收合并,应当按照企业合并进行所得税处理。②G航空公司通过收购S航空公司的股权控制S航空公司,S航空公司存续,这属于控股合并,应当按照股权收购进行所得税处理。由于考虑到航空牌照的稀缺性以及未来潜在的企业重组,G航空公司最终选择了控股合并。

(四) 企业合并与业务合并

企业合并是将两个或两个以上的企业合并为一个企业,如A公司吸收合并B公司,合并后A公司存续,B公司解散。业务合并是企业会计准则中的概念,如A公司收购B公司的一条构成业务的生产线,业务合并在企业所得税中属于资产收购的范畴。

企业合并和业务合并的区别是企业合并包括合并企业、被合并企业、被合并企业股东三方交易主体,交易既在公司层面进行,也在股东层面进行。企业合并交易的标的是被合并企业的资产、负债、劳动力等一揽子生产要素,合并后被合并企业解散。业务合并涉及合并企业和被合并企业两方交易主体,交易在公司层面进行,交易标的是被合并企业的业务,业务合并不影响被合并企业的法人资格。企业合并和业务合并的共同点是这两种合并方式都有可能产生商誉。

企业合并和业务合并(资产收购)均属于企业重组,都可以按照财税〔2009〕59号文选择特殊性税务处理。但是企业合并和业务合并(资产收购)的交易主体不同,交易标的不同,适用特殊性税务处理的条件不同,确认应税所得的方法不同,产生的税收结果很可能不同。

【例 5-7】 B公司的股东是甲公司,其主要资产是一条集成电路生产线。A公司拟受让B公司的该条生产线,现有以下两种交易方式可供选择:①将B公司的资产、债权、债务、人员并入A公司,B公司解散,A公司给B公司的股东甲公司支付合并对价,这属于吸收合并,应当按照企业合并进行所得税处理。②A公司直接收购B公司的生产线以及与之相关的技术、人员,A公司给B公司支付收购对价,收购完成后B公司存续,这属于业务合并,应当按照资产收购进行所得税处理。

五、企业合并的业务流程

企业合并的业务流程分为以下三个阶段。

（一）战略考察阶段

战略考察阶段的事项主要包括：并购战略的确定；目标公司的选择；目标公司的调研；初步评估。

（二）交易执行阶段

交易执行阶段的事项主要包括：构建并购平台；尽职调查；制作商业计划书；目标公司估值；确定交易结构；撰写并购方案；谈判并形成合作协议；行政审批。

（三）整合阶段

整合阶段的事项主要包括：过渡期安排与交割；董事会改组及工商变更；组织与业务流程初步整合。

六、企业合并的相关术语

（一）合并企业

合并企业是指在企业合并过程中，取得被合并企业资产、负债、人员，给被合并企业股东支付合并对价的一方当事人。如A公司吸收合并B公司，A公司为合并企业。

（二）被合并企业

被合并企业是指在企业合并过程中将其资产、负债、人员并入合并企业，合并后解散的一方当事人。如A公司吸收合并B公司，B公司为被合并企业。

（三）被合并企业股东

被合并企业股东是指在企业合并过程中注销被合并企业股权并取得合并对价的一方当事人。如A公司吸收合并B公司，B公司的股东甲公司为被合并企业股东。

（四）资产

资产是企业合并客体的组成部分，指在企业合并过程中，被合并企业并入合并企业的资产。如A公司吸收合并B公司，B公司并入A公司的资产即属于合并资产。

（五）负债

负债是企业合并客体的组成部分，指在企业合并过程中，合并企业承继的被合并企业的负债。如A公司吸收合并B公司，A公司承继B公司的负债即属于合并负债。

（六）业务

业务是企业合并的客体之一，指在企业合并过程中，被合并企业并入合并企业的具有投入、加工处理过程和产出能力的一揽子生产要素。如A公司吸收合并B公司，B公司并入A公司的设备以及与之相关的技术、人员，构成企业合并中的业务。

七、企业合并涉及的税收

企业合并业务中，被合并企业并入合并企业的资产、负债，应当缴纳企业所得税。被合并企业股东注销被合并企业股权取得的合并对价，应当缴纳企业所得税。合并企业取得的合并资产、负债，应当确认资产、负债的计税基础。被合并企业股东如果是自然人，其注销被合并企业股权取得的合并对价，应当缴纳个人所得税。

企业合并涉及的增值税、土地增值税、个人所得税、印花税、契税等除企业所得税外的其他税收，我们将在第八章中专题讨论。

八、案例分析特别说明

为简化分析、突出重点，本章中涉及的示例及案例分析，除有特别说明外，一般不考虑增值税、土地增值税、城市维护建设税、教育费附加、契税、印花税、交易费用等相关税费对企业所得税的影响，也不考虑示例及案例中未提及的因素对企业所得税的影响。

第二节　企业合并的会计处理①

一、企业合并会计处理概述

（一）企业合并的会计处理依据

企业合并的会计处理，应当适用《企业会计准则第20号——企业合并》。但是如果一个企业取得了对另一个或多个企业的控制权，而被购买方（或被合并方）并不构成业务，该交易或事项不形成企业合并，会计处理不适用《企业合并准则》，应当适用《企业会计准则第4号——固定资产》《企业会计准则第6号——无形资产》《企业会计准则第7号——非货币性资产交换》等单项会计准则。

（二）企业合并的会计处理方法

企业合并分为同一控制下的企业合并和非同一控制下的企业合并。同一控制下的企业合并一般是在同一企业集团内部进行的非自愿合并，属于参与各方之间所有者权益的结合，从最终控制方来看，交易的净资产并未发生实质性变化。因此，企业合并准则对此类合并采取权益结合法，即按照股权结合的方式，合并各方均按其净资产的账面价值合并，合并之后，各方的权益不会因合并而增加或减少。

非同一控制下的企业合并通常发生在非关联企业之间，合并各方不受同一方或相同多方控制，大多是企业的自愿行为，从最终实施控制方的角度看，实际上是合并方购买被合并方净资产的行为。因此，企业合并准则对此类合并采用购买法处理，即合并方的账户或合并报表以公允价值反映被合并方的可辨认净资产。

（三）企业合并的会计核算内容

企业合并包括合并企业、被合并企业和被合并企业股东三方当事人。除有特殊规定外：①同一控制下企业合并的会计处理，被合并企业不确认清算所得；合并企业取得的资

① 财政部会计司编写组.企业会计准则讲解[M].北京：人民出版社，2010.

产、负债，以该资产、负债的原账面价值初始计量；被合并企业股东注销的被合并企业股权，不确认股权转让所得，取得的合并对价，以注销被合并企业股权的账面价值初始计量。②非同一控制下企业合并的会计处理，被合并企业应当确认清算所得；合并企业取得的资产、负债，以该资产、负债的公允价值初始计量；被合并企业股东注销的被合并企业股权，确认股权转让所得，取得的合并对价，以公允价值初始计量。

（四）企业合并中业务的认定

《财政部关于印发〈企业会计准则解释第 13 号〉的通知》（财会〔2019〕21 号）规定，业务是指企业内部某些生产经营活动或资产的组合，该组合一般具有投入、加工处理过程和产出能力，能够独立计算其成本费用或所产生的收入。合并方在合并中取得的生产经营活动或资产的组合构成业务，通常应当具备以下三个要素：①投入，指原材料、人工、必要的生产技术等无形资产以及构成产出能力的机器设备等其他长期资产的投入。②加工处理过程，指具有一定的管理能力、运营过程，能够组织投入形成产出能力的系统、标准、协议、惯例或规则。③产出，包括为客户提供的产品或服务、为投资者或债权人提供的股利或利息等投资收益，以及企业日常活动产生的其他的收益。

有关资产或资产、负债的组合是否构成一项业务，应结合所取得资产、负债的内在联系以及加工处理过程等进行综合判断。实务中出现的如一个企业对另一个企业某条具有独立生产能力的生产线的合并、一家保险公司对另一家保险公司寿险业务的合并等，一般构成业务合并。

【例 5-8】 A 房地产开发公司是甲房地产开发公司设立的项目公司，其主要资产是一块土地使用权，只有少许的管理人员，不具备房地产开发所需的人员和能力。按照业务构成的三要素判断，A 公司的资产和人员未构成业务，如果 B 房地产开发公司吸收合并 A 公司，该合并不构成业务合并，不能按照业务合并进行会计处理。

（五）企业合并中商誉的确认

商誉是指能够给企业带来超额利润的经济资源，商誉的价值来源于企业良好的声誉、技术诀窍、管理经验、企业文化等。会计核算中的商誉，是指企业合并或业务合并时，合并方所支付的成本大于被合并方各项可辨认资产、负债等公允价值份额的差额。

只有非同一控制下构成业务的企业合并，才有可能形成商誉。购买方对合并成本大于合并中取得的被购买方可辨认净资产公允价值份额的差额，确认为商誉；购买方对合并成本小于合并中取得的被购买方可辨认净资产公允价值份额的差额，计入当期损益。非同一控制下的企业合并，确认商誉，但是不确认负商誉。

二、构成业务的企业合并

（一）同一控制下的企业合并

参与合并的企业在合并前后均受同一方或相同的多方最终控制且该控制并非暂时性的，为同一控制下的企业合并。同一控制下的企业合并，在合并日取得对其他参与合并企业控制权的一方为合并方，参与合并的其他企业为被合并方。同一控制下的企业合并，采用权益结合法进行会计处理。

1. 合并方的会计处理

合并方在企业合并中取得的资产和负债，应当按照合并日被合并方的账面价值计量。合并方取得的净资产账面价值与支付的合并对价账面价值(或发行股份面值总额)的差额，应当调整资本公积；资本公积不足冲减的，调整留存收益。

合并方为进行企业合并发生的各项直接相关费用，包括为进行企业合并而支付的审计费用、评估费用、法律服务费用等，应当于发生时计入当期损益。为企业合并发行的债券或承担其他债务支付的手续费、佣金等，应当计入所发行债券及其他债务的初始计量金额；企业合并中发行权益性证券发生的手续费、佣金等费用，应当抵减权益性证券溢价收入，溢价收入不足冲减的，冲减留存收益。

2. 被合并方的会计处理

企业合并，被合并方解散，被合并方的债权、债务由合并方承继，被合并方在《公司法》层面不需要清算。但是企业合并，被合并方会计主体消失，被合并方应当按照清算进行会计处理。至于被合并方如何进行清算的会计处理，除破产清算外，尚无具体规定。

按照《企业合并准则》的规定，同一控制下的企业合并，应当按照权益结合法进行会计处理。权益结合法的基本原理是，企业合并是合并各方权益的重新结合，合并之后，合并各方的权益不会因合并而增加，也不会因合并而减少。因此，按照权益结合法的基本原理，同一控制下的企业合并，被合并方会计处理不应当确认清算损益。

3. 被合并方股东的会计处理

企业合并，被合并企业股东如何进行会计处理，尚无具体规定。理论上，被合并企业股东在企业合并中注销被合并企业股权，取得合并企业股权或非股权支付，应当按照《企业会计准则第7号——非货币性资产交换》进行会计处理。

同一控制下的企业合并，往往公允价值"不公允"，非货币性资产交易应当以账面价值为基础计量。被合并企业股东注销的被合并企业股权，不确认股权转让损益。取得的合并对价——合并方股权或其他非货币性资产，应当以注销被合并企业股权的计税基础作为计税基础。

【例5-9】 A公司和B公司均为甲公司的子公司，A公司吸收合并B公司，合并后B公司解散。B公司资产的公允价值25 000万元，账面价值20 000万元。A公司以本公司股票给B公司的股东甲公司支付合并对价，股票公允价值25 000万元。甲公司持有B公司股权的公允价值25 000万元，账面价值16 000万元。

该项业务为同一控制下的企业合并。①被合并方B公司会计处理不确认清算收益。②合并方A公司取得的合并资产，以该资产的原账面价值20 000万元初始计量。③被合并方股东甲公司注销的B公司股权，会计处理不确认股权转让收益。取得的A公司股权，以原持有B公司股权的计税基础16 000万元初始计量。

【例5-10】 甲公司和乙公司都是A公司的子公司。甲公司吸收合并乙公司，合并后乙公司解散。甲公司给乙公司的股东A公司定向增发3 000万股普通股(每股面值1元)支付合并对价，股份公允价值12 500万元。甲公司在该企业合并过程中发生的资产评估等各项费用120万元，以银行存款支付。

该项业务中参与合并的企业在合并前均为A公司最终控制，为同一控制下的企业合并。A公司持有乙公司股权的初始投资成本为5 000万元，长期股权投资采用成本法核算，合并时长期股权投资的账面价值与初始投资成本相等。所得税选择特殊性税务处理。合并日乙公司资产、负债情况如表5-1所示。

表5-1　　资产负债表　　单位：万元

项目	账面价值	公允价值
资产：		
货币资金	1 800	1 800
应收账款	1 200	1 200
存货	2 400	3 560
长期股权投资	2 000	3 200
固定资产	2 800	2 500
无形资产	1 800	2 100
商誉		
资产总计	12 000	14 360
负债和所有者权益：		
短期借款	1 000	1 000
应付账款	1 500	1 500
其他负债	150	150
负债合计	2 650	2 650
实收资本（股本）	3 000	
资本公积	2 000	
盈余公积	2 000	
未分配利润	2 350	
所有者权益合计	9 350	11 710
负债和所有者权益总计	12 000	

（一）合并方甲公司的会计处理

①由于该项合并为同一控制下的企业合并，合并方在企业合并中取得的资产和负债，应当按照合并日被合并方的账面价值计量。②合并方取得的净资产账面价值与发行股份面值总额的差额，应当调整资本公积。③合并方为进行企业合并发生的各项直接相关费用，于发生时计入当期损益。

合并方取得资产账面价值：12 000万元

合并方取得负债账面价值：2 650万元

合并方取得净资产账面价值：9 350万元

发行股份面值：3 000×1＝3 000（万元）

资本公积：9 350－3 000＝6 350（万元）

借：货币资金①	18 000 000	
应收账款	12 000 000	
存货②	24 000 000	
长期股权投资	20 000 000	
固定资产	28 000 000	
无形资产	18 000 000	
管理费用	1 200 000	
贷：短期借款		10 000 000
应付账款		15 000 000
其他负债③		1 500 000
银行存款		1 200 000
股本		30 000 000
资本公积		63 500 000

（二）被合并方乙公司的会计处理

该项合并为同一控制下的企业合并，被合并方乙公司在合并后解散，应当按照清算进行会计处理，原则上不确认清算损益。

处置资产、清理债权债务：

借：短期借款	10 000 000	
应付账款	15 000 000	
其他负债	1 500 000	
股本	30 000 000	
资本公积	20 000 000	
盈余公积	20 000 000	
利润分配——未分配利润	23 500 000	
贷：货币资金		18 000 000
应收账款		12 000 000
存货		24 000 000
长期股权投资		20 000 000
固定资产		28 000 000
无形资产		18 000 000

由于企业所得税选择特殊性税务处理，且合并对价全部以股权支付，被合并企业无须进行企业所得税的会计处理。

（三）被合并方股东A公司的会计处理

该项合并为同一控制下的企业合并，A公司注销的乙公司股权，不确认股权转让收益。

① 实际账务处理时，视具体情况选择“银行存款”或“其他货币资金”科目，下同。

② 实际账务处理时，视具体情况选择“库存商品”“原材料”等会计科目，下同。

③ 实际账务处理时，视具体情况选择“预收账款、其他应付款”等会计科目，下同。

取得的甲公司股权，按照注销乙公司股权的账面价值初始计量。

借：长期股权投资——甲公司　　50 000 000

　　贷：长期股权投资——乙公司　　50 000 000

（二）非同一控制下的企业合并

参与合并的各方在合并前后不属于同一方或相同多方最终控制的，为非同一控制下的企业合并。非同一控制下的企业合并，在购买日取得对其他参与合并企业控制权的一方为购买方，参与合并的其他企业为被购买方。非同一控制下的企业合并，采用购买法进行会计处理。

1. 合并方的会计处理

购买方应当区别下列情况计量合并成本：①一次交换交易实现的企业合并，合并成本为购买方在购买日为取得对被购买方的控制权而付出的资产、发生或承担的负债以及发行的权益性证券的公允价值。②通过多次交换交易分步实现的企业合并，合并成本为每一单项交易成本之和。③购买方为进行企业合并发生的各项直接相关费用也应当计入企业合并成本。

购买方在购买日应当对合并成本进行分配，确认所取得的被购买方各项可辨认资产、负债及或有负债。①购买方对合并成本大于合并中取得的被购买方可辨认净资产公允价值份额的差额，应当确认为商誉。②购买方对合并成本小于合并中取得的被购买方可辨认净资产公允价值份额的差额，应当进行复核，经复核后合并成本仍小于合并中取得的被购买方可辨认净资产公允价值份额的，其差额应当计入当期损益。购买方在购买日对作为企业合并对价付出的资产、发生或承担的负债应当按照公允价值计量，公允价值与其账面价值的差额，计入当期损益。

被购买方可辨认净资产公允价值，是指合并中取得的被购买方可辨认资产的公允价值减去负债及或有负债公允价值后的余额。被购买方各项可辨认资产、负债，符合下列条件的，应当单独予以确认：①合并中取得的被购买方除无形资产以外的其他各项资产（不仅限于被购买方原已确认的资产），其所带来的未来经济利益预计能够流入企业且公允价值能够可靠计量的，应当按照公允价值确认。合并中取得的无形资产，其公允价值能够可靠计量的，应当单独确认为无形资产并以公允价值计量。②合并中取得的被购买方除或有负债以外的其他各项负债，履行有关的义务很可能导致经济利益流出企业且公允价值能够可靠计量的，应当按照公允价值确认。

2. 被合并方的会计处理

企业合并，被合并方解散，被合并方的债权、债务由合并方承继，被合并方在《公司法》层面不需要清算。但是企业合并，被合并方会计主体消失，被合并方应当按照清算进行会计处理。至于被合并方如何进行清算的会计处理，除破产清算外，尚无具体规定。

《企业合并准则》规定，非同一控制下的企业合并，按照购买法进行会计处理。购买法的基本原理是，企业合并中交易各方资产所有权的让渡，按照购买资产进行会计处理。依据购买法的基本原理，企业合并，被合并方会计处理应当确认清算损益。

3. 被合并方股东的会计处理

非同一控制下的企业合并，被合并企业股东如何进行会计处理，无具体规定。理论上，被合并企业股东在企业合并中注销被合并企业股权，取得合并企业股权或非股权支付，应当视具体情况，按照《企业会计准则第2号——长期股权投资》《企业会计准则第7号——非货币性资产交换》进行会计处理，注销的被合并企业股权，确认股权转让所得；取得的合并对价如果是合并方股权或其他非货币性资产，以公允价值为基础初始计量。

【例5-11】 甲公司吸收合并乙公司，合并后乙公司解散。甲公司和乙公司在合并前无任何关联关系。甲公司给乙公司的股东A公司定向增发3 000万股普通股(每股面值1元)支付合并对价，股份公允价值12 500万元。甲公司在该项合并中发生的资产评估等各项费用120万元，以银行存款支付。

该项业务中参与合并的企业在合并前无任何关联关系，为非同一控制下的企业合并。A公司持有乙公司100%的股权，股权的初始投资成本5 000万元，长期股权投资采用成本法核算，合并时长期股权投资的账面价值与初始投资成本相等。企业所得税选择一般性税务处理。合并日乙公司资产、负债情况如表5-2所示。

表5-2 **资产负债表** 单位：万元

项目	账面价值	公允价值
资产：		
货币资金	1 800	1 800
应收账款	1 200	1 200
存货	2 400	3 560
长期股权投资	2 000	3 200
固定资产	2 800	2 500
无形资产	1 800	2 100
商誉		
资产总计	12 000	14 360
负债和所有者权益：		
短期借款	1 000	1 000
应付账款	1 500	1 500
其他负债	150	150
负债合计	2 650	2 650
实收资本(股本)	3 000	
资本公积	2 000	
盈余公积	2 000	
未分配利润	2 350	
所有者权益合计	9 350	11 710
负债和所有者权益总计	12 000	

(一) 合并方甲公司的会计处理

①该项合并为非同一控制下的企业合并,合并成本为购买方在购买日为取得对被购买方的控制权而付出的资产、发生或承担的负债以及发行的权益性证券的公允价值。②购买方对合并成本大于合并中取得的被购买方可辨认净资产公允价值份额的差额,确认为商誉。

可辨认资产公允价值:14 360 万元

可辨认负债公允价值:2 650 万元

可辨认净资产公允价值:11 710 万元

合并成本:12 500 + 120 = 12 620(万元)

商誉:12 620 − 11 710 = 910(万元)

发行股份面值:3 000 × 1 = 3 000(万元)

资本公积:12 500 − 3 000 = 9 500(万元)

借:货币资金	18 000 000	
应收账款	12 000 000	
存货	35 600 000	
长期股权投资	32 000 000	
固定资产	25 000 000	
无形资产	21 000 000	
商誉	9 100 000	
贷:短期借款		10 000 000
应付账款		15 000 000
其他负债		1 500 000
银行存款		1 200 000
股本		30 000 000
资本公积		95 000 000

(二) 被合并方乙公司的会计处理

该项合并为非同一控制下的企业合并,被合并方乙公司在合并后解散,应当按照清算进行会计处理,确认清算损益。

(1) 结转清算净值:

借:股本	30 000 000	
资本公积	20 000 000	
盈余公积	20 000 000	
利润分配——未分配利润	23 500 000	
贷:清算净值		93 500 000

(2) 确认资产增值:

存货:3 560 − 2 400 = 1 160(万元)

长期股权投资:3 200 − 2 000 = 1 200(万元)

固定资产:2 500 − 2 800 = −300(万元)

无形资产：2 100 - 1 800 = 300（万元）

资产增值合计：1 160 + 1 200 - 300 + 300 = 2 360（万元）

借：存货	11 600 000	
长期股权投资	12 000 000	
固定资产	-3 000 000	
无形资产	3 000 000	
贷：清算损益		23 600 000

（3）计提清算所得税费用：

应纳企业所得税额：2 360×25% = 590（万元）

借：清算损益	5 900 000	
贷：应交税费——应交企业所得税		5 900 000

（4）结转清算损益：

清算损益：2 360 - 590 = 1 770（万元）

借：清算损益	17 700 000	
贷：清算净值		17 700 000

（5）编制清算资产负债表：

资产：14 360 万元

负债：2 650 + 590 = 3 240（万元）

清算净值：9 350 + 2 360 - 590 = 11 120（万元）

资产：14 360 万元 = 负债：3 240 万元 + 清算净值：11 120 万元

依法清算分配：工资，社会保险，税款，普通债务，股东分配等。

（三）被合并方股东 A 公司的会计处理

该项合并为非同一控制下的企业合并，A 公司注销的乙公司股权，应当确认股权转让收益。取得甲公司的股权，应当按照公允价值初始计量。

借：长期股权投资——甲公司	12 500 000	
贷：长期股权投资——乙公司		50 000 000
投资收益		75 000 000

三、未构成业务的企业合并

单一资产实体，一般不构成业务。单一资产实体的合并，不能按照企业合并进行会计处理，不适用《企业合并准则》，应当按照购买资产进行会计处理，适用《固定资产准则》《无形资产准则》《非货币性资产交换准则》《收入准则》等单项会计准则。

（一）单一资产实体的概念

“单一资产实体”（single asset entity）是指某一实体的总资产额中，占据绝对比重的是一项具有不可替代性的特定可辨认资产的价值，除此以外的其他资产、负债的价值都是显著不重大的。相应地，该实体的未来现金流量也高度依赖于该项特定的可辨认资产。常见的

“单一资产实体”的例子是为了特定的房地产开发项目、特定的投资性房地产或者特定区域、矿种的开采等而设立的项目公司。

（二）单一资产实体的确认

“单一资产实体”的确认，实质上是关于是否形成业务的判断。《企业会计准则解释第13号》（财会〔2019〕21号）规定，合并方在合并中取得的组合应当至少同时具有一项投入和一项实质性加工处理过程，且二者相结合对产出能力有显著贡献，该组合才构成业务。合并方在合并中取得的组合是否有实际产出并不是判断其构成业务的必要条件。

判断非同一控制下企业合并中取得的组合是否构成业务，也可选择采用集中度测试。进行集中度测试时，如果购买方取得的总资产的公允价值几乎相当于其中某一单独可辨认资产或一组类似可辨认资产的公允价值的，则该组合通过集中度测试，应判断为不构成业务。

（三）单一资产实体的会计处理

涉及“单一资产实体”的收购时，对于其中核心资产的收购，不构成一项业务合并。该项收购交易中不应存在独立于可辨认资产而单独存在的商誉。取得控制权时支付的对价在扣除其他可辨认资产的公允价值后，剩余金额全部应归属于该项特定的可辨认资产，如房地产开发项目或矿业权等，并随着该项特定可辨认资产经济利益的逐步消耗而转入损益。

【例5-12】　乙房地产开发公司是A房地产开发公司设立的项目公司，其主要资产是一块开发用地，只有少许的管理人员，不具备房地产开发所需的人员和组织协调能力。甲房地产开发公司吸收合并乙公司，给乙公司的股东A公司定向增发3 000万股股票（面值1元/股）支付合并对价，股票公允价值28 000万元。A公司持有乙公司股权的初始投资成本5 000万元，合并时长期股权投资的账面价值与初始投资成本相同。企业所得税适用一般性税务处理。

该项企业合并业务，甲公司和A公司在合并前及合并后不存在任何关联关系。合并日乙公司的资产、负债情况如表5-3所示。

表5-3　　**资产负债表**　　单位：万元

项目	账面价值	公允价值
资产：		
货币资金	15	15
存货	35 000	55 000
其他应收款	2	2
资产总计	35 017	55 017
负债和所有者权益：		
短期借款	30 000	30 000
其他应付款	23	23

(续表)

项目	账面价值	公允价值
负债合计	30 023	30 023
实收资本(股本)	5 000	
未分配利润	-6	
所有者权益合计	4 994	24 994
负债和所有者权益总计	35 017	

（一）会计处理方法的判断

按照构成业务的三要素判断，从投入看，乙公司没有房地产开发所需的人员；从加工处理过程看，没有房地产开发的能力；从产出看，不能为客户提供所需的产品。另外，从集中度测试看，乙公司资产的价值集中于开发用地这一项资产。所以，乙公司的相关资产不构成业务，交易各方会计处理不能适用《企业合并准则》，不确认商誉，应当按照购买资产进行相应的会计处理。

（二）合并方甲公司的会计处理

甲公司在企业合并中取得乙公司的资产，应当按照购买资产进行会计处理。支付的对价为发行权益性证券的公允价值和承继债务的合计金额，将支付的对价分配给各单项资产，以此作为各单项资产的初始计量金额。

甲公司合并乙公司取得的资产，只有货币资金、开发用地和其他应收款三项，且货币资金、其他应收款公允价值确定，不存在分配合并对价的问题。甲公司取得开发用地的初始计量，以合并对价减货币资金和其他应收款的初始计量金额确定。

合并对价：28 000 + 30 023 = 58 023(万元)

货币资金的价值：15 万元

其他应收款价值：2 万元

开发用地的价值：58 023 - 15 - 2 = 58 006(万元)

发行股份面值：3 000×1 = 3 000(万元)

资本公积：28 000 - 3 000 = 25 000(万元)

借：货币资金	150 000	
其他应收款	20 000	
开发成本	580 060 000	
贷：短期借款		300 000 000
其他应付款		230 000
股本		30 000 000
资本公积		250 000 000

（三）被合并方乙公司的会计处理

该项合并为非同一控制下的企业合并，被合并方乙公司在合并后解散，应当按照清算进行会计处理，确认清算损益。

（1）结转清算净值：

借：股本　　50 000 000

　　利润分配——未分配利润　　－60 000

　　贷：清算净值　　49 940 000

（2）确认资产增值：

存货：55 000－35 000＝20 000（万元）

借：存货　　200 000 000

　　贷：清算损益　　200 000 000

（3）计提清算所得税费用：

应纳企业所得税额：20 000×25%＝5 000（万元）

借：清算损益　　50 000 000

　　贷：应交税费——应交企业所得税　　50 000 000

（4）结转清算损益：

清算损益：20 000－500＝19 500（万元）

借：清算损益　　195 000 000

　　贷：清算净值　　195 000 000

（5）编制清算资产负债表：

资产：55 017 万元

负债：30 023＋5 000＝35 023（万元）

清算净值：4 994＋20 000－5 000＝19 994（万元）

资产：55 017 万元＝负债：35 023 万元＋清算净值：19 994 万元

依法清算分配：工资，社会保险，税款，普通债务，股东分配等。

（四）被合并方股东 A 公司的会计处理

该项合并为非同一控制下的企业合并，A 公司注销的乙公司股权，应当确认股权转让收益。取得的甲公司股权，应当以公允价值初始计量。

借：长期股权投资——甲公司　　280 000 000

　　贷：长期股权投资——乙公司　　50 000 000

　　　　投资收益　　230 000 000

第三节　企业合并的所得税处理

一、企业合并所得税处理概述

（一）企业合并的所得税处理原则

企业合并是企业重组的方式之一，企业重组所得税处理的原则也是企业合并所得税处理应当遵循的原则。尽管财税〔2009〕59 号文及配套文件对企业重组所得税处理的原则没有具体规定，但是依据财税〔2009〕59 号文的具体规定做学理归纳的话，企业重组所得税处理应当遵循的原则包括合理商业目的原则、实质重于形式原则、权益延续原则、经营延续原则等。

（二）企业合并的所得税处理方法

企业合并的所得税处理，分为一般性税务处理和特殊性税务处理。原则上，①企业合并适用一般性税务处理，重组各方在重组过程中转让的资产，应当在重组当期确认应税所得；重组各方在重组过程中受让的资产，以公允价值作为计税基础；被合并企业的税收权益终结。②企业合并适用特殊性税务处理，重组各方在重组过程中转让的资产，重组当期不确认应税所得；重组各方在重组过程中受让的资产，以该资产的原有计税基础作为计税基础；被合并企业的税收权益延续。

（三）企业合并的所得税处理内容

企业合并涉及合并企业、被合并企业、被合并企业股东三方当事人。企业合并的所得税处理包括合并企业、被合并企业、被合并企业股东的所得税处理。企业合并的所得税处理主要包括四项内容：一是当事人转让的资产，是否确认资产转让所得。二是当事人受让的资产，如何确认资产的计税基础。三是被合并企业未弥补完的亏损，合并企业能否继续弥补。四是被合并企业未享受完的税收优惠，合并企业能否继续享受。

（四）企业合并中业务的认定问题

《企业所得税法》及《实施条例》、财税〔2009〕59 号文及配套文件都没有业务的概念，都没有提及业务合并及商誉的确认问题。企业合并，除合并单一资产实体外，一般都构成业务的合并。企业合并的所得税处理，如果认可业务合并的存在，就存在商誉的确认问题；如果不认可业务合并的存在，或由于征管原因在企业合并中暂不考虑业务合并，就不存在商誉的确认问题。理论上，企业重组的所得税处理应当认可业务的存在，考虑商誉的确认问题，因为业务是客观存在的。

（五）企业合并中商誉的确认问题

《企业所得法实施条例》（以下简称《实施条例》）第八十五条规定，外购商誉的支出，在企业整体转让或者清算时，准予扣除。但《实施条例》只规定了商誉如何在税前扣除，并未规定商誉的确认和计量问题，财税〔2009〕59 号文也未提及商誉的确认和计量。从逻辑上讲，商誉的扣除以商誉的存在为前提条件，要扣除商誉就应当先确认和计量商誉。

企业合并的所得税处理，如果确认商誉，各项可辨认资产以其公允价值确认计税基础，收购成本大于可辨认资产公允价值的部分确认为商誉。企业合并确认商誉，可辨认资产的计税基础低，投入使用后税前扣除的成本费用小；如果不确认商誉，就要将收购成本分摊给各项可辨认资产的计税基础，可辨认资产的计税基础高，投入使用后税前扣除的成本费用大。

企业合并的所得税处理是否确认商誉，目前有两种观点：一种观点认为，由于财税〔2009〕59 号文及配套文件并未提及商誉，所以企业合并不应当确认商誉。还有一种观点认为，商誉是客观存在的，商誉是企业价值的组成部分，企业重组如果不确认商誉，就会造成可辨认资产计税基础和税前可扣除成本费用的虚增，而且《企业所得税法》也是将商誉作为无形资产管理的，所以企业合并应当确认商誉。但目前在税收实务中，企业合并确认商誉的情况比较少见，通常只有在企业会计处理确认商誉的情况下，所得税处理才会确认商誉。

鉴于以上分析，我们认为，企业合并的所得税处理应当确认商誉。在税法对商誉的确认和计量未有明确规定之前，企业重组中商誉的确认和计量，应当借鉴会计准则的相关规定。具体来讲，非同一控制下的企业合并适用一般性税务处理，各单项资产和负债应当按照其公允价值确认计税基础，合并成本大于可辨认净资产公允价值份额的部分，确认为商誉。但是重组当事人在税收实务中是否确认商誉，要充分考虑主管税务机关对此项业务的态度和征管习惯。

【例 5-13】 甲公司吸收合并乙公司，合并后乙公司解散。乙公司资产的公允价值总额 18 000 万元，负债的公允价值总额 6 000 万元，净资产公允价值 12 000 万元。合并各方当事人确定的合并对价为 15 000 万元，甲公司以银行存款 15 000 万元支付合并对价。

该项企业合并，甲公司取得乙公司可辨认净资产的公允价值总额 12 000 万元，支付的合并对价 15 000 万元，合并对价高于净资产公允价值的部分 3 000 万元，应当确认为商誉。

（六）企业合并交易标的及对价的确认

企业合并的实质是业务的合并，外在表现形态是合并企业取得被合并企业的净资产，其中可以会计计量的是被合并企业的资产和负债。企业合并中合并企业承继被合并企业的负债，在合并环节是计算净资产（净资产 = 资产 - 负债）的依据，属于交易标的的组成部分。但在确认合并资产计税基础时，如果该企业合并不确认商誉，合并企业承继被合并企业的负债属于交易对价的组成部分。

【例 5-14】 甲公司吸收合并乙公司，合并后乙公司解散。乙公司被合并资产、负债的公允价值分别为 50 000 万元、30 000 万元，净资产为 20 000 万元。合并各方当事人确定的合并对价为 20 000 万元，甲公司以现金 20 000 万元支付合并对价。该项业务，甲公司取得的合并资产，计税基础为 50 000 万元，支付的现金 20 000 万元和承继的债务 30 000 万元均属于交易对价。

（七）企业合并所得税处理相关术语

1. 资产原值

资产原值是指资产持有人持有资产的原始价值，除有特殊规定外，资产原值一般根据取得资产时的历史成本确认。如 A 公司收购 B 公司的资产，支付收购价款 8 000 万元，资产的原值为 8 000 万元。

2. 资产减值准备

资产减值准备是指资产因发生减值而计提的准备金，资产减值准备一般根据资产的账面价值与可收回金额的差额确认。如某项固定资产原值 50 万元，可收回金额 20 万元，应计提减值准备 30 万元。

3. 资产账面价值

资产账面价值是指资产原值减去已折耗金额及减值准备后的余额。如 A 公司的某项固定资产，原值 120 万元，计提折旧 30 万元，计提资产减值准备 20 万元，该固定资产的账面价值为 70 万元。

4. 资产公允价值

税法中资产的公允价值是指按照市场价格确定的资产价值。如 A 公司将其一条生产线在正常市场条件下转让给 B 公司，取得转让价款 6 000 万元，该条生产线的公允价值为 6 000万元。

5. 资产计税基础

资产计税基础是指可以在企业所得税税前扣除的资产成本，资产计税基础一般按照资产的历史成本确认。已发生折耗的资产，计税基础为原值减已在税前扣除的折耗金额。如某固定资产原值 300 万元，已税前扣除折旧 100 万元，计税基础为 200 万元。

6. 资产税会差异

资产税会差异是指由于会计处理与所得税处理原则不同造成的资产账面价值与计税基础之间的差异。如某项固定资产，原值 500 万元，计提资产减值准备 100 万元，计提减值准备后资产的账面价值为 400 万元，但计税基础仍为 500 万元，形成 100 万元的税会差异。

二、企业合并的所得税处理规定

按照财税〔2009〕59 号文的规定，企业合并的所得税处理分为一般性税务处理和特殊性税务处理。

（一）适用一般性税务处理的企业合并

按照财税〔2009〕59 号文第四条第四项的规定，企业合并适用一般性税务处理，各方当事人的所得税事项包括：①被合并企业按照清算进行所得税处理，被合并资产、负债公允价值与计税基础的差额，确认为清算所得或损失。②合并企业取得的合并资产、负债，以公允价值作为计税基础。③被合并企业股东按照清算进行所得税处理，注销的被合并企业股权，确认股权转让所得或损失。取得的合并对价如果是非货币性资产，以公允价值作为计税基础。

【例 5-15】 A 公司吸收合并 B 公司，B 公司被合并资产的公允价值 15 000 万元，计税基础 12 000 万元。A 公司通过定向增发，以公允价值 15 000 万元的本公司股票给 B 公司的股东甲公司支付合并对价，甲公司持有 B 公司股权的计税基础 9 000 万元。

该项企业合并业务，如果适用一般性税务处理，B 公司在企业合并当期确认清算所得 3 000 万元（15 000 − 12 000），A 公司取得 B 公司的资产，以公允价值 15 000 万元作为计税基础。甲公司注销的 B 公司股权，确认股权转让所得 6 000 万元（15 000 − 9 000），取得的 A 公司股权，以公允价值 15 000 万元作为计税基础。

（二）适用特殊性税务处理的企业合并

按照财税〔2009〕59 号文第六条第四项的规定，适用特殊性税务处理规定的企业合并，各方当事人的所得税事项包括：①被合并企业被合并的资产、负债，其公允价值与计税基础的差额，不确认清算所得或损失。②合并企业取得的合并资产、负债，以该项资产或负债的原有计税基础作为计税基础。③被合并企业股东注销的被合并企业股权，不确认股权转让所得。取得的合并企业股权，以原持有被合并企业股权的计税基础作为计税基础。

【例 5-16】 A 公司吸收合并 B 公司，B 公司被合并资产的公允价值 15 000 万元，计税基础 12 000 万元。A 公司通过定向增发，以公允价值 15 000 万元的本公司股票给 B 公司的股东甲公司支付合并对价，甲公司持有 B 公司股权的计税基础 9 000 万元。

该项企业合并业务，如果适用特殊性税务处理，B 公司在企业合并当期不确认清算所得，A 公司取得 B 公司的资产，以该资产的原有计税基础 12 000 万元作为计税基础。甲公司注销的 B 公司股权，不确认股权转让所得；取得的 A 公司股权，以原持有 B 公司股权的计税基础 9 000 万元作为计税基础。

（三）特殊性税务处理非股权支付损益的确认

适用特殊性税务处理规定的企业合并，如果合并对价中既有股权支付，也有非股权支付，合并对价中与股权支付对应的转让资产，暂不确认资产的转让所得或损失。但合并对价中与非股权支付对应的转让资产，仍应在交易当期确认相应的资产转让所得或损失，并调整相应资产的计税基础。

$$\begin{matrix}\text{非股权支付对应的}\\\text{资产转让所得或损失}\end{matrix}=\left(\begin{matrix}\text{被转让资产的}\\\text{公允价值}\end{matrix}-\begin{matrix}\text{被转让资产的}\\\text{计税基础}\end{matrix}\right)\times\left(\begin{matrix}\text{非股权支}\\\text{付金额}\end{matrix}\div\begin{matrix}\text{被转让资产}\\\text{的公允价值}\end{matrix}\right)$$

【例 5-17】 A 公司吸收合并 B 公司，B 公司被合并资产的公允价值 15 000 万元，计税基础 12 000 万元。A 公司通过定向增发，以公允价值 13 500 万元的本公司股票和 1 500 万元的现金给 B 公司的股东甲公司支付合并对价。甲公司持有 B 公司股权的计税基础 9 000 万元。该项企业合并业务交易各方的所得税处理如下。

（一）被合并方股东甲公司的所得税处理

甲公司注销的 B 公司股权，与股权支付对应的部分，不确认股权转让所得，但与非股权支付（现金）对应的部分，应当确认股权转让所得 600 万元[（15 000 － 9 000）×1 500/15 000]。甲公司取得的 A 公司股权，以与股权支付对应的原持有 B 公司股权的计税基础作为计税基础，计税基础为 8 100 万元（9 000×13 500/15 000）。

（二）被合并方 B 公司的所得税处理

B 公司在企业合并当期是否确认清算所得，税法无具体规定。实务中有两种观点：一种观点认为，既然是特殊重组，就不应当确认清算所得。还有一种观点认为，应当按照非股权支付额占交易总额的比例确认清算所得 300 万元[（15 000－12 000）×1500/15 000]。

（三）合并方 A 公司的所得税处理

A 公司取得的合并资产，如何确认计税基础，也有两种观点：一种观点认为，B 公司不确认清算所得，A 公司以合并资产的原计税基础 12 000 万元作为计税基础。还有一种观点认为，B 公司确认清算所得，A 公司以合并资产的原计税基础加 B 公司确认的清算所得作为计税基础，计税基础为 12 300 万元（12 000＋300）。

从逻辑上讲，企业重组，重组各方的所得税处理口径应当一致。如果被合并企业股东按照非股权支付额占交易总额的比例确认了股权转让所得，被合并企业也应当按照同等比例确认清算所得；被合并企业确认了清算所得，合并企业取得的合并资产，计税基础应当递增。以此分析，上述两种观点，第二种观点更合乎逻辑。但是在征管实务中，有的税务机关基于简便征管方面的考虑，选择第一种观点进行所得税处理。对于纳税人来说，处理类似业务，应当充分了解主管税务机关处理该类业务的执法口径和征管惯例。

（四）企业合并适用特殊性税务处理的条件

财税〔2009〕59号文第五条、第六条规定，企业合并适用特殊性税务处理，应当同时符合以下条件：①具有合理的商业目的，且不以减少、免除或者推迟缴纳税款为主要目的。②被合并企业股东取得的股权支付金额不低于其交易支付总额的85%，以及同一控制下且不需要支付对价的企业合并。③企业重组后的连续12个月内不改变重组资产原来的实质性经营活动。④企业重组中取得股权支付的原主要股东，在重组后连续12个月内，不得转让所取得的股权。

《国家税务总局关于发布〈企业重组业务企业所得税管理办法〉的公告》（国家税务总局公告2010年第4号）第二十一条规定，《通知》第六条第（四）项规定的同一控制，是指参与合并的企业在合并前后均受同一方或相同的多方最终控制，且该控制并非暂时性的。能够对参与合并的企业在合并前后均实施最终控制权的相同多方，是指根据合同或协议的约定，对参与合并企业的财务和经营政策拥有决定控制权的投资者群体。在企业合并前，参与合并各方受最终控制方的控制在12个月以上，企业合并后所形成的主体在最终控制方的控制时间也应达到连续12个月。

【例5-18】 甲公司有A公司、B公司两个全资子公司，甲公司持有A公司、B公司股权的时间均在12个月以上。甲公司主导A公司吸收合并B公司，A公司不需要给甲公司支付合并对价。该项企业合并，为同一控制下无须支付对价的企业合并，如果符合特殊性税务处理的其他条件，可以选择特殊性税务处理。

（五）企业合并被合并企业股东的所得税处理

财税〔2009〕59号文第四条第四项规定，企业合并适用一般性税务处理，被合并企业股东按照清算进行所得税处理。《国家税务总局关于企业所得税若干问题的公告》（国家税务总局公告2011年第34号）第五条规定，投资企业从被投资企业撤回或减少投资，其取得的资产中，相当于初始出资的部分，应确认为投资收回；相当于被投资企业累计未分配利润和累计盈余公积按减少实收资本比例计算的部分，应确认为股息所得；其余部分确认为投资资产转让所得。

【例5-19】 A公司吸收合并B公司，A公司通过定向增发，以公允价值15 000万元的本公司股票给B公司的股东甲公司支付合并对价。甲公司持有B公司60%的股权，计税基础9 000万元。合并时B公司的留存收益6 000万元。

该项企业合并业务，甲公司取得的合并对价15 000万元由三部分构成：投资成本9 000万元，应享有被投资方留存收益3 600万元（6 000×60%），股权转让所得2 400万元（15 000－9 000－3 600）。企业合并选择一般性税务处理，投资方应享有被投资方的留存收益属于股息所得，如果甲公司、B公司均是居民企业，股息免税；但是股权转让所得应当缴纳企业所得税。

（六）企业合并被合并企业未弥补亏损的所得税处理

按照财税〔2009〕59号文第四条、第六条的规定，企业合并选择一般性税务处理，被合并企业的亏损不得在合并企业结转弥补。企业合并选择特殊性税务处理，被合并企业合并前的相关所得税事项由合并企业承继。这里“企业合并前的相关所得税事项”，主要指被合并企业未弥补亏损和未享受税收优惠的处理。其中选择特殊性税务处理，可以由合并企业弥补的被合并企业亏损限额为：

$$\frac{\text{可由合并企业弥补的}}{\text{被合并企业亏损的限额}}=\frac{\text{被合并企业}}{\text{净资产公允价值}}\times\frac{\text{截至合并业务发生当年年末}}{\text{国家发行的最长期限的国债利率}}$$

另外，国家税务总局公告2010年第4号第二十六条规定，《通知》第六条第（四）项所规定的可由合并企业弥补的被合并企业亏损的限额，是指按《税法》规定的剩余结转年限内，每年可由合并企业弥补的被合并企业亏损的限额。如果被合并企业的亏损超出了税法规定的亏损弥补期限，不能由合并企业继续弥补。

【例5-20】 20×7年，A公司吸收合并B公司，B公司被合并资产的公允价值15 000万元，被合并负债的公允价值3 000万元。合并时B公司有发生于20×3年的亏损2 000万元尚未弥补。截至20×7年年末，国家发行的最长期限国债利率为6%。20×8年，A公司实现利润900万元；20×9年，A公司实现利润1 600万元。

20×8年，B公司亏损尚在税法规定的亏损弥补期内（5年），A公司实现的利润可用于弥补B公司的亏损，当年可弥补B公司亏损720万元[（15 000－3 000）×6%]。20×9年，B公司亏损已经超出税法规定的亏损弥补期，A公司实现的利润不能用于弥补B公司尚未弥补完的亏损。

（七）企业合并被合并企业未享受完税收优惠的处理

财税〔2009〕59号文第九条规定，“在企业吸收合并中，合并后的存续企业性质及适用税收优惠的条件未发生改变的，可以继续享受合并前该企业剩余期限的税收优惠，其优惠金额按存续企业合并前一年的应纳税所得额（亏损计为零）计算”。需要强调的是，此处的税收优惠是针对企业的税收优惠（如新办软件生产企业两免三减半税收优惠），且仅限于吸收合并中合并企业未享受完的税收优惠，不包括被合并企业未享受完的税收优惠，也不包括新设合并中合并各方未享受完的税收优惠。

国家税务总局公告2010年第4号第十五条规定，企业合并适用一般性税务处理，“合并或分立各方企业按照《税法》的税收优惠规定和税收优惠过渡政策中就企业有关生产经营项目的所得享受的税收优惠承继问题，按照《实施条例》第八十九条规定执行”。第二十八条规定，企业合并适用特殊性税务处理，“合并前各企业或分立前被分立企业按照《税法》的税收优惠规定以及税收优惠过渡政策中就有关生产经营项目所得享受的税收优惠承继处理问题，按照《实施条例》第八十九条规定执行”。需要强调的是，此处的税收优惠是针对项目的税收优惠（如基础设施三免三减半税收优惠）。

《实施条例》第八十九条规定，港口码头、机场、铁路、公路、城市公共交通、电力、水利等公共基础设施项目，公共污水处理、公共垃圾处理、沼气综合开发利用、节能减排技术改造、海水淡化等环境保护、节能节水项目，在减免税期限内转让的，受让方自受让之日起，可以在剩余期限内享受规定的减免税优惠；减免税期限届满后转让的，受让方不得就该项目重复享受减免税优惠。

【例 5-21】 A 公司、B 公司均为新办的软件生产企业，均享受两免三减半税收优惠。20×8 年，A 公司吸收合并 B 公司，B 公司解散。合并前一年 A 公司的应纳税所得额为 2 500 万元。该项企业合并如果选择一般性税务处理，B 公司未享受完的税收优惠不能由合并后的 A 公司继续享受，但 A 公司自身未享受完的税收优惠，在税收优惠条件未发生改变的情况下可以继续享受。如果合并当年 A 公司的应纳税所得额为 3 000 万元，其中 2 500 万元可以享受减免税优惠。

【例 5-22】 B 公司为港口企业，其新建码头享受三免三减半税收优惠尚未到期。20×8 年，A 公司吸收合并 B 公司，合并后 B 公司解散。该企业合并涉及企业所得税优惠项目，B 公司新建码头未享受完的税收优惠，合并后可以由 A 公司继续享受。

（八）特殊性税务处理其他税收权益的延续

财税〔2009〕59 号文第六条第四项规定，企业合并选择特殊性税务处理，被合并企业合并前的相关所得税事项由合并企业承继。国家税务总局公告 2010 年第 4 号第二十八条将“相关所得税事项”解释为，“这些事项包括尚未确认的资产损失、分期确认收入的处理以及尚未享受期满的税收优惠政策承继处理问题等”。

【例 5-23】 20×7 年 1 月，A 公司承租 B 公司房屋用于生产经营，一次性支付 5 年租金 120 万元，挂长期待摊费用。20×8 年 1 月，甲公司吸收合并 A 公司，A 公司解散，解散时长期待摊费用余额 480 万元，该企业合并所得税选择特殊性税务处理。合并后，A 公司未在税前扣除的房屋租金，由甲公司在剩余租赁期的税前扣除。

三、企业合并所得税处理政策分析

（一）以非货币性资产支付对价的所得税处理

财税〔2009〕59 号文关于企业合并的所得税处理，仅规定了企业合并适用一般性税务处理，被合并方及股东应当按照清算进行所得税处理，合并方取得的资产、负债应当以公允价值作为计税基础。但是财税〔2009〕59 号文并未规定合并方如果以非货币性资产支付合并对价，据以支付对价的非货币性资产是否确认资产转让所得。也没有规定被合并方股东取得的对价如果是非货币性资产（如收购方的股权），如何确认非货币性资产的计税基础。

理论上，企业合并如果适用一般性税务处理，其所得税处理应当遵循所得税处理的一般规定。合并方如果以非货币性资产支付合并对价，据以支付对价的非货币性资产，由于所有权已发生转移，其公允价值与计税基础之间的差额，应当确认为资产转让所得。被合并方股东取得的合并对价如果是非货币性资产，应当以公允价值作为计税基础。

【例 5-24】 A 公司吸收合并 B 公司，B 公司被合并资产的公允价值 15 000 万元，计税基础 12 000 万元。A 公司以控股公司乙公司的股票给 B 公司的股东甲公司支付合并对价，A 公司持有乙公司股票的公允价值 15 000 万元，计税基础 10 000 万元。甲公司持有的 B 公司股权，公允价值 15 000 万元，计税基础 9 000 万元。

该项企业合并业务，如果适用一般性税务处理规定进行所得税处理，B公司在合并当期确认清算所得3 000万元（15 000－12 000）。A公司取得B公司的资产，以公允价值15 000万元作为计税基础；据以支付合并对价的乙公司股权，应当确认股权转让所得5 000万元（15 000－10 000）。甲公司注销的B公司股权，确认股权转让所得6 000万元（15 000－9 000），取得的乙公司股权，以公允价值15 000万元作为计税基础。

与企业合并的一般性税务处理规定类似，财税〔2009〕59号文仅规定了企业合并适用特殊性税务处理，合并方取得被合并方的资产、负债，以被合并方持有该资产、负债的原计税基础作为计税基础。被合并方股东取得的合并对价如果是合并方的股权或合并方控股公司的股权，以原持有被合并方股权的计税基础作为计税基础。但是财税〔2009〕59号文并未规定合并方如果以持有控股公司的股权支付合并对价，据以支付合并对价的控股公司股权，其公允价值与计税基础之间的差额，是否确认股权转让所得。这个问题，我们将在本节第三点第六小问题以控股公司股权支付合并对价的特殊税务处理中一并分析。

（二）企业合并中交易总额的确认问题

企业合并适用一般性税务处理，被合并方确认清算所得，被合并方的股东确认股权转让所得，都存在交易额的确认问题。财税〔2009〕59号文仅规定了交易各方应当按照公允价值确认应税所得，但是并未规定公允价值如何确认。或者说，财税〔2009〕59号文认为企业合并一定是按照被合并方净资产的公允价值交易，但事实上“被合并方净资产的公允价值”只是确定交易额的基础，交易额并不等同于“被合并方净资产的公允价值”，这就给企业合并应税所得的确认带来了一定的问题。

【例5-25】　D公司换股吸收合并S公司，合并时S公司净资产的账面价值80 000万元，公允价值100 000万元，S公司股东对S公司的投资成本50 000万元。现S公司股票市值120 000万元，D公司给S公司的股东支付合并对价125 000万元。

本例中，D公司吸收合并S公司，S公司净资产的公允价值与其股东收取的合并对价不等，S公司计算清算所得时，资产公允价值按照100 000万元计算还是125 000万元计算？其股东计算股权转让所得时，收入按照120 000万元计算还是125 000万元计算？

企业合并，如果被合并方净资产的公允价值与其股东取得的合并对价不等，理论上，被合并企业计算清算所得时，应当按照其净资产的公允价值计算。被合并企业股东计算股权转让所得时，应当按照实际收取的合并对价计算，但这需要在立法层面予以明确。

（三）企业合并中资产的确认问题

企业合并中资产的确认问题，指的是合并企业如何确认在合并中取得的资产归属于哪一类资产。资产的确认影响重组后资产的后续计量，进而影响成本费用的确认。如，一项资产，如果将其确认为固定资产，后续计量应当折旧；如果确认为无形资产，后续计量应当摊销。《企业所得税法》及《实施条例》仅对资产进行了分类，无如何确认资产的相关规定。税收实务中，企业应当结合《固定资产准则》等具体会计准则中有关资产确认的规定，确认企业所得税中的资产。

【例5-26】　A医药公司吸收合并B医药公司。合并资产包括B医药公司10家门店的所有设施设备、装修及附属、经营场所承租权、经营销售信息、经营权益以及存货。本例中，A公司取得的装修及附属、经营场所承租权、经营销售信息、经营权益等就存在资产的确认问题。如，经营销售信息是否构成资产？如果构成资产，属于哪一类资产？

（四）企业合并中资产计税基础的确定

企业合并，合并方取得被合并方的资产、负债由多项资产、负债组成，合并方需要逐一确认每项资产、负债的计税基础。在企业合并交易总额一定的情况下，合并方如何确定各单项资产、负债的计税基础，财税〔2009〕59号文及配套文件并无具体规定。理论上，合并方取得被合并方的资产、负债，计税基础的确定有两种可能：一是企业合并形成业务合并，此种情形下各单项资产、负债计税基础的确认，我们放在商誉中一并讨论。二是企业合并未形成业务合并，如单一资产实体的合并，在此我们主要讨论该种情形下各单项资产计税基础的确定问题。

企业合并如果未形成业务合并而是单一资产实体的合并，合并方取得的各单项资产、负债，计税基础应当按照以下原则确定：①如果企业合并适用一般性税务处理，应当以各单项资产的公允价值作为分配标准，将合并对价分配给各单项资产，以此作为各单项资产的计税基础。但是公允价值不发生变化或变化微小的资产，如货币资金、应收账款，直接以该资产的公允价值作为计税基础。②如果企业合并适用特殊性税务处理且对价全部以股权支付，应当以各单项资产、负债的原计税基础作为合并后各单项资产、负债的计税基础。③如果企业合并适用特殊性税务处理且部分对价以非股权支付，在被合并方确认清算所得的情况下，合并方应当以各单项资产的公允价值作为分配标准，将被合并方确认的清算所得在各单项资产间分配，然后以各单项资产的原计税基础加分配的清算所得，作为合并后各单项资产的计税基础。在被合并方未确认清算所得的情况下，合并方直接以各单项资产、负债的原计税基础作为合并后各单项资产、负债的计税基础。

【例5-27】 甲房地产开发公司吸收合并乙房地产开发公司，乙公司系单一资产实体，合并时其资产公允价值总额为60 050万元，共有三项资产：土地使用权，公允价值60 000万元，计税基础50 000万元；货币资金，公允价值40万元，计税基础40万元；其他应收款，公允价值10万元，计税基础10万元。甲公司溢价合并乙公司，以本公司股票给乙公司的股东支付合并对价，股票公允价值62 000万元。

该企业合并如果适用一般性税务处理，甲公司合并乙公司取得的资产，货币资金、其他应收款直接以其公允价值40万元、10万元作为计税基础。甲公司取得的开发用地，以合并对价减货币资金、其他应收款的公允价值作为计税基础，计税基础为61 950万元（62 000－40－10）。

该企业合并如果适用特殊性税务处理，甲公司合并乙公司取得的土地使用权、货币资金、其他应收款均以各项资产的原计税基础作为计税基础，计税基础分别为：50 000万元、40万元、10万元。

（五）企业合并特殊性税务处理的实质

企业合并适用特殊性税务处理，对于被合并方的股东而言，属于递延纳税——将本应在合并当期缴纳的税收，通过税基替换，递延至合并后转让合并企业股权时缴纳。对于被合并方和合并方而言，存在税负转嫁——将本应由被合并方在合并当期缴纳的税收，通过税基转移，转嫁给合并方，由合并方在合并后缴纳。

【例 5-28】 A 公司吸收合并 B 公司，B 公司被合并资产的公允价值 10 000 万元，计税基础 6 000 万元。A 公司通过定向增发，以公允价值 10 000 万元的本公司股票给 B 公司的股东甲公司支付合并对价，甲公司持有 B 公司股权的计税基础 8 000 万元。合并完成后，A 公司以 12 000 万元的价格转让合并中取得 B 公司的资产，甲公司以 13 000 万元的价格转让 A 公司股权。该项企业合并业务适用一般性税务处理和适用特殊性税务处理税收负担比较如表 5-4 所示。

表 5-4　　企业合并适用一般重组和特殊重组税收负担的比较　　单位：万元

重组当事人	期间	一般重组应税所得	特殊重组应税所得	税负比较
合并方（A 公司）	合并当期	0	0	0
	合并以后	12 000 − 10 000 = 2 000	12 000 − 6 000 = 6 000	6 000 − 2 000 = 4 000
被合并方（B 公司）	合并当期	10 000 − 6 000 = 4 000	0	0 − 4 000 = − 4 000
	合并以后	0	0	0
被合并方股东（甲公司）	合并当期	10 000 − 8 000 = 2 000	0	0 − 2 000 = − 2 000
	合并以后	13 000 − 10 000 = 3 000	13 000 − 8 000 = 5 000	5 000 − 3 000 = 2 000
应税所得合计		11 000	11 000	11 000 − 11 000 = 0

说明：适用一般重组，A 公司取得 B 公司资产，甲公司取得 A 公司股权，均以公允价值（10 000 万元）作为计税基础。选择特殊重组，A 公司取得 B 公司资产，以该资产的原计税基础（6 000 万元）作为计税基础；甲公司取得 A 公司股权，以原持有 B 公司股权的计税基础（8 000 万元）作为计税基础。

从表 5-4 可以看出，合并方以本公司股权支付合并对价的企业合并，适用一般性税务处理和选择特殊性税务处理，在不考虑资金时间价值的前提下，交易各方的总体税收负担是相同的。但是企业合并选择特殊性税务处理，B 公司将其在合并当期应当确认的清算所得 4 000 万元，以税基转移的方式转嫁给 A 公司，由 A 公司在合并后确认，存在税负转嫁的问题。甲公司将其在合并当期应确认的股权转让所得 2 000 万元，以税基替换的方式递延到合并后，在转让 A 公司股权时确认，存在递延纳税的问题。

（六）以控股公司股权支付合并对价的特殊性税务处理

如前所述，财税〔2009〕59 号文仅规定了企业合并适用特殊性税务处理，合并方取得的合并资产以及被合并方股东取得的合并对价（如合并方股权），如何确认计税基础。但是财税〔2009〕59 号文并没有规定合并方如果以控股公司股权支付合并对价，该控股公司股权公允价值与计税基础之间的差额，是否确认股权转让所得。而且对于以控股公司股权支付合并对价的企业合并，按照财税〔2009〕59 号文适用特殊性税务处理，既存在税负转嫁和递延纳税的问题，也存在双重纳税或双重不纳税的问题。

【例 5-29】 A 公司吸收合并 B 公司，B 公司被合并资产的公允价值 10 000 万元，计税基础 6 000 万元。A 公司以控股公司乙公司的股权给 B 公司的股东甲公司支付合并对价，该股权的公允价值 10 000 万元，计税基础 9 000 万元。甲公司持有 B 公司股权的公允价值 10 000 万元，计税基础 8 000 万元。合并完成后，A 公司以 12 000 万元的价格转让合并资产，甲公司以 13 000 万元的价格转让乙公司股权。该企业合并适用一般性税务处理和选择特殊性税务处理，税收负担比较如表 5-5 所示。

表 5-5　企业合并适用一般重组和特殊重组税收负担的比较　单位：万元

重组当事人	期间	一般重组应税所得	特殊重组应税所得	税负比较
合并方（A 公司）	合并当期	10 000 − 9 000 = 1 000	0	0 − 1 000 = −1 000
	合并以后	12 000 − 10 000 = 2 000	12 000 − 6 000 = 6 000	6 000 − 2 000 = 4 000
被合并方（B 公司）	合并当期	10 000 − 6 000 = 4 000	0	0 − 4 000 = −4 000
	合并以后	0	0	0
被合并方股东（甲公司）	合并当期	10 000 − 8 000 = 2 000	0	0 − 2 000 = −2 000
	合并以后	13 000 − 10 000 = 3 000	13 000 − 8 000 = 5 000	5 000 − 3 000 = 2 000
应税所得合计		12 000	11 000	11 000 − 12 000 = −1 000

说明：适用一般重组，A 公司取得 B 公司资产，甲公司取得乙公司股权，均以公允价值（10 000 万元）作为计税基础。选择特殊重组，A 公司取得 B 公司资产，以该资产的原计税基础（6 000 万元）作为计税基础；甲公司取得乙公司股权，以原持有 B 公司股权的计税基础（8 000 万元）作为计税基础。

从表 5-5 可以看出，合并方以控股公司股权支付合并对价的企业合并，选择特殊性税务处理，B 公司将其在合并当期应确认的清算所得 4 000 万元，以税基转移的方式转嫁给 A 公司，由 A 公司在合并后确认，存在税负转嫁的问题。甲公司将其在合并当期应确认的股权转让所得 2 000 万元，以税基替换的方式递延到合并后，在转让 A 公司股权时确认，存在递延纳税的问题。

企业合并适用一般重组和选择特殊重组，在不考虑资金时间价值的前提下，交易各方的总体税收负担理论上应当是相等的。但是合并方以控股公司股权支付合并对价，适用一般重组和选择特殊重组，交易各方的总体税收负担不等，本例中选择特殊重组税收负担轻。这主要是因为适用一般重组，A 公司确认股权转让所得 1 000 万元。选择特殊重组，A 公司不确认股权转让所得，但是取得合并资产的计税基础并未因此而调整，造成资产计税基础的重复扣除，存在双重不纳税的问题。本例中，如果乙公司股权的公允价值低于计税基础，选择特殊重组就会存在重复纳税的问题。

四、企业合并税会差异的调整

（一）企业合并税会差异产生的原因

企业合并的会计处理，主要依据的是《企业合并准则》。而企业合并的所得税处理，遵循的是《企业所得税法》及配套文件有关企业重组的相关规定。由于企业合并的会计处理和所得税处理遵循不同的处理规则，就产生了税会差异的调整问题。企业合并中的税会差异，包括企业合并中涉及所有资产、负债的税会差异。本章我们主要以无形资产为例，说明企业合并过程中无形资产税会差异的调整问题。

（二）无形资产初始计量形成的税会差异

企业取得无形资产，会计核算依据《无形资产准则》对无形资产初始计量。无形资产的所得税处理以取得无形资产所发生的历史成本确认计税基础。无形资产的取得方式有外购、投资者投入、企业自行研发等。无形资产的初始计量，除特殊情形外，一般不产生税会差异。

【例 5-30】 A 公司采取分期付款方式购入一项专利权，合同总价款 3 000 万元，分 5 年等额付款，年付款额 600 万元，市场利率 6%。该项业务，A 公司会计核算按照无形资产的现值确认无形资产的入账价值，5 年期年金现值系数 4.212 4，无形资产入账价值为 2 527 万元（600×4.212 4），未确认融资费用 473 万元（3 000－2 527）。所得税处理按照历史成本确认无形资产的计税基础，计税基础为 3 000 万元，无形资产初始计量形成税会差异 473 万元（3 000－2 527）。

（三）无形资产后续计量形成的税会差异

无形资产的后续计量主要是无形资产的摊销。影响无形资产摊销的因素包括无形资产原值、摊销年限、摊销方法、减值准备等。由于会计准则和所得税法对无形资产原值（计税基础）、摊销年限、摊销方法、减值准备的规定不同，由此形成无形资产后续计量的税会差异。

【例 5-31】 A 公司某项自行研发的专利技术，原值 120 万元，会计核算采用直线法摊销，摊销年限 8 年，年摊销额 15 万元（120/8）。所得税处理采用直线法摊销，摊销年限10 年，年税前扣除摊销费 12 万元（120/10），第 1—8 年所得税申报时年调整增加应纳税所得额 3 万元（15－12）。如果 A 公司在第 6 年初转让该项无形资产，转让时该项无形资产的账面价值 45 万元（120－15×5），计税基础 60 万元（120－12×5），转让当期所得税申报时，调整减少应纳税所得额 15 万元（45－60）。

（四）计提无形资产减值准备形成的税会差异

无形资产如果发生减值，应当计提无形资产减值准备。企业计提的无形资产减值准备，会计处理计入当期损益，利润总额减少，但所得税处理不能在税前扣除，计提年度所得税申报时应当调整增加应纳税所得额。企业转让已计提减值准备的无形资产，会计处理应当冲减已计提减值准备，利润总额增加，但因冲减减值准备而增加的利润不征收企业所得税，转让年度所得税申报时应当调整减少应纳税所得额。

【例 5-32】 甲公司的一项药品配方，原值 6 000 万元。由于某种新药的出现，导致甲公司的该药品配方发生减值。经测试，该药品配方可收回金额为 5 000 万元，甲公司计提无形资产减值准备 1 000 万元。本例中，甲公司计提无形资产减值准备当年，应当调整增加应纳税所得额 1 000 万元。将来处置该项无形资产时，冲减已计提减值准备，应当调整减少应纳税所得额 1 000 万元。

（五）企业合并适用特殊性税务处理形成的税会差异

以非同一控制下的企业合并适用特殊性税务处理为例，如果合并对价全部以股权支付，被合并方会计核算按照资产的公允价值和账面价值计算清算损益，所得税处理不确认清算所得，由此形成企业清算的税会差异。合并方会计处理按照合并资产的公允价值初始计量，所得税处理以合并资产的原计税基础作为计税基础，由此形成资产初始计量时账面价值与计税基础的税会差异。

【例 5-33】 A公司吸收合并B公司（非关联交易），B公司资产的公允价值10 000万元，账面价值6 000万元，计税基础6 000万元。A公司通过定向增发，以公允价值10 000万元的本公司股票给B公司的股东甲公司支付合并对价。甲公司持有B公司股权的公允价值10 000万元，计税基础7 000万元。本项企业合并业务，如果适用特殊性税务处理，交易各方的所得税处理如下：

企业合并当期，B公司会计核算确认清算损益4 000万元（10 000－6 000），所得税处理不确认清算所得。合并当期所得税申报时，调整减少应纳税所得额4 000万元。

A公司取得B公司资产，会计处理以公允价值10 000万元初始计量，所得税处理以该资产的原计税基础6 000万元作为计税基础，由此形成4 000万元的税会差异。该差异在对资产后续计量（如计提折旧）或将来处置资产时，调整增加应纳税所得额。

甲公司注销的B公司股权，会计处理确认股权转让收益3 000万元（10 000－7 000），所得税处理不确认股权转让所得，合并当期所得税申报时，调整减少应纳税所得额3 000万元。甲公司取得A公司股权，会计处理以公允价值10 000万元初始计量，所得税处理以原持有B公司股权的计税基础7 000万元作为计税基础，由此形成3 000万元的税会差异，该差异在将来处置A公司股权时，调整增加应纳税所得额3 000万元。

（六）商誉的确认和计量形成的税会差异

企业合并的会计处理分同一控制下的企业合并和非同一控制下的企业合并，同一控制下的企业合并不确认商誉，非同一控制下的企业合并存在商誉的确认问题。企业合并的所得税处理分一般性税务处理和特殊性税务处理，一般性税务处理合并资产按照公允价值确认计税基础，理论上存在商誉的确认问题；特殊性税务处理合并资产以该资产的原计税基础作为计税基础，不存在商誉的确认问题。

企业合并中会计处理和所得税处理商誉的确认有以下四种组合：①同一控制下的企业合并所得税适用一般性税务处理。该种情形，会计处理不确认商誉，所得税处理确认商誉，存在税会差异。②同一控制下的企业合并所得税选择特殊性税务处理。该种情形，会计处理和所得税处理均不确认商誉，无税会差异。③非同一控制下的企业合并所得税选择一般性税务处理。该种情形，会计处理和所得税处理均确认商誉，无税会差异。④非同一控制下的企业合并所得税选择特殊性税务处理。该种情形，会计处理确认商誉，所得税处理不确认商誉，存在税会差异。

企业因企业合并形成的商誉，在商誉持有期间如果发生减值，会计处理计提减值准备，但计提的减值准备在企业所得税税前不得扣除，计提年度所得税申报时应当调整增加应纳税所得额。计提过减值准备的商誉，账面价值和计税基础存在差异，账面价值小于计税基础，将来处置商誉时，所得税申报应当调整减少应纳税所得额。

（七）确认合并收益形成的税会差异

非同一控制下的企业合并，合并企业取得的各项可辨认资产、负债，会计处理按照其公允价值初始计量，如果合并成本低于可辨认净资产公允价值，差额作为合并收益，计入营业外收入。所得税处理资产的计税基础按照历史成本（此处为合并成本）确认，由此形成资产初始计量和合并收益的税会差异。资产初始计量的税会差异在合并后对资产后续计量或处置资产时作纳税调整，计入营业外收入的合并收益，在合并当期作纳税调整。

【例 5-34】 A 公司吸收合并 B 公司（非关联交易），B 公司净资产的公允价值 25 000 万元，A 公司折价合并，给 B 公司的股东支付合并对价 22 000 万元。该项企业合并业务，A 公司会计处理，取得资产的入账价值 25 000 万元，确认营业外收入 3 000 万元。A 公司所得税处理，取得资产的计税基础 22 000 万元，不确认应税所得。合并当期所得税申报时，调整减少应纳税所得额 3 000 万元。合并后对资产后续计量或处置资产时，累计调整增加应纳税所得额 3 000 万元。

（八）企业合并税会差异纳税调整的注意事项

企业合并涉及税会差异的调整应当注意两个问题：一是企业合并前形成的税会差异，如由于无形资产的初始计量形成的税会差异，由于摊销年限形成的税会差异，由于计提资产减值准备形成的税会差异，在企业合并当期计算应税所得时作纳税调整。二是企业合并过程中形成的税会差异，如由于企业合并选择特殊性税务处理形成的税会差异，由于确认商誉形成的税会差异，在重组后对资产后续计量或处置资产时作纳税调整。

五、企业合并具体业务的所得税处理

（一）同一控制下企业合并的所得税处理

同一控制下的企业合并，所得税应当适用一般性税务处理。如果符合特殊性税务处理条件，也可以选择特殊性税务处理。理论上，同一控制下的企业合并选择一般性税务处理，所得税处理存在商誉的确认问题。但是因为同一控制下的企业合并会计处理不确认商誉，所以所得税实务中一般不确认商誉。

1. 同一控制下企业合并的一般性税务处理

（1）合并企业的所得税处理

企业合并选择一般性税务处理，理论上，合并企业所得税处理应当考虑商誉的确认问题。①如果合并成本高于被合并净资产公允价值，合并企业应当以各单项资产、负债的公允价值确认其计税基础，差额作为商誉处理。②如果合并成本低于被合并净资产公允价值，合并企业应当将合并成本按照各单项资产的公允价值分配给各单项资产，以此确认各单项资产的计税基础。③如果合并企业以非货币性资产支付合并对价，该非货币性资产的公允价值与计税基础之间的差额，确认为资产转让所得。

如前所述，税收实务中，如果税务机关认可企业合并的所得税处理不确认商誉（事实上实务中也不确认商誉），而且合并企业也无意确认商誉，无论合并企业的合并成本高于被合并净资产公允价值，还是低于被合并净资产公允价值，均应将合并成本按照各单项资产的公允价值分配给各单项资产，以此确认各单项资产的计税基础。

（2）被合并企业的所得税处理

无论是同一控制下的企业合并，还是非同一控制下的企业合并，被合并企业均要解散。

企业合并选择一般性税务处理，被合并企业应当按照税法规定确认清算所得。清算所得的计算公式为：

清算所得＝资产处置损益＋负债清偿损益－清算费用－清算税金及附加＋其他所得－其他支出

资产处置损益＝资产可变现价值或交易价格－资产计税基础

负债清偿损益＝负债计税基础－负债清偿金额

企业清算的所得税处理，详见本书第九章第二节被清算企业的所得税处理。

（3）被合并企业股东的所得税处理

企业合并选择一般性税务处理，被合并企业股东注销的被合并企业股权，其公允价值与计税基础之间的差额，确认为股权转让所得。取得的合并对价如果是非货币性资产（如合并方股权），按照公允价值确认计税基础。

（4）一般性税务处理的税会差异

1）合并企业的税会差异。

同一控制下的企业合并适用一般性税务处理，合并企业的税会差异主要包括：①合并企业取得的合并资产，会计处理以该资产的原账面价值初始计量，所得税处理以该资产的公允价值或合并成本确认计税基础，形成税会差异，该差异在合并后对资产后续计量或处置资产时作纳税调整。②合并方如果以非货币性资产支付合并对价，据以支付对价的非货币性资产，会计处理不确认资产转让收益，所得税处理确认资产转让所得，形成税会差异，该差异在合并当期作纳税调整。③合并企业会计处理不确认商誉，所得税处理如果确认商誉，形成税会差异，该差异在将来合并方解散、处置商誉时作纳税调整。

2）被合并企业的税会差异。

同一控制下的企业合并适用一般性税务处理，被合并企业会计处理不确认清算损益，所得税处理确认清算所得，形成税会差异，该差异在合并当期作纳税调整。

3）被合并企业股东的税会差异。

同一控制下的企业合并适用一般性税务处理，被合并企业股东的税会差异主要包括：①被合并企业股东注销的被合并企业股权，会计处理不确认股权转让损益，所得税处理确认股权转让所得，形成税会差异，该差异在合并当期作纳税调整。②被合并企业股东取得的合并对价如果是非货币性资产，会计处理以原持有被合并企业股权的账面价值初始计量，所得税处理以公允价值确认计税基础，形成税会差异，该差异在重组后对资产后续计量或处置资产时作纳税调整。

【例 5-35】 A公司和B公司均为甲公司的全资子公司，A公司吸收合并B公司，合并后B公司解散。B公司资产的公允价值25 000万元，账面价值20 000万元，计税基础20 000万元。A公司以本公司股票给甲公司支付合并对价，股票公允价值25 000万元。甲公司持有B公司股权的公允价值25 000万元，账面价值16 000万元，计税基础16 000万元。该企业合并为同一控制下的企业合并，所得税选择一般性税务处理。

（一）被合并方B公司的所得税处理

被合并方B公司会计处理不确认清算损益，所得税处理确认清算所得5 000万元（25 000－20 000）。企业清算所得税申报时，调整增加应纳税所得额5 000万元。

（二）合并方A公司的所得税处理

合并方A公司取得的合并资产，入账价值20 000万元，计税基础25 000万元。假设合并取得的资产为固定资产，合并后会计处理按照20 000万元计提折旧，税前扣除的折旧按照25 000万元计算，所得税申报时，累计调减应纳税所得额5 000万元。

（三）被合并方股东甲公司的所得税处理

被合并方股东甲公司合并时注销的B公司股权，会计处理不确认股权转让收益，所得税处理确认股权转让所得9 000万元（25 000－16 000），合并当期所得税申报时，调整增加应纳税所得额9 000万元。取得的A公司股权，入账价值16 000万元，计税基础25 000万元，将来处置A公司股权时，调整减少应纳税所得额9 000万元。

【例5-36】 A公司和B公司均为甲公司的子公司，A公司吸收合并B公司，合并后B公司解散。B公司资产的公允价值25 000万元，账面价值18 000万元，计税基础20 000万元。A公司以本公司股票给甲公司支付合并对价，股票公允价值25 000万元。甲公司持有B公司股权公允价值25 000万元，账面价值16 000万元，计税基础15 000万元。该企业合并为同一控制下的企业合并，所得税选择一般性税务处理。

（一）被合并方B公司的所得税处理

被合并方B公司会计处理不确认清算收益，所得税处理确认清算所得5 000万元（25 000－20 000）。企业清算所得税申报时，调整增加应纳税所得额5 000万元。

（二）合并方A公司的所得税处理

合并方A公司取得的合并资产，入账价值18 000万元，计税基础25 000万元。假设合并取得的资产为固定资产，合并后会计处理按照18 000万元计提折旧，税前扣除的折旧按照25 000万元计算，所得税申报时，累计调减应纳税所得额7 000万元。

A公司取得的合并资产形成税会差异7 000万元（25 000－18 000），该税会差异由两部分构成，一部分是合并前原有的税会差异2 000万元（20 000－18 000），还有一部分是合并时形成的税会差异5 000万元（25 000－20 000）。

（三）被合并方股东甲公司的所得税处理

被合并方股东甲公司合并时注销的B公司股权，会计处理不确认股权转让收益，所得税处理确认股权转让所得10 000万元（25 000－15 000），合并当期所得税申报时，调整增加应纳税所得额10 000万元。取得的A公司股权，入账价值16 000万元，计税基础25 000万元，将来处置A公司股权时，调整减少应纳税所得额9 000万元。

甲公司取得的A公司股权形成税会差异9 000万元（25 000－16 000），该税会差异由两部分构成，一部分是合并前原持有的B公司股权的税会差异－1 000万元（15 000－16 000），还有一部分是合并时形成的税会差异10 000万元（25 000－15 000）。

2. 同一控制下企业合并的特殊性税务处理

（1）合并企业的所得税处理

企业合并选择特殊性税务处理，合并企业所得税处理无须考虑商誉的确认问题。①如果合并对价全部以股权支付，合并企业取得被合并企业的资产，以该资产的原计税基础作为计税基础。②如果合并对价既有股权支付也有非股权支付，合并企业取得被合并企业的资产，以该资产的原计税基础加被合并企业确认的应税所得作为计税基础。

（2）被合并企业的所得税处理

企业合并选择特殊性税务处理，①如果合并对价全部以股权支付，被合并企业不确认清算所得。②如果合并对价既有股权支付也有非股权支付，理论上，被合并企业应当按照非股权支付额占交易总额的比例确认清算所得。实务中，被合并企业是否确认清算所得，要视主管税务机关的征管口径和被合并企业的意图而定。

（3）被合并企业股东的所得税处理

企业合并选择特殊性税务处理，①如果合并对价全部以股权支付，被合并企业股东注销的被合并企业股权，不确认股权转让所得。取得的合并方股权（合并对价），以注销被合并企业股权的计税基础作为计税基础。②如果合并对价既有股权支付也有非股权支付，被合并企业股东注销的被合并企业股权，与股权支付对应的部分，不确认股权转让所得；与非股权支付对应的部分，确认股权转让所得。取得合并方股权，其计税基础以原持有被合并方股权的计税基础和股权支付额占交易总额的比例计算确定；取得的非股权支付，其计税基础以原持有被合并方股权的公允价值和非股权支付额占交易总额的比例计算确定。

（4）特殊性税务处理的税会差异

1）合并企业的税会差异。

同一控制下的企业合并选择特殊性税务处理，合并企业取得的合并资产，会计处理以该资产的原账面价值初始计量。所得税处理分两种情形：①合并对价全部以股权支付，合并资产以其原计税基础作为计税基础。如果合并资产在合并前无税会差异，合并不产生新的税会差异；如果合并资产在合并前存在税会差异，该差异在合并后对资产后续计量或处置资产时作纳税调整。②合并对价部分以股权支付，部分以非股权支付，合并资产以该资产的原计税基础加被合并方确认的清算所得作为计税基础，形成税会差异，该差异在合并后对资产后续计量或处置资产时作纳税调整。

2）被合并企业的税会差异。

同一控制下的企业合并适用特殊性税务处理，被合并企业会计处理不确认清算损益。所得税处理分两种情形：①合并对价全部以股权支付，所得税处理不确认清算所得。如果清算资产在清算前无税会差异，清算不产生新的税会差异；如果清算资产在清算前存在税会差异，该差异结转给合并方，由合并方在合并后对资产后续计量或处置资产时作纳税调整。②合并对价部分以股权支付，部分以非股权支付，所得税处理按照非股权支付额占交易总额的比例确认清算所得，形成税会差异，该差异在清算当期作纳税调整。

3）被合并企业股东的税会差异。

同一控制下的企业合并适用特殊性税务处理，被合并企业股东的会计处理，注销的被合并企业股权，不确认股权转让损益；取得的合并对价，以原持有被合并企业股权的账面价值初始计量。所得税处理分两种情况：

一是合并对价全部以股权支付。注销的被合并企业股权，不确认股权转让所得；取得的合并方股权（合并对价），以原持有被合并企业股权的计税基础作为计税基础。如果注销股权在注销前无税会差异，合并不产生新的税会差异；如果注销股权在注销前存在税会差异，该差异结转到合并方股权中，在将来处置合并方股权时作纳税调整。

二是合并对价部分以股权支付部分以非股权支付。注销的被合并企业股权，与股权支付对应的部分不确认股权转让所得，但与非股权支付对应的部分确认股权转让所得，形成税会差异，该差异在合并当期作纳税调整。取得的作为合并对价的合并方股权，计税基础以原持有被合并企业股权的计税基础和股权支付额占交易总额的比例计算确认；取得作为合并对价的非货币性资产，计税基础以原持有被合并企业股权的公允价值和非股权支付额占交易总额的比例计算确认。以上资产的税会差异，在对资产后续计量或处置资产时作纳税调整。

【例 5-37】 A 公司和 B 公司均为甲公司的全资子公司，A 公司吸收合并 B 公司，合并后 B 公司解散。B 公司资产的公允价值 25 000 万元，账面价值 20 000 万元，计税基础 20 000 万元。A 公司以本公司股票给甲公司支付合并对价，股票公允价值 25 000 万元。甲公司持有 B 公司股权公允价值 25 000 万元，账面价值 16 000 万元，计税基础 16 000 万元。该企业合并为同一控制下的企业合并，所得税选择特殊性税务处理。

（一）被合并方 B 公司的所得税处理

被合并方 B 公司会计处理不确认清算收益，所得税处理不确认清算所得，无税会差异。

（二）合并方 A 公司的所得税处理

合并方 A 公司取得的合并资产，入账价值 20 000 万元，计税基础 20 000 万元。假设合并取得的资产为固定资产，合并后会计处理按照 20 000 万元计提折旧，税前扣除的折旧按照 20 000 万元计算，无税会差异。

（三）被合并方股东甲公司的所得税处理

被合并方股东甲公司合并时注销的 B 公司股权，会计处理不确认股权转让收益，所得税处理不确认股权转让所得，无税会差异。取得的 A 公司股权，入账价值 16 000 万元，计税基础 16 000 万元，无税会差异。

【例 5-38】 A 公司和 B 公司均为甲公司的子公司，A 公司吸收合并 B 公司，合并后 B 公司解散。B 公司资产的公允价值 25 000 万元，账面价值 18 000 万元，计税基础 20 000 万元。A 公司以本公司股票给甲公司支付合并对价，股票公允价值 25 000 万元。甲公司持有 B 公司股权公允价值 25 000 万元，账面价值 16 000 万元，计税基础 15 000 万元。该企业合并为同一控制下的企业合并，所得税选择特殊性税务处理。

（一）被合并方 B 公司的所得税处理

被合并方 B 公司会计处理不确认清算收益，所得税处理不确认清算所得，无税会差异。

（二）合并方 A 公司的所得税处理

合并方 A 公司取得的合并资产，入账价值 18 000 万元，计税基础 20 000 万元。假设合并取得的资产为固定资产，合并后会计处理按照 18 000 万元计提折旧，税前扣除的折旧按照 20 000 万元计算，所得税申报时，累计调减应纳税所得额 2 000 万元。

A 公司取得的合并资产形成税会差异 2 000 万元（20 000 − 18 000），该税会差异是合并前形成的，结转到合并后调整。企业合并过程中不产生新的税会差异。

（三）被合并方股东甲公司的所得税处理

被合并方股东甲公司合并时注销的 B 公司股权，会计处理不确认股权转让收益，所得税处理不确认股权转让所得，无税会差异。取得的 A 公司股权，入账价值 16 000 万元，计税基础 15 000 万元，将来处置 A 公司股权时，调整增加应纳税所得额 1 000 万元。

甲公司取得 A 公司股权形成的税会差异 1 000 万元(16 000－15 000)，该税会差异是合并前形成的，结转到合并后调整。企业合并过程中不产生新的税会差异。

【例 5-39】 A 公司和 B 公司均为甲公司的子公司，A 公司吸收合并 B 公司，合并后 B 公司解散。B 公司资产的公允价值 25 000 万元，账面价值 20 000 万元，计税基础 20 000 万元。A 公司以公允价值 22 500 万元的本公司股票和 2 500 万元现金给甲公司支付合并对价。甲公司持有 B 公司股权公允价值 25 000 万元，账面价值 16 000 万元，计税基础 16 000 万元。该企业合并为同一控制下的企业合并，所得税选择特殊性税务处理。

(一) 被合并方 B 公司的所得税处理

被合并方 B 公司会计处理不确认清算收益，所得税处理确认清算所得 500 万元[(25 000－20 000)×(2 500/25 000)]，清算当期所得税申报时，调整增加应纳税所得额 500 万元。

(二) 合并方 A 公司的所得税处理

合并方 A 公司取得的合并资产，入账价值 20 000 万元，计税基础 20 500 万元(20 000＋500)。假设合并取得的资产为固定资产，合并后会计处理按照 20 000 万元计提折旧，税前扣除的折旧按照 20 500 万元计算，所得税申报时，累计调整减少应纳税所得额 500 万元。

(三) 被合并方股东甲公司的所得税处理

被合并方股东甲公司合并时注销的 B 公司股权，会计处理不确认股权转让收益，所得税处理确认股权转让所得 900 万元[(25 000－16 000)×(2 500/25 000)]，合并当期所得税申报时，调整增加应纳税所得额 900 万元。取得的 A 公司股权，入账价值 16 000 万元，计税基础 16 900 万元(16 000＋900)，将来处置 A 公司股权时，调整减少应纳税所得额 900 万元。

3. 同一控制下企业合并相关费用的税务处理

(1) 同一控制下企业合并相关费用的所得税处理

企业合并，合并方为进行企业合并发生的各项直接相关费用，所得税如何处理，财税〔2009〕59 号文及配套文件无具体规定。《企业所得法实施条例》规定，资产计税基础的确定以历史成本为原则。据此，企业合并过程中合并方为进行企业合并发生的各项直接相关费用，所得税处理应当计入收购成本，作为合并资产计税基础或商誉的组成部分。

(2) 同一控制下企业合并相关费用的税会差异

同一控制下的企业合并，合并方为进行企业合并发生的各项直接相关费用，会计处理于发生时计入当期损益，但所得税处理计入收购成本，形成税会差异。企业合并中发行权益性证券发生的手续费、佣金等费用，会计处理抵减权益性证券溢价收入，溢价收入不足冲减的，冲减留存收益，但所得税处理计入合并成本，形成税会差异。以上税会差异，凡是和资产计税基础相关的，在重组后对资产后续计量或处置资产时作纳税调整。凡是和商誉相关的，在企业清算时作纳税调整。

【例5-40】 甲公司和乙公司都是A公司的子公司。甲公司吸收合并乙公司，合并后乙公司解散。甲公司给乙公司的股东A公司定向增发3 000万股普通股(每股面值1元)支付合并对价，股份公允价值12 500万元。甲公司在该项合并中发生的资产评估等各项费用120万元，以银行存款支付。

该项业务中参与合并的企业在合并前均为A公司最终控制，为同一控制下的企业合并。A公司持有乙公司股权的初始投资成本5 000万元，长期股权投资采用成本法核算，合并时长期股权投资的账面价值与初始投资成本相等。合并日乙公司资产、负债情况如表5-6所示。

表5-6　　**资产负债表**　　单位：万元

项目	账面价值	公允价值
资产：		
货币资金	1 800	1 800
应收账款	1 200	1 200
存货	2 400	3 560
长期股权投资	2 000	3 200
固定资产	2 800	2 500
无形资产	1 800	2 100
商誉		
资产总计	12 000	14 360
负债和所有者权益：		
短期借款	1 000	1 000
应付账款	1 500	1 500
其他负债	150	150
负债合计	2 650	2 650
实收资本(股本)	3 000	
资本公积	2 000	
盈余公积	2 000	
未分配利润	2 350	
所有者权益合计	9 350	11 710
负债和所有者权益总计	12 000	

本例中的企业合并属于同一控制下的企业合并，所得税应当适用一般性税务处理；由于合并对价全部以合并方股权支付，如果符合特殊性税务处理的其他条件，也可以选择特殊性税务处理。由于本例中的合并对价高于被合并企业净资产的公允价值，理论上所得税处理存在商誉的确认问题。但是如果税务机关认可企业合并不确认商誉(事实上实务中也

不确认商誉)，且合并方也无意确认商誉，实务中也可以不确认商誉。

（一）企业合并的一般性税务处理

1. 合并方甲公司的所得税处理

(1) 资产的确认与初始计量

企业合并适用一般性税务处理，合并方所得税处理应当考虑商誉的确认问题。①甲公司取得的货币资金、应收账款、存货、长期股权投资、固定资产、无形资产，应当以各单项资产的公允价值 1 800 万元、1 200 万元、3 560 万元、3 200 万元、2 500 万元、2 100 万元作为计税基础。②甲公司的合并成本为发行股份的公允价值与相关费用的合计金额 12 620 万元(12 500 + 120)，合并净资产的公允价值为 11 710 万元，合并成本与合并净资产公允价值的差额 910 万元(12 620 − 11 710)，应当确认为商誉。

在税收实务中，如果税务机关认可企业合并的所得税处理不确认商誉，且甲公司也无意确认商誉，甲公司的所得税处理与收购资产组的所得税处理相同，合并成本为发行股份的公允价值、承继债务以及发生相关费用的合计金额 15 270 万元(12 500 + 2 650 + 120)，将合并成本按照各单项资产的公允价值在各单项资产间分配，以此作为各单项资产的计税基础。

(2) 资产税会差异的形成与调整

同一控制下的企业合并选择一般性税务处理，甲公司的税会差异：①取得的货币资金、应收账款、存货、长期股权投资、固定资产、无形资产，会计处理以各单项资产的原账面价值 1 800 万元、1 200 万元、2 400 万元、2 000 万元、2 800 万元、1 800 万元初始计量，所得税处理以各单项资产的公允价值 1 800 万元、1 200 万元、3 560 万元、3 200 万元、2 500 万元、2 100 万元作为计税基础，由此形成的税会差异，在合并后对资产后续计量或处置资产时作纳税调整。②会计处理未确认商誉，所得税处理如果确认商誉 910 万元，由此形成的税会差异，在合并方将来解散清算时作纳税调整。③在企业合并中发生的资产评估等各项费用 120 万元，会计处理计入当期损益，所得税处理计入合并成本最终并入商誉或可辨认资产的计税基础，由此形成税会差异，其中费用的税会差异在合并当期作纳税调整，资产的税会差异在合并后对资产后续计量或处置资产时作纳税调整。

实务中，如果税务机关认可企业合并的所得税处理不确认商誉，②项商誉的税会差异将不复存在。但是如此处理，相当于将应并入商誉的合并成本摊入了各单项资产的计税基础，各单项资产计税基础增加，合并后与资产相关的成本费用也随之增加。

2. 被合并方乙公司的所得税处理

企业合并选择一般性税务处理，甲公司吸收合并乙公司，合并后乙公司解散，乙公司应当确认清算所得，缴纳清算环节的所得税。乙公司在清算过程中处置资产，还有可能涉及增值税、土地增值税以及清算费用等其他问题。在不考虑相关税费对所得额影响的情况下，清算所得计算如下：

资产处置所得：14 360 − 12 000 = 2 360(万元)

负债清算损益：2 650 − 2 650 = 0(万元)

清算所得：2 360 + 0 = 2 360(万元)

同一控制下的企业合并选择一般性税务处理，乙公司会计处理不确认清算损益，所得税处理确认清算所得，由此形成的税会差异，在合并当期所得税申报时作纳税调整。

3. 被合并方股东A公司的所得税处理

(1) 注销股权的所得税处理

在企业合并过程中，被合并方股东A公司注销的乙公司股权，其公允价值与计税基础之间的差额，所得税处理确认为股权转让所得。

股权转让收入：12 500万元

股权计税基础：5 000万元

股权转让所得：12 500 − 5 000 = 7 500(万元)

同一控制下的企业合并选择一般性税务处理，A公司注销的乙公司股权，会计处理不确认股权转让收益，所得税处理确认股权转让所得，由此形成的税会差异，在合并当期所得税申报时作纳税调整。

(2) 取得合并对价的所得税处理

同一控制下的企业合并选择一般性税务处理，A公司取得甲公司的股权，会计处理按照合并日被合并资产、负债的账面净值9 350万元初始计量，所得税处理以该股权的公允价值12 500万元作为计税基础，由此形成的税会差异，在将来处置甲公司股权时作纳税调整。

(二) 企业合并的特殊性税务处理

1. 合并方甲公司的所得税处理

(1) 资产的确认与初始计量

企业合并选择特殊性税务处理，甲公司所得税处理不确认商誉，取得的货币资金、应收账款、存货、长期股权投资、固定资产、无形资产，以各单项资产的原计税基础1 800万元、1 200万元、2 400万元、2 000万元、2 800万元、1 800万元作为计税基础。

(2) 资产税会差异的形成与调整

同一控制下的企业合并选择特殊性税务处理，①甲公司取得的货币资金、应收账款、存货、长期股权投资、固定资产、无形资产，会计处理以各单项资产的原账面价值1 800万元、1 200万元、2 400万元、2 000万元、2 800万元、1 800万元初始计量，所得税处理以各单项资产的原计税基础1 800万元、1 200万元、2 400万元、2 000万元、2 800万元、1 800万元作为计税基础，无税会差异。②甲公司所得税处理不确认商誉，会计处理也不确认商誉，无税会差异。③甲公司在企业合并过程中发生的资产评估等各项费用120万元，会计处理计入当期损益，所得税处理计入合并成本作为各单项资产的计税基础，由此形成税会差异，其中费用的税会差异在合并当期作纳税调整，资产的税会差异在合并后对资产后续计量或处置资产时作纳税调整。

2. 被合并方乙公司的所得税处理

甲公司吸收合并乙公司系同一控制下的企业合并，乙公司会计处理不确认清算损益。由于选择特殊性税务处理且对价全部以股权支付，乙公司所得税不确认清算所得，无税会差异。但乙公司在清算过程中处置资产，有可能涉及增值税、土地增值税等其他税收问题。

3. 被合并方股东A公司的所得税处理

(1) 注销股权的所得税处理

甲公司吸收合并乙公司系同一控制下的企业合并,A公司注销的乙公司股权,会计处理不确认股权转让收益。由于选择特殊性税务处理且对价全部以股权支付,A公司所得税处理不确认股权转让所得,无税会差异。

(2) 取得合并对价的所得税处理

甲公司吸收合并乙公司系同一控制下的企业合并,A公司取得甲公司股权,会计处理按照原持有乙公司股权的账面价值5 000万元对甲公司股权初始计量,所得税处理以原持有乙公司股权的计税基础5 000万元作为甲公司股权的计税基础,无税会差异。

(二) 非同一控制下企业合并的所得税处理

非同一控制下的企业合并与同一控制下的企业合并所得税处理基本相同,应当适用一般性税务处理。如果符合特殊性税务处理条件,也可以适用特殊性税务处理。非同一控制下的企业合并,会计处理和所得税处理都存在商誉的确认问题。但是由于两种合并模式的会计处理不同,所以,这两种合并模式税会差异的形成和调整有所不同。

1. 非同一控制下企业合并的一般性税务处理

(1) 合并企业的所得税处理

企业合并适用一般性税务处理,合并企业应当考虑商誉的确认问题。①如果合并成本高于被合并净资产公允价值,合并企业应当以各单项资产、负债的公允价值确认其计税基础,差额作为商誉处理。②如果合并成本低于被合并净资产公允价值,合并企业应当将合并成本按照各单项资产的公允价值分配给各单项资产,以此确认各单项资产的计税基础。③如果合并企业以非货币性资产支付合并对价,该非货币性资产的公允价值与计税基础之间的差额,确认为资产转让所得。

非同一控制下的企业合并,合并企业会计处理有可能确认商誉。如果会计处理确认商誉而所得税处理不确认商誉,存在一定的涉税风险。但是如果税务机关认可企业合并的所得税处理不确认商誉,而且合并企业也无意确认商誉,无论合并成本高于被合并净资产公允价值,还是低于被合并净资产公允价值,均应将合并成本按照各单项资产的公允价值分配给各单项资产,以此确认各单项资产的计税基础。

(2) 被合并企业的所得税处理

无论是同一控制下的企业合并,还是非同一控制下的企业合并,被合并企业均要解散。企业合并如果选择一般性税务处理,被合并企业应当按照税法规定确认清算所得。

(3) 被合并企业股东的所得税处理

企业合并选择一般性税务处理,被合并企业股东注销的被合并企业股权,其公允价值与计税基础之间的差额,确认为股权转让所得。取得的合并对价如果是非货币性资产(如合并方股权),按照公允价值确认计税基础。

(4) 一般性税务处理的税会差异

1) 合并企业的税会差异。

非同一控制下的企业合并适用一般性税务处理,合并企业的税会差异包括:①如果合并成本大于可辨认净资产公允价值，会计处理可辨认资产按照公允价值初始计量，差额确认为商誉；所得税处理可辨认资产按照公允价值确认计税基础，差额确认为商誉，无税会差异。但是如果所得税处理可辨认资产以合并成本确认计税基础，不确认商誉，形成税会差异。可辨认资产的税会差异在对资产后续计量或处置资产时作纳税调整，商誉的税会差异在将来企业清算时作纳税调整。②如果合并成本小于可辨认净资产公允价值，会计处理合并资产以公允价值初始计量，差额确认为合并收益，记入营业外收入；但所得税处理不确认合并收益，取得的资产以合并成本确认计税基础，形成税会差异。合并收益的税会差异在合并当期作纳税调整，合并资产的税会差异在对资产后续计量或处置资产时作纳税调整。③合并企业以非货币性资产支付合并对价，会计处理确认资产转让收益，所得税处理确认资产转让所得，如果该非货币性资产在合并前无税会差异，合并不产生新的税会差异。

2）被合并企业的税会差异。

非同一控制下的企业合并适用一般性税务处理，被合并企业会计处理确认清算损益，所得税处理确认清算所得，如果清算资产在清算前无税会差异，清算不产生新的税会差异。

3）被合并企业股东的税会差异。

非同一控制下的企业合并适用一般性税务处理，被合并企业股东的税会差异包括：①注销的被合并企业股权，会计处理确认股权转让收益，所得税处理确认股权转让所得，如果注销的被合并企业股权在合并前无税会差异，合并不产生新的税会差异。②取得的合并对价如果是非货币性资产，会计处理以公允价值初始计量，所得税处理以公允价值确认计税基础，无税会差异。

【例 5-41】 A 公司吸收合并 B 公司，合并后 B 公司解散。B 公司的股东为甲公司，A 公司和 B 公司在合并前无任何关联关系。B 公司净资产的公允价值 25 000 万元，账面价值 20 000 万元，计税基础 20 000 万元。A 公司以本公司股票给甲公司支付合并对价，股票公允价值 30 000 万元溢价合并。甲公司持有 B 公司股权公允价值 30 000 万元，账面价值 16 000 万元，计税基础 16 000 万元。该企业合并为非同一控制下的企业合并，所得税选择一般性税务处理。

（一）被合并企业 B 公司的所得税处理

被合并企业 B 公司会计处理确认清算收益 5 000 万元(25 000 − 20 000)，所得税处理确认清算所得 5 000 万元(25 000 − 20 000)，无税会差异。

（二）合并企业 A 公司的所得税处理

合并企业 A 公司取得的合并资产，可辨认资产入账价值 25 000 万元，计税基础 25 000 万元，无税会差异；商誉入账价值 5 000 万元(30 000 − 25 000)，计税基础 5 000 万元(30 000 − 25 000)，无税会差异。

（三）被合并企业股东甲公司的所得税处理

被合并企业股东甲公司合并时注销的 B 公司股权，会计处理确认股权转让收益 14 000 万元(30 000 − 16 000)，所得税处理确认股权转让所得 14 000 万元(30 000 − 16 000)，无税会差异。取得的 A 公司股权，入账价值 30 000 万元，计税基础 30 000 万元，无税会差异。

【例 5-42】 A 公司吸收合并 B 公司，合并后 B 公司解散。B 公司的股东为甲公司，A

公司和B公司在合并前无任何关联关系。B公司净资产的公允价值25 000万元，账面价值20 000万元，计税基础20 000万元。A公司以本公司股票给甲公司支付合并对价，股票公允价值22 000万元(折价合并)。甲公司持有B公司股权公允价值22 000万元，账面价值16 000万元，计税基础16 000万元。该企业合并为非同一控制下的企业合并，所得税选择一般性税务处理。

（一）被合并企业B公司的所得税处理

被合并企业B公司会计处理确认清算收益5 000万元(25 000－20 000)，所得税处理确认清算所得5 000万元(25 000－20 000)，无税会差异。

（二）合并企业A公司的所得税处理

合并企业A公司取得的合并资产，可辨认资产入账价值25 000万元，计税基础22 000万元，形成税会差异3 000万元，该差异在资产后续计量或处置资产时作纳税调整。会计处理确认合并收益3 000万元(25 000－22 000)，所得税处理不确认合并收益，形成税会差异3 000万元，该差异在合并当期作纳税调整。

（三）被合并企业股东甲公司的所得税处理

被合并企业股东甲公司合并时注销的B公司股权，会计处理确认股权转让收益6 000万元(22 000－16 000)，所得税处理确认股权转让所得6 000万元(22 000－16 000)，无税会差异。取得的A公司股权，入账价值22 000万元，计税基础22 000万元，无税会差异。

【例5-43】 A公司吸收合并B公司，合并后B公司解散。B公司的股东为甲公司，A公司和B公司在合并前无任何关联关系。B公司资产的公允价值25 000万元，账面价值18 000万元，计税基础20 000万元。A公司以本公司股票给甲公司支付合并对价，股票公允价值25 000万元。甲公司持有B公司股权公允价值25 000万元，账面价值16 000万元，计税基础15 000万元。该企业合并为非同一控制下的企业合并，所得税选择一般性税务处理。

（一）被合并企业B公司的所得税处理

被合并企业B公司会计处理确认清算收益7 000万元(25 000－18 000)，所得税处理确认清算所得5 000万元(25 000－20 000)，形成税会差异2 000万元。企业清算所得税申报时，调整减少应纳税所得额2 000万元。

该税会差异系合并资产在合并前形成的税会差异，企业合并不产生新的税会差异。

（二）合并企业A公司的所得税处理

合并企业A公司取得的合并资产，入账价值25 000万元，计税基础25 000万元。假设合并取得的资产为固定资产，合并后会计处理按照25 000万元计提折旧，税前扣除的折旧按照25 000万元计算，无税会差异。

（三）被合并企业股东甲公司的所得税处理

被合并企业股东甲公司合并时注销的B公司股权，会计处理确认股权转让收益9 000万元(25 000－16 000)，所得税处理确认股权转让所得10 000万元(25 000－15 000)，合并当期所得税申报时，调整增加应纳税所得额1 000万元。取得的A公司股权，入账价值25 000万元，计税基础25 000万元，无税会差异。

甲公司注销 B 公司股权形成的税会差异 1 000 万元，系原持有 B 公司股权在合并前形成的税会差异，合并不产生新的税会差异。

2. 非同一控制下企业合并的特殊性税务处理

（1）合并企业的所得税处理

企业合并选择特殊性税务处理，合并企业的所得税处理为：①如果合并对价全部以股权支付，取得被合并企业的资产，以该资产的原计税基础作为计税基础。②如果合并对价既有股权支付也有非股权支付，取得被合并企业的资产，以该资产的原计税基础加被合并企业确认的应税所得作为计税基础。③特殊性税务处理不确认商誉。

（2）被合并企业的所得税处理

企业合并选择特殊性税务处理，被合并企业的所得税处理为：①如果合并对价全部以股权支付，不确认清算所得。②如果合并对价既有股权支付也有非股权支付，理论上应当按照非股权支付额占交易总额的比例确认清算所得，实务中是否确认清算所得，要视主管税务机关的征管口径而定。

（3）被合并企业股东的所得税处理

企业合并选择特殊性税务处理，被合并企业股东的所得税处理为：①如果合并对价全部以股权支付，注销的被合并企业股权，不确认股权转让所得。取得的合并方股权（合并对价），以注销被合并企业股权的计税基础作为计税基础。②如果合并对价既有股权支付也有非股权支付，注销的被合并企业股权，与非股权支付对应的部分，确认股权转让所得；与股权支付对应的部分，不确认股权转让所得。取得的合并方股权（合并对价），以对应的注销被合并方股权的计税基础作为计税基础；取得的其他非货币性资产（合并对价），以对应的注销被合并方股权的公允价值作为计税基础。

（4）特殊性税务处理的税会差异

1）合并企业的税会差异

非同一控制下的企业合并选择特殊性税务处理，在合并成本大于被合并净资产公允价值的情况下，合并企业取得的合并资产，会计处理以公允价值初始计量，差额确认为商誉。其所得税处理为：①如果合并对价全部以股权支付，以合并资产的原计税基础作为合并后的计税基础，形成税会差异。②如果合并对价部分以股权支付，部分以非股权支付，以合并资产的原计税基础加被合并方确认的清算所得作为合并资产的计税基础，形成税会差异。③会计处理确认商誉而所得税处理不确认商誉，形成税会差异。以上资产的税会差异在对资产后续计量或处置资产时作纳税调整，商誉的税会差异在合并方解散清算时作纳税调整。

非同一控制下的企业合并选择特殊性税务处理，在合并成本小于被合并净资产公允价值的情况下，合并企业取得的合并资产，会计处理以公允价值初始计量，差额确认为合并收益，记入营业外收入。其所得税处理为：①如果合并对价全部以股权支付，以合并资产的原计税基础作为合并后的计税基础，形成税会差异。②如果合并对价部分以股权支付，部分以非股权支付，以合并资产的原计税基础加被合并方确认的清算所得作为合并资产的计税基础，形成税会差异。③会计处理确认合并收益而所得税处理不确认合并收益，形成税会差异。以上资产的税会差异在对资产后续计量或处置资产时作纳税调整，合并收益的税会差异在合并当期作纳税调整。

2）被合并企业的税会差异

企业合并，被合并企业解散。非同一控制下的企业合并选择特殊性税务处理，被合并企业会计处理确认清算损益。其所得税处理分两种情况：①如果合并对价全部以股权支付，被合并企业不确认清算所得，形成税会差异。②如果合并对价部分以股权支付，部分以非股权支付，被合并企业按照非股权支付额占交易总额的比例确认清算所得，形成税会差异。以上税会差异在清算当期作纳税调整。

3）被合并企业股东的税会差异

非同一控制下的企业合并选择特殊性税务处理，被合并企业股东注销的被合并企业股权，会计处理确认股权转让收益；取得的合并对价，以公允价值初始计量。其所得税处理分两种情况：①如果合并对价全部以股权支付，注销的被合并企业股权不确认股权转让所得，取得的作为合并对价的合并方股权，以原持有被合并企业股权的计税基础作为计税基础，股权转让所得和合并对价的计税基础均存在税会差异。②如果合并对价部分以股权支付部分以非股权支付，与非股权支付对应的注销被合并企业股权确认股权转让所得，与股权支付对应的注销被合并企业股权不确认股权转让所得，形成税会差异。取得的作为合并对价的合并方股权，以对应的注销被合并企业股权的计税基础作为计税基础；取得作为合并对价的其他非货币性资产，以对应的注销被合并企业股权的公允价值作为计税基础。以上转让股权的税会差异，在合并当期作纳税调整；资产的税会差异，在对资产后续计量或处置资产时作纳税调整。

【例 5-44】 A公司吸收合并B公司，合并后B公司解散。B公司的股东为甲公司，A公司和B公司在合并前无任何关联关系。B公司净资产的公允价值25 000万元，账面价值20 000万元，计税基础20 000万元。A公司以本公司股票给甲公司支付合并对价，股票公允价值30 000万元(溢价合并)。甲公司持有B公司股权公允价值30 000万元，账面价值16 000万元，计税基础16 000万元。该企业合并为非同一控制下的企业合并，所得税选择特殊性税务处理。

（一）被合并企业B公司的所得税处理

被合并企业B公司会计处理确认清算收益5 000万元(25 000－20 000)，所得税处理不确认清算所得，形成税会差异5 000万元，该差异在清算当期调整减少应纳税所得额。

（二）合并企业A公司的所得税处理

合并企业A公司取得的合并资产，可辨认资产入账价值25 000万元，计税基础20 000万元，形成税会差异5 000万元(25 000－20 000)，该差异在对资产后续计量或处置资产时作纳税调整，累计调整增加应纳税所得额5 000万元。商誉入账价值5 000万元(30 000－25 000)，所得税处理不确认商誉，形成税会差异，该差异在将来企业清算处置商誉时作纳税调整。

（三）被合并企业股东甲公司的所得税处理

被合并企业股东甲公司合并时注销的B公司股权，会计处理确认股权转让收益14 000

万元(30 000－16 000)，所得税处理不确认股权转让所得，形成税会差异14 000万元，该差异在合并当期调整减少应纳税所得额14 000万元。取得的A公司股权，入账价值30 000万元，计税基础16 000万元，形成税会差异14 000万元(30 000－16 000)，该差异在将来处置A公司股权时调整增加应纳税所得额14 000万元。

【例5-45】 A公司吸收合并B公司，合并后B公司解散。B公司的股东为甲公司，A公司和B公司在合并前无任何关联关系。B公司净资产的公允价值25 000万元，账面价值20 000万元，计税基础20 000万元。A公司以本公司股票给甲公司支付合并对价，股票公允价值22 000万元(折价合并)。甲公司持有B公司股权公允价值22 000万元，账面价值16 000万元，计税基础16 000万元。该企业合并为非同一控制下的企业合并，所得税选择特殊性税务处理。

(一) 被合并企业B公司的所得税处理

被合并企业B公司会计处理确认清算收益5 000万元(25 000－20 000)，所得税处理不确认清算所得，形成税会差异5 000万元，该差异在清算当期调整减少应纳税所得额5 000万元。

(二) 合并企业A公司的所得税处理

合并企业A公司取得的合并资产，可辨认资产入账价值25 000万元，计税基础20 000万元，形成税会差异5 000万元(25 000－20 000)，该差异在资产后续计量或处置资产时作纳税调整，累计调整增加应纳税所得额5 000万元。会计处理确认合并收益3 000万元(25 000－22 000)，所得税处理不确认合并收益，形成税会差异3 000万元，该差异在合并当期调整减少应纳税所得额3 000万元。

(三) 被合并企业股东甲公司的所得税处理

被合并企业股东甲公司合并时注销的B公司股权，会计处理确认股权转让收益6 000万元(22 000－16 000)，所得税处理不确认股权转让所得，形成税会差异6 000万元，该差异在合并当期调整减少应纳税所得额6 000万元。取得的A公司股权，入账价值22 000万元，计税基础16 000万元，形成税会差异6 000万元(22 000－16 000)，该差异在将来处置A公司股权时调整增加应纳税所得额6 000万元。

【例5-46】 A公司吸收合并B公司，合并后B公司解散。B公司的股东为甲公司，A公司和B公司在合并前无任何关联关系。B公司资产的公允价值25 000万元，账面价值20 000万元，计税基础20 000万元。A公司以公允价值22 500万元的本公司股票和2 500现金给甲公司支付合并对价。甲公司持有B公司股权公允价值25 000万元，账面价值16 000万元，计税基础16 000万元。该企业合并为非同一控制下的企业合并，所得税选择特殊性税务处理。

(一) 被合并方B公司的所得税处理

被合并方B公司会计处理确认清算收益5 000万元(25 000－20 000)，所得税处理确认清算所得500万元[(25 000－20 000)×(2 500/25 000)]，形成税会差异4 500万元(5 000－500)，清算当期调整减少应纳税所得额4 500万元。

(二) 合并方A公司的所得税处理

合并方A公司取得的合并资产，入账价值25 000万元，计税基础20 500万元(20 000＋

500)。假设合并取得的资产为固定资产，合并后会计处理按照25 000万元计提折旧，税前扣除的折旧按照20 500万元计算，累计调整减少应纳税所得额4 500万元。

（三）被合并方股东甲公司的所得税处理

被合并方股东甲公司合并时注销的B公司股权，会计处理确认股权转让收益9 000万元(25 000－16 000)，所得税处理确认股权转让所得900万元[(25 000－16 000)×(2 500/25 000)]，合并当期调整减少应纳税所得额8 100万元(9 000－900)。取得的A公司股权，入账价值25 000万元，计税基础16 900万元(16 000＋900)，将来处置A公司股权时，调整增加应纳税所得额8 100万元。

3. 非同一控制下企业合并相关费用的税务处理

(1) 非同一控制下企业合并相关费用的所得税处理

企业合并，合并方为进行企业合并发生的各项直接相关费用，所得税如何处理，财税〔2009〕59号文及配套文件无具体规定。《企业所得法实施条例》规定，资产计税基础的确定以历史成本为原则。据此，企业合并过程中合并方为进行企业合并发生的各项直接相关费用，所得税处理应当计入合并成本，作为合并资产计税基础或商誉的组成部分。

(2) 非同一控制下企业合并相关费用的税会差异

非同一控制下的企业合并，购买方为进行企业合并发生的各项直接相关费用，会计处理计入合并成本，所得税处理计入合并资产的计税基础，无税会差异。

【例5-47】 甲公司吸收合并乙公司，合并后乙公司解散。甲公司给乙公司的股东A公司定向增发3 000万股普通股(每股面值1元)支付合并对价，股份公允价值12 500万元。甲公司在该项合并中发生的资产评估等各项费用120万元，以银行存款支付。

该项业务中参与合并的企业在合并前无任何关联关系，系非同一控制下的企业合并。A公司持有乙公司股权的初始投资成本5 000万元，长期股权投资采用成本法核算，合并时长期股权投资的账面价值与初始投资成本相等。合并日乙公司资产、负债情况如表5-7所示。

表5-7 **资产负债表** 单位：万元

项目	账面价值	公允价值
资产：		
货币资金	1 800	1 800
应收账款	1 200	1 200
存货	2 400	3 560
长期股权投资	2 000	3 200
固定资产	2 800	2 500
无形资产	1 800	2 100
商誉		
资产总计	12 000	14 360

(续表)

项目	账面价值	公允价值
负债和所有者权益:		
短期借款	1 000	1 000
应付账款	1 500	1 500
其他负债	150	150
负债合计	2 650	2 650
实收资本(股本)	3 000	
资本公积	2 000	
盈余公积	2 000	
未分配利润	2 350	
所有者权益合计	9 350	11 710
负债和所有者权益总计	12 000	

本例属于非同一控制下的企业合并,所得税应当选择一般性税务处理。由于合并对价全部以合并方股权支付,如果符合特殊性税务处理的其他条件,也可以选择特殊性税务处理。非同一控制下的企业合并,合并对价高于被合并企业净资产的公允价值,合并企业会计处理确认商誉;理论上,合并企业所得税处理也应当确认商誉,但是如果税务机关认可企业合并不确认商誉,且合并方也无意确认商誉,实务中也可以不确认商誉。

(一) 企业合并的一般性税务处理

1. 合并方甲公司的所得税处理

(1) 资产的确认与初始计量

企业合并选择一般性税务处理,合并方甲公司的所得税处理:①取得的货币资金、应收账款、存货、长期股权投资、固定资产、无形资产,应当以各单项资产的公允价值 1 800 万元、1 200 万元、3 560 万元、3 200 万元、2 500 万元、2 100 万元作为计税基础。②合并成本为发行股份的公允价值与相关费用的合计金额 12 620 万元(12 500 + 120),合并净资产的公允价值 11 710 万元,合并成本与合并净资产公允价值的差额 910 万元(12 620 − 11 710),确认为商誉。

实务中,如果税务机关认可企业合并的所得税处理不确认商誉,且甲公司也无意确认商誉,甲公司的所得税处理与收购资产组的所得税处理相同,合并成本为发行股份的公允价值、承继债务以及发生相关费用的合计金额 15 270 万元(12 500 + 2 650 + 120),将合并成本按照各单项资产的公允价值在各单项资产间分配,以此作为各单项资产的计税基础。

(2) 资产税会差异的形成与调整

非同一控制下的企业合并选择一般性税务处理,合并方甲公司的税会差异:①取得的货币资金、应收账款、存货、长期股权投资、固定资产、无形资产,会计处理以各单项资产的公允价值 1 800 万元、1 200 万元、3 560 万元、3 200 万元、2 500 万元、2 100 万元初始计量,所得税处理也是以各单项资产的公允价值作为计税基础,无税会差异。②会计处理确认商誉,所得税处理确认商誉,无税会差异。但是如果所得税处理不确认商誉,由此形成可辨认资产和商誉的税会差异，在合并后作纳税调整。③企业合并中发生的资产评估等各项费用120万元，会计处理计入合并成本，所得税处理计入合并成本，无税会差异。

税收实务中，如果税务机关认可企业合并的所得税处理不确认商誉，相当于将应并入商誉的合并成本摊入了各项可辨认资产的计税基础，可辨认资产计税基础增加，合并后与资产相关的成本费用也随之增加。

2. 被合并方乙公司的所得税处理

企业合并选择一般性税务处理，甲公司吸收合并乙公司，合并后乙公司解散，被合并方乙公司应当确认清算所得，缴纳清算环节的所得税。乙公司在清算过程中处置资产，还有可能涉及增值税、土地增值税等其他税收问题。在不考虑相关税费对所得额影响的情况下，清算所得计算如下：

资产处置所得：14 360 − 12 000 = 2 360（万元）

负债处置所得：2 650 − 2 650 = 0（万元）

清算所得：2 360 + 0 = 2 360（万元）

非同一控制下的企业合并选择一般性税务处理，乙公司会计处理确认清算损益，所得税处理确认清算所得，无税会差异。

3. 被合并方股东A公司的所得税处理

（1）注销股权的所得税处理

企业合并选择一般性税务处理，被合并方股东A公司注销的乙公司股权，其公允价值与计税基础之间的差额，所得税处理确认为股权转让所得。

股权转让收入：12 500万元

股权计税基础：5 000万元

股权转让所得：12 500 − 5 000 = 7 500（万元）

非同一控制下的企业合并选择一般性税务处理，A公司注销的乙公司股权，会计处理确认股权转让收益，所得税处理确认股权转让所得，无税会差异。

（2）取得合并对价的所得税处理

非同一控制下的企业合并选择一般性税务处理，被合并方股东A公司取得甲公司的股权，会计处理按照公允价值12 500万元初始计量，所得税处理也是以股权的公允价值作为计税基础，无税会差异。

（二）企业合并的特殊性税务处理

1. 合并方甲公司的所得税处理

（1）资产的确认与初始计量

企业合并选择特殊性税务处理，合并方甲公司所得税处理不确认商誉，取得的货币资金、应收账款、存货、长期股权投资、固定资产、无形资产，以各单项资产的原计税基础1 800万元、1 200万元、2 400万元、2 000万元、2 800万元、1 800万元作为计税基础。

（2）资产税会差异的形成与调整

非同一控制下的企业合并选择特殊性税务处理，合并方甲公司的税会差异：①取得的货币资金、应收账款、存货、长期股权投资、固定资产、无形资产，会计处理以各单项资产的公允价值 1 800 万元、1 200 万元、3 560 万元、3 200 万元、2 500 万元、2 100 万元初始计量，所得税处理以各单项资产的原计税基础 1 800 万元、1 200 万元、2 400 万元、2 000 万元、2 800 万元、1 800 万元作为计税基础，形成税会差异，该差异在对资产后续计量或处置资产时作纳税调整。②甲公司会计处理确认商誉，所得税理不确认商誉，形成税会差异，该差异在将来甲公司解散清算时作纳税调整。③甲公司在企业合并过程中发生的资产评估等各项费用 120 万元，会计处理计入合并成本，所得税处理计入合并成本，无税会差异。

2. 被合并方乙公司的所得税处理

非同一控制下的企业合并，被合并方乙公司会计处理确认清算损益。由于选择特殊性税务处理且对价全部以股权支付，乙公司所得税不确认清算所得，形成税会差异，该差异在清算当期作纳税调整。另外，乙公司在清算过程中处置资产，有可能涉及增值税、土地增值税等其他税收问题。

3. 被合并方股东 A 公司的所得税处理

(1) 注销股权的所得税处理

非同一控制下的企业合并，被合并方股东 A 公司注销的乙公司股权，会计处理确认股权转让收益。由于选择特殊性税务处理且对价全部以股权支付，A 公司所得税处理不确认股权转让所得，形成税会差异，该差异在合并当期作纳税调整。

(2) 取得合并对价的所得税处理

非同一控制下的企业合并选择特殊性税务处理，被合并方股东 A 公司取得甲公司股权，会计处理以股权的公允价值 12 500 万元对甲公司股权初始计量，所得税处理以原持有乙公司股权的计税基础 5 000 万元作为取得甲公司股权的计税基础，形成税会差异，该差异在将来处置甲公司股权时作纳税调整。

(三) 未构成业务的企业合并

企业合并，一般都构成业务合并，存在商誉的确认问题。但是单一资产实体的合并，不构成业务，不确认商誉。如果企业合并不构成业务合并，所得税处理与资产收购中资产组收购的所得税处理基本相同。资产组收购的所得税处理见本书第四章资产收购的相关内容。

单一资产实体的确认见本章第二节相关内容，但所得税处理中单一资产实体的合并，泛指未构成业务的企业合并。单一资产实体合并的所得税处理，分为一般性税务处理和特殊性税务处理。

1. 单一资产实体合并的一般性税务处理

(1) 合并企业的所得税处理

单一资产实体合并适用一般性税务处理，合并企业的所得税处理为：①将合并成本按照各单项资产的公允价值分配给各单项资产，以此确认各单项资产的计税基础。但货币资金、应收账款、其他应收款等货币性资产，直接以其公允价值作为计税基础。②如果以非货币性资产支付合并对价，该非货币性资产的公允价值与计税基础之间的差额，确认为资产转让所得。

(2) 被合并企业的所得税处理

企业合并，被合并企业解散。单一资产实体合并适用一般性税务处理，被合并企业应当按照税法规定确认清算所得。

（3）被合并企业股东的所得税处理

单一资产实体合并适用一般性税务处理，被合并企业股东注销的被合并企业股权，其公允价值与计税基础之间的差额，确认为股权转让所得。取得的合并对价如果是非货币性资产，按照公允价值确认计税基础。

2. 单一资产实体合并的特殊性税务处理

（1）合并企业的所得税处理

单一资产实体合并选择特殊性税务处理，合并企业的所得税处理为：①如果合并对价全部以股权支付，取得被合并企业的资产，以该资产的原计税基础作为计税基础。②如果合并对价既有股权支付也有非股权支付，取得被合并企业的资产，以该资产的原计税基础加被合并企业确认的应税所得作为计税基础。

（2）被合并企业的所得税处理

单一资产实体合并选择特殊性税务处理，被合并企业的所得税处理为：①如果合并对价全部以股权支付，不确认清算所得。②如果合并对价既有股权支付也有非股权支付，理论上应当按照非股权支付额占交易总额的比例确认清算所得，实务中是否确认清算所得，要视主管税务机关的征管口径而定。

（3）被合并企业股东的所得税处理

单一资产实体合并选择特殊性税务处理，被合并企业股东的所得税处理为：①如果合并对价全部以股权支付，注销的被合并企业股权，不确认股权转让所得。取得的合并企业股权，以注销被合并企业股权的计税基础作为计税基础。②如果合并对价既有股权支付也有非股权支付，注销的被合并企业股权，与非股权支付对应的部分，确认股权转让所得；与股权支付对应的部分，不确认股权转让所得。取得的合并企业股权，以对应的注销被合并企业股权的计税基础作为计税基础；取得的其他非货币性资产，以对应的注销被合并企业股权的公允价值作为计税基础。

【例 5-48】 乙房地产开发公司是 A 房地产开发公司设立的项目公司，其主要资产是一块开发用地，只有少许的管理人员，不具备房地产开发所需的人员和组织协调能力。甲房地产开发公司吸收合并乙公司，给乙公司的股东 A 公司定向增发 3 000 万股股票（面值 1 元/股）支付合并对价，股票公允价值 28 000 万元。A 公司持有乙公司股权的初始投资成本为 5 000 万元，合并时长期股权投资的账面价值与初始投资成本相同。

该项企业合并业务，交易各方在合并前及合并后不存在任何关联关系。合并日乙公司的资产、负债情况如表 5-8 所示。

表 5-8 **资产负债表** 单位：万元

项目	账面价值	公允价值
资产：		
货币资金	15	15
存货	35 000	55 000

（续表）

项目	账面价值	公允价值
其他应收款	2	2
资产总计	35 017	55 017
负债和所有者权益：		
短期借款	30 000	30 000
其他应付款	23	23
负债合计	30 023	30 023
实收资本(股本)	5 000	
未分配利润	−6	
所有者权益合计	4 994	24 994
负债和所有者权益总计	35 017	

本例中的被合并方乙公司，没有房地产开发所需的人员和能力，不能为客户提供开发产品，乙公司的相关资产不构成业务，该项企业合并属于单一资产实体的合并，不存在商誉的确认问题。

（一）一般性税务处理

1. 被合并企业乙公司的所得税处理

企业合并，被合并企业解散清算。企业合并适用一般性税务处理，被合并企业乙公司被合并净资产公允价值与计税基础之间的差额，确认为清算所得，计 20 000 万元(24 994 − 4 994)。

2. 合并企业甲公司的所得税处理

企业合并适用一般性税务处理，合并企业甲公司的合并成本为支付的对价和承担的负债，计 58 023 万元(28 000 + 30 023)。取得的货币资金、其他应收款，以公允价值 15 万元、2 万元作为计税基础。合并成本减去货币资金、其他应收款的余额，为开发用地的计税基础，计 58 006 万元(58 023 − 17)。

3. 被合并企业股东 A 公司的所得税处理

企业合并适用一般性税务处理，被合并企业股东 A 公司注销的被合并企业股权，确认股权转让所得 23 000 万元(28 000 − 5 000)。取得的甲公司股权，以公允价值 28 000 万元作为计税基础。

（二）特殊性税务处理

本项业务如果选择特殊性税务处理，交易各方的所得税处理如下。

1. 被合并企业乙公司的所得税处理

企业合并适用特殊性税务处理，由于合并对价全部以股权支付，被合并企业乙公司不确认清算所得。

2. 合并企业甲公司的所得税处理

企业合并适用特殊性税务处理，由于合并对价全部以股权支付，合并企业甲公司取得的合并资产，以该资产的原计税基础作为计税基础，货币资金、其他应收款、开发用地的计税基础分别为 15 万元、2 万元、35 000 万元。

3. 被合并企业股东 A 公司的所得税处理

企业合并适用特殊性税务处理，由于合并对价全部以股权支付，被合并企业股东 A 公司注销的被合并企业股权，不确认股权转让所得。取得的甲公司股权，以原持有乙公司股权的计税基础作为计税基础，计 5 000 万元。

六、企业合并所得税纳税申报

（一）适用一般性税务处理的所得税申报

1. 无税会差异的所得税申报

（1）被合并企业的所得税申报

企业合并，被合并企业应当按照税法规定确认清算所得，填报《企业清算所得税申报表》。被合并企业清算所得税的申报，我们将在第九章企业清算业务的所得税处理中详细介绍。

（2）被合并企业股东的所得税申报

被合并企业股东的所得税申报包括：①注销的被合并企业股权，如果会计核算确认的股权转让收益与所得税处理确认的股权转让所得无差异，投资收益直接在《企业所得税年度纳税申报表（A 类）》（A100000）第 9 行“投资收益”栏填报，无须进行纳税调整。②收取的合并对价如果是非货币性资产，应当确认非货币性资产的计税基础，该计税基础无须在申报表中单独反映。

（3）合并企业的所得税申报

合并企业的所得税申报有：①取得的合并资产、负债，应当确认资产、负债的计税基础，该计税基础无须在申报表中单独反映。②如果以非货币性资产支付合并对价，据以支付对价的非货币性资产，应当按照税法规定申报非货币性资产转让所得。

2. 存在税会差异的所得税申报

（1）被合并企业的所得税申报

企业合并，被合并企业应当按照税法规定确认清算所得并调整税会差异，填报《企业清算所得税申报表》。被合并企业清算所得税的申报，我们将在第九章企业清算业务的所得税处理中详细介绍。

（2）被合并企业股东的所得税申报

1）注销被合并企业股权税会差异的申报。

被合并企业股东注销的被合并企业股权，如果会计核算确认的股权转让收益与所得税处理确认的股权转让所得存在税会差异，该差异先在《企业重组及递延纳税事项纳税调整明细表》（A105100）第 8 行“企业合并”栏填报，然后将纳税调整金额转入《纳税调整项目明细表》（A105000）第 37 行“企业重组及递延纳税事项”栏填报，最后转入《企业所得税年度纳税申报表（A 类）》（A100000）第 15 行“纳税调整增加额”或第 16 行“纳税调整减少额”。

2）股息、红利等权益性投资收益税会差异的申报。

被合并企业股东确认的股息、红利等权益性投资收益，如果属于企业所得税免税收入，先在《符合条件的居民企业之间的股息、红利等权益性投资收益优惠明细表》(A107011)第10列"被投资企业清算应确认的股息所得"申报,然后转入《免税、减计收入及加计扣除优惠明细表》(A107010)第3行"符合条件的居民企业之间的股息、红利等权益性投资收益",最后转入《企业所得税年度纳税申报表(A类)》(A100000)第17行"免税、减计收入及加计扣除"。

被合并企业股东收取的合并对价如果是非货币性资产,应当确认非货币性资产的计税基础,该计税基础无须在申报表中单独反映。

(3) 合并企业的所得税申报

合并企业的所得税申报包括:①取得的合并资产、负债,应当确认资产、负债的计税基础,该计税基础无须在申报表中单独反映。②如果以非货币性资产支付合并对价,据以支付对价的非货币性资产,应当按照税法规定申报非货币性资产转让所得,如果非货币性资产转让所得存在税会差异,按照税法规定进行调整。

【例5-49】 甲公司吸收合并乙公司,合并后乙公司解散。乙公司资产的公允价值16 000万元,账面价值12 000万元,计税基础15 000万元。甲公司以现金16 000万元给乙公司的股东A公司支付合并对价。A公司持有乙公司股份的公允价值16 000万元,账面价值13 000万元,计税基础为11 000万元,A公司对该项股权投资采用成本法核算。本例中交易各方在合并前无任何关联关系,所得税适用一般性税务处理。

(一) 被合并企业乙公司的所得税申报

乙公司会计处理确认清算收益4 000万元(16 000－12 000),所得税处理确认清算所得1 000万元(16 000－15 000),存在税会差异3 000万元(4 000－1 000)。

乙公司所得税申报先在《企业清算所得税申报表》附表一《资产处置损益明细表》"账面价值"栏填12 000万元、"计税基础"栏填15 000万元、"可变现价值或交易价格"栏填16 000万元、"资产处置损益"栏填1 000万元,然后将资产处置损益转入《企业清算所得税申报表》第1行"资产处置损益"栏。

(二) 被合并企业股东A公司的所得税申报

A公司注销乙公司的股权,会计核算确认股权转让收益3 000万元(16 000－13 000),所得税处理确认股权转让所得5 000万元(16 000－11 000),存在税会差异2 000万元(5 000－3 000)

所得税申报时,在《企业重组及递延纳税事项纳税调整明细表》(A105100)第10行第1列"账载金额"填报3 000万元,第10行第2列"税收金额"填报5 000万元,第10行第3列"纳税调整金额"填报2 000万元(5 000－3 000)。然后将纳税调整金额转入《纳税调整项目明细表》(A105000)第37行"企业重组及递延纳税事项"栏,最后转入《企业所得税年度纳税申报表(A类)》(A100000)第15行"纳税调整增加额"。

(三) 合并企业甲公司的所得税申报

甲公司取得的合并资产,以公允价值16 000万元作为计税基础,该计税基础无须在申报表中单独反映。

(二) 适用特殊性税务处理的所得税申报

1. 特殊性税务处理的申报路径

企业合并适用特殊性税务处理,先在《企业重组所得税特殊性税务处理报告表(企业合并）》（国家税务总局公告2015年第48号附件1—4）申报，然后在《企业重组及递延纳税事项纳税调整明细表》（A105100）第8行“企业合并”栏填报，再将纳税调整金额转入《纳税调整项目明细表》（A105000）第37行“企业重组及递延纳税事项”，最后转入《企业所得税年度纳税申报表（A类）》（A100000）第15行“纳税调整增加额”或第16行“纳税调整减少额”。

2. 特殊性税务处理的申报内容

企业合并适用特殊性税务处理，按照国家税务总局公告2015年第48号的规定，合并企业、被合并企业和被合并企业股东三方当事人的相关所得税事项在《企业重组所得税特殊性税务处理报告表（企业合并）》（以下简称报告表）中专项申报。

（1）被合并企业的所得税申报

企业合并，理论上，被合并企业应当填报《企业清算所得税申报表》，但是《企业清算所得税申报表》针对的是普通清算确认清算所得的申报，未考虑因企业合并而清算不确认清算所得的情况。实务中，企业合并选择特殊性税务处理，被合并企业可以按照前述“特殊性税务处理的申报路径”进行所得税申报。如果合并对价中有非股权支付额，被合并企业要按照税法规定确认清算所得。

（2）被合并企业股东的所得税申报

被合并企业股东的所得税申报包括两项内容：一是注销的被合并企业股权，与非股权支付对应的部分，应当确认股权转让所得。二是取得的合并对价如果是非货币性资产，应当确认非货币性资产的计税基础。但是报告表在设计上并未体现出这两点内容。

实务中，企业合并选择特殊性税务处理，被合并企业股东确认的与非股权支付对应的股权转让所得，可先在《企业重组及递延纳税事项纳税调整明细表》（A105100）填报，再将纳税调整金额转入《纳税调整项目明细表》（A105000），最后转入《企业所得税年度纳税申报表（A类）》（A100000）。

（3）合并企业的所得税申报

合并企业的所得税申报主要包括五项内容：一是确认合并资产的计税基础，但是报告表并未说明存在非股权支付的情况下，如何确认合并资产的计税基础。二是以非货币性资产支付合并对价，据以支付对价的非货币性资产，应当确认资产转让所得，但是报告表并未体现此项内容。三是被合并方未弥补亏损的相关内容，包括亏损额、被合并净资产公允价值等。四是被合并企业未享受税收优惠的剩余年限。五是被合并企业未确认资产损失和分期确认收入的处理。

实务中，合并企业以非货币性资产支付合并对价，资产转让所得的申报，可以按照前述“特殊性税务处理的申报路径”进行所得税申报。合并企业享受被合并企业未享受完税收优惠的申报，可先在《所得减免优惠明细表》（A107020）申报，然后按照填表说明逐步转入《企业所得税年度纳税申报表（A类）》（A100000）。

【例5-50】 甲公司吸收合并乙公司，合并后乙公司解散。乙公司资产的公允价值16 000万元，账面价值12 000万元，计税基础15 000万元。甲公司通过定向增发，以本公司股票给乙公司的股东A公司支付合并对价，股票公允价值16 000万元。A公司持有乙公司股份的公允价值16 000万元，账面价值13 000万元，计税基础11 000万元，A公司对该项股权投资采用成本法核算。本例中交易各方在合并前无任何关联关系，所得税选择特殊性税务处理。

（一）被合并企业乙公司的所得税申报

乙公司会计处理确认清算收益 4 000 万元（16 000 − 12 000），所得税处理不确认清算所得，形成税会差异。

理论上，乙公司所得税申报应当填报《企业重组所得税特殊性税务处理报告表（企业合并）》和《企业清算所得税申报表》。但是《企业清算所得税申报表》在设计上未考虑企业合并选择特殊性税务处理的所得税申报。实务中，该种情形如何进行所得税申报，建议与主管税务机关沟通，以所得税年度申报表代替企业清算所得税申报表进行申报。

（二）被合并企业股东 A 公司的所得税申报

A 公司在企业合并中注销乙公司的股权，会计核算确认股权转让收益 3 000 万元（16 000 − 13 000），所得税处理不确认股权转让所得，形成税会差异。

理论上，乙公司所得税申报应当先填报《企业重组所得税特殊性税务处理报告表（企业合并）》，但该表在设计上未考虑该种情况的所得税申报。实务中，可先在《企业重组及递延纳税事项纳税调整明细表》（A105100）第 10 行第 1 列“账载金额”填报 3 000 万元，第 8 行第 2 列“税收金额”填报 0，第 4 行第 3 列“纳税调整金额”填报 − 3 000 万元（0 − 3 000）。然后将纳税调整额转入《纳税调整项目明细表》（A105000）第 37 行“企业重组及递延纳税事项”，最后转入《企业所得税年度纳税申报表（A 类）》（A100000）第 16 行“纳税调整减少额”。

A 公司取得甲公司股权，以原持有乙公司股权的计税基础 11 000 万元作为计税基础，该计税基础无需在申报表中单独反映。

（三）合并企业甲公司的所得税申报

甲公司取得的合并资产，以该资产的原计税基础 15 000 万元作为计税基础，该计税基础无须在申报表中单独反映。

3. 特殊性税务处理的申报资料

企业合并适用特殊性税务处理的，按照国家税务总局公告 2015 年第 48 号的规定，企业所得税申报应当附送以下资料。

（1）企业合并的总体情况说明，包括合并方案、基本情况，并逐条说明企业合并的商业目的。

（2）企业合并协议或决议，需有权部门（包括内部和外部）批准的，应提供批准文件。

（3）企业合并当事各方的股权关系说明，若属同一控制下且不需支付对价的合并，还需提供在企业合并前，参与合并各方受最终控制方的控制在 12 个月以上的证明材料。

（4）被合并企业净资产、各单项资产和负债的账面价值和计税基础等相关资料。

（5）12 个月内不改变资产原来的实质性经营活动、原主要股东不转让所取得股权的承诺书。

（6）工商管理部门等有权机关登记的相关企业股权变更事项的证明材料。

（7）合并企业承继被合并企业相关所得税事项（包括尚未确认的资产损失、分期确认收入和尚未享受期满的税收优惠政策等）情况说明。

(8) 涉及可由合并企业弥补被合并企业亏损的,需要提供其合并日净资产公允价值证明材料及主管税务机关确认的亏损弥补情况说明。

(9) 重组当事各方一致选择特殊性税务处理并加盖当事各方公章的证明资料。

(10) 涉及非货币性资产支付的,应提供非货币性资产评估报告或其他公允价值证明。

(11) 重组前连续12个月内有无与该重组相关的其他股权、资产交易,与该重组是否构成分步交易、是否作为一项企业重组业务进行处理情况的说明。

(12) 按会计准则规定当期应确认资产(股权)转让损益的,应提供按税法规定核算的资产(股权)计税基础与按会计准则规定核算的相关资产(股权)账面价值的暂时性差异专项说明。

4. 特殊性税务处理的追溯调整

财税〔2009〕59号文第五条第五项规定,"企业重组中取得股权支付的原主要股东,在重组后连续12个月内,不得转让所取得的股权"。国家税务总局公告2010年第4号第二十条规定,"《通知》第五条第(五)项规定的原主要股东,是指原持有转让企业或被收购企业20%以上股权的股东"。据此,企业合并完成后,如果原持有被合并企业20%以上股权的主要股东,在重组后连续12个月内转让了所持有合并企业的股权,该项重组不能适用特殊性税务处理。已经适用特殊性税务处理递延纳税的,应当补缴递延的税款。

【例5-51】 甲公司吸收合并乙公司,合并后乙公司解散。乙公司资产的公允价值16 000万元,计税基础15 000万元。甲公司通过定向增发,以本公司股票给乙公司的股东A公司支付合并对价,股票公允价值16 000万元。A公司持有乙公司股份的公允价值16 000万元,计税基础为11 000万元。本项业务所得税选择特殊性税务处理。

该项业务选择特殊性税务处理,乙公司不确认清算所得。A公司注销的乙公司股权,不确认股权转让所得;取得的甲公司股权,以原持有乙公司股权的计税基础11 000万元作为计税基础。甲公司取得的合并资产,以该资产的原计税基础15 000万元作为计税基础。

在合并后的连续12个月内,如果A公司转让了甲公司股权,该项企业合并不再适用特殊性税务处理,交易各方对企业合并环节的所得税应当追溯调整。乙公司确认清算所得1 000万元,其纳税义务由甲公司承继。A公司确认股权转让所得5 000万元,取得的甲公司股权,以公允价值16 000万元作为计税基础。甲公司取得的合并资产,以公允价值16 000万元作为计税基础。

(三) 企业合并所得税申报中的税会差异

企业合并无论是选择一般性税务处理还是特殊性税务处理,所得税申报时都有可能存在税会差异的调整问题。企业合并的税会差异主要包括五个方面:一是会计与税法由于资产的确认标准不同形成的税会差异(如确认商誉),二是会计核算确认的资产入账价值与税法确认的资产计税基础不同形成的税会差异(如融资租入固定资产),三是会计核算和税法对资产后续计量不同形成的税会差异(如计提折旧),四是会计处理计提资产减值准备形成的税会差异,五是企业合并适用特殊性税务处理形成的税会差异。

(四) 企业合并所得税申报表存在的问题

企业合并如果选择特殊性税务处理,企业所得税申报存在以下几个方面的问题:一是

《企业清算所得税申报表》未考虑因企业合并而注销的企业，如果选择特殊性税务处理，如何进行所得税申报。二是《企业重组所得税特殊性税务处理报告表（企业合并）》只考虑了存在非股权支付情况下被合并企业应税所得的确认，未考虑合并企业以及被合并企业股东应税所得的确认。三是《企业重组所得税特殊性税务处理报告表（企业合并）》无填表说明，对存在非股权支付情况下合并企业如何确认资产计税基础等问题未作说明。四是未说明《企业重组所得税特殊性税务处理报告表（企业合并）》与《企业所得税年度纳税申报表（A类）》之间的逻辑关系。

七、企业合并的所得税管理

企业合并的所得税管理，主要包括企业合并日的确定，企业合并的申报管理，企业合并的资料管理，企业合并的后续管理等事项。

（一）企业合并日的确定

企业合并日是指合并各方确认合并所得的日期，合并所得在企业合并日所在年度申报纳税。国家税务总局2015第48号公告第三条规定，企业合并，以合并合同（协议）生效、当事各方已进行会计处理且完成工商新设登记或变更登记日为重组日。按规定不需要办理工商新设或变更登记的合并，以合并合同（协议）生效且当事各方已进行会计处理的日期为重组日。

（二）企业合并的资料管理

国家税务总局公告2010年第4号第十三条规定，企业合并适用一般性税务处理的，应按照财税〔2009〕60号文件的规定进行清算。被合并企业在报送《企业清算所得纳税申报表》时，应附送以下资料：①企业合并的工商部门或其他政府部门的批准文件。②企业全部资产和负债的计税基础以及评估机构出具的资产评估报告。③企业债务处理或归属情况说明。④主管税务机关要求提供的其他资料证明。

国家税务总局公告2015年第48号规定，企业合并适用特殊性税务处理的，企业所得税申报时应当报送与特殊性税务处理相关的资料。报送的具体资料见本节企业合并的所得税申报。

（三）企业合并所得税的后续管理

企业合并所得税的后续管理主要包括：①选择特殊性税务处理的企业合并，被合并企业未享受完的税收优惠，合并企业是否在税法规定的时间内享受，减免的所得额是否符合税法规定。②选择特殊性税务处理的企业合并，被合并企业未弥补的亏损，合并企业是否在税法规定的时间内弥补，弥补亏损额是否符合税法规定。③选择特殊性税务处理的企业合并，被合并企业未确认的损失和收入，合并企业是否按照税法规定予以确认，有无多确认损失或少确认收入的问题。④在企业合并过程中，各方当事人的会计处理与所得税处理不同形成的税会时间性差异，有无在重组后按照税法规定作纳税调整，特别是在企业合并后应当调整增加应纳税所得额的税会差异。

八、企业合并所得税处理的注意事项

企业合并业务的所得税处理，应当注意以下八个问题。

（一）关于企业合并业务的认定

一项业务，只有将其认定为企业合并，才能按照企业合并的相关规定进行相应的所得税处理。与企业合并相近的概念有资产收购、业务合并、控股合并、收回投资等。企业合并与资产收购、业务合并、控股合并、收回投资的区别，见本章第一节中企业合并业务的认定。

（二）关于企业重组方式的确定

企业的重组方式，有单一重组，如单一的企业合并。也有分步重组，如先做股权收购，再做企业合并。企业的重组行为，将其认定为若干个独立的重组行为还是一项重组分步实施，适用的所得税政策不同，相应的所得税待遇也不同。

【例 5-52】 甲公司持有丙公司 100%的股权，持有丁公司 79%的股权；乙公司持有丁公司 21%的股权。丙公司向甲公司、乙公司定向增发股份，收购甲公司、乙公司持有的丁公司 79%、21%的股权。收购后丙公司持有丁公司 100%的股权，甲公司对丙公司的持股比例稀释到 95%，乙公司持有丙公司股权的比例为 5%。最后丙公司吸收合并丁公司，丁公司注销。

该项业务，如果将股权收购和企业合并定性为两个独立的企业重组行为，必须间隔 12 个月以上才能适用特殊性税务处理。如果将股权收购和企业合并定性为一项重组分步实施，在连续 12 个月内完成可适用特殊性税务处理。

对于单一重组和分步重组的认定，财税〔2009〕59 号文及配套文件无具体规定。在征管实务中，可以根据交易的意图和业务安排来认定。如果企业重组在业务规划上是为了一个交易目的而统一安排、分步实施，应当将其认定为分步重组，按照分步重组进行所得税处理。否则，应当按照若干个独立的重组业务进行相应的税务处理。

（三）关于合并企业合并资产的确认

企业合并，合并企业取得的合并资产，首先面临的是资产的确认问题，即合并企业取得的是哪一类资产。一般情况下，有形资产的确认问题不大，但无形资产的确认可能会存在一定的问题。如，合并企业取得被合并企业的客户名单、销售信息、经营权益能否确认为资产？如果确认，属于哪一类资产？如何计量？关于资产的确认，税法无具体规定，实务中可参考《企业会计准则》的相关规定。

（四）关于企业合并中商誉的确认

企业合并通常构成业务收购，理论上存在商誉的确认问题。企业合并如果确认商誉，可辨认资产的计税基础就低，重组后的成本费用就小；如果不确认商誉，可辨认资产的计税基础就高，重组后的成本费用就大。企业合并是否确认商誉，财税〔2009〕59 号文及配套文件无具体规定。实务中，企业合并是否确认商誉，除了要考虑税法规定外，还要充分考虑主管税务机关对企业合并的所得税管理口径。如果确认商誉，可参照《企业会计准则》的相关规定进行处理。

（五）关于合并对价的确定

企业合并，交易价格的确定往往取决于被合并企业净资产估值的高低。被合并企业净资产估值高，交易价格就高；净资产估值低，交易价格就低。被合并企业净资产估值的高低，很大程度上取决于估值方法的确定，估值方法不同，估值的结果就不同，相应的税务处理结果也可能不同。对于企业重组当事人而言，应当尽可能选择有利于己方的资产评估方法。

(六) 关于单项资产计税基础的确定

合并企业取得的合并资产，应当确定各单项资产的计税基础。企业合并的实质是业务的合并，企业合并的对价总额，不一定是各单项资产公允价值的加总金额。财税〔2009〕59号文及配套文件并未规定各单项资产计税基础，是按照各单项资产的公允价值确认，还是将合并成本分摊给各单项资产确认。单项资产计税基础的确认结果不同，将影响各单项资产的后续计量，进而影响重组后企业成本费用的确定。

(七) 关于特殊性税务处理的认定

企业合并，只有符合税法规定的特殊性税务处理条件，才能适用特殊性税务处理。税法规定的特殊性税务处理条件，有些比较明晰，如股权支付额占交易总额的比例不低于85%。有些条件则比较模糊，如重组后不改变原有资产的经营活动。在税收实务中，大部分特殊性税务处理条件的认定不能一概而论，只能具体问题具体分析。

(八) 关于被合并企业税收权益的延续问题

企业合并选择特殊性税务处理，被合并企业的税收权益延续。所谓税收权益延续，是指被合并企业未弥补的亏损由合并企业继续弥补，被合并企业未享受完的税收优惠由合并企业继续享受，被合并企业未扣除的资产损失由合并企业继续扣除，被合并企业未确认的收入由合并企业继续确认。税收权益的延续在合并前影响合并对价的确定，合并后影响合并企业的税收负担。

第四节　企业合并的税收安排

一、影响企业合并税收的因素

影响企业合并税收的因素主要包括合并目的的确定、合并方式的选择、合并资产的确认、合并交易价格的确定、合并资产计税基础的确定、企业合并税收待遇的选择、企业合并所得税的后续管理等。重组当事人要降低企业合并中的涉税风险，就应当在有关企业重组的会议纪要、合并协议、资产评估报告、财务处理等方面充分反映上述合并要素的真实性、合法性、合理性。

二、企业合并交易目的的确定

企业合并，只有具有合理商业目的，才能适用特殊性税务处理，实现递延纳税。但合理商业目的的判断具有高度的主观性，一项业务安排，在一个人看来具有合理商业目的，但在另一个人看来可能不具有合理商业目的。如果重组当事人在有关企业重组的会议纪要等文件中不能体现出企业合并的合理性，将面临比较高的涉税风险。

三、企业合并交易方式的选择

企业重组的方式不同，相应的税收待遇不同。如果重组当事人拟将企业重组安排为享受特殊性税务处理规定的重组方式，享受递延纳税待遇，或拟将税负转嫁给他人，降低税收负担，就应当合理安排重组要素，将企业重组安排为可享受特殊重组的重组方式。而重组要素的合理安排，应当通过重组的会议纪要、合并协议等资料体现出来。

四、企业合并中商誉的确认

企业合并通常构成业务合并，理论上存在商誉的确认问题。就合并企业而言，一般情况下，不确认商誉对企业有利，确认商誉对企业不利。因为确认商誉，意味着可辨认资产计税基础的降低，资产后续计量时的成本费用就要减少。只有在需要降低资产负债率、提高每股收购等特殊情况时，才有可能需要确认商誉。所以，企业在设计重组方案时，是否需要确认商誉，要视具体情况而定。

五、企业合并交易价格的确定

企业合并交易价格的确定，影响被合并企业清算所得的计算、合并企业资产计税基础的确定以及被合并企业股东股权转让所得的计算。重组当事人在确定企业合并交易价格时，应当充分考虑关联关系、资产的估价方法、递延纳税、税负转嫁等因素对企业合并交易价格的影响。无论是合并企业、被合并企业还是被合并企业的股东，都应当尽可能选择有利于己方的税收安排，尽可能谋求合作共赢。

六、合并资产计税基础的确定

企业合并，在合并交易总额一定的情况下，合并方应当合理确定各单项资产的计税基础。以固定资产为例，由于不同类型的固定资产，企业所得税税前扣除折旧费的最短折旧年限不同，所以企业在需要提高每股收益时，应当提高房屋建筑物类固定资产的占比；在需要成本费用抵减税负时，应当提高机器设备类固定资产的占比。资产计税基础的确定，应当在税法允许的范围内合理安排。

七、企业合并税收待遇的选择

企业合并适用一般性税务处理当期纳税，不存在税负转嫁的问题。选择特殊性税务处理既存在递延纳税的问题，也存在税负转嫁的问题。对于重组当事人而言，应当尽可能追求递延纳税而避免当期纳税，应当尽可能将税负转嫁给他人的同时避免他人将税负转嫁给自己。所以重组当事人在选择企业合并的税收待遇时，应当根据具体情况审慎决策。

八、企业合并所得税的后续管理

企业合并所得税的后续管理包括企业合并过程中形成的税会差异是否按照税法规定进行了纳税调整；企业合并适用特殊性税务处理后，如果由于重组当事人转让股权等原因导致重组不再符合特殊性税务处理条件时,有无按照税法规定对重组税款作追溯调整。如果重组当事人怠于重组事项的后续管理,就会面临比较大的涉税风险。

第五节 企业合并案例分析——同一控制下企业合并税收筹划

企业合并是企业重组的方式之一。企业合并如果选择特殊性税务处理,各方当事人的企业所得税存在递延纳税或税负转嫁的问题。收回投资不属于企业重组,收回投资投资方只能在收回投资当期纳税。但是在税收实务中,纳税人和税务机关往往混淆企业合并与收回投资的界限,将收回投资当作企业合并处理。本文以Z公司的企业合并税收筹划案例为研究对象,分析在企业合并过程中如何合理安排业务模式,才能做到趋利避害,有效防范税收风险。

一、企业合并税收筹划案例介绍

(一) 筹划背景

Z公司持有A1公司100%的股份,持有A2公司100%的股份。A1公司持有B1公司100%的股份,A2公司持有B2公司100%的股份。A1公司、A2公司、B1公司、B2公司的经营范围基本相同,其主营业务包括通信工程施工及维护,通讯智能网络工程,通讯勘察、设计、监理等业务。Z公司基于公司发展战略的需要,拟将B1公司的业务、人员以及资产并入B2公司,B1公司解散。合并前企业的股权架构如图5-1所示。

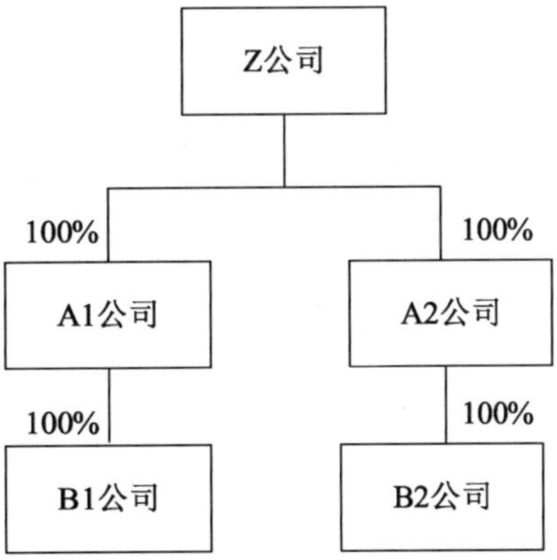

图5-1 合并前的股权架构

(二) 筹划方案

方案1:吸收合并。由Z公司统一安排,将B1公司无偿并入B2公司,B1公司解散。①资产。交割日,将B1公司所有资产、负债全部划转至B2公司。②人员。按照"人随事走"的原则，将 B1 公司划转业务所涉及的人员整建制划转至 B2 公司。吸收合并的股权架构如图 5-2 所示。

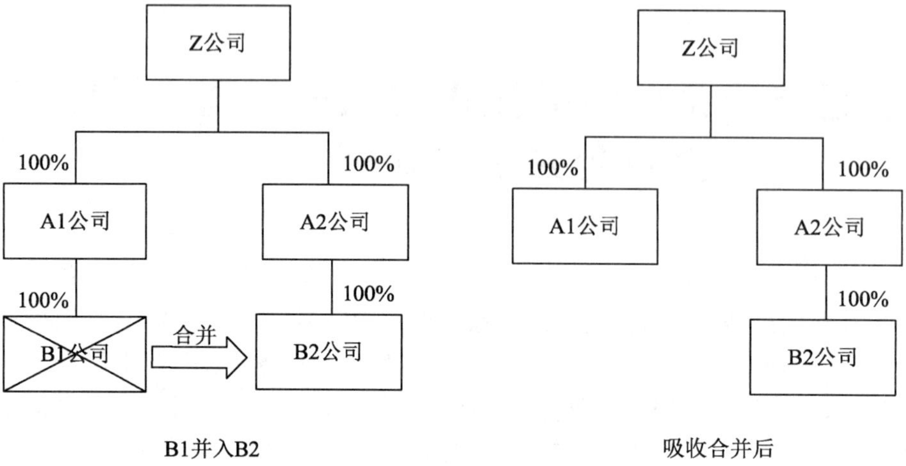

图 5-2 吸收合并的股权架构

方案 2：分步重组。先将 B1 公司的股权无偿划入 B2 公司，将 B1 公司的人员并入 A1 公司。A1 公司、B1 公司采取一套人马、两块牌子的方式，以 A1 公司的名义对外经营。一年后再将 B1 公司并入 B2 公司，B1 公司解散。①资产。股权交割日后，所有资产、负债全部保留在原 B1 公司，一年后将 B1 公司并入 B2 公司。合并前，B1 公司资产由 A1 公司视情况租用。②人员。按照"人随事走"的原则，股权交割日，将 B1 公司的人员整建制划转至 A1 公司。分步重组股权结构如图 5-3、图 5-4 所示。

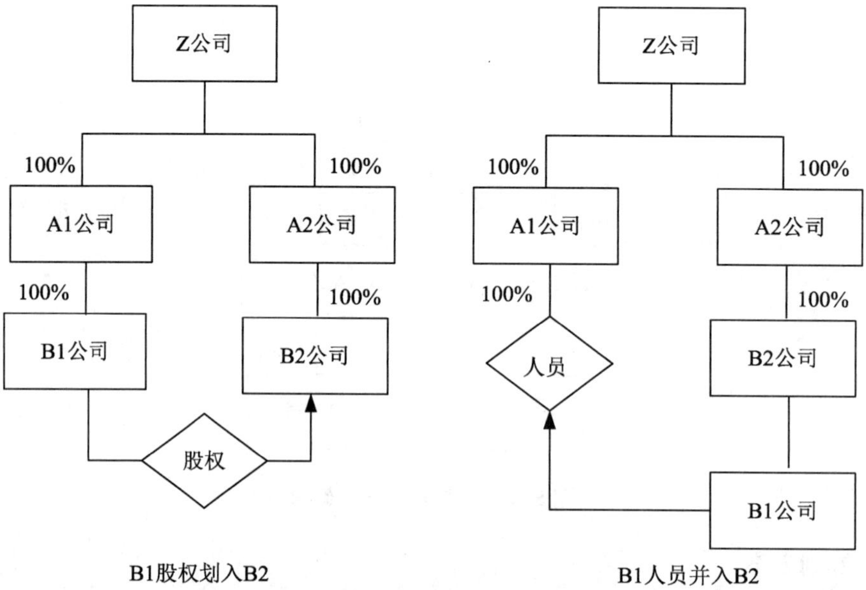

图 5-3 股权划转的股权架构

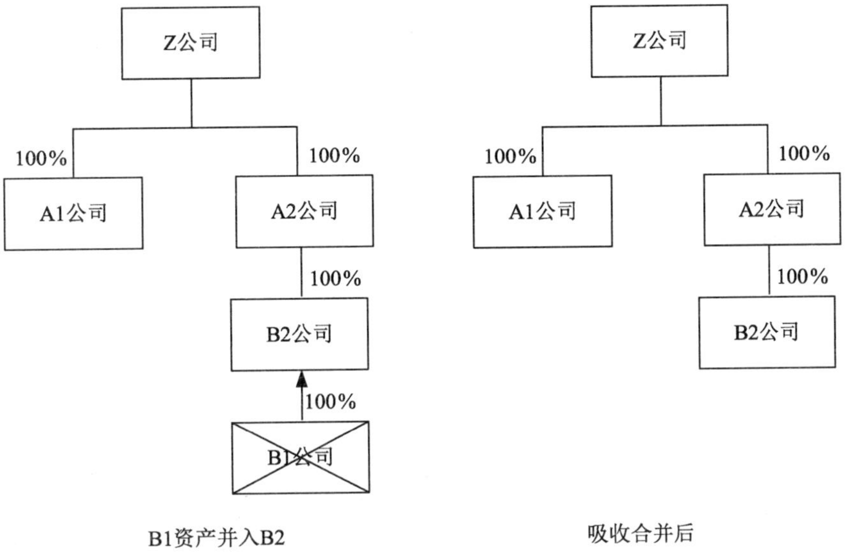

图 5-4　吸收合并的股权架构

（三）税务处理

上述企业合并是在重组各方的实际控制人 Z 公司统一安排下进行的，属于同一控制下无须支付对价的企业合并。方案 1 属于单一重组——吸收合并，Z 公司的意图是对合并业务按照特殊重组进行企业所得税处理（以下简称所得税处理），在合并环节不确认应税所得。方案 2 属于分步重组，包括股权划转和吸收合并两个环节。Z 公司意图在这两个环节都按照特殊重组进行所得税处理，不确认应税所得。Z 公司需要解决的问题是这两种方案是否可行？哪种方案税收负担轻？涉税风险低？

二、企业合并业务的所得税处理

（一）企业合并业务的认定

按照《财政部　国家税务总局关于企业重组业务企业所得税处理若干问题的通知》（财税〔2009〕59 号）的表述，企业合并是指一家或多家企业（以下称为被合并企业）将其全部资产和负债转让给另一家现存或新设企业（以下称为合并企业），被合并企业股东换取合并企业的股权或非股权支付，实现两个或两个以上企业的依法合并。

在税收征管实务中，无论是税务机关还是纳税人，经常将企业合并和收回投资混淆，把收回投资当作企业合并处理。企业合并和收回投资的主要区别是：①企业合并涉及合并方、被合并方、被合并方股东三方当事人，收回投资涉及投资方和被投资方两方当事人。②企业合并，合并方的资产、负债均要增加，如果合并对价以合并方的股权支付，所有者权益也要增加。而收回投资，投资方收回资产时固定资产等增加，长期股权投资减少，但负债和所有者权益通常不变。③企业合并，合并方承继被合并方的债权、债务。收回投资，被投资方清算时要清理其债权、债务，被投资方的债权、债务与投资方无关。同一控制下企业合并与收回投资的区别如图 5-5、图 5-6 所示。

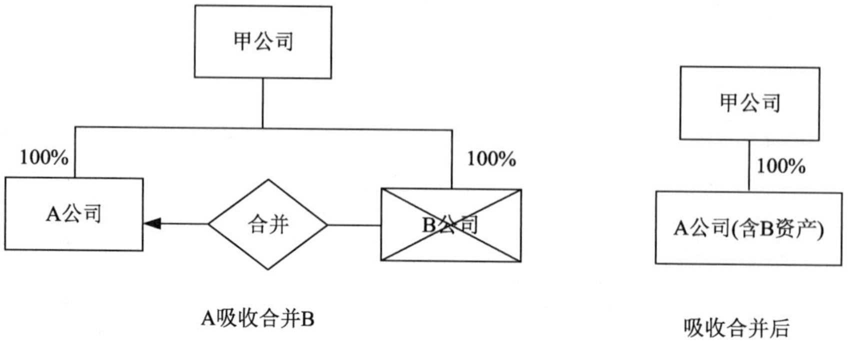

图 5-5　企业合并

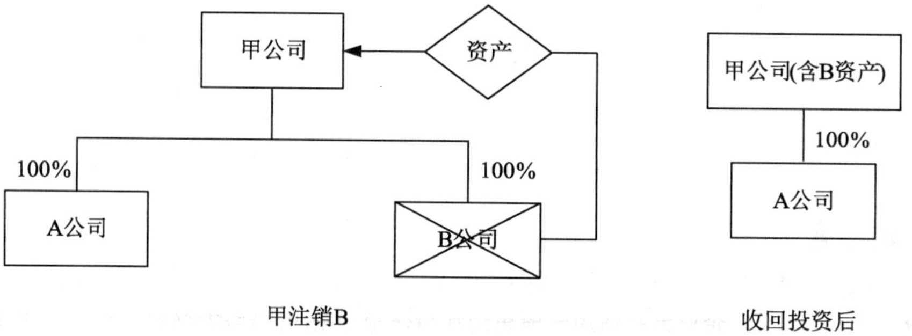

图 5-6　收回投资

需要说明的是，按照财税〔2009〕59 号文对企业合并的定义，企业合并时“被合并企业股东要换取合并企业的股权或非股权支付”。据此判断，图 5-6 属于收回投资，不属于企业合并，因为 B 公司的股东甲公司收回的是 B 公司的剩余财产，没有取得合并方支付的合并对价。或者说，在这项业务中不存在合并方给被合并方股东支付合并对价的问题，因为合并方与被合并方的股东是同一主体。不过也有观点认为，图 5-6 中，如果 B 公司解散时清理了债权、债务，甲公司收回的是 B 公司的剩余财产，属于收回投资。但是如果 B 公司解散时其债权、债务由甲公司承继，甲公司收回的是 B 公司的全部资产、人员，也属于企业合并。笔者认同第二种观点，因为企业合并的实质是业务合并，只要构成业务合并，应当按照企业合并处理。

（二）企业合并业务的所得税处理

按照财税〔2009〕59 号文的规定，企业合并业务的所得税处理，分为一般性税务处理和特殊性税务处理两种类型。

企业合并适用一般性税务处理，各方当事人的所得税事项包括：①被合并方按照清算进行所得税处理，被合并资产、负债公允价值与计税基础之间的差额，确认为清算所得或损失。②合并方取得的合并资产、负债，以公允价值作为计税基础。③被合并方股东按照清算进行所得税处理，注销的被合并企业股权，确认股权转让所得或损失。取得的合并对价如果是非货币性资产，以公允价值作为计税基础。

企业合并适用特殊性税务处理，如果是吸收合并且合并对价全部以股权支付，各方当事人的所得税事项包括：①被合并方被合并的资产、负债，其公允价值与计税基础之间的差额，不确认清算所得或损失。②合并方取得的合并资产、负债，以该项资产或负债的原计税基础作为计税基础。③被合并方股东注销的被合并企业股权，不确认股权转让所得。取得的合并企业股权，以原持有被合并企业股权的计税基础作为计税基础。

企业合并适用特殊性税务处理，应当符合财税〔2009〕59号文所规定的条件，其中条件之一是同一控制下且不需要支付对价的企业合并，可以适用特殊性税务处理。

（三）企业合并特殊性税务处理的实质

企业合并适用特殊性税务处理，对于被合并方的股东而言，属于递延纳税——将本应在合并当期缴纳的税收，通过税基替换，递延至合并后转让合并企业股权时缴纳。对于被合并方和合并方而言，存在税负转嫁——将本应由被合并方在合并当期缴纳的税收，通过税基转移，转嫁给合并方，由合并方在合并后缴纳。关于企业合并过程中的递延纳税和税负转嫁问题，我们举例说明如下：

A公司吸收合并B公司，B公司被合并资产的公允价值10 000万元，计税基础6 000万元。A公司通过定向增发，以公允价值10 000万元的本公司股票给B公司的股东甲公司支付合并对价，甲公司持有B公司股权的计税基础8 000万元。合并完成的12个月后，A公司以12 000万元的价格转让合并中取得B公司的资产，甲公司以13 000万元的价格转让A公司股权。该项企业合并业务适用一般性税务处理和适用特殊性税务处理，税收负担比较如表5-9所示。

表5-9　企业合并适用一般重组和特殊重组税收负担的比较　单位：万元

重组当事人	期间	一般重组应税所得	特殊重组应税所得	税负比较
合并方（A公司）	合并当期	0	0	0
	合并以后	12 000 − 10 000 = 2 000	12 000 − 6 000 = 6 000	6 000 − 2 000 = 4 000
被合并方（B公司）	合并当期	10 000 − 6 000 = 4 000	0	0 − 4 000 = −4 000
	合并以后	0	0	0
被合并方股东（甲公司）	合并当期	10 000 − 8 000 = 2 000	0	0 − 2 000 = −2 000
	合并以后	13 000 − 10 000 = 3 000	13 000 − 8 000 = 5 000	5 000 − 3 000 = 2 000
应税所得合计		11 000	11 000	11 000 − 11 000 = 0

说明：选择一般重组，A公司取得B公司资产，甲公司取得A公司股权，均以公允价值（10 000万元）作为计税基础。选择特殊重组，A公司取得B公司资产，以该资产的原计税基础（6 000万元）作为计税基础；甲公司取得A公司股权，以原持有B公司股权的计税基础（8 000万元）作为计税基础。

从表5-9可以看出，该项企业合并业务选择特殊性税务处理，B公司将其在合并当期应确认的清算所得4 000万元，以税基转移的方式转嫁给A公司，由A公司在合并后确认，存在税负转嫁的问题。甲公司将其在合并当期应确认的股权转让所得2 000万元，以税基替换的方式递延到合并后，在转让A公司股权时确认，存在递延纳税的问题。

三、股权划转业务的所得税处理

（一）股权划转业务的认定

《财政部 国家税务总局关于促进企业重组有关企业所得税处理问题的通知》（财税

〔2014〕109号)及其配套文件《国家税务总局关于资产(股权)划转企业所得税征管问题的公告》(国家税务总局公告2015年第40号),只是规定了股权划转如何进行所得税处理,但是并没有对股权划转给出一个清晰而明确的定义。一般理解,股权划转是指企业集团的实际控制人将一个企业的股权划转给另外一个企业。股权划转具有无偿性,通常股权的划入方无须给划出方支付对价。

(二)股权划转业务的所得税处理

财税〔2014〕109号文规定,对100%直接控制的居民企业之间,以及受同一或相同多家居民企业100%直接控制的居民企业之间按账面净值划转股权或资产,凡符合税法规定条件的,可以选择特殊性税务处理。所得税事项包括:①划出方企业和划入方企业均不确认所得。②划入方企业取得被划转股权或资产的计税基础,以被划转股权或资产的原账面净值确定。③划入方企业取得的被划转资产,应按其原账面净值计算折旧扣除。

股权划转如果不符合特殊性税务处理条件,划出方和划入方如何进行所得税处理,财税〔2014〕109号文及国家税务总局公告2015年第40号均无具体规定。依据企业所得税的相关规定分析,不符合特殊性税务处理条件的股权划转,所得税处理应当分两种情形:①无偿划转。如母公司将其持有A公司股权无偿划转给非全资子公司,划出方应当按照视同销售确认应税所得,划入方应当按照接受捐赠确认捐赠收入,同时以公允价值作为划入股权的计税基础。②有偿划转。如母公司将其持有A公司股权划转给非全资子公司,取得非全资子公司股权。划出方应当按照以股权对子公司投资处理,确认股权转让所得,划入方应当按照接受投资处理,以公允价值作为划入股权的计税基础。

(三)股权划转特殊性税务处理的实质

股权划转适用特殊性税务处理,如果是无偿划转,不存在重复纳税或双重不纳税的问题。但如果是有偿划转(划出方取得了划入方的股权),当划出股权的公允价值高于计税基础时,存在重复纳税的问题。当划出股权的公允价值低于计税基础时,存在双重不纳税的问题。我们举例说明如下:

A公司持有甲公司股权,公允价值10 000万元,计税基础6 000万元。A公司将持有甲公司股权划转给全资子公司B公司,取得公允价值10 000万元的B公司股权。股权划转完成后,B公司以12 000万元的价格转让甲公司股权,A公司以13 000万元的价格转让B公司股权。该项股权划转适用一般性税务处理和适用特殊性税务处理,税收负担比较如表5-10所示。

表5-10　股权划转适用一般重组和特殊重组税收负担的比较　单位:万元

重组当事人	期间	一般重组应税所得	特殊重组应税所得	税负比较
划出方(A公司)	划转当期	10 000 - 6 000 = 4 000	0	0 - 4 000 = -4 000
	划转以后	13 000 - 10 000 = 3 000	13 000 - 6 000 = 7 000	7 000 - 3 000 = 4 000
划入方(B公司)	划转当期	0	0	0
	划转以后	12 000 - 10 000 = 2 000	12 000 - 6 000 = 6 000	6 000 - 2 000 = 4 000
应税所得合计		9 000	13 000	13 000 - 9 000 = 4 000

说明:选择一般重组,A公司取得B公司股权、B公司取得甲公司股权,均以公允价值(10 000万元)作为计税基础。选择特殊重组,A公司取得B公司股权,以原持有甲公司股权的计税基础(6 000万元)作为计税基础;B公司取得甲公司股权,以甲公司股权的原计税基础(6 000万元)作为计税基础。

从表 5-10 可以看出，该项股权划转业务，适用一般性税务处理，A 公司和 B 公司在股权划转当期和划转以后，累计确认的应税所得为 9 000 万元。适用特殊性税务处理，A 公司和 B 公司在股权划转当期和划转以后，累计确认的应税所得为 13 000 万元。选择特殊性税务处理，应税所得增加 4 000 万元，存在重复纳税的问题。

本例中，如果划转股权的公允价值低于计税基础，选择特殊性税务处理，就会存在双重不纳税的问题，对此我们不再举例说明。

四、企业合并税收筹划案例分析

本文前述案例，Z 公司基于企业发展战略的需要，拟将 B1 公司并入 B2 公司，B1 公司解散。该项企业合并业务，涉及增值税、土地增值税、企业所得税、印花税、契税等诸多税种，在此我们仅分析两种不同筹划方案下的企业所得税负担。

（一）吸收合并的所得税处理

方案 1 是单一的吸收合并，由 Z 公司统一安排，将 B1 公司的资产、人员无偿并入 B2 公司，B1 公司解散。该项业务属于同一控制下无须支付对价的企业合并，如果符合特殊性税务处理的其他条件，各方当事人可以选择特殊性税务处理。如果选择特殊性税务处理，被合并方 B1 公司在合并当期不确认清算所得，合并方 B2 公司取得的合并资产，以该资产的原计税基础作为计税基础。被合并方的股东 A1 公司注销的 B1 公司股权，计税基础不能在合并当期税前扣除。

如前所述，该项企业合并业务，对于合并方 B2 公司和被合并方 B1 公司而言，存在税负转嫁问题，B1 公司将其应当在清算环节缴纳的税收转嫁给 B2 公司，由 B2 公司在合并后缴纳。但是因为该项业务是同一控制下无须支付对价的企业合并，这种税负转嫁不会增加企业集团的整体税收负担，而且将本应由 B1 公司在合并当期缴纳的税收由 B2 公司在合并后缴纳，就企业集团整体而言，实现了递延纳税，享受了资金的时间价值。但是对于被合并方的股东 A1 公司而言，其持有 B1 公司股权的计税基础最终如何在税前扣除，财税〔2009〕59 号文并无具体规定。如果不允许 A1 公司税前扣除其持有 B1 公司股权的计税基础，企业合并选择特殊性税务处理反而加重了企业集团的整体税收负担，这与鼓励企业重组的政策初衷相悖。解决这个问题的方法是允许 A2 公司将 A1 公司持有 B1 公司股权的计税基础，调增到 A2 公司持有 B2 公司股权的计税基础上，让 A2 公司在处置 B2 公司股权时税前扣除，但这需要在税收立法层面有所突破。

（二）分步重组的所得税处理

方案 2 属于分步重组，先将 B1 公司的股权无偿划入 B2 公司，将 B1 公司的人员并入 A1 公司，一年后再将 B1 公司并入 B2 公司，B1 公司解散。该方案的企业所得税处理分为股权划转和吸收合并两个环节。

1. 股权划转环节的所得税处理

在 Z 公司的统一安排下，A1 公司将持有 B1 公司的股权无偿划入 B2 公司，目的在于适用特殊性税务处理，A1 公司不确认股权转让所得，B2 公司取得的 B1 公司股权，以 A1 公司持有 B1 公司股权的计税基础作为计税基础。但是按照财税〔2014〕109 号文的规定，股权划转适用特殊性税务处理的条件之一是“100%直接控制的居民企业之间，按账面净值划转股权或资产”。本例中，A1 公司将持有的 B1 公司股权划转给 B2 公司，股权划出方 A1 公司和划入方 B2 公司并非“100%直接控制的居民企业”，只是属于同一企业集团内的不同成员企业。因此本案中的股权划转，不能适用特殊性税务处理，A1 公司应当按照视同销售确认应税所得，B1 公司应当按照接受捐赠确认捐赠收入。

需要强调的是，本案中，如果 A1 公司将持有 B1 公司的股权直接转让给 B2 公司，或者 A1 公司将持有 B1 公司的股权作为投资投入 B2 公司，A1 公司应当确认股权转让所得，但是 B2 公司只确认接受股权的计税基础，不存在确认应税所得的问题。可是如果 A1 公司将持有 B1 公司的股权无偿划转给 B2 公司，A1 公司视同销售确认应税所得，B2 公司按照接受捐赠确认捐赠收入，如此操作，税收负担不是减少而是增加了。所以，企业在安排类似业务时，应当尽可能避免将业务安排成捐赠，规避由此产生的双向纳税问题。

2. 吸收合并环节的所得税处理

股权划转一年后，B2 公司解散 B1 公司，收回 B1 公司的资产，目的在于适用特殊性税务处理，B1 公司不确认清算所得，B2 公司取得的资产，以该资产的原计税基础作为计税基础。如此安排，理论上该环节的所得税处理有两种可能：①如果 B1 公司在解散注销时清理了债权、债务，B2 公司收回的仅是其剩余资产，该项业务属于收回投资，B1 公司应当按照企业清算确认清算所得或损失，B2 公司按照收回投资确认投资所得或损失。②如果 B1 公司在解散注销时未清理债权、债务，债权、债务由 B2 公司承继，且 B2 公司收回 B1 公司的资产构成业务，则本环节有可能被认定为企业合并，B1 公司不确认清算所得或损失，B2 公司取得的资产，以该资产的原计税基础作为计税基础。

但是需要说明的是，B2 公司解散注销 B1 公司，如果按照企业合并进行所得税处理，会产生如下问题：①如此安排业务，被合并方的股东与合并方为同一主体，企业不能自己给自己支付对价收购自己的资产，这在逻辑上会产生悖论。②在解散环节，B2 公司注销的 B1 公司股权，是否确认股权转让所得？如果确认，还能算特殊重组吗？如果不确认，何时确认？③如此安排业务，在征管环节，主管税务机关能否认可该项业务属于企业合并存在不确定性，对于重组当事人来说，要承担一定的税收征管风险。

3. 资产租用环节的所得税处理

选择分步重组，Z 公司对整个业务的安排是，股权划转后至吸收合并前，A1 公司、B1 公司采取一套人马、两块牌子的方式，以 A1 公司的名义对外经营，B1 公司的资产由 A1 公司视情况租用。如此安排业务，在资产租赁环节，B1 公司需要缴纳和租赁资产相关的各项税收，包括增值税、企业所得税、印花税、房产税等，税收负担非常沉重。

（三）两种筹划方案的比较

如果比较 Z 公司的以上两个筹划方案，择优选择，应当考虑的因素和适用的方法包括：①税收负担。选择方案 1，重组一步完成，如果适用特殊性税务处理，税收负担轻。选择方案 2，股权划转环节不能适用特殊性税务处理，税收负担重。②涉税风险。选择方案 1，重组一步完成，税收政策明确，涉税风险低。选择方案 2，重组分两步完成，且有些环节税收政策不明确，涉税风险高。③重组成本。选择方案 1，重组一步完成，重组成本低。选择方案 2，重组分两步完成，且持续时间超过一年，重组成本高。④不可控因素。选择方案 1，重组简单，不可控因素少。选择方案 2，重组复杂，不可控因素多。综合考虑各种因素，方案 1 要优于方案 2，Z 公司应当选择方案 1。

五、企业合并税收筹划的涉税风险

企业在安排合并业务时，应当充分考虑涉税风险。企业合并业务的涉税风险主要包括以下几个方面。

（一）关于企业合并业务的认定

企业合并属于企业重组，企业合并的所得税处理既有一般性税务处理——当期纳税，也有特殊性税务处理——递延纳税。收回投资不是企业重组，收回投资应当在收回投资当期纳税。但是在税收实务中，很多企业和中介机构混淆了两者的界限，把收回投资当作企业合并处理，并且主管税务机关也认可企业的这种做法。这既是企业和税务机关在企业重组问题认知上的错误，也使重组当事人的重组业务蕴含着潜在的税务风险。如果将来税务稽查或其他监管部门将此作为一个问题处理，企业就会面临现实的经济损失。

（二）关于企业合并中的特殊性税务处理

企业合并选择特殊性税务处理，对于合并方和被合并方而言，存在税负转嫁的问题，被合并方将其税收负担转嫁给合并方，由合并方承担。如果是非同一控制下的企业合并，税负转嫁会影响合并对价的确认，合并方应当要求被合并方的股东将转嫁的税负从合并对价中减除。如果是同一控制下无须支付对价的企业合并，被合并方股东持有被合并企业股权的计税基础如何在税前扣除，目前尚无明确规定。如果主管税务机关以税法无明确规定为由不同意这部分税收成本在税前扣除，企业合并适用特殊重组税收负担反而是增加的。

（三）关于股权划转中的重复纳税

股权划转，如果划转方取得了被划转方的股权，且该项股权划转适用特殊性税务处理，当划转股权的公允价值高于计税基础时，存在重复纳税的问题。当划转股权的公允价值低于计税基础时，存在双重不纳税的问题。另外，无偿划转股权，如果不符合特殊性税务处理条件，划出方按照视同销售确认应税所得，划入方按照接受捐赠确认捐赠收入，同样会形成重复纳税。重组当事人在安排重组业务时，应当尽可能避免重复纳税而谋求双重不纳税。

（四）关于企业重组中的征管风险

企业重组业务的所得税处理，由于税收政策的不完善以及税务机关和纳税人在税收政策理解上存在的差异，不可避免地会给纳税人带来税收征管风险。如，纳税人和税务机关在企业合并业务的定性上存在不同的看法，对企业重组是否具有合理商业目的存在不同的看法，对企业重组属于一项重组分步实施还是属于两个有相互联系的独立重组存在不同看法等，这些不确定性都会加大纳税人的涉税风险。所以，企业在安排重组业务时，除了要考虑业务安排是否符合税收法律法规外，还要考虑是否与主管税务机关的征管习惯一致。

综上所述，企业合并如果适用特殊性税务处理，存在递延纳税和税负转嫁的问题。收回投资不属于企业合并，收回投资只能当期纳税或分期纳税，一般不能递延纳税。企业合并和收回投资的本质区别是，企业合并是合并方对被合并方业务的合并，收回投资是投资方收回被投资的剩余资产。企业合并以股权划转为前置条件的，股权划转要适用特殊性税务处理，应当符合税法规定的条件，否则对划出方和划入方要按照捐赠和接受捐赠进行所得税处理。企业在安排重组业务时，应当尽可能将税收负担转嫁给他人，同时避免他人将税收负担转嫁给自己，应当尽可能避免重复纳税而谋求双重不纳税。

主要参考文献：

[1] 财政部会计司编写组.企业会计准则讲解 2010[M].北京：人民出版社，2010.
[2] 李晓光. 企业清算会计与所得税业务处理分析[J].注册税务师，2016(5).
[3] 禾兑笔记. 收购“单一资产实体”是否构成业务合并[EB]. 网络文章.2020(2).
[4] 刘群飞.ABC 集团有限公司并购流程优化设计与应用[D].长沙：中南大学.2014.
[5] 陈斌才.同一控制下企业合并税收筹划案例分析[J].财务与会计，2020(13).
[6] 财政部. 企业会计准则第 4 号——固定资产.2006.
[7] 财政部. 企业会计准则第 7 号——非货币性资产交换.2019.
[8] 财政部. 企业会计准则第 20 号——企业合并.2006.
[9] 财政部 国家税务总局.关于企业重组业务企业所得税处理若干问题的通知.2009.

第六章 企业分立业务的所得税处理

第一节 企业分立概述

一、企业分立的定义

(一) 民商法的定义

目前,《企业会计准则》尚无企业分立业务的相关会计处理规定。《对外经济贸易合作部 国家工商行政管理局关于外商投资企业合并与分立的规定》(外经贸法发〔1999〕第395号)对企业分立的定义是,企业分立是指一个公司依照公司法有关规定,通过公司最高权力机构决议分成两个以上的公司。

(二) 企业所得税法的定义

《财政部 国家税务总局关于企业重组业务企业所得税处理若干问题的通知》(财税〔2009〕59号)对企业分立的定义是,企业分立是指一家企业(以下称为被分立企业)将部分或全部资产分离转让给现存或新设的企业(以下称为分立企业),被分立企业股东换取分立企业的股权或非股权支付,实现企业的依法分立。

二、企业分立的类型

(一) 民商法的分类

《国家工商行政管理总局关于做好公司合并分立登记支持企业兼并重组的意见》(工商企字〔2011〕226号)规定,公司分立可以采取两种形式:一种是存续分立,指一个公司分出一个或者一个以上新公司,原公司存续;另一种是解散分立,指一个公司分为两个或者两个以上的新公司,原公司解散。

(二) 企业所得税法的分类

财税〔2009〕59号文只从税收角度定义了企业分立,未对企业分立进行分类。税收实务中,企业分立的类型和民商法的规定基本一致。税收实务中的企业分立也分为两类:一类是存续分立,也称派生分立,分立后被分立企业存续;另一类是新设分立,也称解散分立,分立后被分立企业解散。

【例6-1】 龙脊温泉公司主要经营桂林市龙胜县矮岭温泉景区业务和龙脊梯田景区业务。桂林旅游持有其88.3%的股权,龙胜旅游总公司持有其11.7%的股权。为便于龙脊温泉公司的温泉景区、龙脊梯田景区的经营和管理,龙脊温泉公司以派生分立的方式将上述两景区业务分拆，将龙脊梯田景区业务从龙脊温泉公司分立出去。分立后的龙脊温泉公司更名为"桂林龙胜温泉旅游有限责任公司"(简称温泉公司)，主要经营龙胜温泉景区业务；龙脊梯田景区业务由新设公司"桂林龙脊旅游有限责任公司"(简称龙脊公司)经营。分立后股东对温泉公司、龙脊公司所持股权比例不变，即桂林旅游分别持有温泉公司、龙脊公司88.3%的股权；龙胜旅游总公司分别持有温泉公司、龙脊公司11.7%的股权。

【例6-2】 依据《公司法》等相关法律法规，东北高速以新设分立的方式分立为两家股份有限公司，即龙江交通和吉林高速。龙江交通和吉林高速按照分立上市方案的约定，依法承继原东北高速的资产、负债、权益、业务和人员，原东北高速在分立完成后依法解散并注销。龙江交通和吉林高速的股票经核准后上市。

东北高速分立日在册的所有股东，其持有的每股东北高速股份将转换为一股龙江交通的股份和一股吉林高速的股份。在此基础上，龙高集团将其通过分立可以持有的吉林高速的股份与吉高集团通过分立可以持有的龙江交通的股份互相无偿划转，上述股权划转是本次分立上市的一部分，将在分立后公司股票上市前完成，东北高速在分立完成后将依法办理注销手续。

三、企业分立的特点

企业所得税中的企业分立业务，具有如下特征：①企业分立是三方交易，涉及分立企业、被分立企业和被分立企业股东三个方面的交易主体。②企业分立的客体是被分立企业的资产、负债、劳动力等一揽子生产要素，该一揽子生产要素通常构成业务，属于收缩型企业重组。③企业分立的目的是通过分立业务，优化资源配置，突出经营主业，获取经济利益。④企业分立，分立企业对被分立企业分立前的债务承担连带责任。⑤企业分立，资产过户手续繁杂，而且有些资产所有权的转移以及与之相关的特许经营权的转移可能受国家相关法律法规的限制。⑥企业分立涉及的流转税、所得税、财产行为税或不征，或免征，税收负担轻，重组的税收成本低。

四、企业分立业务的认定

一项业务，只有将其界定为企业分立业务，才能按照企业重组的相关规定进行相应的税务处理。因此，我们有必要厘清企业分立与股权投资、资产划转、资产收购、股权收购等相关概念间的关系。

（一）企业分立与股权投资

企业分立是将一个企业分立为两个或两个以上的企业，被分立企业股东获取分立企业的股权或非股权支付，如从A公司中派生分立出B公司，分立后A公司存续，A公司的股东获取B公司的股权。股权投资是投资方以资产或业务对被投资方投资，投资方取得被投资方的股权，如A公司以资产或业务投资设立B公司，A公司成为B公司的股东。

企业分立和股权投资的主要区别是：①企业分立涉及分立企业、被分立企业、被分立企业股东三方当事人，股权投资涉及投资企业和被投资企业两方当事人。②企业分立，被分立企业的资产、所有者权益均要减少，负债可能减少也可能不变。而股权投资，投资企业用于投资的固定资产、无形资产等减少，长期股权投资增加，但负债和所有者权益通常不变。③企业分立，分立企业对被分立企业分立前的债务承担连带责任。股权投资，投资企业的债权、债务与被投资企业无关。

企业分立业务属于企业重组，可以按照财税〔2009〕59 号文选择特殊性税务处理，实现递延纳税。股权投资不属于企业重组，不能按照财税〔2009〕59 号文选择特殊性税务处理递延纳税，但是可以按照《财政部 国家税务总局关于非货币性资产投资企业所得税政策问题的通知》(财税〔2014〕116 号)的规定分期纳税。

企业以非货币性资产投资，非货币性资产公允价值与计税基础的差额，应当确认为非货币性资产转让所得。按照财税〔2014〕116 号文的规定，非货币性资产投资所得自投资所得实现年度起可以分 5 年均匀纳税，但是不能无期限递延纳税。

【例 6-3】 甲公司将其一项业务分离出来设立乙公司。①如果乙公司的股东是甲公司，该业务模式属于股权投资，按照非货币性资产投资进行所得税处理。②如果乙公司的股东是甲公司的股东，该业务模式属于企业分立，可以按照企业重组进行所得税处理。

(二) 企业分立与资产划转

企业分立是将一个企业分立为两个或两个以上的企业，被分立企业股东获取分立企业的股权或非股权支付，如从 A 公司中派生分立出 B 公司，分立后 A 公司存续，A 公司的股东获取 B 公司的股权。资产划转通常是同一企业集团内不同成员企业间资产的无偿划转，如母公司将其资产无偿划转给子公司，或子公司将其资产无偿划转给母公司，或同属一个母公司不同子公司之间资产的无偿划转。

企业分立业务既在公司层面进行，也在股东层面进行，包括分立企业、被分立企业、被分立企业股东三方交易主体；交易标的是被分立企业的资产、负债、劳动力等一揽子生产要素，该一揽子生产要素通常构成业务。资产划转在公司层面进行，涉及划出方和划入方两个交易主体，交易标的是划出方的资产，划出资产可能构成业务，也可能不构成业务。

企业分立业务属于企业重组，可以按照财税〔2009〕59 号文选择特殊性税务处理，实现递延纳税。财税〔2009〕59 号文未将资产划转列入企业重组，但是由于资产划转的所得税处理规则与企业重组基本相同，所以通常将资产划转作为企业重组的一类。按照《财政部 国家税务总局关于促进企业重组有关企业所得税处理问题的通知》(财税〔2014〕109 号)的规定，资产划转可以适用一般性税务处理，当期纳税；也可以适用特殊性税务处理，递延纳税。

【例 6-4】 ①甲公司将其一项业务划转给全资子公司乙公司，取得乙公司的股权，该项业务属于资产划转，应当按照资产划转进行所得税处理。②甲公司将其一项业务分离给全资子公司乙公司，甲公司的股东取得乙公司的股权，该项业务属于企业分立，应当按照企业分立进行所得税处理。

(三) 企业分立与资产收购

企业分立是将一个企业分立为两个或两个以上的企业，被分立企业的股东获取分立企业的股权或非股权支付，如从 A 公司中派生分立出 B 公司，分立后 A 公司存续，A 公司的股东获取 B 公司的股权。资产收购是收购方收购被收购方的资产，收购方给被收购方支付收购对价，如 A 公司收购 B 公司的一条生产线，A 公司给 B 公司支付收购对价。

企业分立既在公司层面进行，也在股东层面进行，包括分立企业、被分立企业、被分立企业股东三方交易主体；交易标的是被分立企业的资产、负债、劳动力等一揽子生产要素，该一揽子生产要素通常构成业务。资产收购在公司层面进行，涉及收购方和转让方两个交易主体，交易标的是转让方的资产，转让资产可能构成业务，也可能不构成业务。

企业分立和资产收购均属于企业重组，都可以按照财税〔2009〕59 号文选择特殊性税务处理。但是企业分立和资产收购的交易主体不同，交易标的不同，适用特殊性税务处理的条件不同，确认应税所得的方法不同，产生的税收结果也不相同。

【例 6-5】 A 公司将其一项业务分离给 B 公司，B 公司通过定向增发，以本公司的股权支付对价。①如果 B 公司将其股权支付给 A 公司，A 公司成为 B 公司的股东，该业务属于资产收购，按照资产收购进行所得税处理。②如果 B 公司将其股权支付给 A 公司的股东，A 公司的股东成为 B 公司的股东，该业务属于企业分立，按照企业分立进行所得税处理。

（四）企业分立与股权收购

企业分立是将一个企业分立为两个或两个以上的企业，被分立企业的股东获取分立企业的股权或非股权支付，如从 A 公司中派生分立出 B 公司，分立后 A 公司存续，A 公司的股东获取 B 公司的股权。股权收购是收购方向被收购方收购目标公司的股权，收购方给被收购方支付收购对价，如 A 公司向 B 公司收购其持有的甲公司股权，A 公司给 B 公司支付收购对价。

企业分立既在公司层面进行，也在股东层面进行，包括分立企业、被分立企业、被分立企业股东三方交易主体，交易标的是被分立企业的资产、负债、劳动力等一揽子生产要素。股权收购在股东层面进行，涉及收购方和转让方两方交易主体，交易标的是目标公司的股权。

企业分立和股权收购均属于企业重组，都可以按照财税〔2009〕59 号文选择特殊性税务处理。但是企业分立和股权收购的交易主体不同，交易标的不同，适用特殊性税务处理的条件不同，确认应税所得的方法不同，产生的税收结果也不相同。

【例 6-6】 A 公司持有甲公司、乙公司的股权，A 公司将甲公司、乙公司的股权分离给 B 公司，B 公司通过定向增发，以本公司的股权支付对价。①如果 B 公司将其股权支付给 A 公司，A 公司成为 B 公司的股东，该业务属于股权收购，按照股权收购进行所得税处理。②如果 B 公司将其股权支付给 A 公司的股东，A 公司的股东成为 B 公司的股东，该业务属于企业分立，按照企业分立进行所得税处理。

五、企业分立的业务流程

企业分立业务的主要流程如下：①被分立企业董事会制定分立方案。②被分立企业董事会或股东大会审议通过分立决议。决议内容包括分立方式，分立后企业的名称、经营范围、注册资本、股东的持股比例，资产、负债、人员的划分原则等。③企业分立需有关部门批准的，应当按照规定报有关部门批准。④由会计师事务所对被分立企业的资产、负债以及分立业务对应的资产、负债进行评估。⑤各方当事人签署分立协议。⑥通知债权人并发布公告。⑦被分立企业将分立业务对应的资产、负债交割给分立企业，并办理相应的产权转移手续。⑧分立业务在评估基准日对应的资产、负债在交割日发生变化的，差额部分应当按照协议约定进行结算。⑨评估基准日至交割日期间被分立企业产生的损益，由原股东按照协议约定分享或承担。⑩分立企业办理设立登记，被分立企业股东取得分立企业股权。被分立企业办理变更登记，被分立企业股东注销被分立企业股权。

六、企业分立的注意事项

关于企业分立业务的实施，应当注意以下几个问题。

(一) 关于企业股东

企业分立，分立前后被分立企业和分立企业的股东可能相同，也可能不同。例如，①甲公司的股东为 A 公司和 B 公司，甲公司派生分立出乙公司，分立后甲公司的股东是 A 公司和 B 公司，乙公司的股东是 A 公司和 B 公司，股东不变。②甲公司的股东为 A 公司和 B 公司，甲公司派生分立出乙公司，分立后甲公司的股东是 A 公司，乙公司的股东是 B 公司，股东发生变化。

(二) 关于分立企业

企业分立，分立企业可以是一个从无到有新设的公司，也可以是一个原已存在的公司。只要被分立企业将其资产分离给分立企业，分立企业将股权或非股权支付给被分立企业的股东，该业务就属于企业分立，如甲公司的股东为 A 公司，甲公司将其一项业务分离给乙公司，乙公司将其股权支付给 A 公司，A 公司成为乙公司的股东。该项企业分立业务，乙公司可以是一个从无到有新设的公司，也可以是一个原已存在的公司，但通常是一个新设的公司。

(三) 关于持股比例

企业分立，分立前后被分立企业和分立企业股东的持股比例可能相同，也可能不同。例如，①甲公司的股东为 A 公司和 B 公司，持股比例为 60%：40%。甲公司派生分立出乙公司，分立后甲公司、乙公司的股东都是 A 公司和 B 公司，持股比例仍为 60%：40%，持股比例不变。②甲公司的股东为 A 公司和 B 公司，持股比例 60%：40%。甲公司派生分立出乙公司，分立后甲公司的股东是 A 公司和 B 公司，持股比例 60%：40%；乙公司的股东是 A 公司和 B 公司，持股比例 50%：50%，持股比例发生变化。

企业分立，如果分立前后被分立企业和分立企业的股东不变，持股比例不变，资产的所有权未发生实质性转移，企业所得税可以选择特殊性税务处理。如果分立后被分立企业和分立企业的股东发生变化，或股东未变，但持股比例发生变化，资产的所有权发生实质性转移，企业所得税不能选择特殊性税务处理。

(四) 关于注册资本

《国家工商行政管理总局关于做好公司合并分立登记支持企业兼并重组的意见》(工商企字〔2011〕226 号)规定，因分立而存续或者新设的公司，其注册资本、实收资本数额由分立决议或者决定约定，但分立后公司注册资本之和、实收资本之和不得高于分立前公司的注册资本、实收资本。《对外经济贸易合作部　国家工商行政管理局关于外商投资企业合并与分立的规定》(外经贸法发〔1999〕第 395 号)规定，分立后公司的注册资本额，由分立前公司的最高权力机构，依照有关外商投资企业法律、法规和登记机关的有关规定确定，但分立后各公司的注册资本额之和应为分立前公司的注册资本额。

按照以上两个文件的规定，企业分立，分立后公司注册资本之和、实收资本之和不得高于分立前公司的注册资本、实收资本，这就意味着企业分立，被分立企业必须要减少注册资本、实收资本。对于被分立企业股东而言，取得分立企业股权，必须以放弃或部分放弃被分立企业股权为前提条件。如果被分立企业不减少注册资本、实收资本，分立后被分立企业和分立企业的注册资本、实收资本之和必然大于分立前的注册资本、实收资本，被分立企业、分立企业将无法作工商变更登记和设立登记。正常情况下，被分立企业不减少注册资本的“让产分股式分立”在现实中是不存在的。

（五）关于分立对价

企业分立，被分立企业股东放弃被分立企业股权，取得的对价通常是分立企业股权，但是也有可能取得非股权支付。如甲公司的股东为 A 公司和 B 公司，持股比例 60%：40%。甲公司派生分立出乙公司，分立后甲公司的股东是 A 公司和 B 公司，持股比例 60%：40%；乙公司的股东是 A 公司和 B 公司，持股比例 50%：50%。在这种情况下，A 股东放弃了乙公司的部分权益而 B 股东得到了这部分额外权益，B 股东应当给予 A 股东补偿，A 股东可能会取得非股权支付。

（六）关于股权支付

企业分立，被分立企业股东放弃被分立企业股权，取得分立企业股权。关于被分立企业股东取得分立企业股权的方式有两种观点：观点 1 认为，分立企业将股权先支付给被分立企业，再由被分立企业向其股东换回本公司股票注销，即所谓的“让产赎股式分立”。这种观点实质上是将企业分立分解为非货币性资产投资和赎回股权两项交易。观点 2 认为，企业分立，是由分立企业将股权直接支付给被分立企业股东，而不是先支付给被分立企业、再由被分立企业支付给其股东。这种观点实质上是将企业分立分解为收回投资再对分立企业投资两项业务。目前我国实务中的企业分立是按照观点 2 操作的。

【例 6-7】 金河建安拟以存续分立的方式，分立为金河建安（存续公司）和金河控股（新设公司），分立前金河建安注册资本 4 188 万元，其中王某出资 3 434.16 万元，占注册资本的 82%，路某出资 753.84 万元，占注册资本的 18%。分立后存续公司金河建安注册资本变更为 2 070 万元，其中王某出资 1 697.40 万元，占注册资本的 82%，路某出资 372.60 万元，占注册资本的 18%；新设公司金河控股注册资本2 118 万元，其中王某出资 1 736.76 万元，占注册资本的 82%，路某出资 381.24 万元，占注册资本的 18%。金河建安对子公司的股权投资及相关的债权债务剥离给金河控股公司，其余资产及负债留在金河建安。分立情况如表 6-1 所示。

表 6-1　　金河建安分立前后公司注册资本及股东持股比例　　单位：万元

分立前	注册资本	王某持股	路某持股	分立后	注册资本	王某持股	路某持股
金河建安	4 188	82%	18%	金河建安	2 070	82%	18%
				金河控股	2 118	82%	18%
合计	4 188	82%	18%	合计	4 188	—	—

本项企业分立业务，分立前后被分立企业和分立企业的股东未变，持股比例未变。分立后被分立企业和分立企业注册资本的合计金额与分立前被分立企业的注册资本相等，被分立企业股东同比例放弃被分立企业的一部分旧股，同比例取得分立企业的新股。

【例 6-8】 绍兴前进的注册资本为 1 000 万元人民币，杭齿前进持有 55%的股权、金某持有 45%的股权。绍兴前进派生分立出绍兴金道，绍兴前进的主体资格保留。分立后绍兴前进的注册资本为 550 万元人民币，杭齿前进持有 100%的股权；绍兴金道的注册资本为 450 万元人民币，金某持有 100%的股权。分立后存续的绍兴前进主要经营：制造、销售船用齿轮箱及其配件；工程机械变速箱及其配件；变矩器及其零配件；汽车配件；相关产品、技术进出口。分立后新设的绍兴金道主要经营：制造、销售叉车变速箱及其配件。分立情况如表 6-2 所示。

表 6-2　　绍兴前进分立前后公司注册资本及股东持股比例　　单位：万元

分立前	注册资本	杭齿持股	金某持股	分立后	注册资本	杭齿持股	金某持股
绍兴前进	1 000	55%	45%	绍兴前进	550	100%	
				绍兴金道	450		100%
合计	1 000	55%	45%	合计	1 000	—	—

本项分立业务，分立前后被分立企业和分立企业的股东发生变化，分立前绍兴前进由杭齿前进和金某共同持股，分立后绍兴前进由杭齿前进 100%持股，绍兴金道由金某 100%持股。分立后被分立企业和分立企业注册资本的合计金额与分立前被分立企业的注册资本相等，杭齿前进取得绍兴前进全部股份，金某放弃被分立企业绍兴前进 45%的股份，取得分立企业绍兴金道 100%的股份。

【例 6-9】 东北高速分立为龙江交通和吉林高速，龙江交通和吉林高速按照分立上市方案的约定，依法承继原东北高速的资产、负债、权益、业务和人员，原东北高速在分立完成后依法解散并注销。龙江交通和吉林高速的股票经核准后上市。

东北高速分立日在册的所有股东，其持有的每股东北高速股份将转换为一股龙江交通的股份和一股吉林高速的股份。为保护东北高速对本次公司分立持有异议的股东的利益，东北高速赋予异议股东现金选择权，并安排第三方作为现金选择权提供方。行使现金选择权的东北高速异议股东，可就其有效申报的每一股东北高速股份，在东北高速现金选择权实施日，获得由异议股东现金选择权提供方支付的按照现金选择权定价基准日前 20 个交易日股票交易均价确定并公告的现金对价，即每股人民币 3.73 元。

本例中，东北高速的异议股东如果行使了现金选择权，其取得的分立对价就属于非股权支付——现金。

七、企业分立的相关术语

（一）分立企业

分立企业，是指在企业分立过程中，取得被分立企业资产、负债、人员，给被分立企业股东支付分立对价的一方当事人。如 A 公司派生分立出 B 公司，B 公司为分立企业。

（二）被分立企业

被分立企业，是指在企业分立过程中将其资产、负债、人员分离给分立企业，为其股东换取分立对价的一方当事人。如A公司派生分立出B公司，A公司为被分立企业。

（三）被分立企业股东

被分立企业股东，是指在企业分立过程中放弃被分立企业股权并取得分立对价的一方当事人。如A公司派生分立出B公司，A公司的股东甲公司放弃A公司全部或部分股权，取得B公司股权，甲公司为被分立企业的股东。

（四）资产

资产（分立资产）是企业分立客体的组成部分，指在企业分立过程中，被分立企业分离给分立企业的资产。如A公司派生分立出B公司，A公司分离给B公司的资产即属于分立资产。

（五）负债

负债（分立负债）是企业分立客体的组成部分，指在企业分立过程中，被分立企业分离给分立企业的负债。如A公司派生分立出B公司，A公司分离给B公司的负债即属于分立负债。

（六）对价

对价（分立对价）是指在企业分立过程中，分立企业支付给被分立企业股东的对价，分立对价通常是分立企业的股权。如A公司派生分立出B公司，B公司以本公司股权给A公司的股东甲公司支付分立对价。

八、企业分立业务涉及的税收

企业分立，被分立企业分离给分立企业的资产、负债，以及被分立企业股东注销被分立企业股权取得的分立对价，原则上都应当确认应税所得，缴纳企业所得税。分立企业取得的分立资产、负债，应当确认资产、负债的计税基础。被分立企业股东如果是自然人，其放弃被分立企业股权取得分立对价，应当缴纳个人所得税。

企业分立涉及的增值税、土地增值税、个人所得税、印花税、契税等除企业所得税以外的其他税收，我们将在第八章中专题讨论。

九、案例分析特别说明

为简化分析、突出重点，本章中涉及的示例及案例分析，除有特别说明外，一般不考虑增值税、土地增值税、城市维护建设税、教育费附加、契税、印花税、交易费用等相关税费对企业所得税的影响，也不考虑示例及案例中未提及的因素对企业所得税的影响。

第二节　企业分立的会计处理

一、企业分立会计处理概述

（一）企业分立会计处理的依据

目前，我国尚无专门的会计准则对企业分立的会计处理加以规范。实务中，企业财务人员、中介机构从业人员以及税务人员等相关人员，基本都是参照现有企业会计准则的相关规定，按照自己的理解对企业分立业务进行相应的会计处理。

关于企业分立的会计处理，主要有三种观点：第一种观点认为，企业分立，从被分立企业股东的角度看，财产所有权没有发生实质性转移，应当按照权益法进行会计处理。第二种观点认为，企业分立，只有按照公允价值计量资产、负债，才能反映资产、负债的真实价值，所以应当按照购买法进行会计处理。第三种观点认为，企业分立，实际上是企业合并的反向操作，应当按照《企业合并准则》的规则进行会计处理。在分立企业的控制权未发生转移的情况下，按照权益法核算；在分立企业的控制权发生转移的情况下，按照购买法核算。

笔者赞同第三种观点，本文按照第三种观点对企业分立的会计处理进行分析。但是需要说明的是，企业分立通常构成业务的分离。在企业分立构成业务分离的情况下，按照购买法进行会计处理，理论上应当考虑商誉的确认问题。但是为了简化分析，本文对企业分立的会计处理，未考虑商誉问题。

（二）企业分立的会计处理方法

理论上，企业分立分为同一控制下的企业分立和非同一控制下的企业分立。同一控制下的企业分立，属于各方当事人之间所有者权益的结合，从最终控制方的角度看，交易的净资产并未发生实质性变化。因此，对此类分立采取权益结合法，分立各方均按其净资产的账面价值核算，分立之后，各方当事人的权益不会因分立而增加或减少。

【例 6-10】 甲公司拟以存续分立的方式，分立为甲公司（存续公司）和乙公司（新设公司），分立前甲公司注册资本 4 000 万元，其中 A 公司出资 3 200 万元，占注册资本的 80%，B 公司出资 800 万元，占注册资本的 20%。分立后存续公司甲公司注册资本变更为 3 000 万元，其中 A 公司出资 2 400 万元，占注册资本的 80%，B 公司出资 600 万元，占注册资本的 20%；新设公司乙公司注册资本 1 000 万元，其中 A 公司出资 800 万元，占注册资本的 80%，B 公司出资 200 万元，占注册资本的 20%。

本项企业分立业务，分立前被分立企业甲公司的控股股东为 A 公司，持有甲公司 80% 的股份。分立后分立企业乙公司的控股股东为 A 公司，持有乙公司 80%的股份。分立前后被分立企业和分立企业的控股权未发生转移，属于同一控制下的企业分立，应当采用权益法核算。

非同一控制下的企业分立，是指企业分立之后，被分立企业的控股股东失去了对分立企业或被分立企业的控制权。从最终控制方的角度看，实际上是被分立企业控股股东转让分立企业或被分立企业净资产的行为。因此，对此类分立业务采用购买法处理，各方当事人均按分离资产、负债的公允价值核算。

【例 6-11】 甲公司拟以存续分立的方式，分立为甲公司（存续公司）和乙公司（新设公司），分立前甲公司注册资本 4 000 万元，其中 A 公司出资 3 200 万元，占注册资本的 80%，B 公司出资 800 万元，占注册资本的 20%。分立后存续公司甲公司注册资本变更为 3 200 万元，其中 A 公司出资 3 200 万元，占注册资本的 100%；新设公司乙公司注册资本为 800 万元，其中 B 公司出资 800 万元，占注册资本的 100%。

本项企业分立业务，分立前被分立企业甲公司的控股股东为A公司，持有甲公司80%的股份。分立后分立企业乙公司的控股股东为B公司，持有乙公司100%的股份。分立前后被分立企业和分立企业的控股权发生转移，属于非同一控制下的企业分立，应当采用购买法核算。

(三) 企业分立的会计核算内容

企业分立包括分立企业、被分立企业和被分立企业股东三方当事人。同一控制下企业分立的会计处理为：①被分立企业。被分立企业解散的，不确认清算损益；被分立企业存续的，不确认资产转让损益。②分立企业。分立企业取得的资产、负债，以该资产、负债的原账面价值计量。③被分立企业股东。被分立企业股东注销的被分立企业股权，不确认股权转让损益；取得的分立对价，按照注销被分立企业股权的账面价值计量。

非同一控制下企业分立的会计处理为：①被分立企业。被分立企业解散的，确认清算损益；被分立企业存续的，确认资产转让损益。②分立企业。分立企业取得的资产、负债，以公允价值初始计量。③被分立企业股东。被分立企业股东注销的被分立企业股权，确认股权转让损益；取得的分立企业股权以及其他非货币性资产，按照公允价值初始计量。

二、同一控制下的企业分立

参与分立的企业在分立前后均受同一方或相同的多方最终控制且该控制并非暂时性的，为同一控制下的企业分立。同一控制下的企业分立，应当采用权益法核算。

(一) 分立企业的会计处理

分立企业在分立中取得的资产、负债，应当按照分立日被分立企业的账面价值计量，同时按照公司章程规定的注册资本和实际收到的资本额确认股本，净资产账面价值与股本的差额，计入资本公积。

(二) 被分立企业的会计处理

新设分立，被分立企业解散，被分立企业的债权、债务由分立企业承继，被分立企业在《公司法》层面不需要清算。但是被分立企业会计主体消失，应当按照清算进行会计处理。权益法下，被分立企业会计处理不确认清算损益。

存续分立，被分立企业存续，被分立企业分立前的债务由分立企业承担连带责任。存续分立中的被分立企业不需要进行清算的会计处理，分离出去的资产、负债，按照账面价值计量，同时按照减少的资本金冲减股本；冲减股本与减少净资产账面价值的差额，调整资本公积；资本公积不足冲减的，调整留存收益。

(三) 被分立企业股东的会计处理

存续分立，被分立企业股东注销的被分立企业股权，不确认股权转让损益；取得的分立企业股权，按照注销被分立企业股权的账面价值计量；取得的其他非货币性资产，以该非货币性资产的原账面价值计量。

【例6-12】 恒信智造持有机器人公司100%的股权。机器人公司存续分立，分立后机器人公司存续，同时新设立恒通智造、恒瑞智造，恒信智造持有恒通智造100%的股权，持有恒瑞智造100%的股权。恒信智造对机器人公司的初始投资成本为78 500万元，长期股权投资按照成本法核算，假设分立时长期股权投资账面价值与初始投资成本相同。

表 6-3　　机器人公司分立前后公司的注册资本　　单位：万元

公司名称	注册资本(分立前)	注册资本(分立后)	分立后股东情况
机器人公司	30 000	20 000	恒信智造持股 100%
恒通智造	—	5 000	恒信智造持股 100%
恒瑞智造	—	5 000	恒信智造持股 100%

表 6-4　　机器人公司分立时财产分割情况　　单位：万元

项目	机器人公司(分立前)	机器人公司(分立后)	恒通智造	恒瑞智造
资产总额	149 500	91 000	33 500	25 000
负债总额	90 500	90 500	—	—
所有者权益总额	59 000	500	33 500	25 000
其中：股本	30 000	20 000	5 000	5 000
资本公积	48 500		28 500	20 000
留存收益	−19 500	−19 500		

本项企业分立业务，分立前，恒信智造持有被分立企业机器人公司 100%的股份。分立后，恒信智造持有存续企业机器人公司 100%的股份，持有分立企业恒通智造 100%的股份、恒瑞智造 100%的股份，属于同一控制下的企业分立，应当采用权益法核算。

被分立企业机器人公司的会计处理：

借：股本　　100 000 000
　　资本公积　　485 000 000
　贷：资产①　　585 000 000

分立企业恒通智造的会计处理：

借：资产　　335 000 000
　贷：股本　　50 000 000
　　　资本公积　　285 000 000

分立企业恒瑞智造的会计处理：

借：资产　　250 000 000
　贷：股本　　50 000 000
　　　资本公积　　200 000 000

被分立企业股东恒信智造的会计处理：

注销机器人公司股权成本：78 500×10 000/30 000＝26 166(万元)

① 资产，指被分立企业分离给分立企业的资产，具体会计处理时视资产的类型选择相应的会计科目，下同。

取得恒通智造股权成本：78 500×5 000/30 000＝13 083（万元）

取得恒瑞智造股权成本：78 500×5 000/30 000＝13 083（万元）

借：长期股权投资——恒通智造　　130 830 000
　　　　　　　　——恒瑞智造　　130 830 000
　贷：长期股权投资——机器人　　261 660 000

三、非同一控制下的企业分立

参与分立的企业在分立前后不受同一方或相同的多方最终控制，为非同一控制下的企业分立。非同一控制下的企业分立，应当采用购买法核算。

（一）分立企业的会计处理

分立企业在企业分立中取得的资产、负债，应当按照分立日的公允价值计量，同时按照公司章程规定的注册资本和实际收到的资本额确认股本，净资产公允价值与股本的差额，计入资本公积。

（二）被分立企业的会计处理

新设分立，被分立企业解散，被分立企业的债权、债务由分立企业承继，被分立企业在《公司法》层面不需要清算。但是被分立企业会计主体消失，应当按照清算进行会计处理。购买法下，被分立企业会计处理应当确认清算损益。具体会计处理建议参考《财政部关于印发〈企业破产清算有关会计处理规定〉的通知》（财会〔2016〕23号）有关企业破产清算的会计处理规定。

存续分立，被分立企业存续，被分立企业不需要进行清算的会计处理，被分立企业分立前的债务由分立企业承担连带责任。理论上，被分立企业应当按照减资或撤资进行会计处理，分离出去的资产、负债，按照其账面价值冲减资产、负债的成本，同时按照减少的资本金冲减股本，减少的净资产与股本的差额调整资本公积，资本公积不足冲减的，调整留存收益。至于被分立企业分离出去的资产会计处理如何体现损益，有待商榷。

（三）被分立企业股东的会计处理

被分立企业股东放弃被分立企业股权的，放弃被分立企业股权的公允价值与账面价值的差额，确认为股权转让损益。取得的分立企业股权以及其他非货币性资产，按照公允价值计量。

被分立企业股东不放弃被分立企业股权的，无转让股权的会计处理。取得的分立企业股权以及其他分立对价，是以持有被分立企业股权为前提，理论上应当按照旧股的股息处理，以公允价值计量。

【例6-13】 A公司的注册资本为1 000万元人民币，甲公司持有55%的股份、乙公司持有45%的股份。A公司派生分立出B公司，A公司的主体资格保留。分立后A公司的注册资本为550万元人民币，甲公司持有100%的股份；B公司的注册资本为450万元人民币，乙公司持有100%的股份。甲公司对A公司的初始投资成本为2 200万元，长期股份投资采用成本法核算，分立时长期股份投资账面价值与初始投资成本相同。乙公司对A公司的初始投资成本为1 800万元，长期股份投资采用权益法核算，分立时长期股份投资——投资成本 1 800 万元，长期股份投资——损益调整 7 161 万元。

表 6-5 **A 公司分立前后注册资本的变化** 单位：万元

分立前	注册资本	甲持股	乙持股	分立后	注册资本	甲持股	乙持股
A 公司	1 000	55%	45%	A 公司	550	100%	
				B 公司	450		100%
合计	1 000	55%	45%	合计	1 000	—	—

表 6-6 **A 公司分立时财产分割情况** 单位：万元

项目	A 公司（分立前）		A 公司（分立后）		B 公司（分立后）	
	账面值	评估值	账面值	评估值	账面值	评估值
资产总额	40 150	50 264	17 520	23 659	22 630	26 606
负债总额	20 237	20 264	6 568	6 576	13 669	13 688
所有者权益总额	19 913	30 000	10 952	17 083	8 961	12 918
其中：股本	1 000	—	550	—	450	—
资本公积	3 000		1 650			12 468
留存收益	15 913		8 752			

本例中的企业分立，分立前，甲公司持有 A 公司 55%的股份，乙公司持有 A 公司 45%的股份。分立后，甲公司持有 A 公司 100%的股份，乙公司持有 B 公司 100%的股份。分立前后，被分立企业和分立企业的控制权发生转移，属于非同一控制下的企业分立，应当采用购买法核算。

被分立企业 A 公司在购买法下如何进行会计处理，争议较大，较为一致的观点是做如下账务处理：

借：负债① 136 690 000
　　股本 4 500 000
　　资本公积 13 500 000
　　留存收益 71 610 000
　　贷：资产 226 300 000

但是被分立企业如此进行会计处理，未体现出分立资产在购买法下应当体现的资产处置损益，与购买法的原理相悖。

分立企业 B 公司的会计处理：

借：资产 266 060 000
　　贷：负债 136 880 000
　　　　股本 4 500 000
　　　　资本公积 124 680 000

① 负债，指被分立企业分离给分立企业的负债，具体会计处理时根据负债类型选择相应的会计科目，下同。

被分立企业股东甲公司的会计处理：甲公司分立前持有A公司55%的股份，分立后持有A公司100%的股份，分立前后持有被分立企业股份的比例发生变化，但持有股份成本未发生变化，股份对应的所有者权益未发生变化，甲公司不进行会计处理。

被分立企业股东乙公司的会计处理：乙公司在分立前持有A公司45%的股份，分立后放弃A公司45%的股份取得B公司100%的股份。放弃A公司的股份确认股权转让收益，取得B公司的股份按照公允价值初始计量。

确认投资收益：12 918 - 1 800 - 7 161 = 3 957（万元）

借：长期股份投资——B公司	129 180 000	
贷：长期股份投资——A公司——投资成本		18 000 000
——A公司——损益调整		71 610 000
投资收益		39 570 000

第三节　企业分立的所得税处理

一、企业分立所得税处理概述

（一）企业分立的所得税处理原则

企业分立是企业重组的方式之一，企业重组的所得税处理原则也是企业分立所得税处理应当遵循的原则。尽管财税〔2009〕59号文及配套文件对企业重组所得税处理的原则没有具体规定，但是依据法条规定作学理概括的话，企业重组所得税处理应当遵循的原则包括合理商业目的原则、实质重于形式原则、权益延续原则、经营延续原则、反避税原则等。

（二）企业分立的所得税处理方法

企业分立的所得税处理，分为一般性税务处理和特殊性税务处理。原则上，企业分立适用一般性税务处理，重组各方在重组过程中转让的资产，应当在重组当期确认应税所得；重组各方在重组过程中取得的资产，以公允价值作为计税基础。企业分立适用特殊性税务处理，重组各方在重组过程中转让的资产，重组当期不确认应税所得；重组各方在重组过程中取得的资产，以该资产的原计税基础作为计税基础。

（三）企业分立的所得税处理内容

企业分立涉及分立企业、被分立企业、被分立企业股东三方当事人。企业分立的所得税处理包括分立企业、被分立企业、被分立企业股东的所得税处理。企业分立的所得税处理主要包括四项内容：一是当事人转让的资产，是否确认资产转让所得。二是当事人取得的资产，如何确认资产的计税基础。三是被分立企业未弥补完的亏损，分立企业能否继续弥补。四是被分立企业未享受完的税收优惠，分立企业能否继续享受。

（四）企业分立交易标的及对价的确认

企业分立通常构成业务的分离，企业分立的标的是被分立企业的业务，企业分立的实质是业务的分立。在企业分立过程中，被分立企业的股东取得的分立对价通常是分立企业的股权，但也可能有非股权支付，如分立企业给行使现金选择权的异议股东支付的现金。

（五）企业分立所得税处理相关术语

1. 资产原值

资产原值是指资产持有人持有资产的原始价值，除有特殊规定外，资产原值一般根据取得资产时的历史成本确认。如 A 公司收购 B 公司的资产，支付收购价款 8 000 万元，资产的原值为 8 000 万元。

2. 资产减值准备

资产减值准备是指资产因发生减值而计提的准备金，资产减值准备一般根据资产的账面价值与可收回金额的差额确认。如某项固定资产原值 50 万元，可收回金额 20 万元，应计提减值准备 30 万元。

3. 资产账面价值

资产账面价值是指资产原值减去已折耗金额及减值准备后的余额。如 A 公司的某项固定资产，原值 120 万元，计提折旧 30 万元，计提资产减值准备 20 万元，该固定资产的账面价值为 70 万元。

4. 资产公允价值

资产公允价值是指按照市场价格确定的资产价值。如 A 公司将其一条生产线在正常市场条件下转让给 B 公司，取得转让价款 6 000 万元，则该条生产线的公允价值为 6 000 万元。

5. 资产计税基础

资产计税基础是指可以在企业所得税前扣除的资产成本，资产计税基础一般按照资产的历史成本确认。已发生折耗的资产，计税基础为原值减已在税前扣除的折耗金额。如固定资产原值 300 万元，已税前扣除折旧 100 万元，计税基础为 200 万元。

6. 资产税会差异

资产税会差异是指由于会计处理与所得税处理原则不同造成的资产账面价值与计税基础之间的差异。如 A 公司的某项固定资产，原值 500 万元，计提资产减值准备 100 万元，计提减值准备后资产的账面价值为 400 万元，但计税基础仍为 500 万元，形成 100 万元的税会差异。

二、企业分立的所得税处理规定

按照财税〔2009〕59 号文的规定，企业分立的所得税处理分为一般性税务处理和特殊性税务处理。

（一）适用一般性税务处理的企业分立

按照财税〔2009〕59 号文第四条第五项的规定，企业分立适用一般性税务处理，各方当事人的所得税事项包括：①被分立企业。被分立企业解散的，按照清算确认清算所得；被分立企业存续的，按照转让资产确认资产转让所得。②分立企业。分立企业取得被分立企业的资产、负债，以公允价值确认计税基础。③被分立企业股东。被分立企业解散的，按照清算进行所得税处理;被分立企业存续的,按照减资进行所得税处理。取得的分立对价如果是分立企业股权等非货币性资产,以公允价值确认计税基础。④相关企业的亏损不得相互结转弥补。

【例 6-14】 A 公司派生分立 B 公司,分立资产的公允价值 15 000 万元,计税基础 12 000 万元。分立前,A 公司注册资本 2 000 万元;分立后,A 公司注册资本 1 000 万元,B 公司注册资本 1 000 万元。分立前,甲公司持有 A 公司 100%的股份,投资成本 2 000 万元。分立后,甲公司持有 A 公司 100%的股份,持有 B 公司 100%的股份。

该项企业分立业务,如果适用一般性税务处理,A 公司在分立当期确认资产转让所得 3 000 万元(15 000－12 000)。B 公司取得 A 公司的资产,以公允价值 15 000 万元作为计税基础。甲公司注销的 A 公司股权,确认股权转让所得 14 000 万元(15 000－2 000×50%);取得 B 公司股权,以公允价值 15 000 万元作为计税基础。

财税〔2009〕59 号文关于企业分立的一般性税务处理规定,存在以下两个问题:一是未提及被分立企业分立出去的负债以及分立企业取得的负债如何进行所得税处理。二是关于"被分立企业继续存在时,其股东取得的对价应视同被分立企业分配进行处理"的规定,如果被分立企业股东不放弃被分立企业股权,取得的对价按照分配进行所得税处理并无不妥。但是如果被分立企业股东放弃被分立企业股权,取得的对价按照分配进行所得税处理将难以自圆其说。这种情况,被分立企业股东取得的对价应当是放弃被分立企业股权的代价。

(二) 适用特殊性税务处理的企业分立

按照财税〔2009〕59 号文第六条第五项的规定,适用特殊性税务处理规定的企业分立,各方当事人的所得税事项包括:①被分立企业。被分立企业解散的,无须确认清算所得;被分立企业存续的,无须确认资产转让所得。②分立企业。分立企业取得被分立企业的资产、负债,以其原有计税基础作为计税基础。③被分立企业股东。注销的被分立企业股权,无须确认股权转让所得。取得的分立对价如果是分立企业股权等非货币性资产,按照财税〔2009〕59 号文的规定确认计税基础。④被分立企业已分离出去资产相应的所得税事项由分立企业承继。⑤被分立企业未超过法定弥补期限的亏损额可按分立资产占全部资产的比例进行分配,由分立企业继续弥补。

被分立企业的股东取得分立企业的股权(以下简称"新股"),如需部分或全部放弃原持有的被分立企业的股权(以下简称"旧股"),"新股"的计税基础应以放弃"旧股"的计税基础确定。如不需放弃"旧股",则其取得"新股"的计税基础可从以下两种方法中选择确定:直接将"新股"的计税基础确定为零;或者以被分立企业分立出去的净资产占被分立企业全部净资产的比例先调减原持有"旧股"的计税基础,再将调减的计税基础平均分配到"新股"上。

【例 6-15】 A 公司派生分立 B 公司,分立资产的公允价值 15 000 万元,计税基础 12 000 万元。分立前,A 公司注册资本 2 000 万元;分立后,A 公司注册资本 1 000 万元,B 公司注册资本 1 000 万元。分立前,甲公司持有 A 公司 100%的股份,投资成本 2 000 万元。

分立后，甲公司持有A公司100%的股份，持有B公司100%的股份。

该项企业分立业务，如果适用特殊性税务处理，A公司在分立当期不确认资产转让所得。B公司取得A公司的资产，以其原有计税基础12 000万元作为计税基础。甲公司注销的A公司股权，不确认股权转让所得；取得的B公司股权，以注销A公司股权的计税基础作为计税基础，计税基础为1 000万元(2 000×1 000/2 000)。

需要说明的是，《国家工商行政管理总局关于做好公司合并分立登记支持企业兼并重组的意见》(工商企字〔2011〕226号)规定，因分立而存续或者新设的公司，其注册资本、实收资本数额由分立决议或者决定约定，但分立后公司注册资本之和、实收资本之和不得高于分立前公司的注册资本、实收资本。这就意味着，新设分立，被分立企业的全部股东必须放弃全部“旧股”。派生分立，分立前后股东不变的，所有股东必须放弃部分“旧股”；分立前后股东变化的，部分股东必须放弃“旧股”。也就是说，企业分立，被分立企业股东不放弃“旧股”的做法，在企业重组实务中存在的可能性不大。

(三) 特殊性税务处理中非股权支付损益的确认

适用特殊性税务处理规定的企业分立，如果分立对价中既有股权支付，也有非股权支付，分立对价中与股权支付相对应的转让资产，暂不确认资产的转让所得或损失。但分立对价中与非股权支付相对应的转让资产，仍应在交易当期确认相应的资产转让所得或损失，并调整相应资产的计税基础。

$$\begin{matrix}\text{非股权支付对应的}\\\text{资产转让所得或损失}\end{matrix}=\left(\begin{matrix}\text{被转让资产}\\\text{的公允价值}\end{matrix}-\begin{matrix}\text{被转让资产的}\\\text{计税基础}\end{matrix}\right)\times\left(\begin{matrix}\text{非股权}\\\text{支付金额}\end{matrix}\div\begin{matrix}\text{被转让资产的}\\\text{公允价值}\end{matrix}\right)$$

需要说明的是，企业分立，被分立企业股东取得的分立对价，通常是分立企业的股权。如果被分立企业少数股东对企业分立提出异议，可以行使现金选择权，由分立企业或第三方对异议股东支付现金，在此情况下，分立对价中存在非股权支付。但是企业分立选择特殊性税务处理，条件之一是被分立企业的所有股东按照原持股比例取得分立企业股权。企业分立存在异议股东的情况下，由于大部分股东取得的对价是股权而异议股东取得的对价是现金，被分立企业股东未按原持股比例取得分立企业的股权，不符合特殊性税务处理条件。所以，企业分立既有股权支付，也有非股权支付，且选择特殊性税务处理的情况，在企业重组实务中存在的可能性不大。

(四) 企业分立适用特殊性税务处理的条件

财税〔2009〕59号文第五条、第六条规定，企业分立适用特殊性税务处理，应当同时符合以下五项条件：①具有合理的商业目的，且不以减少、免除或者推迟缴纳税款为主要目的。②被分立企业所有股东按原持股比例取得分立企业的股权。③分立企业和被分立企业均不改变原来的实质经营活动。④被分立企业股东在该企业分立发生时取得的股权支付金额不低于其交易支付总额的85%。⑤企业重组中取得股权支付的原主要股东，在重组后连续12个月内，不得转让所取得的股权。

企业分立选择特殊性税务处理，与其他重组方式相比，显著区别是“被分立企业所有股东按原持股比例取得分立企业的股权”。也就是说，企业分立选择特殊性税务处理，被分立企业和分立企业的股东不能发生变化，持股比例不能发生变化。股东不变、持股比例不变，从股东的角度看，资产的所有权未发生实质性转移，所得税处理可以选择特殊性税务处理——重组当期不确认应税所得，递延纳税。

【例 6-16】 甲公司以存续分立的方式，分立为甲公司（存续公司）和乙公司（新设公司），分立前甲公司注册资本 4 000 万元，其中 A 公司出资 3 200 万元，占注册资本的 80%，B 公司出资 800 万元，占注册资本的 20%。分立后存续公司甲公司注册资本变更为 3 000 万元，其中 A 公司出资 2 400 万元，占注册资本的 80%，B 公司出资 600 万元，占注册资本的 20%；新设公司乙公司注册资本 1 000 万元，其中 A 公司出资 800 万元，占注册资本的 80%，B 公司出资 200 万元，占注册资本的 20%。

本项企业分立业务，分立前后被分立企业和分立企业的股东未发生变化，持股比例未发生变化，如果符合特殊性税务处理的其他条件，各方当事人可以选择特殊性税务处理。

【例 6-17】 A 公司的注册资本 1 000 万元，甲公司持有 55%的股权、乙公司持有 45%的股权。A 公司派生分立出 B 公司，A 公司的主体资格保留。分立后 A 公司的注册资本为 550 万元人民币，甲公司持有 100%的股权；B 公司的注册资本为 450 万元人民币，乙公司持有 100%的股权。

本项企业分立业务，分立前后被分立企业和分立企业的股东发生变化，不符合特殊性税务处理的条件，各方当事人不能选择特殊性税务处理。

【例 6-18】 甲公司以存续分立的方式，分立为甲公司（存续公司）和乙公司（新设公司），分立前甲公司注册资本 4 000 万元，其中 A 公司出资 3 200 万元，占注册资本的 80%，B 公司出资 800 万元，占注册资本的 20%。分立后存续公司甲公司注册资本变更为 3 000 万元，其中 A 公司出资 2 400 万元，占注册资本的 80%，B 公司出资 600 万元，占注册资本的 20%；新设公司乙公司注册资本 1 000 万元，其中 A 公司出资 700 万元，占注册资本的 70%，B 公司出资 300 万元，占注册资本的 30%。

本项企业分立业务，分立前后被分立企业和分立企业的股东未发生变化，但持股比例发生变化，不符合特殊性税务处理的条件，各方当事人不能选择特殊性税务处理。

（五）企业分立被分立企业股东的所得税处理

财税〔2009〕59 号文第四条第五项规定，企业分立适用一般性税务处理，被分立企业继续存在时，其股东取得的对价应视同被分立企业分配进行处理。被分立企业不再继续存在时，被分立企业及其股东都应按清算进行所得税处理。如前所述，按照我国工商管理的相关规定，派生分立，被分立企业必须减少注册资本，被分立企业股东取得分立企业的股权，必须以放弃部分被分立企业股权为前提条件。在此情况下，将被分立企业股东取得的分立企业股权界定为被分立企业对其股东的分配，在理论上难以自圆其说。被分立企业股东取得分立企业的股权，实质上属于放弃被分立企业股权的对价。

《国家税务总局关于企业所得税若干问题的公告》（国家税务总局公告 2011 年第 34 号）第五条规定，投资企业从被投资企业撤回或减少投资，其取得的资产中，相当于初始出资的部分，应确认为投资收回；相当于被投资企业累计未分配利润和累计盈余公积按减少实收资本比例计算的部分，应确认为股息所得；其余部分确认为投资资产转让所得。

【例 6-19】 A 公司派生分立 B 公司，分立资产的公允价值 15 000 万元，计税基础 12 000 万元。分立前，A 公司注册资本 2 000 万元；分立后，A 公司注册资本 1 000 万元，B 公司注册资本 1 000 万元。分立前，甲公司持有 A 公司 100%的股份，投资成本 2 000 万元。分立后，甲公司持有 A 公司 100%的股份，持有 B 公司 100%的股份。分立时 A 公司的留存收益为 6 000 万元。

该项分立业务，甲公司取得的分立对价——B 公司股权，其公允价值 15 000 万元由三部分构成：投资成本 1 000 万元（2 000×1 000/2 000），应享有被投资方留存收益 3 000 万元（6 000×1 000/2 000），股权转让所得 1 100 万元（15 000－1 000－3 000）。企业分立选择一般性税务处理，被分立企业股东应享有被分立企业的留存收益属于股息性所得，如果是居民企业对居民企业的投资，股息免税。但是股权转让所得应当缴纳企业所得税。

（六）企业分立被分立企业未弥补亏损的所得税处理

按照财税〔2009〕59 号文第四条、第六条的规定，企业分立选择一般性税务处理，相关企业的亏损不得相互结转弥补。企业分立选择特殊性税务处理，被分立企业未超过法定弥补期限的亏损额可按分立资产占全部资产的比例进行分配，由分立企业继续弥补。这里的“分立资产占全部资产的比例”，应该是指分立资产公允价值占全部资产公允价值的比例，而不是分立的净资产占净资产总额的比例，因为产生利润的是资产而不是净资产，而盈利能力的大小在一定程度上取决于资产公允价值的高低。

【例 6-20】 A 公司派生分立 B 公司，分立前，A 公司资产公允价值总额 30 000 万元；分立时，分立给 B 公司资产的公允价值 15 000 万元。分立时 A 公司尚在法定弥补期内未弥补的亏损为 500 万元。

本项分立业务，被分立企业 A 公司尚在法定弥补期内未弥补的亏损 500 万元，可以由分立企业 B 公司弥补。可以由 B 公司弥补的亏损总额为 250 万元（500×15 000/30 000）。

（七）企业分立被分立企业未享受完税收优惠的处理

财税〔2009〕59 号文第九条规定，“在存续分立中，分立后的存续企业性质及适用税收优惠的条件未发生改变的，可以继续享受分立前该企业剩余期限的税收优惠，其优惠金额按该企业分立前一年的应纳税所得额（亏损计为零）乘以分立后存续企业资产占分立前该企业全部资产的比例计算”。本条税收优惠仅限于存续分立，不包括新设分立。

《国家税务总局关于发布〈企业重组业务企业所得税管理办法〉的公告》（国家税务总局公告 2010 年第 4 号）第十五条规定，企业分立适用一般性税务处理，分立各方企业按照《税法》的税收优惠规定就企业有关生产经营项目的所得享受的税收优惠承继问题，按照《实施条例》第八十九条规定执行。第二十八条规定，企业分立适用特殊性税务处理，分立前被分立企业按照《税法》的税收优惠规定就有关生产经营项目所得享受的税收优惠承继处理问题，按照《实施条例》第八十九条规定执行。

《企业所得税法实施条例》第八十九条规定，港口码头、机场、铁路、公路、城市公共交通、电力、水利等公共基础设施项目，公共污水处理、公共垃圾处理、沼气综合开发利用、节能减排技术改造、海水淡化等环境保护、节能节水项目，在减免税期限内转让的，受让方自受让之日起，可以在剩余期限内享受规定的减免税优惠；减免税期限届满后转让的，受让方不得就该项目重复享受减免税优惠。

【例 6-21】 A 公司为新办的软件生产企业，享受两免三减半税收优惠未到期。20×8 年，A 公司派生分立 B 公司，A 公司存续。分立前 A 公司的资产总额为 50 000 万元，分立给 B 公司的资产总额为 20 000 万元。分立前一年 A 公司的应纳税所得额为 3 000 万元。

该项企业分立如果选择一般性税务处理，A 公司未享受完的税收优惠，在优惠条件未发生改变的情况下，可以由 A 公司继续享受。分立当年 A 公司的应纳税所得额为 3 000 万元，可以在以后年度享受税收优惠的应纳税所得额为 1 200 万元(3 000×20 000/50 000)。

【例 6-22】 A 公司为高速公路运营公司，其有甲、乙两条高速公路，其中甲高速公路享受三免三减半优惠尚未到期。20×9 年，A 公司以甲高速公路派生分立出 B 公司。该项企业分立如果选择特殊性税务处理，甲高速公路未享受完的税收优惠，在优惠条件未发生改变的情况下，可以由 B 公司在剩余优惠期限内继续享受。

(八) 特殊性税务处理其他税收权益的延续

财税〔2009〕59 号文第六条第五项规定，企业分立适用特殊性税务处理，被分立企业已分立出去资产相应的所得税事项由分立企业承继。国家税务总局公告 2010 年第 4 号第二十八条规定，企业分立，已分立资产相应的所得税事项由分立企业承继，这些事项包括尚未确认的资产损失、分期确认收入的处理以及尚未享受期满的税收优惠政策承继处理问题等。

【例 6-23】 A 公司以其一条生产线派生分立 B 公司，分立前预收客户货款 2 000 万元，该预收款与生产线产品相关。分立时，该预收款连同生产线一并分立给 B 公司。分立后，B 公司给客户发出商品时，应当将该预收款确认为销售收入。

三、企业分立所得税处理的政策分析

财税〔2009〕59 号文关于企业分立的所得税处理，除了前述提及的问题之外，我们从以下几个方面作进一步分析。

(一) 企业分立中资产的确认

企业分立中资产的确认，是指分立企业如何确认可辨认资产的类别。资产的确认影响资产的后续计量，进而影响重组后成本费用的确认。例如，一项资产，如果确认为固定资产，后续计量应当折旧；如果确认为无形资产，后续计量应当摊销。《企业所得税法》及《实施条例》只对资产进行了分类，无资产确认的相关规定。实务中，企业应当结合《固定资产准则》等具体会计准则的相关规定确认资产。一般情况下，企业所得税与会计在资产确认上很少形成差异。

【例 6-24】 A 公司的股东为甲公司和乙公司，A 公司拥有某地一定区域的探矿权，已探明黄金储量价值 50 000 万元。A 公司以该探矿权为主要资产派生分立 B 公司，分立后 A 公司的股东为甲公司，B 公司的股东为乙公司。该项企业分立业务，B 公司取得的探矿权是否确认为资产？如果确认，属于哪一类资产？如何计量？

(二) 企业分立中商誉的确认

企业分立，通常构成业务的分立，理论上存在商誉的确认问题，但是财税〔2009〕59 号文并未提及企业重组中商誉的确认问题。对于分立企业而言，如果确认商誉，可辨认资产的计税基础就低，重组后的成本费用就小。如果不确认商誉，相当于将商誉的价值摊入了可辨认资产成本，可辨认资产的计税基础就高，重组后的成本费用就大。

【例 6-25】 A 公司的股东是甲公司和乙公司，A 公司以其部分资产派生分立 B 公司，分立后 A 公司的股东为甲公司，B 公司的股东为乙公司。分立资产按照资产基础法评估的价值为 30 000 万元，按照收益法评估的价值为 30 580 万元。资产基础法是将每项资产作为一个独立的资产看待，评估价值中未包括不可辨认资产的价值。收益法是将所有资产作为一个整体看待，评估价值中包括了不可辨认资产的价值。如果甲公司和乙公司以资产基础法评估的价值 30 000 万元为基础分立 B 公司，则无商誉问题。如果以收益法评估的价值 30 580 万元为基础分立 B 公司，就会产生商誉问题。

(三) 企业分立中资产计税基础的计量

企业分立，分立企业取得的资产、负债需要逐一确认计税基础。分立企业如何计量各单项资产、负债的计税基础，财税〔2009〕59 号文及配套文件无具体规定。如果企业分立选择特殊性税务处理，分立资产、负债以原有计税基础作为计税基础；如果选择一般性税务处理，就存在单项资产、负债计税基础的确认问题。

从上市公司企业分立案例看，选择一般性税务处理，分立企业各单项资产、负债计税基础的计量，分以下三种情况：①只采用资产基础法评估，且以该评估结论作为分立基础。直接以评估报告注明的各单项资产、负债的公允价值作为计税基础。②同时采用资产基础法和收益法评估，但以资产基础法的评估结论作为分立基础。直接以资产基础法的评估结论作为各单项资产、负债的计税基础。③同时采用资产基础法和收益法评估，但以收益法的评估结论作为分立基础。以资产基础法的评估结论作为各单项资产、负债的计税基础，收益法大于资产基础法的部分，确认为商誉。

【例 6-26】 A 公司的股东是甲公司和乙公司，A 公司以其部分资产派生分立 B 公司，分立后 A 公司的股东为甲公司，B 公司的股东为乙公司。甲公司和乙公司以资产基础法的评估结论为基础分立 B 公司，分立资产、负债按照资产基础法评估的结论如表 6-7 所示。

表 6-7　　分立资产负债价值的变化情况　　单位：万元

项目	账面价值	评估值	增减值	增值率%
	A	B	C＝B－A	D＝C/A×100%
一、流动资产	10 739	11 772	1 033	9.62
二、非流动资产	11 891	14 833	2 942	24.74
其中：长期股权投资	930	2 106	1 176	126.45
固定资产	10 874	11 686	812	7.47

（续表）

项目	账面价值	评估值	增减值	增值率%
	A	B	C=B−A	D=C/A×100%
无形资产		954	954	
分立资产合计	22 630	26 605	3 975	17.57
三、流动负债	13 669	13 687	18	0.13
分立负债合计	13 669	13 687	18	0.13
分立净资产总计	8961	12918	3957	44.16

本例中，分立企业B公司取得的资产、负债，直接以评估报告记载的评估值确认各单项资产、负债的入账价值和计税基础。

（四）企业分立中补价的所得税处理

企业分立，如果分立前后被分立企业和分立企业股东相同、持股比例相同，一般不存在补价的收付问题。但是如果分立前后被分立企业和分立企业股东不同，或股东相同但持股比例不同，就可能存在补价的收付问题。财税〔2009〕59号文对于被分立企业股东支付或收取的补价如何进行所得税处理，无具体规定。

【例6-27】 A公司派生分立B公司，分立前A公司资产的公允价值总额30 000万元。A公司分立给B公司的资产，公允价值18 000万元。分立前，甲公司持有A公司50%的股份，乙公司持有A公司50%的股份。分立后，甲公司持有A公司100%的股份，乙公司持有B公司100%的股份。分立过程中，乙公司给甲公司支付补价3 000万元。

本项企业分立业务，分立前，甲公司、乙公司各享有A公司资产的公允价值为15 000万元。分立后，甲公司享有A公司的资产为12 000万元，乙公司享有B公司的资产为18 000万元，乙公司给甲公司支付补价3 000万元。理论上，乙公司支付给甲公司的补价，应当增加对B公司的投资成本。甲公司收取的补价，应当冲减对A公司的投资成本。

（五）企业分立特殊性税务处理的实质

企业分立适用特殊性税务处理，对于被分立企业的股东而言，属于递延纳税——将本应在分立当期缴纳的税收，通过税基替换，递延至分立后转让分立企业股权时缴纳。对于被分立企业和分立企业而言，存在税负转嫁——将本应由被分立企业在分立当期缴纳的税收，通过税基转移，转嫁给分立企业，由分立企业在分立后缴纳。

【例6-28】 A公司的股东为甲公司，从A公司中分立出B公司。甲公司放弃计税基础7 000万元的A公司股权，取得公允价值10 000万元的B公司股权。A公司被分立资产的公允价值10 000万元，计税基础6 000万元。分立完成的12个月后，B公司以12 000万元的价格转让分立中取得的A公司资产，甲公司以15 000万元的价格转让B公司股权。该项企业分立业务适用一般性税务处理和特殊性税务处理，税收负担比较如表6-8所示。

表 6-8 企业分立适用一般重组和特殊重组税收负担的比较 单位：万元

重组当事人	期间	一般重组应税所得	特殊重组应税所得	税负比较
被分立方（A公司）	分立当期	10 000 − 6 000 = 4 000	0	0 − 4 000 = −4 000
	分立以后	0	0	0
分立方（B公司）	分立当期	0	0	0
	分立以后	12 000 − 10 000 = 2 000	12 000 − 6 000 = 6 000	6 000 − 2 000 = 4 000
被分立方股东（甲公司）	分立当期	10 000 − 7 000 = 3 000	0	0 − 3 000 = −3 000
	分立以后	15 000 − 10 000 = 5 000	15 000 − 7 000 = 8 000	8 000 − 5 000 = 3 000
应税所得合计		14 000	14 000	14 000 − 14 000 = 0

说明：选择一般重组，B公司取得A公司资产，甲公司取得B公司股权，均以公允价值（10 000万元）作为计税基础。选择特殊重组，B公司取得A公司资产，以该资产的原计税基础（6 000万元）作为计税基础；甲公司取得B公司股权，以原持有A公司股权的计税基础（7 000万元）作为计税基础。

通过分析上表我们可以看出：①对于被分立企业和分立企业而言，企业分立适用特殊性税务处理，分立当期和分立以后，被分立企业的应税所得减少4 000万元，分立企业的应税所得增加4 000万元。被分立企业通过税基转移，将其本应在分立当期缴纳的税收转嫁给了分立企业，由分立企业在分立后承担。②对于被分立企业的股东而言，企业分立适用一般性税务处理，分立当期确认应税所得3 000万元，分立后确认应税所得5 000万元。适用特殊性税务处理，分立当期不确认应税所得，分立后确认应税所得8 000万元。被分立企业的股东通过税基替换，将其本应在分立当期确认的应税所得，递延至将来转让分立企业股权时确认。

四、企业分立税会差异的调整

（一）企业分立税会差异的形成原因

企业分立的会计处理，目前尚无专门的会计准则加以规范，重组实务中，一般都是参照《企业合并准则》的相关原理，选择权益法或购买法进行会计处理。而企业分立的所得税处理，遵循的是《企业所得税法》及配套文件中有关企业重组的相关规定。由于企业分立的会计处理和所得税处理遵循不同的处理规则，所以就产生了税会差异的调整问题。企业分立中的税会差异，包括企业分立中涉及所有资产、负债的税会差异。

（二）负债初始计量形成的税会差异

被分立企业在企业分立中将其部分债务分离给分立企业。对于被分立企业而言，如果该项负债在分立前存在税会差异，该差异在计算重组所得时进行调整。对于分立企业而言，其接受被分立企业的债务，一般不存在税会差异。但是如果该企业分立选择特殊性税务处理，被分立企业分离给分立企业的负债在分立前存在税会差异，则该差异在分立后仍然存在，由分立企业在分立后进行纳税调整。

【例6-29】 A房地产开发公司应付B工程公司工程款1 000万元，A公司会计处理确认开发成本1 000万元，应付账款1 000万元。但是由于工程纠纷等方面的原因，B公司给

A公司开具的工程发票为600万元，A公司税前扣除工程成本600万元。在此情况下，A公司的该项应付账款账面价值为1 000万元，计税基础为600万元，形成400万元的税会差异。该项债务如果参与企业分立，且该企业分立选择特殊性税务处理，该税会差异由分立企业在分立后作纳税调整。

（三）负债后续计量形成的税会差异

负债的后续计量主要是带息负债计提的利息费用。带息负债计提的利息费用，如果在计提当期的税前扣除，无税会差异。如果在计提当期的税前由于未取得扣除凭证等原因没有扣除，就会形成税会差异。如果该负债参与企业分立，在一般性税务处理下，该差异由被分立企业在分立当期作纳税调整；在特殊性税务处理下，该差异结转给分立企业，由分立企业在分立后作纳税调整。

【例6-30】 A公司向B公司购入货物，给B公司开具带息票据一张，金额500万元，年利率3.6%，期限6个月，到期一次还本付息。A公司计提利息费用9万元，该利息费用如果未在企业所得税前扣除，该项债务的账面价值509万元，计税基础500万元，形成9万元的税会差异。如果该项业务参与企业分立，且选择一般性税务处理，该差异由被分立企业在分立当期作纳税调整。

（四）适用特殊性税务处理形成的税会差异

以同一控制下的企业分立适用一般性税务处理为例，被分立企业分立出去的资产，会计处理不确认损益，所得税处理确认资产转让所得，形成税会差异，该差异由被分立企业在分立当期作纳税调整。分立企业取得的分立资产，会计处理以该资产的原有账面价值作为入账价值，所得税处理以资产的公允价值作为计税基础，形成税会差异，该差异由分立企业在对分立资产后续计量时作纳税调整。

【例6-31】 A公司派生分立B公司，分立资产的公允价值10 000万元，账面价值6 000万元，计税基础6 000万元。分立前，甲公司持有A公司100%的股权；分立后，甲公司持有A公司100%的股权，持有B公司100%的股权。该项企业分立为同一控制下的企业分立，当事人选择一般性税务处理。

企业分立当期，A公司会计处理不确认资产转让损益，所得税处理确认资产转让所得4 000万元(10 000－6 000)。分立当期所得税申报时，调整增加应纳税所得额4 000万元。

B公司取得的分立资产，会计处理以原账面价值6 000万元初始计量，所得税处理以该资产的公允价值10 000万元作为计税基础，由此形成4 000万元的税会差异。该差异在对资产后续计量(如计提折旧)或处置资产时，调整减少应纳税所得额。

（五）企业分立税会差异纳税调整的注意事项

企业分立税会差异的调整应当注意两个问题：一是企业分立前形成的税会差异，如由于资产的初始计量和后续计量形成的税会差异，由被分立企业在分立当期作纳税调整。二是企业分立过程中形成的税会差异，如由于选择特殊性税务处理形成的税会差异，由分立企业在分立后对资产后续计量或处置资产时作纳税调整。

五、企业分立具体业务的所得税处理

（一）同一控制下企业分立的所得税处理

1. 同一控制下企业分立的一般性税务处理

（1）各方当事人的所得税处理

企业分立选择一般性税务处理，①分立企业取得的各项资产、负债，以公允价值作为计税基础。②被分立企业分离出去的资产、负债，其公允价值与计税基础的差额，确认为应税所得。③被分立企业股东放弃的“旧股”，其公允价值与计税基础的差额，确认为股权转让所得；取得的“新股”，以公允价值作为计税基础。

（2）各方当事人的会计处理

同一控制下的企业分立，通常分立前后被分立企业和分立企业的股东不变，持股比例不变，资产的所有权不发生实质性转移。分立各方当事人会计处理应当按照权益法核算，转让的资产、负债不确认资产、负债的转让损益，取得的资产、负债以其原账面价值计量。

（3）各方当事人的税会差异

1）分立企业的税会差异。

同一控制下的企业分立选择一般性税务处理，分立企业取得的各项资产、负债，会计处理以该资产、负债的原账面价值计量，所得税处理以该资产、负债的公允价值确认计税基础，由此形成税会差异，该差异在分立后对资产、负债后续计量或处置时作纳税调整。

2）被分立企业的税会差异。

同一控制下的企业分立选择一般性税务处理，被分立企业分离出去的资产、负债，会计处理不确认资产、负债的转让损益，所得税处理确认资产、负债的转让所得，由此形成税会差异，该差异在分立当期所得税申报时作纳税调整。

3）被分立企业股东的税会差异。

同一控制下的企业分立选择一般性税务处理，被分立企业股东的税会差异包括：①注销的被分立企业股权，会计处理不确认股权转让损益，所得税处理确认股权转让所得，由此形成税会差异，该差异在分立当期纳税调整。②取得分立企业的股权，会计处理以注销被分立企业股权的账面价值计量，所得税处理以该股权的公允价值确认计税基础，由此形成税会差异，该差异在将来处置分立企业股权时作纳税调整。

【例 6-32】 上市公司国轩高科公告，其子公司东源电器为了理清业务类型、优化公司架构，拟按业务类型进行存续分立。分立前其经营范围包括：252 kV 及以下高低压开关及成套设备、智能数字化开关设备及配套装置部件、电力变压器、岸电电源、轨道交通电气设备、船舶电气设备、充电桩、节能环保电器及设备、箱式变电站及其部件的研发、制造、销售、安装；太阳能电站、风能电站、储能电站建设；太阳能电站、风能电站、储能电站配套电气设备的研发、制造、销售、安装；变电站电力工程咨询、设计、总承包；充电站的设计、总承包及运营管理；锂离子电池及其材料、电动车车载电源、车载充电机、控制器、电动机、高压箱、电池箱类汽车配套部件的研发、制造、销售；自营和代理各类商品及技术的进出口业务（国家限定公司经营或禁止进出口的商品除外）；城市及道路照明工程的设计和施工。

（一）分立前的股权结构

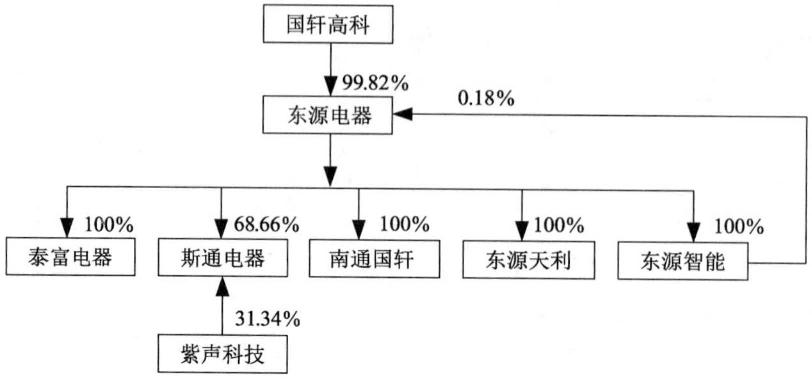

图 6-1　国轩高科分立前的股权构架

（二）分立方式

东源电器按业务类型进行存续分立。其中，与输配电业务相关的资产、负债仍保留在东源电器，即泰富电器和斯通电器仍由东源电器控股；与动力锂电池配套业务相关的资产、负债转移至南通国轩名下，即东源天利和东源智能由南通国轩控股。分立完成后，东源电器、南通国轩为国轩高科全资子公司。

（三）分立后的股权结构

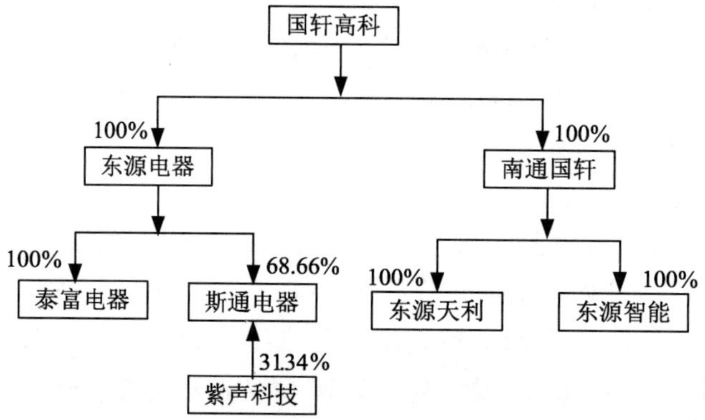

图 6-2　国轩高科分立后的股权构架

（四）分立前后注册资本

表 6-9　　东源电器分立前后注册资本及股东持股情况　　单位：万元

公司名称	注册资本（分立前）	注册资本（分立后）	分立后股东情况
东源电器	55 000	20 000	国轩高科持股 100%
南通国轩	30 000	35 000	国轩高科持股 100%

（五）财产分割情况

以 2018 年 9 月 30 日为基准日，资产分割后东源电器和南通国轩各自的资产总额、负债总额和净资产总额如表 6-10 所示。

表 6-10　　东源电器分立前后财产分割情况　　单位：万元

项目	分立前		分立后			
	东源电器	比例	东源电器	比例	南通国轩	比例
资产总额	197 598.70	100%	97 035.08	49%	100 563.62	51%
负债总额	103 433.02	100%	68 895.70	67%	34 537.92	33%
净资产总额	92 594.55	100%	28 139.38	30%	66 026.29	70%

（六）债权债务分割情况

东源电器分立前产生的债权、债务继续由东源电器承担，南通国轩根据相关法律规定对东源电器分立前产生的债务承担连带责任，但东源电器在分立前与债权人就债务清偿达成的书面协议另有约定的除外。

案例评析：

（一）案例特点

本企业分立案例具有如下特点：①被分立企业东源电器和分立企业南通国轩都是控股公司，东源电器以其持有子公司的股权作为分立资产进行企业分立。②分立企业南通国轩不是一个从无到有新设的企业，而是一个原已存在的企业。③分立前，被分立企业东源电器受国轩高科的控制；分立后，存续企业东源电器和分立企业南通国轩受国轩高科的控制，属于同一控制下的企业分立，但分立前后股东发生变化。分立前国轩高科持有东源电器 99.82%的股份，东源智能持有其母公司东源电器 0.18%的股份（交叉持股）；分立后国轩高科持有东源电器 100%的股份。

（二）会计处理和所得税处理原则

本企业分立，由于被分立企业和分立企业在分立前后受同一方控制，属于同一控制下的企业分立，各方当事人会计处理应当采用权益法核算，转让的资产、负债，不确认资产转让收益；取得的资产、负债，以该资产、负债的原有账面价值计量。

本企业分立，由于分立前后被分立企业的股东发生变化，不符合企业分立特殊性税务处理的条件，只能适用一般性税务处理。各方当事人转让的资产、负债，确认资产、负债转让所得；取得的资产、负债，以该资产、负债的公允价值作为计税基础。

本企业分立，如果在分立之前，国轩高科先收购东源智能持有东源电器 0.18%的股权，使得国轩高科持有东源电器 100%的股份，然后再作企业分立，在符合企业分立特殊性税务处理其他条件的前提下，该企业分立可以适用特殊性税务处理。

（三）分立企业的会计处理和所得税处理

本企业分立，对于分立企业南通国轩而言，相当于国轩高科从东源电器撤资，收回东源电器持有的南通国轩股权，国轩高科成为南通国轩的控股股东。之后再由东源电器将其持有的东源天利、东源智能股权分立给南通国轩。只不过实务中，以上两个动作是一步完成的。

南通国轩的会计处理应先把股东由东源电器调整为国轩高科，再做增资处理。

借：股本——东源电器　300 000 000
　　贷：股本——国轩高科　300 000 000

借：资产　1 005 636 200
　　贷：负债　345 379 200
　　　　股本——国轩高科　50 000 000
　　　　资本公积　610 257 000

说明：从国轩高科的公告中看不出东源智能持有东源电器0.18%的股份是何时及如何过渡到国轩高科名下的。

南通国轩的所得税处理：本企业分立，由于分立后被分立企业股东发生变化，只能适用一般性税务处理，南通国轩取得的分立资产、负债，应当以公允价值作为计税基础（国轩高科在分立公告中未提及分立资产、负债的公允价值）。

（四）被分立企业的会计处理和所得税处理

被分立企业东源电器的会计处理，按照其控股股东国轩高科减资处理。

借：负债　345 379 200
　　股本——国轩高科　350 000 000
　　资本公积　310 257 000
　　贷：资产　1 005 636 200

东源电器的所得税处理：本企业分立，由于分立后被分立企业股东发生变化，只能适用一般性税务处理，东源电器分立出去的资产、负债，应当确认资产转让所得（国轩高科在分立公告中未提及东源电器分立资产、负债的公允价值）。

（五）被分立企业股东的会计处理和所得税处理

被分立企业股东国轩高科的会计处理，按照减少对东源电器的投资，增加对南通国轩的投资处理。

借：长期股权投资——南通国轩　660 262 900
　　贷：长期股权投资——东源电器　50 000 000
　　　　资本公积　610 262 900

说明：假定国轩高科持有东源电器的投资成本与东源电器的股本相同。

国轩高科的所得税处理：本企业分立，由于分立后被分立企业股东发生变化，只能适用一般性税务处理，国轩高科注销的东源电器股权，应当确认股权转让所得。取得南通国轩的股权，应当以公允价值作为计税基础（国轩高科在分立公告中未提及南通国轩股权的公允价值）。

（六）各方当事人的税会差异

本企业分立属于同一控制下的企业分立，各方当事人会计处理按照权益法核算，转让的资产、负债不确认资产、负债转让收益，取得的资产、负债以该资产、负债的原账面价值计量。所得税适用一般性税务处理，转让的资产、负债确认资产、负债的转让所得，取得的资产、负债以公允价值作为计税基础，形成税会差异，应当在分立前后按照税法规定对税会差异进行调整。

2. 同一控制下企业分立的特殊性税务处理

（1）各方当事人的所得税处理

企业分立选择特殊性税务处理，①分立企业取得的资产、负债，以该资产、负债的原有计税基础作为计税基础。②被分立企业分立出去的资产、负债，其公允价值与计税基础的差额，不确认应税所得。③被分立企业股东注销的旧股，其公允价值与计税基础的差额，不确认股权转让所得；取得的新股，以注销旧股的计税基础作为计税基础。

（2）各方当事人的会计处理

同一控制下的企业分立，通常分立前后被分立企业和分立企业的股东不变，持股比例不变，资产的所有权不发生实质性转移。分立各方当事人会计处理应当按照权益法核算，转让的资产、负债不确认资产、负债的转让损益，取得的资产、负债以其原账面价值计量。

（3）各方当事人的税会差异

1）分立企业的税会差异。

同一控制下的企业分立选择特殊性税务处理，分立企业取得的分立资产、负债，会计处理以该资产、负债的原有账面价值计量，所得税处理以该资产、负债的原有计税基础作为计税基础，如果该资产、负债在分立前不存在税会差异，分立不产生新的税会差异；如果在分立前存在税会差异，该差异结转给分立企业，由分立企业在分立后对资产、负债后续计量或处置资产、负债时作纳税调整。

2）被分立企业的税会差异。

同一控制下的企业分立选择特殊性税务处理，被分立企业分立出去的资产、负债，会计处理不确认资产转让损益，所得税处理不确认资产转让所得，如果该资产、负债在分立前不存在税会差异，分立不产生新的税会差异；如果该资产、负债在分立前存在税会差异，该差异结转给分立企业，由分立企业在分立后对资产、负债后续计量或处置资产、负债时作纳税调整。

3）被分立企业股东的税会差异。

同一控制下的企业分立选择特殊性税务处理，被分立企业股东的税会差异包括：①注销的被分立企业股权，会计处理不确认股权转让损益，所得税处理不确认股权转让所得，如果该部分股权在分立前不存在税会差异，分立不产生新的税会差异；如果在分立前存在税会差异，该差异结转到取得的分立企业股权上，在分立后处置分立企业股权时作纳税调整。②取得分立企业的股权，会计处理以注销被分立企业股权的账面价值计量，所得税处理以注销被分立企业股权的计税基础作为计税基础，如果被分立企业股权在分立前不存在税会差异，分立不产生新的税会差异；如果在分立前存在税会差异，该差异结转到分立企业股权上，在分立后处置分立企业股权时作纳税调整。

同一控制下的企业分立，所得税处理一般选择特殊性税务处理，不确认应税所得。但是如果被分立企业或其股东享受定期减免等税收优惠，也可能选择一般性税务处理。因为在此情形下选择一般性税务处理，资产的转让方确认的所得免征企业所得税，而资产受让方受让的资产计税基础递增，可以减轻资产受让方的税收负担。

【例 6-33】 中国天楹（上市公司）根据公司未来发展需要，为实现对现有产业布局实施战略性调整，提高公司核心竞争力，拟将全资子公司江苏天楹的全资项目子公司初谷实业以存续分立的形式进行公司分立，以从初谷实业分立出的部分资产注册成立一家新的全资子公司天禧实业。

（一）分立前的股权结构

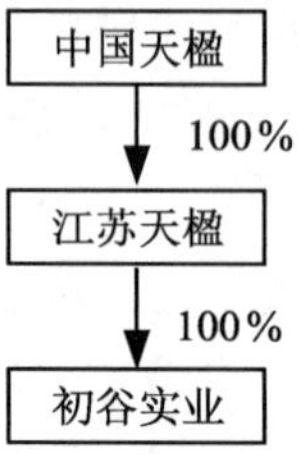

图 6-3　初谷实业分立前的股权架构

（二）分立后的股权结构

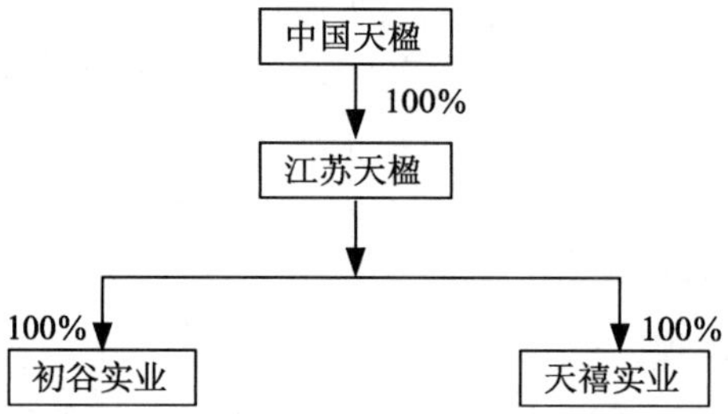

图 6-4　初谷实业分立后的股权架构

（三）分立前后的注册资本

表 6-11　　初谷实业分立前后的注册资本及股东持股　　单位:万元

公司名称	注册资本(分立前)	注册资本(分立后)	分立后股东情况
初谷实业	2 249	1 326	江苏天楹持股 100%
天禧实业	—	923	江苏天楹持股 100%
合计	—	2 249	—

（四）分立目的

分立后的初谷实业主营业务集中于其下属公司大贸环保，大贸环保为从事以 BOT 方式投资、建设和运营城市生活垃圾焚烧发电项目的公司，目前主要经营深圳平湖垃圾发电厂二期项目；新成立的天禧实业则主要负责公司深圳所属物业的租赁及物业管理业务。分立后的两家公司，主营业务明确，将有利于提高公司核心竞争力和企业整体效益，实现股东利益最大化。

（五）财产分割情况

以 2015 年 6 月 30 日为分立基准日，根据初谷实业编制的资产负债表及相关清单，经过分割和调整，在分立完成后，初谷实业和天禧实业各自的总资产、负债和净资产分别如表 6-12所示。

表 6-12　　初谷实业分立前后的财产分割情况　　单位:元

项目	初谷实业(分立前)	初谷实业(分立后)	天禧实业(分立后)
资产总额	75 202 641.77	53 105 227.74	22 097 414.03
负债总额	21 347 930.99	21 347 930.99	0
净资产总额	53 854 710.78	31 757 296.75	22 097 414.03

(六) 债权债务分割情况

分立完成后,初谷实业和天禧实业对初谷实业在分立前产生或存续的债务承担连带清偿责任。

案例评析:

(一) 会计处理和所得税处理原则

本企业分立,分立前后,被分立企业和分立企业股东相同,持股比例相同,属于同一控制下的企业分立。各方当事人会计处理应当采用权益法核算,转让的资产不确认资产转让损益,取得的资产以该资产的原有账面价值计量。

本企业分立,由于分立前后,被分立企业和分立企业股东相同,持股比例相同,如果符合特殊性税务处理的其他条件,可以选择特殊性税务处理。各方当事人转让的资产,不确认资产转让所得;取得的资产,以该资产的原有计税基础作为计税基础。

(二) 分立企业的会计处理和所得税处理

分立企业天禧实业的会计处理:按照新设企业进行会计处理。

借:资产　　22 097 414.03
　　贷:股本——江苏天楹　　9 230 000.00
　　　　资本公积　　12 867 414.03

天禧实业的所得税处理:本企业分立,如果各方当事人选择特殊性税务处理,天禧实业取得的分立资产,以该资产的原有计税基础作为计税基础。如果分立资产在分立前无税会差异,则计税基础与账面价值相同,为 22 097 414.03 元。

(三) 被分立企业的会计处理和所得税处理

被分立企业初谷实业的会计处理:按照其控股股东江苏天楹减资处理。

借:股本——江苏天楹　　9 230 000.00
　　资本公积　　12 867 414.03
　　贷:资产　　22 097 414.03

初谷实业的所得税处理:本企业分立,如果各方当事人选择特殊性税务处理,初谷实业分立出去的资产,不确认资产转让所得。

(四) 被分立企业股东的会计处理和所得税处理

被分立企业股东江苏天楹的会计处理,按照减少对初谷实业的投资,增加对天禧实业的投资处理。

借:长期股权投资——天禧实业　　9 230 000.00
　　贷:长期股权投资——初谷实业　　9 230 000.00

说明：假定江苏天楹持有初谷实业的投资成本与初谷实业的股本相同。

江苏天楹的所得税处理：本企业分立，如果各方当事人选择特殊性税务处理，江苏天楹注销的初谷实业股权，不确认股权转让所得。取得天禧实业的股权，以原持有初谷实业股权的计税基础作为计税基础，计税基础为923万元。

（五）各方当事人的税会差异

本企业分立属于同一控制下的企业分立，各方当事人会计处理按照权益法核算，转让的资产不确认资产转让损益，取得的资产以该资产的原账面价值计量。所得税适用特殊性税务处理，转让的资产不确认资产转让所得，取得的资产以原有计税基础作为计税基础，如果分立资产在分立前无税会差异，分立不产生新的税会差异。

（二）非同一控制下企业分立的所得税处理

1. 非同一控制下企业分立的一般性税务处理

（1）各方当事人的所得税处理

非同一控制下的企业分立选择一般性税务处理，①分立企业取得的资产、负债，以公允价值作为计税基础。②被分立企业分立出去的资产、负债，其公允价值与计税基础的差额，确认为应税所得。③被分立企业股东注销的旧股，其公允价值与计税基础的差额，确认为股权转让所得；取得的新股，以公允价值作为计税基础。

（2）各方当事人的会计处理

非同一控制下的企业分立，通常是被分立企业股东的分家，分立后被分立企业和分立企业的控制权发生变化，资产的所有权发生实质性转移。分立各方当事人会计处理应当按照购买法核算，转让的资产、负债确认资产、负债的转让损益，取得的资产、负债以公允价值计量。

（3）各方当事人的税会差异

1）分立企业的税会差异。

非同一控制下的企业分立选择一般性税务处理，分立企业取得的分立资产、负债，会计处理以该资产、负债的公允价值计量，所得税处理以该资产、负债的公允价值确认计税基础，一般情况下不产生税会差异。

2）被分立企业的税会差异。

非同一控制下的企业分立选择一般性税务处理，被分立企业分立出去的资产、负债，会计处理确认资产转让损益，所得税处理确认资产转让所得。如果分立资产、负债在分立前无税会差异，分立不产生新的税会差异；如果分立前存在税会差异，该差异在分立当期作纳税调整。

3）被分立企业股东的税会差异。

非同一控制下的企业分立选择一般性税务处理，被分立企业股东的税会差异包括：①注销的被分立企业股权，会计处理确认股权转让损益，所得税处理确认股权转让所得，注销股权如果在分立前无税会差异，分立不产生新的税会差异；如果在分立前存在税会差异，该差异在分立当期作纳税调整。②取得分立企业的股权，会计处理以公允价值计量，所得税处理以公允价值确认计税基础，一般不产生税会差异。

【例 6-34】 绍兴前进由杭齿前进与自然人金某荣合资组建，注册资本 1 000 万元，杭齿前进持有 55%的股权、金某荣持有 45%的股权。绍兴前进经营期限于 2011 年 9 月 10 日到期，现决定将经营期限延长到 2012 年 3 月 31 日，并同意在此期间采用派生分立方式对绍兴前进进行股权重组，绍兴前进继续存续，从绍兴前进中分立出的资产注册成立一家新公司金道传动，杭齿前进拥有分立后的绍兴前进 100%的股权，金某荣拥有分立后的金道传动 100%的股权。

（一）分立方案

1. 分立方式

对绍兴前进采用派生分立方式，派生分立出金道传动，绍兴前进的主体资格保留。

2. 分立原则

绍兴前进派生分立金道传动，按业务划分：①分立后存续的绍兴前进主要经营制造、销售船用齿轮箱及其配件；工程机械变速箱及其配件；变矩器及其零配件；汽车配件；相关产品、技术进出口。具体经营范围以分立后工商变更登记经营范围为准。②分立后新设的金道传动主要经营制造、销售叉车变速箱及其配件。具体经营范围以工商变更登记经营范围为准。

（二）分立前的股权结构

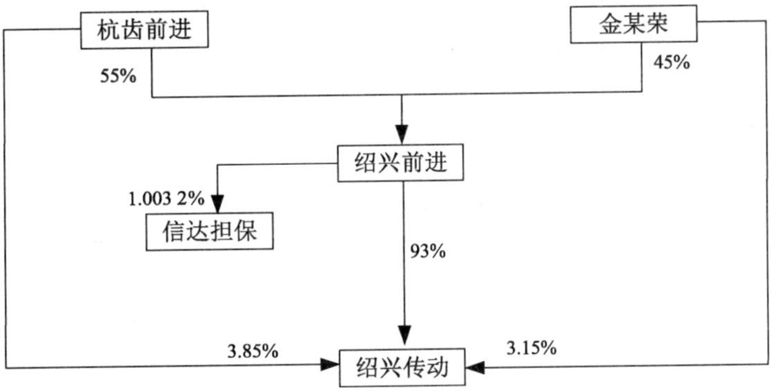

图 6-5　绍兴前进分立前的股权架构

（三）分立后的股权结构

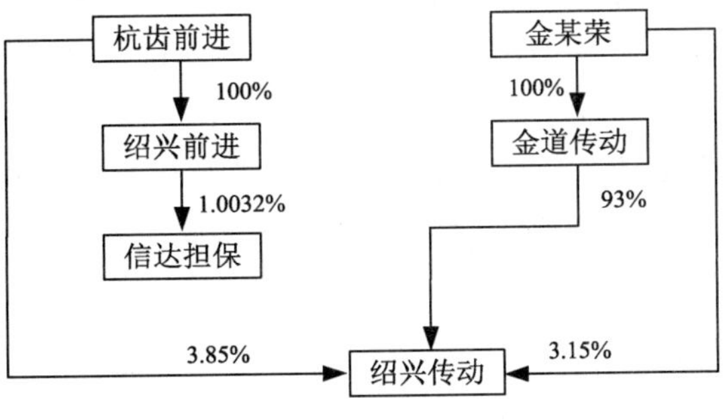

图 6-6　绍兴前进分立后的股权架构

（四）分立前后的注册资本

表 6-13　　绍兴前进分立前后注册资本及股东持股　　单位：万元

公司名称	注册资本	杭齿前进持股		金某荣持股	
		金额	比例	金额	比例
绍兴前进(分立前)	1 000	550	55%	450	45%
绍兴前进(分立后)	550	550	100%		
金道传动(分立后)	450			450	100%

（五）财产分割情况

1. 资产负债划分的原则：以绍兴前进截至2011年12月31日应划分的业务所对应的资产负债进行划分，确保分立后绍兴前进与金道传动业务分离。

2. 根据上述划分原则及坤元资产评估有限公司出具的绍兴前进以2011年12月31日为基准日的《资产评估报告》，确定本次分立绍兴前进净资产划分如表6-14所示。

表 6-14　　绍兴前进净资产划分情况(评估值)　　单位：元

项目	绍兴前进(分立前)	绍兴前进(分立后)	金道传动(分立后)
资产总额	502 642 758.05	236 586 918.88	266 055 839.17
负债总额	202 637 592.98	65 760 527.87	136 877 065.11
净资产总额	300 005 165.07	170 826 391.01	129 178 774.06

表 6-15　　绍兴前进分立资产增值情况　　单位：元

项目	账面价值	评估价值	增减值	增值率
	A	B	C=B-A	D=C/A×100%
资产总额	226 304 124.89	266 055 839.17	39 751 714.28	17.57
负债总额	136 693 828.79	136 877 065.11	183 236.32	0.13
净资产总额	89 610 296.10	129 178 774.06	39 568 477.96	44.16

3. 分立双方根据业务划分原则分割资产后，各自分得的净资产的评估值，与根据分立前绍兴前进股权比例应分得的净资产之间的差额，绍兴前进应付金道传动5 823 550.22元。

（六）其他事项

因绍兴前进分立给金道传动的资产增值部分如应缴企业所得税，由金某荣承担。在向税务部门实际缴纳前10日内以现金的方式由绍兴传动或金某荣控制的其他企业支付给绍兴前进，由绍兴前进履行代扣代缴义务。

案例评析：

（一）案例特点

本企业分立案例具有如下特点：①分立前，被分立企业绍兴前进受杭齿前进控制；分立后，存续企业绍兴前进受杭齿前进控制，分立企业金道传动受金某荣控制。由于分立前后被分立企业和分立企业控股股东发生变化，属于非同一控制下的企业分立。②企业分立时，分立给存续企业绍兴前进的资产大于其控股股东杭齿前进的持股比例，差额形成绍兴前进对金道传动的应付款。

（二）会计处理和所得税处理原则

本企业分立，由于被分立企业和分立企业在分立前后不受同一方控制，属于非同一控制下的企业分立，分立各方当事人会计处理应当采用购买法核算，转让的资产、负债，确认资产、负债转让所得；取得的资产、负债，按照公允价值计量。

本企业分立，由于分立前后被分立企业和分立企业的股东发生变化，不符合企业分立特殊性税务处理的条件，只能适用一般性税务处理。分立各方当事人转让的资产、负债，确认资产、负债转让所得；取得的资产、负债，以公允价值作为计税基础。

（三）分立企业的会计处理和所得税处理

分立企业金道传动的会计处理：按照新设企业进行会计处理，资产、负债以公允价值计量。

借：资产	266 055 839.17	
其他应收款——绍兴前进	5 823 550.22	
贷：负债		136 877 065.11
股本——金某荣		4 500 000.00
资本公积		130 502 324.28

金道传动的所得税处理：本企业分立，由于分立后被分立企业和分立企业股东发生变化，只能适用一般性税务处理，金道传动取得的分立资产、负债，应当以公允价值作为计税基础。

（四）被分立企业的会计处理和所得税处理

被分立企业绍兴前进如何进行会计处理争议较大，一般认为，应当按照其股东金某荣减资进行账务处理：

借：负债	136 693 828.79	
股本——金某荣	4 500 000.00	
资本公积	90 933 846.32	
贷：资产		226 304 124.89
其他应付款——金道传动		5 823 550.22

以上会计处理，资本公积不足冲减的，冲减盈余公积；盈余公积仍不足冲减的，冲减未分配利润。但是如此处理，未体现出购买法下应当体现的资产、负债处置损益，与购买法的原理相悖。

绍兴前进的所得税处理：本企业分立，由于分立后被分立企业和分立企业股东发生变化，只能适用一般性税务处理，绍兴前进分立出去的资产、负债，应当确认资产、负债转让所得。

资产转让所得：266 055 839.17－226 304 124.89＝39 751 714.28（元）

负债转让所得：136 693 828.79－136 877 065.1＝－183 236.32（元）

（五）被分立企业股东的会计处理和所得税处理

本企业分立，被分立企业股东杭齿前进持有绍兴前进的股权比例上升，但金额未发生变化，不需要进行会计处理和所得税处理。

被分立企业股东金某荣放弃绍兴前进的股权，取得金道传动的股权，应当确认股权转让所得，缴纳个人所得税。

股权转让所得：129 178 774.06 − 4 500 000.00 = 124 678 774.06（元）

（六）其他事项的所得税处理

本企业分立，被分立企业绍兴前进的股东杭齿前进和金某荣约定，绍兴前进因企业分立而产生的税款，由金某荣负担，由金道传动或金某荣控制的其他企业支付。该部分款项对于金某荣而言，应当计入对金道传动的投资成本，对于垫付款项的企业而言，构成应收金某荣的往来款项。

2. 非同一控制下企业分立的特殊性税务处理

（1）各方当事人的所得税处理

非同一控制下的企业分立选择特殊性税务处理，①分立企业取得的资产、负债，以该资产、负债的原有计税基础作为计税基础。②被分立企业分立出去的资产、负债，其公允价值与计税基础的差额，不确认应税所得。③被分立企业股东放弃的旧股，其公允价值与计税基础的差额，不确认股权转让所得；取得的新股，以放弃旧股的计税基础作为计税基础。

（2）各方当事人的会计处理

非同一控制下的企业分立，通常是被分立企业股东的分家，分立后被分立企业和分立企业的控制权发生变化，资产的所有权发生实质性转移。分立各方当事人会计处理应当按照购买法核算，转让的资产、负债确认资产、负债的转让损益，取得的资产、负债以公允价值计量。

（3）各方当事人的税会差异

1）分立企业的税会差异。

非同一控制下的企业分立选择特殊性税务处理，分立企业取得的分立资产、负债，会计处理以该资产、负债的公允价值计量，所得税处理以该资产、负债的原有计税基础作为计税基础，形成税会差异。该差异在对资产、负债后续计量或处置资产、负债时作纳税调整。

2）被分立企业的税会差异。

非同一控制下的企业分立选择特殊性税务处理，被分立企业分立出去的资产、负债，会计处理确认资产转让损益，所得税处理不确认资产转让所得，形成税会差异。该差异由被分立企业在分立当期作纳税调整。

3）被分立企业股东的税会差异。

非同一控制下的企业分立选择特殊性税务处理，被分立企业股东的税会差异：①注销的被分立企业股权，会计处理确认股权转让损益，所得税处理不确认股权转让所得，形成税会差异。该差异在分立当期作纳税调整。②取得分立企业的股权，会计处理以公允价值计量，所得税处理以注销被分立企业股权的计税基础作为计税基础，形成税会差异，该差异在分立后处置分立企业股权时作纳税调整。

企业分立选择特殊性税务处理，条件之一是分立前后被分立企业和分立企业的股东不变、持股比例不变。非同一控制下的企业分立，通常分立前后被分立企业和分立企业的控制权发生转移，股东发生变化，不符合适用特殊性税务处理的条件，无法选择特殊性税务处理。

六、企业分立的所得税纳税申报

（一）企业分立所得税申报概述

1. 企业分立所得税申报的类型

企业分立中的新设分立，被分立企业解散，被分立企业、被分立企业股东都应当按照企业清算进行所得税申报，这个问题我们将在第九章中专题讨论。在本章，我们重点讨论存续分立各方当事人的所得税申报。

2. 企业分立所得税申报的内容

企业分立，各方当事人的所得税处理主要包括两项内容：一是转让的资产是否确认资产转让所得，二是受让的资产如何确认计税基础。其中应当在纳税申报表中申报的主要是资产转让所得，受让资产计税基础只有在特殊性税务处理中才需要专门申报。

（二）适用一般性税务处理的所得税申报

1. 无税会差异的所得税申报

如前所述，企业分立适用一般性税务处理，同一控制下的企业分立存在税会差异，非同一控制下的企业分立一般不产生税会差异。在此我们主要讨论非同一控制下企业分立的所得税申报。

（1）被分立企业的所得税申报

非同一控制下的企业分立适用一般性税务处理，被分立企业分离出去的资产，会计处理确认资产转让损益，所得税处理确认资产转让所得，如果分立资产在分立前无税会差异，分立不产生新的税会差异。由于被分立企业的会计处理无明确规定，建议资产转让所得先在《一般企业收入明细表》(A101010)第17行“非流动资产处置利得”申报，然后转入《企业所得税年度纳税申报表(A类)》(A100000)第11行“营业外收入”。

（2）被分立企业股东的所得税申报

非同一控制下的企业分立适用一般性税务处理，被分立企业股东注销的被分立企业股权，会计处理确认股权转让损益，所得税处理确认股权转让所得。如果被注销股权在分立前无税会差异，分立一般不产生新的税会差异。股权转让所得直接在《企业所得税年度纳税申报表(A类)》(A100000)第9行“投资收益”填报，无须进行纳税调整。

（3）分立企业的所得税申报

非同一控制下的企业分立适用一般性税务处理，分立企业取得的资产、负债，以其公允价值确认计税基础，资产、负债计税基础无须在申报表中单独反映。

【例6-35】 A公司的股东为甲公司、乙公司。A公司派生分立B公司，分立资产的公允价值16 000万元，账面价值12 000万元，计税基础12 000万元。分立前，A公司注册资本2 000万元；分立后，A公司注册资本1 200万元，B公司注册资本800万元。分立前，甲公司持有A公司60%的股份，账面价值1 200万元，计税基础1 200万元；乙公司持有A公司40%的股份，账面价值800万元，计税基础800万元。分立后，甲公司持有A公司100%的股份，乙公司持有B公司100%的股份。

本项企业分立业务，由于分立前后被分立企业和分立企业的股东不同，属于非同一控制下的企业分立，会计处理按照购买法核算，所得税适用一般性税务处理。

（一）被分立企业A公司的所得税申报

A公司会计处理确认资产转让收益4 000万元(16 000－12 000)，所得税处理确认资产转让所得4 000万元(16 000－12 000)，无税会差异。

A公司所得税申报先在《一般企业收入明细表》(A101010)第17行“非流动资产处置利得”填4 000万元，然后转入《企业所得税年度纳税申报表(A类)》(A100000)第11行“营业外收入”。

（二）被分立企业股东甲公司的所得税申报

甲公司在本项分立业务中，持有A公司股权的比例上升，但持股数量未变，持股成本未变，无须进行会计处理和所得税处理。

（三）被分立企业股东乙公司的所得税申报

乙公司注销A公司的股权，会计核算确认股权转让收益15 200万元(16 000－800)，所得税处理确认股权转让所得15 200万元(16 000－800)，无税会差异。

乙公司所得税申报时，直接在《企业所得税年度纳税申报表(A类)》(A100000)第9行“投资收益”填报15 200万元，无须进行纳税调整。

（四）分立企业B公司的所得税申报

B公司取得的分立资产，以公允价值16 000万元作为计税基础，该计税基础无须在申报表中单独反映。

2. 存在税会差异的所得税申报

企业分立适用一般性税务处理，同一控制下的企业分立存在税会差异。特殊情形下，非同一控制下的企业分立也可能存在税会差异。在此我们主要讨论同一控制下企业分立的所得税申报。

(1) 被分立企业的所得税申报

同一控制下的企业分立适用一般性税务处理，被分立企业分离出去的资产，会计处理不确认资产转让损益，所得税处理确认资产转让所得，存在税会差异。该差异先在《企业重组及递延纳税事项纳税调整明细表》(A105100)第11行“企业分立”填报，然后将纳税调整金额转入《纳税调整项目明细表》(A105000)第37行“企业重组及递延纳税事项”，最后转入《企业所得税年度纳税申报表(A类)》(A100000)第15行“纳税调整增加额”或第16行“纳税调整减少额”。

(2) 被分立企业股东的所得税申报

同一控制下的企业分立适用一般性税务处理，被分立企业股东注销的被分立企业股权，会计处理不确认股权转让损益，所得税处理确认股权转让所得，存在税会差异。该差异先在《企业重组及递延纳税事项纳税调整明细表》(A105100)第11行“企业分立”栏填报，然后将纳税调整金额转入《纳税调整项目明细表》(A105000)第37行"企业重组及递延纳税事项",最后转入《企业所得税年度纳税申报表(A类)》(A100000)第15行"纳税调整增加额"或第16行"纳税调整减少额"。

被分立企业股东注销被分立企业股权时确认的股息、红利等权益性投资收益,如果属于所得税免税收入,先在《符合条件的居民企业之间的股息、红利等权益性投资收益优惠明细表》(A107011)第11—16列"撤回或减少投资确认金额"申报,然后转入《免税、减计收入及加计扣除优惠明细表》(A107010)第3行"符合条件的居民企业之间的股息、红利等权益性投资收益",最后转入《企业所得税年度纳税申报表(A类)》(A100000)第17行"免税、减计收入及加计扣除"。

(3) 分立企业的所得税申报

同一控制下的企业分立适用一般性税务处理,分立企业取得被分立企业的资产、负债,以其公允价值确认计税基础,计税基础无须在申报表中单独反映。

【例6-36】 A公司的股东为甲公司、乙公司。A公司派生分立B公司,分立资产的公允价值16 000万元,账面价值13 000万元,计税基础13 000万元。分立前,A公司注册资本2 000万元;分立后,A公司注册资本1 000万元,B公司注册资本1 000万元。分立前,甲公司持有A公司60%的股份,股权账面价值1 200万元,计税基础1 200万元;乙公司持有A公司40%的股份,账面价值800万元,计税基础800万元。分立后,甲公司持有A公司60%的股份,持有B公司60%的股份。乙公司持有A公司40%的股份,持有B公司40%的股份。分立时A公司留存收益为1 000万元。

本项企业分立业务,由于分立前后被分立企业和分立企业的股东相同,持股比例相同,属于同一控制下的企业分立,会计处理按照权益法核算,所得税选择一般性税务处理。

(一) 被分立企业A公司的所得税申报

A公司会计处理不确认资产转让收益,所得税处理确认资产转让所得3 000万元(16 000－13 000),形成税会差异3 000万元。

A公司所得税申报时,先在《企业重组及递延纳税事项纳税调整明细表》(A105100)第11行第1列"账载金额"填0,第11行第2列"税收金额"填3 000万元,第11行第3列"纳税调整金额"填3 000万元,第11行第7列"纳税调整金额"填3 000万元,然后将纳税调整金额转入《纳税调整项目明细表》(A105000)第37行"企业重组及递延纳税事项",最后转入《企业所得税年度纳税申报表(A类)》(A100000)第15行"纳税调整增加额"。

(二) 被分立企业股东甲公司的所得税申报

甲公司注销的A公司股权,会计核算不确认股权转让收益,所得税处理确认股息性所得300万元(1 000×50%×60%),确认股权转让所得15 100万元(16 000－1 200×50%－300)。

甲公司所得税申报时,股权转让所得先在《企业重组及递延纳税事项纳税调整明细表》(A105100)第11行第1列"账载金额"填0,第11行第2列"税收金额"填15 100万元,第11行第3列"纳税调整金额"填15 100万元,第11行第7列"纳税调整金额"填15 100万元,然后将纳税调整金额转入《纳税调整项目明细表》(A105000)第37行"企业重组及递延纳税事项”，最后转入《企业所得税年度纳税申报表（A类）》（A100000）第15行“纳税调整增加额”。

股息性所得，先在《符合条件的居民企业之间的股息、红利等权益性投资收益优惠明细表》（A107011）第11列“从被投资企业撤回或减少投资取得的资产”填16 000万元，第12列“减少投资比例”填50%，第13列“收回初始投资成本”填600万元，第14列“取得资产中超过收回初始投资成本部分”填15 400万元，第15列“撤回或减少投资应享有被投资企业累计未分配利润和累计盈余公积”填300万元，第16列“应确认的股息所得”填300万元，然后将股息所得转入《免税、减计收入及加计扣除优惠明细表》（A107010）第3行“符合条件的居民企业之间的股息、红利等权益性投资收益”，最后转入《企业所得税年度纳税申报表（A类）》（A100000）第17行“免税、减计收入及加计扣除”。

被分立企业股东乙公司的所得税申报与甲公司的所得税申报相同。

（三）分立企业B公司的所得税申报

B公司取得的分立资产，以公允价值16 000万元作为计税基础，该计税基础无须在申报表中单独反映。

（三）适用特殊性税务处理的所得税申报

如前所述，非同一控制下的企业分立，一般无法选择特殊性税务处理。只有同一控制下的企业分立，才有可能选择特殊性税务处理。

1. 特殊性税务处理的申报路径

企业分立适用特殊性税务处理，先在《企业重组所得税特殊性税务处理报告表（企业分立）》（国家税务总局公告2015年第48号附件1—5）申报，然后在《企业重组及递延纳税事项纳税调整明细表》（A105100）第11行“企业分立”栏填报，再将纳税调整金额转入《纳税调整项目明细表》（A105000）第37行“企业重组及递延纳税事项”，最后转入《企业所得税年度纳税申报表（A类）》（A100000）第15行“纳税调整增加额”或第16行“纳税调整减少额”。

2. 特殊性税务处理的申报内容

企业分立适用特殊性税务处理，按照国家税务总局公告2015年第48号的规定，分立企业、被分立企业和被分立企业股东三方当事人的相关所得税事项在《企业重组所得税特殊性税务处理报告表（企业分立）》（以下简称特殊重组报告表）中专项申报。

（1）被分立企业的所得税申报

同一控制下的企业分立适用特殊性税务处理，被分立企业分立出去的资产、负债，会计处理不确认资产转让损益，所得税处理不确认资产转让所得，如果分立资产、负债在分立前无税会差异，分立不产生新的税会差异。被分立企业只需要在特殊重组报告表中填报被分立资产、负债的公允价值、计税基础即可。

（2）被分立企业股东的所得税申报

同一控制下的企业分立适用特殊性税务处理，被分立企业股东注销的被分立企业股权，会计处理不确认股权转让损益，所得税处理不确认股权转让所得，如果被分立企业股权在分立前无税会差异，分立不产生新的税会差异。被分立企业股东只需在特殊重组报告表中填报注销被分立企业股权以及取得分立企业股权的公允价值、计税基础即可。

(3) 分立企业的所得税申报

同一控制下的企业分立适用特殊性税务处理,分立企业的所得税申报主要包括四项内容:一是分立资产、负债计税基础如何确认。二是被分立企业未弥补的亏损,如何由分立企业继续弥补。三是被分立企业未确认的资产损失,如何由分立企业确认。四是被分立企业未确认的分期收入,如何由分立企业确认。五是被分立企业未享受完的税收优惠,如何由分立企业继续享受。

3. 特殊性税务处理所得税申报的注意事项

(1) 资产、负债原税会差异的调整

同一控制下的企业分立适用特殊性税务处理,各方当事人的相关资产如果在分立前无税会差异,分立不产生新的税会差异。①被分立企业分立出去的资产、负债,如果在分立前存在税会差异,该差异由分立企业在分立后作纳税调整。②被分立企业股东注销的被分立企业股权,如果在分立前存在税会差异,该差异结转到分立企业股权上,由被分立企业股东在将来转让分立企业股权时作纳税调整。

(2) 非股权支付损益的所得税申报

理论上,适用特殊性税务处理的企业分立如果有非股权支付,对于被分立企业而言,与非股权支付对应的分立资产、负债,应当确认资产、负债转让所得。对于被分立企业股东而言,与非股权支付对应的注销股权,应当确认股权转让所得。对于分立企业而言,取得的分立资产,应当以分立资产的原计税基础加被分企业确认的资产转让所得作为计税基础。如前所述,在重组实务中,企业分立适用特殊性税务处理,以非股权支付分立对价的情况应该不存在。

【例 6-37】 A 公司的股东为甲公司、乙公司。A 公司派生分立 B 公司,分立资产的公允价值 16 000 万元,账面价值 13 000 万元,计税基础 13 000 万元。分立前,A 公司注册资本 2 000 万元;分立后,A 公司注册资本 1 000 万元,B 公司注册资本 1 000 万元。分立前,甲公司持有 A 公司 60%的股份,股权账面价值 1 200 万元,计税基础 1 200 万元;乙公司持有 A 公司 40%的股份,账面价值 800 万元,计税基础 800 万元。分立后,甲公司持有 A 公司 60%的股份,持有 B 公司 60%的股份。乙公司持有 A 公司 40%的股份,持有 B 公司 40%的股份。

本项企业分立业务,由于分立前后被分立企业和分立企业的股东相同,持股比例相同,属于同一控制下的企业分立,会计处理按照权益法核算,所得税处理在符合特殊性税务处理其他条件的情况下,可以选择特殊性税务处理。

(一) 被分立企业 A 公司的所得税申报

A 公司会计处理不确认资产转让收益,所得税处理不确认资产转让所得,无税会差异。

A 公司所得税申报时,由于无应税所得,无税会差异,只需在特殊重组报告表中反映分立资产、负债的公允价值和计税基础,无须在其他申报表中进行纳税申报。

(二) 被分立企业股东甲公司的所得税申报

甲公司注销的 A 公司股权,会计核算不确认股权转让收益,所得税处理不确认股权转让所得,无税会差异。

甲公司所得税申报时，由于无应税所得，无税会差异，只需在特殊重组报告表中反映分立股权的公允价值和股权原计税基础，无须在其他申报表中进行纳税申报。

被分立企业股东乙公司的所得税申报与甲公司的所得税申报相同。

（三）分立企业B公司的所得税申报

B公司取得的分立资产、负债，需在特殊重组报告表中反映其公允价值和计税基础。

4. 特殊性税务处理的申报资料

企业分立适用特殊性税务处理，按照国家税务总局公告2015年第48号的规定，企业所得税申报应当附送以下资料。

（1）企业分立的总体情况说明，包括分立方案、基本情况，并逐条说明企业分立的商业目的。

（2）被分立企业董事会、股东会（股东大会）关于企业分立的决议，需有权部门（包括内部和外部）批准的，应提供批准文件。

（3）被分立企业的净资产、各单项资产和负债账面价值和计税基础等相关资料。

（4）12个月内不改变资产原来的实质性经营活动、原主要股东不转让所取得股权的承诺书。

（5）工商管理部门等有权机关认定的分立和被分立企业股东股权比例证明材料；分立后，分立和被分立企业工商营业执照复印件。

（6）重组当事各方一致选择特殊性税务处理并加盖当事各方公章的证明资料。

（7）涉及非货币性资产支付的，应提供非货币性资产评估报告或其他公允价值证明。

（8）分立企业承继被分立企业所分立资产相关所得税事项（包括尚未确认的资产损失、分期确认收入和尚未享受期满的税收优惠政策等）情况说明。

（9）若被分立企业尚有未超过法定弥补期限的亏损，应提供亏损弥补情况说明、被分立企业重组前净资产和分立资产公允价值的证明材料。

（10）重组前连续12个月内有无与该重组相关的其他股权、资产交易，与该重组是否构成分步交易、是否作为一项企业重组业务进行处理情况的说明。

（11）按《企业会计准则》规定当期应确认资产（股权）转让损益的，应提供按税法规定核算的资产（股权）计税基础与按会计准则规定核算的相关资产（股权）账面价值的暂时性差异专项说明。

5. 特殊性税务处理的追溯调整

财税〔2009〕59号文第五条第五项规定，“企业重组中取得股权支付的原主要股东，在重组后连续12个月内，不得转让所取得的股权”。国家税务总局公告2010年第4号第二十条规定，“《通知》第五条第（五）项规定的原主要股东，是指原持有转让企业或被收购企业20%以上股权的股东”。据此，企业分立完成后，如果原持有被分立企业20%以上股权的主要股东，在重组后连续12个月内转让了所持有分立企业的股权，该项重组不能适用特殊性税务处理。已经适用特殊性税务处理递延纳税的，应当补缴递延的税款。

【例6-38】 甲公司持有A公司100%的股权，A公司派生分立B公司，分立资产的公允价值12 000万元，计税基础7 000万元。分立中，甲公司注销A公司股权的计税基础为6 000万元，取得B公司股权的公允价值为12 000万元。分立后，甲公司持有A公司100%的股份，持有B公司100%的股份，该项企业分立选择特殊性税务处理。分立后的12个月内，甲公司转让了B公司的股权。

该项企业分立，由于被分立企业的股东在分立后的12个月内转让了分立企业的股权，该项企业分立不再适用特殊性税务处理，交易各方对分立环节的所得税应当追溯调整。A公司确认资产转让所得5 000万元(12 000－7 000)。甲公司确认股权转让所得6 000万元(12 000－6 000)，取得B公司的股权，以公允价值12 000万元作为计税基础。B公司取得的分立资产，以公允价值12 000万元作为计税基础。

(四) 企业分立所得税申报中的税会差异

企业分立无论是选择一般性税务处理还是特殊性税务处理，所得税申报时都有可能存在税会差异的调整问题。资产、负债在企业分立前形成的税会差异，在分立环节作纳税调整；在分立时形成的税会差异，在分立后作纳税调整。

资产、负债在分立前形成的税会差异主要包括：①会计和税法由于资产、负债的确认标准不同形成的税会差异，如商誉。②会计和税法由于资产、负债的计量标准不同形成的税会差异，如融资租入固定资产入账价值与计税基础的差异。③会计和税法对资产后续计量不同形成的税会差异，如会计计提折旧年限与税前扣除折旧年限不同形成的差异。④会计和税法由于计提资产减值准备形成的税会差异。⑤由于企业重组适用特殊性税务处理形成的税会差异，如通过资产收购取得的资产，由于选择特殊性税务处理形成的税会差异。

资产、负债在企业分立时形成的税会差异，主要是所得税选择特殊性税务处理形成的税会差异。

(五) 企业分立所得税申报表存在的问题

企业分立选择特殊性税务处理，企业所得税申报存在以下几个方面的问题：一是《企业清算所得税申报表》未考虑因企业分立而注销的企业，如果选择特殊性税务处理，如何进行所得税申报。二是《企业重组所得税特殊性税务处理报告表(企业分立)》未反映被分立企业和分立企业在分立后如果享受税收优惠如何申报。三是《企业重组所得税特殊性税务处理报告表(企业分立)》无填表说明，对于在非股权支付情况下分立企业如何确认资产计税基础等问题未作说明。四是未说明《企业重组所得税特殊性税务处理报告表(企业分立)》与《企业所得税年度纳税申报表(A类)》之间的逻辑关系。

七、企业分立的所得税管理

企业分立的所得税管理，主要包括企业分立日的确定，企业分立的申报管理，企业分立的资料管理，企业分立所得税的后续管理等事项。

(一) 企业分立日的确定

企业分立日是分立各方确认分立所得的日期，分立所得在企业分立日所在年度申报纳税。国家税务总局公告2015第48号第三条规定，企业分立，以分立合同(协议)生效、当事各方已进行会计处理且完成工商新设登记或变更登记日为重组日。

(二) 企业分立的资料管理

国家税务总局公告2010年第4号第十四条规定，企业发生《通知》第四条第(五)项规定的分立，被分立企业不再继续存在，应按照财税〔2009〕60号文件规定进行清算。被分立企业在报送《企业清算所得纳税申报表》时，应附送以下资料：①企业分立的工商部门或其他政府部门的批准文件。②被分立企业全部资产的计税基础以及评估机构出具的资产评估报告。③企业债务处理或归属情况说明。④主管税务机关要求提供的其他资料证明。

国家税务总局公告2015第48号规定，企业分立适用特殊性税务处理的，企业所得税申报时应当报送与特殊性税务处理相关的资料。报送的具体资料见本节企业分立的所得税纳税申报。

（三）企业分立所得税的后续管理

企业分立所得税的后续管理主要包括：①企业分立选择特殊性税务处理，被分立企业继续享受未享受完的税收优惠以及分立企业享受项目优惠，是否符合税法规定。②企业分立选择特殊性税务处理，被分立企业未弥补的亏损由分立企业继续弥补，是否符合税法规定。③企业分立选择特殊性税务处理，被分立企业未确认的损失和收入，分立企业是否按照税法规定予以确认，有无多确认损失或少确认收入的问题。④在企业分立过程中，各方当事人的会计处理与所得税处理不同形成的税会时间性差异，有无在重组后按照税法规定作纳税调整，特别是应当调整增加应纳税所得额的税会差异。

八、企业分立所得税处理的注意事项

企业分立业务的所得税处理，应当注意以下几个问题。

（一）关于企业分立业务的认定

一项业务，只有将其界定为企业分立，才能按照企业分立的规定进行相应的所得税处理。与企业分立相近的概念有股权投资、股权收购、资产划转、资产收购等。企业分立与股权投资、股权收购、资产划转、资产收购的区别，见本章第一节企业分立业务的认定。

（二）关于企业重组方式的确定

企业的重组方式，有单一重组，如单一的企业分立。也有分步重组，如先作企业分立，再作股权收购。企业的重组行为，将其认定为若干个独立的重组行为还是一项重组分步实施，适用的所得税政策不同，相应的所得税待遇也不同。

【例6-39】 上海城投控股股份有限公司（以下简称城投控股）换股吸收合并上海阳晨投资股份有限公司（以下简称阳晨）及分立上市暨关联交易预案：本次交易方案包括“本次合并”及“本次分立”两部分，即①本次合并：城投控股向阳晨B股全体股东发行A股股份，以换股方式吸收合并阳晨B股。作为本次合并的存续方，城投控股安排下属全资子公司环境集团承继及承接阳晨B股的全部资产、负债、业务、人员及其他一切权利与义务，作为合并对价发行的A股股份将申请在上交所上市；作为本次合并的被合并方，阳晨B股将终止上市并注销法人资格。②本次分立：紧接本次合并生效实施后，城投控股将下属全资子公司环境集团（包括因本次合并由环境集团承继和承接的原阳晨B股全部资产、负债、业务、人员及其他一切权利与义务等）以存续分立的方式实施分立。作为本次分立的存续方，城投控股（存续方）继续运营房地产资产和业务以及其他股权投资业务；作为本次分立的分立主体，环境集团的全部股权由城投控股届时全体股东按持股比例取得及变更为股份有限公司（即城投环境），并申请其股份在上交所上市。

该项业务，如果将吸收合并和企业分立定性为两个独立的企业重组行为，必须间隔12个月以上才能适用特殊性税务处理。如果将股权收购和企业分立定性为一项重组分步实施，则适用特殊性税务处理应当在12个月内完成。

对于单一重组和分步重组的认定，财税〔2009〕59号文及配套文件无具体规定。在征管实务中，可以根据交易的意图和业务安排来判定。如果企业重组在业务规划上是为了一个交易目的而统一安排、分步实施，应当将其认定为分步重组，按照分步重组进行所得税处理。否则，应当按照若干个独立的重组业务进行相应的税务处理。

（三）关于分立企业分立资产的确认

企业分立，分立企业取得的分立资产，首先面临的是资产的确认问题，即分立企业取得的是哪一类资产。由于企业分立无专门的会计准则加以规范，《企业所得税法》及实施条例也无确认资产的相关规定，所以企业分立过程中资产的确认，只能借鉴《固定资产准则》《无形资产准则》等单项会计准则的规定。

（四）关于企业分立中商誉的确认

企业分立通常构成业务的分立。同一控制下的企业分立，不存在确认商誉的问题。但非同一控制下的企业分立，如果采用折现法对分立资产进行评估，就可能存在商誉的确认问题。商誉的确认，会影响有形资产计税基础的确认，进而影响分立后应税所得的确认。但是在会计实务和所得税实务中，企业分立确认商誉的情况比较少见。

（五）关于分立对价的确定

企业分立对价，主要是分立企业的股权。分立企业股权价值的高低，主要取决于分立资产价值的高低。分立资产的价值，主要取决于其能够带来经济利益的能力。除此而外，分立资产价值大小在很大程度上取决于资产估值方法的选择，估值方法不同，估值的结果就不同。对于企业重组当事人而言，应当尽可能选择有利于己方的资产评估方法。

（六）关于单项资产计税基础的确定

分立企业取得的分立资产，应当确定各单项资产的计税基础。单项资产计税基础的高低主要取决于两个因素：一是资产的确认。确认资产越多，单项资产的计税基础就越低，如确认了商誉，可辨认资产计税基础就会降低。二是资产的计量。资产的计量方法不同，计量结果不同，如采用不同的分配标准对总成本进行分配，各单项资产的计税基础就不同。

（七）关于特殊性税务处理的认定

企业分立，只有符合税法规定的特殊性税务处理条件，才能适用特殊性税务处理。财税〔2009〕59号文对于企业分立的特殊性税务处理条件最为严苛，要求分立前后股东不变，持股比例不变。但是财税〔2009〕59号文对于企业分立的相关规定与实践脱节也最大。如文件中所述的被分立企业不放弃旧股的企业分立，在实务中基本不存在。

（八）关于被分立企业税收权益的延续问题

企业分立选择特殊性税务处理，被分立企业的税收权益延续。税收权益延续，主要指被分立企业未弥补的亏损能否由分立企业继续弥补，被分立企业未享受完的税收优惠能否由分立企业继续享受，被分立企业未扣除的资产损失能否由分立企业继续扣除，被分立企业未确认的收入能否由分立企业继续确认。

第四节　企业分立的税收安排

一、影响企业分立税收的要素

影响企业分立税收的要素主要包括分立目的的确定、分立方式的选择、分立资产的确认、分立对价的确定、分立资产计税基础的确定、企业分立税收待遇的选择、企业分立所得税的后续管理等。重组当事人要降低企业分立中的涉税风险，就要在会议纪要、分立协议、资产评估报告、财务处理等方面充分反映上述要素的真实性、合法性、合理性。

二、企业分立交易目的的确定

企业分立，只有具有合理商业目的，才能适用特殊性税务处理，实现递延纳税。但合理商业目的的判断具有高度的主观性，一项业务安排，在一个人看来具有合理商业目的，但在另一个人看来可能不具有合理商业目的。如果重组当事人在会议纪要等文件中不能体现企业分立的合理性，就会面临比较大的涉税风险。

三、企业分立交易方式的选择

企业重组的方式不同，相应的税收待遇就不同。如果重组当事人拟将企业重组业务安排为特殊重组，享受递延纳税待遇，或将税负转嫁给他人，就要合理安排重组要素，将企业重组安排为可享受特殊重组的重组方式。而重组要素的合理安排，要通过企业的会议纪要、合并协议等资料体现出来。

四、分立企业分立资产的确认

企业分立通常构成业务分立，理论上存在商誉的确认问题。就分立企业而言，一般情况下，不确认商誉对企业有利，确认商誉对企业不利。因为确认商誉，就意味着可辨认资产计税基础的降低，资产后续计量时的成本费用就要减少。只有在需要降低资产负债率、提高每股收购等极端情况下，才有可能需要确认商誉。所以，企业在设计重组方案时，是否需要确认商誉，要视具体情况而定。

五、企业分立交易价格的确定

企业分立交易价格的确定，影响被分立企业资产转让所得的计算、分立企业资产计税基础的确认以及被分立企业股东股权转让所得的计算。重组当事人在确认分立对价时，应当充分考虑资产的估价方法、递延纳税、税负转嫁等因素对交易价格的影响。无论是分立企业、被分立企业还是被分立企业股东，都应当尽可能选择有利于己方的税收安排。

六、分立资产计税基础的确定

企业分立，在对价总额一定的情况下，分立企业需要确认各单项资产的计税基础。以固定资产为例，由于不同类型的固定资产最短折旧年限不同，所以企业需要提高每股收益时，应当提高房屋建筑物类固定资产的占比。在需要成本费用抵减税负的情况下，应当提高机器设备类固定资产的占比。资产计税基础的确定，应当在税法允许的范围内合理安排。

七、企业分立税收待遇的选择

企业分立适用一般性税务处理当期纳税，适用特殊性税务处理既存在递延纳税，也存在税负转嫁。对于重组当事人而言，应当尽可能追求双重不纳税而避免重复纳税，应当尽可能将税负转嫁给他人同时避免他人将税负转嫁给自己。所以重组当事人选择企业分立是否适用特殊性税务处理规定时，要根据具体情况审慎决策。

八、企业分立所得税的后续管理

企业分立的后续管理包括企业分立过程中形成的税会差异是否按照税法规定进行了纳税调整；企业分立适用特殊性税务处理后，如果由于重组当事人转让股权等原因导致重组不再符合特殊性税务处理条件时，有无按照税法规定对重组税款作追溯调整。如果重组当事人怠于重组事项的后续管理，就会面临比较大的涉税风险。

第五节　企业分立案例分析——企业分立暨非货币性资产投资所得税处理

企业重组是促进社会资源有效配置的重要手段，国家运用财政、金融、税收等工具大力扶持企业的重组行为。企业重组的所得税处理，因其业务的纷繁复杂和税收政策的相对不完善，成为企业所得税处理中的难点问题。而企业分立的所得税处理，又是企业重组所得税处理中困扰企业和税务机关的痼疾问题。本文以一起颇具纠纷的税务稽查案例为研究对象，剖析企业分立与非货币性资产投资这两项业务企业所得税处理的异同。

一、企业分立典型案例介绍

（一）企业的初始股权架构

2016 年 5 月，赵某、钱某、孙某、李某（以下简称赵某等人）分别持有 F 房地产开发公司（以下简称 F 房产）80%、6%、4%、10%的股份。F 房产持有 F 投资公司（以下简称 F 投资）100%的股份，持有 T 美食广场 100%的股份。企业的股权架构图如图 6-7 所示。

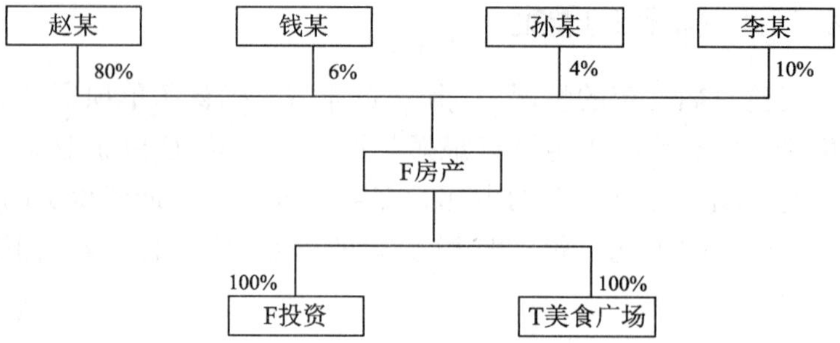

图 6-7　企业股权架构图

(二) F 房产的增资行为

2016 年 5 月,F 房产以其自行建造的开发产品——东方商场四层、五层、六层(评估价分别为 5 200 万元、9 100 万元、4 100 万元)对 T 美食广场进行增资,并于 2016 年 11 月办理了房屋、土地产权过户手续。T 美食广场于 2016 年 11 月办理了股权变更登记手续。F 房产对该项业务未作相应的账务处理,T 美食广场于 2016 年 7 月作了接受投资的账务处理,注明新增的股东为 F 房产。

(三) 股权架构的调整

2016 年 6 月,F 房产的实际控制人赵某等人对所属企业集团的股权架构进行了调整,并于当月完成了股权变更登记。具体调整方式为:赵某等人将所持 F 房产的全部股权转让给了 F 投资。F 房产将所持 F 投资的全部股权转让给了赵某等人,将所持 T 美食广场的全部股权转让给了 F 投资。股权交易过程和调整后的股权结构图示如图 6-8、图 6-9 所示。

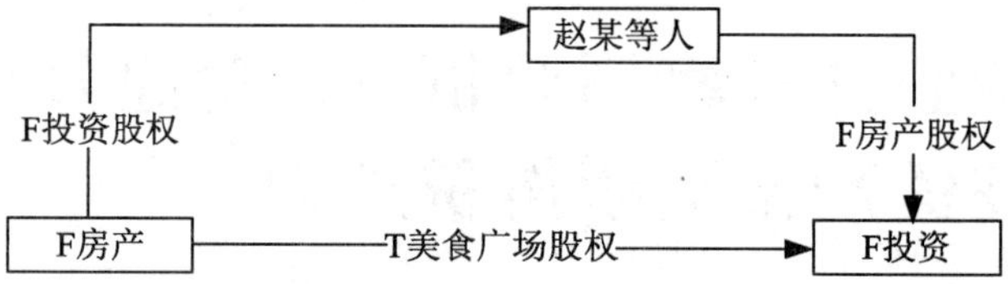

图 6-8　股权交易流程图

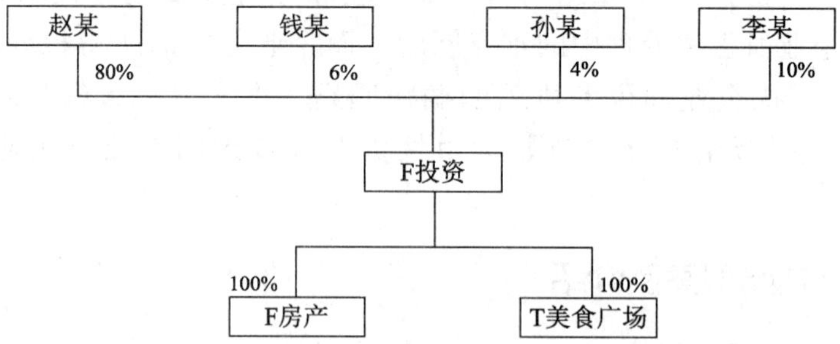

图 6-9　调整后的股权架构图

(四) 税企争议

对于该项业务的企业所得税处理,税务机关认为,F 房产以开发的东方商场四层、五层、六层对T美食广场进行增资，按照《国家税务总局关于印发〈房地产开发经营业务企业所得税处理办法〉的通知》(国税发〔2009〕31号)第七条的规定，属于非货币性资产投资，应当视同销售缴纳企业所得税。税务机关要求F房产按照12 000万元的房屋成本和15%的成本利润率，调增2016年度应纳税所得额1 800万元。

F房产认为，其以开发产品对T美食广场增资的行为，属于企业重组中的企业分立。由于F房产所有股东按原持股比例取得了分立企业的股权，其股东未发生变化；分立后的公司——T美食广场也未改变原来的实质经营性活动。企业在分立发生前后连续12个月分步对资产、股权进行交易，并完成了工商、税务变更登记，应当按照特殊重组进行所得税处理——被分立企业在重组当期不确认应税所得，分立企业取得的分立资产以该资产的原计税基础作为计税基础。

另外，T美食广场接受的分立资产——东方商场四层、五层、六层，会计处理按照评估价值入账并计提折旧，企业所得税处理按照原计税基础计算可在税前扣除的折旧费。由于资产的评估价值大于计税基础，造成会计核算计提的折旧大于可在税前扣除的折旧，由此形成折旧费的税会差异。T美食广场2016年企业所得税申报时，对折旧费的税会差异进行了调整，调增应纳税所得额200万元。

(五) 税务机关的证据

税务机关在对F房产进行税务检查时，由于F房产对该项增资业务没有进行相应的会计处理，所以对F房产增资行为的定性以及税务处理意见的提出，均是以被增资方T美食广场的会计处理作为主要证据。T美食广场接受增资时的会计处理为借记固定资产18 400万元，贷记实收资本——F房产11 800万元，贷记资本公积——资本溢价6 600万元。

二、企业分立业务的认定

(一) 企业分立的定义

按照《财政部 国家税务总局关于企业重组业务企业所得税处理若干问题的通知》(财税〔2009〕59号)的表述，企业分立是指一家企业(以下称为被分立企业)将部分或全部资产分离转让给现存或新设的企业(以下称为分立企业)，被分立企业股东换取分立企业的股权或非股权支付，实现企业的依法分立。

(二) 企业分立的类型

企业分立分为存续分立和派生分立两大类。存续分立是指分立后被分立方存续，如从A公司中分立出一个B公司，A公司存续。派生分立是指分立后被分立方解散，如将A公司分立为B公司和C公司，A公司解散。

(三) 企业分立的股权架构

企业分立是在股东层面进行的，分立后，分立企业的股东是被分立企业的股东而非被分立企业本身。以派生分立为例，A公司的股东是甲公司和乙公司，从A公司中分立出一个B公司，A公司存续。分立后B公司的股东可能是甲公司和乙公司，也可能是甲公司或乙公司，但不能是A公司。企业分立前的股权结构如图6-10所示。

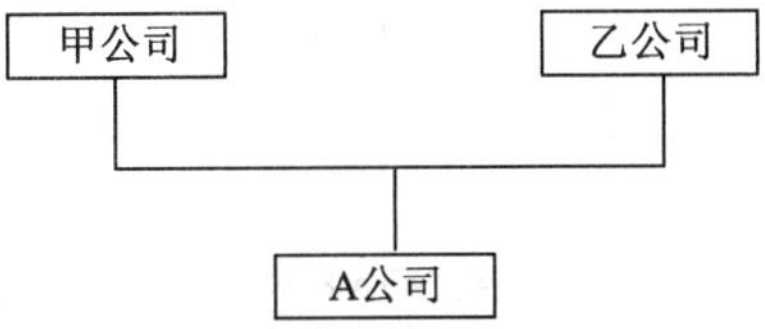

图6-10 分立前的股权结构

企业分立，分立后的股权架构有两种可能：①分立后被分立方和分立方的股东相同，如图 6-11 所示。这又可细分为两种情形，一是分立后分立方和被分立方的股东相同，持股比例也相同；二是分立后分立方和被分立方的股东相同，但持股比例不同。这两种类型的企业分立，通常是基于对业务的分立。②分立后被分立方和分立方的股东不同，如图6-12 所示。这种企业分立通常是基于对人（股东）的分立。

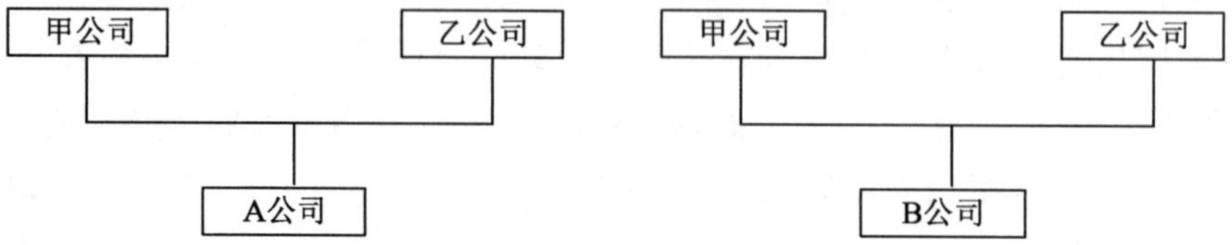

图 6-11　分立后的股权结构(1)

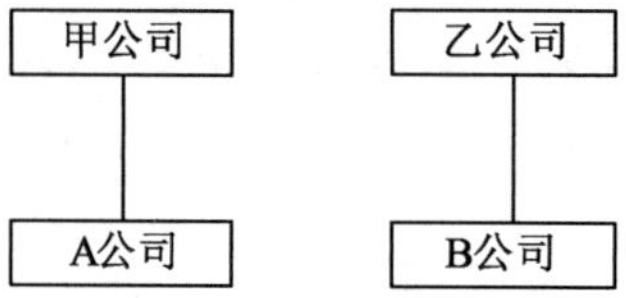

图 6-12　分立后的股权结构(2)

(四) 企业分立的特征

企业分立业务具有如下特征：①企业分立是在股东层面进行的，涉及资产、负债、劳动力等一揽子生产要素的转移，属于资本交易。②分立后，被分立方的资产、负债、所有者权益均要减少，资产负债表缩表。如果是新设分立，被分立方解散。③分立后，分立方对被分立方分立前的债务（包括欠税）承担连带偿还责任。④分立企业可能是一个从无到有新设的企业，也可能是一个原已存在的企业。

(五) 企业分立与股权投资的区别

在税收实务中，无论是税务机关还是纳税人，经常将企业分立和非货币性资产投资（以下简称股权投资）混淆，把股权投资当作企业分立处理。企业分立和股权投资的主要区别是：①企业分立是资本交易，是在股东层面进行的。股权投资是资产交易，是在公司层面进行的。②企业分立，被分立方的资产、负债、所有者权益同步减少。股权投资，投资方的股权投资增加，固定资产等减少，资产总额不变。③企业分立，分立方对被分立方分立前的债务承担连带偿还责任。股权投资，被投资方对投资方的债务无连带偿还责任。二者的区别图示如图 6-13、图 6-14 所示。

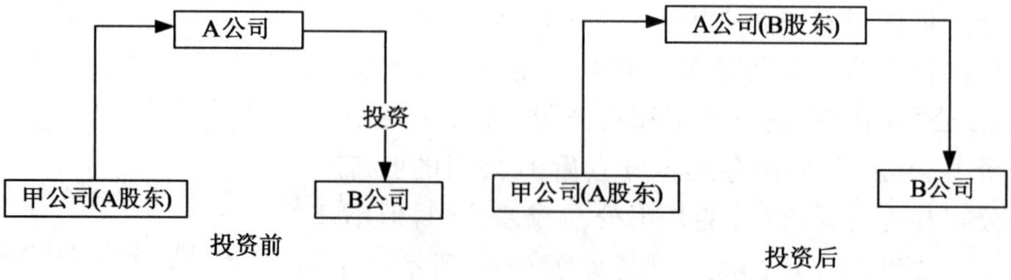

图 6-13　股权投资图示

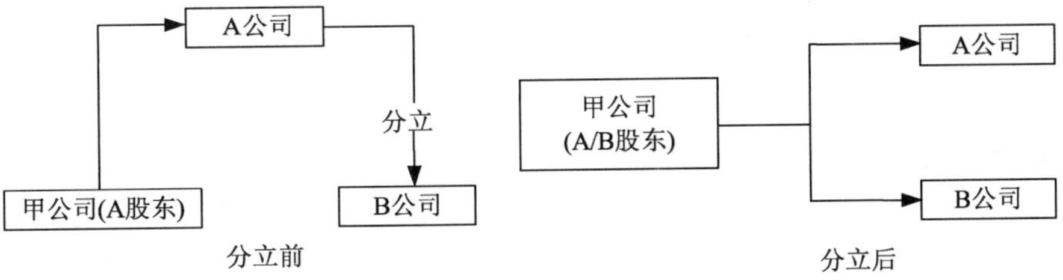

图 6-14　企业分立图示

三、企业分立业务的所得税处理

(一) 企业分立业务的纳税主体

企业分立涉及被分立企业、分立企业和被分立企业股东三方当事人。企业分立业务中的每一方当事人,都有可能成为分立业务的纳税主体。企业分立中各纳税主体的企业所得税(以下简称所得税)事项包括:①被分立方:分立出去的资产和负债,其公允价值与计税基础之间的差额,是否确认应税所得(或损失)。②分立方:取得的分立资产和负债,如何确认计税基础。③被分立方的股东:放弃的被分立企业股权(以下称旧股)是否确认股权转让所得,取得的分立企业股权(以下称新股),如何确认计税基础。

(二) 企业分立业务的所得税处理规定

按照财税〔2009〕59 号文件的规定,企业分立业务的所得税处理,分为适用一般性税务处理和适用特殊性税务处理两大类。

1. 适用一般性税务处理的企业分立

企业分立适用一般性税务处理规定,各方当事人的所得税事项包括:①被分立方:被分立企业继续存在时,分立出去的资产,其公允价值与计税基础之间的差额,确认为应税所得或损失。被分立企业不再继续存在时,被分立企业应按清算进行所得税处理。②分立方:取得的分立资产和负债,以公允价值作为计税基础。③被分立方股东:被分立企业继续存在时,取得的对价应视同被分立企业分配进行处理。被分立企业不再继续存在时,应按清算进行所得税处理。④相关企业的亏损不得相互结转弥补。

财税〔2009〕59 号文件对被分立企业股东的所得税处理规定,有值得商榷之处。企业分立,对于被分立企业股东而言,有可能不放弃旧股而取得新股,也有可能放弃旧股,取得新股。如果被分立企业股东不放弃旧股而取得新股,将新股视作对旧股的分配并无不当。但是如果被分立企业股东放弃旧股而取得新股,新股就是因放弃旧股取得的对价而不是对旧股的分配,此时应当确认旧股的转让所得而不是股息性所得。

2. 适用特殊性税务处理的企业分立

企业分立适用特殊性税务处理规定,各方当事人的所得税事项包括(以派生分立且对价全部以股权支付为例):①被分立方:分立出去的资产,其公允价值与计税基础之间的差额,不确认应税所得或损失。②分立方:取得的分立资产和负债,以该项资产或负债的原计税基础作为计税基础。③被分立方股东:放弃旧股的,以放弃旧股的计税基础作为取得新股的计税基础。不放弃旧股的，按照税基递延原则确认取得新股的计税基础。④被分立企业已分立出去的资产，相应的所得税事项（主要是未弥补亏损和未享受完税收优惠）由分立企业按照税法规定承继。

3. 企业分立适用特殊性税务处理的条件

按照财税〔2009〕59号文件的规定，企业分立同时具备以下条件，才能适用特殊性税务处理：①具有合理的商业目的，且不以减少、免除或者推迟缴纳税款为主要目的。②被分立企业所有股东按原持股比例取得分立企业的股权。③分立企业和被分立企业均不改变原来的实质经营活动。④被分立企业股东在该企业分立发生时取得的股权支付金额不低于其交易支付总额的85%。⑤企业重组中取得股权支付的原主要股东，在重组后连续12个月内，不得转让所取得的股权。

特别需要说明的是，企业分立适用特殊性税务处理，条件之一是被分立企业所有股东按原持股比例取得分立企业的股权。企业分立，如果分立后被分立方和分立方的股东相同，持股比例相同，资产的所有权未发生实质性转移，不确认应税所得。如果分立后被分立方和分立方的股东不同，或者尽管股东相同，但持股比例不同，资产的所有权发生实质性转移，不能适用特殊性税务处理。

4. 企业分立适用特殊性税务处理的税会差异

企业分立如果适用特殊性税务处理，重组各方当事人的税务处理和会计处理存在差异，所得税申报时应当对税会差异进行调整。以下以派生分立且对价全部以股权支付为例，说明企业分立适用特殊性税务处理时的税会差异。①被分立方：分立当期分立出去的资产，会计处理确认资产转让损益，所得税处理不确认资产转让所得（或损失），分立当期所得税申报时，应当对税会差异进行调整。②分立方：分立当期取得的分立资产，会计处理以公允价值初始计量，所得税处理以该资产的原计税基础作为计税基础。分立后，会计处理按照公允价值后续计量（如计提折旧），所得税处理按照计税基础确认可税前扣除的费用。分立后所得税申报时，应当逐期对税会差异进行调整。③被分立方股东：分立当期放弃的旧股，会计处理确认股权转让损益，所得税处理不确认股权转让所得（或损失），分立当期所得税申报时，应当对税会差异进行调整。分立时取得的新股，会计处理以新股的公允价值初始计量，所得税处理以旧股的原计税基础作为新股的计税基础。分立后转让新股时，由于新股的账面价值和计税基础存在差异，会计处理确认的股权转让损益和所得税处理确认的股权转让所得（或损失）也存在差异，所得税申报时应当对税会差异进行调整。

（三）企业分立特殊性税务处理的实质

企业分立适用特殊性税务处理，对于被分立方的股东而言，属于递延纳税——将本应在重组当期缴纳的税收，通过税基替换（把旧股的计税基础替换到新股上），递延至将来缴纳。对于被分立方和分立方而言，存在税负转嫁——将本应由被分立方在分立当期缴纳的税收，通过税基转移（将分立资产的计税基础由被分立方转移给分立方），转嫁给分立方，由分立方在分立后缴纳。关于企业分立过程中的递延纳税和税负转嫁问题，我们举例说明如下。

A公司的股东为甲公司，从A公司中分立出B公司。甲公司放弃计税基础7 000万元的A公司股权，取得公允价值10 000万元的B公司股权。A公司被分立资产的公允价值10 000万元，计税基础6 000万元。分立完成的12个月后，B公司以12 000万元的价格转让分立中取得的A公司资产，甲公司以15 000万元的价格转让B公司股权。该项企业分立业务适用一般性税务处理和适用特殊性税务处理税收负担比较如表6-16所示。

表6-16　企业分立适用一般重组和特殊重组税收负担的比较　　单位：万元

重组当事人	期间	一般重组应税所得	特殊重组应税所得	税负比较
被分立方（A公司）	分立当期	10 000－60 00＝4 000	0	0－4 000＝－4 000
	分立以后	0	0	0
分立方（B公司）	分立当期	0	0	0
	分立以后	12 000－10 000＝2 000	12 000－6 000＝6 000	6 000－2 000＝4 000
被分立方股东（甲公司）	分立当期	10 000－7 000＝3 000	0	0－3 000＝－3 000
	分立以后	15 000－10 000＝5 000	15 000－7 000＝8 000	8 000－5 000＝3 000
应税所得合计		14 000	14 000	14 000－14 000＝0

说明：选择一般重组，B公司取得A公司资产，甲公司取得B公司股权，均以公允价值（10 000万元）作为计税基础。选择特殊重组，B公司取得A公司资产，以该资产的原计税基础（6 000万元）作为计税基础；甲公司取得B公司股权，以原持有A公司股权的计税基础（7 000万元）作为计税基础。

分析上表我们可知：①对于被分立方和分立方而言，企业分立适用特殊性税务处理，被分立方的应税所得减少4 000万元，分立方的应税所得增加4 000万元。被分立方通过税基转移，将其本应在分立当期缴纳的税收转嫁给了分立方，由分立方在分立后承担。②对于被分立方的股东而言，企业分立适用一般性税务处理，分立当期确认应税所得3 000万元，分立后确认应税所得5 000万元。适用特殊性税务处理，分立当期不确认应税所得，分立后确认应税所得8 000万元。被分立方的股东通过税基替换，将其本应在分立当期确认的应税所得，递延至将来转让分立企业股权时确认。

四、非货币性资产投资的所得税处理

（一）非货币性资产投资的认定

非货币性资产投资，是指企业以非货币性资产对其他企业进行投资，取得被投资方的股权。非货币性资产，包括现金、银行存款、应收账款、应收票据以及准备持有至到期的债券投资等货币性资产以外的资产。

非货币性资产投资具有如下特征：①非货币性资产投资是在公司层面进行的，属于资产交易。②投资后，投资方资产负债表中长期股权投资增加，固定资产等减少，资产总额不变。③投资方的债务由投资方自行承担，被投资方对投资方的债务不承担连带责任。

（二）非货币性资产投资的所得税处理

根据《财政部　国家税务总局关于非货币性资产投资企业所得税政策问题的通知》（财税〔2014〕116号）的规定，非货币性资产投资的所得税事项包括：①企业以非货币性资产投资，其公允价值与计税基础的差额，确认为资产转让所得，可以在不超过5年的期限内，分期均匀纳税。②投资方取得的被投资方股权,以公允价值作为计税基础。非货币性资产投资所得分期纳税的,股权的计税基础逐年调整。③企业以非货币性资产对外投资,应于投资协议生效并办理股权登记手续时,确认非货币性资产转让收入的实现。

(三)非货币性资产投资中的分期纳税

企业以非货币性资产对外投资,国家之所以允许非货币性资产投资所得分期纳税,其目的主要是解决纳税人的支付能力问题。需要说明的是,非货币性资产投资的分期纳税与企业重组中的递延纳税不完全相同,分期纳税有明确的纳税期限(不超过5年),递延纳税没有明确的纳税期限。但无论是分期纳税还是递延纳税,企业都可以利用延期缴纳税款带来的资金时间价值。另外,财税〔2014〕116号文件也规定,企业发生非货币性资产投资,符合财税〔2009〕59号等文件规定的特殊性税务处理条件的,也可以选择特殊性税务处理,即可以选择递延纳税。

五、企业分立税务稽查案例分析

(一)案件的处理原则

本文前述案例,F房产以东方商场对T美食广场增资,税企双方争议的焦点是该项业务属于企业分立还是非货币性资产投资。如果将该项业务定性为企业分立,需要进一步判断该项业务的所得税处理应当适用一般性税务处理还是特殊性税务处理,再进而确定F房产应当在分立当期确认应税所得还是可以不确认应税所得。如果将该项业务定性为非货币性资产投资,就要确认非货币性资产的公允价值、计税基础以及投资所得。F房产如果选择对非货币性资产投资所得分期纳税,还要确认在投资当期及以后期间应当申报的应纳税所得额。

从逻辑上来讲,一项业务的准确定性,应当以被认定事实所实际呈现出来的特征和拟定性业务应当具备的特征进行比较,根据二者的契合度来判定业务的性质。如前文所述,企业分立和非货币性资产投资的本质区别是,企业分立是在股东层面进行的资本交易,而非货币性资产投资是在公司层面进行的资产交易。其外在表现形态是,以A公司的部分非货币性资产设立B公司,如果B公司的股东是A公司,该项业务属于非货币性资产投资;如果B公司的股东不是A公司,而是A公司的股东,该项业务属于企业分立。

(二)案件的分析思路

本文前述案例,F房产2016年5月以其自行建造的东方商场对T美食广场进行增资,T美食广场于2016年11月办理了股权变更登记手续。同时,F房产所属企业集团的实际控制人赵某等人于2016年6月对企业集团的股权架构进行了调整。假如没有企业股权架构的调整,F房产对T美食广场增资后,如果T美食广场增加的股东是F房产的股东赵某等人,该项业务属于企业分立。如果T美食广场增加的股东是F房产,该项业务属于非货币性资产投资。

问题是F房产对T美食广场增资后,T美食广场变更股权登记前,整个企业集团的股权架构进行了调整。在此情形下,要判定该项业务属于企业分立还是非货币性资产投资,分析思路应当是:①确认企业股权架构调整后,F房产、T美食广场的股东以及股东变更时间。②确认F房产以商场增资后，T美食广场新增的股东以及新增股东的变更时间。③确认T美食广场变更新增股东当期，F房产的股东。④T美食广场变更新增股东当期，如果其新增股东是F房产的股东，该项业务属于企业分立。如果其新增股东是F房产，该项业务属于非货币性资产投资。

（三）分析过程及结论

结合前述案情介绍，对F房产增资T美食广场的行为进行定性和所得税处理，分析过程及结论如下：①企业股权架构调整后，F房产的股东为F投资，股东变更登记时间2016年6月。②F房产以商场增资T美食广场后，T美食广场新增股东为F房产，新增股东登记时间2016年11月。③T美食广场新增股东当期（2016年11月），F房产的股东是F投资（2016年6月变更）。④由于T美食广场新增股东登记当期（2016年11月），其新增股东是F房产，而不是F房产的股东F投资，所以该项业务属于非货币性资产投资，应当按照非货币性资产投资进行所得税处理。⑤假设T美食广场新增股东登记当期（2016年11月），其新增股东是F房产的股东F投资，则该项业务属于企业分立，应当按照企业分立进行所得税处理。

（四）案件的税务处理

如果将F房产以东方商场增资T美食广场的行为定性为非货币性资产投资，F房产应当按照财税〔2014〕116号文件的规定进行所得税处理。所得税事项包括：①按照东方商场的评估价格18 400万元确认非货币性资产的公允价值。②按照东方商场的账面成本12 000万元确认非货币性资产的计税基础。③以非货币性资产的公允价值减计税基础，确认非货币性资产转让所得6 400万元（18 400 − 12 000）。④在投资协议生效并办理股权登记手续时（2016年11月），确认非货币性资产转让收入的实现。⑤确认的非货币性资产转让所得6 400万元，可以在不超过5年期限内，分期均匀计入相应年度的应纳税所得额，按照税法规定计算缴纳企业所得税。

（五）案例点评

本文前述案例，从税务机关的角度看，其执法行为主要存在以下问题：①认定公司股东身份，应当以工商登记等外部证据作为主要证据，被投资方的会计核算资料等内部证据不能作为认定股东身份的主要证据。②在已知非货币性资产公允价值（评估价格）、计税基础的情况下，企业所得税应当查账征收而不是核定征收。③尽管税务机关将该项业务定性为投资，但是在认定过程中，没有比较分立业务和投资业务的区别，分析问题不全面，认定问题不准确。

从纳税人的角度看，其对该项业务的安排、定性以及税务处理存在以下问题：①混淆了企业分立业务与投资业务的区别，将股东层面的资本交易当作公司层面的资产交易进行处理。②混淆了企业股东与实际控制人的区别。该项业务，企业自述公司股东没有发生变化，实际上每个公司的股东都发生了变化，没有变化的是实际控制人，企业分立业务是在股东层面而不是控制人层面进行认定。③F投资以东方商场四层、五层、六层对T美食广场增资，评估价分别为5 200万元、9 100万元、4 100万元。同一幢楼的不同楼层，面积相同，但评估价高低相差一倍多，真实性存疑。④尽管T美食广场对该项业务适用特殊性税务处理产生的税会差异进行了调整，但也不能据此将该项业务定性为企业分立。

六、企业分立业务中的涉税风险

（一）关于企业分立的商业实质

企业分立，有基于企业发展战略进行的重组，如从电信业务中分立出移动通信业务。也有基于避税目的安排的重组，如先作企业分立，再作股权转让，将资产转让转化成股权转让，以规避相关税收。只有具有合理商业目的的企业分立，才能适用特殊性税务处理。所谓合理商业目的，是指企业的业务安排不以推迟、少缴或不缴税款为主要目的。但是在税收征管实务中，如果企业对分立业务安排不当，税务机关也有可能将具有合理商业目的的企业分立判定为不具有合理商业目的，从而否定企业重组的特殊性税务处理安排。

（二）关于企业分立的业务安排

企业分立是在股东层面进行的，是资本交易。股权投资是在公司层面进行的，是资产交易。企业分立的所得税处理存在一般性税务处理（当期纳税）和特殊性税务处理（递延纳税），非货币性资产投资只能是当期纳税或分期纳税（不超过5年），一般不能递延纳税。本文前述案例中，纳税人混淆了企业分立和股权投资的区别，误将股权投资按照企业分立进行所得税处理，导致税务机关追缴税款并给予纳税人行政处罚，增加了企业的涉税风险。

（三）关于企业分立中的税负转嫁

企业分立适用特殊性税务处理，对于被分立方的股东而言，是递延纳税，将本应在分立当期确认的应税所得递延到分立后确认。但对于被分立方和分立方而言，存在税负转嫁，将本应由被分立方在分立当期缴纳的税收，转嫁给分立方，由分立方在分立后缴纳。企业在安排分立业务，尤其是在安排分立前后股东相同、持股比例相同的分立业务时，应当比较分立方和被分立方的税收负担，确定是否选择特殊性税务处理，避免在企业分立时将应税所得转嫁给税收负担重的企业，增加企业集团的整体税收负担。

（四）关于分立资产公允价值的确定

企业分立业务适用一般性税务处理，被分立资产公允价值与计税基础之间的差额，应当确认为重组所得。在企业分立业务中，被分立资产公允价值的确认，要综合考虑重组当事人之间的关联关系、重组目的、重组当事人的税收负担等因素，选择恰当的资产评估方法合理确认。但是无论选择何种方法确认资产公允价值，其结果必须合理。如果资产公允价值的确认显失公平，如前述案例，同一商场不同楼层的评估值相差一倍多，就会存在比较大的涉税风险。

（五）关于分立资产税会差异的调整

企业分立业务中，被分立资产计税基础的确认，是以该资产的账面价值为基础，通过调整税会差异实现的。企业分立适用一般性税务处理，被分立资产的计税基础影响被分立方重组所得的计算，被分立方计算重组所得时，应当正确调整资产在分立前形成的税会差异。企业分立适用特殊性税务处理，被分立资产的计税基础影响分立方分立后的所得税负担，分立方重组后所得税申报时，应当正确调整资产在分立时形成的税会差异。前述案例中，T美食广场在“特殊重组”后，对资产税会差异的调整就值得肯定。

综上所述，企业分立是在股东层面进行的资本交易，非货币性资产投资是在公司层面进行的资产交易。企业分立适用特殊性税务处理，存在递延纳税和税负转嫁的问题。而非货币性资产投资可以当期纳税，也可以分期纳税，但是一般不能递延纳税。企业在安排分立业务时，应当重点关注递延纳税、税负转嫁对企业重组行为的影响。

主要参考文献：

[1] 财政部会计司编写组.企业会计准则讲解[M].北京：人民出版社，2010.
[2] 迈伦·斯科尔斯.税收与企业发展战略[M].张雁翎译.北京：中国财经出版社，2004.
[3] 天职专业研究委员会. 企业分立的会计处理.网络文章.
[4] 陈斌才.企业分立与非货币性资产投资所得税处理的区别[J].财务与会计，2020(20).
[5] 财政部 国家税务总局.关于企业重组业务企业所得税处理若干问题的通知.2009.
[6] 财政部 国家税务总局.关于非货币性资产投资企业所得税政策问题的通知. 2014.

第七章
其他重组方式的所得税处理

第一节　资产划转的所得税处理

一、资产划转的定义

《财政部　国家税务总局关于促进企业重组有关企业所得税处理问题的通知》(财税〔2014〕109号)及其配套文件《国家税务总局关于资产(股权)划转企业所得税征管问题的公告》(国家税务总局公告2015年第40号),仅规定了资产(股权)划转(以下简称资产划转)如何进行所得税处理,但是并没有对资产划转给出一个清晰而明确的定义。

资产划转,通常是指企业的实际控制人将旗下一个企业的资产划转给另外一个企业,或国家将一个国有企业的资产划转给另外一个国有企业。理论上,资产划转是在同一投资主体内进行的,是无偿的。但是在企业重组实务中,资产划转既有同一投资主体内的,也有非同一投资主体内的;既有无偿划转,也有有偿划转;既有单纯的资产划转,也有资产、负债、劳动力一并划转。

二、资产划转的类型

(一)母公司给子公司划转资产

母公司给子公司划转资产,主要有三种类型:①母公司给子公司划转资产,母公司增加长期股权投资,子公司增加实收资本。②母公司给子公司划转资产,母公司增加长期股权投资,子公司增加资本公积。③母公司给子公司划转资产,母公司减少资本公积,子公司增加资本公积。

母公司给子公司划转资产,如果子公司增加了实收资本,母公司持有子公司股权份额增加,属于有偿划转;如果子公司仅增加了资本公积,母公司持有子公司股权份额未增加,属于无偿划转。

【例7-1】 唐山德生防水股份有限公司(以下简称公司)公告,为进一步完善及优化现有经营业务结构,对公司现有资产和业务进行整合,公司现拟通过资产划转的方式对全资子公司德生科技增资。本次划转的资产为防水相关业务资产、负债划转。本次增资前后全资子公司德生科技注册资本变动如表7-1所示。

表 7-1　　德生科技资产划转前后注册资本变动情况　　单位：万元

股东名称	增资前的注册资本		拟增加的注册资本	增资后的注册资本	
	金额	比例		金额	比例
公司	50	100%	9 950	10 000	100%
合计	50	100%		10 000	100%

本项资产划转，属于母公司给全资子公司划转资产，划转标的包括与防水业务相关的资产、负债。划转后，母公司持有子公司股权份额增加，子公司实收资本增加，属于有偿划转。

【例 7-2】 奥吉特生物科技股份有限公司（以下简称公司）发布公告，根据公司整体发展需要，为完善经营业务结构，整合并优化资源配置，进一步提升整体企业价值，公司拟以资产划转方式，将公司现有的与食用菌种植业务相关的资产、债权、债务（不含长短期借款）及人员，全部划转至子公司奥吉特农业，并由其承接公司原有的生产经营业务。

公司拟将截至划转基准日 2017 年 6 月 30 日的现有与食用菌种植业务相关的资产 149 277 062.16 元、负债 4 976 549.57 元划转至奥吉特农业。划转基准日至实际划转日期间发生的资产及负债变动情况将据实调整并予以划转。由于资产大于负债，公司将该净资产 144 300 512.59 元确认为对奥吉特农业的投资，奥吉特农业相应增加所有者权益中的资本公积。

本项资产划转，属于母公司给全资子公司划转资产，划转标的包括与食用菌种植业务相关的资产、负债、人员。划转后，母公司持有子公司股权份额未增加，子公司仅增加资本公积，实收资本未增加，属于无偿划转。

（二）子公司给母公司划转资产

子公司给母公司划转资产，主要有三种类型：①子公司给母公司划转资产，子公司减少实收资本，母公司减少长期股权投资（减资）。②子公司给母公司划转资产，子公司增加长期股权投资，母公司增加实收资本（交叉持股）。③子公司给母公司划转资产，子公司减少资本公积，母公司增加资本公积。

子公司给母公司划转资产，如果子公司减少了实收资本（减资），或母公司增加了实收资本（交叉持股），属于有偿划转。如果子公司仅减少了资本公积，或母公司未增加实收资本，属于无偿划转。

【例 7-3】 厦门美易美妆股份有限公司（以下简称美易美妆）发布公告称，2017 年 4 月，公司控股子公司木薯科技以 16.00 元/股的价格向广州皓品增资 12.50 万股，合计出资 200 万元人民币，持有广州皓品 20%的股权，现拟作价 200 万元人民币将木薯科技持有的广州皓品 20%股权划转至母公司美易美妆。

划出方木薯科技系美易美妆的控股子公司，美易美妆持有木薯科技 90%的股权。

本项业务属于子公司给母公司划转资产，如果木薯科技实收资本减少（减资），或据此持有美易美妆股权（交叉持股），属于有偿划转。如果木薯科技仅减少了资本公积，美易美妆持有木薯科技股权未减少，木薯科技也未持有美易美妆股权，属于无偿划转。

【例7-4】 浙江上扬商业设备科技股份有限公司(以下简称公司)发布公告，为进一步完善公司的经营业务结构、优化资源配置、提高运营效率、降低运营成本，并加强为零售商提供一站式服务项目的开发建设力度，公司拟将全资子公司嘉兴上扬的部分经营性资产及负债，按截至基准日2017年6月30日的账面价值划转至上扬股份。

截至基准日2017年6月30日，本次拟划转资产的账面价值39 887 202.43元，拟划转负债的账面价值为19 706 764.42元，拟划转净资产的账面价值为20 180 438.01元。上扬股份将划转净资产中9 973 658.96元冲抵对嘉兴上扬的其他应收款后，其余冲减对嘉兴上扬的长期股权投资；嘉兴上扬按划转净资产金额冲减所有者权益科目。本次划转资产及负债，是在公司合并报表范围内进行，不涉及合并报表范围变化，对公司的财务状况和经营成果无重大影响。

本项资产划转，属于子公司给母公司划转资产，划转标的包括资产和与之相关的负债，母公司对子公司的其他应收款减少，长期股权投资减少，子公司的所有者权益减少(减资)。这项业务既包括经营性业务——以资产抵债，也包括资本性业务——资产的有偿划转。

(三) 子公司之间划转资产

同属一个母公司的子公司之间划转资产，主要有三种类型：①子公司之间划转资产，划出方减少资本公积，划入方增加资本公积。②子公司之间划转资产，划出方增加长期股权投资，划入方增加实收资本(投资)。③子公司之间划转资产，母公司和划出方子公司按照减资处理，母公司和划入方子公司按照增资处理。

子公司之间划转资产，如果划出方减少了实收资本或增加了长期股权投资，属于有偿划转。如果划出方仅减少了资本公积，划入方仅增加了资本公积，属于无偿划转。

【例7-5】 广州市香雪制药股份有限公司(以下简称公司)发布公告，为进一步优化整合公司内部资源，提升公司资产配置及业务的专业化管理，公司下属全资子公司九极生物将名下的货币资金、固定资产、无形资产等相关资产按审计后的账面净资产值无偿划转至公司全资子公司广州芮培。同时，将下属全资子公司九极保健100%股权按审计后的账面值无偿划转至公司全资子公司广州香雪健康产业股权投资管理有限公司。

本项业务属于子公司给子公司划转资产、股权，均属于无偿划转。正常情况下，划出方子公司应当减少资本公积，划入方子公司应当增加资本公积。

(四) 国有资产的划转

国有资产的划转以无偿划转为主，既有同一行政区域内国有资产的划转，也有跨区域国有资产的划转。主要包括以下三种类型：①政府与国有企业之间资产的划转，包括政府给国有企业划转资产，国有企业给政府部门划转资产。②属于同一级政府的国有企业之间资产的划转。③国有控股公司之间资产的划转，包括母公司对子公司资产的划转，子公司对母公司资产的划转，同属一个控股公司子公司之间资产的划转。

【例7-6】 龙游县国有资产经营有限公司(以下简称公司)发布公告，根据龙游县人民政府国有资产监督管理办公室《关于龙游县国有资产经营有限公司持有的浙江龙游中北实业有限公司股权无偿划转的批复》，公司将持有的浙江龙游中北实业有限公司股权无偿划转至龙游县人民政府国有资产监督管理办公室。

本项业务属于公司将股权无偿划转给政府部门。正常情况下，划出方公司应当减少资本公积。

【例 7-7】 剑阁县国有资产监督管理局将四川省剑门关发展投资有限公司 90%的国有股权无偿划转给剑阁剑州国有投资有限公司。

一、公告事项

剑门关旅游开发股份有限公司（以下简称公司）于近日收到实际控制人剑阁县国有资产监督管理局（以下简称县国资局）下发的《剑阁县国有资产监督管理局关于无偿划转县属国有企业国有股权的通知》（剑国资〔2017〕85 号）。根据该通知：县国资局同意将公司股东四川省剑门关发展投资有限公司 90%的国有股权无偿划转给公司股东剑阁剑州国有投资有限公司。

本次国有股权划转，不会导致公司控股股东、实际控制人变更。

二、公司股权结构

（一）原股权结构

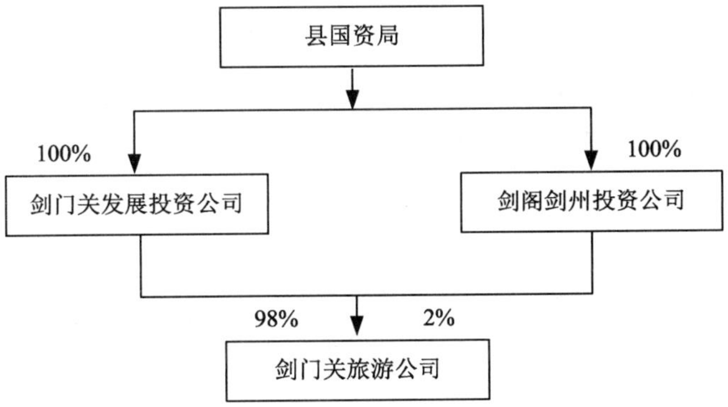

图 7-1　股权划转前的股权架构

（二）变更后股权结构

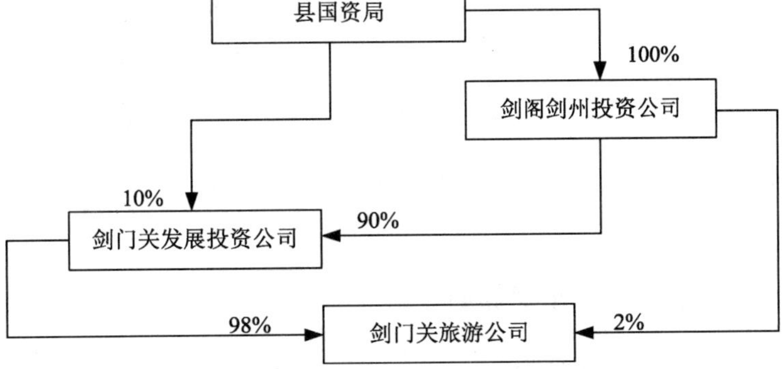

图 7-2　股权划转后的股权架构

本项业务属于政府部门将股权无偿划转给公司。正常情况下，划入方公司应当增加资本公积。

【例 7-8】 宣城市国有资产投资有限公司关于资产无偿划转事项的公告

一、资产划转情况

根据本公司股东决定，公司持有的宣城国投置业发展有限公司 51%股权、宣城宛溪置业发展有限公司 100%股权和宣城博文置业有限公司 100% 股权无偿划转至宣城宛陵公司，无偿划转后公司账面总资产和净资产均减少 394 641 650 元，占公司 2019 年末净资产的 1.67%。

二、划转背景

根据宣城市人民政府办公室印发的宣政办秘〔2019〕101 号文件，本公司股东宣城市国有资本投资运营控股集团有限公司（以下简称集团公司）拟成立宣城市地产开发有限公司（以下简称地产公司），将本公司持有的宣城国投置业发展有限公司 51%股权、宣城宛溪置业发展有限公司 100%股权和宣城博文置业有限公司 100%股权无偿划转至地产公司。

三、划入方基本情况

划入方宛陵公司即集团公司成立的地产公司，该公司于 2020 年 3 月 24 日注册设立，注册资本 2 000 万元，集团公司持有 100%股权，经营范围主要为：房地产开发、销售、租赁，物业管理、停车产管理、公园管理、体育场馆管理等。

四、划转进展情况

本公司已于 2020 年 5 月 19 日完成宣城宛溪置业发展有限公司 100% 股权、宣城博文置业有限公司 100%股权的无偿划转工商变更登记手续，宣城国投置业发展有限公司 51%股权的无偿划转工商变更登记手续将于近期办理完成。

五、影响分析

本次资产无偿划转事项符合本公司战略规划，无偿划转后不会对公司正常的生产经营和偿债能力产生不利影响。本公司承诺将严格按照相关法律法规，履行相关后续信息的持续披露义务。

本项业务属于同一国有控股公司不同子公司之间股权的无偿划转。正常情况下，划出方公司应当减少资本公积，划入方公司应当增加资本公积。

三、资产划转涉及的税收

资产划转业务中，划出方企业划出的资产、负债，涉及企业所得税。划入方企业接受的资产、负债，应当确认资产、负债的计税基础。资产划转一般不涉及自然人，不涉及个人所得税。

资产划转涉及的增值税、土地增值税、印花税、契税等除企业所得税外的其他税收，我们将在后续章节专题讨论。

四、资产划转的所得税处理原则

(一) 资产划转的会计处理原则

资产划转的会计处理没有具体规定。理论上，如果是资产的有偿划转，应当按照投资或减资进行会计处理。如果是资产的无偿划转，应当按照财政部发布的《关于做好执行会计准则企业 2008 年年报工作的通知》(财会函〔2008〕60 号)进行会计处理。

财会函〔2008〕60 号文规定，企业接受的捐赠和债务豁免，按照《企业会计准则》规定符合确认条件的，通常应当确认为当期收益。如果接受控股股东或控股股东的子公司直接或间接的捐赠，从经济实质上判断属于控股股东对企业的资本性投入，应作为权益性交易，相关利得计入所有者权益(资本公积)。

需要说明的是，财会函〔2008〕60 号文仅规定了资产的受赠方如何进行会计处理，未规定资产的捐赠方如何进行会计处理。依据会计原理分析，如果将控股股东对子公司的捐赠按照权益性交易进行处理，受赠方会计处理增加资本公积，捐赠方会计处理应当减少资本公积；资本公积不足冲减的，冲减留存收益。

(二) 资产划转的所得税处理原则

资产划转，通常是在同一投资主体内不同成员企业之间进行的，从控制人的角度看，资产的所有权没有发生实质性转移。资产划转如果遵循实质重于形式的原则进行所得税处理，划出方可以不确认应税所得，划入方取得的资产，以划拨资产的原有计税基础作为计税基础。

资产划转，也有可能构成捐赠行为。如果资产划转构成捐赠，捐赠方应当确认视同销售收入并确认捐赠支出，受赠方应当确认捐赠收入并确认受赠资产的计税基础。

(三) 资产划转的所得税处理方法

资产划转涉及划出方和划入方两方当事人。资产划转的所得税处理，分为一般性税务处理和特殊性税务处理。原则上，资产划转适用一般性税务处理，划出方划出的资产，应当确认应税所得；划入方取得的划拨资产，以公允价值作为计税基础。资产划转适用特殊性税务处理，划出方划出的资产，不确认应税所得；划入方取得的划转资产，以划转资产的原有计税基础作为计税基础。

五、资产划转的所得税处理规定

(一) 特殊性税务处理规定

1. 适用特殊性税务处理的条件

财税〔2014〕109 号文第三条规定，对 100%直接控制的居民企业之间，以及受同一或相同多家居民企业 100%直接控制的居民企业之间按账面净值划转股权或资产，凡具有合理商业目的，不以减少、免除或者推迟缴纳税款为主要目的，股权或资产划转后连续 12 个月内不改变被划转股权或资产原来实质性经营活动，且划出方企业和划入方企业均未在会计上确认损益的，可以选择特殊性税务处理。

财税〔2014〕109 号文关于资产划转适用特殊性税务处理，设定的条件与财税〔2009〕59 号文特殊性税务处理条件基本相同，强调合理商业目的和经营延续。但不同之处是：①强调适用特殊性税务处理，划出方企业和划入方企业必须是母公司和全资子公司，以及受同一母公司控制的全资子公司。②按照账面净值划转资产、股权。③划出方企业和划入方企业均未在会计上确认损益。

国家税务总局公告2015年第40号(简称40号公告)对财税〔2014〕109号文(简称109号文)作了进一步解释,40号公告第三条规定,109号文第三条所称"划入方企业取得被划转股权或资产的计税基础,以被划转股权或资产的原账面净值确定",是指划入方企业取得被划转股权或资产的计税基础,以被划转股权或资产的原计税基础确定。"划入方企业取得的被划转资产,应按其原账面净值计算折旧扣除",是指划入方企业取得的被划转资产,应按被划转资产的原计税基础计算折旧扣除或摊销。

国家税务总局公告2015年第40号第四条规定,按照财税〔2014〕109号文第三条规定进行特殊性税务处理的股权或资产划转,交易双方应在协商一致的基础上,采取一致处理原则统一进行特殊性税务处理。此项规定和财税〔2009〕59号文的规定相同。

2. 特殊性税务处理的具体内容

财税〔2014〕109号文第三条规定,资产划转适用特殊性税务处理,当事人的所得税处理为:①划出方企业和划入方企业均不确认所得。②划入方企业取得被划转股权或资产的计税基础,以被划转股权或资产的原账面净值确定。③划入方企业取得的被划转资产,应按其原账面净值计算折旧扣除。

国家税务总局公告2015年第40号(简称40号公告)细化了资产划转适用特殊性税务处理的规定,40号公告第二条规定,财税〔2014〕109号文第三条所称"100%直接控制的居民企业之间,以及受同一或相同多家居民企业100%直接控制的居民企业之间按账面净值划转股权或资产",限于以下情形:

(1) 100%直接控制的母子公司之间,母公司向子公司按账面净值划转其持有的股权或资产,母公司获得子公司100%的股权支付。母公司按增加长期股权投资处理,子公司按接受投资(包括资本公积,下同)处理。母公司获得子公司股权的计税基础以划转股权或资产的原计税基础确定。

【例7-9】 B公司系A公司的全资子公司。20×6年3月31日,A公司将其持有的C公司股权划转给B公司。A公司所持C公司股权的账面价值、计税基础均为6 000万元,公允价值10 000万元。A公司取得B公司的股份2 000万股,股票面值1元/股。假设该项股权划转符合特殊性税务处理的所有条件。

B公司的会计处理:按照权益性交易处理,划入的C公司股权以原账面价值初始计量。

借:长期股权投资——C公司	60 000 000	
贷:股本		20 000 000
资本公积——资本溢价		40 000 000

B公司的所得税处理:B公司取得C公司的股权,以该项股权的原有计税基础6 000万元作为计税基础。B公司的会计处理和所得税处理无差异,无须进行纳税调整。

A公司的会计处理:按照权益性交易处理,划出的C公司股权不确认损益,取得B公司股权以划出C公司股权的账面价值初始计量。

借:长期股权投资——B公司	60 000 000	
贷:长期股权投资——C公司		60 000 000

A公司的所得税处理：A公司划出的C公司股权，不确认应税所得。取得B公司股权，以原持有C公司股权的计税基础作为计税基础。A公司会计处理和所得税处理无差异，无须进行纳税调整。

需要说明的是，国家税务总局公告2015年第40号规定，“母公司向子公司按账面净值划转其持有的股权或资产，母公司获得子公司100%的股权支付。母公司按增加长期股权投资处理，子公司按接受投资(包括资本公积，下同)处理”，此处如果母公司获得了子公司的股权支付，子公司会计处理至少要按照股票面值确认股本，不能全部记资本公积。

(2) 100%直接控制的母子公司之间，母公司向子公司按账面净值划转其持有的股权或资产，母公司没有获得任何股权或非股权支付。母公司按冲减实收资本(包括资本公积，下同)处理，子公司按接受投资处理。

【例7-10】 B公司系A公司的全资子公司。20×6年3月31日，A公司将其持有的C公司股权无偿划转给B公司。A公司所持C公司股权的账面价值、计税基础均为6 000万元，公允价值10 000万元。假设该项股权划转符合特殊性税务处理的所有条件。

B公司的会计处理：按照权益性交易处理，划入的C公司股权，以该股权的原账面价值初始计量。

借：长期股权投资——C公司　　60 000 000
　贷：资本公积——资本溢价　　60 000 000

B公司的所得税处理：B公司取得C公司的股权，不确认应税所得，以该项股权的原计税基础6 000万元作为计税基础。B公司的会计处理和所得税处理无差异，无须进行纳税调整。

A公司的会计处理：按照权益性交易处理，划出C公司股权不确认损益，冲减资本公积。

借：资本公积——资本溢价　　60 000 000
　贷：长期股权投资——C公司　　60 000 000

A公司的所得税处理：A公司划出的C公司股权，不确认应税所得。A公司的会计处理和所得税处理无差异，无须进行纳税调整。

需要说明的是，国家税务总局公告2015年第40号规定，“母公司向子公司按账面净值划转其持有的股权或资产，母公司没有获得任何股权或非股权支付。母公司按冲减实收资本(包括资本公积，下同)处理，子公司按接受投资处理”。此处如果母公司没有获得任何股权或非股权支付，该项规定存在以下问题：①母公司不应当冲减实收资本，只能冲减资本公积。因为母公司的实收资本对应的是其母公司的长期股权投资，不是对应其子公司的实收资本。②子公司按接受投资处理，只能增加资本公积，不能增加实收资本，因为无股权支付。

(3) 100%直接控制的母子公司之间，子公司向母公司按账面净值划转其持有的股权或资产，子公司没有获得任何股权或非股权支付。母公司按收回投资处理，或按接受投资处理，子公司按冲减实收资本处理。母公司应按被划转股权或资产的原计税基础，相应调减持有子公司股权的计税基础。

【例 7-11】 B 公司系 A 公司的全资子公司。20×6 年 3 月 31 日，B 公司将其持有的 C 公司股权无偿划转给 A 公司。B 公司所持 C 公司股权的账面价值、计税基础均为 6 000 万元，公允价值 10 000 万元。假设该项股权划转符合特殊性税务处理的所有条件。

A 公司的会计处理：按照权益性交易处理，划入 C 公司股权按照该股权原账面价值初始计量，同时冲减原持有 B 公司股权的投资成本。

借：长期股权投资——C 公司　　60 000 000

　贷：长期股权投资——B 公司　　60 000 000

A 公司的企业所得税处理：取得 C 公司的股权，不确认应税所得，以该项股权的原计税基础 6 000 万元作为计税基础，相应冲减持有 B 公司股权的计税基础。A 公司的会计处理和所得税处理无差异，无须进行纳税调整。

B 公司的会计处理：按照权益性交易处理，划出 C 公司股权不确认损益，冲减股本和资本公积。

借：股本/资本公积　　60 000 000

　贷：长期股权投资——C 公司　　60 000 000

B 公司的所得税处理：B 公司划出的 C 公司股权，不确认应税所得。B 公司的会计处理和所得税处理无差异，无须进行纳税调整。

需要说明的是，国家税务总局公告 2015 年第 40 号规定，“子公司向母公司按账面净值划转其持有的股权或资产，子公司没有获得任何股权或非股权支付。母公司按收回投资处理，或按接受投资处理，子公司按冲减实收资本处理”。此处如果子公司没有获得任何股权或非股权支付，该项规定存在以下问题：①母公司按收回投资处理，子公司按冲减实收资本处理，子公司实际上获得了非股权支付——减少了应付股东的股本金。②如果母公司按接受投资处理，子公司就不能冲减实收资本，只能增加长期股权投资，形成母子公司间的交叉持股。

(4) 受同一或相同多家母公司 100%直接控制的子公司之间，在母公司主导下，一家子公司向另一家子公司按账面净值划转其持有的股权或资产，划出方没有获得任何股权或非股权支付。划出方按冲减所有者权益处理，划入方按接受投资处理。

【例 7-12】 B 公司、C 公司均系 A 公司的全资子公司。20×6 年 3 月 31 日，B 公司将其持有的 D 公司股权无偿划转给 C 公司。B 公司所持 D 公司股权的账面价值、计税基础均为 6 000 万元，公允价值 10 000 万元。假设该项股权划转符合特殊性税务处理的所有条件。

C 公司的会计处理：按照权益性交易处理，划入 D 公司股权以该股权原账面价值初始计量，同时增加资本公积。

借：长期股权投资——D 公司　　60 000 000

　贷：资本公积——资本溢价　　60 000 000

C公司的企业所得税处理：取得D公司的股权，以该项股权的原计税基础6 000万元作为计税基础。C公司的会计处理和所得税处理无差异，无须进行纳税调整。

B公司的会计处理：按照权益性交易处理，划出D公司股权不确认损益，同时冲减资本公积。

借：资本公积	60 000 000	
贷：长期股权投资——D公司		60 000 000

B公司的企业所得税处理：B公司划出的D公司股权，不确认应税所得。B公司的会计处理和税务处理无差异，无须进行纳税调整。

需要说明的是，国家税务总局公告2015年第40号规定，"一家子公司向另一家子公司按账面净值划转其持有的股权或资产，划出方没有获得任何股权或非股权支付。划出方按冲减所有者权益处理，划入方按接受投资处理"。此处如果划出方没有获得任何股权或非股权支付，划出方冲减所有者权益只能冲减资本公积，不能冲减实收资本。划入方按照接受投资处理，只能增加资本公积，不能增加实收资本。

（二）一般性税务处理规定

1. 适用一般性税务处理的条件

财税〔2014〕109号文和国家税务总局公告2015年第40号对资产划转的一般性税务处理均未有具体规定。国家税务总局仅在2015年第40号公告第二条中规定，资产划转适用特殊性税务处理后，如果条件发生变化，不再符合特殊性税务处理条件的，划出方和划入方应当对特殊性税务处理递延的税款作追溯调整。从逻辑上讲，资产划转如果不符合特殊性税务处理条件，只能适用一般性税务处理。

国家税务总局公告2015年第40号第二条规定，财税〔2014〕109号文第三条所称"股权或资产划转后连续12个月内不改变被划转股权或资产原来实质性经营活动"，是指自股权或资产划转完成日起连续12个月内不改变被划转股权或资产原来实质性经营活动。如果自股权或资产划转完成日起连续12个月内改变了被划转股权或资产原来实质性经营活动，划转时适用了特殊性税务处理的，应当对递延的税款作追溯调整。

2. 一般性税务处理的具体内容

按照企业所得税法的一般规定和财税〔2009〕59号文的立法精神，资产划转适用一般性税务处理，当事人的所得税处理应当为：①划出方企业划出的资产，应当确认应税所得。取得的对价如果是非货币性资产，如划入方股权，以公允价值作为计税基础。②划入方企业取得的划转资产，以公允价值作为计税基础。

国家税务总局公告2015年第40号第八条规定，资产划转适用特殊性税务处理后，如果条件发生变化不再符合特殊性税务处理条件的，原交易双方应按以下规定进行税务处理。

（1）属于"100%直接控制的母子公司之间，母公司向子公司按账面净值划转其持有的股权或资产，母公司获得子公司100%的股权支付"情形的，母公司应按原划转完成时股权或资产的公允价值视同销售处理，并按公允价值确认取得长期股权投资的计税基础；子公司按公允价值确认划入股权或资产的计税基础。

【例 7-13】 B公司系A公司的全资子公司。20×6年3月31日,A公司将其持有的C公司股权划转给B公司。A公司所持C公司股权的计税基础为6 000万元,公允价值10 000万元。A公司取得了B公司的股份2 000万股,股票面值1元/股。假设该项股权划转适用特殊性税务处理后,又不符合特殊性税务处理条件。

A公司的所得税处理:A公司划出的C公司股权,确认应税所得4 000万元(10 000-6 000)。取得B公司股权,以公允价值10 000万元作为计税基础。

B公司的所得税处理:B公司取得C公司的股权,以公允价值10 000万元作为计税基础。

(2) 属于"100%直接控制的母子公司之间,母公司向子公司按账面净值划转其持有的股权或资产,母公司没有获得任何股权或非股权支付"情形的,母公司应按原划转完成时股权或资产的公允价值视同销售处理;子公司按公允价值确认划入股权或资产的计税基础。

【例 7-14】 B公司系A公司的全资子公司。20×6年3月31日,A公司将其持有的C公司股权无偿划转给B公司。A公司所持C公司股权的计税基础为6 000万元,公允价值为10 000万元。假设该项股权划转适用特殊性税务处理后,又不符合特殊性税务处理条件。

A公司的所得税处理:A公司划出的C公司股权,确认应税所得4 000万元(10 000-6 000)。

B公司的所得税处理:B公司取得C公司的股权,以公允价值10 000万元作为计税基础。

(3) 属于"100%直接控制的母子公司之间,子公司向母公司按账面净值划转其持有的股权或资产,子公司没有获得任何股权或非股权支付"情形的,子公司应按原划转完成时股权或资产的公允价值视同销售处理;母公司应按撤回或减少投资进行处理。

【例 7-15】 B公司系A公司的全资子公司。20×6年3月31日,B公司将其持有的C公司股权无偿划转给A公司。B公司所持C公司股权的计税基础为6 000万元,公允价值10 000万元。假设该项股权划转适用特殊性税务处理后,又不符合特殊性税务处理条件。

B公司的所得税处理:B公司划出的C公司股权,确认应税所得4 000万元(10 000-6 000)。

A公司的所得税处理:A公司取得C公司的股权,按照减资进行所得税处理,应当将所得分解为股息所得和股权转让所得两部分。所得税处理的具体方法,详见本书第九章企业清算的税务处理。

(4) 属于"受同一或相同多家母公司100%直接控制的子公司之间,在母公司主导下,一家子公司向另一家子公司按账面净值划转其持有的股权或资产,划出方没有获得任何股权或非股权支付"情形的,划出方应按原划转完成时股权或资产的公允价值视同销售处理;母公司根据交易情形和会计处理对划出方按分回股息进行处理,或者按撤回或减少投资进行处理,对划入方按以股权或资产的公允价值进行投资处理;划入方按接受母公司投资处理,以公允价值确认划入股权或资产的计税基础。

【例 7-16】 B公司、C公司均系A公司的全资子公司。20×6年3月31日，B公司将其持有的D公司股权无偿划转给C公司。B公司所持D公司股权的账面价值、计税基础均为6 000万元，公允价值10 000万元。假设该项股权划转适用特殊性税务处理后，又不符合特殊性税务处理条件。

B公司的所得税处理：B公司划出的D公司股权，确认应税所得4 000万元（10 000－6 000）。

C公司的所得税处理：C公司取得的D公司股权，以公允价值10 000作为计税基础。

A公司的所得税处理：B公司划出D公司股权时，A公司按照向B公司撤资或减资处理。C公司取得的D公司股权时，A公司按照对C公司投资处理。

六、股东划入资产的所得税处理

(一) 股东划入资产的所得税处理规定

《国家税务总局关于企业所得税应纳税所得额若干问题的公告》（国家税务总局公告2014年第29号）对企业接收股东划入资产的所得税处理作了如下规定。

(1) 企业接收股东划入资产（包括股东赠予资产、上市公司在股权分置改革过程中接收原非流通股股东和新非流通股股东赠予的资产、股东放弃本企业的股权，下同），凡合同、协议约定作为资本金（包括资本公积）且在会计上已做实际处理的，不计入企业的收入总额，企业应按公允价值确定该项资产的计税基础。

【例 7-17】 A公司是B公司的母公司。A公司将一块土地使用权以股权投资的方式投入B公司，该土地使用权的公允价值10 000万元，账面价值6 000万元。该土地使用权折算B公司股份1 000万股，股票面值1元/股。

A公司的会计处理：按照以非货币性资产对外投资处理，投出的土地使用权应当确认损益。

借：长期股权投资	100 000 000	
贷：无形资产		60 000 000
营业外收入		40 000 000

A公司的所得税处理：投出资产时，资产的公允价值与计税基础之间的差额4 000万元（10 000－6 000），确认为应税所得。由于会计处理已确认损益，税会无差异，无须作纳税调整。

B公司的会计处理：取得的土地使用权，按照接受非货币性资产投资处理，以公允价值初始计量。

借：无形资产——土地使用权	100 000 000	
贷：股本		10 000 000
资本公积		90 000 000

B公司的所得税处理：A公司将土地使用权以股权投资的方式投入B公司，属于B公司的资本金，不是B公司的收入，B公司取得资产时不确认应税所得，以公允价值作为非货币性资产的计税基础。

需要说明的是，国家税务总局公告2014年第29号规定了划入资产的企业(被投资企业)不确认收入，但是对划出资产的企业(股东)如何进行所得税处理无具体规定。依据所得税原理分析，如果划入资产的企业取得的资产以公允价值作为计税基础，划出资产的企业划出的资产，其公允价值与计税基础之间的差额，应当确认为应税所得。

(2) 企业接收股东划入资产，凡作为收入处理的，应按公允价值计入收入总额，计算缴纳企业所得税，同时按公允价值确定该项资产的计税基础。

【例7-18】 A公司是B公司的母公司。A公司将一块土地使用权无偿划入B公司，该土地使用权的公允价值10 000万元，账面价值6 000万元。A公司、B公司未在合同中注明该土地使用权系A公司作为资本金投入B公司。

A公司的会计处理：按照财会函〔2008〕60号文的规定，控股公司对子公司的捐赠，应当作为权益性交易，冲减资本公积。

借：资本公积	60 000 000	
贷：无形资产		60 000 000

A公司的所得税处理：A公司将土地使用权无偿划入B公司，应当视同销售，资产的公允价值与计税基础之间的差额4 000万元(10 000－6 000)，确认为应税所得。所得税视同销售税会存在差异，所得税申报时应当作纳税调整。

B公司的会计处理：按照财会函〔2008〕60号文的规定，子公司接受控股公司的捐赠，应当作为权益性交易，增加资本公积。

借：无形资产——土地使用权	100 000 000	
贷：资本公积		100 000 000

B公司的所得税处理：A公司将土地使用权无偿划入B公司，属于B公司的捐赠收入，B公司应当确认捐赠所得。该项业务税会存在差异，应当作纳税调整。

需要说明的是，国家税务总局公告2014年第29号规定了划入资产的企业(被投资企业)应当确认收入，但是对划出资产的企业(股东)如何进行所得税处理无具体规定。依据所得税法第二十五条的规定，股东无偿划出资产，应当视同销售，确认应税所得。无偿捐赠，捐赠企业和接受捐赠企业均要确认应税所得，存在双重纳税的问题。

(二) 股东划入资产所得税政策分析

国家税务总局公告2014年第29号(简称29号公告)关于企业接受股东划入资产的所得税处理，应当注意以下几个问题：①29号公告仅规定了划入企业(被投资企业)的所得税处理，未规定划出企业(股东)的所得税处理。划出企业的所得税处理，应当依据所得税的一般规定和原理进行分析。②企业接受股东划入资产不确认应税所得，前提条件是股东和企业应当在合同中注明该资产系股东作为投资投入的资产，且要按照投资进行会计处理。否则，应当按照接受捐赠进行所得税处理。③股东投入资产不确认应税所得，必须是“股东”投入，如果资产的投入方不是股东，不能按照国家税务总局公告2014年第29号的规定进行所得税处理。

(三) 资产划转和股东划入资产的所得税比较

财税〔2014〕109号文有关资产划转的所得税处理和国家税务总局公告2014年第29号

有关接受股东划入资产的所得税处理既有联系，也有区别：①109 号文关于资产划转不确认应税所得的规定，仅限于母公司和全资子公司之间资产的划转。29 号公告关于资产划转不确认应税所得的规定，对股东的持股比例无限制。②109 号文关于资产划转的所得税处理属于企业重组，包括一般性税务处理和特殊性税务处理。29 号公告中的资产划转不属于企业重组，仅规定了资产划入企业是否确认应税所得的问题。③109 号文规定了资产的划出企业和划入企业双方的所得税处理。29 号公告仅规定了资产划入企业的所得税处理。

七、政府划入资产的所得税处理

(一) 政府划入资产的所得税处理规定

《国家税务总局关于企业所得税应纳税所得额若干问题的公告》(国家税务总局公告 2014 年第 29 号)对企业接收政府划入资产的所得税处理作了如下规定。

(1) 县级以上人民政府(包括政府有关部门，下同)将国有资产明确以股权投资方式投入企业，企业应作为国家资本金(包括资本公积)处理。该项资产如为非货币性资产，应按政府确定的接收价值确定计税基础。

【例 7-19】 某市国有资产管理局将持有甲公司的股权以股权投资的方式投入 A 公司，政府确定的接受价值为 10 000 万元。折算股份 1 000 万股，股票面值 1 元/股。

A 公司的会计处理：按照接受投资处理，取得的甲公司股权，以公允价值初始计量。

借：长期股权投资——甲公司	100 000 000	
贷：股本		10 000 000
资本公积		90 000 000

A 公司的所得税处理：政府将甲公司股权以投资的方式投入 A 公司，属于 A 公司的资本金，不是 A 公司的收入，A 公司取得股权时不确认应税收入，按照政府规定的接受价确认股权的计税基础。

(2) 县级以上人民政府将国有资产无偿划入企业，凡指定专门用途并按《财政部　国家税务总局关于专项用途财政性资金企业所得税处理问题的通知》(财税〔2011〕70 号)规定进行管理的，企业可作为不征税收入进行企业所得税处理。其中，该项资产属于非货币性资产的，应按政府确定的接收价值计算不征税收入。

县级以上人民政府将国有资产无偿划入企业，属于上述(1)、(2)项以外情形的，应按政府确定的接收价值计入当期收入总额计算缴纳企业所得税。政府没有确定接收价值的，按资产的公允价值计算确定应税收入。

【例 7-20】 某县人民政府将一项土地使用权无偿划入 A 公司，规定该土地使用权属于 A 公司某新建项目的专用土地。该土地使用权政府确定的接受价值为 12 000 万元，新项目的预计使用年限 10 年。假定该项业务符合不征税收入的所有条件。

A 公司的会计处理：该土地使用权系政府无偿划入，企业应当按照政府补助进行会计处理。

借：无形资产——土地使用权	120 000 000	
贷：递延收益		120 000 000

项目达到预计可使用状态后，按月确认政府补助：

借：递延收益　　1 000 000

　贷：营业外收入——政府补助　　1 000 000

A 公司的所得税处理：A 公司取得政府无偿划入的土地使用权，符合不征税收入的条件，不征企业所得税。A 公司按期摊入营业外收入的政府补助 1 000 万元，应当调整减少应纳税所得额。土地的摊销额，应当调整增加应纳税所得额。

【例 7-21】 某县人民政府给 A 公司拨入招商引资奖励款 5 000 万元，该笔款项无特定用途，也无专门的资金管理办法。

A 公司的会计处理：该笔款项系政府拨入资金，企业应当按照政府补助进行会计处理。

借：银行存款　　50 000 000

　贷：营业外收入——政府补助　　50 000 000

A 公司的所得税处理：取得的招商引资奖励资金，不符合不征税收入的条件，应当在收到款项当期确认为所得税应税收入，全额申报缴纳企业所得税。

（二）政府划入资产所得税政策分析

政府划入企业的资产，所得税处理分两种情形：①作为资本金划入的，企业不确认应税收入，收到的资产以政府确定的接收价值作为计税基础。②无偿划入的，符合不征税收入条件的，收入不征税，相应的成本费用不能在所得税前扣除。不符合不征税收入条件的，收入征税，相应的成本费用可以在企业所得税前扣除。

八、资产划转具体业务的所得税处理

资产划转业务的所得税处理，除财税〔2014〕109 号文和国家税务总局公告 2015 年第 40 号所述几种情形外，常见的还有以下几类业务。

（一）非全资子公司给母公司划转资产

非全资子公司给母公司划转资产，不适用财税〔2014〕109 号文和国家税务总局公告 2015 年第 40 号的所得税处理规定。其所得税处理分两种情形：①如果子公司减少实收资本，母公司减少持有子公司股权份额，母公司按照减资处理，子公司按照视同销售处理。②如果子公司未减少实收资本，母公司未减少持有子公司股权份额，母公司按照接受捐赠确认捐赠收入，子公司按照对外捐赠确认视同销售收入。

【例 7-22】 A 公司持有 B 公司 90%的股权。20×7 年 4 月，B 公司以 16.00 元/股的价格向 C 公司增资 12.50 万股，合计出资 200 万元人民币，持有 C 公司 20%的股权。现 B 公司将持有的 C 公司 20%股权无偿划转至 A 公司，股权的公允价值 500 万元。

本项业务，属于非全资子公司给母公司无偿划转股权，不适用财税〔2014〕109 号文和国家税务总局公告 2014 年第 29 号。①B 公司应当按照对外捐赠，确认视同销售收入 500 万元，视同销售成本 200 万元。如果 B 公司将股权成本记入当期损益（如营业外支出），还应当调整增加应纳税所得额 200 万元（非公益性捐赠不能在税前扣除）。②A 公司应当按照接受捐赠，确认捐赠收入 500 万元。取得的 C 公司股权，以公允价值 500 万元作为计税基础。

(二) 全资子公司给母公司划转资产并抵债

全资子公司给母公司划转资产，部分抵减欠母公司的债务，部分作为母公司减资处理。①抵顶债务部分，子公司应当按照以物抵债确认收入，母公司以取得资产的公允价值作为计税基础。②减资部分，符合财税〔2014〕109 号文和国家税务总局公告 2015 年第 40 号规定的，按照 109 号文和 40 号公告的规定处理。不符合 109 号文和 40 号公告规定的，母公司应当将收回资产分解为收回投资成本、股息性所得和股权转让所得三部分进行所得税处理。子公司应当按照视同销售，确认视同销售收入和视同销售成本。

【例 7-23】 A 公司持有 B 公司 100%的股份。A 公司拟将 B 公司的部分经营性资产及负债，按划转基准日 20×7 年 6 月 30 日的账面价值划转至 A 公司。划转基准日，本次拟划转资产的账面价值 4 000 万元，拟划转负债的账面价值 2 000 万元，拟划转净资产的账面价值 2 000 万元。A 公司将划转净资产中的 1 000 万元冲抵对 B 公司的其他应收款后，其余冲减对 B 公司的长期股权投资；B 公司按划转净资产金额冲减实收资本和资本公积。B 公司划转资产的公允价值 5 000 万元，划转负债的公允价值 2 000 万元，划转净资产的公允价值 3 000 万元。

本项业务，应当分解为以物抵债和划转资产两项业务进行所得税处理，其中划转资产部分减少了 B 公司的实收资本，按照减资处理。交易总额中，以物抵债金额占交易总额的比例为 50%(1 000/2 000×100%)，减资金额占交易总额的比例为 50%(1－50%)。

(一) 以物抵债的所得税处理

以物抵债业务，B 公司应当确认视同销售收入 1 500 万元(3 000×50%)，视同销售成本 1 000 万元。A 公司取得的抵债资产和负债，分别以公允价值 2 500 万元(5 000×50%)和 1 000 万元(2 000×50%)作为计税基础。

(二) 减资的所得税处理

减资部分，符合财税〔2014〕109 号文和国家税务总局公告 2015 年第 40 号的特殊性税务处理条件，B 公司划出资产和负债，不确认应税所得。A 公司取得的资产和负债，分别以原账面价值 2 000 万元(4 000×50%)和 1 000 万元(2 000×50%)作为计税基础。

但是，A 公司取得的划转资产是由众多单项资产组成的，难以分清哪些是抵债的资产，哪些是减资的资产。所以，A 公司取得的资产，应当先将抵债、减资两部分资产的计税基础相加，作为其计税基础总额。然后将计税基础总额按照各单项资产的公允价值分配，以此确定各单项资产的计税基础。A 公司取得资产计税基础总额为 4 500 万元(2 500＋2 000)。

(三) 国有企业将资产划转政府部门

国有企业将资产划转政府部门，如何进行所得税处理无具体规定。依据企业所得税法的一般规定并结合财税〔2014〕109 号文、国家税务总局公告 2015 年第 40 号的立法精神分析，由于企业所得税实行的是法人税制，企业有其独立的法人财产并依法纳税。所以国有企业将资产划转政府部门，所得税处理应当分为以下两种情形：①国有企业将国有资产划转给国有股东，如国有资产管理局，且减少了实收资本或资本公积，应当视具体情况，按照减资或撤资处理。②国有企业将国有资产不是划转给国有股东而是政府有关部门，应当按照对外捐赠进行所得税处理。

【例 7-24】 ××县国有资产经营有限公司发布公告，根据××县人民政府国有资产监督管理办公室《关于××县国有资产经营有限公司持有的A公司股权无偿划转的批复》，本公司将持有的A公司股权无偿划转至××县人民政府国有资产监督管理办公室。

该项业务的所得税处理有两种可能：①如果县国有资产监督管理办公室是县国有资产经营有限公司的国有股持有人（国有股东），县国有资产经营有限公司应当视具体情况，按照减资或撤资处理。②如果县国有资产监督管理办公室不是县国有资产经营有限公司的国有股持有人（国有股东），县国有资产经营有限公司应当按照对外捐赠进行所得税处理。

(四) 国资部门在国有企业之间无偿划转资产

国有资产管理部门将一个国有企业的资产无偿划转另一国有企业，如何进行所得税处理无具体规定。依据企业所得税法的一般规定并结合财税〔2014〕109号文、国家税务总局公告2015年第40号的立法精神分析，该类资产划转的所得税处理应当分为以下两种情形。

(1) 属于同一个国有资产管理部门管理的两个国有企业之间划转资产，如某地国有资产管理局将其100%控股的A公司资产无偿划转100%控股的B公司，从控制人的角度看，资产的所有权没有发生实质性转移，应当适用财税〔2014〕109号文和国家税务总局公告2015年第40号的规定，划出企业不确认应税所得，划入企业以该资产的原计税基础作为计税基础。

(2) 属于不同国有资产管理部门管理的两个国有企业之间划转资产，如甲省国有资产管理局将其100%控股的A公司资产无偿划转乙省国有资产管理局100%控股的B公司。该项资产划转由于资产的所有权发生转移，不适用财税〔2014〕109号文和国家税务总局公告2015年第40号的规定，划出企业应当确认应税所得，划入企业以该资产的公允价值作为计税基础。

需要说明的是，《国家税务总局稽查局关于2017年股权转让检查工作的指导意见》（税总稽便函〔2017〕165号）规定，因国资委并不是企业，国资委100%控股企业间的股权无偿划拨的情况，不适用财税〔2014〕109号文和国家税务总局公告2015年第40号有关资产划转的所得税处理规定。

【例 7-25】 A公司和B公司同属某市国有资产管理局100%控股的企业。20×8年12月6日，市国有资产管理局下发《关于将A公司直饮水移交资产无偿划转至B公司的批复》，将A公司直饮水资产450万元，无偿划转给B公司。

该项资产划转业务，属于同一国有资产管理部门下属两个企业之间资产的划转。参照财税〔2014〕109号文和国家税务总局公告2015年第40号的立法精神，该项资产划转是在同一控制人的安排下进行的，资产的所有权没有发生实质性转移，可以适用资产划转的特殊性税务处理规定。但是按照税总稽便函〔2017〕165号文的规定，该项资产划转不能适用特殊性税务处理。

(五) 国有控股企业之间资产的无偿划转

国有控股企业之间资产的无偿划转，包括母公司和子公司之间划转资产，以及同属一个母公司的子公司之间划转资产。例如，某市国有资产管理局100%控股A公司，A公司100%控股B公司和C公司，现由市国有资产管理局主导，将B公司资产无偿划转给C公司。该类业务实质上是国有资产的无偿划转，但形式上是两个公司之间资产的划转，如果符合财税〔2014〕109号文和国家税务总局公告2015年第40号规定的母子公司之间划转资产的特殊性税务处理条件，可以适用特殊性税务处理。

【例7-26】 ××市国有资产投资有限公司关于资产无偿划转事项的公告。根据本公司股东大会决定，公司持有的A公司51%股权、B公司100%股权和C公司100%股权无偿划转至本公司的全资子公司D公司，无偿划转后公司账面总资产和净资产均减少40 000万元，占公司20×9年末净资产的1.67%。

该项股权划转业务，是国有控股的母公司将其持有的A、B、C三个子公司股权，无偿划转给全资子公司D公司，属于母公司与全资子公司之间股权的划转。如果该项股权划转符合财税〔2014〕109号文和国家税务总局公告2015年第40号有关特殊性税务处理的其他条件，可以适用特殊性税务处理。

九、资产划转的所得税申报

资产划转的所得税管理，主要包括资产、股权划转完成日的确定，资产划转的申报管理，资产划转的资料管理，资产划转的后续管理等事项。

(一) 资产划转完成日的确定

资产划转完成日是指参与资产划转的各方当事人确认资产划转所得的日期，资产划转所得在资产划转完成日所在年度申报纳税。国家税务总局公告2015年第40号第二条规定，股权或资产划转完成日，是指股权或资产划转合同(协议)或批复生效，且交易双方已进行会计处理的日期。

(二) 资产划转的所得税申报管理

1. 一般性税务处理的所得税申报

资产划转适用一般性税务处理，如果资产划出方的会计处理和所得税处理无差异，如母公司对子公司划转资产，母公司将划出资产公允价值与计税基础之间的差额记入了营业外收入(或营业外支出)，直接在《一般企业收入明细表》(A101010)和《一般企业成本支出明细表》(A102010)申报，最后转入《企业所得税年度纳税申报表(A类)》(A100000)。

资产划转适用一般性税务处理，如果资产划出方的会计处理和所得税处理存在差异，如母公司对子公司无偿划转资产，母公司会计处理冲减资本公积，所得税按照视同销售处理，所得税申报先在《视同销售和房地产开发企业特定业务纳税调整明细表》(A105010)申报视同销售收入和视同销售成本，然后将视同销售收入和视同销售成本转入《纳税调整项目明细表》(A105000)，最后转入《企业所得税年度纳税申报表(A类)》(A100000)。

2. 特殊性税务处理的所得税申报

资产划转适用特殊性税务处理，所得税申报在国家税务总局公告2015年第40号附表《居民企业资产(股权)划转特殊性税务处理申报表》申报。

资产划转特殊性税务处理的所得税申报，主要由三部分构成：一是证明该资产划转符合适用特殊性税务处理的条件，如划出方和划入方的关系，母公司对子公司的持股比例，划出方和划入方的会计处理等。二是划转资产的税会差异，包括划转股权、资产的账面净值和计税基础。三是股权、资产划转完成日。

（三）资产划转所得税的资料管理

国家税务总局公告 2015 年第 40 号第五条规定，交易双方应在企业所得税年度汇算清缴时，分别向各自主管税务机关报送《居民企业资产（股权）划转特殊性税务处理申报表》（详见附件）和相关资料（一式两份）。

相关资料包括：

（1）股权或资产划转总体情况说明，包括基本情况、划转方案等，并详细说明划转的商业目的。

（2）交易双方或多方签订的股权或资产划转合同（协议），需有权部门（包括内部和外部）批准的，应提供批准文件。

（3）被划转股权或资产账面净值和计税基础说明。

（4）交易双方按账面净值划转股权或资产的说明（需附会计处理资料）。

（5）交易双方均未在会计上确认损益的说明（需附会计处理资料）。

（6）12 个月内不改变被划转股权或资产原来实质性经营活动的承诺书。

（四）资产划转所得税的后续管理

国家税务总局公告 2015 年第 40 号第六条、第七条规定，交易双方应在股权或资产划转完成后的下一年度的企业所得税年度申报时，各自向主管税务机关提交书面情况说明，以证明被划转股权或资产自划转完成日后连续 12 个月内，没有改变原来的实质性经营活动。

交易一方在股权或资产划转完成日后连续 12 个月内发生生产经营业务、公司性质、资产或股权结构等情况变化，致使股权或资产划转不再符合特殊性税务处理条件的，发生变化的交易一方应在情况发生变化的 30 日内报告其主管税务机关，同时书面通知另一方。另一方应在接到通知后 30 日内将有关变化报告其主管税务机关。

十、资产划转所得税处理注意事项

（一）关于资产划转当事人关系的认定

资产划转适用特殊性税务处理，前提条件是资产划出方和划入方是 100%的控股关系，或者同属第三方 100%控股的关系。如果不是母子公司关系，或同属一个母公司的子公司，不能适用特殊性税务处理。例如，A 公司 100%控制 B 公司、C 公司，B 公司 100%控制 D 公司，C 公司 100%控制 E 公司。现由 A 公司主导，将 D 公司的资产划转 E 公司，不能适用特殊性税务处理。

（二）关于资产划转标的的确定

资产划转，有单纯的资产划转，有资产、负债一并划转，还有资产、负债、人员一并划转。资产划转的标的不同，相应的税务处理很可能不同。例如，单纯的资产划转，涉及流转税问题，但是资产、负债、人员一并划转的，不在流转税征税范围内。单纯的资产划转和资产、负债一并划转的，应税所得的计算方法也不同。

（三）关于特殊性税务处理条件的判定

资产划转适用特殊性税务处理的条件，定性的条件比较模糊，灵活性较大，如合理商业目的的判定，股权或资产划转后连续 12 个月内不改变被划转股权或资产原来实质性经营活动的判定。定量的条件比较清晰，如资产划出方和划入方的持股比例、会计处理。对于定性的条件，应当有充分的证据证明该项资产划转符合税法规定的特殊性税务处理条件。

（四）关于划转资产公允价值的确定

资产划转适用一般性税务处理，资产划出方对划出资产公允价值与计税基础之间的差额，应当确认为应税所得。划出资产公允价值的高低，直接影响划转企业税收负担的轻重。划出资产公允价值的高低，很大程度上取决于资产估值方法的选择，估值方法不同，估值的结果不同。对于资产划转当事人而言，应当尽可能选择有利于降低税收负担的资产评估方法。

（五）关于划转资产计税基础的确定

资产划转适用特殊性税务处理，资产划入方取得的资产，以该资产的原计税基础作为计税基础。而该资产的原计税基础在资产划出方，在资产划转过程中，应当由资产划出方将划转资产的原计税基础移交给划入方，这就要保证资产计税基础在划转过程中的延续性，尤其是划转资产在资产划出方存在税会差异的情况下。

（六）关于资产划转的后续管理

资产划转的后续管理主要包括两项内容：一是资产划转适用特殊性税务处理后，由于条件发生变化不再符合特殊性税务处理的，是否按照税法规定进行了追溯调整，补缴了递延的企业所得税款。二是资产划转适用特殊性税务处理，划转资产存在税会差异的，后续是否对税会差异按照税法规定进行了纳税调整。

第二节　分步重组的所得税处理

一、分步重组的定义

《财政部　国家税务总局关于企业重组业务企业所得税处理若干问题的通知》（财税〔2009〕59 号）以及配套文件《国家税务总局关于发布《企业重组业务企业所得税管理办法》的公告》（国家税务总局公告 2010 年第 4 号）、《国家税务总局关于企业重组业务企业所得税征收管理若干问题的公告》（国家税务总局公告 2015 年第 48 号）只规定了分步重组的所得税处理原则，但是并未定义什么是分步重组。分步重组通常是指企业重组的各方当事人为了达到某一重组目的，将一个完整的重组行为分为若干个独立的步骤实施。

二、分步重组的类型

财税〔2009〕59 号文及配套文件未对分步重组进行分类。从企业重组实务看，分步重组主要包括以下三种类型。

（一）一类重组分步实施

一类重组分步实施，是指企业重组的当事人为了达到某一重组目的，将一类重组分为几个工作步骤实施。如通过若干次连续的股权收购，达到控制目标公司的目的。

【例 7-27】 B 公司、C 公司是 A 公司的全资子公司，B 公司和 C 公司分别持有甲公司 70%、30%的股权。现由 A 公司统一安排，A 公司先收购 C 公司持有甲公司 30%的股权，再收购 B 公司持有甲公司 70%的股权，使得甲公司成为 A 公司的全资子公司。

该项业务属于一类重组（股权收购）分步实施。此项股权收购的目的是 A 公司通过 100%持有甲公司的股权直接控制甲公司，但是具体分两步实施：第一步，收购 C 公司持有甲公司 30%的股权；第二步，收购 B 公司持有甲公司 70%的股权，使得甲公司成为 A 公司的全资子公司。

（二）几类重组组合实施

几类重组组合实施，是指企业重组的当事人为了达到某一重组目的，将几种不同类型的重组方式组合起来分步实施。如先债务重组再股权收购，先吸收合并再派生分立等。

【例 7-28】 顺德区国资办同意顺控发展独资子公司广东顺控城网建设投资有限公司（原城网公司）以 2016 年 12 月 31 日作为分立审计基准日，实施存续分立，以分立实施完成日作为无偿划转基准日，将分立后存续的原城网公司无偿划转给诚顺公司。

本项业务属于分步重组（企业分立 + 资产划转），当事人重组的意图是将原城网公司的部分资产划转给成顺公司，采用的方法是先作企业分立，将原城网公司分立为两个企业；再作资产划转，将分立后存续的原城网公司无偿划转给诚顺公司。

（三）重组非重组组合实施

重组方式和非重组方式组合实施，是指企业重组的当事人为了达到某一重组目的而采取的一系列步骤中，既有企业重组，也有非企业重组。如企业合并、股权收购、定向增发组合实施。

【例 7-29】 铁物股份收购一汽夏利由四部分组成：一是股份无偿划转：一汽股份拟将其持有的一汽夏利697 620 651 股股份无偿划转给铁物股份。二是重大资产出售：一汽夏利拟向一汽股份出售夏利运营100%股权及鑫安保险17.5%的股权。三是发行股份购买资产：一汽夏利拟向中国铁物、铁物股份、芜湖长茂、结构调整基金、工银投资、农银投资、润农瑞行、伊敦基金发行股份购买其合计持有的中铁物晟科技的 100% 股权及铁物股份持有的天津公司 100%股权、物总贸易100%股权。四是募集配套资金：一汽夏利拟向包括铁物股份在内的不超过 35 名符合条件的特定投资者非公开发行股份募集配套资金，募集配套资金总额不超过 160 000 万元。

该项交易的目的是铁物股份收购 ST 夏利，整个交易由股份无偿划转、重大资产出售、发行股份购买资产、募集配套资金四步构成。该项交易既有资产划转、股权收购等重组方式，也有资产出售、定向增发募集配套资金等非重组方式。

三、分步重组的认定

（一）认定分步重组的意义

企业的重组行为，将其认定为一项重组分步实施，还是由若干个独立的重组行为构成，其所得税待遇不同。如先作企业分立再作股权收购，如果将其认定为一项重组分步实施，两个环节或者全部适用一般重组，或者全部适用特殊重组，但适用特殊重组要求整个重组在 12 个月内完成。如果将其认定为两项独立的重组行为，一个重组行为适用一般重组，另一个重组行为可以适用特殊重组，但适用特殊重组，两项重组间隔时间要求在 12 个月以上。

（二）认定分步重组的标准

财税〔2009〕59 号文及配套文件并未规定如何认定分步重组。实务中分步重组的认定也是众说纷纭，不一而足。理论上，分步重组的应当按照重组的意图判定，如果是基于同一目的而实施的一系列重组行为，均可以归并为一项重组分步实施。但是认定分步重组应当注意两个问题：一是所有的重组行为都必须是围绕一个目的而进行的。二是所有重组行为应当是统一安排，分步实施的。

【例 7-30】 铁物股份收购一汽夏利由两部分构成。

第一部分：一汽夏利设立夏利运营，并对夏利运营增资、划拨资产。实施步骤：①一汽夏利于 2020 年 4 月投资设立全资子公司夏利运营，夏利运营注册资本为人民币 100 万元。②一汽夏利拟以现金向夏利运营增资 4 900 万元，增资完成后夏利运营注册资本由人民币 100 万元增加至 5 000 万元。③一汽夏利拟将截至 2019 年 12 月 31 日除鑫安保险 17.5%的股权及母公司留抵进项税以外的全部资产和负债及相应人员，以 2019 年 12 月 31 日为划转基准日，按账面价值整体划转至夏利运营。

第二部分：铁物股份入主一汽夏利。实施步骤：①一汽股份拟将其持有的一汽夏利 697 620 651 股股份无偿划转给铁物股份。②一汽夏利拟向一汽股份出售夏利运营100%股权及鑫安保险17.5%的股权。③一汽夏利拟向中国铁物等发行股份购买其合计持有的中铁物晟科技等公司的股权。④一汽夏利拟向包括铁物股份在内的特定投资者非公开发行股份募集配套资金不超过 160 000 万元。

该项交易由一汽夏利设立夏利运营和铁物股份入主一汽夏利两部分构成，这两部分交易安排是基于铁物股份入主一汽夏利这一目的而实施的。但是在各部分的业务安排上，一汽夏利设立夏利运营是一汽夏利的内部行为，这一部分由设立、增资和划转资产三个工作步骤组成，是通过《天津一汽夏利汽车股份有限公司关于对全资子公司增资及划转资产的公告》宣示的。铁物股份入主一汽夏利是不同法人之间的交易行为，这一部分由股份无偿划转、重大资产出售、发行股份购买资产、募集配套资金四个工作步骤组成，是通过《天津一汽夏利汽车股份有限公司收购报告书摘要》宣示的。

在所得税处理上，一汽夏利设立夏利运营和铁物股份入主一汽夏利是两项相互关联但是由不同的交易主体作出的业务安排，应当作为两项交易处理。但一汽夏利设立夏利运营时的设立、增资和划转资产这三个工作步骤，应当看作是一项交易分步实施。同样的，铁物股份入主一汽夏利时股份的无偿划转、重大资产出售、发行股份购买资产、募集配套资金这四个工作步骤，也应当看作是一项交易分步实施。

四、分步重组的所得税处理规定

（一）分步重组的所得税处理规定

财税〔2009〕59 号文第十条规定，“企业在重组发生前后连续 12 个月内分步对其资产、股权进行交易，应根据实质重于形式原则将上述交易作为一项企业重组交易进行处理”。

国家税务总局公告 2010 年第 4 号第三十三条规定，“上述跨年度分步交易，若当事方在首个纳税年度不能预计整个交易是否符合特殊性税务处理条件，应适用一般性税务处理。在下一纳税年度全部交易完成后，适用特殊性税务处理的，可以调整上一纳税年度的企业所得税年度申报表，涉及多缴税款的，各主管税务机关应退税，或抵缴当年应纳税款”。

国家税务总局公告 2015 年第 48 号第七条规定，“若同一项重组业务涉及在连续 12 个月内分步交易，且跨两个纳税年度，当事各方在首个纳税年度交易完成时预计整个交易符合特殊性税务处理条件，经协商一致选择特殊性税务处理的，可以暂时适用特殊性税务处理，并在当年企业所得税年度申报时提交书面申报资料。

在下一纳税年度全部交易完成后，企业应判断是否适用特殊性税务处理。如适用特殊性税务处理的，当事各方应按本公告要求申报相关资料；如适用一般性税务处理的，应调整相应纳税年度的企业所得税年度申报表，计算缴纳企业所得税。”

【例 7-31】 B 公司、C 公司是 A 公司的子公司，B 公司和 C 公司分别持有甲公司 70%、30%的股权。现由 A 公司统一安排，2018 年 6 月 A 公司先收购 C 公司持有甲公司 30%的股权，2019 年 4 月再收购 B 公司持有甲公司 70%的股权，使得甲公司成为 A 公司的全资子公司。

本项股权收购业务分两步实施。2018 年所得税申报时，如果交易各方预计该项股权收购业务最终符合特殊税务处理条件，可以先按照特殊性税务处理进行所得税申报。2019 年股权收购完成后，如果该项股权收购不符合特殊性税务处理条件，重组各方应当按照一般重组对该项交易的所得税处理追溯调整，补缴相应的企业所得税。

（二）分步重组的所得税政策分析

财税〔2009〕59 号文及配套文件有关分步重组的所得税处理，主要包括以下内容：①分步重组应当按照一项重组交易进行所得税处理，或者全部适用一般性税务处理，或者全部适用特殊性税务处理。②认定分步重组的原则是实质重于形式。③分步重组应当在连续 12 个月内完成，否则应当按照多项交易进行所得税处理。④分步重组的所得税处理可以先按照预计情况选择特殊性税务处理，重组完成后如果不符合特殊性税务处理条件，再追溯调整。

财税〔2009〕59 号文及配套文件有关分步重组的所得税处理，存在以下问题：①没有规定分步重组具体包括哪些类型。②仅规定了分步重组的认定原则，没有规定认定方法。

③规定的所得税处理方法适合单一类型的分步重组，不适合不同重组类型组合实施的分步重组，也不适合重组方式和非重组方式组合实施的分步重组。

【例 7-32】 上海城投控股股份有限公司换股吸收合并上海阳晨投资股份有限公司及分立上市暨关联交易预案。

本次交易方案包括“本次合并”及“本次分立”两部分。①本次合并。城投控股向阳晨 B 股全体股东发行 A 股股份，以换股方式吸收合并阳晨 B 股。作为本次合并的存续方，城投控股安排下属全资子公司环境集团承继及承接阳晨 B 股的全部资产、负债、业务、人员及其他一切权利与义务，作为合并对价发行的 A 股股份将申请在上交所上市；作为本次合并的被合并方，阳晨 B 股将终止上市并注销法人资格。②本次分立。紧接本次合并生效实施后，城投控股将下属全资子公司环境集团（包括因本次合并由环境集团承继和承接的原阳晨 B 股全部资产、负债、业务、人员及其他一切权利与义务等）以存续分立的方式实施分立。作为本次分立的存续方，城投控股（存续方）继续运营房地产资产和业务以及其他股权投资业务；作为本次分立的分立主体，环境集团的全部股权由城投控股届时全体股东按持股比例取得及变更为股份有限公司（即城投环境），并申请其股份在上交所上市。

该项业务，属于将一项重组交易分解为企业合并和企业分立两步实施。但是如何判断该项交易能否适用特殊性税务处理，财税〔2009〕59 号文及配套文件并无具体规定。由于该项交易是由企业合并和企业分立两种不同类型的重组方式组成，不同于一项股权收购分两步实施，可以将两步合并起来判断其是否符合特殊性税务处理条件。理论上，该种情形只能分步骤判断各步骤能否适用特殊性税务处理，只有两步同时符合特殊性税务处理条件的，整个交易才能适用特殊性税务处理。

五、几种分步重组的所得税处理

（一）投资＋股权收购

投资＋股权收购，是指纳税人先以非货币性资产对外投资，取得被投资方的股权后，以股权收购的方式转让被投资方股权。投资＋股权收购的交易方式，有的是具有合理商业目的的业务安排，也有的是基于规避转让非货币性资产相关税收的避税安排。

投资＋股权收购，如果是一揽子的交易安排，从业务实质看属于一项交易分步实施。但是由于投资不属于企业重组，所以该类交易不能按照分步重组进行所得税处理。其中：非货币性资产投资环节确认的资产转让所得，按照财税〔2014〕116 号文的规定，可以分 5 年纳税。股权收购如果符合财税〔2009〕59 号文规定的特殊性税务处理条件，可以适用特殊性税务处理——递延纳税；如果不符合特殊性税务处理条件，只能适用一般性税务处理——当期纳税。

【例 7-33】 A 公司有一项土地使用权，计税基础 5 000 万元，公允价值 8 000 万元。A 公司以该项土地使用权为主要资产投资设立 B 公司，然后将 B 公司股权以 8 000 万元的价格转让给 C 公司。

A 公司对业务作如此安排，其目的主要是规避转让土地使用权产生的土地增值税。就企业所得税而言，非货币性资产投资环节A公司应当确认资产转让所得3 000万元(8 000－5 000)，该项所得可以分5年纳税，但是如果A公司在5年内转让B公司股权，应当在转让年度一次缴纳递延的所得税。在股权转让环节，由于未产生股权转让所得，A公司、C公司通常会选择一般性税务处理。

(二) 债务重组＋股权收购

债务重组＋股权收购，是指债权人先将债权转为对债务人的股权(债转股)，然后以股权收购的方式转让持有债务人的股权。债务重组＋股权收购的交易方式，有的是基于债务人无力偿还债务而作的业务安排，也有的是关联企业之间转移利润而作的避税安排。

债务重组＋股权收购，如果是一揽子的交易安排，从业务实质看属于一项交易分步实施。由于债务重组和股权收购均属于企业重组，所以该项交易应当定性为分步重组。如果适用一般性税务处理，债务重组和股权收购两个环节应当分别确认债务重组所得和股权转让所得。如果适用特殊性税务处理，应当是债务重组和股权收购均符合特殊性税务处理条件，才能适用特殊性税务处理。

【例7-34】 A公司有应收B公司的债务1 000万元，B公司无力偿还。2018年8月，经双方协商，B公司向A公司增发200万股普通股抵债，普通股公允价值600万。2019年4月，A公司将B公司的股权以800万元公允价格转让给C公司。

该项企业重组如果是一揽子交易安排，属于分步重组。如果适用一般性税务处理，债务重组环节，A公司确认债务重组损失400万元(1000－600)，取得B公司股权的计税基础为600万元；B公司确认债务重组所得400万元。股权转让环节，A公司确认股权转让所得200万元(800－600)，C公司取得B公司股权的计税基础为800万元。

该项分步重组，如果债务重组和股权转让两个环节均符合特殊性税务处理条件，可以选择特殊性税务处理。如果选择特殊性税务处理，债务重组环节，A公司不确认债务重组损失，取得B公司股权的计税基础为1 000万元；B公司不确认债务重组所得。股权转让环节，A公司不确认股权转让所得，C公司取得B公司股权的计税基础为1 000万元。

(三) 企业分立＋股权收购

企业分立＋股权收购，是指被分立企业先以企业分立的方式分立出一个新企业(分立企业)，被分立企业的股东同时成为分立企业的股东。然后分立企业的股东以股权收购的方式转让分立企业股权。企业分立＋股权收购的交易方式，有的是具有合理商业目的的业务安排，也有的是基于规避转让非货币性资产相关税收的避税安排。

企业分立＋股权收购，如果是一揽子的交易安排，从业务实质看属于一项交易分步实施。由于企业分立和股权收购均属于企业重组，所以该项交易应当定性为分步重组。如果适用一般性税务处理，各方当事人在企业分立和股权收购两个环节应当分别按照财税〔2009〕59号文的规定确认重组所得。如果适用特殊性税务处理，应当是企业分立和股权收购均符合特殊性税务处理条件，才能适用特殊性税务处理。

【例7-35】 A公司的股东是甲公司，甲公司持有A公司股权的计税基础为5 000万元，A公司的注册资本、实收资本均为5 000万元。2016年8月，A公司以其部分资产以企业分立的方式设立B公司，B公司的股东是甲公司。分立资产的公允价值7 000万元，计税基础4 000万元，分立资产占A公司总资产的比例为50%。分立后，A公司的注册资本、实收资本均为2 500万元，B公司的注册资本、实收资本均为2 500万元。2017年6月，甲公司将B公司的股权以7 500万元转让给乙公司。

该项企业重组如果是一揽子交易安排，属于分步重组。如果适用一般性税务处理，企业分立环节，A公司确认资产转让所得3 000万元（7 000－4 000）；甲公司确认转让A公司股权所得4 500万元（7 000－5 000×50%），取得B公司股权的计税基础为7 000万元；B公司取得分立资产的计税基础为7 000万元。股权转让环节，甲公司确认转让B公司股权所得500万元（7 500－7 000），乙公司取得B公司股权的计税基础为7 500万元。

该项分步重组，如果企业分立和股权转让两个环节均符合特殊性税务处理条件，各方当事人可以选择特殊性税务处理。如果选择特殊性税务处理，企业分立环节，A公司不确认资产转让所得；甲公司不确认转让A公司股权所得，取得B公司股权的计税基础为2 500万元（5 000×50%）；B公司取得分立资产的计税基础为4 000万元。股权转让环节，甲公司不确认转让B公司股权所得，乙公司取得B公司股权的计税基础为2 500万元。

（四）企业合并＋股权收购＋定向增发

企业合并＋股权收购＋定向增发，是指合并企业先合并被合并企业，再收购目标公司股权，最后通过定向增发募集配套资金。企业合并的目的主要是避免同业竞争，降低交易成本。收购目标公司主要是为了和合并企业形成一个完整的产业链。这种企业重组方式常见于上市公司，通常具有合理商业目的。

企业合并＋股权收购＋定向增发，如果是一揽子的交易安排，从业务实质看属于一项交易分步实施。其中企业合并和股权收购属于企业重组，定向增发不属于企业重组。所以该项交易总体上可以定性为分步重组，按照分步重组进行所得税处理。如果适用一般性税务处理，企业合并和股权收购两个环节应当分别确认重组所得。如果适用特殊性税务处理，必须是企业合并和股权收购均符合特殊性税务处理条件，才能适用特殊性税务处理。

【例7-36】　B公司是A公司的母公司，A公司吸收合并B公司（子公司吸收合并母公司）。本次交易方案包括吸收合并、发行股份购买资产和募集配套资金三个部分。

（一）吸收合并B公司

A公司拟通过向B公司的全体股东甲公司、乙公司发行股份，吸收合并B公司。A公司为合并方，B公司为被合并方。本次吸收合并完成后，A公司作为存续公司承继及承接B公司的全部资产、负债、业务、人员等，B公司的法人资格将被注销，B公司持有的A公司股份将被注销，甲公司、乙公司将成为吸收合并后A公司的股东。

（二）发行股份购买资产

A公司拟向天元控股、乙公司、交运集团、国资集团发行股份购买其持有C公司65.02%的股份。截至本报告书签署日，A公司已直接持有C公司15.00%的股份，B公司持有C公司16.84%的股份，本次交易完成后，A公司将合计持有C公司96.86%的股份。

（三）募集配套资金

本次交易中，A公司拟向包括甲公司在内的合计不超过10名符合条件的特定投资者非公开发行股票募集配套资金，募集配套资金总额不超过 50 000 万元，且不超过本次重大资产重组拟购买资产交易价格的 100%，发行股份数量及价格按照中国证监会的相关规定确定，发行股票数量不超过本次交易前 A 公司总股本的 20%。其中，甲公司拟参与本次募集配套资金发行股份的认购，认购金额不超过 8 000 万元。

（四）本次交易的评估作价情况

本次交易中，标的资产的交易价格以具有证券业务资格的资产评估机构出具的评估报告的评估结果为准。以 2019 年 10 月 31 日为评估基准日，标的资产评估结果如表 7-2 所示。

表 7-2　标的资产评估表　单位：万元

标的公司	净资产账面价值	评估值	增减值	增减率%	收购比例	标的资产评估值
	A	B	C＝B－A	D＝C/A	E	F＝E×B
B 公司	23 200	216 900	193 700	835%	100%	216 900
C 公司	24 300	31 500	7 200	30%	65.02%	20 500

经交易各方协商，B 公司 100%股权的交易作价为 216 900 万元，C 公司 65.02%股权的交易作价为 20 500 万元。

（五）交易对价及支付方式

根据评估机构出具并经有权单位核准的《B 公司资产评估报告》《C 公司资产评估报告》，并经交易各方协商，B 公司 100%股权的交易作价为 216 900 万元，C 公司 65.02%股权的交易作价为 20 500 万元，由 A 公司以发行股份的方式支付本次交易的全部交易对价。

（六）股票发行数量

本次交易中标的资产合计作价 237 400 万元，按照发行价格 9.27 元/股计算，合计发行股份数量为 256 088 243 股。本次交易后，B 公司持有的 A 公司 216 868 000 股股票将被注销，因此本次交易后实际新增股份数量为 39 220 243 股。

本项交易以《B 股份有限公司吸收合并 A 集团有限公司及发行股份购买资产并募集配套资金暨关联交易报告书》宣示，是一揽子交易安排，由吸收合并、发行股份购买资产（股权收购）和募集配套资金三部分组成。其中吸收合并、发行股份购买资产（股权收购）属于企业重组，可以按照分步重组进行所得税处理。

本项企业重组如果适用一般性税务处理，企业合并环节，B 公司应当确认清算所得 193 700 万元，A 公司取得的资产，以公允价值 216 900 万元作为计税基础。甲公司、乙公司应当按照清算进行所得税处理，取得的 A 公司股权，以公允价值 216 900 万元作为计税基础。股权收购环节，C 公司的股东应当确认股权转让所得，取得 A 公司股权，以公允价值 20 500 万元作为计税基础。A 公司取得 C 公司股权，以公允价值 20 500 万元作为计税基础。

本项企业重组，对价全部以股权支付，且收购股权占 C 公司总股本的比例为 65.02%，如果符合特殊性税务处理的其他条件，可以适用特殊性税务处理。企业合并环节，B 公司不确认清算所得，A 公司取得的资产，以该资产的原计税基础 23 200 万元作为计税基础（假定合并资产的计税基础与账面价值相同）。甲公司、乙公司不确认股权转让所得，取得的 A 公司股权，以原持有 B 公司股权的计税基础作为计税基础。股权收购环节，C 公司的股东不确认股权转让所得，取得A公司股权，以原持有C公司股权的计税基础作为计税基础。A公司取得C公司股权，以该股权的原计税基础作为计税基础。

（五）资产剥离+股权收购+资产收购

资产剥离+股权收购+资产收购，是指重组当事人先剥离目标公司的不良资产，再通过股权收购或资产收购给目标公司置入优质资产。资产的剥离和置入是优化企业资产结构、提高企业竞争力的有效手段。这种企业重组方式常见于上市公司，通常具有合理商业目的。

资产剥离+股权收购+资产收购，如果是一揽子的交易安排，从业务实质看属于一项交易分步实施。该交易包括资产收购和股权收购两种交易方式（资产剥离也属于资产收购），应当按照分步重组进行所得税处理。如果适用一般性税务处理，资产剥离、股权收购、资产收购三个环节应当分别确认重组所得。如果适用特殊性税务处理，应当是资产剥离、股权收购、资产收购三个环节均符合特殊性税务处理条件，才能适用特殊性税务处理。

【例7-37】 大海公司系神州公司的控股股东。神州公司董事会通过了关于协议出让公司现有主要生产经营性资产并剥离全部负债，同时收购玉环集团公司持有的玉环房产公司95%的股权及大地房产公司部分土地使用权的议案。

（一）资产出让

神州公司将其现有除部分应收账款外的其他资产出让给大海公司，同时将其全部负债剥离至大海公司。根据神州公司与大海公司签署的《资产转让协议书》，本次资产出让以2010年6月30日为基准日、神州公司拟出让资产的评估价值作为出让价格，同时大海公司所承担的神州公司经剥离的全部债务将冲减资产出让价款。

根据《资产评估报告书》，以2010年6月30日为基准日，神州公司拟出让资产的评估价值为79 400万元。根据《审计报告》，神州公司截至2010年6月30日的全部负债合计为51 100万元。据此，该项资产出让的交易价格确定为28 300万元。

（二）资产收购

神州公司将收购玉环集团公司所持有的玉环房产公司95%的股权及大地房产公司所拥有的土地使用权。根据神州公司与玉环集团公司、大地房产公司签署的《股权转让协议》及《土地使用权转让协议》，本次资产收购将以2010年6月30日为基准日、上述资产的评估价值作为收购价格。

根据《资产评估报告书》，以2010年6月30日为基准日，玉环集团公司持有玉环房产公司95%股权的评估价值为21 000万元。根据《土地估价报告》，以2010年6月30日为基准日，大地房产公司所拥有的土地使用权评估价值为15 100万元。上述两项资产的总评估价值为36 100万元，据此本次资产收购价格为36 100万元。

（三）本次资产出让与收购的支付方式

根据神州公司、玉环集团公司、大地房产公司及大海公司之间签署的《关于资产出售与购买价款之支付协议书》，神州公司因收购资产而应支付大地房产公司15 100万元、应支付玉环集团公司21 000万元中的13 200万元将直接由大海公司支付，以冲减大海公司受让神州公司资产所应支付的款项。神州公司应付玉环集团公司的剩余款项7 800万元将由神州公司以现金或其他方式支付给玉环集团。

本项交易以《神州公司董事会重大资产重组及关联交易公告》宣示，属于一揽子交易安排，整个交易由资产剥离、股权收购、资产收购三部分组成。其中涉及的资产收购、股权收购均属于企业重组，可以按照分步重组进行所得税处理。但是由于该项重组对价全部以非股权支付，所以只能适用一般性税务处理。

资产剥离环节，神州公司剥离给大海公司的资产、负债，其公允价值28 300万元与计税基础之间的差额，应当确认为应税所得。大海公司受让的资产、负债，分别以公允价值79 400万元、51 100万元作为计税基础。

股权收购环节，玉环集团公司将玉环房产公司的股权转让给神州公司，该股权公允价值21 000万元与计税基础之间的差额，应当确认为应税所得。神州公司受让的玉环房产公司的股权，以公允价值21 000万元作为计税基础。

资产收购环节，大地房产公司将其所拥有的土地使用权转让给神州公司，该土地使用权公允价值15 100万元与计税基础之间的差额，应当确认为资产转让所得。神州公司受让的土地使用权，以公允价值15 100万元作为计税基础。

六、分步重组的所得税申报

（一）分步重组的所得税申报规定

关于分步重组的企业所得税申报，国家税务总局公告2015年第48号作了如下规定："若同一项重组业务涉及在连续12个月内分步交易，且跨两个纳税年度，当事各方在首个纳税年度交易完成时预计整个交易符合特殊性税务处理条件，经协商一致选择特殊性税务处理的，可以暂时适用特殊性税务处理，并在当年企业所得税年度申报时提交书面申报资料。

在下一纳税年度全部交易完成后，企业应判断是否适用特殊性税务处理。如适用特殊性税务处理的，当事各方应按本公告要求申报相关资料；如适用一般性税务处理的，应调整相应纳税年度的企业所得税年度申报表，计算缴纳企业所得税"。

（二）分步重组的所得税申报方法

分步重组的企业所得税申报应当分为以下几个步骤：①首先判断该项企业重组是否属于分步重组。②重组各方协商该分步重组是否适用特殊性税务处理。③无论适用一般性税务处理还是特殊性税务处理，所得税申报同前述各单项企业重组的所得税申报。④如果重组当年选择特殊性税务处理，重组结束后又不符合特殊性税务处理条件的，应当对重组当年的所得税申报作追溯调整。

（三）分步重组所得税申报的资料管理

财税〔2009〕59号文及配套文件对分步重组企业所得税申报的资料管理没有专门规定。但分步重组是由若干单项重组组成的，分步重组所得税申报的资料管理，同各单项重组，具体要求见国家税务总局公告2015第48号和国家税务总局公告2015年第40号，重点是适用特殊性税务处理应当报送的相关资料。

七、分步重组所得税的后续管理

分步重组所得税的后续管理，包括以下内容：①重组开始年度按照特殊性税务处理进行所得税申报的，如果重组完成后不符合特殊性税务处理条件，应当对原所得税申报作追溯调整。②如果重组过程中资产的计税基础与账面价值不一致，形成税会差异，重组后应当对税会差异按照税法规定作纳税调整。③重组前未弥补的亏损在重组后继续弥补，重组前未享受完的税收优惠在重组后继续享受，应当符合税法规定。

八、分步重组所得税处理的注意事项

（一）关于分步重组的认定

分步重组是指重组当事人为了达到某一特定目的而作的一揽子交易安排。就重组当事人而言，在安排重组业务时，应当在企业重组的相关文件（如《重大资产重组及关联交易公告》）中反映出该重组业务的整体安排。对于税务机关等职能部门而言，在认定企业重组是否属于分步重组时，应当根据实质重于形式的原则，结合重组当事人有关企业重组的相关资料综合分析。

（二）关于分步重组的所得税处理口径

分步重组属于一项企业重组分步骤实施，各步骤的所得税处理口径应当一致。如果适用一般性税务处理，各步骤都应当适用一般性税务处理；如果适用特殊性税务处理，各步骤都应当适用特殊性税务处理。一项企业重组业务，不应当出现一些环节适用一般性税务处理而另一些环节适用特殊性税务处理的问题。

（三）关于分步重组所得税待遇的选择

如前所述，分步重组各步骤的所得税处理口径应当一致，或者各步骤均适用一般性税务处理，或者各步骤均选择特殊性税务处理。但在判断分步重组能否适用特殊性税务处理时，如果该分步重组包括了若干不同的重组形式，应当分步骤判断。只有当所有步骤均符合特殊性税务处理条件时，该企业重组才能选择特殊性税务处理。

（四）关于分步重组的所得税处理方法

分步重组，无论是适用一般性税务处理，还是适用特殊性税务处理，各步骤的所得税处理方法与单项重组的所得税处理方法相同。总的原则是：企业重组适用一般性税务处理，重组过程中取得的资产，以公允价值作为计税基础；转让的资产，应当确认资产转让所得。适用特殊性税务处理，重组过程中取得的资产，以该资产的原计税基础作为计税基础；转让的资产，不确认资产转让所得。

（五）关于分步重组所得税的调整

分步重组如果跨年度，在企业重组开始当年，各方当事人可以根据重组规划预判该企业重组是否符合特殊性处理条件。如果符合特殊性税务处理条件，可以选择特殊性税务处理。重组完成后，如果该企业重组不符合特殊性税务处理条件，各方当事人应当按照一般性税务处理规定，对重组当年的所得税处理作追溯调整。

（六）关于分步重组所得税的后续管理

如前所述，分步重组所得税的后续管理主要包括：重组过程中资产的计税基础与账面价值不一致形成的税会差异，重组后是否按照税法规定作了纳税调整。重组前未弥补的亏损在重组后继续弥补，重组前未享受完的税收优惠在重组后继续享受，是否符合税法规定。

由于选择特殊重组应当在重组后确认的递延收益，是否按照税法规定及时予以确认等。

第三节 非居民企业重组的所得税处理

一、非居民企业的定义及纳税义务

（一）非居民企业的定义

《企业所得税法》第二条规定，"本法所称非居民企业，是指依照外国（地区）法律成立且实际管理机构不在中国境内，但在中国境内设立机构、场所的，或者在中国境内未设立机构、场所，但有来源于中国境内所得的企业"。

按照《企业所得税法》第二条的规定，认定非居民企业，应当同时符合两个条件：一是依照外国（地区）法律成立，二是实际管理机构不在中国境内。依照境外法律设立，但实际管理机构在中国境内的企业，仍然是中国的居民企业。

（二）非居民企业的纳税义务

《企业所得税法》第三条规定，"非居民企业在中国境内设立机构、场所的，应当就其所设机构、场所取得的来源于中国境内的所得，以及发生在中国境外但与其所设机构、场所有实际联系的所得，缴纳企业所得税。非居民企业在中国境内未设立机构、场所的，或者虽设立机构、场所但取得的所得与其所设机构、场所没有实际联系的，应当就其来源于中国境内的所得缴纳企业所得税"。

按照《企业所得税法》第三条的规定，非居民企业承担有限纳税义务。其中：在中国境内设立了机构场所的非居民企业，来源于中国境内的所得在中国纳税，来源于中国境外的所得，与境内机构场所有实际联系的，在中国境内纳税；与境内机构场所无实际联系的，在中国境内不纳税。在中国境内未设立机构场所的非居民企业，只就来源于中国境内的所得在中国纳税。对于非居民企业而言，其在中国境内是否负有纳税义务，首先应当判断是否在中国境内设立了机构场所，其次是判断有无来源于中国境内的所得。

另外，非居民企业纳税义务的确定，还要考虑税收协定的规定。非居民企业所在国与中国有税收协定的，按照税收协定的规定执行。无税收协定的，按照国内法的规定执行。

（三）境内外所得的判定

《企业所得税法实施条例》第七条规定，"企业所得税法第三条所称来源于中国境内、境外的所得，按照以下原则确定：①销售货物所得，按照交易活动发生地确定。②提供劳务所得，按照劳务发生地确定。③转让财产所得，不动产转让所得按照不动产所在地确定，动产转让所得按照转让动产的企业或者机构、场所所在地确定，权益性投资资产转让所得按照被投资企业所在地确定。④股息、红利等权益性投资所得，按照分配所得的企业所在地确定。⑤利息所得、租金所得、特许权使用费所得，按照负担、支付所得的企业或者机构、场所所在地确定，或者按照负担、支付所得的个人的住所地确定。⑥其他所得，由国务院财政、税务主管部门确定”。

非居民企业与企业重组有关的所得，主要是股权转让所得，其次是财产转让所得。其中：①股权转让所得，根据目标公司所在地确定所得来源地。目标公司在中国境内的，为来源于中国境内的所得；目标公司在中国境外的，为来源于中国境外的所得。②财产转让所得，不动产转让所得按照不动产所在地确定，不动产在中国境内的，为来源于中国境内的所得，不动产在中国境外的，为来源于中国境外的所得。动产转让所得按照转让动产的企业或者机构、场所所在地确定。

二、非居民企业重组的类型

非居民企业参与的企业重组，主要是股权收购和资产收购。另外，非居民企业在境外的企业合并、企业分立，可能会导致其持有居民企业股权发生转移。居民企业在境内的企业合并、企业分立，也可能会导致非居民企业持有居民企业股权发生转移。

（一）非居民企业转让居民企业股权

非居民企业转让居民企业股权，是指非居民企业将其持有的居民企业股权转让给居民企业或非居民企业。非居民企业转让居民企业股权，应当在中国境内纳税，税款由受让方代扣代缴，但目标公司有协助税务机关征收税款的义务。

【例 7-38】 铭凯益电子（昆山）股份有限公司因经营发展需要，拟通过向 MK ELECTRON(H.K)CO.LIMITED 发行股票的方式收购其所持上海梦开贸易有限公司100%的股权。本次交易完成后，上海梦开贸易有限公司成为公司的全资子公司。

根据江苏中企华中天资产评估有限公司出具编号为苏中资评报字(2019)第3017 号的《资产评估报告》，采用资产基础法评估，截至评估基准日 2019 年 5 月 31 日上海梦开股东全部权益的评估值为 579.73 万元。参考评估结果，经双方协商确定本次交易价格为人民币 600 万元。

本例中，铭凯益电子向 MK ELECTRON(H.K)CO.LIMITED 收购其所持上海梦开贸易有限公司 100%的股权，MK ELECTRON(H.K)CO.LIMITED 转让股权时应当在中国境内缴纳预提所得税，但是因为收购对价全部用股权支付，铭凯益电子无法履行代扣代缴义务，故税款由 MK ELECTRON(H.K)CO.LIMITED 自行申报缴纳。

（二）非居民企业给居民企业转让财产

非居民企业给居民企业转让财产，如果该项资产转让所得为来源于中国境内的所得，非居民企业在中国境内负有纳税义务，税款由受让财产的居民企业代扣代缴。

【例 7-39】 山东鼎辉海运有限公司以现金方式向 Worldera Two Ltd 购买船舶一艘，山东鼎辉购买标的资产支付的对价为 7 620 000 美元，按照付款时的实时汇率，折合为人民币 50 292 000 元。本次交易完成后，山东鼎辉拥有该船舶的所有权。

按照《企业所得税法实施条例》第六条的规定，动产转让所得按照转让动产的企业或者机构、场所所在地确定。本例中，Worldera Two Ltd 将船舶转让给山东鼎辉海运，资产的转让方在境外，该项所得为来源于中国境外的所得，在中国境内不负有纳税义务。

(三) 非居民企业重组导致非居民企业持有居民企业股权发生转移

非居民企业重组导致其持有居民企业股权发生转移,是指由于非居民企业在中国境外实施企业合并、企业分立等,导致其持有中国居民企业的股权发生转移。非居民企业转让居民企业股权,应当在中国境内纳税,税款由股权的受让方代扣代缴,但目标公司负有协助税务机关征收税款的义务。

【例 7-40】 境外甲公司是境外乙公司和境内 A 公司的控股公司,持有境外乙公司 100%的股权,持有境内 A 公司 60%的股权。现境外乙公司吸收合并境外甲公司(子公司吸收合并母公司),合并后甲公司解散。甲公司持有的 A 公司股权变更到乙公司名下。

该项境外企业合并导致非居民企业持有居民企业的股权发生转移,甲公司应当在中国境内缴纳预提所得税,税款由乙公司代扣代缴,但 A 公司有协助税务机关征收税款的义务。

(四) 居民企业重组导致非居民企业持有居民企业股权发生转移

居民企业重组导致非居民企业持有居民企业股权发生转移,是指由于居民企业实施的企业合并、企业分立等企业重组,导致非居民企业持有居民企业股权发生被动转移。非居民企业转让居民企业股权,应当在中国境内纳税,税款由受让方代扣代缴,但目标公司负有协助缴纳税款的义务。

【例 7-41】 境外 A 公司持有上海 B 公司 100%的股权,持有北京 C 公司 100%的股权。现在境外 A 公司的统一安排下,拟由上海 B 公司无对价吸收合并北京 C 公司(同一控制下无须支付对价的企业合并)。合并后境外 A 公司持有境内 C 公司的股权注销。

该项境内企业合并导致非居民企业持有居民企业的股权注销,该项业务境外 A 公司持有境内 C 公司的股权注销,A 公司未取得经济利益,在中国境内不缴纳预提所得税,持有 C 公司股权的计税基础应当并入持有 B 公司股权的计税基础。

(五) 非居民企业转让股权(财产)扣缴义务人未履行扣缴义务的法律责任

非居民企业转让来源于中国境内的股权、财产,其在中国境内负有企业所得税纳税义务,税款由受让方代扣代缴。如果受让方未履行代扣代缴税款义务的,税务机关可以按照《税收征收管理法》第六十九条的规定,向纳税人追缴税款,对扣缴义务人处应扣未扣、应收未收税款 50%以上 3 倍以下的罚款。

需要说明的是,我国税法规定并未将非居民企业排除在扣缴义务人之外,非居民企业也应当按照我国税法规定履行代扣代缴税款义务。但是从征管实践看,如果扣缴义务人是境外的非居民企业,在其应当履行但是不履行扣缴义务的情况下,税务机关很难依据《税收征收管理法》对其进行处罚。在这种情况下,税务机关通常是通过目标公司协助税务机关向境外非居民纳税人征收税款。

三、非居民企业重组的所得税处理

(一) 非居民企业转让股权的所得税处理

非居民企业转让居民企业股权,在中国境内负有纳税义务。但是非居民企业在中国境内设立机构场所和未设立机构场所,其所得税待遇不同。在此我们主要讨论非居民企业转让居民企业股权，在中国境内未设立机构场所的所得税处理。

1. 非居民企业直接转让居民企业股权的所得税处理

非居民企业直接转让居民企业股权的所得税处理，既要考虑国内法的规定，也要考虑税收协定的规定。税收协定的效力高于国内法的效力。

（1）国内法的规定

非居民企业直接转让居民企业股权，是指非居民企业将其持有的居民企业股权，直接转让给居民企业或非居民企业。非居民企业直接转让居民企业股权，在中国境内负有企业所得税纳税义务，税款由受让方代扣代缴，但目标公司有协助税务机关征收税款的义务。

《企业所得税法》第十九条规定，非居民企业转让财产所得，以收入全额减除财产净值后的余额为应纳税所得额。《企业所得税法实施条例》第九十一条规定，在中国境内未设立机构场所的非居民企业取得的股权转让所得，减按10%的税率征收企业所得税。

【例7-42】 境外A公司将其持有境内B公司的股权转让给境内C公司，股权转让收入8 000万元，计税基础5 000万元。该项股权转让业务，A公司应当确认股权转让所得3 000万元（8 000－5 000），应纳企业所得税额300万元（3 000×10%）。税款由境内受让方C公司代扣代缴。

（2）税收协定的规定

非居民企业转让居民企业股权，如果其所在国与中国签订有税收协定，还应当考虑税收协定的规定。以中国与新加坡税收协定为例，协定第十三条第四款、第五款规定，“缔约国一方居民转让股份取得的收益，如果股份价值的百分之五十以上直接或间接由位于缔约国另一方的不动产构成，可以在缔约国另一方征税。”“除第四款外，缔约国一方居民转让其在缔约国另一方居民公司或其他法人资本中的股份、参股或其他权利取得的收益，如果该收益人在转让行为前的十二个月内，曾经直接或间接参与该公司或其他法人至少百分之二十五的资本，可以在该缔约国另一方征税。”

【例7-43】 新加坡居民公司A拥有中国居民公司乙20%的股份，公司乙的财产价值为100，其中不动产价值为40。如果该公司乙又持有中国居民公司丙80%的股份，如公司丙的财产价值为100，其中不动产价值为90，则在计算公司乙的财产价值时，应将公司丙财产价值的80%计算在内，即：公司乙直接或间接拥有的财产价值为100＋100×80%＝180，其中不动产价值为40＋90×80%＝112，不动产价值比例为62%。新加坡居民公司A转让中国居民公司乙的股份，中国拥有征税权。

【例7-44】 新加坡居民A持有第三方居民公司B 50%的股份，B持有中国居民公司丙50%的股份，则A通过B间接持有中国居民公司丙的股份达到25%（50%×50%），在这一情况下，如果A同时直接持有丙5%的股份，那么当其转让该5%的股份时，就应该考虑其间接持有的25%的股份，从而中国拥有征税权。如果A直接持有、间接持有丙的股份达不到25%，则A转让丙的股份，中国无征税权。

2. 非居民企业间接转让居民企业股权的所得税处理

《国家税务总局关于非居民企业间接转让财产企业所得税若干问题的公告》（国家税务

总局公告 2015 年第 7 号)第一条规定，非居民企业通过实施不具有合理商业目的的安排，间接转让中国居民企业股权等财产，规避企业所得税纳税义务的，应按照企业所得税法第四十七条的规定，重新定性该间接转让交易，确认为直接转让中国居民企业股权等财产。

【例 7-45】 美国A公司持有中国香港B公司100%的股权，中国香港B公司持有大陆C公司100%的股权。美国A公司将持有中国香港B公司股权转让给法国D公司。如果我们将中国香港B公司认定为实体公司，中国对美国A公司无征税权；如果将中国香港B公司认定为导管公司，在征税时可以否认中国香港B公司的存在，中国对美国A公司享有征税权。

(二) 非居民企业股权收购的所得税处理

非居民企业股权收购的所得税处理，分为一般性税务处理和特殊性税务处理。在中国境内未设立机构场所的非居民企业在股权收购中转让居民企业股权适用一般性税务处理，应当按照中国税法规定缴纳企业所得税。在此我们主要讨论在中国境内未设立机构场所的非居民企业在股权收购中转让居民企业股权的特殊性税务处理。

1. 非居民企业股权收购特殊性税务处理的基本规定

财税〔2009〕59 号文第七条规定，企业发生涉及中国境内与境外之间(包括港澳台地区)的股权交易，除应符合本通知第五条规定的条件外，还应同时符合下列条件，才可选择适用特殊性税务处理：①非居民企业向其 100%直接控股的另一非居民企业转让其拥有的居民企业股权，没有因此造成以后该项股权转让所得预提税负担变化，且转让方非居民企业向主管税务机关书面承诺在 3 年(含 3 年)内不转让其拥有受让方非居民企业的股权；②非居民企业向与其具有 100%直接控股关系的居民企业转让其拥有的另一居民企业股权。

非居民企业股权收购适用特殊性税务处理，应当注意以下几个问题：①转让标的必须是中国居民企业股权，如果转让的是非居民企业股权，中国无征税权。②受让方必须是非居民企业 100%控制的非居民企业或居民企业，在此情形下，股权的转让不导致目标公司所有权发生实质性转移。③没有因此造成以后该项股权转让所得预提税负担变化，这主要是防范非居民企业滥用税收协定避税。④转让方非居民企业向主管税务机关书面承诺在 3 年(含 3 年)内不转让其拥有受让方非居民企业的股权。

【例 7-46】 甲国A公司将其持有的中国B公司100%的股权转让给其100%控股的乙国C公司，乙国C公司以本公司股权给A公司支付收购对价。中国与甲国、中国与乙国签订的税收协定股权转让所得适用税率均为10%。该项股权转让收入为15 000万元，计税基础为12 000万元。

该项股权收购如果适用一般性税务处理，A公司的股权转让所得应当在中国缴纳企业所得税，确认应纳税所得额3 000万元(15 000－12 000)，应纳企业所得税额300万元(3 000×10%)，税款由A公司向B公司所在地税务机关申报缴纳。C公司取得B公司股权，计税基础为15 000万元。

该项股权收购，转让方A公司持有中国B公司100%的股权，且A公司所在国甲国与C公司所在国乙国与中国签订的税收协定股权转让所得税税率均为10%，如果该股权收购符合特殊性税务处理的其他条件，可以适用特殊性税务处理。A公司在股权转让环节不确认应纳税所得。C公司取得B公司股权,计税基础为12 000万元。

2. 非居民企业股权收购特殊性税务处理的补充规定

《国家税务总局关于非居民企业股权转让适用特殊性税务处理有关问题的公告》(国家税务总局公告2013年第72号)对非居民企业转让居民企业股权适用特殊性税务处理作了补充规定。①非居民企业将居民企业股权转让给100%控股的非居民企业,税务机关在调查核实时,如发现此种股权转让情形造成以后该项股权转让所得预提税负担变化,包括转让方把股权由应征税的国家或地区转让到不征税或低税率的国家或地区,应不予适用特殊性税务处理。②非居民企业将居民企业股权转让给100%控股的非居民企业,若被转让企业股权转让前的未分配利润在转让后分配给受让方的,不享受受让方所在国家(地区)与中国签订的税收协定(含税收安排)的股息减税优惠待遇,并由被转让企业按税法相关规定代扣代缴企业所得税,到其所在地所得税主管税务机关申报缴纳。

【例7-47】 甲国A公司将其持有的中国B公司100%的股权转让给其100%控股的乙国C公司,乙国C公司以本公司股权给A公司支付收购对价。中国与甲国签订的税收协定股权转让所得适用税率为10%,中国与乙国签订的税收协定股权转让所得适用税率为5%。

该项股权收购,由于中国对甲国A公司的股权转让所得适用10%的税率,对乙国C公司的股权转让所得适用5%的税率,该项股权收购会造成以后中国预提税负担发生变化,不能适用特殊性税务处理,A公司在股权转让当期应当向B公司所在地的中国税务机关申报纳税。

【例7-48】 甲国A公司将其持有的中国B公司100%的股权转让给其100%控股的乙国C公司,乙国C公司以本公司股权给A公司支付收购对价。中国与甲国签订的税收协定股息所得适用税率为10%,中国与乙国签订的税收协定股息所得适用税率为5%。

该项股权收购,由于中国对甲国A公司的股息所得适用10%的税率,对乙国C公司的股息所得适用5%的税率,该项股权收购会造成以后中国预提税负担发生变化。以后中国B公司给乙国C公司分配股权转让前的未分配利润时,不能适用5%的税率,应当适用10%的税率代扣代缴预提所得税。

(三) 非居民企业资产收购的所得税处理

非居民企业资产收购的所得税处理包括两方面的内容,一是非居民企业作为资产的转让方,将其在中国境内的资产转让给居民企业或非居民企业。二是非居民企业作为资产的受让方,受让境内居民企业转让给其的资产。

1. 居民企业将资产转让给非居民企业的所得税处理

居民企业将其资产转让给非居民企业,如果构成资产收购,所得税处理分为一般性税务处理和特殊性税务处理。财税〔2009〕59号文第七条第三项规定,企业发生涉及中国境内与境外之间(包括港澳台地区)的资产收购交易,除应符合本通知第五条规定的条件外,还应同时符合下列条件,才可选择适用特殊性税务处理规定:居民企业以其拥有的资产或股权向其100%直接控股的非居民企业进行投资。财税〔2009〕59号文第八条规定,本通知第七条第(三)项所指的居民企业以其拥有的资产或股权向其100%直接控股关系的非居民企业进行投资,其资产或股权转让收益如选择特殊性税务处理,可以在10个纳税年度内均匀计入各年度应纳税所得额。

【例 7-49】 甲国 A 公司是中国 B 公司的全资子公司。甲国 A 公司拟收购中国 B 公司的资产，以本公司股权给 B 公司支付收购对价。A 公司拟收购资产占 B 公司全部资产的 60%，该资产的公允价值 50 000 万元，计税基础 30 000 万元。

该项业务，从 A 公司的角度看是资产收购——A 公司收购 B 公司的资产，从 B 公司的角度看是非货币性资产投资——B 公司以其非货币性资产对 A 公司投资。由于 B 公司是以其拥有的资产向其 100%直接控股的非居民企业投资，如果该项投资业务符合特殊性税务处理的其他条件，可以适用特殊性税务处理，B 公司在重组环节不确认资产转让所得，其资产转让收益 20 000 万元(50 000 − 30 000)可以在 10 个纳税年度内均匀计入各年度应纳税所得额，每年确认应纳税所得额 2 000 万元(20 000/10)。

非居民企业资产收购的所得税处理，从立法意图看主要是解决非居民企业转让中国境内资产能否享受资产收购特殊性税务处理的税收待遇问题，而财税〔2009〕59 号文第七条第三项规定是从居民企业的角度看待问题——居民企业以非货币性资产对非居民企业投资。严格地讲，从居民企业的角度看，该类业务不是资产收购而是非货币性资产投资，理论上应当按照非货币性资产投资的相关规定进行所得税处理。

2. 非居民企业将资产转让给居民企业或非居民企业的所得税处理

非居民企业将其在中国境内的资产转让给居民企业或非居民企业，在构成资产收购的情况下能否适用特殊性税务处理，财税〔2009〕59 号文无具体规定。从文义上看，财税〔2009〕59 号文件第七条第三项规定，将适用特殊性税务处理的资产收购，限定在居民企业以其拥有的资产或股权向其 100%直接控股的非居民企业进行投资。而非居民企业将其在中国境内的资产转让给居民企业或非居民企业，未包括在财税〔2009〕59 号文件第七条规定的特殊性税务处理范围内，不能适用特殊性税务处理。但是从立法意图看，对非居民企业适用特殊性税务处理加以限制，意在防止非居民企业通过恶意的企业重组规避中国税收。如果非居民企业参与的资产收购无规避中国税收的客观条件，理论上可以参照非居民企业股权收购的相关规定，选择特殊性税务处理。

【例 7-50】 甲国 A 公司在中国境内有一处物业，公允价值 30 000 万元，账面净值 12 000 万元。A 公司将该处物业以 30 000 万元的价格转让给中国境内的 B 公司，B 公司以现金支付收购对价。该项资产收购，属于非居民企业将其在中国境内的资产转让给居民企业，不符合财税〔2009〕59 号文第七条第三项的规定，不能适用特殊性税务处理，在不考虑相关税费的前提下，A 公司应当在转让资产当期确认应税所得 18 000 万元(30 000 − 12 000)，缴纳企业所得税 1 800 万元(18 000×10%)，税款由 B 公司代扣代缴。

(四) 非居民企业合并的所得税处理

非居民企业参与的企业合并，包括非居民企业合并未导致居民企业股权发生变动和导致居民企业股权发生变动两种情形。

1. 非居民企业合并未导致居民企业股权发生变动的所得税处理

非居民企业合并未导致居民企业股权发生变动，是指境外的非居民企业合并境内的居民企业，未导致非居民企业转让居民企业股权的行为。例如，境外A公司吸收合并境内B公司，合并后B公司的资产并入A公司，B公司解散。如果A公司以本公司股权支付合并对价，B公司的股东成为A公司的股东，该企业合并未导致非居民企业转让居民企业股权的行为。

如前文所述，非居民企业参与的企业重组适用特殊性税务处理，财税〔2009〕59号文第七条将其限定在符合条件的股权收购和资产收购，未包括企业合并。例如，境外A公司吸收合并境内B公司，合并后B公司解散，该项企业合并不能适用特殊性税务处理，B公司应当在合并当期确认清算所得，缴纳清算环节的企业所得税。

2. 非居民企业合并导致居民企业股权发生变动的所得税处理

非居民企业合并导致居民企业股权发生变动，是指因境外非居民企业合并导致中国居民企业股权被转让的情形。例如，境外B公司持有境内C公司100%的股权，境外A公司吸收合并B公司，B公司解散，B公司持有C公司的股权并入A公司，A公司成为C公司的股东，C公司的股权发生变动。

上例中，境外A公司吸收合并境外B公司，因合并方和被合并方均为在中国境外的非居民企业，不涉及中国的企业所得税问题。但是该项企业合并造成中国居民企业C公司的股权由B公司被动转移给A公司。该项“股权转让”如果符合财税〔2009〕59号文及国家税务总局公告2013年第72号的规定，可以选择特殊性税务处理。

(五) 非居民企业分立的所得税处理

非居民企业参与的企业分立，包括非居民企业分立不涉及居民企业股权变动和涉及居民企业股权变动两种情形。

1. 非居民企业分立不涉及居民企业股权发生变动的所得税处理

非居民企业分立不涉及居民企业股权发生变动，是指非居民企业通过企业分立，将其在中国境内的资产和业务(如分公司)变更为其股东的子公司。例如，境外B公司的股东是境外A公司，B公司将其在中国境内的分公司C，通过企业分立变更为A公司的子公司。

如前文所述，非居民企业参与的企业重组适用特殊性税务处理，财税〔2009〕59号文第七条将其限定在符合条件的股权收购和资产收购，未包括企业分立。上例中，B公司将其在中国境内的分公司C，通过企业分立变更为其股东A公司的子公司，不能适用特殊性税务处理。B公司应当按照转让常设机构的相关规定缴纳企业所得税。

2. 非居民企业分立涉及居民企业股权发生变动的所得税处理

非居民企业分立涉及居民企业股权发生变动，是指因境外非居民企业分立导致中国居民企业股权被转让的情形。例如，境外B公司持有中国境内D公司100%的股权。B公司通过企业分立设立C公司，B公司持有D公司的股权也随之由B公司变更到C公司的名下。

如前文所述，非居民企业参与的企业重组适用特殊性税务处理，财税〔2009〕59号文第七条将其限定在符合条件的股权收购和资产收购，未包括企业分立。上例中，B公司在企业分立中将持有中国D公司股权变更到C公司名下，不能适用特殊性税务处理，应当在中国按照转让股权缴纳预提所得税。

四、非居民企业重组的所得税申报

非居民企业重组适用一般性税务处理，企业所得税申报同前述各章节重组方式的所得税申报，在此我们主要分析非居民企业重组选择特殊性税务处理的所得税申报。非居民企业重组适用特殊性税务处理，依据财税〔2009〕59 号文和国家税务总局公告 2013 年第 72 号的规定，实行备案管理。

（一）非居民企业重组特殊性税务处理的备案主体

非居民企业股权转让选择特殊性税务处理的，应于股权转让合同或协议生效且完成工商变更登记手续 30 日内进行备案。属于非居民企业向其 100%直接控股的另一非居民企业转让其拥有的居民企业股权的，由转让方向被转让企业所在地所得税主管税务机关备案；属于非居民企业向与其具有 100%直接控股关系的居民企业转让其拥有的另一居民企业股权的，由受让方向其所在地所得税主管税务机关备案。

股权转让方或受让方可以委托代理人办理备案事项；代理人在代为办理备案事项时，应向主管税务机关出具备案人的书面授权委托书。

（二）非居民企业重组特殊性税务处理的备案资料

股权转让方、受让方或其授权代理人（以下简称备案人）办理备案时应填报以下资料。

（1）《非居民企业股权转让适用特殊性税务处理备案表》。

（2）股权转让业务总体情况说明，包括股权转让的商业目的、证明股权转让符合特殊性税务处理条件、股权转让前后的公司股权架构图等资料。

（3）股权转让业务合同或协议（外文文本的同时附送中文译本）。

（4）工商等相关部门核准企业股权变更事项证明资料。

（5）截至股权转让时，被转让企业历年的未分配利润资料。

（6）税务机关要求的其他材料。

以上资料已经向主管税务机关报送的，备案人可不再重复报送。其中以复印件向税务机关提交的资料，备案人应在复印件上注明“本复印件与原件一致”字样，并签字后加盖备案人印章；报送中文译本的，应在中文译本上注明“本译文与原文表述内容一致”字样，并签字后加盖备案人印章。

（三）非居民企业重组特殊性税务处理的备案管理

主管税务机关应当按规定受理备案，资料齐全的，应当场在《非居民企业股权转让适用特殊性税务处理备案表》上签字盖章，并退 1 份给备案人；资料不齐全的，不予受理，并告知备案人各应补正事项。

1. 非居民企业给非居民企业转让居民企业股权的备案管理

非居民企业发生股权转让属于非居民企业向其 100%直接控股的另一非居民企业转让其拥有的居民企业股权的，主管税务机关应当自受理之日起 30 个工作日内就备案事项进行调查核实、提出处理意见，并将全部备案资料以及处理意见层报省（含自治区、直辖市和计划单列市）税务机关。

税务机关在调查核实时，如发现此种股权转让情形造成以后该项股权转让所得预提税负担变化，包括转让方把股权由应征税的国家或地区转让到不征税或低税率的国家或地区，应不予适用特殊性税务处理。

2. 非居民企业给居民企业转让居民企业股权的备案管理

非居民企业发生股权转让属于非居民企业向与其具有 100% 直接控股关系的居民企业转让其拥有的另一居民企业股权的，应区分以下两种情形予以处理。

(1) 受让方和被转让企业在同一省税务机关管辖的，同前述“非居民企业给非居民企业转让居民企业股权的备案管理”。

(2) 受让方和被转让企业不在同一省的，受让方所在地省税务机关收到主管税务机关意见后 30 日内，应向被转让企业所在地省税务机关发出《非居民企业股权转让适用特殊性税务处理告知函》。

(四) 非居民企业重组特殊性税务处理的后续管理

非居民企业发生股权转让属于非居民企业向其 100% 直接控股的另一非居民企业转让其拥有的居民企业股权的，转让方和受让方不在同一国家或地区的，若被转让企业股权转让前的未分配利润在转让后分配给受让方的，不享受受让方所在国家(地区)与中国签订的税收协定(含税收安排)的股息减税优惠待遇，并由被转让企业按税法相关规定代扣代缴企业所得税，到其所在地所得税主管税务机关申报缴纳。

需要说明的是，财税〔2009〕59 号文和国家税务总局公告 2013 年第 72 号(简称 72 号公告)规定，非居民企业重组适用特殊性税务处理实行备案管理。国家税务总局公告 2015 年第 48 号取消了企业重组的备案管理，改为直接申报，相关资料留存备查。但是国家税务总局 2015 年第 48 号公告并未说明非居民企业重组适用特殊性税务处理，是否同时取消备案管理。在征管实务中，绝大部分税务机关对于非居民企业重组适用特殊性税务处理，仍然按照 72 号公告的规定实行备案管理。

五、非居民企业重组所得税处理的注意事项

(一) 非居民企业身份的认定

居民企业重组和非居民企业重组，适用特殊性税务处理的条件不同。企业重组能否适用特殊性税务处理，首先要认定重组企业的身份——是居民企业还是非居民企业，尤其是境外注册中资居民企业身份的认定。认定非居民企业，应当同时具备两个条件：一是非依据中国的法律法规设立，二是实际管理机构不在中国境内。只有将纳税人认定为非居民企业，才能按照非居民企业重组的相关规定进行相应的企业所得税处理。

(二) 非居民企业重组行为的认定

企业重组业务和非企业重组业务，所得税待遇不同。只有将一项业务认定为企业重组业务，才能按照企业重组的相关规定进行所得税处理。如股权收购属于企业重组，所得税处理分为一般性税务处理和特殊性税务处理，特殊性税务处理递延纳税。股权转让不属于企业重组，股权转让只能在转让当期纳税。只有将一项业务认定为股权收购业务，才能选择特殊性税务处理，实现递延纳税。

（三）非居民企业重组方式的认定

非居民企业重组的方式不同，所得税待遇不同。非居民企业重组能否选择特殊性税务处理，一定程度上取决于重组方式的认定。按照财税〔2009〕59号文第七条的规定，非居民企业重组，只有符合税法规定条件的股权收购和资产收购，才能选择特殊性税务处理，而企业合并、企业分立不能选择特殊性税务处理。只有将重组业务设计为符合税法规定的重组方式，才能选择特殊性税务处理。

（四）非居民企业重组所得税待遇的选择

非居民企业的股权收购和资产收购，符合税法规定条件的，可以选择特殊性税务处理，实现递延纳税。但是如本书第三章所述，股权收购选择特殊性税务处理，存在重复纳税和双重不纳税的问题。由于非居民企业适用特殊性税务处理的股权收购发生在母公司和全资子公司之间，所以从重组企业的立场看，在股权收购过程中应当尽可能地避免重复纳税而追求双重不纳税。

（五）非居民企业重组所得税的备案管理和后续管理

非居民企业重组选择特殊性税务处理，所得税实行备案管理。纳税人应当备案而没有备案的，主管税务机关通常不认可纳税人的特殊性税务处理，可能要求纳税人按照一般性税务处理申报纳税。另外，非居民企业选择特殊性税务处理后，应当加强重组业务的后续管理，如再次转让股权时计税基础的确定问题。如果由于股权计税基础的不延续造成了税款的少缴，将面临一定的税收征管风险。

第四节　企业法律形式改变的所得税处理

一、企业法律形式改变的内容

财税〔2009〕59号文第一条第一项规定："企业法律形式改变，是指企业注册名称、住所以及企业组织形式等的简单改变，但符合本通知规定其他重组的类型除外。"企业由法人转变为个人独资企业、合伙企业等非法人组织，或将登记注册地转移至中华人民共和国境外（包括港澳台地区），均属于企业法律形式改变。

二、企业法律形式改变的所得税处理

企业由法人转变为个人独资企业、合伙企业等非法人组织，或将登记注册地转移至中华人民共和国境外（包括港澳台地区），应视同企业进行清算、分配，股东重新投资成立新企业进行所得税处理。改变法律形式的企业应当按照清算确认清算所得，缴纳清算环节的企业所得税。法人股东应当按照企业清算的相关规定确认股息所得和股权转让所得，缴纳企业所得税。自然人股东应当按照收回投资的相关规定确认股权转让所得，缴纳个人所得税。

企业由法人转变为个人独资企业、合伙企业等非法人组织，非法人组织承继原企业的各项资产、负债，以改变法律形式时该资产、负债的公允价值作为计税基础。合伙企业的合伙人（即改变法律形式企业的原股东）取得合伙企业的份额，或个人独资企业的投资人（即改变法律形式企业的原股东）取得个人独资企业的财产权，按照清算时被清算企业净资产的公允价值确认计税基础。

【例 7-51】 A 公司有甲公司、乙公司两个投资人。A 公司变更为合伙企业，变更时资产公允价值 10 000 万元，计税基础 6 000 万元；负债计税基础 3 500 万元，需偿还金额 3 000 万元；留存收益 800 万元。甲公司持有 A 公司 60%的股份，初始投资额为 900 万元。

以上业务，A 公司变更为合伙企业，属于企业法律形式的改变，A 公司应当按照企业清算进行所得税处理：

清算所得：资产处置损益(10 000 − 6 000) + 负债清偿损益(3 500 − 3 000) = 4 500(万元)

应纳清算所得税额：4 500×25% = 1 125(万元)

税后留存收益：4 500 − 1 125 = 3 375(万元)

总留存收益：800 + 3 375 = 4 175(万元)

A 公司变更为 A 合伙企业后，A 合伙企业的资产、负债，均以公允价值作为计税基础。

A 公司的股东甲公司应当按照清算进行所得税处理：

A 公司剩余财产总额：资产公允价值：10 000 − 负债清偿金额：3 000 − 清算所得税额：1 125 = 5 875(万元)

甲公司享有剩余财产：5 875×60% = 3 525(万元)

甲公司应享有留存收益：4 175×60% = 2 505(万元)

甲公司资产处置损益：3 525 − 900 − 2 505 = 120(万元)

甲公司持有合伙企业份额的计税基础：3 525(万元)

本例中，甲公司确认的股息性所得 2 505 万元，如果 A 公司、甲公司均是居民企业，免税。但是甲公司确认的资产处置损益 120 万元，应当按照税法规定缴纳企业所得税。

企业发生其他法律形式简单改变的，可直接变更税务登记。除另有规定外，有关企业所得税纳税事项（包括亏损结转、税收优惠等权益和义务）由变更后的企业承继，但因住所发生变化而不符合税收优惠条件的除外。

【例 7-52】 A 公司的注册地在陕西省，享受西部大开发企业的税收优惠。A 公司自陕西省搬迁至江苏省，搬迁时资产公允价值 50 000 万元，计税基础 45 500 万元；负债计税基础 3 500 万元，公允价值 3 500 万元；有尚在法定弥补期内的亏损 2 000 万元。

A 公司自陕西省搬迁至江苏省，属于企业法律形式的简单改变。搬迁后资产的计税基础 45 500 万元、负债的计税基础 3 500 万元不变，尚在法定弥补期内的亏损 2 000 万元可以按照税法规定继续弥补。但是 A 公司自陕西省迁入江苏省后，西部大开发企业的税收优惠不能继续享受。

三、企业法律形式改变的所得税管理

国家税务总局公告 2010 年第 4 号第十条规定，企业发生《通知》第四条第（一）项规定的由法人转变为个人独资企业、合伙企业等非法人组织，或将登记注册地转移至中华人民共和国境外（包括港澳台地区），应按照《财政部 国家税务总局关于企业清算业务企业所得税处理若干问题的通知》（财税〔2009〕60 号）规定进行清算。

企业在报送《企业清算所得纳税申报表》时，应附送以下资料。

（1）企业改变法律形式的工商部门或其他政府部门的批准文件。

（2）企业全部资产的计税基础以及评估机构出具的资产评估报告。

（3）企业债权、债务处理或归属情况说明。

（4）主管税务机关要求提供的其他资料证明。

四、企业法律形式改变所得税处理的注意事项

企业法律形式改变的所得税处理，应当注意以下问题。

（一）因企业法律形式改变而产生的清算所得税

将法人转变为个人独资企业、合伙企业等非法人组织，除要考虑法律责任、融资能力等非税因素外，还要考虑由此造成的企业清算所得税等税收问题。如果企业资产中不动产或股权投资、无形资产占比较大，增值较高，改变企业法律形式在清算环节的税收负担可能会很重。

（二）企业改变法律形式后税收负担的变化

法人组织（公司）在公司层面和股东层面缴纳两道所得税，而个人独资企业、合伙企业等非法人组织只在投资人层面缴纳一道所得税。一般情况下，个人独资企业、合伙企业等非法人组织的所得税负担要轻于法人组织（公司），但是也不能一概而论，在考虑改变企业法律形式时，应当具体问题具体分析。

（三）企业经营地址改变导致税收负担的变化

企业改变经营地址，除要考虑人力成本、运输成本、土地成本等非税因素外，还应当考虑税收问题，税收问题主要包括享受税收优惠以及缴纳税款后的财政返还问题。企业的最优选择应当是将经营地址从非税收优惠地迁至税收优惠地，或从无财政返还的地方迁至有财政返还的地方，而不是与之相反。

第五节 分步重组案例分析——五洲新材分步重组的企业所得税处理

分步重组是上市公司常见的重组方式，类型众多，构成复杂。但分步重组企业所得税（以下简称所得税）处理的政策储备却明显不足，征管口径更是五花八门。本文以某上市公司的企业重组案例为研究对象，分析了分步重组中重组各方的所得处理方法，提出了完善分步重组的政策建议，并针对重组当事人在分步重组中面临的涉税风险，提出了切实可行的防范措施。

一、分步重组案例介绍

(一) 交易结构

五洲集团是五洲新材的控股公司。五洲新材拟吸收合并五洲集团及发行股份购买资产并募集配套资金。本次交易包括吸收合并、发行股份购买资产和募集配套资金三个部分。

1. 吸收合并五洲集团

五洲新材拟通过向五洲集团的全体股东环球控股、泰山投资发行股份，吸收合并五洲集团。五洲新材为吸收合并方，五洲集团为被吸收合并方。本次吸收合并完成后，五洲新材作为存续公司承继及承接五洲集团的全部资产、负债、业务、人员等，五洲集团的法人资格将被注销，五洲集团持有的五洲新材股份将被注销，环球控股、泰山投资将成为吸收合并后五洲新材的股东。

2. 发行股份购买资产

五洲新材拟向金城控股、泰山投资、天运集团、国资经营公司和许某等12名自然人发行股份购买其持有的腾达飞67.30%的股份，具体情况如表7-3所示。

表7-3　　出让腾达飞股份的股东持股情况

出让腾达飞股份的股东	出让腾达飞股份	
	股份数(万股)	持股比例(%)
金城控股	4 000	40.00
泰山投资	1 500	15.00
天运集团	350	3.50
国资经营公司	280	2.80
12名自然人	600	6.00
合　计	6 730	67.30

截至重组报告书签署日，五洲新材已直接持有腾达飞15%的股份，五洲集团持有腾达飞16%的股份，本次交易完成后，五洲新材将合计持有腾达飞98.3%的股份。

3. 募集配套资金

本次交易中，五洲新材拟向包括环球控股在内的合计不超过15名符合条件的特定投资者非公开发行股票募集配套资金，募集配套资金总额不超过60 000万元，发行股份数量及价格按照中国证监会的相关规定确定，发行股票数量不超过本次交易前五洲新材总股本的20%。

(二) 本次交易的评估作价情况

本次交易中，标的资产的交易价格以具有证券业务资格的资产评估机构出具的并经东湖市国资委核准的评估报告的评估结果为准。根据天平评估师事务所出具并经东湖市国资委核准的《五洲集团资产评估报告》《腾达飞资产评估报告》，以2019年10月31日为评估基准日，标的资产评估结果如表7-4至表7-6所示。

表 7-4　　标的资产评估情况　　单位：万元

标的公司	净资产账面价值	评估值	增减值	增减率	收购比例	标的资产评估值
	A	B	C＝B－A	D＝C/A×100%	E	F＝E×B
五洲集团	23 500	218 000	194 500	827.66%	100.00%	218 000
腾达飞	24 500	31 600	7 100	28.98%	67.30%	21 266.8

表 7-5　　五洲集团资产负债构成情况　　单位：万元

项目	账面价值	评估值	增减值	增减率
	A	B	C＝B－A	D＝C/A×100%
资产总计	23 800	218 250	194 450	817.02%
负债总计	300	250	－50	－16.67%
净资产	23 500	218 000	194 500	827.66%

表 7-6　　腾达飞资产负债构成情况　　单位：万元

项目	账面价值	评估值	增减值	增减率
	A	B	C＝B－A	D＝C/A×100%
资产总计	30 000	35 000	5 000	16.67%
负债总计	5 500	3 400	－2 100	－38.18%
净资产	24 500	31 600	7 100	28.98%

经交易各方协商，五洲集团100%股权的交易作价为218 000万元，腾达飞67.30%股权的交易作价为21 266.80万元。

（三）本次交易发行股份的基本情况

1. 发行股份的种类、面值

本次发行股份种类为人民币普通股（A股），每股面值为人民币1元。

2. 发行方式和发行对象

本次吸收合并和发行股份购买资产的发行方式为非公开发行，发行对象为五洲集团的全体股东环球控股、泰山投资，以及腾达飞的股东金城控股、泰山投资、天运集团、国资经营公司和许某等12名自然人。

3. 交易对价及支付方式

根据天平评估师事务所出具并经有权单位核准的《五洲集团资产评估报告》《腾达飞资产评估报告》，并经交易各方协商，五洲集团100%股权的交易作价为218 000万元，腾达飞67.30%股权的交易作价为21 266.80万元，由五洲新材以发行股份的方式支付本次交易的全部交易对价。

4. 发行股份的定价方式和价格

根据《重组管理办法》的相关规定，本次重大资产重组五洲新材发行股份的价格不得低于市场参考价的90%；市场参考价为定价基准日前20个交易日五洲新材股票交易均价的90%，即10元/股。

5. 发行数量

本次交易中标的资产合计作价239 266.80万元，按照发行价格10元/股计算，合计发行股份数量为239 266 800股。本次交易后，五洲集团持有的五洲新材226 868 000股股票将被注销，因此本次交易后实际新增股份数量为12 398 800股。交易对方就本次交易并获取的五洲新材股份数量情况如表7-7所示。

表7-7 五洲新材股份发行情况

序号	交易对方	交易对价(万元)	发行股份数量(股)
1	环球控股	111 502.30	111 502 300
2	泰山投资	111 699.67	111 699 670
3	金城控股	12 377.08	12 377 080
4	天运集团	1 056.81	1 056 810
5	国资经营公司	847.35	847 350
6	12名自然人	1 783.59	1 783 590
合计		239 266.80	239 266 800

(四) 标的公司的所有者权益

根据金审会计师事务所出具的标准无保留意见的审计报告，五洲集团和腾达飞2019年10月31日所有者权益账面价值如表7-8所示。

表7-8 标的公司所有者权益构成情况 单位：万元

序号	项目	五洲集团	腾达飞
1	实收资本	9 690.24	10 085.95
2	资本公积	0.00	5 859.94
3	盈余公积	2 071.46	882.17
4	未分配利润	11 738.29	7 671.94
合计		23 500.00	24 500.00

(五) 投资人的投资情况

投资人的投资情况如表7-9、表7-10所示。

表7-9 五洲集团投资人的投资情况

序号	股东名称	出资额(万元)	出资比例
1	环球控股	4 942.02	51%
2	泰山投资	4 748.22	49%
合计		9 690.24	100%

表 7-10　　　　转让腾达飞股权投资人的投资情况

序号	股东名称	出资额(万元)	出资比例
1	金城控股	6 378.36	40.00%
2	泰山投资	2 391.88	15.00%
3	天运集团	558.11	3.50%
4	国资经营公司	446.48	2.80%
5	12 名自然人	956.75	6.00%
合　计		10 731.58	67.30%

二、分步重组的所得税处理

(一) 分步重组的定义

《财政部　国家税务总局关于企业重组业务企业所得税处理若干问题的通知》(财税〔2009〕59 号)以及配套文件只规定了分步重组的所得税处理原则,但是并未定义什么是分步重组。一般理解,分步重组是指企业重组的各方当事人为了达到某一重组目的,将一个完整的重组行为分为若干个独立的步骤实施。

(二) 分步重组的类型

财税〔2009〕59 号文及配套文件未对分步重组进行分类。从企业重组实务看,分步重组主要包括以下三种类型。

1. 一类重组分步实施

一类重组分步实施,是指企业重组的当事人为了达到某一重组目的,将一类重组形式分为若干个步骤实施。例如,A 公司先收购 B 公司持有甲公司 30%的股权,再收购 C 公司持有甲公司 70%的股权,使得甲公司成为 A 公司的全资子公司。

2. 几类重组组合实施

几类重组组合实施,是指企业重组的当事人为了达到某一重组目的,将几种不同类型的重组方式组合起来分步实施。例如,先从 A 公司中分立出 B 公司,再将 B 公司股权整体转让给 C 公司(企业分立 + 股权收购)。

3. 重组方式和非重组方式组合实施

重组方式和非重组方式组合实施,是指企业重组的当事人为了达到某一重组目的而采取的一系列步骤中,既有企业重组方式,也有非企业重组方式。例如,A 公司先将 B 公司股权划转给 C 公司,C 公司通过定向增发募集资金,以募集资金收购 D 公司的资产(股权划转 + 定向增发 + 资产收购)。

(三) 分步重组的认定

1. 认定分步重组的意义

企业的重组行为,将其认定为一项重组分步实施,还是由若干个独立的重组行为构成,其所得税待遇不同。如先作企业分立再作股权收购,如果将其认定为一项重组分步实施,两个环节或者全部适用一般重组,或者全部适用特殊重组,但两步重组要求在 12 个月内完成。如果将其认定为两个独立的重组行为，则一个重组行为适用一般重组，另一个重组行为可以适用特殊重组。但适用特殊重组，两项重组间隔时间要求在12个月以上。

2. 认定分步重组的标准

财税〔2009〕59号文及配套文件并未规定如何认定分步重组。实务中分步重组的认定标准也是众说纷纭，不一而足。理论上，分步重组的认定应当按照重组的意图判定，如果是基于同一目的而实施的一系列重组行为，均可以归并为分步重组。但是认定分步重组，应当注意两个问题：一是所有的重组行为必须是围绕一个目的而进行的。二是所有重组行为应当是统一安排，分步实施的。

(四) 分步重组的所得税处理规定

1. 分步重组的所得税处理规定

财税〔2009〕59号文第十条规定，"企业在重组发生前后连续12个月内分步对其资产、股权进行交易，应根据实质重于形式原则将上述交易作为一项企业重组交易进行处理"。

《国家税务总局关于企业重组业务企业所得税征收管理若干问题的公告》(国家税务总局公告2015年第48号，简称48号公告)第七条规定，"若同一项重组业务涉及在连续12个月内分步交易，且跨两个纳税年度，当事各方在首个纳税年度交易完成时预计整个交易符合特殊性税务处理条件，经协商一致选择特殊性税务处理的，可以暂时适用特殊性税务处理，并在当年企业所得税年度申报时提交书面申报资料。

在下一纳税年度全部交易完成后，企业应判断是否适用特殊性税务处理。如适用特殊性税务处理的，当事各方应按本公告要求申报相关资料；如适用一般性税务处理的，应调整相应纳税年度的企业所得税年度申报表，计算缴纳企业所得税。"

2. 分步重组的所得税政策分析

财税〔2009〕59号文及配套文件有关分步重组的所得税处理，主要包括以下内容：①分步重组应当按照一项重组交易进行所得税处理，或者全部适用一般性税务处理，或者全部适用特殊性税务处理。②认定分步重组的原则是实质重于形式。③分步重组应当在连续12个月内完成，否则应当按照若干项独立的重组进行所得税处理。④跨年度的分步重组，所得税处理可以先按照预计情况选择特殊性税务处理，重组完成后如果不符合特殊性税务处理条件，再进行调整。

但是财税〔2009〕59号文及配套文件有关分步重组的所得税处理，存在以下问题：①没有规定分步重组具体包括哪些类型。②只规定了分步重组的认定原则，没有规定认定方法。③只规定了分步重组应当在12个月内完成，没有规定如果其中包括非重组方式，12个月如何计算。④没有规定如何判断分步重组能否适用特殊性税务处理。⑤没有规定分步重组各步骤应当如何进行所得税处理。

(五) 分步重组的所得税处理步骤

分步重组的所得税处理，应当按照以下步骤操作：①首先认定是一项重组分步实施还是若干个有相互联系的独立重组。②判断该分步重组是否符合特殊性税务处理的条件，重组各方是选择一般性税务处理还是特殊性税务处理。③如果选择一般性税务处理，计算重组各方在各步骤应当确认的应税所得。④如果选择特殊性税务处理，确认重组各方在各步骤取得资产的计税基础。⑤先行选择特殊性税务处理的，重组完成后还要总体判断是否符合特殊性税务处理的条件。不符合特殊性税务处理条件的，应当补缴税款。

三、分步重组所得税案例分析

按照现行企业重组的所得税政策，结合税法原理及重组实践，对本文前述企业重组案例的所得税处理分析如下。

（一）分步重组的认定

重组主导方五洲新材在《东湖五洲新材料股份有限公司吸收合并东湖五洲新材集团有限公司及发行股份购买资产并募集配套资金暨关联交易报告书》（以下简称《报告书》）中对整个重组方案做了详细披露。从《报告书》的内容看，该项重组是五洲新材的实际控制人基于企业发展战略对企业的发展方向、股权架构进行调整的一揽子安排，其中既有企业合并、股权收购等重组方式，也有定向增发等非重组方式，属于重组方式与非重组方式组合实施的分步重组，应当按照分步重组进行相应的所得税处理。

（二）分步重组的一般性税务处理

假设案例中各项资产、负债的账面价值与计税基础相同，该项分步重组如果选择一般性税务处理，重组各方各步骤的所得税处理如下。

1. 企业合并环节的所得税处理

按照财税〔2009〕59 号文第四条第四项的规定：①被合并方五洲集团的净资产评估价值 218 000 万元和账面价值 23 500 万元的差额 194 500 万元，在合并当期确认为清算所得，申报缴纳企业所得税。②合并方五洲新材在合并中取得的各项资产、负债，以公允价值 218 250 万元、250 万元作为计税基础。③被合并方五洲集团的股东环球控股、泰山投资取得的合并对价——五洲新材股票，以公允价值 218 000 万元作为计税基础。取得的合并对价中，应享有五洲集团的盈余公积 2 071.46 万元、未分配利润 11 738.29 万元，确认为股息性所得；由于投资方和被投资方均是居民企业，该股息性所得免征企业所得税。合并对价中超出初始投资成本 9 690.24 万元和五洲集团盈余公积 2 071.46 万元、未分配利润 11 738.29万元的部分 194 500 万元，确认为股权转让所得，并入合并当期的应税所得，申报缴纳企业所得税。

2. 股权收购环节的所得税处理

按照财税〔2009〕59 号文第四条第三项的规定，①金城控股等法人股东转让的腾达飞股份，其公允价值 19 370.80 万元（31 600×61.3%）与计税基础 9 774.83 万元的差额 9 595.97 万元，确认为股权转让所得，并入收购当期的应税所得额，申报缴纳企业所得税。取得的收购对价——五洲新材股票，以公允价值 19 370.80 万元作为计税基础。②许某等自然人股东转让的腾达飞股份，其公允价值 1 896 万元（31 600×6%）与财产原值 956.75 万元的差额 939.25 万元，确认为应税所得，在收购当期申报缴纳个人所得税。取得的收购对价——五洲新材股票，以公允价值 1 896 万元作为财产原值。③五洲新材取得的腾达飞 67.30%的股份，以公允价值 21 266.80 万元作为计税基础。

3. 定向增发环节的所得税处理

五洲新材向环球控股、许某等合计不超过 15 名符合条件的特定投资者非公开发行股票募集配套资金 60 000 万元，不属于企业所得税应税行为，不涉及企业所得税。环球控股、许某等投资者认购的五洲新材股票，以公允价值 60 000 万元作为计税基础或财产原值。

(三) 分步重组的特殊性税务处理

分步重组能否适用特殊性税务处理，有些条件应当整体判定，有些条件应当分步骤判定。理论上，只有各步骤均符合特殊性税务处理条件，该分步重组才能适用特殊性税务处理。

1. 企业合并环节的所得税处理

按照财税〔2009〕59 号文第五条及第六条第四项的规定：①依据《报告书》分析，该项重组是五洲新材基于企业发展战略对企业的发展方向、股权架构进行调整的一揽子安排，具有合理的商业目的。②合并方五洲新材给被合并方五洲集团的股东支付合并对价，100%以本公司的股权支付，超过了 85%。如果该项企业合并符合特殊重组的其他条件，可以选择特殊重组。

假设本案中各项资产、负债的账面价值与计税基础相同，该项分步重组如果选择特殊性税务处理，按照财税〔2009〕59 号文第六条第四项的规定：①被合并方五洲集团的净资产评估价值 218 000 万元和账面价值 23 500 万元的差额 194 500 万元，在合并当期不确认清算所得。②合并方五洲新材在合并中取得的各项资产、负债，以原账面价值23 800 万元、300 万元作为计税基础。③被合并方五洲集团的股东环球控股、泰山投资取得的合并对价——五洲新材股票，以原持有五洲集团股份的计税基础 9 690.24 万元作为计税基础。放弃的五洲集团股份，其公允价值 218 000 万元与计税基础 9 690.24 万元的差额 208 309.76 万元，不确认应税所得。

2. 股权收购环节的所得税处理

按照财税〔2009〕59 号文第五条及第六条第二项的规定：①如前所述，该项重组具有合理的商业目的。②五洲新材收购腾达飞股份的比例为 67.30%，超过了 50%。③五洲新材给腾达飞的股东支付收购对价，100%以本公司的股权支付，超过了 85%。如果该项股权收购符合特殊性税务处理的其他条件，可以选择特殊性税务处理。

该项分步重组如果选择特殊性税务处理，按照财税〔2009〕59 号文第六条第二项的规定：①金城控股等法人股东转让的腾达飞股份，其公允价值 19 370.80 万元（31 600×61.3%）与计税基础 9 774.83 万元的差额 9 595.97 万元，不确认应税所得。取得的收购对价——五洲新材股票，以原持有腾达飞股份的计税基础 9 774.83 万元作为计税基础。②按照国家税务总局公告 2015 年第 48 号第一条第五项的规定，许某等自然人股东转让的腾达飞股份，其公允价值 1 896 万元（31 600×6%）与财产原值 956.75 万元的差额 939.25 万元，仍应确认为应税所得，在收购当期申报缴纳个人所得税。取得的收购对价——五洲新材股票，以公允价值 1 896.00 万元（31 600×6%）作为财产原值。③五洲新材向腾达飞法人股东收购的腾达飞股份，以该项股权的原计税基础 9 774.83 万元作为计税基础。向腾达飞自然人股东收购的腾达飞股份，以该项股权的公允价值 1 896 万元作为计税基础。

3. 定向增发环节的所得税处理

定向增发环节的所得税处理同前述一般性税务处理。

四、分步重组所得税政策的完善

财税〔2009〕59 号文及配套文件对分步重组所得税处理的政策规定过于简单，不具备操作性。分步重组的所得税政策，应当从以下几个方面加以完善。

(一) 明确分步重组的定义

企业的重组行为是一项重组分步实施，还是若干个有相互联系的独立重组，其所得税处理不同。认定分步重组，有赖于税法对分步重组给出一个清晰而明确的定义。如前所述，分步重组是指企业重组的各方当事人为了达到某一重组目的，将一个完整的重组行为分为若干个独立的步骤实施。分步重组，强调的是重组目的的同一性。

(二) 明确分步重组的构成

分步重组是一种重组方式分步实施还是几种不同重组方式的组合？重组过程中如果包含了非重组方式，是否还属于分步重组？理论上，无论是一种重组方式分步实施，还是若干种不同重组方式的组合实施；无论分步重组中是否包含了非重组方式，只要是基于实现某一目的而对重组业务所作的统一安排，都属于分步重组，都应当按照分步重组进行所得税处理。

(三) 明确分步重组的认定依据

在税收征管实务中，分步重组依据什么资料认定？按照什么程序认定？结合征管实践看，分步重组应当以企业对重组业务进行安排的相关资料作为认定依据，如前述案例中的《报告书》。在认定程序上，应当允许纳税人自行判断，自行认定，自行选择税收待遇，并保存相关资料留存备查。纳税人应当对自己的行为承担相应的法律责任。

(四) 明确分步重组的认定期限

按照财税〔2009〕59 号文的规定，分步重组应当在 12 个月内完成，但 12 个月的起算时间、终止时间如何确认？分步重组中如果包含了非重组方式，非重组方式的时间是否包含在内？理论上，应当以第一步重组的开始时间和最后一步重组的完成时间作为重组的起始和终止时间。逻辑上，无论非重组方式在分步重组的哪个阶段，其时间都应当包括在 12 个月内。

(五) 明确特殊重组的认定条件

分步重组如果由若干种不同重组方式组成，应当明确符合哪些条件才能适用特殊性税务处理。由于分步重组是一项重组行为分步实施，各步骤的所得税处理口径应当一致。从逻辑上讲，应当按照财税〔2009〕59 号文的规定分步骤判断各步骤是否符合特殊性税务处理条件，只有各步骤都符合特殊性税务处理条件，该分步重组才能整体适用特殊性税务处理。

(六) 明确分步重组的所得税处理方法

分步重组的认定、重组期间的确认、合理商业目的的判定、特殊性税务处理条件的判定，这些问题都需要对重组业务作整体判断。但如果确认了分步重组，选择了适用一般性税务处理或特殊性税务处理，应当依据财税〔2009〕59 号文有关单项重组的所得税处理方法，分别对每个阶段的重组事项进行所得税处理。

五、分步重组中企业的涉税风险

分步重组，由于所得税政策的不完善以及税务机关、重组当事人对企业重组所得税政策认识上的误区，使得纳税人面临较大的涉税风险。具体表现在以下几个方面。

（一）分步重组性质认定上的风险

由于财税〔2009〕59 号文及配套文件没有定义分步重组，使得各地税务机关在分步重组的认定上缺乏统一的标准。有的税务机关甚至没有分步重组的概念，将分步重组作为若干个独立的重组事项进行处理。即使认定分步重组的税务机关，也很少依据重组的意图认定。这就使得分步重组的认定处于一种不确定状态，很难事先预判。

（二）分步重组完成时间上的风险

由于财税〔2009〕59 号文及配套文件对分步重组期限的认定没有具体规定，有的税务机关以第一步重组的开始日作为重组起始日，有的以第一步重组的完成日作为重组起始日。分步重组中的非重组时间，有的税务机关从重组期限中剔除，有的不剔除。这就使得重组当事人难以判定一项分步重组是否超过了 12 个月，进而影响重组业务税收待遇的选择。

（三）分步重组政策适用上的风险

分步重组属于一项重组行为分步实施，各步骤的所得税处理口径应当一致，即各步骤应当一致选择一般性税务处理或特殊性税务处理。但有的主管税务机关允许纳税人在重组的不同阶段选择不同的税收待遇，这既有违税法原理，也使得重组当事人难以事先确定企业重组的税收成本，徒增了重组当事人的涉税风险。

（四）分步重组中重复征税的风险

分步重组中的股权收购和资产收购选择特殊性税务处理，当所收购股权（或资产）的公允价值高于计税基础时，存在双重征税的问题。当所收购股权（或资产）的公允价值低于计税基础时，存在双重不征税的问题。对于重组当事人而言，应当尽可能选择双重不征税而避免双重征税，尤其要重点关注重复征税对重组对价的影响。

（五）分步重组中税负转嫁的风险

分步重组中的企业合并和企业分立选择特殊性税务处理，存在税负转嫁的问题，企业合并中的被合并方将税收负担转嫁给合并方，企业分立中的被分立方将税收负担转嫁给分立方。对于重组当事人而言，应当尽可能将己方的税收负担转嫁出去，同时避免他人将税收负担转嫁给自己，尤其要重点关注税负转嫁对重组对价的影响。

（六）分步重组中的关联交易风险

分步重组如果是在关联方之间进行的，如本文前述案例，重组对价的确定应当符合独立交易原则。如果不符合独立交易原则且造成国家税收整体减少的，税务机关可以按照税法规定实施特别纳税调整。重组当事人在安排关联企业间的重组业务时，应当充分考虑重组对价的确定是否符合独立交易原则，避免税务机关有可能实施的特别纳税调整。

综上，重组当事人在安排分步重组业务时，应当充分了解主管税务机关对分步重组的看法和征管口径，尽可能按照主管税务机关的征管口径安排重组业务。同时在确定重组对价时，应当充分考虑重复征税以及税负转嫁对重组对价的影响。对于关联企业间的重组业务，应当尽可能避免税务机关的特别纳税调整。

主要参考文献：

[1] 财政部会计司编写组.企业会计准则讲解 2010[M].北京：人民出版社，2010.
[2] 迈伦·斯科尔斯.税收与企业发展战略 [M].张雁翎，译.北京：中国财经出版社，2004.
[3] 陈斌才.五洲新材分步重组所得税分析及政策完善建议[J].财务与会计，2021(4).
[4] 财政部　国家税务总局.关于企业重组业务企业所得税处理若干问题的通知.2009.
[5] 财政部　国家税务总局.关于非货币性资产投资企业所得税政策问题的通知. 2014.

第八章
企业重组业务的其他税处理

第一节　企业重组的增值税处理

一、企业重组增值税处理的理论分析

增值税是以货物、劳务、服务、不动产和无形资产（以下简称货物、劳务）为征税对象，在货物和劳务的交易环节征收的流转税。如果纳税人的交易对象不是货物和劳务，不在增值税的征税范围内，不应当征收增值税。企业重组通常是包含资产、负债、劳动力等一揽子生产要素在内的要素交易，企业重组的交易对象中包含了资产，但是企业重组的交易对象不是单纯的资产而是一揽子生产要素。所以，企业重组通常不在增值税的征税范围内，不应当征收增值税。

二、企业重组增值税处理的基本规定

（一）企业重组中涉及货物转让的增值税处理

《国家税务总局关于纳税人资产重组有关增值税问题的公告》（国家税务总局公告2011年第13号）规定，纳税人在资产重组过程中，通过合并、分立、出售、置换等方式，将全部或者部分实物资产以及与其相关联的债权、负债和劳动力一并转让给其他单位和个人，不属于增值税的征税范围，其中涉及的货物转让，不征收增值税。

需要说明的是，由于企业重组中资产的转让方不缴纳增值税，所以资产转让方不能给受让方开具增值税专用发票，资产受让方无增值税进项税额可抵。但是重组完成后，如果资产受让方再次转让资产，仍然要计算增值税销项税额。通过以上分析可以发现，企业重组中增值税的不征税规定，存在税负转嫁的问题，即资产转让方将其本应在重组环节缴纳的增值税转嫁给受让方，由受让方在重组后缴纳。所以，资产受让方在确定重组对价时，应当将未来多缴的增值税从重组对价中减除，减除额理论上等于受让方将来多缴的增值税额，按照资产的预计转让期限和一定的折现率折算的现值。

【例8-1】 A公司吸收合并B公司，B公司将其资产、负债、人员并入A公司，合并时资产中存货的公允价值3 000万元（不含税），增值税税率13%。合并后A公司将该部分存货转让给C公司，转让价格3 200万元（不含税）。

本例中，B公司将其资产、负债、人员全部并入A公司，在合并环节B公司无须缴纳增值税，不能给A公司开具增值税专用发票，A公司无增值税进项税额可抵。合并后，A公司

将该部分货物转让给C公司，A公司应当计算增值税销项税额416万元(3 200×13%)，但是由于无增值税进项税额可抵，由此产生了增值税的税负转嫁问题。

(二) 企业重组中涉及不动产转让的增值税处理

《财政部 国家税务总局关于全面推开营业税改征增值税试点的通知》(财税〔2016〕36号)附件2第一条第二项第五目规定，在资产重组过程中，通过合并、分立、出售、置换等方式，将全部或者部分实物资产以及与其相关联的债权、负债和劳动力一并转让给其他单位和个人，其中涉及的不动产、土地使用权转让行为，不在增值税征税范围内，不征收增值税。

财税〔2016〕36号文有关企业重组的增值税处理，应当注意以下问题：①企业重组中涉及不动产、土地使用权转让的行为，同前述企业重组中货物的转让行为，同样存在增值税的税负转嫁问题，即资产转让方将其在重组环节的增值税负担转嫁给受让方，由受让方在重组后缴纳。②企业重组过程中涉及无形资产的转让是否缴纳增值税，在36号文中无具体规定。有观点认为应当缴纳增值税，但是本文认为其不在增值税的征税范围内，不应当缴纳增值税。

从理论上讲，增值税的不征税和免税是两个不同的概念。不征税是指纳税人的行为不在增值税的征税范围内，不应当征收增值税。增值税的不征税无须专门的政策规定，只要纳税人的行为不在增值税征税范围内，就不应当缴纳增值税。而免税是指纳税人的行为在增值税的征税范围内，应当缴纳增值税；只是国家基于某种政策意图，对这部分本来应当征税的收入免予征税。免税应当有专门的政策规定。

企业重组过程中涉及无形资产的转让，属于增值税的不征税行为而非免税行为，无须做专门的政策规定。即使税法对纳税人的不征税行为有专门的规定，如财税〔2016〕36号文，也只是起一个明确和强调的作用，不能认为没有明确的不征税规定就应当征税。

(三) 企业重组中增值税不征税行为的认定

税法规定，企业重组中将全部或者部分实物资产以及与其相关联的债权、负债和劳动力一并转让给其他单位和个人，涉及货物、不动产的转让行为，不征收增值税。但是在征管实务中，对于只有资产和负债转移、没有劳动力转移的企业重组，以及只有资产、劳动力转移，没有负债转移的企业重组是否征收增值税，争议较大。

企业重组的实质是业务的转让。业务是指企业内部某些生产经营活动或资产的组合，该组合一般具有投入、加工处理过程和产出能力，能够独立计算其成本费用或所产生的收入，这里的“投入”包括了原材料、人工、必要的生产技术的投入。所以，本文认为，只有资产和负债转移、没有劳动力转移的企业重组，因其不构成业务的转移，实质上是资产的转让，应当征收增值税。而只有资产、劳动力转移，没有负债转移的企业重组，因其构成业务的转移，应当不在增值税的征税范围内，不征收增值税。企业重组中资产受让方承担资产转让方的负债，其实质是重组交易对价的一种支付方式。

【例8-2】 Z公司持有A1公司100%的股份，持有A2公司100%的股份。A1公司持有B1公司100%的股份，A2公司持有B2公司100%的股份。Z公司基于公司发展战略的需要，拟将B1公司的业务、人员以及资产并入B2公司，B1公司解散。现有以下两个方案可供选择：

方案1:吸收合并。由Z公司统一安排,将B1公司无偿并入B2公司,B1公司解散。①资产。交割日,将B1公司所有资产、负债全部划转至B2公司。②人员。按照“人随事走”的原则,将B1公司划转业务所涉及的人员整建制划转至B2公司。

方案2:分步重组。先将B1公司的股权无偿划入B2公司,将B1公司的人员并入A1公司。A1公司、B1公司采取一套人马、两块牌子的方式,以A1公司的名义对外经营。一年后再将B1公司并入B2公司,B1公司解散。①资产。股权交割日后,所有资产、负债全部保留在原B1公司,一年后将B1公司并入B2公司。②人员。按照“人随事走”的原则,股权交割日,将B1公司的人员整建制划转至A1公司。

以上企业重组业务,如果采用方案1,将B1公司的资产、负债、人员全部并入B2公司,该项企业合并符合税法规定的不征收增值税的条件,涉及资产的转让不征收增值税。如果采用方案2,将B1公司的股权无偿划入B2公司、人员并入A1公司,由于股权转让不在增值税的征税范围内,不征收增值税。但是将B1公司的资产、负债并入B2公司时,由于没有劳动力的转移,不符合税法规定的不征收增值税的条件,涉及资产的转让应当征收增值税。

三、企业重组增值税留抵税额的处理

企业重组增值税留抵税额的处理,依据《国家税务总局关于纳税人资产重组增值税留抵税额处理有关问题的公告》(国家税务总局公告2012年第55号)的规定处理。

(一) 企业重组增值税留抵税额处理的基本规定

增值税一般纳税人(以下称原纳税人)在资产重组过程中,将全部资产、负债和劳动力一并转让给其他增值税一般纳税人(以下称新纳税人),并按程序办理注销税务登记的,其在办理注销登记前尚未抵扣的进项税额可结转至新纳税人处继续抵扣。

(二) 企业重组增值税留抵税额处理的管理规定

(1) 原纳税人主管税务机关应认真核查纳税人资产重组相关资料,核实原纳税人在办理注销税务登记前尚未抵扣的进项税额,填写《增值税一般纳税人资产重组进项留抵税额转移单》。

《增值税一般纳税人资产重组进项留抵税额转移单》一式三份,原纳税人主管税务机关留存一份,交纳税人一份,传递新纳税人主管税务机关一份。

(2) 新纳税人主管税务机关应将原纳税人主管税务机关传递来的《增值税一般纳税人资产重组进项留抵税额转移单》与纳税人报送资料进行认真核对,对原纳税人尚未抵扣的进项税额,在确认无误后,允许新纳税人继续申报抵扣。

【例8-3】 A公司吸收合并B公司,B公司的资产、负债、人员全部并入A公司,B公司解散并按程序办理了注销税务登记。吸收合并时,B公司尚有留抵的增值税进项税额3 000万元。

本项业务,B公司将其资产、负债、人员全部并入A公司,并按程序办理了注销税务登记。B公司没有抵扣完的增值税进项税额可以结转至A公司,由A公司继续抵扣。B公司的主管税务机关开具《增值税一般纳税人资产重组进项留抵税额转移单》并传递给A公司的主管税务机关,经A公司的主管税务机关审核后抵扣。

（三）企业重组增值税留抵税额处理存在的问题

国家税务总局公告2012年第55号（简称55号公告）将企业重组过程中，原纳税人增值税留抵税额结转至新纳税人抵扣限定在“按程序办理注销税务登记”的纳税人。对于没有办理注销税务登记的原纳税人留抵的增值税进项税额是否允许结转至新纳税人抵扣，如存续分立中被分立企业的留抵税额能否结转至分立方抵扣，没有明确规定。

从文义上理解，既然55号公告将原纳税人增值税留抵税额结转至新纳税人抵扣限定在“按程序办理注销税务登记”的纳税人，对于没有办理注销税务登记的原纳税人留抵的增值税进项税额，自然不允许结转至新纳税人抵扣。但是从法理上分析，即使原纳税人没有办理注销税务登记，留抵的进项税额作为原纳税人资产的一部分，是可以转移给新纳税人的，如存续分立中被分立企业的留抵税额，作为被分立企业资产的一部分可以分离给分立方，由分立方抵扣。

四、各重组方式中的增值税处理

（一）债务重组中的增值税处理

债务重组包括债务人以资产清偿债务、将债务转为权益工具、修改债务条件、以多种债务重组方式组合清偿债务等。债务人如果以应征增值税的存货、机器设备、不动产、无形资产等非货币性资产清偿债务，涉及债务重组中的增值税问题。

债务人以应征增值税的非货币性资产清偿债务，应当按照转让非货币性资产进行增值税处理并给债权人开具增值税专用发票，债权人据此抵扣增值税进项税额。但是在增值税的相关文件中，并未规定债务人以非货币性资产抵偿债务，计算增值税时销售额如何确认。

债务人以非货币性资产清偿债务，计算增值税时销售额如何确认，有两种观点：一种观点认为，应当按照《增值税暂行条例实施细则》（以下简称《细则》）第三条第二款的规定将清偿的债务额确认为销售额。《细则》第三条规定，“本细则所称有偿，是指从购买方取得货币、货物或者其他经济利益”，此处的“其他经济利益”，在债务重组中指债务人清偿的债务额。征管实务中税务机关多持此种观点。还有一种观点认为，增值税是流转税，应当按照资产的公允价值作为计算增值税的销售额。资产公允价值与清偿债务额之间的差额系债务人的利得而不是收入，利得是所得税的计税依据，但不能作为增值税的计税依据。注册会计师考试教材、注册税务师考试教材多持此种观点。

【例8-4】 20×9年5月10日，乙公司销售一批材料给甲公司，价税合计150万元。10月10日，甲公司发生财务困难，无力偿付货款，经双方协商，乙公司同意甲公司以存货一批抵偿货款，该批存货的公允价值120万元（不含税），增值税税率13%。

本项业务，债务人以存货给债权人抵偿债务，应当缴纳增值税。按照上述第一种观点，债务人应当以债务的清偿额作为销售额，确认增值税销项税额17.26万元[150/(1+13%)×13%]，给债权人开具销售额为132.74万元[150/(1+13%)]、税额为17.26万元的增值税专用发票，债权人据此抵扣增值税进项税额。按照上述第二种观点，债务人应当以存货的公允价值作为销售额，确认增值税销项税额15.6万元（120×13%），给债权人开具销售额为120万元、税额为15.6万元的增值税专用发票，债权人据此抵扣增值税进项税额。

(二) 股权收购中的增值税处理

在股权收购过程中，股权的转让方将目标公司股权转让给受让方，受让方给转让方支付收购对价。收购对价可能以现金支付，也可能以本公司股权、控股公司股权、存货、不动产或其他非货币性资产支付。股权收购中的“股权”，可能是在一级市场转让的非上市公司股权，也可能是在二级市场转让的上市公司股票。

《财政部 国家税务总局关于全面推开营业税改征增值税试点的通知》(财税〔2016〕36号)规定，有价证券属于金融商品，金融商品的转让在增值税征税范围内，应当缴纳增值税。在股权收购过程中，如果交易标的是上市公司股票，股票属于有价证券，转让方应当按照转让金融商品缴纳增值税。如果交易标的是非上市公司股权，股权不属于金融商品，不在增值税征税范围内，不缴纳增值税。

但是在财税〔2016〕36号文及配套文件中，并未规定如何确认应税的股票和非应税的股权。通常情况下，在一级市场转让的非上市公司权益属于股权，在二级市场转让的上市公司权益属于股票。但是在一级市场发行、通过二级市场转让的是股权还是股票？在三板市场挂牌交易的是股权还是股票？这些问题都有待财政部和国家税务总局进一步明确。在征管实务中，基于规避征管风险方面的考虑，纳税人比较现实的做法是按照主管税务机关的征管口径进行相应的税务处理。

财税〔2016〕36号文规定，金融商品转让，以卖出价减买入价的差额作为增值税销售额，适用金融业税目，按照6%的税率计算缴纳增值税。金融商品转让不得开具增值税专用发票，购买方无增值税进项税额可抵。另外，在股权收购过程中，如果股权的收购方以上市公司股票、存货或其他应征增值税的非货币性资产支付收购对价，股权收购方据以支付对价的非货币性资产，也应当按照税法规定缴纳增值税。

【例8-5】 A公司的股东B公司IPO时持有A公司股票10 000万股，发行价10元/股。限售期内10送10，持有A公司股票共20 000万股。解禁日后10送10，持有A公司股票共40 000万股。B公司将持有A公司股票全部转让给C公司，转让价30元/股。

《国家税务总局关于营改增试点若干征管问题的公告》(国家税务总局公告2016年第53号)第四条规定，单位将其持有的限售股在解禁流通后对外转让的，按照以下规定确定买入价：公司首次公开发行股票并上市形成的限售股，以及上市首日至解禁日期间由上述股份孳生的送、转股，以该上市公司股票首次公开发行(IPO)的发行价为买入价。

本例中，B公司转让A公司股票后，计算增值税时，IPO时持有的10 000万股A公司股票，发行价为10元/股。限售期内10送10，取得的10 000万股A公司股票，发行价也按照10元/股计算。解禁日后10送10，取得的20 000万股A公司股票，发行价为0元/股。B公司将A公司股票转让给C公司后，增值税应纳税额的计算如下：

买入价：10 000×10＋10 000×10＋20 000×0＝200 000(万元)

卖出价：40 000×30＝1 200 000(万元)

销售额：1 200 000－200 000＝1 000 000(万元)

应纳增值税额：1 000 000/(1＋6%)×6%＝56 603.77(万元)

(三) 资产收购中的增值税处理

资产收购是指一家企业(受让企业)购买另一家企业(转让企业)经营性资产的交易。收购对价可能以现金支付,也可能以本公司股权、控股公司股权、存货、不动产或其他非货币性资产支付。

资产收购中资产转让方的增值税处理分两种情况:①转让的只是资产,无负债、劳动力的转移,不构成业务。该种情形下的资产转让,应当缴纳增值税。如果不同资产增值税的税率(或征收率)不同,应当就不同税率(或征收率)的收入分别计算增值税销项税额或应纳税额。②资产、负债、劳动力一并转让,构成业务。该种情形下的资产转让,不在增值税征税范围内,不缴纳增值税。

资产收购,如果资产受让方以上市公司股票、存货或其他应征增值税的非货币性资产支付收购对价,资产受让方据以支付对价的非货币性资产,也应当按照税法规定缴纳增值税。

【例 8-6】 A 公司为光伏发电项目公司,经地方政府协调,A 公司生产的电力销售给市供电局,并与市供电局签订了售电合同。A 公司向 B 村委会承租了一片荒地用于安置太阳能发电设备,土地租赁期 20 年,A 公司一次性支付 20 年租赁费 2 000 万元。3 年后,A 公司将其资产(发电设备)及未到期合同权利(租赁合同、售电合同)转让给 C 公司,取得转让收入 3 500 万元。

本例中,如果 A 公司转让给 C 公司的仅是资产(发电设备)及未到期合同权利(租赁合同、售电合同),无负债和劳动力的转移,A 公司转让的资产应当缴纳增值税。其中发电设备按照转让已使用过的固定资产缴纳增值税,租赁合同、售电合同按照转让无形资产缴纳增值税。但是如果 A 公司将资产(发电设备)、未到期合同权利(租赁合同、售电合同)以及与之相关的负债和劳动力一并转移给 C 公司,A 公司的行为不在增值税征税范围内,不缴纳增值税。

(四) 企业合并中的增值税处理

企业合并是指一家或多家企业(被合并企业)将其全部资产和负债转让给另一家现存或新设企业(合并企业),合并企业以现金、本公司股权、控股公司股权、存货、不动产或其他非货币性资产给被合并企业的股东支付合并对价。

企业合并,通常是将被合并企业的资产、负债、劳动力全部并入合并企业(合并业务),被合并企业不缴纳增值税,也无须给合并企业开具增值税专用发票,合并企业无增值税进项税额可抵。但是如果企业合并只是资产和负债的合并,无劳动力的转移(不构成业务合并),被合并企业应当缴纳增值税并给合并企业开具增值税专用发票,合并企业可以抵扣增值税进项税额。

企业合并中,如果合并企业以存货、不动产或无形资产等应征增值税的非货币性资产给被合并企业的股东支付合并对价,合并企业据以支付合并对价的应征增值税的非货币性资产,应当缴纳增值税。合并企业应当给被合并企业的股东开具增值税专用发票,被合并企业的股东据此抵扣增值税进项税额。

【例 8-7】 绿蔓生物拟通过向康隆生物全体股东刘喜荣、龚卫民发行股份吸收合并康隆生物,以实现两家公司的业务整合。其中,绿蔓生物为吸收合并方,康隆生物为被吸收合并方。本次重组完成后，绿蔓生物作为存续公司承继及承接康隆生物的全部资产、负债、业务、人员、合同及其他一切权利与义务，康隆生物注销其法人资格；绿蔓生物为本次重组发行的人民币普通股股票将申请在全国中小企业股份转让系统挂牌并公开转让。

本例中，绿蔓生物吸收合并康隆生物，绿蔓生物作为存续公司承继及承接康隆生物的全部资产、负债、业务、人员、合同及其他一切权利与义务，康隆生物注销其法人资格。康隆生物并入绿蔓生物的资产，不在增值税征税范围内，不缴纳增值税，康隆生物不能给绿蔓生物开具增值税专用发票，绿蔓生物无增值税进项税额可抵。康隆生物系非上市公司，康隆生物的股东刘喜荣、龚卫民注销的康隆生物股权，也不存在缴纳增值税的问题。

(五) 企业分立中的增值税处理

企业分立是指一家企业(被分立企业)将部分或全部资产分离转让给现存或新设的企业(分立企业)，被分立企业股东换取分立企业的股权或非股权支付，实现企业的依法分立。

企业分立，通常是被分立企业将其部分资产、负债、劳动力分离给分立企业(分离业务)，被分立企业不缴纳增值税，也不能给分立企业开具增值税专用发票，分立企业无增值税进项税额可抵。但是如果企业分立只是资产和负债的分立，无劳动力的转移(不构成业务的分离)，被分立企业应当缴纳增值税并给分立企业开具增值税专用发票，分立企业可以抵扣增值税进项税额。

在企业分立过程中，如果被分立企业的股东不是按照原持股比例取得分立企业股权，多取得利益的股东给少取得利益的股东以存货、不动产或无形资产等应征增值税的非货币性资产支付差价，支付差价的股东据以支付差价的应征增值税的非货币性资产，应当缴纳增值税。支付差价的股东应当给收取差价的股东开具增值税专用发票，收取差价的股东据此抵扣增值税进项税额。

【例 8-8】 科大智能持有机器人公司100%的股份，科大智能根据公司业务战略规划布局和实际经营需要，拟对机器人公司进行存续分立，在机器人公司现有基础上，将机器人公司A、B、C三宗土地中的两宗土地使用权(B地块和C地块)连同其地上建筑物分离出来分别成立两家新公司松创智能和泾创智能。分立完成后的机器人公司和两家新公司均为科大智能的全资子公司。机器人公司分立前产生的债权、债务继续由机器人公司承担，松创智能、泾创智能根据相关法律规定对机器人公司分立前产生的债务承担连带责任。分立前的员工由分立后的公司按照国家有关法律、法规的规定及各自的业务范围进行分配安排，不会因公司分立而损害职工的合法权益。

本例中，科大智能以存续分立的方式，将其全资子公司机器人公司的部分资产以及与之相关的人员分离，设立两家新公司松创智能和泾创智能。本项企业分立，涉及资产和人员的分离，但是无负债的转移。机器人公司分离给两家新公司的资产，不在增值税征税范围内，不缴纳增值税。机器人公司不能给松创智能和泾创智能开具增值税专用发票，松创智能和泾创智能无增值税进项税额可抵。

(六) 资产划转中的增值税处理

资产划转，通常是指企业的实际控制人将旗下一个企业的资产划转给另外一个企业。

理论上，资产划转是在同一投资主体内部进行的，是无偿的，但实务中的资产划转情况比较复杂，有同一投资主体内的划转，也有非同一投资主体内的划转；有无偿划转，也有有偿划转；有单纯的资产划转，也有资产、负债、劳动力一并划转。

资产无偿划转的增值税处理分两种情形：一是仅划转资产，或资产和与之相关的负债一并划转，但不涉及劳动力的转移。依据《增值税暂行条例实施细则》第四条和财税〔2016〕36号文附件1第十四条规定，该种情形的资产划转，应当按照增值税的视同销售处理。二是资产、负债、劳动力一并划转。按照国家税务总局公告2011年第13号以及财税〔2016〕36号文附件2第一条第二项第五目的规定，该种情形的资产划转，不在增值税征税范围内，不应当缴纳增值税。

【例8-9】 奥吉特生物科技股份有限公司（以下简称公司）发布公告，根据公司整体发展需要，为完善经营业务结构，整合并优化资源配置，进一步提升整体企业价值，公司拟以资产划转方式，将公司现有的与食用菌种植业务相关的资产、债权、债务（不含长短期借款）及人员，全部划转至子公司奥吉特农业，并由其承接公司原有的生产经营业务。

该项资产划转，既包括资产、债权、债务的划转，也包括人员的划转。该项资产划转不在增值税征税范围内，划出方不缴纳增值税，无须给划入方开具增值税专用发票，划入方无增值税进项税额可抵。

五、企业重组增值税处理的注意事项

（一）正确区分应税重组和非应税重组

应税重组和非应税重组的区分主要包括两项内容：一是企业重组中涉及的资产转移是单纯的资产转移，还是资产、负债、劳动力一并转移。如果是前者，在增值税征税范围内；如果是后者，不征收增值税。二是企业重组中涉及的资产转移是增值税的应税资产（如存货）转移还是非应税资产（如股权）转移，只有应税资产的转移，才存在缴纳增值税的问题。

（二）避免企业重组中的重复纳税问题

如前所述，企业重组中涉及的资产转移，如果是资产、负债、劳动力一并转移，资产转让方不缴纳增值税，不能给资产受让方开具增值税专用发票，资产受让方无增值税进项税额可抵。但资产受让方将来再次转让资产，仍然要计算增值税销项税额，这就存在增值税负担转嫁的问题。企业重组，资产受让方应当将己方未来多缴增值税的现值从重组对价中减除，通过重组对价的调整避免税负转嫁的问题。

（三）企业重组的增值税处理应当符合税务机关的征管要求

企业重组的增值税处理应当符合主管税务机关的征管要求，主要包括两项内容：一是企业重组中如果存在税收政策不明确的问题，纳税人应当主动和主管税务机关沟通、协调，在无法达成一致意见的情况下，现实的做法是重组业务的安排要符合主管税务机关的征管口径，否则存在一定的税收征管风险。二是企业重组的增值税处理应当符合税法规定的征管流程，如企业重组增值税留抵税额结转至新纳税人，应当填写《增值税一般纳税人资产重组进项留抵税额转移单》。

第二节 企业重组的土地增值税处理

一、企业重组土地增值税的理论分析

土地增值税的征税对象是纳税人转让国有土地使用权、地上建筑物及其附着物(以下简称房地产)的行为。如果纳税人转让的不是国有土地使用权而是集体所有的土地使用权(我国法律禁止集体土地转让,但现实中存在集体土地转让),或者不是国有土地使用权的转让而是出让,均不在土地增值税的征税范围内,不征收土地增值税。

企业重组通常是包含资产、负债、劳动力等一揽子生产要素在内的要素交易,企业重组的交易对象中包含了资产(含房地产),但是企业重组的交易对象不是单纯的资产而是一揽子生产要素。理论上,企业重组中涉及的房地产转让,不在土地增值税的征税范围内,不应当征收土地增值税——如同税法规定企业重组中涉及的货物转让不征收增值税。

二、企业重组土地增值税的政策规定

企业改制重组的土地增值税处理,现行的主要政策依据是《财政部 国家税务总局关于继续实施企业改制重组有关土地增值税政策的通知》(财税〔2018〕57 号)。

(一) 改制重组土地增值税的基本规定

财税〔2018〕57 号文关于企业改制重组的土地增值税处理,重组类型包括了企业整体改制、企业合并、企业分立、房地产投资,但是未包括股权收购、资产收购、资产划转等。企业改制重组的土地增值税处理,其基本原则是改制重组中涉及的房地产转让,暂不征收土地增值税;受让方取得的房地产,土地增值税计税基础不变。

【例 8-10】 A 公司通过吸收合并 B 公司取得 B 公司的一项土地使用权,该土地使用权的原值为 2 亿元,合并时评估作价 3 亿元。该企业合并如果符合财税〔2018〕57 号文规定的暂不征税条件,B 公司在合并环节暂不缴纳土地增值税,但是 A 公司取得该土地使用权后再行转让,计算土地增值税时可扣除的土地成本为 2 亿元而不是 3 亿元。

(二) 企业改制重组不征收土地增值税的条件

企业改制重组不征收土地增值税的前提是改制后企业的投资人不发生变化,如果改制后企业的投资人发生变化,如改制过程中引入了新的投资人,改制企业的资产所有权发生实质性转移,其中涉及房地产的转移、变更,就不再符合不征收土地增值税的条件,应当缴纳土地增值税。但是财税〔2018〕57 号文关于企业改制过程中不征收土地增值税的条件,并未限制改制后投资人的持股比例发生变化。也就是说,企业改制过程中只要投资人不变,即使持股比例发生变化,也符合不征收土地增值税的条件,不征收土地增值税。

(三) 改制重组土地增值税的例外规定

财税〔2018〕57 号文第五条规定,上述改制重组有关土地增值税政策(注:指企业改制重组暂不征收土地增值税),不适用于房地产转移任意一方为房地产开发企业的情形。例如,A房地产开发公司以其部分房地产作存续分立,设立B物业公司,因被分立企业A公司为房地产开发企业,该项企业分立不符合暂不征收土地增值税的条件,A房地产开发公司在分立环节应当缴纳土地增值税。

企业改制重组暂不征收土地增值税的政策不适用房地产开发企业,主要是运用税收工具配合国家对房地产市场的宏观调控,同时避免房地产开发企业通过恶意的税收筹划规避国家税收。

(四)企业改制重组中土地增值税的税负转嫁

企业改制重组过程中涉及房地产的转让暂不征收土地增值税,其实质是税负转嫁,即房地产的转让方将其本应在重组环节缴纳的土地增值税转嫁给房地产的受让方,由受让方在重组后缴纳。企业改制重组过程中,房地产的受让方在确定重组对价时,应当充分考虑税负转嫁对重组对价的影响。理论上,房地产的受让方应当将未来因税负转嫁而多缴的土地增值税,从重组对价中减除,减除额为未来多缴的税款按照一定的期限和折现率折算的现值。

【例8-11】 A公司通过吸收合并B公司,取得B公司的一项土地使用权。该土地使用权的原值为2亿元,合并时评估作价3亿元。重组完成后A公司将该项土地使用权以5亿元的价格转让给C公司。

该项企业合并,假设被合并方B公司在合并环节缴纳土地增值税,应当确认增值额1亿元(3-2),则A公司取得土地使用权土地增值税的计税基础为3亿元。A公司将该土地使用权转让给C公司后,计算土地增值税时,应当确认增值额2亿元(5-3),A公司、B公司累计确认的增值额为3亿元(1+2)。

该项企业合并,按照财税〔2018〕57号文的规定,被合并方B公司在合并环节暂不缴纳土地增值税,A公司取得土地使用权土地增值税的计税基础为2亿元。A公司将该项土地使用权转让给C公司后,计算土地增值税时,应当确认增值额3亿元(5-2),A公司、B公司累计确认的增值额为3亿元(0+3)。

综上,无论B公司在合并环节是否缴纳土地增值税,A公司、B公司累计确认的增值额都是3亿元。按照财税〔2018〕57号文的规定进行土地增值税处理,只是将本应由B公司在合并环节缴纳的税款转嫁给A公司,由A公司在合并后缴纳,存在税负转嫁的问题。

三、改制重组有专门规定的土地增值税处理

(一)企业整体改制的土地增值税处理

财税〔2018〕57号文第一条规定,按照《中华人民共和国公司法》的规定,非公司制企业整体改制为有限责任公司或者股份有限公司,有限责任公司(股份有限公司)整体改制为股份有限公司(有限责任公司),对改制前的企业将国有土地使用权、地上的建筑物及其附着物(以下称房地产)转移、变更到改制后的企业,暂不征土地增值税。

这里所称的整体改制是指不改变原企业的投资主体,并承继原企业权利、义务的行为。

【例8-12】 甲有限责任公司的股东为A公司、B公司、C公司,持股比例分别为60%、

30%、10%。甲有限责任公司拟改制为股份有限公司后上市，改制后公司的股东不变。改制过程中甲有限责任公司名下的房地产变更到股份有限公司，甲有限责任公司改制前的债权、债务由改制后的股份有限公司承继。

本例中，甲有限责任公司变更为股份有限公司，属于企业改制。改制后企业的投资主体未变，改制前企业的债权、债务由改制后的企业承继，对改制前的企业将房地产转移、变更到改制后的企业，暂不征收土地增值税。但是如果改制过程中引入了新的投资人，就不再符合不征收土地增值税的条件，改制企业应当缴纳土地增值税。

（二）企业合并的土地增值税处理

财税〔2018〕57号文第二条规定，按照法律规定或者合同约定，两个或两个以上企业合并为一个企业，且原企业投资主体存续的，对原企业将房地产转移、变更到合并后的企业，暂不征土地增值税。

【例8-13】 君实生物向众合医药的全体股东发行735万股人民币普通股股票用于换股吸收合并众合医药。君实生物为吸收合并方，众合医药为被吸收合并方，本次换股吸收合并后，众合医药拥有的全部资产、负债、业务、人员、合同、在研项目及其他权利与义务均由君实生物承继与承接，众合医药终止挂牌并注销其法人资格。

本例中，君实生物吸收合并众合医药，众合医药注销其法人资格，众合医药拥有的全部资产、负债、业务、人员并入君实生物，众合医药的原股东成为君实生物的股东，该项企业合并符合不征收土地增值税的条件，对众合医药将其房地产转移、变更到君实生物的行为，暂不征收土地增值税。

需要说明的是，财税〔2018〕57号文对企业合并的定义比较宽泛，致使企业重组实务中在认定企业合并业务时存在诸多争议，如母公司注销子公司，将子公司的资产收归母公司，该项业务是属于企业合并还是收回投资，争议较大。本书认为，如果母公司解散子公司时，子公司处置了资产并清理了债权、债务，母公司收回的仅是子公司的剩余资产，为收回投资。如果母公司承继了子公司的资产、债权、债务和人员，并入的是子公司的业务，为企业合并。

（三）企业分立的土地增值税处理

财税〔2018〕57号文第三条规定，按照法律规定或者合同约定，企业分设为两个或两个以上与原企业投资主体相同的企业，对原企业将房地产转移、变更到分立后的企业，暂不征土地增值税。

【例8-14】 东北高速分立为龙江交通和吉林高速，龙江交通和吉林高速按照分立上市方案的约定，依法承继原东北高速的资产、负债、权益、业务和人员，原东北高速在分立完成后依法解散并注销。龙江交通和吉林高速的股票经核准后上市。

本例中，东北高速分立为龙江交通和吉林高速，龙江交通和吉林高速依法承继原东北高速的资产、负债、权益、业务和人员，东北高速的股东成为龙江交通和吉林高速的股东，该项企业分立符合不征收土地增值税的条件，其中涉及房地产的转移暂不征收土地增值税。

需要注意的是，在企业重组过程中，我们应当把企业分立和对外投资区分开。企业分立是在股东层面进行的资本交易，对外投资是在公司层面进行的资产交易。企业分立属于企业重组，应当按照企业重组的相关规定进行税务处理，但对外投资不属于企业重组，不能按照企业重组的相关规定进行税务处理。例如，A公司以其部分资产、人员设立B公司，如果B公司的股东为A公司，属于对外投资；如果B公司的股东为A公司的股东，属于企业分立。

（四）房地产投资的土地增值税处理

财税〔2018〕57号文第四条规定，单位、个人在改制重组时以房地产作价入股进行投资，对其将房地产转移、变更到被投资的企业，暂不征土地增值税。

【例8-15】 宝万之争，万科为对抗宝能系的收购，拟引进战略投资者深圳地铁作为第一大股东。万科拟定的引进方案是以定向增发的方式收购深圳地铁拥有的15宗土地使用权。

本例中，深圳地铁以其15宗土地使用权对万科注资，因为万科是房地产开发企业，故深圳地铁据以对万科投资的土地使用权，不属于不征收土地增值税的情形，应当缴纳土地增值税。

需要强调的是，对于财税〔2018〕57号文第四条的规定，实务中不同的税务机关有不同的理解。有的税务机关按照文义认为该条规定仅适用于改制重组时涉及的房地产投资，不适用于非改制重组的房地产投资。有的税务机关根据国家税务总局对财税〔2018〕57号文的解读，认为该条规定是财税〔2006〕21号文的延续，适用于所有的房地产投资。重组当事人在安排企业重组业务时，应当主动和主管税务机关沟通，充分了解主管税务机关的征管口径，否则将面临一定的税收征管风险。

（五）改制重组土地增值税的特别规定

财税〔2018〕57号文第五条规定，上述改制重组有关土地增值税政策不适用于房地产转移任意一方为房地产开发企业的情形。

在例8-15中，深圳地铁以土地使用权对万科注资，接受投资方万科是房地产开发企业，所以深圳地铁注资时应当缴纳土地增值税。

四、改制重组无专门规定的土地增值税处理

（一）债务重组的土地增值税处理

债务重组的土地增值税处理在财政部和国家税务总局层面的文件中无专门规定。《国家税务总局关于房地产开发企业土地增值税清算管理有关问题的通知》（国税发〔2006〕187号）第三条第一项规定，房地产开发企业将开发产品用于职工福利、奖励、对外投资、分配给股东或投资人、抵偿债务、换取其他单位和个人的非货币性资产等，发生所有权转移时应视同销售房地产。

国税发〔2006〕187号文中所述“房地产开发企业将开发产品用于抵偿债务，发生所有权转移时应视同销售房地产”的规定，可用于房地产开发企业的债务重组。非房地产开发企业的债务重组，可根据《土地增值税暂行条例》的基本规定进行处理，在房地产所有权发生转移时确认土地增值税纳税义务发生，计算缴纳土地增值税。

【例8-16】 A房地产开发公司欠B公司的债务1 300万元无力偿还，经双方协商，B公司

同意A房地产开发公司以账面价值800万元、公允价值1 000万元的房屋抵顶债务1 300万元。

该项业务，A房地产开发公司以房屋给B公司抵顶债务，抵顶债务的房屋应当视同销售房地产缴纳土地增值税。按照国税发〔2006〕187号文第三条第一项的规定，抵顶债务的房地产，销售额按本企业在同一地区、同一年度销售的同类房地产的平均价格确定。故本例中，A公司计算土地增值税的销售额为房地产的公允价值1 000万元而非抵顶的债务额1 300万元，确认的增值额为200万元(1 000－800)。

(二) 股权收购的土地增值税处理

按照《土地增值税暂行条例》第二条的规定，土地增值税的征税对象是纳税人转让房地产的行为。尽管股权的价值中包含了目标公司房地产的价值，但是股权转让不等同于房地产转让，股权转让不在土地增值税的征税范围内，不应当征收土地增值税。问题是国家税务总局在《国家税务总局关于以转让股权名义转让房地产行为征收土地增值税问题的批复》(国税函〔2000〕687号，简称687号函)中答复原广西地方税务局时，认为如果以股权形式表现的资产主要是房地产，股权转让行为应当征收土地增值税。但是687号函并未规定股权转让征收土地增值税，应纳税额如何计算。

在税收征管实务中，大部分税务机关对纳税人的股权转让行为并未征收土地增值税，但也有一些税务机关对纳税人的股权转让行为征收了土地增值税，并由此引发了税务行政诉讼，如苏州工业园区税务局对翡翠公司转让股权征收土地增值税案。司法实践中，最高人民法院在马某泉、马某坚转让乘风公司股权案中认为，“由于转让股权和转让土地使用权是完全不同的行为，当股权发生转让时，目标公司并未发生国有土地使用权转让的应税行为，目标公司不需要缴纳土地增值税”。地方法院在判案时，有的持股权转让行为不征收土地增值税的观点，如江苏省高级人民法院〔2014〕苏商再终字第0006号，但也有地方法院判案时持股权转让行为应当征收土地增值税的观点，如安康市中级人民法院〔2015〕安中行终字第00037号。

纳税人的股权转让行为是否应当征收土地增值税，理论上应当分为两种情况：一种是以规避土地增值税为主要目的的股权转让，表现形式是股权所对应的资产主要是房地产，纳税人以房地产投资设立目标公司后，随即转让目标公司股权。基于反避税方面的考虑，这种类型的股权转让行为，应当纳入土地增值税的征税范围，但前提条件是国家应当将纳税主体、征税条件、计税方法等税制要素在税收法规中予以明确。另一种是具有合理商业目的的股权转让，其表现形式是房地产只是目标公司资产的一部分，目标公司有正常的生产经营业务，存续时间较长等，这种股权转让行为不应当征收土地增值税。也就是说，理论上，对于纳税人的股权转让行为，应当以不征收土地增值税为原则，以征收土地增值税为例外。

【例8-17】 2016年11月底，岳阳恒立将岳阳衡通80%的股权作价23 280.80万元转让给丰泽房地产；2017年7月底，将岳阳衡通20%股权作价5 820.20万元转让给道明房地产。股权转让总价款29 101.00万元，其中不动产评估价格27 813.59万元。

岳阳恒立的主管税务机关将此事项认定为以股权转让名义的土地使用权转让，应当按照国税函〔2000〕687号的规定缴纳土地增值税。岳阳恒立以不动产评估价格27 813.59万元，减去旧房重置成本6 543.75万元，按照21 269.84万元的收入申报缴纳了土地增值税。

（三）资产收购的土地增值税处理

资产收购的土地增值税处理，在财政部和国家税务总局层面的文件中无具体规定。国家税务总局在《国家税务总局关于纳税人转让加油站房地产有关土地增值税计税收入确认问题的批复》（税总函〔2017〕513号，简称513号函）中答复原浙江地方税务局时，认为加油站转让整体资产取得的收入，应当缴纳土地增值税，但是513号函并未规定资产整体转让计算缴纳土地增值税时，如何确认不动产转让收入以及扣除项目金额等税制要素。

《土地增值税暂行条例》第二条规定，土地增值税向转让国有土地使用权、地上建筑物及其附着物（以下简称转让房地产）并取得收入的单位和个人征收，征税对象是纳税人转让房地产的行为。而企业整体资产转让，是资产、负债以及劳动力等一揽子生产要素的转让。整体资产转让，尽管其中包括了房地产的转让，但其交易标的不是房地产，而是一揽子生产要素。严格地讲，整体资产转让不在土地增值税征税范围内，不应当征收土地增值税。

在税收征管实务中，税务机关对企业整体资产转让中涉及的房地产转让基本都征收了土地增值税，但是计算应纳税额时当注意两个问题：一是房地产转让收入的确认。如果整体资产价值是以市场法或成本法评估的各单项资产评估价值的加总数，应当以各单项房地产评估价值的合计数作为土地增值税的应税收入。但如果整体资产价值是以资产未来现金流量采用收益法评估的资产总价值，其中房地产价值应当采用一定的方法二次评估。二是房地产扣除项目金额的确认。按照《土地增值税暂行条例实施细则》的规定，转让已使用过的房屋及建筑物，以政府批准设立的房地产评估机构评定的重置成本价乘以成新度折扣率后的价格作为扣除项目金额。《财政部 国家税务总局关于土地增值税若干问题的通知》（财税〔2006〕21号）规定，纳税人转让旧房及建筑物，凡不能取得评估价格，但能提供购房发票的，可按发票所载金额并从购买年度起至转让年度止每年加计5%计算。企业整体资产转让中涉及的房产转让，大多是旧房，应当按照转让旧房的规定计算缴纳土地增值税。但是如果整体资产中包含了土地使用权的转让，应当按照转让土地使用权的规定计算缴纳土地增值税。

【例8-18】 2015年7月7日，衢州市A石油公司与中国石油天然气股份有限公司浙江衢州销售分公司（以下简称Z公司）签订《资产转让合同》，约定由Z公司收购A石油公司位于衢州市柯城区三衢路398号的加油站整体资产。并依据《资产评估报告》约定转让总价款为48 000 000元，其中：土地使用权作价13 030 041.87元，房屋等不动产作价2 941 327.25元，机器设备作价317 143.17元，特许经营权作价31 711 487.71元。2015年10月22日，A石油公司按照《财政部 国家税务总局关于土地增值税一些具体问题规定的通知》（财税字〔1995〕48号）第十条规定和衢州市地方税务局对土地增值税计税收入的答复意见，向衢州市地方税务局申报房地产转让收入47 682 856.83元（48 000 000 − 317 143.17），缴纳土地增值税21 071 907.12元。

（四）资产划转的土地增值税处理

如前文所述，资产划转，通常是指企业的实际控制人将旗下一个企业的资产划转给另外一个企业。理论上，资产划转是在同一投资主体内部进行的，是无偿的，但企业重组实务中的资产划转有同一投资主体内的划转，也有非同一投资主体内的划转；有无偿划转，也有有偿划转；有单纯的资产划转，也有资产、负债、劳动力一并划转。

企业改制重组中房地产划转的土地增值税处理，在财政部和国家税务总局层面的文件中无专门规定。依照土地增值税暂行条例及实施细则的基本规定，原则上，房地产的所有权发生转移，就应当缴纳土地增值税，但税法另有规定的除外。如《财政部 国家税务总局关于土地增值税一些具体问题规定的通知》(财税〔1995〕48 号)规定，房产所有人、土地使用权所有人通过中国境内非营利的社会团体、国家机关将房屋产权、土地使用权赠与教育、民政和其他社会福利、公益事业的，不缴纳土地增值税。另外，国税发〔2006〕187 号文第三条第一项规定，房地产开发企业将开发产品用于职工福利、奖励、对外投资、分配给股东或投资人、抵偿债务、换取其他单位和个人的非货币性资产等，发生所有权转移时应视同销售房地产进行土地增值税处理。

理论上，企业改制重组中房地产划转的土地增值税处理分两种情形：一是房地产的无偿划转。房地产的无偿划转，如母公司将一个子公司的房地产无偿划入另外一个子公司，应当按照视同销售房地产进行土地增值税处理。二是房地产的有偿划转。房地产有偿划转视具体情况进行相应的土地增值税处理，如母公司将房地产划入子公司，取得子公司的股权，按照以房地产投资进行土地增值税处理。

【例 8-19】 广州市香雪制药股份有限公司(以下简称公司)发布公告，为进一步优化整合公司内部资源，提升公司资产配置及业务的专业化管理，公司下属全资子公司九极生物将名下的货币资金、固定资产、无形资产等相关资产按审计后的账面净资产值无偿划转至公司全资子公司广州芮培。

本例中的资产划转，是由母公司主导，将一个全资子公司的资产无偿划转给另外一个全资子公司。资产划出方九极生物划出的资产中如果有房地产，应当按照视同销售进行土地增值税处理。

【例 8-20】 唐山德生防水股份有限公司(以下简称公司)公告，为进一步完善及优化现有经营业务结构，对公司现有资产和业务进行整合，公司现拟通过资产划转的方式对全资子公司德生科技增资。本次划转的资产为防水相关业务资产、负债划转。本次增资前全资子公司德生科技注册资本为 50 万元，拟增加的注册资本为 9 950 万元，增资后的注册资本为 10 000 万元。

本例中的资产划转，属于母公司将其资产划转给子公司，取得子公司的股权，系资产的有偿划转。德生防水注入德生科技的资产中如果有房地产，应当按照以房地产投资进行土地增值税处理。

五、改制重组土地增值税的征收管理

企业改制重组中的土地增值税处理，有应税的改制重组和暂不征税的改制重组，其土地增值税的管理方式有所不同。

(一) 改制重组土地增值税的非应税管理

财税〔2018〕57 号文第七条规定，企业在申请享受土地增值税优惠政策时，应向主管税务机关提交房地产转移双方营业执照、改制重组协议或等效文件，相关房地产权属和价值证明、转让方改制重组前取得土地使用权所支付地价款的凭据(复印件)等书面材料。

企业改制重组能否享受或如何享受暂不征收土地增值税的待遇,取决于以下几个因素:一是所处行业,如房地产开发企业不能享受暂不征收土地增值税的待遇。二是改制重组方式,如明确规定可以享受暂不征收土地增值税待遇的改制重组方式为企业的整体改制、企业合并、企业分立和房地产投资。三是房地产原值,改制重组土地增值税的暂不征税是通过房地产计税基础的递延实现的。

财税〔2018〕57号文第七条对企业改制重组享受暂不征收土地增值税征收管理方面的要求,都是围绕以上几个方面进行的。

(二)改制重组土地增值税的应税管理

企业在改制重组过程中涉及房地产的转让,如果缴纳土地增值税,应当按照正常的纳税申报流程,填报土地增值税申报表进行纳税申报。

企业改制重组的土地增值税不同于一般房地产转让的土地增值税,有其特殊性。企业改制重组中土地增值税的管理应当注意以下几个问题:一是企业重组业务的确认。企业的业务如果不属于企业重组,不能按照企业重组的规定进行税务处理,如企业合并是企业重组,但收回投资不是企业重组,收回投资不能按照企业重组进行税务处理。二是土地增值税应税收入的确认。如企业整体资产转让涉及许多项资产,其中房地产价值的确认,是将各单项房地产的公允价值相加,还是从资产总价值中将非房地产的价值减除。三是土地增值税扣除项目金额的确认。如企业整体资产转让中涉及的房地产转让,其中房屋和土地使用权的扣除项目金额如何确认。

六、企业重组土地增值税的风险管控

在企业重组过程中,重组当事人应当根据重组目的,依据国家税收政策并结合主管税务机关的征管口径,通过对业务的合理安排和有效执行,严格管控可能面临的土地增值税风险。

(一)建立健全企业重组涉税风险管理制度

企业重组通常和企业的发展战略相关,涉及业务、法务、财务、税务等诸多领域,其中涉税问题的处理涉及业务、法务、财务的方方面面,异常复杂。企业重组的涉税问题是重组决策的一个重要方面,有时甚至成为决定重组成败的关键因素,而土地增值税以其税收负担重、政策依据少、税企争议大而备受税务机关和重组当事人的关注。在企业重组过程中,重组当事人应当充分认识涉税问题的重要性,建立健全企业重组的税收风险管理制度,在广泛调研、充分论证的基础上,评估企业重组过程中可能出现的涉税风险,制定缜密的企业重组方案并严格贯彻落实,确保企业重组工作的顺利实施。

(二)选择符合税法规定的企业重组方式

企业重组方式包括法律形式改变、债务重组、股权收购、资产收购、企业合并、企业分立、资产划转等。财税〔2018〕57号文(简称57号文)关于企业改制重组的土地增值税处理,仅包括了企业整体改制、企业合并、企业分立、房地产投资,未包括股权收购、资产收购、资产划转等。企业改制重组的土地增值税处理分当期纳税和暂不纳税两种税收待遇,税务机关基于规避执法风险方面的考虑,对于57号文未规定的重组方式,如资产的整体转让,不太可能认可重组当事人暂不纳税。所以重组当事人在规划企业重组方式时，应当尽可能将业务设计成57号文规定的重组方式，以享受暂不纳税的税收待遇。

（三）充分了解主管税务机关的征管口径

企业改制重组的土地增值税处理，由于税收政策自身的缺陷以及税务机关、企业财务人员对税收政策的不同理解，使得重组当事人在适用税收政策时面临诸多的不确定性风险。如财税〔2018〕57号文规定，“单位、个人在改制重组时以房地产作价入股进行投资，对其将房地产转移、变更到被投资的企业，暂不征土地增值税。”有的税务机关按照文义认为该条规定仅适用于改制重组时的房地产投资，有的税务机关根据税务总局的文件解读认为该条规定适用于所有的房地产投资。重组当事人在安排企业重组业务时，应当主动和主管税务机关沟通，充分了解主管税务机关有关企业重组的税收管理口径。如果重组当事人一厢情愿的按照自己的理解操作业务，将面临比较大的税收征管风险。

（四）注意防范特殊重组中的税负转嫁风险

财税〔2018〕57号文规定，企业合并和企业分立涉及房地产的转移，符合税法规定条件的暂不征收土地增值税，但是合并企业或分立企业取得该房地产的计税基础不变。例如，A公司通过吸收合并B公司取得B公司的一项土地使用权，该土地使用权的原值为2亿元，合并时评估作价3亿元。该企业合并如果符合57号文规定的暂不征税条件，B公司在合并环节暂不缴纳土地增值税，但是A公司取得该土地使用权后再行转让，计算土地增值税时可扣除的土地成本为2亿元而不是3亿元。企业重组中的暂不征收土地增值税，其实质是税负转嫁，即被合并方（或被分立方）将其应当在重组环节缴纳的税收转嫁给合并方（或分立方），由合并方（或分立方）在重组后缴纳。所以合并方（或分立方）在确定重组对价时，应当充分考虑税负转嫁对重组对价的影响。

（五）正确确定应税收入额和扣除项目金额

企业重组往往是资产、负债、劳动力的一并转移，重组对价通常是资产评估值扣除负债评估值后的差额。例如，资产收购中房地产的评估值5亿元，负债的评估值2亿元，确定的重组对价3亿元。计算土地增值税时，应税收入额是房地产的评估值5亿元而不是实际收到的款项3亿元。收购方承担的负债2亿元属于应付收购对价的组成部分，不能作为收入的减项处理。另外，资产收购中涉及房地产的转让，计算土地增值税时，扣除项目金额是以房地产的原值而不是账面价值为基础计算。例如，房地产的原值为4亿元，净值为1.5亿元，计算土地增值税时，扣除项目金额以4亿元而不是1.5亿元为基础计算。重组当事人在测算企业重组的税收成本时，应当正确确定土地增值税收入额和扣除项目金额。

第三节　企业重组的个人所得税处理

一、企业重组个人所得税处理概述

企业重组业务中，自然人（个人）是以重组企业股东的身份参与企业重组，如股权收购业务中目标公司的自然人股东，企业合并业务中被合并企业的自然人股东，企业分立业务中被分立企业的自然人股东。企业重组业务中，重组企业的自然人股东如果转让或放弃（以下统称转让）重组企业的股权，取得相应的重组对价，其本质是让渡了重组企业的股权，应当按照转让股权缴纳个人所得税。

二、企业重组个人所得税的处理原则

在个人所得税的法律法规中，无专门针对企业重组个人所得税的处理规定，仅在规范性文件中有关于股权转让的个人所得税政策。企业重组的个人所得税处理，在《国家税务总局关于企业重组业务企业所得税征收管理若干问题的公告》（国家税务总局公告 2015 年第 48 号）第一条中做了一个非常简短的原则性规定，“上述重组交易中，股权收购中转让方、合并中被合并企业股东和分立中被分立企业股东，可以是自然人。当事各方中的自然人应按个人所得税的相关规定进行税务处理。”

国家税务总局公告 2015 年第 48 号有关企业重组中的个人所得税处理，基本精神是：在重组企业股东是自然人的情况下，不能因重组企业股东是自然人而不允许重组企业享受企业所得税的特殊性税务处理——递延纳税。但是重组企业的自然人股东应当按照个人所得税的相关规定缴纳个人所得税，不能享受法人股东的递延纳税待遇。

【例 8-21】 甲公司的股东是 B 公司和自然人张某。A 公司吸收合并甲公司，以定向增发的方式用本公司股票给 B 公司和张某支付合并对价。B 公司原持有甲公司股权的计税基础为 5 000 万元，取得 A 公司股票的公允价值 8 000 万元。张某原持有甲公司股权的财产原值 2 000 万元，取得 A 公司股票的公允价值 3 200 万元。

假设该项企业合并符合企业所得税特殊性税务处理的所有条件，且重组各方选择特殊性税务处理，B 公司注销甲公司的股权，不确认股权转让所得；取得 A 公司的股票，以原持有甲公司股权的计税基础 5 000 万元作为计税基础。自然人股东张某放弃的甲公司股权，应当确认股权转让所得 1 200 万元（3 200 − 2 000），缴纳个人所得税 240 万元（1 200 × 20%）；取得的甲公司股票，以公允价值 3 200 万元作为财产原值。

三、企业重组个人所得税的政策规定

（一）转让股权个人所得税的一般规定

重组企业的自然人股东转让重组企业股权，其个人所得税处理包括两项内容，一是放弃的原股权，如何确认股权转让所得；二是取得的重组对价如果是非货币性资产，如何确认非货币性资产的财产原值。股权转让的个人所得税处理，主要政策依据是《国家税务总局关于发布〈股权转让所得个人所得税管理办法（试行）〉的公告》（国家税务总局公告 2014 年第 67 号）。

1. 股权转让所得的确认

个人转让股权，以股权转让收入减除股权原值和合理费用后的余额为应纳税所得额，按“财产转让所得”缴纳个人所得税。

合理费用是指股权转让时按照规定支付的有关税费，如证券交易印花税，股权交易的佣金或手续费等。

【例 8-22】 赵某为 A 公司的自然人股东，持有 A 公司 60% 的股份，股份原值 6 500 万元。B 公司收购赵某持有 A 公司的全部股份，双方协商确定的股权转让价款为 12 000 万元。股权转让过程中赵某缴纳印花税 6 万元，发生手续费等其他各种合理费用 50 万元。

本例中，赵某在股权收购业务中转让 A 公司股权应当缴纳个人所得税，股权转让所得为 5 444 万元(12 000－6 500－6－50)，应纳个人所得税额 1 088.8 万元(5 444×20%)。

2. 股权转让收入的确认

股权转让收入是指转让方因股权转让而获得的现金、实物、有价证券和其他形式的经济利益。转让方取得与股权转让相关的各种款项，包括违约金、补偿金以及其他名目的款项、资产、权益等，均应当并入股权转让收入。纳税人按照合同约定，在满足约定条件后取得的后续收入，应当作为股权转让收入。

股权转让收入应当按照公平交易原则确定。纳税人有以下情形之一的，主管税务机关可以核定股权转让收入：①申报的股权转让收入明显偏低且无正当理由的。②未按照规定期限办理纳税申报，经税务机关责令限期申报，逾期仍不申报的。③转让方无法提供或拒不提供股权转让收入的有关资料。④其他应核定股权转让收入的情形。

企业重组过程中，目标公司股权的公允价值通常是以目标公司的净资产为基础确定。对目标公司净资产进行评估的方法有市场法、收益法、成本法等。股权评估采用的方法不同，评估的结果不同，以此确认的股权转让价格就不同，计算个人所得税的收入也会不同。

【例 8-23】 A 公司为一人有限责任公司，股东是自然人李某。李某将其持有的 A 公司 100% 股权转让给 C 公司，C 公司支付给李某的收购对价包括 1 000 万元现金和应收 B 公司 50 万元债权。

该项业务中，无论将来李某能否收回应收 B 公司债权，在计算股权转让个人所得税时，股权转让收入为收到的现金和应收 B 公司债权的合计金额 1 050 万元(1 000＋50)。

3. 股权财产原值的确认

企业重组中确认股权财产原值的作用主要是：①确认转让股权的财产原值，影响重组当期股权转让所得的计算。②确认受让股权的财产原值，影响未来转让股权时股权转让所得的计算。

企业重组中重组企业的自然人股东转让的原股权和取得的新股权，应当按照个人所得税的相关规定确认股权原值。其中：以现金出资方式取得的股权，按照实际支付的价款与取得股权直接相关的合理税费之和确认股权原值。以非货币性资产出资方式取得的股权，按照税务机关认可或核定的投资入股时非货币性资产价格与取得股权直接相关的合理税费之和确认股权原值。以其他方式取得的股权，按照相应的税法规定确认股权原值。

个人转让股权未提供完整、准确的股权原值凭证，不能正确计算股权原值的，由主管税务机关核定其股权原值。对个人多次取得同一被投资企业股权的，转让部分股权时，采用“加权平均法”确定其股权原值。

【例 8-24】 2015 年，吴某投资设立了一人有限责任公司 A，初始投资成本 6 000 万元。

后吴某陆续追加对A公司的投资约10 000万元，但未履行相关的增资手续，A公司既未做增加投资的会计处理，也未确认应付股东吴某的债务。2018年，吴某将A公司股权转让给B公司，取得转让收入30 000万元。

本例中，吴某转让A公司股权，计算股权转让所得时，由于A公司既未履行相关的增资手续，也未做接受投资的会计处理，吴某的股权成本应当按照6 000万元计算。如果主管税务机关认可吴某对A公司追加的投资，但无法确定投资额，也可以按照国家税务总局公告2014年第67号的规定，由主管税务机关核定其股权原值。

本例中，如果A公司的会计处理确认了应付吴某的债务，且吴某与B公司在股权转让合同中约定股权、债权一并转让，吴某可以将30 000万元的财产转让收入分解成股权转让收入和债权转让收入两部分，分别计算股权转让所得和债权转让所得。但是由于A公司没有证据证明存在应付吴某的债务，且吴某与B公司在股权转让合同中也未提及债权转让，所以吴某在计算股权转让的个人所得税时，不能从收入总额中分离出一部分债权转让收入。

4. 个人所得税的扣缴义务

税法规定，个人股权转让所得个人所得税，以股权转让方为纳税人，以受让方为扣缴义务人。扣缴义务人应于股权转让相关协议签订后5个工作日内，将股权转让的有关情况报告主管税务机关。被投资企业应当详细记录股东持有本企业股权的相关成本，如实向税务机关提供与股权转让有关的信息，协助税务机关依法执行公务。

但是在企业重组实务中，有些情况下，股权受让方无法扣缴股权转让方的个人所得税，如股权受让方以本公司股票等非货币性资产支付股权转让价款。有些情况下甚至无股权受让方，如在企业合并中被合并企业股东注销的股权。在此情况下，股权转让的个人所得税，应当由股权转让方按照税法规定自行申报缴纳。

（二）非货币性资产投资的个人所得税

企业重组业务，往往伴随着非货币性资产投资。自然人以非货币性资产投资，个人所得税处理的主要政策依据是《财政部　国家税务总局关于个人非货币性资产投资有关个人所得税政策的通知》（财税〔2015〕41号）和《国家税务总局关于个人非货币性资产投资有关个人所得税征管问题的公告》（国家税务总局公告2015年第20号）。

1. 非货币性资产投资个人所得税的基本规定

个人以非货币性资产投资，属于个人转让非货币性资产和投资同时发生。对个人转让非货币性资产的所得，应当按照“财产转让所得”项目，依法计算缴纳个人所得税。

非货币性资产，是指现金、银行存款等货币性资产以外的资产，包括股权、不动产、技术发明成果以及其他形式的非货币性资产。在企业重组过程中，常见个人以持有某企业的股权进行投资。

非货币性资产投资，包括以非货币性资产出资设立新的企业，以及以非货币性资产出资参与企业增资扩股、定向增发股票、股权置换、重组改制等投资行为。

2. 非货币性资产投资应纳税所得额的确认

个人以非货币性资产投资，应按评估后的公允价值确认非货币性资产转让收入。非货币性资产转让收入减除该资产原值及合理税费后的余额为应纳税所得额。

个人以非货币性资产投资，应于非货币性资产转让、取得被投资企业股权时，确认非货币性资产转让收入的实现。

3. 非货币性资产投资个人所得税的征收管理

个人应在发生非货币性资产投资行为的次月 15 日内向主管税务机关申报纳税（自 2018 年 5 月 16 日起）。纳税人一次性缴税有困难的，可合理确定分期缴纳计划并报主管税务机关备案后，自发生上述应税行为之日起不超过 5 个公历年度内（含）分期缴纳个人所得税。

个人以非货币性资产投资交易过程中取得现金补价的，现金部分应优先用于缴税；现金不足以缴纳的部分，可分期缴纳。个人在分期缴税期间转让其持有的全部或部分股权，并取得现金收入的，该现金收入应优先用于缴纳尚未缴清的税款。

个人以非货币性资产投资，非货币性资产公允价值大于取得原价的部分属于资产转让所得，应当按照税法规定缴纳个人所得税。但是因为投资人未取得现金，无支付能力，所以税法规定非货币性资产投资所得可以分 5 年纳税，这主要是解决纳税人支付能力不足的问题。

【例 8-25】 自然人孙某以其拥有的一项土地使用权对 A 公司投资，取得 A 公司股权。该土地使用权的购置原价为 3 500 万元，投资时评估作价 6 000 万元。

该项业务，孙某以非货币性资产——土地使用权对 A 公司投资，假设不考虑相关税费，应当确认非货币性资产转让所得 2 500 万元（6 000 − 3 500），按照财产转让所得应缴纳个人所得税 500 万元（2 500×20%）。如果孙某一次纳税有困难的，可以制定一个完税计划并向主管税务机关备案，在不超过 5 年的期限内分期纳税。

四、各重组方式中的个人所得税处理

（一）股权收购中的个人所得税处理

股权收购业务中，如果目标公司的股东是自然人，自然人股东转让目标公司股权，应当缴纳个人所得税。

自然人股东转让股权取得的收购对价如果是现金，以收取的现金额作为股权转让收入；如果是非货币性资产，以非货币性资产的公允价值为基础确认股权转让收入。

自然人股东所转让的股权，如果是一次取得分次转让，或分次取得分次转让，以加权平均法确认转让股权的财产原值。

【例 8-26】 钱某为 A 公司的自然人股东，分两次对 A 公司投资，其中：20×6 年 6 月购买 A 公司股份 2 000 万股，购买价 10 元/股。20×7 年 8 月购买 A 公司股份 1 000 万股，购买价 13 元/股。20×8 年 5 月，钱某将持有 A 公司股份 1 800 万股转让给 B 公司，转让价格 16 元/股。因 B 公司未按照合同约定的期限支付股权转让价款，支付给钱某合同违约金 500 万元。

本例中，钱某转让 A 公司股权，应当按照财产转让所得缴纳个人所得税，在不考虑相关税费的情况下，个人所得税计算如下：

股权转让收入：1 800×16＋500＝29 300（万元）

股权单位成本：(2 000×10＋1 000×13)/(2 000＋1 000)＝11（元/股）

转让股权财产原值：1 800×11＝19 800（万元）

股权转让所得：29 300－19 800＝9 500（万元）

应纳个人所得税额：9 500×20%＝1 900（万元）

（二）企业合并中的个人所得税处理

企业合并，被合并企业的资产并入合并企业，被合并企业注销。被合并企业的股东在合并前持有被合并企业的股权，合并后被合并企业解散，被合并企业的股权不复存在。企业合并，合并企业应当给被合并企业的股东支付合并对价。

对于被合并企业的股东而言，企业合并，相当于将被合并企业的股权转让给合并企业，合并企业通过解散被合并企业，将被合并企业的资产并入合并企业。企业合并，如果被合并企业的股东是自然人，自然人股东应当视同转让股权缴纳个人所得税。

需要说明的是，如果被合并企业的自然人股东取得的合并对价是合并企业的股权，也可以理解为被合并企业股东将被合并企业股权投入合并企业，取得合并企业股权，理论上，被合并企业的自然人股东可以按照非货币性资产投资的相关规定分期缴纳个人所得税。

【例 8-27】 自然人刘某是A公司的股东，持有A公司30%的股份，股份原值3 800万元，公允价值6 200万元。A公司是B公司的控股股东，现B公司吸收合并A公司（子公司吸收合并母公司），B公司通过定向增发，以公允价值6 200万元的本公司股票给刘某支付合并对价。

本例中，刘某在企业合并中注销了A公司的股权，取得了B公司的股权，应当确认A公司股权转让所得2 400万元(6 200－3 800)，应纳个人所得税额480万元(2 400×20%)。该项业务，刘某应纳的个人所得税，可以在5年内分期缴纳。

本例中，如果B公司给刘某支付的合并对价是公允价值5 000万元的本公司股票和1 200万元的现金，因刘某有现金支付能力，其应纳个人所得税额应当在合并当期一次缴纳，不能分5年缴纳。

（三）企业分立中的个人所得税处理

企业分立，被分立企业将其部分资产分离给分立企业。被分立企业股东在企业分立过程中，可能放弃被分立企业的股权（旧股），取得分立企业的股权（新股）；也可能不放弃旧股，取得新股。

被分立企业的自然人股东在企业分立过程中如何进行个人所得税处理，税法无专门的规定。理论上，如果被分立企业的自然人股东因放弃旧股而取得新股，放弃的旧股应当确认股权转让所得；如果不放弃旧股而取得新股，取得的新股应当确认为旧股的股息性所得。无论被分立企业的自然人股东是否放弃旧股，取得的新股都应当以公允价值为基础确认股权原值。

需要说明的是，在企业分立业务中，被分立企业股东取得的分立对价基本都是分立企业的股权，如果要求其在分立当期缴纳个人所得税，无现金支付能力。如果将企业分立理解为被分立企业的股东自被分立企业收回投资，再以非货币性资产投资设立分立企业，则被分立企业股东可以按照非货币性资产投资进行个人所得税处理，应纳个人所得税额可以在5年内分期缴纳。

【例8-28】 A公司和自然人王某是B公司的股东，王某持有B公司35%的股份，股份原值5 500万元，公允价值8 000万元。现B公司派生分立C公司，分立后B公司的股东是A公司，C公司的股东是王某，王某持有C公司股权的公允价值为8 000万元。

本例中，自然人王某在企业分立过程中，以放弃B公司股权为代价取得C公司股权，应当视为以旧股换新股，确认旧股转让所得2 500万元(8 000－5 500)，缴纳个人所得税500万元(2 500×20%)。理论上，该应纳税额可以按照非货币性资产投资所得，在5年内分期缴纳。王某取得C公司股权，以公允价值8 000万元作为股权原值。

(四) 含对赌条款股权转让的个人所得税处理

对赌的英文名为valuation adjustment mechanism(简称VAM)，直译就是“估值调整机制”。对赌协议的实质是交易双方对未来不确定事件的一种约定，根据约定事件的出现与否，来安排交易双方的权利与义务。对赌分正向对赌和反向对赌，股权转让中的反向对赌是指如果目标公司没有实现交易双方约定的目标，如预计利润，由股权的转让方给受让方退回按照约定方法计算的价款。正向对赌是指如果目标公司实现了交易双方约定的目标，由股权的受让方给转让方补付按照约定方法计算的价款。

含对赌条款股权转让的个人所得税处理，税法无专门规定，实务中有两种观点：一种观点认为，对赌和原股权转让行为是一项行为，是原股权转让行为的延续。合同约定的对赌事项实现后，反向对赌中股权转让方退还款项的，应当调整减少原股权转让收入，退税；正向对赌中股权转让方收到补付款项的，应当调整增加原股权转让收入，补税。另一种观点认为，对赌和原股权转让行为是有互相联系的两项行为，对赌事项实现后，无论是股权转让方支付款项还是收取款项，均不调整原股权转让收入，不存在退税或补税的问题。本文持第一种观点。

需要说明的是，从逻辑上来讲，正向对赌和反向对赌的个人所得税处理原则应当一致。在反向对赌中，如果股权转让方退还的款项不退税，则正向对赌中股权转让方收取的款项也不应该征税。实务中，有些税务机关对反向对赌中股权转让方退还的款项不退税，但对正向对赌中股权转让方收取的款项补税，这种做法不符合逻辑。

【例8-29】 张某将持有的A公司股权转让给B公司，股权转让合同约定，股权变更登记前由B公司向张某支付股权转让价款3 000万元；3年后，如果A公司业绩达到合同约定的标准，B公司再付张某1 000万元；如果A公司的业绩达不到合同约定的标准，不再付款。股权在B公司支付3 000万元款项后完成变更登记。

本例是含对赌条件的股权转让合同，属于正向对赌。对赌是或有事项，对赌事项实现前，税务处理不考虑对赌事项。对赌事项实现后，再对原交易进行调整。本例中，张某转让股权时不考虑对赌事项，股权转让收入为3 000万元，据此计算缴纳转让股权的个人所得税。如果3年后对赌事项实现，张某又收取了1 000万元股权转让价款，再调整增加原股权转让收入，补税。

(五) 合伙企业自然人合伙人的个人所得税处理

企业重组过程中,如果重组企业的股东是合伙企业,且合伙企业的合伙人中有自然人,就存在合伙企业自然人合伙人的个人所得税处理问题。按照我国税法规定,合伙企业不是所得税纳税实体,合伙企业不缴纳任何所得税,合伙企业的所得税由合伙人缴纳,其中法人合伙人缴纳企业所得税,自然人合伙人缴纳个人所得税。

企业重组过程中,合伙企业的自然人合伙人如何缴纳个人所得税,税法无具体规定。依照合伙企业所得税的一般规定,合伙企业的所得税实行先分后税制,合伙企业实现的所得先划分给合伙人,由合伙人缴纳企业所得税或个人所得税。如果合伙企业发生亏损,用合伙企业以后年度的所得弥补亏损,弥补后有所得的,再划分给合伙人。创业投资性质的合伙企业,所得税处理有特别规定。

企业重组过程中,合伙企业转让重组企业股权,其自然人合伙人的个人所得税处理原则上应当遵循合伙企业所得税处理的一般规定,即股权转让所得先体现在合伙企业,合伙企业划分给自然人合伙人后,再由自然人合伙人缴纳个人所得税。但是如果合伙企业取得的重组对价是非货币性资产,其自然人合伙人能否享受分5年缴纳个人所得税的待遇,税法无具体规定,征管中的做法也不尽一致。本文认为,企业重组过程中相关的税收待遇在能够穿透合伙企业的情况下(非多层嵌套),应当穿透合伙企业,由合伙企业的合伙人享受。

【例 8-30】 圣地生物于20×7年8月10日在上交所正式IPO,9日发布的招股说明书及说明书附录中提到,公司改制设立之后,主要发起人圣地集团于20×4年11月以其持有的圣地生物4.8%的股权作为交易对价,受让天山昌明(有限合伙)持有的昌明药业67%的股权。假设天山昌明持有昌明药业股权的公允价值为60 000万元,计税基础为25 000万元,自然人周某持有天山昌明30%的合伙份额。

本例中,天山昌明以持有昌明药业的股权与圣地集团持有圣地生物的股份置换,天山昌明应当确认股权转让所得35 000万元(60 000 − 25 000),天山昌明划分给自然人合伙人周某的所得为10 500万元(35 000×30%),周某应当就该项所得申报缴纳个人所得税。

五、企业重组个人所得税的征收管理

企业重组个人所得税的征收管理,主要是重组企业的自然人股东在重组过程中转让重组企业股权如何申报缴纳个人所得税,主要政策依据是《国家税务总局关于发布〈股权转让所得个人所得税管理办法(试行)〉的公告》(国家税务总局公告2014年第67号)。

(一) 股权转让个人所得税的纳税地点

个人转让股权的个人所得税,以被投资企业(目标公司)所在地税务机关为主管税务机关,向被投资企业所在地税务机关申报纳税。这主要是便于被投资企业协助税务机关向转让股权的个人征收税款,以加强对股权转让个人所得税的征收管理。

(二) 股权转让个人所得税的纳税义务发生时间

个人转让股权具有下列情形之一的,扣缴义务人、纳税人应当依法在次月15日内向主管税务机关申报纳税:①受让方已支付或部分支付股权转让价款的。②股权转让协议已签订生效的。③受让方已经实际履行股东职责或者享受股东权益的。④国家有关部门判决、登记或公告生效的。⑤税务机关认定的其他有证据表明股权已发生转移的情形。

股权转让个人所得税纳税义务发生时间的确认,不单纯依据形式要件,即股权是否变更登记,而是遵循实质课税原则。也就是说,只要股权受让方实际履行了股东职责或者享受了股东权益,即认为股权转让行为成立,股权转让人应当按照税法规定缴纳个人所得税。

(三) 股权转让个人所得税的申报资料

1. 纳税人、扣缴义务人报送的资料

纳税人、扣缴义务人向主管税务机关办理股权转让纳税(扣缴)申报时,应当报送以下资料:①股权转让合同(协议)。②股权转让双方身份证明。③按规定需要进行资产评估的,需提供具有法定资质的中介机构出具的净资产或土地房产等资产价值评估报告。④计税依据明显偏低但有正当理由的证明材料。⑤主管税务机关要求报送的其他材料。

股权转让个人所得税的申报资料,主要体现了以下政策意图:一是股权转让行为成立;二是股权转让价格公允;三是尽管股权转让价格偏低,但是有合理理由。

2. 被投资企业报送的资料

被投资企业应当在董事会或股东会结束后5个工作日内,向主管税务机关报送与股权变动事项相关的董事会或股东会决议、会议纪要等资料。被投资企业发生个人股东变动或者个人股东所持股权变动的,应当在次月15日内向主管税务机关报送含有股东变动信息的《个人所得税基础信息表(A表)》及股东变更情况说明。

国家之所以要求被投资企业报送股权变更的相关资料,主要是以此获取个人转让股权的信息,通过被投资企业加强股权转让个人所得税的征收管理。

【例8-31】 上海市的自然人郑某持有西安市A公司70%的股份。20×8年3月15日,郑某与B公司签订股权转让协议,郑某将持有A公司股份转让给B公司,转让价格5 300万元。20×8年5月20日,B公司给郑某支付股权转让价款4 500万元,并于当日办理了股权变更登记手续。

本例中,上海市的自然人郑某转让西安市A公司股权,应当向A公司所在地西安市税务局申报缴纳个人所得税,申报时间为20×8年6月15日之前,申报时应当报送股权转让合同、资产评估报告等资料。A公司应当在20×8年6月15日前向主管税务机关报送含有股东变动信息的《个人所得税基础信息表(A表)》及股东变更情况说明。

六、企业重组个人所得税的注意事项

重组企业的自然人股东就企业重组过程中涉及的股权转让行为缴纳个人所得税,应当注意以下问题。

(一) 股权转让行为的确认

重组企业的自然人股东在企业重组过程中缴纳个人所得税,前提条件是发生股权转让行为,如果未发生股权转让行为,不存在缴纳转让股权个人所得税的问题。民法上,股权实行登记管理,股权所有权的转移以变更登记为前提条件。但是转让股权在何时纳税,并不依据变更登记确认,而要依据税法规定,具体问题具体分析。

（二）股权转让价格的确定

股权转让价格一般根据目标公司净资产的价值确定。目标公司净资产的评估方法有市场法、收益法、成本法等，评估方法不同，评估结果不同。非关联方之间的股权转让，评估方法是交易双方博弈的结果，通常认为该方法是合理的方法。但是关联方之间的股权转让，就应当审慎选择能够使企业整体利益最大化的评估方法。

（三）股权财产原值的确认

股权原值是影响股权转让所得的重要因素。重组企业的自然人股东取得重组企业股权的方式不同，股权原值的确认方法就不同。重组企业的自然人股东应当依据税法规定准确确定股权原值，特别是以非货币性资产投资取得的股权，通过企业重组取得的股权，目标公司以资本公积转增的股权以及以盈余公积送红股形成的股权。

（四）股权转让行为的定性

企业重组过程中，重组企业的自然人股东转让重组企业股权的个人所得税处理，由于缺乏明晰的政策规定，许多问题的处理要依赖执法人员和企业财务人员的执业判断，这就使得对股权转让行为的定性至关重要。如企业合并中被合并企业的自然人股东取得合并企业股权，如果定性为非货币性资产投资，就可以在 5 年内分期缴税。

（五）股权转让个人所得税的征收管理

重组企业的自然人股东转让重组企业股权缴纳个人所得税，纳税地点、纳税义务发生时间、税款申报时间、应当报送的纳税申报资料等征管问题至关重要，稍有不慎，就有可能导致重复纳税。如转让股权应当在目标公司所在地缴纳个人所得税，如果股东在居住地纳税，目标公司所在地税务机关仍有可能对股东再次征税。

第四节　企业重组中的契税和印花税处理

一、企业重组契税概述

契税是向承受土地、房屋权属的单位和个人征收，是买方税。企业重组中的债务重组、资产收购、企业合并、企业分立、资产划转，都可能存在土地、房屋权属转移的问题，承受土地、房屋权属的一方都有可能成为契税的纳税人，缴纳契税。

二、企业重组契税的处理原则

（一）企业重组契税的处理原则

对企业重组中涉及土地、房屋权属的转移征收契税，遵循实质课税原则。即在企业最终控制人的立场看，只要土地、房屋权属没有发生实质性转移，仍在最终控制人的控制之下，不认为土地、房屋权属发生了转移，免征契税。例如，母公司与其全资子公司之间，同一公司所属全资子公司之间土地、房屋权属的划转，免征契税。

(二) 企业重组免征契税的条件

企业重组免征契税，主要是围绕土地、房屋权属的控制权是否发生转移来设定免税条件，基本要件是改制后原企业的投资主体应当存续。原企业投资主体存续，资产的所有权未发生实质性转移。改制后原企业投资主体存续，是指原企业、事业单位的出资人必须存在于改制重组后的企业。改制后的企业可以增加新投资人，但原投资人不能退出；改制后出资人的出资比例可以发生变动，但变动后的出资比例应当符合税法规定的最低标准。

另外，企业改制重组免征契税，将免税主体限定在依照我国有关法律法规设立并在中国境内注册的企业、公司。

三、企业重组契税的征免税规定

企业重组中契税的征免，主要政策依据是《财政部　国家税务总局关于继续支持企业事业单位改制重组有关契税政策的通知》(财税〔2018〕17 号)。

(一) 企业改制

企业改制，指企业按照《中华人民共和国公司法》有关规定整体改制，包括非公司制企业改制为有限责任公司或股份有限公司，有限责任公司变更为股份有限公司，股份有限公司变更为有限责任公司，原企业投资主体存续并在改制(变更)后的公司中所持股权(股份)比例超过 75%，且改制(变更)后公司承继原企业权利、义务的，对改制(变更)后公司承受原企业土地、房屋权属，免征契税。

【例 8-32】 甲有限责任公司的股东为 A 公司、B 公司、C 公司，持股比例分别为 60%、30%、10%。甲公司拟改制为股份有限公司后上市，改制时原股东存续，又引入新股东 D 公司。改制后甲公司的股东为 A 公司、B 公司、C 公司、D 公司，持股比例分别为 54%、27%、9%、10%，改制过程中甲公司名下的土地、房屋权属变更到改制后的企业，改制前的债权、债务由改制后的企业承受。

本例中，甲公司由有限责任公司变更为股份有限公司，属于企业改制。改制后企业的投资主体存续，且原股东的持股比例为 90%(超过 75%)，改制前企业的债权、债务由改制后的企业承受，对改制前的企业将土地、房屋权属变更到改制后的企业，免征契税。

如果企业改制后有原股东退出，或原股东的持股比例低于 75%，或改制后的企业不承受改制前企业的债权、债务，则改制后的企业承受改制前企业的土地、房屋权属，不再符合免税条件，应当缴纳契税。

(二) 事业单位改制

事业单位按照国家有关规定改制为企业，原投资主体存续并在改制后企业中出资(股权、股份)比例超过 50%的，对改制后企业承受原事业单位土地、房屋权属，免征契税。

【例 8-33】 A 电力设计院为 H 省电力公司下属的事业单位，H 省电力公司将 A 电力设计院改制为公司制企业。改制后 H 省电力公司退出，改由 A 电力设计院的职工持股。

本例中，将 A 电力设计院(事业单位)改制为公司制企业，原投资主体 H 省电力公司退出，改制后的企业承受改制前企业的土地、房屋权属，不符合免征契税的条件，改制后的企业应当缴纳契税。

(三)公司合并

两个或两个以上的公司,依照法律规定、合同约定,合并为一个公司,且原投资主体存续的,对合并后公司承受原合并各方土地、房屋权属,免征契税。

【例 8-34】 A 公司向 B 公司的全体股东发行人民币普通股股票用于换股吸收合并 B 公司。A 公司为吸收合并方,B 公司为被吸收合并方,本次换股吸收合并后,B 公司拥有的全部资产、负债、业务、人员及其他权利、义务均由 A 公司承继与承接,B 公司注销。

本例中,A 公司吸收合并 B 公司,以本公司股票支付合并对价,B 公司注销,B 公司的全部资产、负债、业务、人员并入 A 公司,B 公司的原股东成为 A 公司的股东。该项企业合并符合免征契税的条件,A 公司承受 B 公司的土地、房屋权属,免征契税。

但是,该项企业合并,如果 A 公司支付给 B 公司股东的合并对价不是本公司股票而是现金或其他非货币性资产,合并后 B 公司的股东未存在于 A 公司,则该项企业合并不再符合免征契税的条件,A 公司承受 B 公司的土地、房屋权属,应当缴纳契税。

(四)公司分立

公司依照法律规定、合同约定分立为两个或两个以上与原公司投资主体相同的公司,对分立后公司承受原公司土地、房屋权属,免征契税。

【例 8-35】 龙脊温泉公司主要经营桂林市龙胜县矮岭温泉景区业务和龙脊梯田景区业务。桂林旅游持有 88.3%的股权,龙胜旅游总公司持有 11.7%股权。龙脊温泉公司以派生分立的方式将上述两景区业务分拆,将龙脊梯田景区业务从龙脊温泉公司分立出去。分立后的龙脊温泉公司更名为"桂林龙胜温泉旅游有限责任公司",主要经营龙胜温泉景区业务;龙脊梯田景区业务由新设公司"桂林龙脊旅游有限责任公司"经营。分立后股东对温泉公司、龙脊公司所持股权比例不变,即桂林旅游分别持有温泉公司、龙脊公司 88.3%的股权;龙胜旅游总公司分别持有温泉公司、龙脊公司 11.7%的股权。

本例中,龙脊温泉公司以派生分立的方式设立桂林龙脊旅游有限责任公司,分立后的龙脊温泉公司更名为桂林龙胜温泉旅游有限责任公司,分立前后被分立企业、分立企业的股东相同,持股比例相同。该项企业分立符合企业重组免征契税的条件,桂林龙脊旅游有限责任公司承受原龙脊温泉公司的土地、房屋权属,免缴契税。

(五)企业破产

企业依照有关法律法规的规定实施破产,债权人(包括破产企业职工)承受破产企业抵偿债务的土地、房屋权属,免征契税;对非债权人承受破产企业土地、房屋权属,凡按照《中华人民共和国劳动法》等国家有关法律法规政策妥善安置原企业全部职工规定,与原企业全部职工签订服务年限不少于 3 年的劳动用工合同的,对其承受所购企业土地、房屋权属,免征契税;与原企业超过 30%的职工签订服务年限不少于 3 年的劳动用工合同的,减半征收契税。

【例 8-36】 A 公司欠 B 公司的债务 5 200 万元,A 公司因经营不善,经法定程序宣告破产。在A公司的破产清算中,B公司取得A公司的一项土地使用权,公允价值1 500万元。

本例中,A公司依照有关法律法规的规定实施破产,B公司承受A公司抵偿债务的土地权属,符合契税的免税条件,免缴契税。

(六) 资产划转

对承受县级以上人民政府或国有资产管理部门按规定进行行政性调整、划转国有土地、房屋权属的单位,免征契税。

同一投资主体内部所属企业之间土地、房屋权属的划转,包括母公司与其全资子公司之间,同一公司所属全资子公司之间,同一自然人与其设立的个人独资企业、一人有限公司之间土地、房屋权属的划转,免征契税。

母公司以土地、房屋权属向其全资子公司增资,视同划转,免征契税。

【例8-37】 奥吉特生物科技股份有限公司(以下简称公司)发布公告,根据公司整体发展需要,为完善经营业务结构,整合并优化资源配置,进一步提升整体企业价值,公司拟以资产划转方式,将公司现有的与食用菌种植业务相关的资产、债权、债务以及人员,全部划转至全资子公司奥吉特农业,并由其承接公司原有的生产经营业务。

上例中的资产划转,属于母公司给全资子公司划转资产。奥吉特生物科技将其与食用菌种植业务相关的资产、债权、债务以及人员,全部划转至全资子公司奥吉特农业,符合企业重组契税的免税条件,奥吉特农业承受奥吉特生物科技资产中的房屋、土地权属,免缴契税。

【例8-38】 浙江上扬商业设备科技股份有限公司(以下简称公司)发布公告,为进一步完善公司的经营业务结构、优化资源配置、提高运营效率、降低运营成本,并加强为零售商提供一站式服务项目的开发建设力度,公司拟将全资子公司嘉兴上扬的部分经营性资产及负债划转至上扬股份。

本例中的资产划转,属于全资子公司给母公司划转资产,上扬股份的全资子公司嘉兴上扬的部分经营性资产及负债划转至上扬股份。该项资产划转符合企业重组契税的免税条件,上扬股份承受嘉兴上扬资产中的房屋、土地权属,免缴契税。

【例8-39】 广州市香雪制药股份有限公司(以下简称公司)发布公告,为进一步优化整合公司内部资源,提升公司资产配置及业务的专业化管理,公司下属全资子公司九极生物将名下的货币资金、固定资产、无形资产等相关资产按审计后的账面净资产值无偿划转至公司的全资子公司广州芮培。

本例中的资产划转,系同属一个母公司的全资子公司之间划转资产。香雪制药的全资子公司九极生物将名下的货币资金、固定资产、无形资产等相关资产无偿划转至香雪制药的另一个全资子公司广州芮培。该项资产划转符合企业重组契税的免税条件,广州芮培承受九极生物资产中的房屋、土地权属,免缴契税。

(七) 债权转股权

经国务院批准实施债权转股权的企业,对债权转股权后新设立的公司承受原企业的土地、房屋权属,免征契税。

【例 8-40】 A 有限责任公司向 J 银行借款 30 000 万元逾期未还，J 银行将该贷款剥离给 D 资产管理公司。经国务院批准，D 资产管理公司将 A 公司的借款转为对 A 公司的投资(债权转股权)，成为 A 公司的控股股东，并将 A 公司改制为股份有限公司。

本例中，经国务院批准，D 资产管理公司将 A 公司的贷款转为对 A 公司的投资，符合企业重组免征契税的条件，改制后的企业承受改制前企业的土地、房屋权属，免缴契税。

(八) 划拨用地出让或作价出资

以出让方式或国家作价出资(入股)方式承受原改制重组企业、事业单位划拨用地的，不属于契税的免税范围，对承受方应按规定征收契税。

【例 8-41】 Y 公司为国有企业，其土地为划拨用地。Y 公司因国家产业政策的调整，引入新的投资人，并改制为股份有限公司，改制过程中将原划拨用地改为出让用地，Y 公司补缴了相关的土地出让金。该项业务不属于契税的免税范围，Y 公司应当缴纳契税。

(九) 公司股权(股份)转让

在股权(股份)转让中，单位、个人承受公司股权(股份)，公司土地、房屋权属不发生转移，不征收契税。

【例 8-42】 A 公司是甲公司的控股公司，A 公司将甲公司股份转让给 B 公司。该项业务属于股权转让，交易标的是甲公司股份。甲公司的土地、房屋权属始终在甲公司名下，未发生转移。股权收购不在契税征税范围内，受让股权的单位不缴纳契税。

四、企业重组契税的注意事项

(一) 选择符合免税条件的重组主体

企业重组的主体除公司制企业外，还可能是合伙企业、个人独资企业、自然人。合伙企业、个人独资企业、自然人在企业重组过程中，是以重组企业股东的身份参与重组。企业重组中契税的免税待遇，与重组当事人的身份相关，如“公司合并”“公司分立”免征契税，仅限于公司制企业。重组当事人在安排企业重组业务时，应当将重组当事人的身份设计成符合税法规定免税条件的身份。

(二) 选择可以享受税收优惠的重组方式

企业重组的方式不同，契税的待遇不同。例如，企业合并可以享受免税待遇，但是资产收购能否享受免税待遇没有明确规定(可以享受免税待遇的是资产划转)。如果重组当事人将重组方式设计成资产收购，应当缴纳契税；但是如果将重组方式设计成企业合并，税法明确规定免征契税。重组当事人在安排重组业务时，应当尽可能将重组方式设计为可以享受税收优惠的重组方式。

(三) 合理安排企业重组的实施程序

企业重组由若干工作步骤组成。企业重组的实施程序是指在安排重组业务时，各步骤间的先后关系。实施企业重组，各步骤间的先后顺序不同，产生的税收结果很可能不同。如企业整体改制，免征契税的前提条件是改制企业的投资主体存续，如果改制过程中有投资人退出，该企业改制不能免征契税。但是如果有退出意向的投资人在改制前或改制后退出，不影响改制企业享受契税的免税待遇。

（四）选择可以享受免税待遇的对价方式

企业重组改制免征契税，基本条件是改制后原企业的投资主体存续；如果改制后原企业的投资主体不存续，不能免征契税。改制企业投资主体的存续是通过股权支付实现的。以吸收合并为例，如果合并企业以本公司股权给被合并企业的股东支付合并对价，被合并企业股东成为合并企业股东，投资主体存续，免征契税。反之，如果合并企业以现金等非股权形式给被合并企业的股东支付合并对价，投资主体不存续，不能享受契税的免税待遇。

（五）架构符合税收优惠条件的投资主体

企业重组中的契税遵循实质课税原则，纳税人享受契税的免税优惠，要求改制重组后土地、房屋权属未发生实质性转移。以资产划转为例，母公司和全资子公司之间的资产划转，可以享受免税优惠。母公司和非全资子公司之间的资产划转，如果要享受契税的免税优惠，大股东应当在重组前收购小股东持有的股权，将非全资子公司变为全资子公司，否则不能享受契税的免税优惠。

五、企业重组中的印花税处理

（一）企业重组印花税概述

印花税的征税对象主要是纳税人书立的应税合同。企业重组业务纷繁复杂，涉及资产、负债的处置以及人员安置等诸多领域。重组当事人在企业重组过程中签订的涉及资产转让、人员安置等方面的合同、协议，其中印花税应税合同就存在征免印花税的问题。另外，企业重组完成后，重组企业启用新账簿，还存在新启用账簿征免印花税的问题。

（二）企业重组印花税的处理原则

企业重组中涉及印花税的征免，基本原则是：①鼓励重组。对企业重组过程中签订的各种应税合同，原则上免税。如因企业改制签订的产权转移书据免予贴花。②避免重复征税。对同一应税事项，在重组前或重组后只征一次税。如以合并或分立方式成立的新企业，其新启用的资金账簿记载的资金，凡原已贴花的部分可不再贴花，未贴花的部分和以后新增加的资金按规定贴花。

（三）企业重组印花税存在的问题

企业重组方式包括债务重组、股权收购、资产收购、企业合并、企业分立、资产划转等，企业重组改制印花税的征免，主要政策依据是《财政部 国家税务总局关于企业改制过程中有关印花税政策的通知》（财税〔2003〕183 号，简称 183 号文）。由于该文行文时间早，只对公司制改造、企业合并、企业分立、债转股等重组方式涉及的印花税作了征免规定，未涉及股权收购、资产收购、资产划转等重组方式中的印花税处理，致使重组实务中对 183 号文中未包括的重组方式能否免征印花税，争议很大。

（四）企业重组印花税的征免规定

1. 关于资金账簿的印花税

（1）实行公司制改造的企业在改制过程中成立的新企业（重新办理法人登记的），其新启用的资金账簿记载的资金或因企业建立资本纽带关系而增加的资金，凡原已贴花的部分可不再贴花，未贴花的部分和以后新增加的资金按规定贴花。

公司制改造包括国有企业依《公司法》整体改造成国有独资有限责任公司；企业通过增资扩股或者转让部分产权，实现他人对企业的参股，将企业改造成有限责任公司或股份有限公司；企业以其部分财产和相应债务与他人组建新公司；企业将债务留在原企业，而以其优质财产与他人组建的新公司。

【例 8-43】 甲有限责任公司拟改制为股份有限公司后上市，甲公司的实收资本，改制前为 30 000 万元，改制后为 40 000 万元。

本例中，甲公司从有限责任公司改制为股份有限公司，属于企业改制。改制后企业新启用的资金账簿，其中原已贴花的部分（30 000 万元）不再贴花，新增部分（10 000 万元）应当按照规定贴花，应纳印花税额为 5 万元（10 000×0.5‰）。

（2）以合并或分立方式成立的新企业，其新启用的资金账簿记载的资金，凡原已贴花的部分可不再贴花，未贴花的部分和以后新增加的资金按规定贴花。

合并包括吸收合并和新设合并。分立包括存续分立和新设分立。

【例 8-44】 A 公司新设分立为 B 公司、C 公司，分立后 A 公司注销。分立前 A 公司的实收资本 10 000 万元，分立后 B 公司的实收资本 6 000 万元，C 公司的实收资本 4 000 万元。

本例中，分立前，A 公司的实收资本 10 000 万元，分立后 B 公司的实收资本 6 000 万元，C 公司的实收资本 4 000 万元，分立后企业新启用的资金账簿记载的资金，既未增加，也未减少，不再贴花。

（3）企业债权转股权新增加的资金按规定贴花。

【例 8-45】 乙公司销售一批材料给甲公司，价值 100 万元，甲公司开具了一张面值 100 万元的商业汇票。后甲公司发生财务困难，无力偿付货款，经双方协商同意，乙公司对甲公司的债权转为对甲公司的股权，股权的公允价值 90 万元。甲公司会计处理增加实收资本 70 万元，资本公积 20 万元，营业外收入 10 万元。

本例中，债权转股权后，甲公司新增加的资金为 90 万元（实收资本 70 万元，资本公积 20 万元），新增资金应当按照规定贴花，应纳印花税额 0.045 万元（90×0.5‰）。

（4）企业改制中经评估增加的资金按规定贴花。

【例 8-46】 甲国有独资企业依《公司法》整体改造成国有独资有限责任公司，改制前企业净资产的账面价值 20 000 万元，改制过程中对净资产评估，增值 5 000 万元，甲公司将增值部分计入了资本公积。

本例中，甲公司由国有独资企业改制为有限责任公司，属于企业改制。改制后新增资金 5 000 万元应当按照规定贴花，应纳印花税额 2.5 万元（5 000×0.5‰）。

（5）企业其他会计科目记载的资金转为实收资本或资本公积的资金按规定贴花。

【例 8-47】 20×1 年 6 月，经 F 公司董事会提议、股东大会表决通过，对 20×0 的累计利润进行分配，分配方案为以未分配利润送红股，每10股送2股。F公司的总股本5 000万股，股本面值1元/股，送红股后会计处理增加股本1 000万元。

本例中，F公司将未分配利润转增股本，转增后新增资金1 000万元应当按照规定贴花，应纳印花税额0.5万元（1 000×0.5‰）。

2. 关于各类应税合同的印花税

企业改制前签订但尚未履行完的各类应税合同，改制后需要变更执行主体的，对仅改变执行主体、其余条款未作变动且改制前已贴花的，不再贴花。

【例8-48】 A公司吸收合并B公司，B公司的债权、债务以及合并权力由A公司承受，B公司未履行完的合同由A公司继续履行。

本例中，A公司吸收合并B公司，B公司未履行完的合同由A公司继续履行，如果仅改变执行主体、其余条款未作变动且改制前已贴花的，不再贴花。如果合同条款发生变动，应视为新合同贴花。

3. 关于产权转移书据的印花税

企业因改制签订的产权转移书据免予贴花。《国家税务局关于印花税若干具体问题的解释和规定的通知》（国税发〔1991〕155号）第十条规定，"财产所有权"转移书据的征税范围是：经政府管理机关登记注册的动产、不动产的所有权转移所立的书据，以及企业股权转让所立的书据。

企业重组改制过程中涉及的资产，有实行登记管理的动产、不动产，如车船、土地使用权、房屋、股权；也有非登记管理的资产，如存货。重组当事人在企业重组过程中签订的与资产转让相关的合同，其中登记管理的资产转让合同，征印花税；非登记管理的资产转让合同，不征印花税。企业重组过程中签订的与资产转让无关的合同，如被合并企业的人员安置协议，不征印花税。

【例8-49】 A公司是B公司的控股股东，持有B公司90%的股份。A公司与C公司签订股权转让协议，将所持B公司股份转让给C公司。

本例中，A公司将所持B公司股份转让给C公司，A公司与C公司签订的股权转让合同，应当按照产权转移书据缴纳印花税。

第五节　分步重组土地增值税案例分析

企业重组是优化社会资源配置的有效手段，而分步重组则是大型企业，尤其是上市公司实施企业重组的主要方式。但是分步重组中的资产收购、股权收购涉及不动产的实质性转移是否缴纳土地增值税以及如何缴纳土地增值税，政策上相互冲突，执行中也不够统一。本文以某上市公司的分步重组案例为研究对象，剖析企业重组中涉及不动产实质性转移的土地增值税处理。

一、分步重组案例介绍

汉华柴油机股份有限公司(以下简称汉华股份)通过了关于协议出让公司现有生产经营性资产并剥离全部负债,同时收购泰山实业集团有限公司(以下简称泰山集团)持有的泰山房产开发有限公司(以下简称泰山房产)100%的股权以及大洋房地产发展有限公司(以下简称大洋房产)部分土地使用权的议案。

(一) 资产出让

汉华股份将其现有全部资产出让给控股股东汉华集团,同时将其全部负债和相关人员剥离给汉华集团。依据天平会计师事务所出具的审计报告,截至2019年6月30日,汉华股份总资产为96 750万元,总负债为59 250万元,净资产为37 500万元。2019年6月30日,汉华股份的资产负债表如表8-1所示。

表8-1　　汉华股份资产负债表　　单位:万元

项目	金额	项目	金额
流动资产	36 345	负债合计	59 250
非流动资产	60 405	所有者权益合计	37 500
其中:房地产	38 184		
资产总计	96 750	负债和所有者权益总计	96 750

根据环宇评估师事务所出具的《资产评估报告书》,以2019年6月30日为基准日,汉华股份全部资产按照未来现金流量采用收益法评估的价值为99 490万元。根据天平会计师事务所出具的《审计报告》,汉华股份截至2019年6月30日全部负债的公允价值为51 190万元。

据此,该项资产出让的交易价格确定为48 300万元。

(二) 股权收购

汉华股份拟收购泰山集团持有的泰山房产100%的股权。泰山房产的资产主要是正在开发中的若干房地产项目,包括中村续建工程、西里新村续建工程、泰山一期、人民家园等。

根据汉华股份与泰山集团签署的《股权转让协议》,本次股权收购以2019年6月30日为基准日、以股权的评估价值作为收购价格。根据环宇评估师事务所出具的《资产评估报告书》,评估基准日,泰山集团持有泰山房产100%股权按照市场法评估的价值为41 050万元。《资产评估报告书》主要内容如表8-2所示。

表8-2　　泰山房产资产评估报告书　　单位:万元

项目	账面值	评估值	增减值
流动资产	35 211	57 879	+22 668
其中:存货	31 690	56 530	+24 840
非流动资产	646	669	+23

（续表）

项目	账面值	评估值	增减值
资产合计	35 857	58 548	+ 22 691
负债合计	17 498	17 498	0
净资产	18 359	41 050	+ 22 691

说明：流动资产中的存货系正在开发中的房地产项目。

（三）土地使用权收购

汉华股份拟收购泰山集团的子公司大洋房产拥有的一项土地使用权。该块土地位于辉煌市大河镇何家村，土地面积 33.33 万平方米，土地登记用途为住宅用地，尚未进行前期开发。

根据汉华股份与大洋房产签署的《土地使用权转让协议》，本次土地使用权收购以 2019 年 6 月 30 日为基准日、以土地使用权的评估价值作为收购价格。根据上地评估出具的《土地估价报告》，评估基准日，大洋房产所拥有的土地使用权评估价值为 35 120 万元。该项土地使用权的购置原价为 21 340 万元。

（四）资产出让与收购的资金来源和支付方式

汉华股份拟以本次资产出让的收入款项支付本次股权收购、土地使用权收购所需资金，不足部分由汉华股份以现金方式支付给泰山集团。

根据汉华股份、泰山集团、大洋房产以及汉华集团签署的《关于资产出售与购买价款之支付协议书》，汉华股份因收购土地使用权而应支付大洋房产的 35 120 万元、因收购泰山房产股权应支付泰山集团 41 050 万元中的 13 180 万元将直接由汉华集团支付，以冲减汉华集团受让汉华股份整体资产所应支付的款项。汉华股份应付泰山集团的剩余款项 27 870 万元将由汉华股份以现金方式支付给泰山集团。

以上交易系汉华股份基于企业的发展战略而做的统一安排，整个交易由整体资产出让、股权收购、土地使用权受让三部分构成，其中涉及的不动产转让存在企业改制重组中的土地增值税问题。

二、分步重组土地增值税政策分析

分步重组是指将一项重组交易分解为若干步骤实施。分步重组如何进行土地增值税处理，在财政部和国家税务总局层面的文件中无具体规定。征管实践中，税务机关基本是针对分步重组中的每个步骤分别进行土地增值税处理。

（一）整体资产转让的土地增值税政策分析

企业改制重组的土地增值税处理，现行的主要政策依据是《财政部 国家税务总局关于继续实施企业改制重组有关土地增值税政策的通知》（财税〔2018〕57 号，简称 57 号文），但是 57 号文规定的企业改制重组类型，并无资产的整体转让。国家税务总局在《国家税务总局关于纳税人转让加油站房地产有关土地增值税计税收入确认问题的批复》（税总函〔2017〕513 号，简称 513 号函）中答复原浙江地方税务局时，认为加油站转让整体资产取得的收入，应当缴纳土地增值税，但是 513 号函并未规定资产整体转让计算缴纳土地增值税时，如何确认不动产转让收入以及扣除项目金额等税制要素。

《土地增值税暂行条例》第二条规定，土地增值税向转让国有土地使用权、地上建筑物及其附着物（以下简称转让房地产）并取得收入的单位和个人征收，征税对象是纳税人转让房地产的行为。而企业整体资产转让，是资产、负债以及劳动力等一揽子生产要素的转让。整体资产转让，尽管其中包括了房地产的转让，但其交易标的不是房地产，而是一揽子生产要素。严格地讲，整体资产转让不在土地增值税征税范围内，不应当征收土地增值税。如同增值税的征税对象是货物和劳务，但如果企业转让的是资产、负债以及劳动力等一揽子生产要素，不在增值税征税范围内，税法明确规定不征收增值税。

在税收征管实务中，税务机关对企业整体资产转让中涉及的房地产转让基本都征收了土地增值税，但是计算应纳税额时当注意两个问题：一是房地产转让收入的确认。如果整体资产价值是以市场法或成本法评估的各单项资产评估价值的加总数，应当以各单项房地产评估价值的合计数作为土地增值税的应税收入。但如果整体资产价值是以资产未来现金流量采用收益法评估的资产总价值，其中房地产价值应当采用一定的方法二次评估。二是房地产扣除项目金额的确认。按照《土地增值税暂行条例实施细则》的规定，转让已使用过的房屋及建筑物，以政府批准设立的房地产评估机构评定的重置成本价乘以成新度折扣率后的价格作为扣除项目金额。《财政部　国家税务总局关于土地增值税若干问题的通知》（财税〔2006〕21 号）规定，纳税人转让旧房及建筑物，凡不能取得评估价格，但能提供购房发票的，可按发票所载金额并从购买年度起至转让年度止每年加计 5%计算。企业整体资产转让中涉及的房产转让，大多是旧房，应当按照转让旧房的规定计算缴纳土地增值税。但是如果整体资产中包含了土地使用权的转让，应当按照转让土地使用权的规定计算缴纳土地增值税。

（二）股权转让的土地增值税政策分析

按照《土地增值税暂行条例》第二条的规定，土地增值税的征税对象是纳税人转让房地产的行为。尽管股权的价值中包含了目标公司房地产的价值，但是股权转让不等同于房地产转让，股权转让不在土地增值税征税范围内，不应当征收土地增值税。但是国家税务总局在《国家税务总局关于以转让股权名义转让房地产行为征收土地增值税问题的批复》（国税函〔2000〕687 号，简称 687 号函）中答复原广西地方税务局时，认为如果以股权形式表现的资产主要是房地产，股权转让行为应当征收土地增值税。但是 687 号函并未规定股权转让征收土地增值税，应纳税额如何计算。

在税收征管实务中，大部分税务机关对纳税人的股权转让行为并未征收土地增值税，但也有一些税务机关对纳税人的股权转让行为征收了土地增值税，并由此引发了税务行政诉讼，如苏州工业园区税务局对翡翠公司转让股权征收土地增值税案。司法实践中，最高人民法院在马某泉、马某坚转让乘风公司股权案中认为，“由于转让股权和转让土地使用权是完全不同的行为，当股权发生转让时，目标公司并未发生国有土地使用权转让的应税行为，目标公司不需要缴纳土地增值税”。有的地方法院在判案时持股权转让行为不征收土地增值税的观点，如江苏省高级人民法院〔2014〕苏商再终字第 0006 号，但也有地方法院判案时持股权转让行为应当征收土地增值税的观点，如安康市中级人民法院〔2015〕安中行终字第00037号。

纳税人的股权转让行为是否应当征收土地增值税，理论上应当分为两种情况：一种是以规避土地增值税为主要目的的股权转让，表现形式是股权所对应的资产主要是房地产，纳税人以房地产投资设立目标公司后，随即转让目标公司股权。基于反避税方面的考虑，这种类型的股权转让行为，应当纳入土地增值税的征税范围征收土地增值税，但前提条件是国家应当将纳税主体、征税条件、计税方法等税制要素在税收法规中予以明确。另一种是具有合理商业目的的股权转让，其表现形式是房地产只是目标公司资产的一部分，目标公司有正常的生产经营业务，存续时间较长等，这种股权转让行为不应当征收土地增值税。也就是说，对于纳税人的股权转让行为，应当以不征收土地增值税为原则，以征收土地增值税为例外。

（三）土地使用权转让的土地增值税政策分析

土地使用权转让在土地增值税的征税范围内，应当缴纳土地增值税。但是转让土地使用权缴纳土地增值税，应当注意两个问题：一是转让土地使用权属于应当清算土地增值税的情形，纳税人应当在转让土地使用权后的90日内自行清算。如果应当清算而未清算的，税务机关可以按照《税收征收管理法》的规定对纳税人进行处罚。二是按照《国家税务总局关于印发〈土地增值税宣传提纲〉的通知》（国税函发〔1995〕110号）的规定，纳税人取得土地使用权后投入资金，将生地变为熟地转让的，计算土地增值税时，允许按照土地使用权的购买价款和开发成本加计扣除20%。但如果将取得的土地使用权未开发即转让的，计算土地增值税时不允许加计扣除。

需要强调的是，纳税人受让其他单位或个人的土地使用权（熟地），在此基础上完成房地产开发并销售开发产品的，计算土地增值税时支付给土地转让方的价款能否加计扣除，在财政部和国家税务总局层面的文件中无具体规定。从理论上来讲，计算土地增值时，无论是由土地的转让方（前手）加计扣除还是由开发产品的销售方（后手）加计扣除，只能由其中的一方加计扣除，不能由双方同时加计扣除，否则会造成加计扣除的重复扣除。在税收征管实务中，有的税务机关规定由后手加计扣除，如重庆；有的税务机关规定由前手加计扣除，如上海；但也有个别地方的税务机关既同意前手加计扣除，也同意后手加计扣除。

三、分步重组土地增值税案例分析

本文前述案例中的分步重组，由整体资产转让、股权转让和土地使用权转让三部分构成。按照现行税收政策，以上三部分的土地增值税处理分析如下。

（一）整体资产转让的土地增值税处理

汉华股份将其整体资产转让给汉华集团，其中涉及房地产的转让，按照税总函〔2017〕513号的规定，应当缴纳土地增值税。由于整体资产转让涉及的房屋大多是旧房，依据《土地增值税暂行条例实施细则》的规定，应当按照转让旧房纳税。因为汉华股份的整体资产价值是按照收益法评估的资产总价值，所以在计算土地增值税时，应当对其中的房地产采用一定的评估方法二次评估，以评估值作为应税收入额，以旧房的重置成本价乘成新度折旧率和土地使用权的原价作为扣除项目金额。假设该房地产的二次评估值为59 260万元，旧房的重置成本价为26 300万元，成新度折扣率为60%，土地使用权的原价为16 260万元，增值税按照简易计税方法计税，在不考虑其他扣除项目的前提下，土地增值税增值额及应纳税额的计算如表8-3所示。

表8-3　整体资产转让土地增值税应纳税额的计算　单位：万元

行次	项　目	金额
1	整体资产中房地产的评估价值	59 260
2	土地增值税不含税收入额(1÷1.05)	56 438
3	土地使用权购置原价	16 260
4	房屋的重置成本价	26 300
5	房屋的成新度折扣率	60%
6	房屋的扣除项目金额(4×5)	15 780
7	房地产扣除项目金额合计(3+6)	32 040
8	土地增值税增值额(2-7)	24 398
9	土地增值税增值率(8/7)	76.15%
10	土地增值税税率	40%
11	土地增值税速算扣除系数	5%
12	土地增值税应纳税额(8×10-7×11)	8 157

企业整体资产转让的土地增值税处理，应当注意以下几个问题：一是交易价格的确认。整体资产转让的交易价格是资产的评估值99 490万元(含房地产评估值59 260万元)，不是净资产的评估值48 300万元。受让方承担的转让方负债51 190万元，属于应付交易对价的组成部分，不能作为交易价格的减项处理。二是应税收入的计算。资产评估报告反映的房地产评估值通常含税，计算土地增值税时，应当以含税收入59 260万元除以1.05(1+增值税征收率)，把含税收入换算为不含税收入。三是扣除项目金额的计算。转让旧房，扣除项目金额是旧房的重置完全成本26 300万元乘以成新度折扣率60%；转让土地使用权，扣除项目金额是土地使用权的购置原价16 260万元。不能以旧房和土地使用权的账面价值38 184万元作为土地增值税的扣除项目金额。

(二) 股权转让的土地增值税处理

泰山集团将泰山房产的股权转让给汉华股份，按照土地增值税暂行条例的规定，该行为不在土地增值税征收范围内，不应当征收土地增值税。但是如果主管税务机关按照国税函〔2000〕687文的规定对泰山集团转让泰山房产股权的行为征收土地增值税(如岳阳恒立转让岳阳衡通股权征收土地增值税案)，其实质是将泰山集团转让泰山房产股权的行为视为泰山房产转让其房地产项目，应当按照泰山房产转让房地产项目计算土地增值税的应纳税额。应税收入额按照泰山房产拥有的房地产评估值确认，扣除项目金额按照泰山房产实际开发房地产所发生的支出额确认。如果泰山房产转让该房地产项目，增值税按照简易计税方法计税，开发费用按照土地价款和开发成本的10%在土地增值税前计算扣除，在不考虑其他扣除项目的前提下，土地增值税增值额及应纳税额的计算如表8-4所示。

表8-4　　转让股权土地增值税应纳税额的计算　　单位：万元

行次	项　目	金额
1	房地产的评估价值（含税）	56 530
2	土地增值税不含税收入额（1÷1.05）	53 838
3	土地价款和开发成本	31 690
4	开发费用（3×10%）	3 169
5	加计扣除（3×20%）	6 338
6	土地增值税扣除项目金额（3+4+5）	41 197
7	土地增值税增值额（2−6）	12 641
8	土地增值税增值率（7/6）	30.68%
9	土地增值税税率	30%
10	土地增值税速算扣除系数	0
11	土地增值税应纳税额（7×9−6×10）	3 792

如果税务机关对泰山集团转让泰山房产股权的行为征收土地增值税，应当注意以下几个问题：一是应税收入额的确认。应税收入额应当以泰山房产拥有的房地产项目评估值56 530万元确认，而不是以泰山集团持有泰山房产股权的转让价格41 050万元确认。股权转让价格是泰山房产的资产价值扣除了负债后的净资产价格。二是扣除项目金额的确认。扣除项目金额应当以泰山房产开发房地产实际发生的支出31 690万元为基础计算，而不是以泰山集团取得泰山房产股权的投资成本计算。三是资产计税基础的递增。按照资产计税基础应税递增的原理，如果对泰山集团转让泰山房产股权的行为征收了土地增值税，汉华股份入驻泰山房产后，泰山房产销售开发产品计算缴纳土地增值税时，扣除项目金额应当以泰山集团转让泰山房产股权时土地增值税的完税价格56 530万元为基础计算，否则就会造成重复纳税。

（三）土地使用权转让的土地增值税处理

大洋房产将其土地使用权转让给汉华股份，应当缴纳土地增值税。土地增值税收入额为土地使用权的评估值，扣除项目金额以大洋房产取得土地使用权的原价为基础计算。由于大洋房产取得土地使用权后未开发即转让，计算土地增值税时不允许加计扣除，也不能按照土地价款的一定比例计算扣除开发费用。假设该土地使用权增值税按照简易计税方法计税，城市维护建设税、教育费附加和地方教育费附加的综合税费率为12%，在不考虑其他扣除项目的前提下，土地增值税增值额及应纳税额的计算如表8-5所示。

表 8-5　　转让土地使用权土地增值税应纳税额的计算　　单位：万元

行次	项　　目	金额
1	土地使用权的评估价值（含税）	35 120
2	不含税销售额（1÷1.05）	33 448
3	应缴纳的增值税（2×5%）	1 672
4	应缴纳的城建教附（3×12%）	201
5	土地的购买原价	21 340
6	土地增值税扣除项目金额（4＋5）	21 541
7	土地增值税增值额（2－6）	11 907
8	土地增值税增值率（7/6）	55.28%
9	土地增值税税率	40%
10	土地增值税速算扣除系数	5%
11	土地增值税应纳税额（7×8－6×10）	3 686

四、企业重组土地增值税风险管控

在企业重组过程中，重组当事人应当根据重组目的，依据国家税收政策并结合主管税务机关的征管口径，通过对业务的合理安排和有效执行，严格管控可能面临的土地增值税风险。

（一）建立健全企业重组涉税风险管理制度

企业重组通常和企业的发展战略相关，涉及业务、法务、财务、税务等诸多领域，其中涉税问题的处理涉及业务、法务、财务的方方面面，异常复杂。企业重组的涉税问题是重组决策的一个重要方面，有时甚至成为决定重组成败的关键因素，而土地增值税以其税收负担重、政策依据少、税企争议大而备受税务机关和重组当事人的关注。在企业重组过程中，重组当事人应当充分认识涉税问题的重要性，建立健全企业重组的税收风险管理制度，在广泛调研、充分论证的基础上，评估企业重组过程中可能出现的涉税风险，制定缜密的企业重组方案并严格贯彻落实，以确保企业重组工作的顺利实施。

（二）选择符合税法规定的企业重组方式

企业重组方式包括法律形式改变、债务重组、股权收购、资产收购、企业合并、企业分立、资产划转等。财税〔2018〕57 号文（简称 57 号文）关于企业改制重组的土地增值税处理，仅包括了企业整体改制、企业合并、企业分立、房地产投资，未包括股权收购、资产收购、资产划转等。企业改制重组的土地增值税处理分当期纳税和暂不纳税两种税收待遇，税务机关基于规避执法风险方面的考虑，对于 57 号文未规定的重组方式，如资产的整体转让，不太可能认可重组当事人暂不纳税。所以重组当事人在规划企业重组方式时，应当尽可能将业务设计成 57 号文规定的重组方式，以享受暂不纳税的税收待遇。

（三）充分了解主管税务机关的征管口径

企业改制重组的土地增值税处理，由于税收政策自身的缺陷以及税务机关、企业财务人员对税收政策的不同理解，使得重组当事人在适用税收政策时面临诸多的不确定性风险。如财税〔2018〕57 号文规定："单位、个人在改制重组时以房地产作价入股进行投资，对其将房地产转移、变更到被投资的企业,暂不征土地增值税。"有的税务机关按照文义认为该条规定仅适用于改制重组时的房地产投资,有的税务机关根据税务总局的文件解读认为该条规定适用于所有的房地产投资。重组当事人在安排企业重组业务时,应当主动和主管税务机关沟通,充分了解主管税务机关有关企业重组的税收管理口径。如果重组当事人一厢情愿的按照自己的理解操作业务,将面临比较大的税收征管风险。

(四) 注意防范特殊重组中的税负转嫁风险

财税〔2018〕57 号文规定,企业合并和企业分立涉及房地产的转移,符合税法规定条件的暂不征收土地增值税,但是合并企业或分立企业取得该房地产的计税基础不变。如 A 公司通过吸收合并 B 公司取得 B 公司的一项土地使用权,该土地使用权的原值为 2 亿元,合并时评估作价 3 亿元。该企业合并如果符合 57 号文规定的暂不征税条件,B 公司在合并环节暂不缴纳土地增值税,但是 A 公司取得该土地使用权后再行转让,计算土地增值税时可扣除的土地成本为 2 亿元而不是 3 亿元。企业重组中的暂不征收土地增值税,其实质是税负转嫁,即被合并方(或被分立方)将其应当在重组环节缴纳的税收转嫁给合并方(或分立方),由合并方(或分立方)在重组后缴纳。所以合并方(或分立方)在确定重组对价时,应当充分考虑税负转嫁对重组对价的影响。

(五) 正确确定应税收入额和扣除项目金额

企业重组往往是资产、负债、劳动力的一并转移,重组对价通常是资产评估值扣除负债评估值后的差额。如资产收购中房地产的评估值 5 亿元,负债的评估值 2 亿元,确定的重组对价 3 亿元。计算土地增值税时,应税收入额是房地产的评估值 5 亿元而不是实际收到的款项 3 亿元。收购方承担的负债 2 亿元属于应付收购对价的组成部分,不能作为收入的减项处理。另外,资产收购中涉及房地产的转让,计算土地增值税时,扣除项目金额是以房地产的原值而不是账面价值为基础计算。如房地产的原值为 4 亿元,净值为 1.5 亿元,计算土地增值税时,扣除项目金额以 4 亿元而不是 1.5 亿元为基础计算。重组当事人在测算企业重组的税收成本时,应当正确确定土地增值税收入额和扣除项目金额。

综上所述,涉及资产、负债、劳动力一并转让的资产收购以及股权收购,按照土地增值税暂行条例的规定,不在土地增值税的征税范围内,不应当缴纳土地增值税。但是如果主管税务机关按照税收规范性文件的规定对此征收土地增值税,应当按照实质重于形式的原则确定土地增值税的纳税主体、收入额以及扣除项目金额。

主要参考文献:

[1] 王波.关于企业改制重组的土地增值税涉税问题探析[J].注册税务师,2016(11).
[2] 无名氏.转让房地产公司 100%股权是否应缴纳土地增值税.网络文章.
[3] 国家税务总局关于纳税人资产重组有关增值税问题的公告.2011.
[4] 财政部 国家税务总局关于继续实施企业改制重组有关土地增值税政策的通知.2018.
[5] 国家税务总局关于纳税人转让加油站房地产有关土地增值税计税收入确认问题的批复.2017.
[6] 国家税务总局关于以转让股权名义转让房地产行为征收土地增值税问题的批复.2000.
[7] 国家税务总局关于发布《股权转让所得个人所得税管理办法(试行)》的公告.2014.
[8] 财政部 国家税务总局关于继续支持企业 事业单位改制重组有关契税政策的通知.2018.
[9] 财政部 国家税务总局关于企业改制过程中有关印花税政策的通知.2003.

第九章
企业清算业务的税务处理

第一节 企业清算业务税务处理概述

一、企业清算的定义

（一）一般意义上的清算

企业清算，是指企业按照公司章程的规定解散，以及由于破产、撤销或其他原因宣布终止经营后，对企业的财产、债权、债务进行全面清查，并进行收取债权，清偿债务和分配剩余财产的经济活动。清算按照其产生的原因可以分为解散清算、撤销清算和破产清算。

企业清算的内涵：①清算事由。通常情况下，企业清算是基于公司章程规定的解散事由出现而解散清算（如经营期限届满），但是也可能因破产、撤销或其他特定原因而解散清算。②清算事务。企业清算主要是清查、登记资产、债权、债务，处置资产，清理债权，清偿债务，分配剩余财产。③清算的意义。企业清算，就国家层面而言，是为了优化社会资源配置，保护债权人的合法权益；就企业层面而言，主要是调整产业方向，清理不良资产，增强企业活力。

【例 9-1】 2014 年，浙江盾安人工环境股份有限公司（以下简称盾安环境或公司）与美国 Microlux Technology, Inc.合资发展传感器业务，成立盾安传感科技有限公司（以下简称盾安传感），同时盾安传感在美国出资设立全资公司 Dunan Sensing, LLC（以下简称 DS）。

盾安传感及 DS 自成立以来，经营业绩不理想，投资收益不及预期，不符合公司现有资源配置及业务发展要求。根据公司瘦身健体、聚焦主业的战略规划，公司解散盾安传感及 DS，并对其进行清算注销。2020 年 8 月 10 日，公司召开第七届董事会第三次会议审议通过了《关于解散清算子公司的议案》，会议决定对盾安传感、DS 进行解散清算，并授权公司管理层依法办理相关清算和注销事项。

（二）企业所得税法中的清算

《财政部 国家税务总局关于企业清算业务企业所得税处理若干问题的通知》（财税〔2009〕60 号）第一条规定，企业清算的所得税处理，是指企业在不再持续经营，发生结束自身业务、处置资产、偿还债务以及向所有者分配剩余财产等经济行为时，对清算所得、清算所得税、股息分配等事项的处理。

企业所得税清算的内涵：①清算条件。企业因解散而结束自身业务，不再持续经营。②清算事务。处置资产，偿还债务，向所有者分配剩余财产，缴纳清算环节的所得税，注销税务登记等。③清算目的。对企业生命周期内的所得税事项进行总清算。

【例 9-2】 泰和集团系泰和新材(上市公司)的控股股东。泰和新材拟通过向泰和集团的全体股东国丰控股、裕泰投资发行股份,吸收合并泰和集团(子公司吸收合并母公司)。泰和新材为吸收合并方,泰和集团为被吸收合并方。本次吸收合并完成后,泰和新材作为存续公司承继及承接泰和集团的全部资产、负债、业务、人员等,泰和集团的法人资格被注销,泰和集团持有的泰和新材股份被注销,国丰控股、裕泰投资成为吸收合并后泰和新材的股东。本例中,泰和集团因企业合并而解散,应当按照企业清算进行所得税处理。

二、企业清算的事由

(一) 公司法规定的清算事由

《公司法》第一百八十一条规定,公司因下列原因解散:①公司章程规定的营业期限届满或者公司章程规定的其他解散事由出现。②股东会或者股东大会决议解散。③因公司合并或者分立需要解散。④依法被吊销营业执照、责令关闭或者被撤销。⑤公司经营管理发生严重困难,继续存续会使股东利益受到重大损失,公司股东按照公司法的规定请求解散公司,人民法院按照公司法的规定予以解散。

为了保护债权人的合法权益,公司解散原则上都应当进行清算。但是企业因合并或者分立而解散的,因被合并方的债务由合并方承继,被分立方的债务由分立方承继,被合并方、被分立方债权人的合法权益能够得到保障,故《公司法》第一百八十四条规定的企业清算情形,不包括因公司合并或者分立而解散。也就是说,公司因合并或者分立而解散的,无须进行企业清算。

需要强调的是,企业解散和企业清算是两个不同的概念,企业清算伴随着企业解散,但企业解散不一定清算。企业清算主要是为了保障债权人的合法权益,如果企业解散后债权人的合法权益能够得到保障,企业解散就没有必要清算,如企业因合并或者分立而解散。

(二) 企业破产法规定的清算事由

《企业破产法》第二条、第七条规定,企业法人不能清偿到期债务,并且资产不足以清偿全部债务或者明显缺乏清偿能力的,债务人可以向人民法院提出重整、和解或者破产清算申请。债务人不能清偿到期债务,债权人可以向人民法院提出对债务人进行重整或者破产清算的申请。

企业破产,既可以由债务人提出,也可以由债权人提出。企业破产后,破产企业(债务人)的法人主体消失,破产企业应当进行企业所得税清算。但是企业重整、和解,债务人的法人主体存续,只是生产经营受到一定限制,企业重整、和解无须进行企业所得税清算,除非重整失败导致企业破产。

(三) 企业所得税法规定的清算事由

财税〔2009〕60 号文第二条规定,下列企业应进行清算的所得税处理:按《公司法》《企业破产法》等规定需要进行清算的企业;企业重组中需要按清算处理的企业。

按照企业所得税的政策规定,企业无论是按照《公司法》《企业破产法》的规定解散,还是因企业合并、分立而解散，只要企业解散，企业的生命终止，就应当进行企业清算的所得税处理。企业清算的所得税处理，是对企业生命周期内的所得税事项进行总清算。

（四）公司法与企业所得税法关于清算的区别

《企业所得税法》中的企业清算与《公司法》中的企业清算在内涵和外延上均有所不同。

（1）《公司法》中的企业清算，主要是为了保护债权人的合法权益。企业因合并而解散的，被合并企业合并前的债务由合并企业承继。企业因分立而解散的，被分立企业分立前的债务由分立后的企业承担连带责任。按照《公司法》的规定，公司因合并、分立而解散的，不需要进行公司清算。

（2）《企业所得税法》中的企业清算，其目的是在企业解散时对企业整个生命周期内的应税所得算总账。按照企业所得税的政策规定，只要是企业解散，企业所得税纳税义务中止，就应当进行企业所得税清算。解散的事由既包括因公司章程规定而解散，因破产、撤销或其他原因而解散，也包括因企业合并、分立而解散。

【例 9-3】 依据《公司法》等相关法律法规，东北高速分立为龙江交通和吉林高速。龙江交通和吉林高速按照分立上市方案的约定依法承继原东北高速的资产、负债、权益、业务和人员，原东北高速在分立完成后依法解散并注销。龙江交通和吉林高速的股票经核准后上市。本例中，东北高速因分立而解散，按照《公司法》的规定不需要进行公司清算，但是按照税法规定应当进行企业所得税清算。

三、企业清算的流程

（一）公司法中企业的清算流程

按照《公司法》的规定，企业的清算程序主要包括：①成立清算组，开始清算。②通知、公告债权人，登记债权。③清理公司财产，制定清算方案。④支付清算费用，处置公司资产，清偿公司债务。⑤分配剩余财产。⑥申请注销公司登记，公告公司终止。

（二）企业所得税中企业的清算流程

关于企业清算的流程，《企业所得税法》及规范性文件仅规定了企业清算所得税的计算方法及申报程序，但是对企业清算所得税的整个流程并无系统性规定。征管实践中，企业清算所得税的管理流程通常包括：①企业正常生产经营终止，进入清算程序。②计算并缴纳被清算企业、被清算企业股东在企业清算过程中应缴纳的税收。③缴销发票、税务登记证件和其他税务证件。④清算程序终结，注销被清算企业的税务登记，被清算企业的各项纳税义务终止。

四、企业清算涉及的税收

企业清算业务涉及被清算企业、被清算企业股东以及被清算企业职工三个方面的纳税主体。

（一）被清算企业涉及的税收

被清算企业在企业清算过程中处置资产，清偿债务，应当缴纳增值税、土地增值税（处置房地产）、企业所得税等。企业清算过程中签订的各类应税合同，应当缴纳印花税。在清算期内使用土地、房屋、车船,应当缴纳城镇土地使用税、房产税、车船使用税。

(二)被清算企业股东涉及的税收

在企业清算过程中,被清算企业股东通过被清算企业剩余财产的分配收回投资,收回投资额大于初始投资成本的部分,法人股东涉及缴纳企业所得税的问题,自然人股东涉及缴纳个人所得税的问题。收回的应征增值税的非货币性资产(如存货),涉及增值税进项税额的抵扣问题。收回的土地、房屋等不动产,涉及缴纳契税的问题。

(三)被清算职工涉及的税收

被清算企业职工在企业清算过程中与被清算企业解除劳动关系,取得劳动补偿,涉及缴纳个人所得税的问题。

【例 9-4】 东贝集团向东贝 B 股除东贝集团以外的全体股东发行 A 股股票,并以换股方式吸收合并东贝 B 股。本次合并完成后,东贝集团将作为存续公司承继及承接东贝 B 股的全部资产、负债、业务、人员、合同及其他一切权利与义务,东贝 B 股终止上市并注销法人资格。同时,东贝集团的 A 股股票(包括为本次换股吸收合并发行的 A 股股票)将申请在上海证券交易所上市流通。

本例中,东贝集团吸收合并东贝 B 股,东贝 B 股的全部资产、负债、业务、人员并入东贝集团,东贝 B 股解散。东贝 B 股并入东贝集团的资产,应当视合并的具体情况考虑是否缴纳增值税、土地增值税、企业所得税;签订的有关协议、合同,应当考虑是否缴纳印花税。东贝集团取得的合并资产,应当考虑如何确认资产的计税基础;取得的增值税应税资产(如存货),应当考虑增值税进项税额的抵扣问题;取得的不动产,应当视合并的具体情况考虑是否缴纳契税。

第二节 被清算企业的所得税处理

一、企业清算的所得税处理原则

企业清算,是对企业生命周期内企业所得税的最后一次总汇算。企业清算的所得税处理,应当遵循以下原则:①终止持续经营。清算期间,与持续经营相关的所得税原则不再适用,如权责发生制原则。②资产所隐含的增值或损失实现或视同实现。资产处置给第三方的,增值实现;资产由股东收回的,视同增值实现。③资产处置损益按照交易价格或可变现价格计算。资产处置给第三方的,按照交易价格计算;资产由股东收回的,按照可变现价格计算。④不再适用企业所得税优惠政策。企业清算后,纳税主体消失,企业所得税引导产业方向调整等税收优惠的意图不复存在。除特殊事项外,企业清算环节一般不再享受企业所得税的税收优惠,如定期税收减免、优惠税率等。

【例 9-5】 A 公司系高新技术企业,因公司章程规定的经营期限届满而解散清算。清算时资产的计税基础 3 000 万元，公允价值 5 000 万元，增值 2 000 万元（主要是无形资产、不动产的增值）；负债的计税基础 1 500 万元，公允价值 1 500 万元。

本例中，在不考虑处置资产缴纳的税收、清算费用等因素的情况下，A 公司的清算所得为 2 000 万元（5 000－3 000），计算清算环节企业所得税时，不再适用高新技术企业 15%的优惠税率，而是按照 25%的法定税率计算缴纳清算环节的企业所得税。

二、企业清算所得税处理的基本规定

《企业所得税法》第五十三条规定，企业依法清算时，应当以清算期间作为一个纳税年度。

《企业所得税法》第五十五条第二款规定，企业应当在办理注销登记前，就其清算所得向税务机关申报并依法缴纳企业所得税。

《企业所得税法实施条例》第十一条规定，清算所得，是指企业的全部资产可变现价值或者交易价格减除资产净值、清算费用以及相关税费等后的余额。

企业清算环节所得税的处理要点：①确认清算期间。企业的清算期间可能很短（仅有数天），也可能很长（持续数年）。无论清算期间多长，均以整个清算期作为一个纳税年度。②计算清算所得。清算所得是以资产可变现价值或者交易价格减除资产净值、清算费用以及相关税费等后的余额。③确认纳税时点。清算期间的企业所得税，应当在企业办理注销登记前，向税务机关申报并依法缴纳。

【例 9-6】 A 公司于 2020 年 8 月 15 日终止经营，进入清算程序。2020 年 10 月 20 日完成清算。

本例中，A 公司 2020 年度应当缴纳两道企业所得税：

首先是最后一个生产经营期间的所得税，以最后一个生产经营期（2020 年 1 月 1 日至 8 月 15 日）的应税收入减除各项扣除为应纳税所得额，可以适用优惠税率（如高新技术企业、西部大开发企业 15%的优惠税率）计算缴纳企业所得税。

其次是清算期间（2020 年 8 月 16 日至 10 月 20 日）的所得税，以清算时资产的处置损益、负债的清偿损益为基础计算清算所得，适用 25%的法定税率计算缴纳企业所得税。

三、企业清算所得税处理的具体事项

按照财税〔2009〕60 号文的规定，企业清算的所得税处理，主要包括以下内容。

（一）确认资产转让所得或损失

企业所得税清算时，全部资产均应以可变现价值或交易价格为基础，确认资产转让所得或损失。

资产可变现价值和交易价格是两个概念。交易价格是指在公平交易环境下，交易双方均愿意接受的价格，通常以资产的公允价值为基础确定。交易价格减去交易过程中发生的相关税费，为可变现价值。如果以可变现价值为基础确认资产转让所得，不减除相关税费；如果以交易价格为基础确认资产转让所得，应当减除相关税费。一般情况下，资产处置给第三方的，资产处置损益按照交易价格确认；资产分配给股东的，资产处置损益按照可变现价值确认。

【例 9-7】 A 公司解散清算，资产的评估价值为 10 000 万元。A 公司将资产转让给无关联关系的第三方，转让价格 9 500 万元。

本例中，A 公司在解散清算时，将评估价值 10 000 万元的资产，以 9 500 万元的价格转让给无关联关系的第三方，计算资产转让所得时，资产转让收入应当按照 9 500 万元确定。因为资产的评估价值只是确认交易价格的基础，除此而外，影响资产交易价格的因素还有资产的快速变现能力等。且非关联方之间的交易，一般默认为公允交易，因为非关联方之间的交易，如果交易价格不公允，一般不会达成交易，除非有证据证明交易双方还嵌套了其他交易。

(二) 确认债权清理、债务清偿的所得或损失

债权清理所得或损失，是以清理债权过程中取得的收入，减去债权计税基础后确认。债务清偿所得或损失，是以清理债务的计税基础，减去清理过程中支付的款项后确认。

如果由于债权计提了减值准备，造成债权的账面价值与计税基础不一致，计算债权清理所得或损失时，应当对债权的税会差异进行调整。如果由于特定事项造成债务的计税基础与账面价值不一致，计算债务清偿所得或损失时，也应当对债务的税会差异进行调整。

【例 9-8】 T 公司解散清算，应收账款的账面余额 8 500 万元，计提坏账准备 500 万元（未在计提年度的税前扣除）。应付账款的账面余额 3 000 万元。T 公司清算时收回应收账款 8 200 万元，有 300 万元的应收款形成坏账。支付应付账款 2 600 万元，有 400 万元的应付款无法支付。

本例中，T 公司解散清算时，债权的清理收入为 8 200 万元，账面价值 8 000 万元(8 500 − 500)，计税基础 8 500 万元。会计处理确认的债权清理收益为 200 万元(8 200 − 8 000)，所得税处理确认的债权清理所得为 −300 万元(8 200 − 8 500)，所得税申报时调整减少应纳税所得额 500 万元。

本例中，T 公司解散清算时，债务的偿还金额为 2 600 万元，账面价值 3 000 万元，计税基础 3 000 万元。会计处理确认的债务清理收益为 400 万元(3 000 − 2 600)，所得税处理确认的债务清理所得为 400 万元(3 000 − 2 600)，债务无税会差异，无须纳税调整。

(三) 预提或待摊费用的处理

企业清算时，改变了持续经营的核算原则，应当对预提或待摊性质的费用进行处理。

企业计算清算所得时，对不需要支付的已在税前扣除的预提性质的费用，应当一次性处置，增加清算所得；对尚未摊销的可在税前扣除的待摊性质的费用，应当一次性摊销，减少清算所得。需要注意的是，预提和待摊性质的费用，应当在确认清算所得时，作为清算所得的增加项或减少项处理，不能在计算最后一次生产经营所得时，作为最后一个生产经营期间经营所得的增加项或减少项处理。

【例 9-9】 成安高速公路运营公司（PPP 项目公司）因故提前解散清算，将高速公路移交地方政府。清算时成安高速预计负债账户有以前年度累计计提的高速公路恢复性大修理支出 35 000 万元(未在计提年度税前扣除),长期待摊费用账户有以前年度一次性支付房屋租金尚未摊销的余额 800 万元。

本例中,成安高速解散清算时,以前年度计提的高速公路恢复性大修理支出 35 000 万元,无须支付,应当一次性冲减相关费用;因计提该费用时未在企业所得税税前扣除,冲减费用时无须增加清算所得。但是尚未摊销完的房屋租金余额 800 万元,应当作为与清算相关的费用处理,一次性计入清算所得,减少清算所得 800 万元。

(四) 确认清算所得

企业确认清算所得时,可以依法弥补以前年度尚未弥补的亏损,以弥补亏损后的所得为清算所得。

清算所得,是企业生命周期内最后一次企业所得税的总清算,是计算企业整个生命周期内的总所得。理论上,计算清算所得时,可以从清算所得中扣除的以前年度尚未弥补的亏损,应该是企业累计未税前弥补的总亏损额,包括未超出亏损弥补期的亏损和已超出亏损弥补期的亏损,因为企业在整个生命周期内有所得才存在缴纳企业所得税的问题。但是依据我国税法规定,可以从清算所得中扣除的以前年度尚未弥补的亏损,仍然指的是尚在法定弥补期内的亏损,超出法定弥补期的亏损,不得从清算所得中减除。

【例 9-10】 X 公司因公司章程规定的经营期限届满而解散清算。清算时,资产处置损益为 6 000 万元,负债清偿损益为 1 200 万元,发生清算费用 800 万元。有以前年度尚未弥补的亏损 1 500 万元,其中尚在法定弥补期内的亏损 900 万元。

本例中,X 公司计算清算所得时,在不考虑相关税费等其他因素的情况下,清算所得为 5 500 万元(6 000 + 1 200 − 800 − 900),其中以前年度发生的、尚在法定亏损弥补期内的亏损 900 万元,可以从清算所得中减除。已经超出法定亏损弥补期的亏损 600 万元,不能从清算所得中减除。

(五) 计算、缴纳清算所得税

企业计算出清算所得后,以清算所得乘以企业所得税的法定税率(25%),计算清算环节应纳的企业所得税额。

如前所述,企业清算后,不再持续经营,企业的生命终止,企业所得税税收优惠的意图不复存在。所以,企业清算环节的所得税,除特殊事项外,一般不再享受企业所得税的税收优惠。原已享受企业所得税优惠税率(小型微利企业、高新技术企业、西部大开发企业)的企业,在计算清算所得税时,应当适用企业所得税的法定税率。

【例 9-11】 Y 公司系高新技术企业,因公司章程规定的经营期限届满而解散清算。2020 年 1 月 1 日至 6 月 10 日为最后一个生产经营期,2020 年 6 月 11 日至 8 月 25 日为清算期。Y 公司最后一个生产经营期的应税所得额为 1 200 万元,清算期的清算所得额为 800 万元。

本例中,Y 公司 2020 年应当缴纳的企业所得税额为:

最后一个生产经营期应纳所得税额:1 200 × 15% = 180(万元)

清算期应纳所得税额:800 × 25% = 200(万元)

最后一个生产经营期的所得税额，按照高新技术企业15%的优惠税率计算；清算期的所得税额，按照25%的法定税率计算。

(六) 确定可向股东分配的剩余财产

被清算企业在清偿各项债务后，将剩余财产按照股东的持股比例分配给股东。

企业清算，被清算企业在清偿各项债务后，如果有剩余财产，应当将剩余财产按照股东的持股比例分配给股东，股东据此计算股息所得和股权转让所得，缴纳股东应纳的所得税额。企业清算前应付未付股东的股息，在清算时作为被清算企业的普通债务进行清偿。

【例9-12】 M公司因企业经营方向的调整而解散清算。清算时资产可变现价值24 000万元，发生清算费用1 800万元，应付职工工资和社会保险费3 000万元，清算环节处置资产发生的税金及附加500万元，缴纳清算所得税额1 600万元，有其他债务5 600万元。

本例中，M公司解散清算时，可向股东分配的剩余财产为11 500万元(24 000－1 800－3 000－500－1 600－5 600)，剩余财产按照股东的持股比例在股东之间进行分配。

四、清算所得的确认

确认被清算企业的应纳税所得额，首先要确认清算所得。按照《国家税务总局关于印发〈中华人民共和国企业清算所得税申报表〉的通知》(国税函〔2009〕388号)的规定，企业清算所得的计算公式为：

$$\text{清算所得}=\text{资产处置损益}+\text{负债清偿损益}-\text{清算费用}-\text{清算税金及附加}+\text{其他所得}-\text{其他支出}$$

也就是说，计算清算所得，应当分别确认资产处置损益、负债清偿损益、清算费用、清算税金及附加、其他所得或支出。

(一) 资产处置损益

资产处置损益，是指纳税人全部资产按可变现价值或交易价格扣除其计税基础后确认的资产处置所得或损失金额(资产处置损益＝资产可变现价值或交易价格－资产计税基础)。

资产的计税基础，是指纳税人按照税收规定确定的清算开始日的各项资产计税基础的金额，即取得资产时确定的计税基础减除在清算开始日以前纳税年度内按照税收规定已在税前扣除折旧、摊销、准备金等的余额。

计算资产处置损益时，应当注意：①企业清算时，以公允价值计量的资产(如交易性金融资产)、以账面价值和可变现价值孰低计量的资产(如存货)，资产的账面价值和计税基础可能不一致，应当将资产的账面价值调整为计税基础。②企业清算时，如果有递延到清算期的应税所得，如递延到清算期的债务重组收益，应当一次计入清算所得。③企业清算时，如果资产中有未摊销的待摊费用和长期待摊费用，有商誉，应当先将其一次性处理，再确认资产处置损益。

【例9-13】 A公司的某项固定资产，原值120 000元，取得资产时的计税基础100 000元。会计计提折旧费80 000元，按照税收规定已在税前扣除的折旧费70 000元。清算时资产的可变现价值50 000元。

企业清算时，该项固定资产的处置损益计算如下：

资产的账面净值：120 000（原值）－80 000（已提折旧）＝40 000（元）

会计核算确认的资产处置损益：50 000（可变现价值）－40 000（账面净值）＝10 000（元）

资产的计税基础：100 000（初始计税基础）－70 000（已税前扣除折旧）＝30 000（元）

计算清算所得时资产的处置损益：50 000（可变现价值）－30 000（计税基础）＝20 000（元）

（二）负债清偿损益

负债清偿损益，是指纳税人全部负债按计税基础减除其清偿金额后确认的负债清偿所得或损失金额（负债清偿损益＝负债计税基础－负债清偿金额）。

负债的计税基础，是指纳税人按照税收规定确定的清算开始日的各项负债计税基础的金额，即负债的账面价值减去未来期间计算应纳税所得额时按照税收规定予以扣除金额的余额。

计算负债处置损益时，应当注意：①企业清算时，以公允价值计量的负债（如交易性金融负债）、因各种原因未在税前扣除成本费用而形成的各项负债，负债的账面价值和计税基础可能不一致，应当将负债的账面价值调整为计税基础。②企业清算时，如果有递延到清算期的未扣除费用，如以前年度应扣未扣的广告费和业务宣传费，应当一次性扣除。③企业清算时，如果负债中有无须支付的预提费用、预计负债，应当先将其一次性冲减，再确认负债清偿损益。

【例9-14】 B房地产开发公司解散清算时，应付账款的账面价值1 000万元，其中有200万元系预估的工程款。由于未取得发票，该部分预估成本在企业所得税前未予扣除。B公司清算时，经与债权人协商，只需偿还600万元的应付账款，余款免除。

B公司清算时，该项负债的清偿损益计算如下：

负债的账面价值：1 000万元

会计核算确认的负债清偿损益：1 000（账面价值）－600（偿还金额）＝400（万元）

负债的计税基础：1 000（账面价值）－200（未在税前扣除的预估成本）＝800（万元）

计算清算所得时负债的清偿损益：800（计税基础）－600（偿还金额）＝200（万元）

（三）清算费用

清算费用，是指清算企业在清算过程中发生的与清算业务有关的费用支出，包括清算组组成人员的报酬，清算财产的管理、变卖及分配所需的评估费、咨询费等费用，清算过程中支付的诉讼费用、仲裁费用及公告费用，以及为维护债权人和股东的合法权益支付的其他费用。

确认清算费用时，应当注意：①在清算之前发生的费用，不属于清算费用，应当作为最后一个生产经营期的费用处理。②清算过程中发生的、与清算业务无关的费用，不能从清算所得中减除。③清算费用从清算所得中减除，应当符合税法规定的费用扣除原则，如合理的费用可以扣除，不合理的费用不能扣除。

【例9-15】 N公司因经营期限届满而清算，清算过程中发生如下费用：管理人员报酬

20 万元，评估费 15 万元，审计咨询费 10 万元，公告费用 5 万元，税收签证费 5 万元，物业管理费 3 万元，其他费用 18 万元。N 公司发生的以上与清算业务相关的费用，计算清算所得时，可以作为清算费用从清算所得中减除。

（四）清算税金及附加

清算税金及附加，是指清算企业在清算过程中发生的除企业所得税和允许抵扣的增值税以外的各项税金及其附加。包括消费税、土地增值税、印花税、城市维护建设税、教育费附加、地方教育费附加等。

确认清算税金及附加时，应当注意：①企业在生产经营过程中发生的税金及附加，在生产经营期间的税前扣除。②企业在清算之前已确认的税金及附加（应付税费），清算时作为负债处理。

【例 9-16】 D 公司因经营期限届满而清算，清算过程中因处置资产发生如下税金及附加：土地增值税 365 万元，印花税 8 万元，城市维护建设税 7 万元，教育费附加 3 万元，地方教育费附加 2 万元。D 公司在清算期间发生的以上税金及附加，计算清算所得时，可以作为清算税金及附加，从清算所得中减除。

（五）其他所得或支出

其他所得或支出，是指清算企业在清算过程中取得的其他所得或发生的其他支出，如政府拨入的安置破产企业职工的安置补偿费、对其他企业投资在清算期间取得的股息、红利等。

确认其他所得或支出时，应当注意：①清算所得中包括了清算企业在清算过程中取得的各项收入，包括免税收入和不征税收入。②计入清算所得的免税收入和不征税收入，在计算应纳税所得额时再作为应纳税所得额的减项处理。

【例 9-17】 B 公司因公司章程规定的解散事由出现解散清算。清算时资产的计税基础 15 000 万元，可变现价值 18 000 万元；负债的计税基础 6 000 万元，清偿金额 5 500 万元；发生清算税金及附加 900 万元；清算费用 300 万元；对其他单位投资在清算期间取得被投资方分配的股息 800 万元。

本例中，B 公司在解散清算时，确认的清算所得为：

清算所得 = 资产处置损益（18 000 − 15 000）+ 负债清偿损益（6 000 − 5 500）− 清算税金及附加（900）− 清算费用（300）+ 其他所得（800）= 3 100（万元）

五、应纳税所得额的确认

企业清算，确认被清算企业的应纳企业所得税额，首先要确认应纳税所得额。按照国税函〔2009〕388 号文的规定，被清算企业清算环节应纳税所得额的计算公式为：

应纳税所得额 = 清算所得 − 免税收入 − 不征税收入 − 其他免税所得 − 弥补以前年度亏损

（一）免税收入

免税收入，是指被清算企业在清算过程中取得的按照税收规定确认的企业所得税免税收入，如购买国债在清算期间取得的国债利息收入；居民企业之间投资，在清算期间取得的股息、红利等权益性投资收益。

（二）不征税收入

不征税收入，是指被清算企业在清算过程中取得的按照税收规定确认的企业所得税不征税收入，如政府给破产企业拨付的安置职工的费用。企业在清算过程中取得的财政性资金是否属于企业所得税的不征税收入，应当按照财税〔2011〕70号文规定的条件判断。

（三）其他免税所得

其他免税所得，是指被清算企业在清算过程中取得的按照税收规定确认的企业所得税免税所得，如创业投资企业在清算前投资于未上市的中小高新技术企业，其投资额的70%尚未享受抵扣应纳税所得额的部分，应允许创业投资企业在清算所得中抵扣。

（四）弥补以前年度亏损

弥补以前年度亏损，是指被清算企业按照税收规定可在税前弥补的以前纳税年度尚未弥补的亏损额。

【例9-18】 M公司清算时，依照税收规定计算的清算所得为1 300万元，清算过程中取得国债利息收入100万元，居民企业间投资的股息所得500万元，政府拨入安置职工的专项资金300万元。M公司有以前年度发生的尚在亏损弥补期内的未弥补亏损60万元。

本例中，M公司在清算过程中取得的国债利息收入、居民企业之间投资的股息所得属于企业所得税的免税收入，政府拨入安置职工的费用为企业所得税不征税收入。M公司清算期的应纳税所得额为：

应纳税所得额＝清算所得(1300)－免税收入(100＋500)－不征税收入(300)－以前年度未弥补亏损(60)＝340(万元)

六、应纳税额及应补(退)税额的计算

按照国税函〔2009〕388号文的规定，企业清算环节应纳企业所得税额及应补(退)税额的计算公式为：

$$\text{应纳企业所得税额}=\text{应纳税所得额}\times\text{适用税率}(25\%)$$

$$\begin{matrix}\text{实际应补(退)}\\\text{所得税额}\end{matrix}=\begin{matrix}\text{应纳所}\\\text{得税额}\end{matrix}-\begin{matrix}\text{减免所}\\\text{得税额}\end{matrix}+\begin{matrix}\text{境外应补}\\\text{所得税额}\end{matrix}+(-)\begin{matrix}\text{以前纳税年度应}\\\text{补(退)所得税额}\end{matrix}$$

（一）减(免)企业所得税额

减(免)企业所得税额，是指被清算企业按照税收规定准予减免的企业所得税额和应抵未抵的所得税额。如企业在清算前，因购买环保、节能节水、安全生产专用设备抵免所得税额尚未抵免完的，应允许纳税人按照税法规定从清算期间的所得税额中抵免。

【例9-19】 H公司2020年7月16日宣告企业清算。清算前，H公司因购买安全生产专用设备，有未抵扣完的、尚在抵扣期内的未抵扣税额85万元。清算期内，H公司确认的清算所得为3 200万元，清算期间取得免税收入500万元，不征税收入600万元。

本例中，H公司清算期间应纳企业所得税额计算如下：

应纳税所得额：3 200－500－600＝2 100(万元)

应纳企业所得税额：2 100×25%－85＝440（万元）

H公司清算前因购买安全生产专用设备抵免所得税额尚未抵免完的部分，应允许企业从清算期间应纳企业所得税额中抵免。

（二）境外应补所得税额

境外应补所得税额，是指被清算企业按照税收规定在清算期间取得的境外所得应在境内补缴的企业所得税额。生产经营期间取得的境外所得，在生产经营期间申报纳税。

【例9－20】　2020年3月20日，M公司经股东大会决议解散清算。清算期间，M公司确认的境内清算所得为150万元，对境外投资取得境外子公司分回的股息63万元，该股息境外子公司缴纳境外公司所得税额30万元，代扣代缴境外预提所得税额7万元。

本例中，M公司清算期间应纳企业所得税额计算如下：

境外税前所得：63＋30＋7＝100（万元）

境内清算所得：150万元

境内外所得合计：100＋150＝250（万元）

境内外所得应纳企业所得税额：250×25%＝62.5（万元）

境外所得抵免限额：62.5×100/250＝25（万元）

境外已纳企业所得税额：30＋7＝37（万元）

境内应补缴企业所得税额：62.5－25＝37.5（万元）

（三）以前纳税年度应补（退）所得税额

以前纳税年度应补（退）所得税额，是指被清算企业因以前纳税年度损益调整、汇算清缴多缴、欠税等在清算期间应补（退）企业所得税额。

【例9－21】　N公司解散清算，依照税收规定计算的清算所得为6 600万元，清算过程中取得居民企业之间投资的股息所得800万元，有以前年度发生的尚在亏损弥补期内的未弥补亏损60万元，有以前年度企业所得税汇算清缴多缴的税款180万元。

本例中，N公司解散清算，企业所得税计算如下：

应纳税所得额：6 600－800－60＝5 740（万元）

应纳企业所得税额：5 740×25%＝1 435（万元）

应补缴企业所得税额：1 435－180＝1 255（万元）

七、企业清算业务所得税处理注意事项

企业清算中被清算企业的所得税处理，应当注意以下问题。

（一）清算期间的确认是否准确

国税函〔2009〕388号文规定，清算期间是指纳税人实际生产经营终止之日至办理完毕清算事务之日止的期间，但是对于如何确认“实际生产经营终止之日”和“办理完毕清算事务之日”，国家税务总局的文件中没有具体规定。

结合《公司法》《企业破产法》等法律、法规看，实际生产经营终止之日可以归纳为以下几个时点：①纳税人公司章程规定的经营期限届满或其他解散事由出现之日。②纳税人股

东会、股东大会或类似机构决议解散之日。③纳税人依法被吊销营业执照、被责令关闭或者被撤销之日。④纳税人被人民法院依法予以解散或宣告破产之日。⑤有关法律、行政法规规定清算开始之日。⑥纳税人因其他原因解散之日。

由于办理完毕清算事务之日，最终的标志性事件就是办理注销税务登记，到此企业作为纳税主体的资格消亡。因此，企业所得税清算期间可以认定为自纳税人终止正常的生产经营活动开始之日，至主管税务机关办理注销税务登记止的期间。征管实务中，清算期间的确认应当充分考虑主管税务机关的征收管理口径。

（二）资产处置价格的确定是否公允

企业清算，如果被清算企业将资产处置给非关联方，一般默认交易价格为公允价格，因为非关联方之间的交易，如果交易价格不公允，就不会达成交易，除非其中嵌套了其他交易。但是如果被清算企业将资产处置给关联方，则要考虑交易价格的公允性。在征管实务中，如果税务机关认为企业关联交易的价格不公允，可以按照税法规定对关联交易价格进行调整，并按照调整后的价格征收税款。

判断关联交易价格是否公允，一般是以资产评估报告中的评估价格与关联交易价格进行比较，如果两者不一致，就要考虑关联交易价格的公允性。但是在判断关联交易价格的公允性时应当注意，资产评估报告中的评估价格只是资产交易定价的基础，除此而外，资产交易价格的确定还受交易双方对资产价格的预期、付款方式等因素的影响。判断关联交易价格是否公允，不能以评估价格和交易价格简单比较，还要结合其他因素综合分析。

（三）资产税会差异是否做了纳税调整

企业清算，被清算企业计算资产处置损益时，如果资产的账面价值与计税基础不一致，形成税会差异，应当对税会差异进行调整。如果未对税会差异进行调整，将会影响清算所得的确认。

资产税会差异形成的原因主要有：①购置资产时形成的税会差异。如采用分期付款方式购置资产，会计按照资产的现值确认入账价值，税法按照应付金额确认资产的计税基础，由此形成资产的税会差异。②使用资产时形成的税会差异。如会计计提折旧的年限长，税法规定的折旧年限短，也会形成资产的税会差异。

（四）负债处置损益是否真实准确

负债一般不存在税会差异，通常无税会差异的调整问题。负债处置损益的确认，主要是考虑负债清偿的真实性。如果负债清偿不真实，负债清偿损益和清算所得就不准确。

负债清偿存在的主要问题是虚假偿付应付款。无法偿付的应付款应当计入清算所得，作为清算所得的增加项处理。如果企业将本来没有偿还的应付款作虚假偿还，就会减少负债清偿损益和清算所得。

（五）清算费用、清算税金及附加的确认是否准确

清算费用、清算税金及附加是清算所得的减少项，如果确认的不真实、不准确，将会影响清算所得的真实性和准确性。

清算费用、清算税金及附加存在的主要问题是企业将非清算费用作为清算费用处理，或将生产经营期间形成的欠税，作为清算税金处理。被清算企业在生产经营期间形成的欠税属于清算时的负债，影响清算时剩余资产的计算，但是不影响清算所得。企业如果将生产经营期间形成的欠税作为清算税金处理，就会减少清算所得。

(六) 其他所得或支出的处理是否符合税法规定

其他所得，主要是被清算企业在清算过程中取得的各类偶然性所得，如政府拨入的安置破产企业职工的安置补偿费。其他支出，主要是企业在清算过程中发生的各类非正常性支出，如坏账损失等。其他所得增加清算所得，其他支出减少清算所得。

其他所得存在的主要问题是企业将清算期间取得的其他所得寄挂往来账户作负债处理或存放账外，不计入清算所得。其他支出存在的主要问题是其他支出不真实或不符合税法规定的扣除条件，如虚拟的坏账损失。企业少计其他所得或多计其他支出，均会影响清算所得的确认。

(七) 免税收入是否符合税法规定的免税条件

清算环节的免税收入，主要是居民企业之间的股权投资，在清算期间取得的股息、红利等权益性投资收益。

企业在清算期间取得的股息、红利等权益性投资收益，存在的问题主要有：①混淆股权投资和债权投资，将应税利息收入作为免税股息收入处理。②将居民企业对非居民企业投资取得的股息作为免税收入处理。只有居民企业之间的投资，取得的股息、红利等权益性投资收益，才属于企业所得税的免税收入。

(八) 不征税收入的界定是否符合税法规定的条件

企业在清算环节取得的不征税收入，主要是从政府取得的各类财政性资金，如政府拨付给破产企业安置职工的安置费用。企业在清算环节取得的财政性资金是否属于企业所得税的不征税收入，应当对照财税〔2011〕70号文所规定的三个条件判断。

财税〔2011〕70号文规定，同时符合以下三个条件的财政性资金，属于企业所得税的不征税收入：①企业能够提供规定资金专项用途的资金拨付文件。②财政部门或其他拨付资金的政府部门对该资金有专门的资金管理办法或具体管理要求。③企业对该资金以及对该资金发生的支出单独进行核算。

企业在清算环节取得的财政性资金，存在的主要问题是将不符合不征税收入条件的财政性资金，按照企业所得税的不征税收入处理。

(九) 以前年度的亏损是否在法定弥补期内

企业以前年度发生的、尚在税法规定弥补期限内的亏损，可以从清算所得中弥补。

企业用清算所得弥补以前年度的亏损，存在的主要问题有：①以前年度亏损额的界定不准确，企业清算申报的亏损额不是按照税法规定计算的应纳税所得额的负数，而是会计核算确认的亏损额。②从清算所得中减除的亏损额超出了税法规定的亏损弥补期限。

(十) 减免所得税额是否符合税法规定

企业在清算环节减免的企业所得税额，主要是生产经营期间确认的减免税额递延到清算期的部分，如清算前因购买环保、节能节水、安全生产专用设备抵免所得税额尚未抵免完的部分。

清算环节减免企业所得税额时应当注意，生产经营期间基于政策鼓励性质的减免税政策，不能递延到清算期享受，如为鼓励对基础设施投资给予的三免三减半优惠，对高新技术企业15%的优惠税率等。

（十一）境外所得应纳所得税额的计算是否准确

企业对在中华人民共和国境外的企业进行投资，其在清算期间来源于境外的所得，应当并入清算所得缴纳企业所得税。但该境外所得在境外已经缴纳的企业所得税性质的税款，可以按照税法规定从清算环节的企业所得税应纳税额中抵免。

企业来源于境外的所得计入清算所得，以及从清算所得中抵免境外所得在境外已纳的所得税额，存在的主要问题有：①来源于境外的所得未并入清算所得缴纳企业所得税。②来源于境外的税后所得在境内计算应纳企业所得税额时，未换算成税前所得。③来源于境外的所得在境外实际缴纳的企业所得税性质的税款从境内应纳税额中抵免，不能出具境外的完税凭证。④来源于境外的所得在境外已纳企业所得税额从境内所得税额中抵免，抵免限额的确定不符合税法规定。

（十二）清算所得税额的申报是否准确

企业清算涉及的所得税事项是否真实，应纳税额的计算是否准确，要通过正确填报企业清算所得税申报表体现出来。企业清算所得税申报表填报不准确，企业清算所得税额的缴纳很可能存在问题。

企业清算所得纳税申报表的填报，存在的问题主要是：①构成清算所得各个项目的基础事实不够真实。②清算所得各项目数据的归集不够准确。③企业申报的数据和税务部门的征管数据存在误差。

第三节　被清算企业股东的所得税处理

一、被清算企业股东所得税处理概述

（一）被清算企业股东的类型

企业清算，被清算企业股东包括居民企业、非居民企业、居民个人、非居民个人、合伙企业、个人独资企业等不同身份的投资人。被清算企业股东的身份不同，所得税待遇不同。被清算企业股东在企业清算中的所得税处理，首先是确认股东身份，然后再根据股东身份适用相应的法律法规进行所得税处理。

（二）被清算企业股东的所得税处理事项

企业清算，被清算企业股东（投资方）按照持股比例或出资比例取得被清算企业的剩余财产。投资方取得的剩余财产由投资额（初始投资额+追加投资额）、应享有被投资企业留存收益和股权转让所得三部分构成，其中应享有被投资企业留存收益来源于被投资企业的税后利润，理论上应当确认为投资方的股息所得。

【例9-22】 X公司持有Y公司30%的股份，初始投资额2 600万元。Y公司解散清算，清算时留存收益 8 000 万元，剩余财产 20 000 万元。X 公司按照持股比例取得 Y 公司的剩余财产。

本例中，Y 公司解散清算时，X 公司取得 Y 公司的剩余财产为 6 000 万元(20 000×30%)，其中：收回投资成本 2 600 万元；应享有 Y 公司的留存收益 2 400 万元(8 000×30%)，该留存收益属于股息所得；取得剩余财产超过投资成本和应享有 Y 公司留存收益的部分为 1 000 万元(6 000－2 600－2 400)，该部分属于股权转让所得。

(三) 被清算企业股东的所得税处理原则

企业清算，被清算企业股东(投资方)所得税处理的原则是：①按照持股比例或出资比例取得被投资企业的剩余财产，其中取得的非货币性资产，除税法另有规定外，应当按照公允价值确认该非货币性资产的计税基础(或财产原值)。②取得被投资企业的剩余财产中属于应享有被投资企业留存收益的部分，来源于被投资企业的税后利润，属于投资方的股息所得。按照税不重征的原则，理论上应当对投资方的股息所得免征所得税。③取得被投资企业的剩余财产中被认定为股权转让所得的部分，应当按照税法规定缴纳所得税。

按照我国税法规定，企业的法人股东收回投资，计算缴纳企业所得税时，允许从应纳税所得额中减除应享有被投资企业的留存收益(股息所得)，避免了投资企业与被投资企业所得税的重复纳税。但是自然人股东收回投资，计算个人所得税时，不允许从应纳税所得额中减除应享有被投资企业的留存收益。所以，自然人股东收回投资，存在被投资企业企业所得税和自然人股东个人所得税的重复纳税问题。

【例 9-23】 X 公司持有 Y 公司 30%的股份，初始投资额 2 600 万元。Y 公司解散清算，清算时留存收益 8 000 万元，剩余财产 20 000 万元。X 公司按照持股比例取得 Y 公司的剩余财产 6 000 万元，其中：收回投资成本 2 600 万元，应享有 Y 公司的留存收益 2 400 万元，超过投资成本和应享有 Y 公司留存收益的部分为 1 000 万元。

本例中，X 公司在计算收回投资应当缴纳的企业所得税额时，取得 Y 公司剩余财产中应享有 Y 公司的留存收益 2 400 万元属于股息所得，如果 X 公司与 Y 公司均为中国的居民企业，该股息所得免税，但是股权转让所得 1 000 万元应当缴纳企业所得税。

但是，如果 Y 公司的股东为中国的居民个人，该自然人股东在计算收回投资应当缴纳的个人所得税额时，不能确认股息所得，应当确认股权转让所得 3 400 万元(6 000－2 600)，并就该股权转让所得按照财产转让所得税目，适用 20%的税率缴纳个人所得税。

二、企业清算剩余财产的计算和分配

(一) 剩余财产及股东应分配剩余财产的计算

按照国税函〔2009〕388 号文的规定，企业清算，被清算企业剩余财产以及被清算企业股东应分配剩余财产的计算公式为：

被清算企业的剩余财产＝资产可变现价值或交易价格－清算费用－职工工资－社会保险费用
－法定补偿金－清算税金及附加－清算所得税额－以前年度欠税额
－其他债务

各股东应分配的剩余财产金额＝剩余财产总额×各股东持有清算企业权益性投资的比例

以上公式中:①职工工资,是指纳税人清算过程中偿还的职工工资。②社会保险费用,是指纳税人清算过程中偿还欠缴职工的各种社会保险费用(养老保险、医疗保险等)。③法定补偿金,是指纳税人清算过程中按照有关规定支付的法定补偿金。④清算税金及附加,是指纳税人清算过程中发生的除企业所得税和允许抵扣的增值税以外的各项税金及其附加。⑤清算所得税额,是指纳税人清算过程中应缴的企业所得税额。⑥以前年度欠税额,是指纳税人以前年度欠缴的各项税金及其附加。⑦其他债务,是指纳税人清算过程中偿还的其他债务。

【例 9-24】 甲公司的股东为A公司和自然人张某,A公司和张某持有甲公司股份的比例分别为60%、40%。甲公司因公司章程规定的经营期限届满而解散清算。清算时甲公司资产的可变现价值为5 600万元,应付职工工资和社会保险费800万元,应付其他单位的款项1 200万元,有以前年度欠税500万元,清算过程中发生清算费用300万元,处置资产发生清算税金及附加600万元。

本例中,甲公司解散清算时,剩余财产及股东应分配剩余财产的计算如下:

剩余财产:5 600 − 800 − 1 200 − 500 − 300 − 600 = 2 200(万元)

A公司应分配的剩余财产:2 200×60% = 1 320(万元)

张某应分配的剩余财产:2 200×40% = 880(万元)

(二) 剩余财产分配的相关法律规定

企业清算,在被清算企业的财产不足以清偿所有债务的情况下,《公司法》《企业破产法》《税收征收管理法》对清算财产的分配作出了不同的规定。

1.《公司法》的规定

《公司法》第一百八十七条规定,公司财产在分别支付清算费用、职工的工资、社会保险费用和法定补偿金,缴纳所欠税款,清偿公司债务后的剩余财产,有限责任公司按照股东的出资比例分配,股份有限公司按照股东持有的股份比例分配。

《公司法》第一百八十八条规定,清算组在清理公司财产、编制资产负债表和财产清单后,发现公司财产不足以清偿债务的,应当依法向人民法院申请宣告破产。

2.《企业破产法》的规定

《企业破产法》第一百一十三条规定,破产财产在优先清偿破产费用和共益债务后,依照下列顺序清偿:

(1) 破产人所欠职工的工资和医疗、伤残补助、抚恤费用,所欠的应当划入职工个人账户的基本养老保险、基本医疗保险费用,以及法律、行政法规规定应当支付给职工的补偿金。

(2) 破产人欠缴的除前项规定以外的社会保险费用和破产人所欠税款。

(3) 普通破产债权。

破产财产不足以清偿同一顺序的清偿要求的,按照比例分配。

3.《税收征收管理法》的规定

《税收征收管理法》第四十五条规定,税务机关征收税款,税收优先于无担保债权,法律另有规定的除外;纳税人欠缴的税款发生在纳税人以其财产设定抵押、质押或者纳税人的财产被留置之前的，税收应当先于抵押权、质权、留置权执行。

纳税人欠缴税款，同时又被行政机关决定处以罚款、没收违法所得的，税收优先于罚款、没收违法所得。

《税收征收管理法实施细则》第五十条规定，纳税人有解散、撤销、破产情形的，在清算前应当向其主管税务机关报告；未结清税款的，由其主管税务机关参加清算。

【例 9-25】 M 公司因经营不善宣告破产。破产时 M 公司破产财产的总价值 9 500 万元，发生破产费用 600 万元，欠职工工资和社会保险费用 1 800 万元，有设定抵押权的债务 5 500 万元，普通债务 6 700 万元，欠缴各种税款 2 200 万元（其中 1 500 万元欠税发生在设定抵押权债务之前）。

本例中，甲公司宣告破产时，破产财产的总价值 9 500 万元，破产费用、欠职工工资和社会保险费、各种欠税以及债务共计 16 800 万元，破产财产不足以清偿全部债务。甲公司应当按照以下顺序清偿债务：①破产费用 600 万元。②欠职工工资和社会保险费用 1 800 万元。③发生在抵押权债务之前的欠税 1 500 万元。④设定抵押权的债务 5 500 万元。⑤发生在抵押权债务之后的欠税 100 万元。

甲公司的破产财产清偿完以上债务后，发生在抵押权债务之后的欠税 600 万元（2 200 − 1 500 − 100），普通债务 6 700 万元无财产可供清偿，终止破产程序，企业宣告解散。

（三）剩余财产分配的注意事项

企业清算，被清算企业财产的分配应当注意以下问题：①被清算企业的财产大于各项债务总额的，清偿各项债务后，剩余财产按照股东的持股比例或出资比例分配给股东。②被清算企业的财产小于各项债务总额的，企业宣告破产，按照《企业破产法》和《税收征收管理法》的规定分配破产财产。在此情形下，被清算企业无剩余财产给股东分配。③无论被清算企业最终是否有财产缴纳税款，只要清算前有未结清税款的，税务机关都应当参与清算，计算清算环节应当缴纳的各项税金。如果被清算企业最终无财产缴纳税款，终止执行。

三、作为股东的居民企业应纳企业所得税额的确认

（一）作为股东的居民企业收回投资的所得税处理规定

《企业所得税法实施条例》第十一条规定，投资方企业从被清算企业分得的剩余资产，其中相当于从被清算企业累计未分配利润和累计盈余公积中应当分得的部分，应当确认为股息所得；剩余资产减除上述股息所得后的余额，超过或者低于投资成本的部分，应当确认为投资资产转让所得或者损失。

国家税务总局公告 2011 年第 34 号第五条规定，投资企业从被投资企业撤回或减少投资，其取得的资产中，相当于初始出资的部分，应确认为投资收回；相当于被投资企业累计未分配利润和累计盈余公积按减少实收资本比例计算的部分，应确认为股息所得；其余部分确认为投资资产转让所得。

《企业所得税法》第二十六条、《企业所得税法实施条例》第八十三条规定，符合条件的居民企业之间的股息、红利等权益性投资收益，为企业所得税的免税收入。

（二）作为股东的居民企业股息所得和投资转让所得的计算

$$\text{各股东应确认的股息所得}=\text{各股东应确认的累计盈余公积}+\text{各股东应确认的累计未分配利润}$$

$$\text{各股东应确认的累计盈余公积}=\text{被清算企业累计盈余公积总额}\times\text{各股东持有清算企业权益性投资的比例}$$

$$\text{各股东应确认的累计未分配利润}=\text{被清算企业累计未分配利润总额}\times\text{各股东持有清算企业权益性投资的比例}$$

$$\text{各股东应确认的投资资产转让所得或损失}=\text{各股东分得的剩余财产}-\text{各股东应确认的股息所得}-\text{投资成本}$$

（三）作为股东的居民企业收回投资的所得税处理

企业清算中，作为被清算企业股东的居民企业取得被清算企业分配的剩余财产，由投资成本、应享有被投资企业留存收益和投资资产转让所得三部分构成，其中应享有被投资企业留存收益应当确认为投资企业的股息所得。如果投资企业和被投资企业均为居民企业，股息所得属于企业所得税的免税收入，投资资产转让所得属于企业所得税的应税收入。如果投资企业确认的投资资产转让所得为负数（投资损失），投资损失可以按照税法规定在企业所得税税前扣除。

（四）作为股东的居民企业取得非货币性资产计税基础的确认

在企业清算中，作为被清算企业股东的居民企业自被清算企业剩余财产分配中取得的非货币性资产，除税法另有规定外，应当按照非货币性资产的可变现价值或交易价格确定计税基础。股东取得非货币性资产（如固定资产）计税基础的确认，将通过非货币性资产的后续计量（如固定资产折旧），影响股东以后期间应纳税所得额的确定。

【例 9-26】 甲公司的股东为 A 公司、B 公司，甲公司、A 公司、B 公司均为居民企业。A 公司、B 公司持有甲公司股份的比例分别为 60%、40%，投资成本分别为 720 万元、480 万元。2020 年年底，甲公司解散清算，清算时剩余财产的可变现价值 2 000 万元，累计盈余公积 500 万元，累计未分配利润 100 万元。

甲公司的股东 A 公司、B 公司的所得税处理如下：

应分得的剩余财产：

A 公司：2 000×60% = 1 200（万元）

B 公司：2 000×40% = 800（万元）

应确认的累计盈余公积和累计未分配利润：

A 公司：（500 + 100）×60% = 360（万元）

B 公司：（500 + 100）×40% = 240（万元）

应确认的投资资产转让所得：

A 公司：1 200 − 360 − 720 = 120（万元）

B 公司：800 − 240 − 480 = 80（万元）

A 公司、B 公司均为居民企业，其收回投资确认的股息所得免缴企业所得税，但是投资资产转让所得要并入各自的应纳税所得额缴纳企业所得税。A 公司、B 公司取得被清算企业分配的资产如果为非货币性资产，应当按照非货币性资产的可变现价值确认计税基础。

四、作为股东的非居民企业应纳企业所得税额的确认

我国税法规定，非居民企业对居民企业投资，自居民企业利润分配中取得的股息，属于企业所得税的应税收入，适用10%的税率（国内法规定）缴纳预提所得税，税款由被投资企业代扣代缴。非居民企业转让居民企业股权取得的所得，适用10%的税率（国内法规定）缴纳预提所得税，税款由股权的受让方代扣代缴。非居民企业所在国与我国签有税收协定的，股息所得和股权转让所得缴纳预提所得税，还应当遵守税收协定的规定。税收协定的规定与国内法的规定不一致的，税收协定的效力高于国内法的效力。

作为被清算企业股东的非居民企业自被清算企业分配中取得的剩余财产，也是由投资成本、应享有被投资方留存收益和投资资产转让所得三部分构成。作为股东的非居民企业在居民企业清算中应分配的剩余财产、应确认的股息所得、应确认的累计盈余公积、应确认的累计未分配利润、应确认的投资资产转让所得或损失的计算与居民企业相同，其中股息所得按照股息的相关规定缴纳预提所得税，投资资产转让所得按照财产转让所得的相关规定缴纳预提所得税。

作为被清算企业股东的非居民企业自被清算企业分配中取得的非货币性资产，除税法另有规定外，应当按照非货币性资产的可变现价值或交易价格确定计税基础。

【例9-27】 甲公司的股东为A公司、B公司，甲公司、A公司为居民企业，B公司为非居民企业。A公司、B公司持有甲公司股份的比例分别为60%、40%，投资成本分别为720万元、480万元。2020年底，甲公司解散清算，清算时剩余财产的可变现价值2 000万元，累计盈余公积500万元，累计未分配利润100万元。

甲公司的股东A公司、B公司的所得税处理如下：

应分得的剩余财产：

A公司：2 000×60% = 1 200（万元）

B公司：2 000×40% = 800（万元）

应确认的累计盈余公积和累计未分配利润：

A公司：(500 + 100)×60% = 360（万元）

B公司：(500 + 100)×40% = 240（万元）

应确认的投资资产转让所得：

A公司：1 200 − 360 − 720 = 120（万元）

B公司：800 − 240 − 480 = 80（万元）

A公司为居民企业，其确认的股息所得免税，但是投资资产转让所得要并入应纳税所得额缴纳企业所得税。

B公司为非居民企业，其确认的股息所得和投资资产转让所得，均要按照国内法或税收协定的规定缴纳预提所得税。

A公司、B公司取得被清算企业分配的资产如果为非货币性资产，应当按照非货币性资产的可变现价值确认计税基础。

五、作为股东的居民个人应纳个人所得税额的确认

(一) 作为股东的居民个人个人所得税处理规定

《个人所得税法》第六条第五项规定,财产转让所得,以转让财产的收入额减除财产原值和合理费用后的余额,为应纳税所得额。

国家税务总局公告2014年第67号第四条规定,个人转让股权,以股权转让收入减除股权原值和合理费用后的余额为应纳税所得额,按“财产转让所得”缴纳个人所得税。

合理费用是指股权转让时按照规定支付的有关税费。

(二) 作为股东的居民个人收回投资的个人所得税处理

作为被清算企业股东的居民个人自被清算企业分配中取得的剩余财产,实质上也是由投资成本、应享有被投资方留存收益和财产转让所得三部分构成。但是按照个人所得税的相关规定,个人股东在计算股权转让所得应纳个人所得税额时,以股权转让收入减除股权原值和合理费用后的余额为应纳税所得额,不得扣除股息所得。

作为被清算企业股东的居民个人自被清算企业清算分配中取得的非货币性资产,除税法另有规定外,应当按照非货币性资产的可变现价值或交易价格以及合理费用,确定非货币性资产的财产原值。

【例9-28】 甲公司的股东为A公司、自然人张某,甲公司、A公司为居民企业,张某为居民个人。A公司、张某持有甲公司股份的比例分别为60%、40%,投资成本分别为720万元、480万元。2020年年底,甲公司解散清算,清算时剩余财产的可变现价值2 000万元,累计盈余公积500万元,累计未分配利润100万元。

甲公司的股东A公司、张某的所得税处理如下:

应分得的剩余财产:

A公司:2 000×60%=1 200(万元)

张某:2 000×40%=800(万元)

应确认的累计盈余公积和累计未分配利润:

A公司:(500+100)×60%=360(万元)

张某:不确认应享有的累计盈余公积和累计未分配利润。

应确认的投资资产转让所得:

A公司:1 200-360-720=120(万元)

张某:800-480=320(万元)

A公司为居民企业,其确认的股息所得免税,但是投资资产转让所得要并入其应纳税所得额缴纳企业所得税。取得的资产如果为非货币性资产,应当按照可变现价值确认非货币性资产的计税基础。

张某为居民个人,张某不确认股息所得,确认的股权转让所得,适用20%的税率缴纳个人所得税。取得的资产如果为非货币性资产,应当按照可变现价值确认非货币性资产的财产原值。

六、作为股东的非居民个人应纳个人所得税额的确认

作为被清算企业股东的非居民个人自被清算企业分配中取得的剩余财产，个人所得税处理同居民个人，不确认股息所得，股权转让所得应纳个人所得税与居民个人基本相同。但是非居民个人所在国与我国签有税收协定的，股权转让所得缴纳个人所得税，还应当遵守税收协定的规定。税收协定的规定与国内法的规定不一致的，税收协定的效力高于国内法的效力。

作为被清算企业股东的非居民个人自被清算企业分配中取得的非货币性资产，除税法另有规定外，应当按照非货币性资产的可变现价值或交易价格以及合理税费，确定非货币性资产的财产原值。

【例 9-29】 甲公司的股东为自然人张某、约翰，甲公司为居民企业，张某为居民个人，约翰为非居民个人。张某、约翰持有甲公司股份的比例分别为 90%、10%，投资成本分别为 1 080 万元、120 万元。2020 年底，甲公司解散清算，清算时剩余财产的可变现价值 2 000 万元。按照约翰所在国与中国签订的税收协定，约翰持有甲公司股份未达到 25%，中国无征税权。

甲公司的股东张某、约翰的所得税处理如下：

应分得的剩余财产：

张某：$2\,000\times 90\% = 1\,800$（万元）

约翰：$2\,000\times 10\% = 200$（万元）

应确认的股权转让所得：

张某：$1\,800 - 1\,080 = 720$（万元）

约翰：$200 - 120 = 80$（万元）

张某为居民个人，张某确认的股权转让所得，应当按照财产转让所得，适用 20%的税率缴纳个人所得税。

约翰为非居民个人，约翰确认的股权转让所得，按照其所在国与中国签订的税收协定，中国对约翰无征税权。

张某、约翰取得的资产如果为非货币性资产，应当按照可变现价值确认非货币性资产的财产原值。

七、作为股东的合伙企业应纳所得税额的确认

（一）合伙企业所得税处理的相关规定

《中华人民共和国合伙企业法》（以下简称《合伙企业法》）第二条规定，该法所称合伙企业，是指自然人、法人和其他组织依照本法在中国境内设立的普通合伙企业和有限合伙企业。

普通合伙企业由普通合伙人组成，合伙人对合伙企业债务承担无限连带责任。本法对普通合伙人承担责任的形式有特别规定的，从其规定。

有限合伙企业由普通合伙人和有限合伙人组成，普通合伙人对合伙企业债务承担无限

连带责任，有限合伙人以其认缴的出资额为限对合伙企业债务承担责任。

《合伙企业法》第六条规定，合伙企业的生产经营所得和其他所得，按照国家有关税收规定，由合伙人分别缴纳所得税。

（二）作为股东的合伙企业收回投资的所得税处理

合伙企业所得税处理的基本内容：①合伙企业不缴纳任何所得税，合伙企业的所得税由合伙人缴纳。合伙人是自然人的，缴纳个人所得税。合伙人是法人的，缴纳企业所得税。②合伙企业的所得税实行先分后税制，合伙企业实现的所得先划分给合伙人（不是实际分配给合伙人），由合伙人纳税。③合伙人是自然人的，按照个体工商户的生产经营所得，适用五级超额累计税率缴纳个人所得税。合伙人是法人的，将合伙所得并入其应纳税所得额，缴纳企业所得税。④创业投资性质的合伙企业，所得税处理有特别规定（本文不作讨论）。

企业清算中，作为被清算企业股东的合伙企业通过被清算企业分配取得的剩余财产如何进行所得税处理，在财政部和国家税务总局层面的文件中无具体规定。理论上，合伙企业通过被清算企业分配取得的剩余财产，也是由投资成本、应享有被投资企业留存收益和投资资产转让所得三部分构成，其中应享有被投资企业留存收益应当确认为合伙企业的股息所得。但是在税收征管实务中，由于无具体的政策规定，税务机关一般不认可合伙企业确认股息所得。一般情况下，合伙企业是以收回剩余财产的可变现价值或交易价格减去投资成本，确认投资资产转让所得或损失。

作为被清算企业股东的合伙企业自被清算企业分配中取得的非货币性资产，除税法另有规定外，应当按照非货币性资产的可变现价值或交易价格确定其计税基础。

【例 9-30】 甲公司的股东为乙公司、丙合伙企业，甲公司、乙公司均为居民企业。乙公司、丙合伙企业持有甲公司股份的比例分别为60%、40%，投资成本分别为720万元、480万元。丙合伙企业的合伙人为A公司、自然人张某，A公司、张某持有丙合伙企业合伙份额的比例分别为70%、30%，投资成本分别为700万元、300万元。

2020年底，甲公司解散清算，清算时剩余财产的可变现价值2 000万元，累计盈余公积500万元，累计未分配利润100万元。

甲公司的股东乙公司、丙合伙企业以及丙合伙企业的合伙人A公司、张某的所得税处理，实务中常见的做法如下：

甲公司股东应分得的剩余财产：

乙公司：2 000×60%＝1 200（万元）

丙合伙企业：2 000×40%＝800（万元）

甲公司股东应确认的累计盈余公积和累计未分配利润：

乙公司：（500＋100）×60%＝360（万元）

丙合伙企业：不确认应享有的累计盈余公积和累计未分配利润。

甲公司股东应确认的投资资产转让所得：

乙公司：1 200－360－720＝120（万元）

丙合伙企业：800－480＝320（万元）

丙合伙企业合伙人划分的应纳税所得额：

A公司：320×70%＝224（万元）

张某：320×30%＝96（万元）

乙公司为居民企业，其确认的股息所得免税，但是投资资产转让所得要并入其应纳税所得额缴纳企业所得税。取得的资产如果为非货币性资产，应当按照可变现价值确认非货币性资产的计税基础。

丙合伙企业确认的投资资产转让所得并入合伙企业的所得，划分给合伙人，由合伙人缴纳所得税。取得的资产如果为非货币性资产，应当按照可变现价值确认非货币性资产的计税基础。

丙合伙企业的法人合伙人A公司自合伙企业划分的所得，并入A公司的应纳税所得额，缴纳企业所得税。

丙合伙企业的自然人合伙人张某自合伙企业划分的所得，按照个体工户的生产经营所得，适用五级超额累进税率，缴纳个人所得税。

八、作为股东的个人独资企业应纳所得税额的确认

（一）个人独资企业所得税处理的相关规定

财税〔2000〕91号文第三条、第四条规定，个人独资企业以投资者为纳税义务人，以每一纳税年度的收入总额减除成本、费用以及损失后的余额，作为投资者个人的生产经营所得，比照个人所得税法的“个体工商户的生产经营所得”应税项目（注：新个人所得税法中为经营所得），适用5%～35%的五级超额累进税率，计算征收个人所得税。

（二）作为股东的个人独资企业收回投资的所得税处理

企业清算中，作为被清算企业股东的个人独资企业自被清算企业分配中取得的剩余财产，理论上也是由投资成本、应享有被投资企业留存收益和投资资产转让所得三部分构成，其中应享有被投资企业留存收益应当确认为股息所得。但是按照现行个人所得税的政策规定，个人独资企业自被清算企业分配中取得的剩余财产，不确认股息所得。个人独资企业以收回剩余财产的可变现价值或交易价格减去投资成本，确认投资资产转让所得或损失，由其投资者按照个人所得税的规定缴纳个人所得税。

作为被清算企业股东的个人独资企业自被清算企业分配中取得的非货币性资产，除税法另有规定外，应当按照非货币性资产的可变现价值或交易价格以及合理费用，确定非货币性资产的财产原值。

【例9-31】 甲公司的股东为A公司、B个人独资企业，甲公司、A公司为居民企业。A公司、B个人独资企业持有甲公司股份的比例分别为60%、40%，投资成本分别为720万元、480万元。2020年底，甲公司解散清算，清算时剩余财产的可变现价值2 000万元，累计盈余公积500万元，累计未分配利润100万元。

甲公司的股东A公司、B个人独资企业的所得税处理如下：

应分得的剩余财产：

A公司：2 000×60%＝1 200（万元）

B个人独资企业：2 000×40% = 800（万元）

应确认的累计盈余公积和累计未分配利润：

A公司：(500 + 100)×60% = 360（万元）

B个人独资企业：不确认应享有的累计盈余公积和累计未分配利润。

应确认的投资资产转让所得：

A公司：1 200 − 360 − 720 = 120（万元）

B个人独资企业：800 − 480 = 320（万元）

A公司为居民企业，其确认的股息所得免税，但是投资资产转让所得应当并入其应纳税所得额缴纳企业所得税。取得的资产如果为非货币性资产，应当按照可变现价值确认非货币性资产的计税基础。

B个人独资企业不确认股息所得，确认的股权转让所得，并入其应纳税所得额，由其投资者适用五级超额累进税率缴纳个人所得税。取得的资产如果为非货币性资产，应当按照可变现价值确认非货币性资产的财产原值。

第四节　企业重组业务中企业清算的所得税处理

一、企业重组业务中的企业清算

企业重组的类型包括企业法律形式改变、债务重组、股权收购、资产收购、企业合并、企业分立、资产划转等。

企业重组业务中涉及的企业清算，主要是企业法律形式改变、企业合并、企业分立三种重组方式。

二、企业重组业务中企业清算的纳税主体

企业重组业务中涉及企业清算的纳税主体，视重组方式的不同而有所不同。①因企业法律形式改变而进行的企业清算，涉及的纳税主体主要是被清算企业和被清算企业的股东。②因企业合并而进行的企业清算，涉及的纳税主体主要是合并企业、被合并企业以及被合并企业的股东。③因企业分立而进行的企业清算，涉及的纳税主体主要是被分立企业、分立企业以及被分立企业的股东。

三、企业重组业务中企业清算的所得税处理原则

企业重组业务中涉及企业清算的所得税处理，包括一般性税务处理和特殊性税务处理。

适用一般性税务处理规定的企业重组，企业所得税处理的原则是：重组各方在重组过程中转让的资产，确认资产转让所得；在重组过程中取得的资产，按照公允价值确认资产的计税基础。

适用特殊性税务处理规定的企业重组，企业所得税处理的原则是：重组各方在重组过程中转让的资产，不确认资产转让所得；在重组过程中取得的资产，以该资产的原计税基础作为计税基础。

为简化分析，本章中所述适用特殊性税务处理规定的企业重组，均假定重组对价100%以股权支付。

四、企业因法律形式改变而清算的所得税处理

(一) 企业法律形式改变的内容

企业法律形式改变，是指企业注册名称、住所以及企业组织形式等的简单改变。企业由法人转变为个人独资企业、合伙企业等非法人组织，或将登记注册地转移至中华人民共和国境外(包括港澳台地区)，均属于企业法律形式的改变。

(二) 企业法律形式改变的所得税处理

企业由法人转变为个人独资企业、合伙企业等非法人组织，或将登记注册地转移至中华人民共和国境外(包括港澳台地区)，应视同企业进行清算、分配，股东重新投资成立新企业进行所得税处理。改变法律形式的企业应当按照清算确认清算所得，缴纳清算环节的企业所得税。法人股东应当按照企业清算的相关规定确认股息所得和股权转让所得，缴纳企业所得税。自然人股东应当按照收回投资的相关规定确认股权转让所得，缴纳个人所得税。

(三) 企业法律形式改变后资产计税基础的确认

企业由法人转变为个人独资企业、合伙企业等非法人组织，非法人组织承继原企业的各项资产、负债，原则上以改变法律形式时该资产、负债的公允价值作为计税基础。合伙企业的合伙人(即改变法律形式企业的原股东)取得合伙企业的份额，或个人独资企业的投资人(即改变法律形式企业的原股东)取得个人独资企业的财产权，原则上按照清算时被清算企业净资产的公允价值确认计税基础。

【例9-32】 A公司有甲公司、乙公司两个投资人。A公司变更为合伙企业，变更时资产公允价值10 000万元，计税基础6 000万元；负债计税基础3 500万元，需偿还金额3 000万元；留存收益800万元。甲公司持有A公司60%的股份，初始投资额为900万元。

以上业务，A公司变更为合伙企业，属于企业法律形式的改变，A公司应当按照企业清算进行所得税处理(为简化分析，本例不考虑与企业清算相关的税费)：

清算所得：资产处置损益(10 000－6 000)＋负债清偿损益(3 500－3 000)＝4 500(万元)。

应纳清算所得税额：4 500×25%＝1 125(万元)

税后留存收益：4 500－1 125＝3 375(万元)

总留存收益：800＋3 375＝4 175(万元)

A公司变更为A合伙企业后，A合伙企业资产、负债的计税基础按照公允价值确认。

A公司的股东甲公司应当按照清算进行所得税处理：

A公司剩余财产总额：资产公允价值(10 000)－负债清偿金额(3 000)－清算所得税额(1 125)＝5 875(万元)

甲公司享有剩余财产：5 875×60% = 3 526（万元）

甲公司应享有留存收益：4 175×60% = 2 505（万元）

甲公司的资产处置损益：3 525 − 900 − 2 505 = 120（万元）

甲公司持有合伙企业份额的计税基础：3 526（万元）

本例中，甲公司确认的股息所得 2 505 万元，如果 A 公司、甲公司均是居民企业，免缴企业所得税。但是甲公司确认的资产处置损益 120 万元，应当按照税法规定缴纳企业所得税。

五、因企业合并而清算的所得税处理

（一）企业合并中的纳税主体

企业合并是指将两个或两个以上的企业合并为一个企业，企业合并包括吸收合并和新设合并。

吸收合并是指合并企业吸收合并被合并企业，合并后被合并企业解散，合并企业存续。如 A 公司吸收合并 B 公司，合并后 B 公司解散，A 公司存续。

新设合并是指参与合并的各企业合并为一个企业，合并后原企业均解散，取而代之的是合并后的新企业。如 A 公司、B 公司合并，合并后 A 公司、B 公司均解散，新设 C 公司。

吸收合并中，被合并企业解散清算；新设合并中，合并各方均解散清算。无论是何种形式的企业合并，被合并企业解散，被合并企业股东注销被合并企业股权，均涉及企业清算的所得税处理。

（二）企业合并的所得税处理

企业合并的所得税处理，分为一般性税务处理和特殊性税务处理两种类型。

企业合并适用一般性税务处理，①被合并企业应当按照清算进行所得税处理，确认清算所得，缴纳清算环节的所得税。②合并企业取得的合并资产，以公允价值作为计税基础。③被合并企业股东注销的被合并企业股权，按照撤资进行所得税处理。法人股东确认股息所得和股权转让所得，缴纳企业所得税；个人股东确认股权转让所得，缴纳个人所得税。④被合并企业股东取得的合并对价如果是非货币性资产，按照公允价值确认计税基础或财产原值。

企业合并适用特殊性税务处理，①被合并企业原则上不确认清算所得，无清算环节的所得税。②合并企业取得的合并资产，以该资产的原计税基础作为计税基础。③被合并企业股东注销的被合并企业股权，法人股东不确认股息所得和股权转让所得，不涉及企业所得税；个人股东确认股权转让所得，缴纳个人所得税。④被合并企业股东取得的合并对价如果是非货币性资产，法人股东以注销被合并企业股权的计税基础作为取得非货币性资产的计税基础；个人股东以取得非货币性资产的公允价值作为财产原值。

【例 9-33】 B 公司的股东是甲公司。A 公司吸收合并 B 公司，合并后 B 公司解散清算。合并时 B 公司资产的公允价值 10 000 万元，计税基础 6 000 万元。A 公司以本公司股权给甲公司支付合并对价，股权的公允价值 10 000 万元。合并后，甲公司注销 B 公司股权，取得 A 公司股权，甲公司持有 B 公司股权的初始投资成本为 3 000 万元。

本例中，如果该企业合并适用一般性税务处理，B公司在合并当期确认清算所得4 000万元（10 000－6 000）。A公司取得的合并资产，以公允价值10 000万元作为计税基础。甲公司在合并当期确认的股权转让所得为7 000万元（10 000－3 000），甲公司取得A公司股权，以公允价值10 000万元作为计税基础。

本例中，如果该企业合并适用特殊性税务处理，B公司在合并当期不确认清算所得。A公司取得的合并资产，以该资产的原计税基础6 000万元作为计税基础。甲公司在合并当期不确认股权转让所得，甲公司取得A公司股权，以原持有B公司股权的计税基础3 000万元作为计税基础。

（三）企业合并中的税负转嫁和递延纳税问题

企业合并适用特殊性税务处理，存在税负转嫁和递延纳税的问题。①就合并企业和被合并企业而言，存在税负转嫁问题，将本应由被合并企业在合并当期缴纳的税收转嫁给合并企业，由合并企业在合并后缴纳。②就被合并企业的股东而言，存在递延纳税问题，将本应由被合并企业股东在合并当期缴纳的税收递延到合并后缴纳。

企业合并中的税负转嫁和递延纳税问题，详见本书第五章第三节企业合并的所得税处理。由于适用特殊性税务处理的企业合并存在税负转嫁和递延纳税问题，因此合并各方在确定合并对价时，应当充分考虑税负转嫁和递延纳税对合并对价的影响，避免加重己方的税收负担。

六、因企业分立而清算的所得税处理

（一）企业分立中的纳税主体

企业分立是指将一个企业分立为两个或两个以上的企业，企业分立包括派生分立和新设分立。

派生分立是从被分立企业中分离出分立企业，分立后被分立企业存续。如从A公司中派生分立出B公司，分立后A公司存续。

新设分立是从被分立企业中分离出分立企业，分立后被分立企业解散。如A公司新设分立为B公司、C公司，分立后A公司解散。

新设分立涉及企业清算。新设分立中被分立企业解散，被分立企业股东注销被分立企业股权，取得分立企业股权，被分立企业以及被分立企业股东均应当按照企业清算进行所得税处理。

（二）企业分立的所得税处理

企业分立的所得税处理，分为一般性税务处理和特殊性税务处理两种类型。

涉及企业清算的新设分立，如果适用一般性税务处理，①被分立企业应当按照清算进行所得税处理，确认清算所得，缴纳清算环节的所得税。②分立企业取得的分立资产，以公允价值作为计税基础。③被分立企业股东注销的被分立企业股权，按照撤资进行所得税处理。法人股东确认股息所得和股权转让所得，缴纳企业所得税；个人股东确认股权转让所得，缴纳个人所得税。④被分立企业股东取得的分立对价如果有非货币性资产，按照公允价值确认计税基础或财产原值。

涉及企业清算的新设分立，如果适用特殊性税务处理，①被分立企业不确认清算所得，无清算环节的所得税。②分立企业取得的资产，以该资产的原计税基础作为计税基础。③被分立企业股东注销的被分立企业股权，不确认股权转让所得。④被分立企业股东取得的分立对价如果是非货币性资产（如分立企业股权），原则上以注销被分立企业股权的计税基础作为取得非货币性资产的计税基础。

【例 9-34】 A 公司的股东为甲公司，A 公司新设分立为 B 公司、C 公司，分立后 A 公司解散清算。A 公司分立给 B 公司的资产公允价值 10 000 万元，计税基础 6 000 万元；分立给 C 公司的资产公允价值 8 000 万元，计税基础 5 000 万元。分立后，甲公司注销 A 公司股权，取得 B 公司、C 公司股权。甲公司持有 A 公司股权的计税基础为 3 000 万元。

本例中，如果该企业分立适用一般性税务处理，A 公司在分立当期确认清算所得 7 000 万元[(10 000－6 000)＋(8 000－5 000)]。B 公司、C 公司取得的分立资产，以公允价值 10 000 万元、8 000 万元作为计税基础。甲公司在分立当期确认 15 000 万元(10 000＋8 000－3 000)的股权转让所得，甲公司取得 B 公司、C 公司股权，以公允价值 10 000 万元、8 000 万元作为计税基础。

本例中，如果该企业分立适用特殊性税务处理，A 公司在分立当期不确认清算所得。B 公司、C 公司取得的分立资产，以该资产的原计税基础 6 000 万元、5 000 万元作为计税基础。甲公司在分立当期不确认股权转让所得，取得 B 公司、C 公司股权，以原持有 A 公司股权的计税基础作为计税基础，B 公司股权的计税基础为 1 667 万元(3 000×10 000/18 000)，C 公司股权的计税基础为 1 333 万元(3 000×8 000/18 000)。

(三) 企业分立中的税负转嫁和递延纳税问题

企业分立适用特殊性税务处理，存在税负转嫁和递延纳税的问题。①就分立企业和被分立企业而言，存在税负转嫁问题，将本应由被分立企业在分立当期缴纳的税收转嫁给分立企业，由分立企业在分立后缴纳。②就被分立企业的股东而言，存在递延纳税问题，将本应由被分立企业股东在分立当期缴纳的税收递延到分立后缴纳。

企业分立中的税负转嫁和递延纳税问题，详见本书第六章第三节企业分立的所得税处理。由于适用特殊性税务处理的企业分立存在税负转嫁和递延纳税问题，因此分立各方在确定分立对价时，应当充分考虑税负转嫁和递延纳税对分立对价的影响，避税加重己方的税收负担。

第五节　企业清算业务其他税收的处理

一、企业清算业务中的增值税处理

(一) 企业清算中增值税的涉税事项

企业清算中增值税的涉税事项包括：①纳税主体。纳税主体包括被清算企业、被清算企业的股东以及其他当事人。②应税行为。主要是指资产的转让方是否应当缴纳增值税。③进项税额抵扣。主要指资产的受让方有无增值税项税额可抵;资产转让方未抵扣完的增值税进项税额,资产受让方能否继续抵扣。

(二) 企业清算中增值税处理的有关规定

《增值税暂行条例实施细则》第四条第七项规定,单位或者个体工商户将自产、委托加工或者购进的货物分配给股东或者投资者,视同销售货物。

国家税务总局公告2011年第13号规定,纳税人在资产重组过程中,通过合并、分立、出售、置换等方式,将全部或者部分实物资产以及与其相关联的债权、负债和劳动力一并转让给其他单位和个人,不属于增值税的征税范围,其中涉及的货物转让,不在增值税征税范围内,不征收增值税。

财税〔2016〕36号附件2第一条第二项第五目规定,在资产重组过程中,通过合并、分立、出售、置换等方式,将全部或者部分实物资产以及与其相关联的债权、负债和劳动力一并转让给其他单位和个人,其中涉及的不动产、土地使用权的转让,不在增值税征税范围内,不征收增值税。

国家税务总局公告2012年第55号规定,增值税一般纳税人(以下称"原纳税人")在资产重组过程中,将全部资产、负债和劳动力一并转让给其他增值税一般纳税人(以下称"新纳税人"),并按程序办理注销税务登记的,其在办理注销登记前尚未抵扣的进项税额可结转至新纳税人处继续抵扣。

(三) 企业清算中增值税的处理原则

企业清算中增值税的处理原则是:①只要资产的所有权发生转移,原则上资产转让方应当确认增值税销项税额,资产受让方抵扣增值税进项税额。②资产、负债、劳动力一并转移的,不在增值税征税范围内,不缴纳增值税。③资产、负债、劳动力一并转移,且资产转让方注销的,资产转让方未抵扣完的增值税进项税额,结转至资产受让方继续抵扣。

需要强调的是,在企业清算过程中,被清算企业无论是将资产处置给第三方还是分配给股东,资产的所有权均发生了转移,被清算企业都应当缴纳增值税。被清算企业股东自被清算企业分配中取得的非货币性资产,如果取得了被清算企业开具的增值税专用发票,可以抵扣增值税进项税额。但是在税收征管实务中,财务从业人员往往将公司和股东的主体资格混同,认为公司和股东是一体的,认为被清算企业分配给股东的资产,不应当缴纳增值税,这是认识上的误区。

【例9-35】 2012年,N公司以非货币性资产投资设立M公司,N公司投入M公司的非货币性资产中有一项土地使用权,投资时作价20 000万元。2020年,M公司因公司违反环境保护方面的法律法规,被国家有关部门责令解散清算,清算时N公司自M公司收回了该项土地使用权,收回时该项土地使用权可变现价值50 000万元。

本例中,2012年N公司将土地使用权投入M公司时,土地使用权的权属自N公司转移给M公司。按照财税〔2002〕191号文关于"以无形资产、不动产投资入股,与接受投资方利润分配,共同承担投资风险的行为,不征收营业税"的规定,N公司未缴纳营业税。

2020年M公司清算时,N公司自M公司收回了该项土地使用权,土地使用权的权属自M公司转移给N公司。按照财税〔2016〕36号文及配套文件的规定，M公司应当按照简易计税方法计算缴纳增值税，增值税的销售额为土地使用权的可变现价值50 000万元。

（四）企业法律形式改变中的增值税处理

企业法律形式改变，是指企业注册名称、住所以及企业组织形式等的简单改变。企业由法人转变为个人独资企业、合伙企业等非法人组织，或将登记注册地转移至中华人民共和国境外（包括港澳台地区），均属于企业法律形式改变。

企业法律形式改变的增值税处理，在财政部和国家税务总局层面的文件中没有具体规定。从理论上讲，如果企业仅是法律形式的简单改变，企业的投资人未发生变动，则资产的所有权未发生实质性转移，无增值税的应税行为，理论上不应当缴纳增值税。

【例9-36】 A公司有甲公司、乙公司两个投资人。A公司变更为合伙企业，甲公司、乙公司成为合伙企业的合伙人，变更时A公司资产的公允价值5 500万元，计税基础3 600万元；负债的计税基础3 500万元，需偿还金额3 000万元。

本例中，A公司变更为合伙企业，属于企业法律形式的简单改变。企业法律形式改变后，企业的投资人未发生变化，资产只是由A公司更名到A合伙企业名下，资产所有权未发生转移，无增值税应税行为。理论上，企业变更法律形式涉及的非货币性资产变更，不在增值税的征税范围内，不应当缴纳增值税。

（五）企业合并业务中的增值税处理

企业合并，被合并企业的资产、负债、人员并入合并企业，被合并企业解散。合并企业取得被合并企业的资产，给被合并企业的股东支付合并对价。①被合并企业并入合并企业的资产，不在增值税征税范围内，不缴纳增值税。②合并企业取得的合并资产，无增值税进项税额可以抵扣。被合并企业未抵扣完的增值税进项税额，可以由合并企业继续抵扣。③被合并企业股东取得的合并对价，如果有增值税的应税资产，且取得了合并企业开具的增值税专用发票，可以抵扣增值税进项税额。

企业合并，如果被合并企业仅是将资产、负债并入合并企业，无劳动力的转移，则被合并方并入合并方的增值税应税资产，应当计算增值税销项税额。合并方取得的非货币性资产，如果取得了被合并方开具的增值税专用发票，可以抵扣增值税进项税额。

【例9-37】 B公司的股东是甲公司。A公司吸收合并B公司，B公司将其全部资产、负债、劳动力并入A公司，合并对价额为合并时B公司净资产的公允价值16 500万元。A公司以公允价值10 000万元的本公司股权和公允价值6 500万元的一项土地使用权给甲公司支付合并对价。合并时B公司资产、负债的构成情况如表9-1所示。

表9-1　　被合并企业B公司资产、负债构成情况　　单位：万元

资产	账面价值	公允价值	权益	账面价值	公允价值
存货	1 000	1 200	短期借款	2 500	2 500
设备	3 000	5 800	应付账款	4 000	4 000
厂房	5 000	6 000	所有者权益	10 500	16 500
土地使用权	8 000	10 000			
合　计	17 000	23 000	合　计	17 000	23 000

本例中，A公司吸收合并B公司，B公司将其全部资产、负债和劳动力并入A公司，其中涉及非货币性资产所有权的转移，不在增值税征税范围内，B公司不计算增值税销项税额，A公司无增值税进项税额可抵。

A公司据以支付合并对价的土地使用权，应当计算增值税销项税额。甲公司取得的土地使用权，如果取得了A公司开具的增值税专用发票，可以抵扣增值税进项税额。

（六）企业分立业务中的增值税处理

企业分立中的新设分立涉及企业清算问题。新设分立，被分立企业将其资产、负债、人员分离给分立企业，被分立企业解散，被分立企业的股东注销被分立企业股权，取得分立企业股权。①被分立企业分离给分立企业的资产，不在增值税征税范围内，不缴纳增值税。②分立企业取得的分立资产，无增值税进项税额可抵。但被分立企业未抵扣完的增值税进项税额，可以结转至分立企业继续抵扣。③被分立企业股东取得的分立对价，如果有增值税的应税资产，且取得了资产转让方开具的增值税专用发票，可以抵扣增值税进项税额。

企业分立，如果被分立企业仅是将资产、负债分离给分立企业，无劳动力的转移，则被分立方分离给分立方的增值税应税资产，应当计算增值税销项税额。分立方取得的非货币性资产，如果取得了被分立方开具的增值税专用发票，可以抵扣增值税进项税额。

【例9-38】 A公司的股东为甲公司，A公司新设分立为B公司、C公司，分立后A公司解散清算。A公司分立给B公司的资产，公允价值10 000万元，计税基础6 000万元；分立给C公司的资产，公允价值8 000万元，计税基础5 000万元。分立后，甲公司注销A公司股权，取得B公司、C公司股权。

本例中，A公司新设分立为B公司、C公司，A公司将其全部资产、负债和劳动力转移给B公司、C公司，其中涉及非货币性资产所有权的转移，不在增值税征税范围内，A公司不计算增值税销项税额，B公司、C公司无增值税进项税额可抵。甲公司取得的分立对价为B公司、C公司股权，不涉及增值税问题。

二、企业清算业务中的土地增值税处理

（一）企业清算中土地增值税的涉税事项

企业清算中土地增值税的涉税事项包括：①纳税主体。纳税主体是转让国有土地使用权及其地上建筑物（以下简称房地产）的被清算企业。②应税行为。应税行为指被清算企业在清算中转让的房地产是否缴纳土地增值税。③房地产计税基础的确认。房地产计税基础的确认指受让方受让的房地产如何确认财产原值。

（二）企业清算中土地增值税处理的有关规定

《土地增值税暂行条例》第二条规定，转让国有土地使用权、地上的建筑物及其附着物（以下简称转让房地产）并取得收入的单位和个人，为土地增值税的纳税义务人（以下简称纳税人），应当依照本条例缴纳土地增值税。

《财政部 国家税务总局关于继续实施企业改制重组有关土地增值税政策的通知》（财税〔2018〕57号）文关于企业改制重组土地增值税处理的基本原则是，房地产转让方转让的

房地产，暂不征收土地增值税；房地产受让方取得的房地产，土地增值税计税基础不变。

（三）企业清算中土地增值税的处理原则

企业清算中土地增值税的处理原则是：①只要房地产的所有权发生转移，原则上房地产的转让方应当缴纳土地增值税，房地产的受让方以房地产交易价格作为土地增值税的计税基础。②企业改制重组中涉及房地产所有权的转移，资产的转让方暂不缴纳土地增值税；资产受让方受让的房地产，土地增值税的计税基础不变。

需要强调的是，在企业清算过程中，被清算企业无论是将房地产处置给第三方还是分配给股东，房地产的所有权均发生了转移，被清算企业都应当缴纳土地增值税。但是在征管实务中，财务从业人员往往将公司和股东的主体资格混同，认为公司和股东是一体的，认为被清算企业分配给股东的房地产，不应当缴纳土地增值税，这是认识上的误区。

【例 9-39】 2012 年，N 公司以非货币性资产投资设立 M 公司，N 公司投入 M 公司的非货币性资产中有一项土地使用权，投资时作价 20 000 万元。2020 年，M 公司因公司违反环境保护方面的法律法规，被国家有关部门责令解散清算，清算时 N 公司自 M 公司收回了该项土地使用权，收回时该项土地使用权可变现价值 50 000 万元。

本例中，2012 年 N 公司将土地使用权投入 M 公司时，土地使用权的权属自 N 公司转移给 M 公司。按照财税〔1995〕48 号、财税〔2006〕21 号文的规定，由于 N 公司、M 公司均不是从事房地产开发的企业，N 公司以房地产投资 M 公司，免征土地增值税。

2020 年 M 公司清算时，N 公司自 M 公司收回了该项土地使用权，土地使用权的权属自 M 公司转移给 N 公司。按照《土地增值税暂行条例》的规定，不动产权属发生转移，M 公司应当缴纳土地增值税，土地增值税的收入额为土地使用权的可变现价值 50 000 万元。

（四）企业法律形式改变中的土地增值税处理

财税〔2018〕57 号文将企业改制重组暂不征收土地增值税的条件，限定在非公司制企业整体改制为有限责任公司或者股份有限公司，有限责任公司（股份有限公司）整体改制为股份有限公司（有限责任公司）。对于企业由法人转变为个人独资企业、合伙企业等非法人组织，涉及不动产的变更是否缴纳土地增值税，在财政部和国家税务总局层面的文件中无具体规定。

从理论上讲，征收土地增值税以房地产所有权发生转移为前提条件，如果房地产所有权未发生转移，不存在缴纳土地增值税的问题。企业由法人转变为个人独资企业、合伙企业，如果仅是法律形式的简单改变，企业的投资人未发生变动，资产的所有权未发生实质性转移，无土地增值税的应税行为，理论上不应当缴纳土地增值税。

【例 9-40】 A 公司有甲公司、乙公司两个投资人。A 公司变更为合伙企业，甲公司、乙公司成为合伙企业的合伙人，变更时 A 公司资产的公允价值 5 500 万元，计税基础 3 600 万元；负债的计税基础 3 500 万元，需偿还金额 3 000 万元。

本例中，A 公司变更为合伙企业，属于企业法律形式的简单改变。企业法律形式改变后，企业的投资人未发生变化，资产只是由 A 公司更名到 A 合伙企业名下，资产（含房地产）的所有权未发生转移，无土地增值税的应税行为。企业变更法律形式涉及的房地产变更，不在土地增值税的征税范围内，不应当缴纳土地增值税。

（五）企业合并业务中的土地增值税处理

企业合并，被合并企业的资产（含房地产）、负债、人员并入合并企业，被合并企业解散。合并企业取得被合并企业的资产，给被合并企业的股东支付合并对价。①被合并企业并入合并企业的房地产，暂不征收土地增值税。②合并企业取得的房地产，土地增值税的计税基础是该房地产的原值，不是合并时对房地产的作价。③被合并企业的股东一般不涉及土地增值税问题。

【例 9-41】 B 公司的股东为甲公司。A 公司吸收合并 B 公司，B 公司解散，B 公司的一项土地使用权也并入 A 公司，该土地使用权的购置原价 5 000 万元，合并时作价 6 600 万元。合并时，A 公司以本公司股权给 B 公司的股东甲公司支付合并对价。合并后，A 公司将该土地使用权转让给 C 公司，转让价格 8 000 万元。

本例中，A 公司吸收合并 B 公司，B 公司的土地使用权并入 A 公司。按照财税〔2018〕57 号文的规定，B 公司暂不缴纳土地增值税。A 公司取得该土地使用权后，该土地使用权土地增值税的计税基础为 5 000 万元。A 公司将该土地使用权转让给 C 公司后，计算土地增值税时，可扣除的土地使用权价款为该土地使用权在 B 公司的购置原价 5 000 万元，而不是合并时的作价 6 600 万元。

（六）企业分立业务中的土地增值税处理

企业分立中的新设分立，被分立企业将其资产、负债、人员分离给分立企业，被分立企业解散，被分立企业的股东注销被分立企业股权，取得分立企业股权。①被分立企业分离给分立企业的房地产，暂不征收土地增值税。②分立企业取得的房地产，土地增值税的计税基础是该房地产的原值，不是分立时对房地产的作价。③被分立企业的股东一般不涉及土地增值税问题。

【例 9-42】 A 公司的股东为甲公司。A 公司新设分立为 B 公司、C 公司，A 公司解散。A 公司的一项土地使用权分离给 B 公司，该土地使用权的购置原价 4 500 万元，分立时作价 5 300 万元。分立时甲公司注销 A 公司股权，取得 B 公司、C 公司股权。分立后 B 公司将该土地使用权转让给 D 公司，转让价格 6 500 万元。

本例中，A 公司分立为 B 公司、C 公司，A 公司的土地使用权分离给 B 公司。按照财税〔2018〕57 号文的规定，A 公司暂不缴纳土地增值税；B 公司取得该土地使用权后，该土地使用权土地增值税的计税基础为 4 500 万元。B 公司将该土地使用权转让给 D 公司后，计算土地增值税时，可扣除的土地使用权价款为该土地使用权在 A 公司的购置原价 4 500 万元，而不是分立时的作价 5 300 万元。

三、企业清算业务中契税的处理

（一）企业清算中契税的涉税事项

企业清算中契税的涉税事项包括：①纳税主体。纳税主体是接受被清算企业土地、房屋权属的被清算企业股东或第三人。②应税行为。应税行为主要是指接受被清算企业土地、房屋权属的被清算企业股东或第三人是否缴纳契税。

（二）企业清算中契税处理的有关规定

《中华人民共和国契税法》第一条规定，在中华人民共和国境内转移土地、房屋权属，承受的单位和个人为契税的纳税人，应当依照本法规定缴纳契税。

《财政部 国家税务总局关于继续支持企业事业单位改制重组有关契税政策的通知》（财税〔2018〕17 号）文关于企业改制重组契税处理的基本原则是，从最终控制人的立场看，只要土地、房屋权属未发生实质性转移，免征契税。

（三）企业清算中契税的处理原则

企业清算中契税的处理原则是：①只要房屋、土地的所有权发生转移，原则上接受土地、房屋权属的单位或个人应当缴纳契税。②企业改制重组中涉及房屋、土地权属的转移，从最终控制人的立场看，只要土地、房屋权属未发生实质性转移，免征契税。

【例 9-43】 2010 年，N 公司以非货币性资产投资参与设立 M 公司，持有 M 公司 60% 的股份。N 公司投入 M 公司的非货币性资产中有一项土地使用权，投资时作价 20 000 万元。2020 年，M 公司因故解散清算，清算时 N 公司自 M 公司收回了该项土地使用权，收回时该项土地使用权可变现价值 50 000 万元。

本例中，2010 年 N 公司将土地使用权投入 M 公司时，土地使用权的权属自 N 公司转移给 M 公司，M 公司应当缴纳契税，契税的计税依据为投资时土地使用权的作价 20 000 万元。2020 年 M 公司清算时，N 公司自 M 公司收回了该项土地使用权，土地使用权的权属自 M 公司转移给 N 公司，N 公司应当缴纳契税，契税的计税依据为土地使用权的可变现价值 50 000 万元。

本例中，如果 N 公司自投资 M 公司至 M 公司解散清算，均持有 M 公司 100% 的股权，M 公司是 N 公司的全资子公司，则 N 公司以土地使用权投资设立 M 公司时，M 公司免缴契税。M 公司清算时，N 公司自 M 公司收回该项土地使用权，N 公司免缴契税。

（四）企业法律形式改变中的契税问题

财税〔2018〕17 号文将企业改制重组免征契税的条件，限定在非公司制企业改制为有限责任公司或股份有限公司，有限责任公司变更为股份有限公司，股份有限公司变更为有限责任公司。对于企业由法人转变为个人独资企业、合伙企业等非法人组织，涉及土地、房屋权属的变更如何缴纳契税，在财政部和国家税务总局层面的文件中无具体规定。

从契税的立法精神看，企业改制重组是否免征契税，是从土地、房屋权属最终控制人的立场看待问题。如果从土地、房屋权属最终控制人的立场看，土地、房屋权属未发生实质性转移，仍在最终控制人的控制之下，免征契税。企业由法人转变为个人独资企业、合伙企业，如果仅是法律形式的简单改变，企业的投资人未发生变动，资产的所有权未发生实质性转移，理论上应当免征契税。

【例 9-44】 A 公司有甲公司、乙公司两个投资人。A 公司变更为合伙企业，甲公司、乙公司成为合伙企业的合伙人，变更时 A 公司资产的公允价值 5 500 万元，计税基础 3 600 万元；负债的计税基础 3 500 万元，需偿还金额 3 000 万元。

本例中，A 公司变更为合伙企业，属于企业法律形式的简单改变。企业法律形式改变后，投资人未发生变化，土地、房屋权属只是从A公司更名到A合伙企业名下，所有权未发生转移，理论上应当免征契税。

（五）企业合并业务中契税的处理

企业合并，被合并企业的资产（含土地、房屋）、负债、人员并入合并企业，被合并企业解散；合并企业取得被合并企业的资产，给被合并企业的股东支付合并对价。企业合并，合并企业取得被合并企业的土地、房屋权属，免征契税。

【例9-45】 B公司的股东为甲公司。A公司吸收合并B公司，B公司解散，B公司的一项土地使用权并入A公司。合并时，该土地使用权作价3 200万元。本例中，A公司吸收合并B公司，B公司的土地使用权并入A公司，按照财税〔2018〕17号文的规定，A公司取得B公司的土地使用权，免缴契税。

（六）企业分立业务中契税的处理

企业分立中的新设分立，被分立企业将其资产（含土地、房屋）、负债、人员分离给分立企业，被分立企业解散，被分立企业的股东注销被分立企业股权，取得分立企业股权。企业分立中，分立企业取得被分立企业的土地、房屋权属，免征契税。

【例9-46】 A公司的股东为甲公司。A公司新设分立为B公司、C公司，A公司解散。A公司的一项土地使用权分离给B公司，分立时该土地使用权的公允价值2 500万元。本例中，A公司分立为B公司、C公司，A公司的土地使用权转移给B公司。按照财税〔2018〕17号文的规定，B公司取得A公司的土地使用权，免缴契税。

四、企业清算业务中印花税的处理

企业解散清算，被清算企业处置资产，清理债权、债务。被清算企业以及参与企业清算的其他当事人在企业清算过程中处置资产，与资产接受方签订的产权转移书据，立书据人是否缴纳印花税，在财政部和国家税务总局层面的文件中无具体规定。

《财政部 国家税务总局关于企业改制过程中有关印花税政策的通知》（财税〔2003〕183号）第三条规定，企业因改制签订的产权转移书据免予贴花。由此判断，企业清算过程中涉及的印花税处理分两种情况：①不涉及改制重组的企业清算，清算过程中签订的产权转移书据，立书据人应当依法缴纳印花税。②企业改制重组过程中涉及的企业清算，如企业因合并、分立而清算，清算过程中签订的产权转移书据，立书据人免予贴花。

第六节 企业清算税务检查案例分析

一、企业基本情况介绍

华海建材公司系增值税一般纳税人，主营新型建筑材料的研发、生产、销售以及工程施工，注册资本36万元，其中华海集团公司出资27万元，华海设计院（华海集团公司的全资子公司）出资9万元，持股比例75%：25%。2020年，华海建材公司因改制而清算，清算期为2020年9月1日至12月25日。

2020年8月30日，华海建材公司资产负债表如表9-2所示。

表9-2　华海建材公司清算时的资产负债表　单位：万元

资产	金额	负债	金额
货币资金	332	应付账款	12
应收账款	81	预收账款	25
其他应收款	91	应交税费	55
存货	100	其他应付款	124
固定资产	509	负债合计	216
无形资产	142	实收资本	36
		盈余公积	48
		未分配利润	955
		所有者权益合计	1039
资产总额	1 255	负债及所有者权益	1 255

2020年8月30日，华海建材公司以前年度欠税明细表如表9-3所示。

表9-3　华海建材公司清算时的欠税明细表　单位：万元

序号	税种	欠税金额
1	企业所得税	50
2	个人所得税	3
3	增值税	2
4	合计	55

2020年12月25日，华海建材公司资产处置损益明细表如表9-4所示。

表9-4　华海建材公司资产处置损益明细表　单位：万元

项目	账面价值(1)	计税基础(2)	可变现价值或交易价格(3)	资产处置损益(4)=(3)-(2)
货币资金	332	332	332	
应收账款	81	81	77	-4
其他应收款	91	91	67	-24
存货	100	100	120	20
固定资产	509	509	850	341
无形资产	142	142	0	-142
资产总额	1 255	1 255	1 446	191

2020 年 12 月 25 日，华海建材公司负债清偿损益明细表如表 9-5 所示。

表 9-5　　华海建材公司负债清偿损益明细表　　单位：万元

项目	账面价值(1)	计税基础(2)	负债清偿金额(3)	负债清偿损益(4)=(2)-(3)
应付账款	12	12	9	3
预收账款	25	25		25
应交税费	55	55	55	
其他应付款	124	124		124
负债合计	216	216	64	152

2020 年 9 月 1 日至 12 月 25 日，华海建材公司清算费用明细表如表 9-6 所示。

表 9-6　　华海建材公司清算费用明细表　　单位：万元

费用项目	金额
审计咨询费	9
税收签证费	7
进项税额转出	1
物业管理费	2
其他费用	3
合计	22

2020 年 9 月 1 日至 12 月 25 日，华海建材公司清算税金及附加明细表如表 9-7 所示。

表 9-7　　华海建材公司清算税金及附加明细表　　单位：万元

项目	计税依据	税率	税额
增值税	320	13%/3%减按 2%	22.00
土地增值税	20	30%	6.00
印花税	460	1‰/0.5‰	1.51
小计	—	—	29.51
城建税	22	7%	1.54
教育费附加	1.54	3%	0.05
小计	23.54	—	1.59
合计	976	—	31.10

2020年12月25日，华海建材公司清算所得税申报表如表9-8所示。

表9-8 华海建材公司清算所得税申报表 单位：万元

类别	行次	项目	金额
应纳税所得额计算	1	资产处置损益（填附表一）	191
	2	负债清偿损益（填附表二）	152
	3	清算费用	22
	4	清算税金及附加	31.1
	5	其他所得或支出	
	6	清算所得（1+2−3−4+5）	289.9
	7	免税收入	
	8	不征税收入	
	9	其他免税所得	
	10	弥补以前年度亏损	9
	11	应纳税所得额（6−7−8−9−10）	280.9
应纳所得税额计算	12	税率（25%）	0.25
	13	应纳所得税额（11×12）	70.23
应补（退）所得税额计算	14	减（免）企业所得税额	
	15	境外应补所得税额	
	16	境内外实际应纳所得税额（13−14+15）	70.23
	17	以前纳税年度应补（退）所得税额	
	18	实际应补（退）所得税额（16+17）	70.23

2020年12月25日，华海建材公司剩余财产计算和分配明细表如表9-9所示。

表9-9 华海建材公司剩余财产计算和分配明细表 单位：万元

类别	行次	项目	金额
剩余财产计算	1	资产可变现价值或交易价格	1 446
	2	清算费用	22
	3	职工工资	
	4	社会保险费用	
	5	法定补偿金	
	6	清算税金及附加	31.1
	7	清算所得税额	70.23
	8	以前年度欠税额	55
	9	其他债务	9
	10	剩余财产（1−2−…−9）	1 258.67

（续表）

类别	行次	项目		金额	
剩余财产计算	11	其中：实收资本		36	
	12	累计盈余公积		48	
	13	累计未分配利润		1 174.67	
剩余财产分配		股东名称	持有清算企业权益性投资比例（%）	投资额	分配的财产金额	其中：确认为股息金额
	1	华海集团	75%	27	944	917
	2	华海设计院	25%	9	314.67	305.67
		合计	100%	36	1 258.67	1 222.67

2020 年 12 月 25 日，华海建材公司清算后的资产负债表如表 9-10 所示。

表 9-10　　华海建材公司清算后的资产负债表　　单位：万元

资产	金额	负债	金额
货币资金	1 258.67	应付账款	
应收账款		预收账款	
其他应收款		应交税费	
存货		其他应付款	
固定资产		负债合计	
无形资产		实收资本	36
		盈余公积	48
		未分配利润	1 174.67
		所有者权益合计	1 258.67
资产总额	1 258.67	负债及所有者权益	1 258.67

二、税务检查情况

华海建材公司向主管税务机关申请注销税务登记后，主管税务机关派检查人员对华海建材公司清算环节的纳税情况进行了检查，发现以下问题。

（1）应收账款中有应收华海集团公司款项 4 万元，华海建材公司作为坏账损失处理。经查，该笔款项系华海集团公司 2018 年 6 月欠华海建材公司的材料款。

（2）其他应收账款中有应收恒大基础工程公司借款 24 万元，华海建材公司作为坏账损失处理。经到恒大公司调查，该笔款项恒大公司已偿还，华海建材公司将该笔款项存放账外。

（3）固定资产处置损益中，有一台自动化控制设备，原值 25 万元，已计提折旧 7 万元，华海建材公司将其无偿移交给华海集团公司，该项固定资产购入时已抵扣增值税进项税额，移交时未进行增值税处理，固定资产净值已计入清算损益。经专业评估机构评估，该项设备的公允价值23.64万元(含税)。

(4) 无形资产处置损益中，有一处营改增前取得的土地使用权，原值500万元，已摊销额358万元，华海建材公司将其无偿移交给华海集团公司，移交时未进行增值税处理，无形资产净值已计入清算损益。经专业评估机构评估，该土地使用权的公允价值820万元(含税)。

(5) 其他应付款中，有应付天力公司的款项124万元，华海建材公司作为无法支付的应付款计入了清算损益。经查，该笔款项属于收取天力公司的工程款，其中自产材料价款90万元，安装费34万元，华海建材公司未确认收入。

三、税务处理意见

针对检查过程中发现的问题，税务机关提出如下处理意见。

(1) 华海建材公司核销应收华海集团公司的材料款4万元，由于华海集团公司系华海建材公司的母公司，生产经营正常，有债务偿还能力，且该笔应收款账龄在3年以内。根据国家税务总局公告2011年第25号第二十三条的规定，账龄在3年以内的应收款项，不能作为坏账损失扣除，应当调整增加资产处置损益4万元。

(2) 华海建材公司核销应收恒大基础工程公司借款24万元，该笔借款恒大公司已偿还，但华海建材公司将该笔款项存放账外。华海建材公司已经收回的该笔借款，不能作为坏账损失处理，应当调整增加资产处置损益24万元。

(3) 华海建材公司将公允价值23.64万元(含税)的自动化控制设备无偿移交给华海集团公司。

根据《增值税暂行条例实施细则》第四条第八项的规定，华海建材公司的该项行为应当视同销售货物，计算增值税销项税额2.72万元(23.64/1.13×13%)，缴纳城市维护建设税及教育费附加0.27万元[2.72×(7%+3%)]，相应调整减少资产处置损益0.27万元。

根据《企业所得税法实施条例》第二十五条、国税函〔2008〕828号第三条的规定，华海建材公司的该项行为应当视同销售货物，调整增加资产处置收入20.92万元(23.64/1.13)。

(4) 华海建材公司将营改增前取得的公允价值820万元(含税)的土地使用权无偿移交给华海集团公司。

根据财税〔2016〕36号第十四条第二项、财税〔2016〕47号第三条第二项的规定，华海建材公司的该项行为应当视同销售不动产，按照简易计税方法计算缴纳增值税39.05万元(820/1.05×5%)，缴纳城市维护建设税及教育费附加0.39万元[39.05×(7%+3%)]，相应调整减少资产处置损益0.39万元。

根据《土地增值税暂行条例实施细则》第二条、财税〔1995〕48号第四条的规定，华海建材公司的该项行为应当视同销售不动产计算缴纳土地增值税。经计算，该项行为应当缴纳土地增值税103万元，相应调整减少资产处置损益103万元。

根据《企业所得税法实施条例》第二十五条、国税函〔2008〕828号第三条的规定，华海建材公司的该项行为应当视同销售不动产，调整增加资产处置收入780.95万元(820/1.05)。

(5) 华海建材公司将工程款 124 万元(自产材料价款 90 万元,安装费 34 万元,均含税)作为无法支付的应付款计入了清算损益。

根据国家税务总局公告 2017 年第 11 号第一条的规定,华海建材公司的该项行为中,材料价款应当按照销售货物计算缴纳增值税 10.35 万元(90/1.13×13%),安装收入应当按照简易计税方法计算缴纳增值税 0.99 万元(34/1.03×3%)。应当缴纳城市维护建设税及教育费附加 1.13 万元[(10.35+0.99)×(7%+3%)],相应调整减少资产处置损益 1.13 万元。

华海建材公司已计入清算损益的应付款 124 万元,应当计入清算损益的应付款 112.66 万元(90/1.13+34/1.03),应当调整减少负债处置损益 11.34 万元(124-112.66)。

(6) 华海建材公司清算期间应补交增值税、城市维护建设税、教育费附加、土地增值税以及应调增企业所得税清算损益如表 9-11 所示。

表 9-11　　华海建材公司应补交税款及调增应税所得明细表　　单位:万元

检查问题	应税所得	增值税	土增税	城建教附
核销华海材料款	4			
核销恒大公司借款	24			
无偿移交设备	20.92-0.27=20.65	2.72		0.27
无偿移交土地使用权	780.95-103-0.39=677.56	39.05	103	0.39
核销工程款	-11.34-1.13=-12.47	10.35+0.99=11.34		1.13
合　计	713.74	53.11	103	1.79

说明:上表中,资产处置损益 726.21 万元(4+24+20.65+677.56),负债清偿损益 -12.47 万元,清算税金及附加104.79 万元(103+1.79)。

(7) 华海建材公司清算期间应补交企业所得税计算如表 9-12 所示。

表 9-12　　华海建材公司应补交企业所得税计算表　　单位:万元

类别	行次	项目	申报金额	调整金额	调整后金额
应纳税所得额计算	1	资产处置损益	191.00	726.21	917.21
	2	负债清偿损益	152.00	-12.47	139.53
	3	清算费用	22.00		22.00
	4	清算税金及附加	31.10	104.79	135.89
	5	其他所得或支出			
	6	清算所得(1+2-3-4+5)	289.90	608.95	898.85
	7	免税收入			
	8	不征税收入			
	9	其他免税所得			
	10	弥补以前年度亏损	9.00		9.00
	11	应纳税所得额(6-7-8-9-10)	280.90	608.95	889.85

（续表）

类别	行次	项目	申报金额	调整金额	调整后金额
应纳所得税额计算	12	税率(25%)	0.25		0.25
	13	应纳所得税额(11×12)	70.23	152.24	222.46
应补（退）所得税额计算	14	减(免)企业所得税额			
	15	境外应补所得税额			
	16	境内外实际应纳所得税额(13－14＋15)	70.23	152.24	222.46
	17	以前纳税年度应补(退)所得税额			
	18	实际应补(退)所得税额(16＋17)	70.23	152.24	222.46

四、税务处理决定

针对华海建材公司在企业清算中存在的涉税问题，主管税务机关作出如下处理决定：①责令华海建材公司自收到税务处理决定书之日起 15 日内补缴清算环节的增值税 53.11 万元、城市维护建设税及教育费附加 1.79 万元、土地增值税 103 万元，企业所得税 222.46 万元。②将华海建材公司的行为定性为偷税，按照《税收征收管理法》第六十三条的规定，处应缴未缴税款 50%的罚款，计 190.18 万元。

五、案例总结

通过对华海建材公司企业清算案例的总结，有关企业清算过程中的税务处理，应当注意以下问题：一是资产处置损益、负债清偿损益等清算事项必须真实。不能隐匿资产处置、负债清偿收益，也不能虚增资产处置、负债清偿损失。二是涉税事项的处理应当全面。动产的处置，既涉及增值税及附加，也涉及企业所得税；不动产的处置，除涉及增值税及附加、企业所得税外，还涉及土地增值税。处理涉税事项不能顾此失彼，计算了一个税种而遗漏了另一个税种。三是清算损益的计算必须准确。被清算企业未计入清算损益的资产处置、负债清偿收益应当计入清算损益，但已计入清算损益的资产处置、负债清偿收益不能重复确认。

主要参考文献：

[1] 财政部　国家税务总局关于企业清算业务企业所得税处理若干问题的通知.2009.

[2] 国家税务总局关于印发《中华人民共和国企业清算所得税申报表》的通知.2009.

[3] 国家税务总局关于纳税人资产重组有关增值税问题的公告.2011.

[4] 财政部　国家税务总局关于继续实施企业改制重组有关土地增值税政策的通知.2018.

[5] 国家税务总局关于发布《股权转让所得个人所得税管理办法(试行)》的公告.2014.

[6] 财政部　国家税务总局关于继续支持企业事业单位改制重组有关契税政策的通知.2018.

[7] 财政部　国家税务总局关于企业改制过程中有关印花税政策的通知.2003.